U0535528

汉译世界学术名著丛书

马基雅维里主义

"国家理由"观念及其在
现代史上的地位

〔德〕弗里德里希·迈内克 著

时殷弘 译

商务印书馆

2017年·北京

Friedrich Meinecke
DIE IDEE DER STAATSRÄSON
R. Oldenbourg Verlag, 1924
根据 R. 奥尔登堡出版社 1924 年德文版并参考其英译本译出
经泰勒与弗朗西斯图书公司（Taylor & Francis Books Ltd.）授权使用其
英译本编者导言

Friedrich Meinecke

MACHIAVELLISM

The Doctrine of Raison d'Etat and Its Place in Modern History

Translated from the German by Douglas Scott and published by Routledge and Kegan Paul

Ltd. in 1957,

with a general introduction to Friedrich Meinecke's work by

Dr. W. Stark

汉译世界学术名著丛书
出 版 说 明

我馆历来重视移译世界各国学术名著。从20世纪50年代起,更致力于翻译出版马克思主义诞生以前的古典学术著作,同时适当介绍当代具有定评的各派代表作品。我们确信只有用人类创造的全部知识财富来丰富自己的头脑,才能够建成现代化的社会主义社会。这些书籍所蕴藏的思想财富和学术价值,为学人所熟知,毋需赘述。这些译本过去以单行本印行,难见系统,汇编为丛书,才能相得益彰,蔚为大观,既便于研读查考,又利于文化积累。为此,我们从1981年着手分辑刊行,至2000年已先后分九辑印行名著360余种。现继续编印第十辑。到2004年底出版至400种。今后在积累单本著作的基础上仍将陆续以名著版印行。希望海内外读书界、著译界给我们批评、建议,帮助我们把这套丛书出得更好。

商务印书馆编辑部
2003年10月

谨以此书纪念恩斯特·特勒尔奇

目 录

英译本编者导言 ………………………………………… 1
导言 ……………………………………………………… 51

第一篇　幼年专制主义时代

第一章　马基雅维里 …………………………………… 81
第二章　让蒂莱和博丹——马基雅维里在法国的最初反对者
　　　　　………………………………………………… 112
第三章　博泰罗和博卡利尼 …………………………… 132
第四章　康帕内拉 ……………………………………… 164
第五章　"国家理由"观念在意大利和德意志的传播 … 200
第六章　黎塞留时期在法国的"国家最佳利益"观念 … 237
　一　开端和1624年的《论君主和国家》 …………… 237
　二　亨利·德·罗昂公爵 …………………………… 257
第七章　加布里埃尔·诺代 …………………………… 299

第二篇　成熟专制主义时代

第八章　略论格劳秀斯、霍布斯和斯宾诺莎 ………… 313
第九章　普芬道夫 ……………………………………… 334
第十章　库尔蒂兹·德·桑德拉斯 …………………… 359

第十一章	鲁塞	375
第十二章	弗雷德里克大王	394

第三篇 晚近德意志历史中的马基雅维里主义、唯心主义和历史主义

第十三章	黑格尔	483
第十四章	费希特	517
第十五章	兰克	525
第十六章	特赖奇克	544
第十七章	过去和现在	567
人名索引		598

英译本编者导言

W. 斯塔克博士

弗里德里希·迈内克寿比人瑞。他 1862 年出生时,其德意志祖国尚未实现长期追求的、在一个共同的德意志帝国内的统一(的确,行将确定这帝国的范围和政治特性的两大决定性战役——萨多瓦战役和色当战役——尚未进行),而当他于 92 年之后即 1954 年去世时,德意志帝国已走完了一整个生存怪圈。它在俾斯麦治下度过了短暂和辉煌的凌晨时光,在威廉二世治下经历了闷热浮躁的正午暑浪,接着熬过了战争和革命的磨难,步入阴影越拉越长的魏玛共和国午后,最后跌入专制暴政的黄昏,在 1945 年的决定性败北中被肢解和剪除。迈内克目睹了所有这些事态发展,而这些事态发展也深刻地影响了他本人——不仅因为他是个优秀的德国人,而且更因为他是个优秀的历史学家。这虽然听起来似是而非,本质上确是朴素的实情。对迈内克来说,身为一名历史学家并不意味着活在往昔,或者思想情感眷恋往昔,而是首先意味着直截了当地投身于自己所处的那个时期的现实生活,感受其风云冲击,经受其暴雨洗礼。受到被称为"生活哲学"(Lenbensphilosophie,一个极难翻译出来的术语)的思想运动的深刻影响,并且靠近威廉·狄尔泰之类思想家,迈内克将历史研究更多地看做是整个人格的经验,即以设身处地似的理解来参与先前时期里人们的斗争,体验其希望、恐惧、挫折和成就,而不那么是人类智力的操作。他确信,历史学家只有经由当今之门,才能进入往昔之地。这就是说,只有全心全意地进入当今现实,才能使他强烈地意识到什么真正重要,而这意识是在他试图把握往昔的现实时需要的。任何采取别种做法的人,任何以书蛀虫的心态习惯来查阅史料的人,都将无法同已逝年代里的活生生的力量建立起真正的联系,都将忽略现在和过去的极为本质的东西,而且确实将是一个处理僵死之物的无感觉的人。这样一种态度使学者肩负重担,承受一种极少有人喜欢承受的磨难。它将他推出平静的课堂和风雨不入的书斋,推到至少是政治行动舞台的边缘。迈内克一生都置身于这个舞台,从参与1908年的一项谴责威廉二世的动议,到深切同情1944年的反希特勒密谋。① 他的著作中的精华,有许多正是出自这种与历史本身——实际发生的历史——的贴近。

在有些时期里,对于历史学家的任务的整个这种态度得到广泛的认可和同情,而在另一些时期里,此种态度只是例外,一般饱受非难。在弗里德里希·迈内克较年轻时,它简直就是犯忌。19世纪末,德国历史学家们同其他学者一样,处在两大趋势影响之下:其一源于赫尔曼·科恩和保罗·瑙托尔普的新康德主义,其二来自更为有力的西方实证主义,卡尔·兰普雷希特之类很有影响的人物便是它在德国的化身。尽管这些哲学彼此大不相同,也尽管唯心主义和唯物主义始终必定截然有别,但它们在有一点上是相同的,那就是它们都力图迫使历史研究者将他同史料的关系当

---

① 《施特拉斯堡·弗赖堡·柏林》,1949年版,第124页往后;《德意志的灾难》,1946年版,第145页往后。

作一种明确的主体-客体关系。迈内克全不听从那一套。对他来说,历史学家的主要任务恰恰在于弥合旁观者与被旁观的生存之间的鸿沟,亦即克服别人认为是唯一"科学的"主体-客体关系。他并不认为历史学家对自己的研究领域能够或应当采取有如天文学家和植物学家那样的"客观"态度。他很清楚地认识到,努力自我克制(实在是自我屈辱),以此尽量对自己研究的事实无所"动心"的历史学家,必定变成一位古物研究家,一位枯死事实的搜集者,好比历史的捡破烂人。他坦率地写道:"一种不带价值取向的历史编纂要么只是资料汇集和史学本身的预备,要么——倘若它自诩为名副其实的史学——给人枯燥无味的印象。"① 在其成名作《人道理想与民族国家》的序言里,他如此表达了自己的信念:"本书基于这么一种观点:德国的历史研究必须再度升华为较少拘束的探讨,接触政治和文化生活的巨大活力,而不遗弃自己在治史方法上的可贵传统;它可以更大胆地进入哲学和政治,而不损害自己最深层的内在性质和目的。"② 这是一份宣战书,宣战对象是所有那些为数众多、认为史学无非是往事的精确写照和事件的单纯如实登录的人们。对弗里德里希·迈内克来说,史学绝非如此。在他看来,它大可以说是一种深切的人类关怀,我们无法不变得在思想和情感两方面都介入其中。这再次有助于说明他所取得的巨大成功。他的书从来不是枯燥无味的。他向我们展示了生活,连同其所有令人大为痛苦的困难。历史在他眼里从来不像柔畅平静的稳流,而是始终变动不熄,永无确定,疑难丛生,危机不断。他治史的

---

① "历史中的因果关系和价值",《历史杂志》第137卷(1928年),第8页;重刊于《能动的明镜》,1948年版;参见第230页。

② 1922年版,第 vi 页。1922年版,第 vi 页。1922年版,第 vi 页。1922年版。

特殊风格或许最鲜明地见于他的某些不大重要的著作,例如《德英同盟问题史(1890—1901)》。① 在其中,英德两强之间谈判的史事更多地是从德国一边的外交家,而非超然和无所不知的旁观者的视角来考察。这样,读者就能够设身处地似的感受那相互斗争的意志间的张力,参与那正在围绕着柏林和伦敦的会议桌演出的冲突活剧。

当然,所有这些并不意味着迈内克不懂历史学术与政治时评的区别。他同样有自己的关于客观性和正直的理想,但它不同于实证主义的理想,后者在他看来不过是呆板地仿造一种仅仅在自然科学中为人熟知的态度。对迈内克来说,客观不等于没有见解,一个活生生的人不可能没有见解,即使一个将自己变成了某种活的录音磁带的人有可能如此。客观意味着克服自己的片面性,控制自己的情感,变得甚至对敌人也公平合理。迈内克在这方面的努力很大程度上取得了成功,虽然也许并未全盘成功,而这就是他吸引人的第三个原因。他一向坦陈直言,但从不轻率盲目。他从未使人当众受辱,从未向人讲道说教,但也从未造成一种印象,即所有人类行动都这样或那样地同等合理正当。

迈内克以一个短小精悍的说法,很好地抓住了他的这一治学理想的精髓。他说,历史学家应当是 *ein schaffender Spiegel*②(一面能动的创造性的明镜)。实证主义和康德主义都要求历史学家充当一面没有生命、消极被动的镜子,毫不失真地反映它面对的形象。然而,只有自然现象才能以这一方式记录下来,人的奋争则

---

① 1927年在慕尼黑出版。
② 这是1948年出版的一部论文集的题目。

不能。人的奋争只会向有同情感的观察者展示其奥秘,这样的观察者既能观察,也能理解。迈内克的抱负就在于要使自己的历史学著作,连同所有历史学著作,成为在往昔造就的历史的某种再创造,而单纯的讲述历史不会使他满足。他同任何人一样明白此等努力永无可能完全成功,但他确信历史学作为一种人类研究,其价值取决于这努力成功的程度。如果说他盘旋于政治大锅边缘,在此过程中烧灼了自己的翅膀(希特勒当权时,迈内克蒙受了贬抑和耻辱),那么他这样做不是因为对政治竞技本身有兴趣,而只是因为他相信,参与现今事务能使他更好地将勃勃生气注入他对往昔事务的讨论,更好地使他的历史著作具备活力。诚然,他首先是一位历史学家,但他是一位特别的历史学家,特别就特别在他努力争取一种有想象力的、"历史探索与当代经验的协作"。①

一种如此牢固地与同时代事态发展结合在一起的学识,不可避免地会在内容,特别是情绪气质方面受到时事起伏动荡的深刻影响,特别是因为迈内克在世的那92年充满着残酷无情、震撼世界的事件。有如一架地震仪,他的心灵登录了所有大大小小的震动,但有两大灾变在他的著作里留下了尤为深刻的烙印,那就是1918年和1933年的灾变。直到1918年为止,世界在迈内克看来有如一副愉悦的笑脸:他的早期著作被一种欢快的乐观主义感染,洋溢着热情和兴奋。说到底,这种得意感归因于1871年创立帝国(*Reichsgründung*)的经验,它像醉人的醇酒一般影响了整整一代德国人。一个产生了像俾斯麦的帝国那样辉煌成果的世界能有什么毛病?1907年首次出版的《人道理想与民族国家》一书,带有一

---

① 《"国家理由"观念》,1925年版,第530页。参见下面第424页。

种和谐、满足的哲学的印记。1918年以前的兴奋有多强烈,由这年的灾难招致的颓丧就有多严重。像这个时期里那么多其他德国人(例如马克斯·韦伯)一样,迈内克经历了一场精神危机。他从中解脱出来,怀着改变了的眼界和看法。在他看来,生活不再像圣诞老人,而像是互相敌对的势力争斗拼搏的战场。他在20年代的人生哲学是内在分裂和对立的,甚至可以把它说成是摩尼教式的。迈内克虽然仍渴求维持自己基本上是乐观主义的倾向,但越来越不得不承认历史中存在黑暗的、恶魔般的力量。强权与公理彼此间不再像它们在1907年时候那般被视作最终和谐的,而是不可更改地处于持久的殊死搏斗之中,没有原因,没有终结,也没有胜败。这十年里他的伟大著作——《现代史上的"国家理由"观念》是一部不愉快的书。不过,迈内克仍未触及谷底。1933年,事情有了新变化,即变得更糟。说它给迈内克带来了严重磨难也并不过分。他自认为是人道主义者洪堡、赫尔德和歌德的追随者,却发觉自己一头撞进了虐待狂希特勒、希姆莱和戈培尔的时代。他的著作在某种意义上变成了探寻他自己所称的 *Geschichtstrost*——"历史学家的慰藉"。难道对往昔的研究到头来不会发现某种征兆——不管它多么不确定——提示光明的力量并非总是注定要在同黑暗势力的争斗中失败?迈内克30年代的著作有一种悲苦意味。但尽管如此,看来在一定程度上它被某种占据了迈内克内心的镇静所抵消。日渐垂老导致沉着和逆来顺受,但研读伟大的经典,尤其是歌德的经典也使得心绪更为平静,而我们的作者于1936年发表的最后一部重要著作《历史主义》,正是以论说这位伟人结篇。迈内克苦思冥想,尝试摸索出一种关于现实的半宗教观念。第三帝国的崩溃使他能够摆脱被迫的退隐状态,这位八旬老翁得以重新享有他年龄较轻时发挥的那种影响。当然,他无法向世界完完全全地展示事态的压力加之于他的那种新历史观,但《德意志的灾难》(1946年)之类著作和《兰克与布尔克哈特》(1947年)之类演讲向我们表明,他感到必须对传统的历史思想作何等深切的修正,他又是何等无畏地面对它那令人不安的挑战和它提出的难题。

一

有一项事实确保弗里德里希·迈内克的名字不仅在史学史上,也在更广泛的思想史上占有重要地位,那就是我们在他的思想发展历程中,可以观察到一种支配德国达100年以上的哲学传统的终结。他本人喜欢将这传统说成经典自由主义,威廉·狄尔泰则创造了"客观唯心主义"这一更鲜明、更适当的术语,并且在其中识别出了三大基本的和反复重现的哲学态度中间除唯物主义和"自由唯心主义"(idealism of freedom)以外的那一种。对客观唯心主义来说,世界不像唯物主义看来的那样没有意蕴,但也不像自由唯心主义主张的那样从外界、从一个使之成形的先验的神性获得其意蕴,而是载有这意蕴在其本身之中。它充满着一种世界灵魂,后者以它为化身,在其中将自身物化,使它的每个断片和微粒赋有价值。宇宙被设想为类同人体和人的灵魂。它首先是一个巨大的整体,甚至是一个有机体,其中每个肢体器官有自己适当的位置和功能。然而,它又不止是个有机体:正是这一点使此种哲学同某些唯物主义者的表面上类似的有机论区别开来;它无所不在,受一种精神原则激励,而这精神原则无论是自觉的还是不自觉的,都保证了它的和谐。这里的基调完全是乐观主义的:世界恰如——无论如何基本上有如——其应有状态。如果其中出现矛盾,它们就要么更多地是表面的而非真实的,因而能够被辩解过去;要么表现为臻于完美的和谐过程中的必然阶段,因而假以时日就会被生活本身克服。客观精神永不真正自相矛盾,正如我们自己永不真正自我搏斗。在此,泛神论一词或许能够被当作方便的标签,用来称呼整个这种快乐的态度。

当迈内克相信这种欢悦的哲学时,它早已经历了很长的形成过程,而这形成即使不完全是,也大体上只是个德意志现象。决定性地为其国家提供这种哲学的第一人,是18世纪初期的戈特弗里德·威廉·莱布尼茨。他的关键概念——"既有和谐"(pre-established harmony)虽然就其认定所有自然因素的协调归根结底来自全能创世主的神旨而言,一部分应归因于更早的一神论唯心主义,但已具有了客观唯心主义的特性,因为它将不断和谐化的法则认作在世界本身内现时起作用的,而不是从上面和外界不断突入的。此后,由于伟大的浪漫主义哲学家施莱尔马赫、谢林和黑格尔,人格化的一神论残余被成功地清除出去,最后剩下的是被称为"同一性哲学"(*Identitätsphilosophie*)的首尾一贯的观念体系。它所以被称作"同一性哲学",是因为它断言归根结底并在形而上的层次上,一切现象无论在平常生活中可以表现得如何对立(精神与物质、内容与形式、上帝与世界、我与你、实有与应有),它们都是互相调和,而且的确是同一的——一种伟大、完整和合乎理想的统一。迈内克更多地是从诗人而非哲学家那里吸取了这套思想,尤其是从歌德那里吸取,而正是歌德赋予它依照其本性看来要求的艺术式表达。他的世界观受康德、席勒和费希特的著作显示的、残留下来的自由唯心主义的影响小得多。这些著作在他看来这样那样地远离现实,而客观唯心主义者在他看来却探测了现实主义的本质。

然而,年轻时候的迈内克所以全心全意地信奉莱布尼茨式的哲学传统,不仅是靠它在歌德诗作中的表现,也是靠,甚至更多地是靠它在利奥波德·冯·兰克的著作中所占的支配地位,而迈内克一生始终自认为是兰克的忠实追随者及其未来的继承者。在其多卷法国史、英国史、德国史和教皇史论著中,兰克不得不讲述的并非令人愉快的史事:阴谋和下毒,屠杀和残暴,拷问和捆绑,暗杀和绞刑——所有这些在其中起了太突出的作用。然而,尽管兰克会对遇见的邪恶感到愤怒,尽管他从来不宽恕这邪恶,但他并不真正为之惊骇。他被人说成是不敏感,说成是心肠冷漠,以致对散播在人类整个现代道路上的种种邪恶不会做出有力的反应。情况也许是这样。不过,他在历史的一切残忍面前所以表现得那么冷静沉着,真正原因不在于他的性格,而在于他的哲学。他确信,只要我们往后退,使自己离历史图景有足够距离,我们就会看到即使是最阴暗的色彩在这图景中也有其正当的位置,看到它们只是促使较浅的色调显得更为亮丽。他在1783年给儿子写道:"万物的秩序由神安排,这安排我们的确无法直接证明,但我们可以感觉到。……相信天意乃一切信仰的概要和本质,对此我坚定不移。"在其《世界史》第三卷(1881年)的导言中,他更冷静地写道:"从下面一点就可以看出一般人类历史的理想本质,那就是在各国各民族相反利益之间发生的斗争中,越来越崇高的力量脱颖而出。"显然,历史在他看来乃神意使然,就像弥漫着一种轻扬直上、活化万物的仙风,充满神的精神。

这种一般的万有在神论还出现在兰克关于政治生活的更为具体的理论观念中,例如由他1836年的《政治会话》表述的,而迈内克受此著作影响之深,甚至超过这位大师更为专门的历史著作。对兰克来说,国家乃神秘的生命本原的一种发散物,宇宙的一切可感知的现象正是从这本原中产生出来,而国家就是宇宙的一种个体化和具体化。它属于他称之为"真实理想"的那个领域,在其中我们看到理想被有形化,被赋予可感的形式,变为实体。国家就这样被解释为精神的凝结物。在其论文《历史和哲学》中,兰克表达了如下看法:"在权势中显露出一种精神存在",而若考虑到所有先行命题,那么这不过是从根本的万有在神论前提出发得出的一项合乎逻辑的、自然的结论。确实,国家,尤其是现代权势政治国家(the modern power-political state)不能不对兰克及其追随者迈内克有非常特别的吸引力:难道它不是恰如客观精神本身,以本原的权能奋力前行,趋向愈益伟岸的自我弘扬和愈益充分的自我实现?就如人们能够看出的那样,兰克学派的基本哲学包含着权势国家(the power state)的神化,其来源可能是清白无害的,但其效果必定变得危险。像兰克那样将国家——犹如个人的灵魂——称作一种"神的观念",或者像迈内克后来将做的那样,[1]谈论其"伟大和道德尊严",在课堂里或出版物上是无害的,然而这样的观念离演说家的讲坛甚或离战场究竟有多远?例如,倘若一个国家叫嚷要更大的"生存空间",那么按照这种哲学,它难道不总是有理的吗?难道这叫嚣不是肯定会被解释成表达一种至关紧要的需求,并且由于有关国家的活力是那与神性同一的、更广泛的活力

---

[1] 《人道理想与民族国家》,1922年版,第279页。

的一部分而成为正当吗？我们在此触及到对于下述问题的深层解释之一：这个拥有众多诗人和哲学家的国度如何，并且为何竟会变成一个街头暴徒和凶残流氓的国度？不幸，这一转变轻而易举，历史学家为其完成助了一臂之力。在光辉照人的兰克身后，背景中隐约浮现出险恶的铁血宰相俾斯麦（且不说其他更险恶的人物），他在战争的熔炉中锻造了他的帝国。诚然，兰克认为将各民族联结在一起的纽带比使它们互相分离与不和的原因更有力，而且他希望它们的多样性和各自独特发展将最终导致"真正的和谐"。① 然而另一方面，他不打算对主权国家设置限制，或者以任何方式削减其自主性。每个国家都必须彻底贯彻它自身固有的生存原理，如果在此过程中它陷入同别国的冲突，那么战争的考验就必不可免。

寓于其世界观根源处的那种乐观主义，使得兰克及其思想追随者们甚至不可能将战争视为一种纯粹的、彻头彻尾的邪恶。战争，有如经验证明的那样，属于历史的常规事态；所有历史皆出于神启——在细节上或许不是这样，但在总的方向上是这样——因而甚至战争也必须以严格的一贯性被假定是善的：在"善"这个词的某种意义上来说是如此。这个学派的成员与其大师一起，由这么一连串思想指引，到头来便将战争视为一种道德力的较量，较量双方即使在最剧烈的拼搏中，也从不真正像必然的那样彻底分离，而是仍旧由它们都属于其中的、更广泛的文化和精神共同体"笼罩"；而且，双方经过这较量，它们的人格得到更清楚的规定，它们的生命特性得到有力的强化。在谈到兰克 1833 年的论文《论列

---

① 《论列强》一文结尾处。

强》时，迈内克如此写道："谁不知道那些由兰克的勾画而一个个展现……在我们眼前的巨型角色（即现代国家）？它们如何时而积聚力量，时而互相碰撞，而且由于它们的剧烈斗争变得更加强悍精壮？"[①]在这段话里，战争被断言具有一种积极价值，好像它是某种由上帝规定的过程，属于精神和道德范畴，而非俗利和野心的领域，好像它事实上并不仅仅是大规模的生灵涂炭，这些生灵无辜受难，几乎全然不知它到底是为了什么。这么一种思想方式同康德关于从未有过好战争或坏和平的看法有天壤之别！迈内克后来将为兰克的万有在神论的这些阴暗的含义而后悔，并且宣告弃绝之，然而在1918年以前，它像役使奴隶一般彻底支配着他。

假如有人在1906年或1907年告诉迈内克，说他并未像（依照兰克）他应该做的那样，"依其真实发生的方式"看待历史，而只是试图贯彻一种似是而非的理论，那么他就会非常生气地大为惊诧。然而在他看来，万事万物的确是深深地沉浸在美好的光辉之中！一个小细节将比任何一般论说更好地证明这一点。我们的例子取自1906年出版的《德意志奋起时代（1795—1815）》一书。[②] 在18世纪，战争失去了它的部分魅力。随着职业军队的兴起，它在某种程度上成了一桩有目的的差事，成了受雇者的行当。法国大革命和拿破仑战争过后，它重获浪漫的光辉色彩。战争重新成为民族战争，战死沙场重新成为最崇高的牺牲。一个居住在敌国的侨民不再有可能像阿瑟·扬格曾在法国那样深信不疑，即使两国交战

---

① 《人道理想与民族国家》，第302页以下。
② 参见第108页以下。

他也是受到欢迎的,国王们之间的纷争同爱好和平的各国人民毫无关系。几乎没有任何不怀偏见的观察家会将这种事态发展称作并非令人遗憾或并不可悲的。被兰克式和莱布尼茨式乐观主义缠住的迈内克却将这看做是进步。他说,18世纪的军人是钟表机械而非活生生的人体。例如,弗雷德里克大王麾下的掷弹兵在检阅中表现得恰如无生命的木偶,而不像活人。经过格奈泽瑙、沙恩霍斯特和博延的改革——其时大众军队取代了旧式军队——整个这种情况就变得较好了。公民穿上军队制服,仍然一如先前,即仍然是一个有个性的人,道德的载体。如此,军队就不再是没有灵魂的躯体,它变得比较像那个民族——一个精神实体,一个带有人类特性的真正的社会。也许对于所发生事态的这种解释并非全错,但它竟然为了一个次要方面而忽视了根本,只是因为这个次要方面比较契合认为世界全然美好和谐的先验哲学!

那些年里,迈内克是如此昧于事理,甚至没有发觉某些最基本的问题,那是任何关于历史的哲学分析都必定要被期望来探讨的。其中有一个问题,是政治行动中个人的意愿和责任同那些将其纳入和迫其脱离预选途径的超个人力量之间的关系,这些力量被不同地说成是条件、环境、客观趋势、集体倾向等等。当时某些远不那么思辨的历史学家给出了一个回答,例如特赖奇克和西贝尔相信历史是人创造的,只要人足够了不起,他们就总会成功地使现实屈从于他们专横的意志;另一方面,兰普雷希特假定集体愿望支配个人,并将个人,至少是天性正常的个人视为超个人精神状态的一种表现和载体。迈内克虽然比较接近特赖奇克而非兰普雷希特的观点,但并不真正认为有必要在这两种观点之间作选择,因为他将客观趋势与主观愿望、主观决定当作是由先验的和谐结合起来,并且有幸得到调和的。他在《陆军元帅赫尔曼·冯·博延的一生》中[①]写道:"在弗雷德里克大王时期,统治者的个性与时代的智力意向结合在一起,导致了旧制度的成功。"而且,在同一部书里,他将这一随便做出的见解上升到一般原理的地步:"同一个观念在同一时候既表现为某一普遍运动的产物,又表现为某一个人的最个性化的行为——这确实是历史研究的伟大奥秘。"[②]这么一种态度蕴含着一整套社会哲学,它在益格鲁-撒克逊世界里通过亚当·斯密的经济信条为人所熟悉,这信条归根结底上溯到迈内克的历史乐观主义看法的同一来源,那就是莱布尼茨式的"先验和谐"观念。[③] 在年轻时候的迈内克看来,个人同社会冲突和社会挫败个人努力都没有什么危险。坚强、自作主张的个人合起来,就构成一个充分整合的社群,而不是软弱顺从的众多个人。他写道,[④]"个人需要社群,既是为了由社会来支撑和运载,也是为了将它内在的活力传入社群;他自己变得越自主,越个性化,……这些生命群体就会获得越丰富的内涵和越有力的外形。"这一令人欣慰的教义并不知道有这么一种人(不幸的是他们在现实中那么常见):通常他们不断地给戏剧家和诗人提供素材,那就是与自己所处时代殊死搏斗的人,被历史和命运的磨石压倒和碾碎的人。

另一个历史哲学基本问题,也是迈内克在1918年的事态迫使他予以思考以前不能领悟的,在于历史中的因果关系和价值,而他

[①] 第一卷,1896年版,第152页。
[②] 同上,第125页。
[③] 参见 W. 斯塔克:《经济思想的理想基础》,1943年版,论文一。
[④] 《人道理想与民族国家》,1922年版,第9页。

在1925年所做的最彻底的自我批评性的研究之一,正是以此为论题。① 在任何时候,总有某些因果趋势在世界上起作用,总有某些事态发展在朝实现推进;同样在任何时候,也总有某些道德任务似乎被摆到人类面前,总有某些价值似乎要求实现。这两者如何并驾齐驱?力争进入生活的,是否也就是生活应当产生的?现实和道德彼此间的关系如何?现实的力量是否在自己的突进中带动道德前行?或者相反,它们是否与道德要求、道德义务背道而驰?自由唯心主义(无论其为有神论的还是康德式的)同莱布尼茨、兰克和迈内克早期的客观唯心主义没有比在这一点上更加截然相反的了。可以仅仅稍有夸大地说,对于1906年或1907年时候的迈内克,形成中的事物同时也就是应当形成的事物,即按照实践道德的要求应当实现的事物。黑格尔那简短的格言——"存在的就是合理的"仍在他心中回响,仍审视着他的著作篇章。按照其他唯心主义(基督教的和康德式的唯心主义)的观点,世上的每一点善都要靠积极、艰巨的努力从现实中拧取出来,而按照迈内克的观点,善就像田园里的花朵那样自然生长。他在一篇早期论文中说,②"生活中最伟大的事物恰如最卑俗的,在因果连锁中有其位置,但最伟大的事物同时还处于另一种联系,即伟大的文化价值联系。对这联系的思索和鉴赏使我们摆脱一种苦涩的认识带来的痛处,那就是甚至一切精神发展都陷于一般自然过程的机理之中。"表面上看,这些话似乎带有一种悲观主义意味,但实际上,并且在本质上,它们是极端乐观主义的。它们主张的是,真善美之类伟大的文化

---

① 《历史中的因果关系和价值》,《历史杂志》第137卷(1928年)。
② 《兰克评价》,1913年,重刊于《19世纪的普鲁士和德意志》,1918年版,参见第365页。

价值出自自然,犹如结果出自原因,花朵出自茎,茎出自土壤:都是自发自生的,甚至是半自动的。诚然,绝不应当过分机械地解释迈内克的言辞。他始终懂得并且欣赏道德努力在世事中的作用,但在此时,道德努力对他来说并不具有对康德的那种含义,即意愿与生活的自发力量进行激烈的斗争。对他来说,前者大可说是后者的积蓄及其最高层次,而价值的实现只是广泛、连续、和谐、雄壮的发生之流的最高成就,一切现实就是从其子宫中释放出来。

所有这些观念在其中被最自信、最连贯地运用于历史研究的一个具体问题的著作,便是迈内克的第一部巨著,题为《人道理想与民族国家》(*Weltbürgertum und Nationalstaat*)①,1907年出版。它像迈内克的所有主要力作那样,是对思想史的贡献,探讨1871年帝国创立以前120年里在国家问题上德意志思想的发展。在迈内克眼里,这是一部不断增长的现实主义的历史,一部越来越洞察国家的真实性质的历史。当它刚开始时,一般的德意志人,特别是他们的思想领导者,陷于所有各种过分理想化的、半乌托邦式的幻想之中,这些幻想对此严峻的、由利益支配的世界将毫无用处。他们不是将国家看做一种权势纽结,而是看做一种教育机构和道德载体。迈内克如此谈论冯·施泰因男爵:"他不想承认国家首先是权势,而权势依照其自身固有的冲动运行。"这描绘了整整一代人,而非一个人的特性。只是慢慢地,下述认识才影响渐增:国家犹如个体,并且事实上是一种个体,在世界上张扬自身,渴求享用给予它的生命——自由、充分和不受约束地享用生命;它是一

---

① *Weltbürgertum* 一词绝不应译作"国际主义"或"世界主义",因为在英语里这些术语带有实在太凝重的意味。*Weltbürgertum* 意指"普天之下皆兄弟"、"手足之情"。这个词充满情感——那种在席勒的颂诗《欢乐》和贝多芬的第九交响曲中可见的情感。

种不被道德说教遏阻和拘禁的个体,无论道德说教多么出于善意和哀婉动人;它将以压抑不住的勃勃生机和威力来自我展开、自我实现。最后,出现了三位"解放者"①——黑格尔、兰克和俾斯麦,他们使德意志政治思想符合政治现实。国家终于被赋予"自主",被从道德的"异质"枷锁中解脱出来。迈内克非常赞赏威廉·冯·洪堡、席勒、诺瓦利斯和弗里德里希·施莱格尔之类较老的思想家;确实,他赞同他们的唯心主义。然而,尽管有这种赞同,他仍然将他们的人道主义理想称作"毒素",说"如果(德意志)机体要重新自然地运行,它就必须排除这毒素",并且将俾斯麦描绘为完成这一有益健康的净化工作的"医生"。② "现实政治"(*Realpolitik*)对这个时候的迈内克来说,就是唯一真实、唯一现实主义的政治。

关于往昔事态的这一描述在其基本轮廓方面,是与一切有教养的德国人对他们自己心理发展的看法大体相符的。他们都认为,自18世纪中叶以来,国际主义衰落,民族主义兴盛。迈内克的学术成就在于,他证明事情并不像看来的那么简单,事实上并非一种哲学消亡,另一种哲学诞生,而是存在着复杂得多的变化,需要高超的学问才能将其揭示出来。在德意志历史上,国际主义表现为两种形式,一是我们在洪堡和席勒那里看到的经典形式,二是以诺瓦利斯等人为典型代表的浪漫形式。经典派"误解了"民族国家的性质和重要性,因为他们只是集中关注人道理想:他们倾心热爱的是人类,而不是德意志人。有如席勒在一则对句中所说(奇怪的是迈内克竟未予以援引):

---

① 1922年版,第189页。
② 同上,第178页。

> 啊,德意志人,你们徒劳地要将自己组成为一个民族,
> 你们应当竭尽所能,使自己更充分地成为真正的人。

浪漫派不关心所有人类,而只关心基督教世界。他们的理想是中世纪的普遍帝国——由教皇而非世俗统治者象征的帝国。然而,就民族国家及其"生存权利"而言,这种哲学到头来同另一种哲学完全一致。他们都瞧不起民族国家,都将其权势冲动视作不正当的和不可辩解的。

然而,尽管经典主义和浪漫主义对民族国家持否定态度,但它们也都如迈内克的分析所示,对德意志人民新生的民族主义及其建立德意志权势国家的成功努力做出了积极贡献。经典派的理想很近似于 18 世纪的理性主义和个人主义,也很近似于人民主权论。它将国家看作由"社会契约"发展而来,几乎是某种能够由组成国家的公民们创造出来的东西。对于一个尚未拥有自己的国家、面临将自己组织进一个新的德意志帝国之任务的民族来说,采纳这种意识形态倒并不坏。不仅如此,它还是这么一种意识形态:凭其整个社会色彩,必定吸引广大的资产者群众,吸引中产阶级,使之接受一种政治行动纲领——创建国家的纲领,并且为这纲领将他们动员起来。另一方面,浪漫主义拒绝理性主义和个人主义,只相信经久延续的东西,即传统。然而传统不仅招来出自往昔的、关于一个终究不复存在的普遍帝国的理想,也招来具体的、分别覆盖德意志民族领土的各邦国的现实,即普鲁士、巴伐利亚、萨克森以及所有其余各邦国的现实。这些国家至少在某种程度上为浪漫派作家所崇敬。它们好,是因为它们业已成长,因为它们植根于大众精神的沃土,因为它们是在几个世纪的历程中由一代代忠实和

爱国的人们塑造的,是先辈们智慧的现实结晶。在这些国家里,德意志人已经有了一种政治生活,而这对于一个如此易于追逐虚幻的普遍友爱、在政治上如此幼稚的民族来说,同样不是一件坏事。对这些具体的国家的忠诚在贵族中间最强烈,正是从他们的行列中一贯产生最能干的行政管理者,而且甚至在任何政治重建之后,也必将在很长时间里继续产生出来。如果这政治重建能够如此组织,以致将传统的各国保存下来,它就有希望不仅被迄今为止德意志最要紧的阶级——贵族——接受,还得到这个阶级的推进,并且得以成功。

然而困难就在于此。如果旧国家要被保存下来,那么你如何能得到一个新国家?乍看来,这是不可能的。在奥地利实际上被排除出去以后,麻烦本质上就在于普鲁士问题。也许可以设想,弹丸之地特克公国的一位公民应当学会既热爱自己那小小的特克祖国,又热爱自己更大的祖国——德意志帝国,但无法设想(至少对许多人来说如此)普鲁士人应当是除了普鲁士人以外的任何东西。普鲁士太大,不可能是帝国的第二小提琴手,但在普鲁士延续下来的情况下,帝国又断不可得。因此,特别在西南部兴起了一种要求,即普鲁士应当将自己献给德国统一的祭坛;实际地说,它应当解体,分裂为它由以组成的各个省。冯·加格恩兄弟之类人士觉得,只有旧生活被消除,新生活才有可能,无人能够一身事二主。用这个办法解决德国问题的努力构成《人道理想与民族国家》下半部的主题,但决定性的困难仍旧同前半部里的一样。迈内克自始至终示意,要指望普鲁士这强大健壮的"个体"自杀是有昧政治、不讲现实和纯属空想的。加格恩之流纯粹是执迷不悟,始终不能理解国家究竟是什么。1812年12月1日,冯·施泰因男爵致函明斯特尔伯爵:"用你喜欢的随便什么东西来取代普鲁士,解散它……这很好,只要能做到。"[1]但这是不能做到的——迈内克断言(与他后来要提议的截然相反)——恰如一个活生生的躯体不能被合法地肢解那样。不,只有在德意志的政治多样性同时被保存下来的情况下,德意志的政治统一才能实现。

不用说,在迈内克看来,是俾斯麦解决了德国问题,同时既未扼杀德意志政治生活的原有形式,即具体的一个个国家,也未束缚其新的、更广泛的形式,即帝国。在他的成就之中,旧传统和新创造似乎和谐地得到了协调。迈内克并不属于这位铁血宰相的极端崇拜者之列,但他也向他的所有民族同胞们崇拜的圣坛献上了贡礼。从1871年危机中诞生的帝国被我们的历史学家赞颂为18世纪中叶以来德意志智力生活中可见的两大主要倾向的真正实现。它既被视为民族意愿的产物,又被当作一种成长于、植根于往昔的东西,当作德国的自由派与保守派、资产阶级势力与贵族势力都可接收和珍爱的一个国家。绝妙的一招,在于使各成员邦国的代表组成的一个议会成为新宪法规定的主权机构。由此,旧的被整合进新的,新旧两者以某种方式归于同一,一切终将尽善尽美。

从这个观点看,甚至俾斯麦式解决的最险恶的方面都显得合情合理。德国内外的自由派阵营中,不反对1918年以前普鲁士政府那断然反民主、反宪政性质的人只能是极少数。在帝国各邦当中最大、最重要的这个邦国,人民大众对国务几乎毫无发言权。然而迈内克争辩道,如果俾斯麦使得普鲁士像帝国一样民主,如果譬如说他准予同样的普选权,那将会发生什么事情?那就会有两个

---

[1] 《19世纪的普鲁士和德意志》,1918年版,第5页。

并立的议会，无法设想它们会永久彼此和平相处。正是靠着拒绝将现代国家的中央机构给予普鲁士，使之保持那么一点儿陈旧过时，这位天才设法构建了一部机器，其轮子肯定将和谐地转动，以便整个机器运行无阻。

当然，对1871年文治武功的整个这套解释，不过是迈内克总的普遍乐观主义哲学、他的"客观唯心主义"在一个具体论题上的特别应用。同样可以对俾斯麦的帝国作一种全然不同的评估和解释，据此迈内克所绘图景中的黑白两色看上去颠倒过来。靠着使普鲁士保持民主以前的、专制主义的政权形式，这位在通权达变的马基雅维里主义者中最通权达变的人物，设法使自由派和天主教徒，亦即莱茵兰和威斯特伐利亚的本质上国际主义的居民完全不能影响国务；他还靠着在联邦国家内将普鲁士的全部分量投入军国主义和反动的秤盘，使开明的巴登和天主教的巴伐利亚的进步力量永远保持虚弱无力，从而创造出我们大家都知道的那个威廉德国，其傲慢和侵略性必将毁坏世界和平。如果俾斯麦的创造物果真像迈内克主张的那样，是经典与浪漫这两大倾向和传统的综合，我们就必须问前者的普遍友爱信仰发生了什么情况，后者的基督教宽宏又发生了什么情况？无疑，在德国青年们为祖国的更大荣光而被训练为轻骑兵和长枪骑兵的操练场上，可看不到多少普遍友爱信仰和基督教宽宏！迈内克向我们保证，"普世主义观念"仍然作为"不可名状的生命气息"存在。① 我们在此必须见谅，记住他是在1907年，即德国大军进军以前写下这些。然而，即使这"不可名状的生命气息"有那么点似乎仍吹拂于德国上空，它也不

---

① 《人道理想与民族国家》，第328页。

可能很强，因为它太容易湮没于大炮的轰鸣之中。

并非那么多的民族主义导致了迈内克关于晚近德国史的错误图景（尽管民族主义与此有些关系），因为他本质上是个自由派。导致这错误图景的，宁可说是他沉迷于其中的"经典自由主义"，是莱布尼茨-斯密-兰克式的思想体系，它设想在这可能有的最好世界里一切都趋于至善至美。在《人道理想与民族国家》的全部550页里，没有比他论说弗里德里希·施莱格尔的一章结尾几行更有代表性的段落了。迈内克告诉我们，在施莱格尔那里，民族及其自决的概念被那些威胁着要将其窒息的思想紧紧缠住了。他接着写下了实质上是他全书概要的一段话："人道主义启蒙的内涵已经是伦理性的和宗教性的。浪漫的普世主义同样是伦理性的，而且也特别是宗教性的。理性主义者和浪漫主义者的气质时有不同，但它们都与旧制度下的国家（这种国家在他们看来是不道德的）为敌，并且都与权势政治国家本身为敌。它们都把在国家本性中发现的东西，把作为国家自保和自决的结果的东西，指责为对统治的盲目贪求。它们从外面进行道德说教，而不是试图内在地理解国家的性质；它们未能领会道德除了有其普遍的一面外，还有其特殊的和具体的一面，而且不懂在这后一方面，甚至国家的权势政治利己主义那表面上的不道德也能够是道德上正当的。因为，从一个存在的最深层独特性产生的东西不可能是不道德的。"①在关于迈内克这么一位伟人的讨论中，不轻易写下不客气的话语。但是，除了将这种态度称为愚蠢，还能怎样？大概较为年老的迈内克，1950年时的迈内克——一位饱经沧桑、备受磨炼的人，会同意这样的评判。

---

① 前引书第91页往后。着重标记系本导言作者所加。

二

在迈内克1916年1月27日对柏林学院（Berlin Academy）所作的大胆的演讲（题为《德意志历史观变迁中的日耳曼主义与浪漫主义思想》）之中，这一早期的乐观"经典自由主义"最后一次自我亮相。遵循兰克的观念，迈内克断言，尽管德法两国处于交战状态，但它们过去是，现在也仍然是同一个文化共同体。德法间的斗争只会有助于唤醒暂时休眠在这两个民族中的潜能。① 两年后，迈内克的情绪有了根本变化。1918年11月10日，他在日记中写下了下面几句话："大坝业已决口。这是怎么搞的？说到底是出于客观的原因？"②虽然如此简短，但这最后一句使我们能够洞察我们的历史学家的内心。它表明，他在同他年轻时候的"同一性哲学"（Identitätsphilosophie）分道扬镳，这种哲学确信万事万物都根据某种隐秘的原理协力促成尽善尽美。他现在开始明白，某些因果趋势在历史中运作，它们与人的理想和希望正相反对，并且是人不能控制的。③ 实有与应有之间的分裂展现在他眼前。从此往后，他的世界观就是二元的了，包含怀疑和焦虑。

迈内克发觉自己在事态发展影响下不得不放弃的头一桩基本信条，就是他关于个人行为与历史客观趋势之间关系的构想。国

---

① 尤其参见重刊于《19世纪的普鲁士和德意志》1918年版第121页上的最后一节。

② 《施特拉斯堡·弗赖堡·柏林(1901—1919)：回忆往事》，1949年版，第271页。

③ 尤其参见《革命之后》，1919年版，第10页往后，那里有关于"因果铁链"、"不可规避的命运"等等的许多谈论。

务活动家与事态的变动趋向原先被视为合作者,被视为将这两者协调起来,并且予以它们公正对待的一种综合过程的平等伙伴,但现在它们变成了对手,变成了彼此搏斗的敌人。迈内克现在写道:"只有依靠同超个人的力量进行艰难、痛苦和往往是悲剧式的斗争,[政治]人格才能攀登上历史成就的顶峰。"[①]在事物背后,不再有使之井然有序的"先验和谐"了。然而,彼此对立、争夺权势和统治的不仅是个人与大众、个人与时代趋向,而且是个人与环境(*moira*)、个人与命运,而情势一般总是大有利于后者。迈内克发现了他先前盲然无知的自由还是必然的问题,历史在他看来变成了它先前在马基雅维里那里意味的东西,即命运(*fortuna*)与德行(*virtù*)之间永无止境的较量。人是自由的这一快乐的主张,曾经那么鲜明地作为(研究)早期的特征,现在却让位于一个苦思冥想的问题:人有多大自由?对这个问题,迈内克无论是在历史经验还是在哲学思辨中都始终没有找到满意的答案。甚至在一生最后的日子里,他仍然将"世界史"(universal history)称为"必然和自由的谜一般的交织"。[②] 普通的历史学家不为此类玄奥的谜题烦神,迈内克却终生与之为伴,就像一个人终生与一件不可告人的家丑为伴一样,而其存给他在1918年以后的全部工作和思想蒙上阴影。

迈内克本人在一篇题为"历史中的因果关系和价值"的论文(前已提及)里,向他早期的哲学信条告别。这篇论文必定费了他很大的心力才写成,予以发表就更是如此。莱布尼茨、歌德和兰克

---

① 《国家与人格》,1933年版,前言。
② 《历史格言和随笔》,1942年版,第30页。

这三大人物从不怀疑,宇宙中因果作用创造的任何东西,其本身是显而易见地可贵的,因为难道它不是那作为一切价值之价值的神秘生命的一项发散,神性的一项化身和有形化形态吗?迈内克返回现实,放弃了这一元论,改信一种复杂得多,而且确实是内在分裂的世界观。他现在教导说,存在着一个现实世界,在其中思想和理想驰骋无阻。这是最狭义的文化世界,它有时也称为冥想的世界。宗教和艺术、哲学思辨和科学思考都属于这个世界。与之对立,还有着另一个现实世界,在其中思想和理想全无立足之地。在这个世界里,事物像是自在自动地发生,犹如独立和无法控制的自然力量的无知觉、无意义的产物。例如,纵贯许多历史时期,人口数目一直在增加,因为"外国思想"马尔萨斯人口原理在起作用。人们的社会和政治生活是在这两个世界之间,在存在的一个中间带发生。在其中,价值与因果关系彼此冲突,彼此对立,自然与精神之间酿造一种妥协(在可能妥协的限度内),实有与应有之间倾向于确立一种平衡,其程度可以有起伏,但它在任何场合都将是不稳定和变动的,都始终会受到从下面涌出的、盲目和严酷的力量的威胁。我们的实际生活景象正是寓于这暗淡的领域中,我们永无希望规避之。历史学家也正是必定要在这暗淡的领域内工作。他几乎全无可能恰当地理解那些被交托给他关注的现象,因为凡在自然与精神交织的地方,每一事物都必定显得不可思议地自相矛盾。历史事实有一种古埃及狮身人面像似的容貌。在此,自由与必然之谜以无可规避,但又无法解决的形式重现出来:现实在多大程度上由人们自由和负责任的行为塑造,又在多大程度上由盲目和专横的生存需要所决定?"文化基于自发性,基于精神和道德价值之创造,但又同生物学和力学性质的因果关系紧密相连:这就是历史学家无法破解的谜团。"①犹如古代的穴居者,他注定要永远在黑暗中摸索。

这些思虑标志着从客观唯心主义的立场公开后撤。迈内克在其20年代的伟大著作《现代史上的"国家理由"观念》中写道:"意欲将精神与自然、理性与现实融合在一种紧密的……统一与和谐之中的同一性思想体系崩溃了,因为在经验和历史的不可否认的事实面前,负载它们的那个构架被证明太弱。"黑格尔主义现在被拿来予以特别尖刻的批判和谴责。迈内克正当地指责它"趋于太轻易地认可实际的事态发展和使之道德化",同时嘲弄它的一种不幸倾向,即为权势政治的所有过头行为,甚至战争辩护,而且的确将它们理想化。② 难道还不清楚,在对《历史哲学》作者的这些批评当中以及在这些批评背后,也蕴藏着《人道理想与民族国家》作者的某种坦率的自我批评? 很少有人比弗里德里希·迈内克更清楚、更痛悔地与自己的过去告别。

然而,每一项退却都有双重方向,都在两端之间徘徊:一端是要被抛弃的,另一端则是要接受的。1918年以后迈内克迈向何方? 如果我们仍旧套用狄尔泰的三重图示(那是合理的,因为它尤其适于描绘我们的作者的心理经历的特征),我们就能说他既可以走向"自由唯心主义"即康德式或基督教的世界观,也可以走向对于现实的较为唯物的解释。面对这一选择,他决定选取后者。这不等于说他在什么时候成了真正的唯物主义者;他受他本国普遍

---

① "历史中的因果关系和价值",重刊于《能动的明镜》,1948年版,第82页。
② 德文本1925年第2版,第469和第531页。又参见同上第459页往后,第505页往后,第536页往后。英文本见下面第377页,第425页,第368页往后,第405页往后,第428页往后(皆为英文本页码,下同。——译者)。

的唯心主义的传统影响太深,以至不可能变成例如达尔文主义者或斯宾塞主义者。然而像我们会看到的那样,大量唯物主义的观点和思想方式确实渗进了他的哲学观念,而且牢固地确立下来。这很有特征——既是迈内克的,也是一般客观唯心主义的特征。因为,"客观"唯心主义远不如它的标签会使人设想的那般唯心。它确立为终极现实的客观精神或世界灵魂与物质世界如此紧密相连,以至不比作为其部分内容或一个方面更多,而且只需变动一下着重点,一位这种类型的"唯心主义者"就会滑入唯物主义或准唯物主义,就像经过战争和革命而懂得生活并不和谐之后的迈内克。

在其哲学幻灭之后,迈内克的注意力转向的研究对象是权势政治,即马基雅维里主义这个大主题。在人与命运被囿于其中彼此搏斗、价值与因果关系彼此抗争的中间地带的所有现象当中,国家最为重要,国家问题对历史学家的吸引力一目了然。如果说有什么地方是往昔与现今、历史与政治两相遭遇并且能彼此启迪和促进的,那么就是这里。① 然而,迈内克选择研究课题绝非仅仅出于理论上的考虑。他撰写关于"国家理由"观念的著作时,还有非常实际的目的,那就是向世界证明,德国并不是现代史上贯彻一种冷酷无情、有时是不道德的权势政策的唯一国家。马基雅维里主义理论是由一名意大利人发展起来的,它的登峰造极的实行者是一名法国人,即黎塞留,而表现了它的最极端状况的则是法国历史上的圣巴托罗缪之夜和1792年8月和9月的凶杀。至于英国人,"我们的国家是对是错无关紧要"这一格言那么深切地沉淀于他们的下意识之中,以至他们从不感到权势政治行为中有道德问题存

---

① 参见前引书第 359 页,即下面第 287 页。

在;然而,这一事实本身就在实践中将他们导向了"最有效的一种马基雅维里主义"。① 迈内克并非完全试图粉饰德国,而是坚持并力图表明,我们在马基雅维里主义那里面对的是一种全人类的,并且太具有人类本性的现象。

在整个现代史上,一直并行关于权势政治的两种理论,而且它们始终彼此争夺对人心的主宰。一种理论源于斯多亚派和早期基督教神学家,它谴责国家及其所有活动,导致一位叫雅各布·布尔克哈特的人断言国家本身就是恶。另一种理论的起源较晚,它对国务活动家,甚至贪求统治和立意征服的国务活动家持一种理解态度。它认为国家的权势欲(pleonexia)是一种纯粹自然的现象,因而对之哀叹徒劳无益。国家不可能使自己摆脱自我弘扬的冲动,就像我们作为个人不可能超越自己的生存欲望一样。事实上,这两个倾向在某种意义上是同一的,因为国家本质上是一种活物、活的存在,它有如所有其他有机整体那样必须生存,甚至必须成长。迈内克的唯物主义在于,他站在第二种传统一边,那传统趋于将政治同道德分离开来,沿"现实主义的"路线发展政治。"国家倾向于获取权势,犹如人倾向于获取营养;的确,它甚至比人更欲壑难填……这……洞察是我们的出发点。……至此,一个人可以,也必须承认19世纪后期自然主义的经验论,承认人类生存的自然和阴暗一面的所有事实,承认现代实证主义……惯于强调的力学和生物学上的因果关系。"② 诚然,实证主义片面地强调政治生活的那些被维多利亚时代英国人称作"令人讨厌的"方面,但不管片

---

① 前引书第488页往后,即下面第392页往后。
② 前引书第503页,即下面第403页。

面与否,它在这个时期的迈内克看来是把握了根本真理,即对权势的渴求不可抑止,而这渴求出自现实的本原,出自存在的最黑暗、最深不可测的深处。

迈内克发觉,要在这两大彼此竞争的观点之间作选择颇为容易。他在一个地方将它们描述并区分为"现实主义"与"道德主义",①而这些词本身表明他为何怀抱其中一种观点,摒弃和嘲笑另一种观点。马基雅维里这样的人懂得世界是怎样的,而雨果·格劳秀斯样的人却不懂。道德主义者生活在一个梦想的世界里,追求最好的国家和自然法之类千变万化的幻景;现实主义者却与可感知的事实和实际推动政治机理的力量打交道。他们的态度类似于学者和科学家的态度,而历史学家仅仅是由于这个原因必须站在他们一边。一切做学问的人,即使是历史学家和政治理论家而非物理学家和生物学家,必须关注事物的实有状况而非其应有状况;从现实转向思辨无异于从现代精神转向中世纪蒙昧主义,无异于熄灭学术和科学之光。如果依然有像旧时僧侣似的思考者,在谈论起政治现实时摆出一种讲道说教似的腔调(迈内克在撰写《"国家理由"观念》一书时大概间或会想起他的同代人和民族同胞弗里德里希·威廉·弗尔斯特),那么他们的出现就会被遗憾地认为是一种古怪的时代错误。于是,迈内克设想自己的整个立场不是由舆论而是由学问,不是由偏见而是由科学来决定的。

一项能在其中明辨迈内克观点的特征的环境,可见于他对弗雷德里克大王的讨论。切萨·博尔贾在罗马涅的忠实爪牙是个叫拉米罗·多尔科的人,那个人逐渐变得令当地人民深恶痛绝。博

---

① 前引书第175页,即下面第139页。

尔贾全然不顾多尔科值得他多方感激，将其处死，而且使用一种如此吓人的方式将其处死，以至罗马涅人民感到的厌恶不亚于他们感到的宽慰。弗雷德里克大王觉得这一行为，或者说恶行很可怕。他问道：头号罪犯博尔贾有什么权力惩罚这个恶魔？后者同他相比毕竟只是小巫见大巫。迈内克并未用同样的方式做判断。他不让自己被道义愤慨弄得丧失理智，而是力图理解他甚至不能赞同、甚至感到厌恶的事情。当拉米罗·多尔科惨遭腰斩，半段血污的躯体被置于切塞纳的集市广场示众时，所发生的实际上是用与法律和秩序相反的方法来确立一种法律和秩序状态，也就是用坏的手段实现好的目的。"即使在这个场合，也有一个阴森可怕的'国家理由'在运作，在从黑暗中挣扎出来趋向光明"，他针对弗雷德里克大王（在此是被鄙视的道德说教态度的喉舌）写道，"这是他不肯承认的。"①

在迈内克看来，"国家理由"原则的一般实践，即以一切必要的手段，需要的话就以最不道德的手段追求政治目的，特别是权势政治目的，是介于因果关系与价值、自然与精神、实有和应有之间的中间领域的典型现象。他将国家称作一种"两栖生灵"，②一种崇高成分与卑污成分的混合物。我们在《"国家理由"观念》一书中读到："依靠自己同政治生活中某些真理和价值的神秘联系，马基雅维里主义变成了历史中的一种生气勃勃的力量。"③我们绝不应当批评某位马基雅维里或某位黎塞留、某位康帕内拉或某位俾斯麦，因为事实在于他们并非全然自由，他们驾驭的船只（或者他们为驾

---

① 前引书第366页，即下面第292页。
② 前引书第503页，即下面第404页。
③ 前引书第250页，即下面第199页。

驭船只提供的指导书)被约束在预先规定的航线上,无论舵手如何卖力地操控船舵。迈内克在一处说国家"受制于生存斗争的自然法则",在另一处谈论"权势的铁律",还在一处要求"发现政治行动的必然特性……马基雅维里《君主论》的伟大合理内核"。① 这样的引语可以被轻而易举地再加上一条又一条。在一切依照"国家理由"的行为后面,有着基本的、生物学意义上"不顾一切代价的安全和自保追求",②谴责和诅咒这追求就如谴责和诅咒美洲豹身上的斑点一样没有道理。

然而,历史学家为什么不应当谴责和诅咒马基雅维里主义还有第二个原因,虽然他的良心绝不能宽恕之。"国家理由"的实践和政策不乏道德的一面。迈内克在这方面的论辩有点儿散乱,但有三四个重要论点看来显而易见。国家,特别是现代国家不仅同权势一致,而且关系到文化。它有如外壳,民族的所有较高尚生活都在其中发生,而如果这外壳破裂,世界的凛冽寒风就会使之寒战不已,甚而冻死。其次,作为马基雅维里式君主特性的那种狡黠有其确实有益的后果。他是狡猾的狐狸,会盘算每个步骤的利弊得失,由此压抑自己的情感而诉诸理智。马基雅维里主义通常被描述成这么一句格言:只要目的对头,可以不择手段;迈内克则强调,这个主义也是一种据此由目的来控制手段的信条。依靠科学技术,手段获得如此强劲的发展,以致它们几乎无法得到控制:这一点在他看来是晚近时代最为不幸的特征。自从氢弹发明以来,他在这方面的议论③甚至比它们在1924年时更正确。第三,为权势

---

① 前引书第372、464页,第368页往后,即下面第297、373页,第294页往后。
② 前引书第265页,即下面第212页。
③ 前引书第527页,即下面第421页以下。

而追逐权势的国务活动家们，可以转而为一种较高尚的价值来追逐权势，可以为了促进公共福祉追逐权势。说"朕即国家"的人，大不同于将自己说成是"国内首相"或"人民首相"的人。当然，甚至普鲁士的弗雷德里克（他喜欢后两个术语）也是由统治欲驱动的；在政治中，无法截然地区分天堂与地狱，这就使得政治成了一种富含双重性的现象，成了不折不扣的双面刃。然而，它既有恶魔般的一面，也有天使般的一面：这一事实不应当被忽视。最后，国务活动家虽然身受比他强大得多的权势的主宰，但他并不全然是个被摆弄的傀儡。我们不知道，也无法说出人究竟有多自由，但我们绝不可认为他是个卑贱的奴隶。如果我们借助于实证主义之父奥古斯都·孔德（迈内克接近其思维方式的程度甚于他自己所曾认识到的）创造的一个流行词，我们或许能接近迈内克的真正想法。孔德谈论社会生活的"可变的天命"，而迈内克在认为"国家理由"是"国家从自然向精神发展的命脉"时，①在认为它是一种植根于因果关系并从中破土而出，但扶摇直上指向价值天堂和自由王国的现象时，心里必定有着某种类似的观念。迈内克还怀抱这一精神来构想他关于政治伦理的律令："将一个人自己生活于其中的国家精神化和道德化——即使明知这永无可能全然成功——是可以对伦理行为提出的最高要求，仅次于那在精神上和道德上将一个人自己的人格提升到更高层次的要求。"②

可以从这一点开始，本着"自由唯心主义"立场批评迈内克。如果确实像他承认的那样，人对事态进程有影响，就会出现一个问

---

① 前引书第 511 页，即下面第 409 页。
② 《能动的明镜》，第 90 页。

题:他的目的能否低于主宰这些事态而仍属正当？如果确实像他还承认的那样,我们大家内心都有一种关于我们的自由和责任的坚定的信念,有道德的人就必定坚决主张:我们大家都没有权利在伦理的裁判面前以"迫不得已"来自我辩解。迈内克本人迁就了这种论辩。他将现代国家的对内政策与其对外政策区分开来。"在国家内部",他写道,"'国家理由'可以同法律和道德保持和谐,因为那是可能的和可行的,因为没有其他权力干预国家的权力。"然而在一国与另一国的关系中,情况就不是那样。"只有存在着一个能够,并且随时准备强行贯彻法律的强大权力,法律才能得到维持。否则就会盛行自然状态。在其中,每个人都力图用他自己掌握的手段保障他据称的权利。"这恰恰就是世界事务领域的状况。黑格尔说:"国家之上无权威。"[1]我们为了论辩的缘故,可以承认这就是当前的事实。然而,我们在这里讨论的不是事实,而是可能性。迈内克始终在争辩,似乎永无可能有一种凌驾于主权国家之上的裁判者,似乎自然法则本身裁定世界和平永不应当超过暂时停战。这种观点必须予以否定。迈内克本人完全懂得,马基雅维里主义本质上是一种现代现象。只要像在中世纪那样,权贵们的权势仍然寓于一种包容一切的道德母体,它就依然相对无害,即使自文艺复兴以来大展头角的、使用和滥用这权势的所有诱惑已经潜伏于表面之下,即使确实它们已不时表露出来。

弗里德里希·迈内克的短处显然在于,他完全不能哪怕是设想一下一种较为聚合的世界秩序。虽然他强调"必须终止……对

---

[1] 《"国家理由"观念》,前引书第17页,即下面第14页。

国家的神化"，①他仍然不能想象利维坦被驯化，马基雅维里主义的鬼魂被驱除。对他来说，民族国家已不再是最高价值，但仍旧是一种终极价值。但即便如此，它仍被捧到了它的合适位置之上。因此，就其精神和倾向而论，《"国家理由"观念》同《人道理想与民族国家》的差别并不像可能被预期的那么大。在这两部书里，都有着一种企图：捍卫国家，使之免遭据信与其性质格格不入的理想的"侵犯"。迈内克确实改信了一种新哲学，但令人遗憾的是改信的程度还不够。假设他在1918年以后全心信奉"自由唯心主义"，而不是徘徊于歌德客观唯心主义和达尔文唯物主义之间，他就将学会理解国家确实在万物的价值等级排列中占着个位置，但只是个卑微的位置，更靠近底层而非巅峰。假设那样，他就会认识到对国务活动家如同对每个其他人而言，只能有一种绝对命令，即首先企求上帝的王国和上帝的正义；他也就会认识到，我们生活中的所有邪恶，包括马基雅维里主义，都来自一个源泉，那就是人的这么一种恶习：赋予此岸世界的事物它们无权享有的无上荣光。

三

即使我们有一部探究深入、资料翔实的迈内克传记，仍然有一个需要推测的问题：1933年导致希特勒获取政权的事态在多大程度上影响了他的思想？特别是它们在多大程度上为他晚年的特征——一半转向"自由唯心主义"准备了条件？或许能够举出许多情况来支持这么一种看法：只是在1945年以后，即在他本人所称

---

① 前引书第537页，即下面第429页。

的"德意志的灾难"以后,他才改变思想。然而,不能忽视关于"客观唯心主义"是否健全的严重怀疑出现得早得多,即便他采取的是打了折扣的、冷静的半唯物论版本的"客观唯心主义",而这预示一段生活本身看来宣告其不验,他将在事实上放弃自己一直力图维持的立场。兰克逝世50周年(即1936年)时,他给普鲁士科学院作了一次本质上仍是颂扬性的演讲。在其中,他提出了一个问题:兰克是否"完全能够领会上帝为何允许邪恶在世上存在这一大难题"?① 他随即给了否定的回答,至少隐意是如此。在一个他认为表现了黑暗和毁灭性的(即使是深刻的)民族力量的运动取得胜利之后,在他看来与别的问题相比,历史中的邪恶这一问题更喧嚣地要求具有哲学倾向的历史学家予以注意。

迈内克现在开始发现兰克的历史总体观念中存在的缺陷。缺陷之一在于未能为偶然性或意外事件对事态进程的影响留下余地。② 活得越久,对所见的眼前事态越不喜欢,迈内克就变得越是确信偶然性是历史生活中的一大因素,其干预几乎完全是有害的。在有一处,他将它称为"一个通道,无知无谓之物借此不断有可能闯入历史,而且足够经常地闯入了"。③ 事实上,偶然性现在成了他鞭挞的替罪羊之一,成了要为本世纪降临到德国头上的许多——如果不是所有——灾祸负责的罪犯。在1946年出版的《德意志的灾难》一书中,德皇的性格,虚弱不堪、年老昏聩的兴登堡的当选,希特勒着魔般的秉性,甚至格勒纳将军的糖尿病,都被抬出来当作如此多发的不必要的"事故",促使德国在泥沼中越陷越深。

---

① 《历史主义》,1946年版,附录,第628页。
② 前引书,并且见《历史格言和随笔》,1953年版,第66页往后。
③ 《历史格言和随笔》,第67页。

很难不将这种生编硬造的解释视为辩护伎俩,而且是相当蹩脚的辩护伎俩。18世纪开始时,孟德斯鸠在其《关于罗马人的思考》一书的某一段(迈内克本人在关于这个时期的一部著作中援引过)就已正确地回应了这种获取民族托词的企图。他的大意是,在历史中确实会发生事故,但它们改变事态发展趋向的能力仅仅来自它们与之连接的时代总趋势。希特勒并非某种恰巧让德国碰上的东西,而是德国的历史和心理的产物。

然而,对偶然性的注重,对历史活剧中纯粹意外事件的强调,并非迈内克在1933年以后的历史思考的唯一新特征。性质上类似,但具有更基本意义的一个事实,是他现在开始根据命运、天命、定数来思考。在两战之间时期里露头的因果关系概念变得浓重了;人的自由、人控制现实之固有趋势的能力,被越来越悲观地看待。"你,卑微的蚂蚁,难道不明白自己只是在天命的巨轮上蠕动爬行?"海德尔这句忧郁的话语象征那些年里迈内克的心绪。[①] 他最伟大的著作——1936年初版的《历史主义》带有一种悲观主义看法的许多特征。在这部书里我们被告知,历史学家的任务是个可悲的任务。随着对历史资料的研读和思考,他想象生活充满可能性,充满希望和美好前景;然而,他还想象它们当中被允许得到实现的少而又少。他看见许多树苗,假如它们能依照自己的天性成长,本会变成挺拔壮美的大树,然而现实这无情的疾风摧残它们,使之变得弯腰曲背。他写道:"完全的历史主义意味着能够逆来顺受,要求尊重命运的安排。"[②] 自然和必然性是我们的主宰,谁

---

① 《历史主义》,1946年版,第146页。
② 同上,第148页。

能逃脱它们的统治?

迈内克被从《历史杂志》主编的位子上撤换下来,被禁止教书,被隔绝于一般的公众生活之外。他隐退到一个他自己的、甚至极权主义独裁者的权力也摧毁不了的个人小天地之内,与他最爱戴的人默泽、赫尔德和歌德朝夕相处。《历史主义》本质上是探索他们的历史观,前面加上对使他们有可能做出成果的那些德国以外的前驱者的研究。就这个题目撰写论著是迈内克的一项夙愿,xxxvii 《"国家理由"观念》一书就已经或显或隐地包含了许多与该主题相关的东西。马基雅维里不仅是现代政治的鼻祖,也是现代历史主义的开路者。他不能不是这样的人。他对权势问题的态度包含一种逻辑,迫使他发展下去,终将造就一种历史理解和历史学问的灿烂迸发,其思想基础正是迈内克在努力争取揭示的。马基雅维里关心的不是抽象的国家、理想的国家,而是具体的国家,可以说有血有肉的国家。他不能不将它们看做是某种真实的、生机勃勃的东西,某种已经发育和仍在趋于发展成长的东西,不能不懂得它们存在的条件,并且估量它们的力量和潜能——一句话,不能不转向政治生活的实际方面,历史学家的任务则是回过头来研究和理解之。从这位伟大的佛罗伦萨人开始,经过17世纪和18世纪的"国家利益"观念,到兰克及其学派一脉相承,而这脉流在《"国家理由"观念》中附带地被赋予了许多敏锐的顺便评说。

因此在不止一种意义上,《历史主义》是论说马基雅维里主义那本书的接续。不过,它叙史起头晚得多——始于沙夫茨伯里(1671—1713)和莱布尼茨(1646—1716),并且像这两个名字已经显示的那样,是在一个高得多的思想层次,即哲学思辨的层次(几乎可以说历史玄学的层次)上展示历史。它不是一部关于历史编篡的历史,而是一部关于迈内克正在试图展示的那种历史思维的历史。在迈内克的著作问世之前,世人相信,并且一向相信统称为历史主义的那种思想大体上是德意志的成就,而且只是从浪漫主义时期才开始。世人还总是相信,历史主义是作为一种反对法国理性主义和英国功利主义的运动发展起来的。迈内克表明,这一观点错了。在19世纪征服了世界的新历史意识有其悠久的根源,而且由欧洲所有这三大文化上先进的民族共同造就。人们一向承认埃德蒙·伯克同历史精神的觉醒有关,但他被视为一个孤立的现象——一名在英国的爱尔兰人,几乎是他生活和写作的那个国家里的一个怪人。迈内克纠正了这一印象。他证明,在伯克身前身后有一群为数甚多的著作家,其中没有哪一个单独来看很杰出,但全体合起来就极为重要。他们可以被统称为前浪漫派,包括弗格森、珀西、扬、沃顿、赫尔德、伍德、洛思之类人物,教导整个欧洲用新眼光来观察过去。在他们身前身后,又有着历史学家罗伯逊、吉本和休谟。这三位绝不能被简单地归入理性主义者行列。相反,他们的著作——倘若予以恰当的研究就可以看出——透露了一种初始的历史意识,它不再全然有别于后来的兰克立场。确实,休谟是其主要激发者之一。他动摇了旧式理性主义者对因果计算之普遍适用性的天真的信心,从而成为人类思想的一位伟大的解放者,并且为这样一些人准备了条件:这些人懂得,要理解历史真实,就需要有同数学、力学和关于物质世界的其他科学所熟知的方法和思维方式不同的方法和思维方式。

然而,不仅这些英国作者(他们毕竟被养育于一种经验主义,因而也是现实主义的氛围之中),甚至还有普遍认为已被兰克那一代历史学家战胜和驱逐了的法国理性主义者,也由迈内克证明了对于新的历史观念有重要贡献。他就伏尔泰写了特别精彩的一章。当然,伏尔泰对历史持有一种过于简单的观点,认为历史犹如理性与非理性之间经久不息的拉锯战,理性慢慢地占据上风。如果这就是全部,那么他本会是历史学问之树上一根无用的权枝。然而,他有比这更多的作为。首先是他对事实的巨大兴趣、他那永不满足的好奇心。历史编纂传统上局限于政治和军事事件,而他抛弃了这一局限,四出开辟新地,从而打开了一个个广袤无比的新大陆,以待学术支配和占领。普天之下人心一律,但正是这理性主义的弱点使得他研究所有时代和所有国度的人,亦即人的所有表现形态。这对未来绝对是有得无失。然而甚至更幸运的是,伏尔泰在进行自己的研究时,不得不发觉并承认非理性力量在现实世界中的头等重要性,而一般的理性主义者过去全然漠视这些力量,由此那么严重地歪曲了历史和现实的图景,以致将它们变成了一幅苍白、扭曲的漫画。迈内克写道:"启蒙学派历史编纂学的成就凭自己的分量,帮助唤醒了历史主义。往往与其本身的愿望相反,它们显示了非理性因素的力量——确实是压倒一切的力量。有两条途径来逃避这一洞察造成的使人瘫痪的巨大压力。杜尔哥、孔多塞和后来的孔德走其中的一条途径,宣布非理性将逐渐退缩,理性将逐渐取胜。赫尔德和默泽则走另一条途径:将理性的抽象理想撇在一边,深情地拥抱包含于非理性世界中的价值。"[①]这样,他们就达到了一种关于往昔及其现象的更深刻也更广泛的见解,而这见解构成了一切现代历史研究的根基,并且经典地表现在利奥波德·冯·兰克的历史编纂中。在他们看来,往昔的世界不再像

---

① 《历史格言和随笔》,第33页。

理性主义者看来的那样是没有生命的世界,不再像是一间堆放破烂的储藏室:一个人可能出于好奇而往里窥视,但绝无希望找到任何有价值的东西。相反,它充满了人类价值,历史学家被要求还原这些价值,靠的是他的学术上的神奇力量,从他自己活生生的人格最深处汲取必需的力量。

就较为技术性的方面而言,迈内克认为历史主义的本质在于两个特有的概念:发展和个性。发展概念既不同于"逐渐完美"观念,也不同于"逐渐展开"观念。根据逐渐完美理解进化的人贬低了往昔的意义,因为他们将往昔降到了一个仅仅为完美状态做准备的地位,好像它自身并无独特的价值,而只是一种估算价值,一种设想向回加之于它的价值。根据逐渐展开理解成长的人同样贬低了往昔的意义,因为他们将它视作仅仅是使那一开始就隐含地赋予的东西变得明确起来,仅仅是展示和显露那本身固定不变的属性。这两种看法都没有抓住实质。发展进程实际上不是由未来或过去的什么东西决定的,也不取决于上面或下面的什么东西。它是自由自主的显露,是对完美的追求。它的特性在于发展着的东西的可塑性,这种可塑性随发展中的主体遭遇周围客体,并且通过冲突与合作来容忍或接受它们而导致常新的构成和形式。

我们刚才谈到发展的主体。这个词更多地是指多种多样的历史个性,而非个人。对迈内克来说,现实在本质上是个性的渊薮（*abyssos*）,①是个永远多产的母体,在不断的孕育过程中产出一

---

① 这一意味深长的用语由弗里德里希·施莱格尔首创。参见《历史格言和随笔》,第96页。

个个新而又新、无不独特的生命个体。每个国度都是这样的一个个性,每个民族、每个国家、每个艺术形式,而且确实每个只要是发展着的事物,都一概如此。对我们的历史学家来说,发展概念和个性概念是彼此关联的。举一个国家做方便的例子——英国、法国、德国,随便哪个国家都行。它作为一个生机勃勃的实体出现于历史,从某些赋形力量那里获取自己的统一与和谐,这些力量活跃于它的内在深处,从一个中心(一个生机之源、一个类灵魂)涌现出来,并且因此构成一个整体或本体;一句话,构成一个个性。然而这个个性并不以其现存的样子持续下去。它自身包含一种与它的本质相符的、趋于自我显露和自我完美的生气勃勃的倾向,而且必须随它与自身所处的社会和自然环境的斗争而不断塑造和再塑造自己。(我们看到,迈内克的哲学的经久核心就在于这一观念。)一旦个性和发展这两个关键概念被一起拿来,并且被熔合起来,迈内克探究其来源的历史主义便立即成为现成的了,亦即在思想层次上成了一个"个性"。他写道:"个性和独特的发展是如此处理历史的两个根本概念,这种处理可以在卓见的意义上成为历史主义,它在兰克的成就中达到了巅峰。……我们在《教皇》[兰克的《教皇史》]中读到:'确实,每一特殊的生命根据它自己固有的规律,从它自己的精神根源开始发展;它经历一个个时代,与它自己保持同一。然而与此同时,它不断处于有力地作用于它的发展进程的普遍影响之下。'""由于这一原因,"迈内克写道,"这发展的结果无法预先估算出来,而其现象多种多样不可胜数:'无穷无尽的可塑性正是人的本性。'"①历史学家的最高奖赏在于体验,亦即潜心默察

---

① 《历史主义》,1946年版,第624页。

人类世界所有不胜丰富的形式和内容。

这就是此书就现代历史思想的起源教给我们的。然而,只要我们懂得如何正确地阅读此书,它还教给我们许许多多关于其作者的心理、焦虑和思索的事情。透过它那流畅如水的文句,我们看到了一个追求安慰的人,一个同时也苦苦反省自己灵魂的人,一个力图估量他自己的罪过以及他同类的罪过的人。

迈内克在自己研读的文献中找到了很大安慰。他显然高兴地注意到休谟的一项观察,即在人类事务中暴力横行的时期与安宁太平、立法守法的时期两相交替。武力的胜利从来不是史事的终结,而总是一个新的开始。人做不到经年累月地剑拔弩张。如果不是其他,仅是习惯的力量就迟早会导致他们安顿下来,去过比较稳定和适合的日子。"从起初的篡夺和反叛中,涌现出权威、权利和责任。""人类毋需由于毁坏性力量的不绝侵害而绝望,因为总是有着种种朴素宁静的力量在将破坏者的业绩转化为一种新的秩序构造。"同样的往复变动也见于思想史。一种哲学可以看来被压倒,被剪除,与之敌对的思想则似乎牢固地主宰了人心。然而,正如历史学家一次又一次察觉的那样,它已悄悄地积聚力量,准备进行新的袭击,那往往会导致它取得意外的、似乎"不可能的"胜利。在"百科全书派"风光的时代,谁能预见到不很遥远的将来浪漫主义在欧洲的胜利?显然,当迈内克写下诸如此类的段落的时候,有时他在想自己的祖国。他在一段特别透露真情的文字里写道:"对立不仅决定整个西方精神生活的发展,也决定不同的国家本身的生活。每个国家都带有它自己独特的内在对立,带有彼此矛盾的趋势……有如或者上翘或者下垂的一对天平秤盘……甚至在这辩证发展中灭亡的东西也永远不会彻底灭亡,而会以'暂时休止'的方式来表现。"①谁能怀疑迈内克在此是表达自己的希望:德国人可能从希特勒返回到赫尔德,从戈培尔返回到歌德,从暴力统治、暴力扩张返回到人道理想。

然而在迈内克看来,除非有其牢固的哲学根基,所有这些考虑说到底没有用。如果我们希望在历史中找到使自己放心的依据,我们就必须超越历史。读了施普兰格尔论歌德的文章后,迈内克写道:"歌德……很快就找到了普遍的大安慰:上帝、世界和人三者交响乐般的和谐。他的确明白生活中一切苦难深渊,但他的目光很快掠过这些深渊,抬头仰望灿烂的群星。今天,我们可以认为深渊和群星只是在无限之中才调和起来。"②从对历史事实的经验主义观点进至关于存在的一种玄学思辨,是迈内克在写作《历史主义》时的基本关注之一。

然而,逐渐趋向玄学思辨并非只是因为渴望寻求安慰。它还有第二个、或许更为痛楚的根源。作为诚实的人,迈内克自问:他自己以及他的历史学同行们是否无须为德国的野蛮承担部分罪责?他的回答是肯定的。历史主义倾向于在所有现象中都看出某种被事态发展潮流毁了的可贵的东西,因而必然是一种相对主义的信条。它将一切伟大的价值——真理、美德和所有其他——统统相对化了,直到不剩任何绝对的东西可以让人——那么虚弱的人来依靠。由此而来的结果被很好地描述为价值的混乱,其混乱削弱了道德的力量,尤其是在受过教育的人那里,直至他们极少剩下(如果还有所剩下的话)任何坚定的信念。迈内克认识到,这是

---

① 《历史主义》,1946年版,第215页往后,第248页往后。
② 《历史格言和随笔》,第38页往后。

使得历史主义有可能胜利的原因之一。他说历史主义打开了一个"潘多拉之盒",造成了它必须试图治愈的"创伤"。① 他不仅在试图寻求"历史学家的慰藉",还甘愿承受历史学家的负担。被用作《"国家理由"观念》一书题词的席勒的如下对句(它本来更适合《历史主义》)诗意地表述了折磨迈内克思想和良心的那个痛苦的问题:

> 告诉我,为什么更新不绝的外在表现变动不绝,
> 但那无常的形式中有着恒常存在?

然而,难道这表述不是以本身可疑的假定为根据?难道无常的形式中果真有恒常存在?视万事万物流动不息的历史学家能否发现这河流的两岸?迈内克的看法是:我们确实无法清楚地瞧见两岸,但我们能够在朦胧中预测到它们的存在。他将自己交付给歌德的指引,认为他能够给历史学家最困难的问题——相对性问题提供最终的答案。《历史主义》不仅是一部历史思索的历史,也是一部新柏拉图主义思想的历史。原因在于,迈内克相信历史学家能够在新柏拉图主义当中,在这将赫尔德和歌德包括在它最辉煌环节之列的"精神黄金链"②当中,找到一种得救的信条,解决的要旨。在他看来,它贯彻了"最大胆的哲学设计,即同时公平对待现存(being)与变成(becoming)"。③

歌德对绝对价值不抱教条般的信仰,在这方面他与任何人都一样。然而,他从不陷入那吞噬了以后时代的历史学家的道德相

---

① 《历史格言和随笔》,第 23 页;《历史主义》,第 4 页和第 522 页。
② 《历史格言和随笔》,第 56 页。
③ 《历史主义》,1946 年版,第 144 页。

对主义泥沼。特别是,当需要采取道德行动、需要做出实际决定时,他从不犹豫摇摆。他总是以最不含糊的方式显示自己的理想。这位非凡人物的奥秘何在?很简单,在于一种如此典型的新柏拉图主义性质的信念,那就是他自己的主观性无论有怎样的局限,无论多么微不足道,都出自一切存在的伟大源泉——那充满宇宙、作为所有现存的、正在变成的和有价值的事物之由来的神性。即使我们弱小的声音并不强于一首规模无比巨大的交响乐中的一个音调,我们也必须让自己能够被听见,因为假如我们打算沉默,这交响乐就不会像它本来能够,并且被预期的那样丰富和完美。迈内克将此称作"或许是相对化与绝对化、理想化和个性化思想的唯一可能的综合"。① 他对这感到愉快和自在;它帮助他将历史学问的相对主义同追求正派和美善所需的绝对主义调和起来;它还至少在某种程度上有助于他忘掉,或宁可说"美化"那四周包围着他的残酷的现实。当他坐在书房里,翻阅《诗与真》和《浮士德》时,有一种感觉便悄然而起,浸染心灵:在此,哪管身外的一切,他看到了根本的真理。邪恶的确是世间无法否认的现实,但只是依据事物的物质秩序;对于所关心的不是转瞬即逝的事物,而是经久的事物即终极现实的哲学家来说,这些邪恶至多是块掠过太阳表面的阴影,片刻遮住太阳,使肉眼看不到它,但根本无损背后那永恒的光芒。带着这些情感,年老的迈内克经 40 年徘徊,在《历史主义》一书中重新回到了"经典自由主义"或"客观唯心主义",那是他的第一部重要著作——1896 年发表的《陆军元帅赫尔曼·冯·博延的一生》所依据的;不同的是,在那些宁静的岁月里,他想象中以为由当

---

① 《历史主义》,1946 年版,第 608 页。

代历史事实证实了的、对于存在之大和谐的信仰,现在对他至多不过是一种形而上的安慰,一座世外的灯塔。

这样,我们就可以概括迈内克1933年以后的观点:就其人类内容而言,世界史是悲剧式的;但是,我们可以,也必须超越其人类内容而达到更高的含义,然后一线光辉将穿透我们的黑暗。"在物质世界里,有可能遭受苦难和毁灭,但在超自然的世界里,将留存某种具有永恒价值的东西。"因此,悲观主义不一定是历史学家的最终结论。"甚至在世界史的最可怕的深渊里,一种预感也不可能死灭,即这一悲剧式的双重性有个解决办法——我们无法知道的解决办法,那就是物质世界与超自然世界的更高统一。"① 即使在他最焦虑的时刻,迈内克也会相信,歌德《象征》之中的那句话语——"我们要你怀抱希望"——能够表达超自然力量传给我们这不幸人类的信息。

四

1945年,迈内克从他暂时的黯然隐没中复出,并且作为西柏林自由大学校长在德国智力生活中占据了一个中心位置。在此时的迈内克身上,我们看到了一个与他的往昔所系隔断了的人。无论在政治还是在历史研究方面,他的思想都不是仅仅10年以前那样了。

在政治方面,迈内克的基本信念一向在于:国家需要权势以伸展自身,恰如人要活着就需要空气一样;没有追求权势的进程,国

---

① 《历史格言和随笔》,第139页往后。

家实际上就根本不成其为国家。他现在遗弃了这种看法。思考祖国的过去和未来,他得出了一个结论:如果德国仿效瑞典和荷兰这两个一度满怀称雄欧洲大抱负的"拖垮了的破车",她就会比先前任何时候都更快乐。① 政治不再被等同于权势政治。

在历史研究方面,我们看到一种也许更为截然的转向。在1947年对德国科学院做的一次演讲中,迈内克讨论了这样一个问题(一个一度在他看来会是相当愚蠢的问题):谁给了今天的历史学家更多教益?是欧洲历史思想传统内"客观唯心主义"的首要代表兰克,还是这传统内"主观唯心主义"、"自由唯心主义"的首要代表布尔克哈特?迈内克当然一向赞颂布尔克哈特的成就——谁能不如此?然而,他总是觉得布尔克哈特念念不忘人的邪恶令人反感,其对权势政治的谴责诅咒令人难以思议。现在,他却比较靠近了这位伟大的瑞士人。"当今布尔克哈特比兰克离我们更近。……我们经历了世界史的那么黑暗的方面,那是兰克不了解,甚至根本想不到的。……布尔克哈特更深刻、更尖锐地洞察了他自己时代的特性,因而更能够预见到将要发生的事态……如同一架灵敏的地震仪,他感觉到(现代大众运动包藏的)最坏可能性,即最邪恶的人蹿升为大众的首领。……布尔克哈特在 70 年代和 80 年代坚持不懈地勾画的未来的可怖图景,我们不得不在它的所有基本方面都亲身经历过来。……"② 迈内克赞扬布尔克哈特的不仅是这种对希特勒的预见和预先鞭挞,而且是他对俾斯麦乃至全部马基雅维里主义的谴责。

---

① 《德意志的灾难》,1946 年版,第 162 页。
② 《历史格言和随笔》,第 148、147、145 页,第 150 页往后。

然而,尽管其态度如此大变,迈内克仍然感到无法拥抱布尔克哈特主张的哲学,即确信人的道德意识同它在其中起作用的世界格格不入,并且被注定永远与之殊死搏斗。甚至现在,他仍在向往兰克的那种令人欣慰和舒适自在的信念,即世界整个不错,美善总会以什么方式从邪恶中脱颖而出,如同依靠一种神的化学那般。他徒劳地在兰克与布尔克哈特之间、客观唯心主义与自由唯心主义之间寻觅一条中间道路。他在内心深处完全知道这两大立场之间不可能折中妥协。但是,他在左右徘徊,两面求索。他无法使自己作出干脆的选择。

迈内克后来在哲学上试图超越自己在《历史主义》中达到的终点时,也同样犹豫不决。他在那里的结论是,我们在历史中所见的一切现象都出自一个神秘的存在地,出自一个可被认为是个性之渊薮的终极现实,它以不断更新的形式和状态表现自己。他并非不自然地提出了问题:这神秘的存在地究竟是什么?如何能够解出终极现实的大未知数?像歌德那样的一位诗人能够逃避这问题,像迈内克那样的一位必须讲求思想清晰的学者却不能。在《兰克言论释义》一文中,这重大的难题得到了仔细考虑,但未得到解决。迈内克无可奈何地承认觉得自己"夹在基督教信仰与不信仰之间",陷入一种只能用"世俗基督教"之类自相矛盾的术语来描述的思想方式,并且承认无论如何无法使自己摆脱一种怀疑:基督徒们的上帝是"我们的欲望的一个纯粹移情式的反射"。[①] 诚然,我们无法摆脱这怀疑,但我们也无法压倒我们内心的竭力坚持——坚持必定有超出表象之幕的某种东西,有如一个合乎逻辑的结论

---

① 《历史格言和随笔》,第 119、127、121 页。

回指其潜在前提那样回指的某种东西。他又一次试图沿着寻求折中妥协的方向行进。两个彼此排斥的概念——亲近客观唯心主义的内在神性概念与处在自由唯心主义核心位置的超凡造物主概念——是否能真正得到调和？迈内克几乎完全不敢声称它们能够得到调和，他只希望它们能够。我们必须满足于"预测"存在的最深处有着一种"神性"(deion)。我们必须像歌德在其诗作《潘多拉》之中说的那样，满足于"见到被照亮的东西，而非见到光明本身"。我们必须安于一个事实，那就是如兰克所言，上帝对我们来说只是"一种神圣难解的象形文字"。

在我们这样批评这种失败主义的怀疑论的人看来，除了将迈内克的"神性"视作黑格尔的绝对精神，很难将它视做什么别的东西，而且这绝对精神在迈内克那里失去了原始的壮观和万能，被进一步往后推向不可知领域的昏暗朦胧。迈内克的"神性"肯定不是早期教宗在马姆利平原上看到的他，不是圣托马斯·阿奎那以"吾主吾神"之辞来崇敬的他，也不是帕斯卡尔有幸在其销魂忘形之夜瞧见的他，他使帕斯卡尔放声高呼："亚伯拉罕的上帝！以撒的上帝！雅各的上帝！不是哲人智士的神。"迈内克的"神性"甚至并非哲学家和理性主义者的神，它根本就不是神。它事实上至多不过是一团迷雾。它显示了迈内克在精神上的一种可笑的局限性：他一向毫不犹豫地将民族、国家、体制和观念当作个体，却无法使自己设想一个作为个体的上帝。

然而应当说，一名教授毕竟只是一名教授。我们绝不应当期望他是一位先知或圣人，即使他鲁莽到去拨弄圣火。然而，一名教授首先应当是个现实主义者，而迈内克一生始终未能成为一个现实主义者。他之所以失败，是因为不管他如何努力，他从未设法完全摆脱年轻时信奉的含混不清的泛神论教条。在基督教教义当中,他不仅拒绝了一个作为个体的上帝的概念,而且也拒绝了与之联系得那么紧密的、关于世界沦入邪恶因而需要救赎的观念。他的最大弱点就在于此。他从未对什么是邪恶以及邪恶在政治和历史中起什么作用有任何清楚的认识。起初,在1918年以前,邪恶对他来说至多不过是走向美善的一个步骤,犹如一项成本,到时候会带来利润。此后,在1918至1933年间,邪恶对他来说本质上是一个自然事实,要审判和制止它是徒劳的,犹如要阻止星宿的运动或海潮的涨落是徒劳的一样。在这个时期,邪恶的存在肯定是被认识到了,但它没有被理解为是人招到世界上来的某种东西,也大体上能够由人挡在世界之外。最后,在1933年以后,邪恶的确被报以哀叹,但与此同时它被推开到遥远的视野尽头,远远离开我们的这位哲学家兼历史学家在他愈益年老的岁月里为自己在其中搭盖栖身之所的玄学天堂。这样,在他的整个生涯里,他从未懂得伯克经典地表述的那个道理:"历史大部分由悲惨和苦难构成,而这悲惨和苦难是由骄傲、野心、贪婪、复仇心、淫欲、叛乱、虚伪、无节制的热情和所有一连串混乱的欲望带给世界的。"[1]迈内克始终不明白人的灵魂的这些黑暗性,这或许表明了他作为一个人的伟大,但也表明了他作为一名历史学家的局限性。《圣经》说:"真理当使汝自由"。然而,没有什么真理能比关于我们自己的真理更重要,更为我们摆脱思想错误和道德堕落的桎梏所必不可少。

---

[1] 《法国革命随想录》,大众出版公司,第137页。

导　言

"国家理由"的性质

"国家理由"(raison d'état)是民族行为的基本原理,国家的首要运动法则。它告诉政治家必须做什么来维持国家的健康和力量。国家是一种有机结构,其充分的权势只有依靠允许它以某种方式继续成长才能够维持,而"国家理由"为此类成长指明途径和目的。这途径、这目的不能胡乱选择,但也不能为所有国家做一模一样的规定。因为,国家又是一个独特的构造,有它自己特有的生活方式;关于国家这一物种的一般规律依据特定的结构模式和特定的环境而改变。因此,国家的"智能"('intelligence')在于就其本身及其环境形成恰当的理解,然后运用这理解来决定将指引其行为的原则。这些原则始终必定既是独特的,又是普遍的,既是固定的,又是可变的。它们会随国家本身及其环境当中发生的改变而敏锐地变化。然而,它们又必定同个别国家的结构内那延续的东西吻合,并且同支配所有国家的生活的法则中那经久的东西一致。于是,从实有和将有状态的领域中,通过理解这中介,不断浮现出一种关于应有和必须状态的观念。政治家如果确信自己关于形势的理解准确无误,他就必须依照它来行动,以便达到自己的目的。对于达到目的的途径的选择,受限于国家及其环境的特性。严格地说,在任何一个时候,只有一条达到目的的途径(亦即当时可能最好的一条途径)必须被考虑。就每个国家在每一特定时刻而言,只存在一条理想的行动路线,一项理想的"国家理由"。掌权的政治家力图识别这条路线,事后研究既往的历史学家也是如此。对国家行为的任何历史评价都无非是试图发现有关国家的真正"国家理由"。

只有在政治家不能断定何为真正的"国家理由"时,他才有可能来选择。然而,此类选择根本不可能的情况真是太常见了:政治家被迫步入单单一条狭窄地限定了的道路。"国家理由"于是呈现出深刻和严重的国家必需(national necessity)性质。一个国家独特的生活方式因而不能不在一条因果铁链的范围之内发展。对国家来说,除了遵循那些由它自己的"国家理由"为它指定的律令之外,享有自由独立的生活不可能有别的含义。

实有与应有、因果与构想、自由与必然、一般与个别——我们现在置身于这些难题中间,它们那么激烈地搅动现代哲学,使之争辩不已。然而,历史学家希望达到一种清晰的总体考察。他必须将彻底探究那些从他的难题产生的逻辑和玄学问题的任务留给哲学家。他就这个论题能说的超不过下面那些话。

无疑,在由"国家理由"激励的所有行为中,的确存在一种绝对牢固和连续不断的因果联结,那同历史领域内的任何其他东西一样明白可鉴。国家自保和成长的强有力动机驱使政治家趋于做出同时具有独特性和普遍性的行为。这些行为在如下限界内是独特的:它们力求按照一条完全独一无二的途径达到目的,这途径被调整到适合当时的需要,走过之后永不会重蹈。在这么做的过程中,它们不时直接触犯有效的道德命令和实在法。另一方面,这些行为出自对所有国家来说都是恒久和共同的自然冲动,因而带有普遍性。于是,由"国家理由"激励的行为中的独特性因素,表现得像是一种普遍原则的必然结果。所以说必然,是因为历史存在的丰富多样性,加上尤其是一个在其他同样不安全的国家中间为自身生存作斗争的国家的不安全,迫使普遍的冲动经历最精致的修改和个性化。如此我们就看到,一切由"国家理由"激励的行为中的独特性和普遍性因素,都能够被妥帖地纳入事件的总的因果性联结。

然而,由"国家理由"激励的每一行为都构成其本身内在的一项因果联系,而这因果联系同时也是目的和终极价值这两者的联系,即一种目的论的联系。国家希望实现某些预先注定的目的和价值。这些目的和价值是什么性质的?它们来自何处?当一个人试图分析它们并追踪其由来时,就出现了最初的困难。国家及其人口的福祉被当作终极价值和目的,而权势——维持权势和扩展权势——乃必不可少的、无保留地必须获取的手段。说无保留,是指在必要情况下甚至必须以全然不顾道德和实在法为代价来获取这手段(至少许多人认为,并且从广泛和习惯性的做法来判断是如此)。然而,这立刻就引起了疑惑——关于可以在多大程度上不顾道德和法律的疑惑,而在此问题上的观点和态度一向是,并且继续是非常多种多样的。国家必需的权势要无保留地获取,亦即不择手段地获取的主张由某些人坚持,也被某些人反对。此外,这里还产生了某些道德判断,这使我们开头有的那种图景,即关于"国家理由"所激励的行为的、因果关系上连续不断的简单图景变得复杂起来。

在由国家的福祉代表的终极价值之外,还有其他重大价值,它们同样要求有权被认作无条件的。它们当中,我们在此关注的是道德法则和正义观念。因为情况在于，国家的福祉本身并非仅仅通过权势，也通过伦理和正义来保障；而且说到底，这些东西的瓦解危及权势本身的维持。因此可以看到，尊重道德和正义本身（一种纯粹理想主义的考虑）并非能够导致国务活动家节制自己的权势追求、限制自己对权势手段的选择的唯一动机。因为，倘若他是依据得到透彻理解的国家福祉关怀来行事，类似的限制就会是必需的。这限制就在于一种复杂的动机，在其中理想主义考虑可以同实际的功利主义盘算两相混合。倘若他依据国家福祉考虑——即从"国家理由"出发——行事，便立刻会冒出一个非常难解的问题：他在这么做的时候多大程度上由功利主义观点指引，又在多大程度上由理想主义观点支配？从纯逻辑角度看，界定这么一条界线也许可以被认为是可能的，但在我们所知的历史上，这界线无法分明划定。在此场合，不可能理解个人行为的最深层。结果，历史学家能做的就至多不过是对究竟哪一种动机占优势表达意见，那按照证据情况，按照我们关于其行为在此需予解释的人的性质具有的其他知识，会是更加可能或不那么可能的。而且，假设任何人在做出理想主义和功利主义动机可能共同起作用的类似的行动之后，要真诚地自问自己的行为在多大程度上由一种动机决定，又在多大程度上由另一种动机支配，那么他在大多数场合将不得不承认不再能够清楚地区分这两种动机，不得不承认它们已极难觉察地混合在一起。往往直到冷静的审视揭示出伦理行为的有用性和有效性之后，道德冲动才展现出来。到那时，说理想主义动机出自功利主义动机的土壤，是如实的。不仅如此，一个人可以自我体验这个过程，但他无法精确地予以解析。在道德性质与非道德性质的感觉和动机之间，太经常地存在着混合和转化的灰色区域，而且甚至能够发生这些灰色区域占据全部空间的情况。

到此为止,我们考虑的是这样的场合:理想主义和功利主义的动机重叠起来,防止国务活动家越出正义和伦理的界限,约束他对权势的追求。然而,情势相反的时候事情是怎样的? 当他与此相反,在自己的所有决定和行为中将权势目的置于正义和伦理之上,从而根据"国家理由"来颇为具体和毫不含糊地行动的时候,一模一样的含糊难解的问题会自己冒出来,毫无二致的深不可测的转化区域会又一次出现在感觉、希望、思考和行动中。其时,他是否真的仅仅受自我显示为一种道德价值的国家福祉推动,是否确实只由对被付托给他关照的那个国家的生存、前途和所处环境的强烈焦虑来驱使? 这里是否至多只存在着互相歧异的道德义务之间的冲突? 或者,我们是否也觉察到某些非道德动机的侵入? 追逐权势是一种本原的人类冲动,或许甚至是一种动物冲动,它盲目地攫取周围的一切,直至突然遭遇某些外部障碍。而且,至少就人而言,这种冲动并非仅仅局限于攫取为生存和健康直接所需的。人全身心地陶醉于行使权势本身的快感,并且通过行使权势来自我陶醉,欢享自己被提升了的人格。① 权势欲(*pleonxia*)是人最为有力的本原冲动和驱使力,仅次于饥饿②和性欲。不仅如此,正是这一不止是单纯地满足赤裸裸的肉体需要的冲动,使人类觉悟到历史生活。因为,假如没有早先暴君和统治等级那残酷无情的权力攫取,连同所有与之伴随的恐怖和惧怕,本会永远达不到建立国家的阶段,永远达不到人被教导得足以履行种种需要共同承担的

---

① 参见 Vierkandt, *Geséllschaftslehre*,第 290 页。
② 原文为 hunter,疑为 hunger 之误。——译者

伟大任务的阶段。当然,仅仅依靠此等权势斗争手段,也永不可能达到这阶段,因为还必须有某种类型的、理智和道德样式的价值概念(无论多么粗糙原始)来帮助取得这些成就。[1] 权势(*Kratos*)和道德(*Ethos*)一起建造国家,塑造历史。然而,在每个发展阶段上,特别是在国务活动家的行为中,它们之间的关系是何等朦胧不清,何等疑问丛生。可以再一次问道:国务活动家的行为在多大程度上被付托给他关照的集体整体(the collective Whole)的福祉考虑制约?在此阶段上,只能给出基于直觉和生活感的概要回答。

在权势与道德、权势冲动驱使的行为与道德义务激励的行为之间,有着位于国家之巅的一座桥梁——"国家理由",亦即关于什么是有利、有用和有益的考虑,关于国家为了不时臻于其存在的巅峰而必须做什么的考虑。在那里包藏着"国家理由"难题的巨大意义(不仅是历史的,也是哲学的巨大意义),还远未得到适当的评价。因为,正是在这座桥上,一个人格外清楚地看到那些可怕和令人深感不安的困难,它们被人类生活中实有与应有、因果与理想、自然与精神的并列所掩盖。"国家理由"是一条最具两面性和二元性的原则,对物质自然是一副面孔,对理性又是另一副面孔。它还有(如果可以这么说的话)居中的一副面孔,在那上面属于自然的东西与属于精神的东西混在一起。

在由"国家理由"驱使的行为中,甘愿顺从权势冲动的那部分属于自然王国。一个人如此行事,他必须这样,因为这里有一种基

---

[1] 迄今为止按照实证主义途径进行的探索未显示对这一点有任何完整的理解。参见 Vierkandt, *Das Heilige in den primitiven Religionen*, *Dioskuren*, 第一卷,该卷在此宗教领域开拓了新天地,证明在处于自然状态的民族中间存在一种真正的宗教意识。

本的力量在运作,这种力量永远不能被完全窒息,而且(像我们已经注意到的那样)没有它,国家本来绝不会兴起。再者,必须本能地感到权势对于国家必不可少的国务活动家,同时也是一个有血有肉的人;在他那里因而必定有颇为个人的权势冲动,因为如果缺乏坚强、冷酷之人的个人权势欲的这么一种襄助,国家就绝对无法成功地取得对它来说必不可少的权势。所有这些仍然寓于因果性和生物性联系的领域之内。或许最重要的是,正是在这一领域,一个人发现那些从国家所处环境产生出来的直接的行为动机,它们确实招致了人所称的"国家的必需"(Necessity of State)。这是国家在内外威胁面前发现自己处于其内的一种制约形势,它迫使国家采取一类很特别的防御和进攻手段。今天,一个人在这样的场合通常说国家的行为受"限制"。因而,一种高程度的因果必然性——其载体自己习惯于将它设想为绝对的和不可规避的,并且极深刻地感觉到它——是一切由"国家理由"激励的行为的部分真正本质。

然而,这因果关系过程(如我们说过的)也总是一种由目的决定的过程。这就是说,它同时还是一个目的论过程。随我们将注意力转向"国家理由"的这个方面,价值的世界变得比较明亮了,而自然力的世界退隐到阴暗处。它臻于可能的最高形式之际,便是不再仅仅为权势本身而追求权势之时。相反,它只是作为获取公共福祉——社会之物质的、道德的、精神的健康——的一个手段而被追求。有一种崇高的道德目的,但与此同时,争取这目的的手段依旧是,而且必定始终依旧是残酷的和原始的。从基督教的观点看,这是屈从于原罪,而且太容易听任被误用。然而,如果一位国务活动家感到自己迫于"国家的必需",要去违背法律和伦理,那么他仍然能觉得自己在他本人良心的审视面前是道德上有理的,只要在这么做时,他根据自己个人的信念,考虑的首先是被付托给他来关照的那个国家的利益。因此,价值王国能够将一种使对象变得崇高的光辉,远远照入可疑的行为那最深的幽暗处。但尽管如此,此等行为仍旧是可疑的和双重性的,因为对道德和法律的有意违背必定在任何环境下(不管激励它的动机可能是什么)都是一项道德败坏,都是伦理在同权势的伙伴关系中的失败。因此,一切由"国家理由"激励的行为,都不断在光明与黑暗之间来回摆动。

这一摆动的中间区段就更确实地是由光明与黑暗平分秋色。因为,"国家理由"首先特别要求政治行为高度理性与合算。它要求国务活动家应当为此在文化意义上自我教育和自我塑造,应当严于律己,压抑自己的情绪和个人好恶,彻底地、全身心地投入确保公共利益这一实际任务。他还应当很冷静和合乎理性地力求弄清国家的实际利益,将这些利益同任何情绪的干扰隔开,因为如俾斯麦所言,在政治中,仇恨和报复心叫人坏事。至此为止,"国家理由"要求决然地从物质领域上升到智力领域,还要求一种特别合乎道德的成就,那就是做出利他主义的自我牺牲,以此为一种较崇高的任务效劳。但是,绝不可能完全成功地消除情绪性的动机,原因恰恰在于(如我们已指出的)一种本原的权势冲动必然已经存在于国务活动家本人身上,因为假如没有这种冲动,他本不会恰当地履行自己的职能。要求他应当只容许这种冲动在国家的实际必要所需的范围内激励他,是很容易的。然而又可以问,在一个个具体场合,怎么可能从一种合乎逻辑和实际的观点出发,截然区分多少权势是国务活动家和国家必不可少的,多少权势不是?在一位胜利者作领土兼并的场合,要将"现实政治"(Realpolitik)的紧迫必需同纯粹的扩张乐趣区别开来,是多么困难,而且的确是多么不可能。在黎塞留对其国内敌手,或者俾斯麦对哈里·冯·阿尼姆显示的那种可怕的严厉之中,极少可能将国家的严酷必需同个人的报复和竞争动机清楚地区别开来。这里又一次表现出冲动与理性之间、"国家理由"激励的行为中兽性的成分与理智的成分之间那朦胧难辨的灰暗区域。这个区域永不可能被带到光天化日之下,不管是依靠理论分析,还是依靠实际应用。而且,我们在此所说的国家的"智能"绝不等同于较高的智能概念(伸展进伦理领域的智能概念),后者是哲学在解析内在生活的各种力量时一般考虑到的。如果"智能"去关心共同体的精神和道德美善,它就能够升华到这高度,甚至取得伦理内涵。然而,不添加新的动机,不添加情感之温馨和深切的拨动,不添加内在的热情,那就是不可能的。于是,冷、热两者必须在一种非常特殊的意义上,在载体的精神中混合起来,因为"国家理由"要求(如前所述)一种冰冷的体温。在世界史上那些伟大的国务活动家那里,"国家理由"达到了很高的发展水平,而在这样的水平上,它能够取得理智力与情感力之间恰恰这一程度的非凡的紧张和统一。但是,它具有一种自然趋势,要往回退到它自己最为本质的、"冰冷"的成分中去,将自己局限在无论何种能为国家获取的赤裸裸的自我本位利益,使自己的算计仅仅涉及这些利益。而且,国家的利益总是同时还与统治者的利益混合在一起。于是"国家理由"不断处于如下的危险之中:变为纯粹的功利手段而无道德应用,[1]重新从智慧沦入纯粹的狡诈,仅仅为

---

[1] "人是政治的手段,在最有利的情况下是争取他自我拯救的手段。"见Spranger, *Lebensformen*,第2版,第192页。

了满足那包藏得更深、更彻底地隐蔽了的情欲和利己主义而约束表面上的激情。它能够变成纯粹的治国技巧,而且(历史地说)它起初就是如此。然而,纯粹的技巧属于自然性质的领域,那是蚂蚁、蜜蜂和筑巢的小鸟也有的。

8　　我们的研究类似于在一座巨大无比的迷宫内漫步,它不断地将我们领回同一个地点。当我们转而注视又一番新摸索的入口处,试图来领会问题时,这种情况将再次发生。

精神是否作为一种本质上不同的力量,一下子从物质自然中爆发出来?或者相反,是否自然本身依靠难以觉察的转化和一种内在的连续性,逐渐发展为我们称之为精神的东西?我们必须将世界设想成二元的还是一元的?这是现代哲学思想的一个令人非常头疼的难题,它在充满生活和历史的经验方面,远超过颇倾向于按照思想观念来建构和设定的较古老的哲学。所以令人非常头疼,是因为现代哲学思想拥有的两大主要武器——逻辑构想程序与经验归纳程序——归根到底形成彼此对立:纯逻辑的发现由于经验而变得令人怀疑,朴素的经验主义的发现则由于逻辑的和认识论的考虑而变得同样如此。历史学家,或者至少觉得自己的责任不止是单纯地描述事件和讲出来龙去脉的历史学家,不断在被卷入这一难题的旋涡。他无法让自己满足于哲学家提供的一个个答案,因为在其中的每个答案(甚至在他看来极为合理的答案)当中,他都觉察出这个或那个弱点,都觉察出某个依旧未解出、或者只是在表面上看来似乎解出了的未知数。他同样做不到依据他自己的理性来足够深入地透视。哲学和历史学使用的钻头足以钻透较软的地层,但碰到实际事物这坚硬的岩床时却裂成了碎片。他所能做的,莫过于抓取历史世界的特定过程,让这些事态被人根据较高、较普遍的力量来看待,这些力量或存在于它们背后,或在其中发展。他的任务是揭示在"恒久表象下的"(*sub specie aeterni*)实在。然而,他不是在一个合适的位置上,可以确定这一更高和永恒的力量,或者确定它同具体的现实的关系。因此,他只能说,在历史生活中他看到一个虽然统一却是两极的世界——一个需要所有这两极才能是我们所见的那样的世界。物质自然与理智、依据法则的因果关系与创造性的自然发生,就是这两极,它们处于那么尖锐和显然无法调和的对立之中。然而在它们之间展开的历史生活,总是同时受它们两者的影响,即使并非总是同等程度的影响。假如历史学家满足于对物质自然与理智之间关系的这种直截了当的二元论解释(它同早先世纪里的基督教传统和伦理传统相符),他的任务本来将轻而易举。他会无事可做,除了叙述光明与黑暗之间、罪恶与宽恕之间、理智世界与感觉世界之间的斗争。他会是一名战地记者;在思想阵营中(足够自然地)就位之后,他将能够毫无疑义地区分敌友。历史一般惯于用这种方式来写,而且同样的方法仍然广泛得到采用。所有说教式的和怀抱偏见的历史编撰都属于这一类,所应注意到的,只是偏见的方向以及关于什么构成理智和光明的看法容易有变化。但是,真正精深的历史写作已大有成长,超出了这种粗陋的二元论,虽然并未全然超出二元论,因为物质自然与理智的对立不可抗拒地迫使人承认它。与此同时,一个人不得不接受这么一项不舒服的事实(尽管这令人深为不安,而且往往令人震惊):物质自然与理智甚至并不像战争中的敌与友那样容易区别开来,而是相反,屡屡被发现共生共长,缠绕交错。正是这些在本原的与理想的之间、处于灰暗朦胧中的中间区域,扰乱历史学家的深刻沉思,并且把一个问题——他要将他的世界设想为二元的还是设想为一元的——摆到他面前。① 然而无论如何，他的任务在于抓住本原的与理想的之间任何可见的头绪和联系。

这两极性的独特与其同时的不可理解，是由这么一点开始：在那里，从寻常的机械性因果关系中，勃发出一种自我包容的活生生的统一，一种生命原理（entelechy），或者说（像历史学家就他自己的领域描述的那样）一种历史个性。在这一个性内，一个自发地主宰的观念将诸多局部汇集为一个整体，并且通过利用因果联结和愈益起而主宰之，来争取实现它自己。但是，因果联结永远不会让自己被观念彻底支配。它证明是顽固的，渗进生命体的所有组织和血脉之中；它们若没有它，将甚至不可能，但若仅通过它，那也一样不可能，或者至少不会是我们所能理解。我们必须把一个含糊难解的问题——自然的有机形式和生命原理如何同历史的有机形式和生命原理相联系——撇在一边，因为我们在此关心的是这些历史形式中最重要、最生机勃勃的形式，那就是国家：以"国家理由"为根本原则和生命原理的国家。让我们再次随之由黑暗而入光明来追踪其发展路径。

国家的由来可以追溯到两个源泉：一是统治者的个人权势追求，二是臣民的需要，这些臣民听任自己被统治，因为他们反过来得到某种补偿，并且通过他们本身潜在的追求权势和生命的冲动，也滋养了统治者方面类似的冲动。于是，统治者和被统治者由人类本原的对于社会的需要而紧紧地联结在一种共同纽带之内。所曾赢得的支配整个人民的权势有一本质特征，即要保持之，就必须

---

① 当今，一个人在最出乎意料的地方突然碰到这个问题。就此，例如参见 Troeltsch, *Der Historismus und seine Probleme*，第一卷，第 590 页；总的论说见 Vierkandt, *Der Dualismus im modernen Weltbild*，1923 年版。

行使之。因此,自从它问世以来,它就必须是有组织的,而一经被组织起来,它就转化为一个显要的独立实体,一个最独特的存在。它必须得到照顾,必须得到服务,首先是必须得到先前追求它、争取它的人的服务。统治者转变成了他自身权势的仆人。权势本身的目的开始制约他个人,不让他随心所欲。这个时刻一到,"国家理由"就诞生了。

在这方面,有人合理地指出:[1]虽然盲目统治出于权势的本质,但尽管如此,在现实生活中权势肆意妄为、盲然无章的事纯属例外。盲目喷涌的权势将以自身的毁灭而告终。权势要自我维持和增长,就必须遵循某些有目的的规则和标准。因而在权势的行使中,狡黠(cunning)与强制必须结合起来。如前所述出自"国家理由"本质的那种功利性的中间立场便由此形成,它始终不断地受到原始权势冲动之自然盲目与天生张狂的威胁和诱惑,但也不断地由一种对即时情势透露的最有效行动方针的必要洞察结为一体。这依靠的是确信"国家的必需",它告诉统治者:"你必须如此行事,如果你希望维持那由你来照顾的国家的权势;你可以如此行事,因为不存在会导致达到这一目的的任何其他手段。"以这样的方式,一种超个人的生命原理得以生成,它引导统治者超越他自己,但同时又总是由统治者的个人冲动和个人利益来滋养,来核准。

在统治者与臣民之间的关系中,这已经能清楚地看到。在这两者间一下子就形成了共同利益,它首先有助于约束统治者的权势追求。他必须还以某种方式来为臣民的利益服务,因为整个权

---

[1] Vierkandt, *Machtverhaltnis und Machtmoral*,1916年版,第8页。

势体系依靠他们,而得到满足的人民,愿意并且能够履行对其的要求的人民,是权势的源泉。然而,只是在统治体系(且不提他作为统治者的个人地位和他自己的个人权势利益)容许的范围内,他才能够为他们服务,而且一般来说也才为他们服务。"国家理由"迫使权势冲动满足较普遍的需要,但权势冲动却迫使这满足之举回到确定的限界以内。

一旦生成,这一超个人的生命原理就具有非凡的意义,导致越来越近地趋向于较高的价值。现在,一个人是为某种远高于个人生活的较高实体效劳,而不再是只为自己效劳。这是决定性的关节点,结晶为较高尚形态的过程由此开始,先前至多不过是必需和有用的东西现在开始被感到还是美好的。直至最后,国家凸现为一种旨在提供最高生活品质的道德体制,一个民族原始冲动性的权势意愿和生存意愿最终被转化为道德上自觉的民族思想模式,它将民族国家视做永恒价值的一个象征。这样,依靠难以察觉的变迁,统治者的隐秘玄机变成崇高的了,构成权势与道德之间的一个联结纽带。追踪这些变迁——这由天然冲动进至观念的质变——的历史学家,确实力图感觉其含义的历史学家(我们中间曾这么做过的人是多么稀少),会一次又一次地对生活的隐秘玄机大感惊异,会被推入极为困顿的大感不解的心绪之中。他会有一种眩晕感,摸索着找寻道边的扶栏。正是在这里(如果有在任何什么地方的话),他需要某种他自己的可靠的指南。他是否应当满足于实证主义的粗糙和现成的答案,将这些变迁解释为对于自我保存目的的不断改善、更为恰当的适应,并且将理智和道德的体系认作无非是一种权宜的上层建筑?仅仅有用和必需的东西永远不能导致人超越动物和动物界的不变技能。美和善永远不能从只是有用的事物中派生出来；它们出自人的独立的能力，出自将精神因素导入物质自然、将伦理因素导入纯粹功利的自发趋向。从一种因果的观点来看，它在自身的发展中可能似乎同人的低级冲动和低级能力密切相连，甚至非常难以分离地紧密结合；但是，当依据对生活的一种内向感觉来看时（这感觉是一种比实证主义更能够深入地探测这些事情的意识，后者只有能力做粗钝的因果联系观察），它就显得与这些低级冲动大不相同，就被看做是某种独特的和本原的东西。在人身上，高级能力与低级能力、精神因素与物质自然因素可以既因果性地相连，同时又在本质上分开：这一事实本身确实是生活的隐秘玄机的一部分。

然而，人内在的理智和道德要素在不断尽力攀登着的，正是这一对于某种更高权能的信念，它要求人的效劳和牺牲。"国家理由"观念的历史将清楚地显示这一点。但是，这么一部历史将做的还更多：它同时还不能不显示那使人囿于物质自然的永恒束缚，显示"国家理由"那重演不息的堕落——堕落为基本的原始权势。

在许多形式的人类创造活动中，物质自然与理智的两极并立都很清楚地显示出来，而一个人在其中看到的"文化"，实际上每时每刻都有往回沦入物质自然因素、沦入"邪恶王国"的危险。但是，国家不同于（这不同并非对它有利）所有其他文化组织：沦入物质自然并不仅仅是组成这样一个组织的人们肉体虚弱的结果，而是相反，是由这组织的结构和根本需要引起的。从教会本身到通常类型的俱乐部，每一种合法的社群和协会，其根本章程归根结底依赖一种宣称，即其理想标准绝对合理。如果这些标准遭到损害，那就是成员在违背其精神；然而，这精神本身仍然秋毫无损，纯洁无瑕。然而，"国家理由"精神的一个本质的部分，在于它必然始终因违背伦理和法律而玷污自己;它即使不是以其他方式,也是由战争这一事实本身玷污自己,而战争显然是它必不可少的一个手段,战争(不管其一切法理外观)确实标志了文化标准的崩解和自然状态的重现。显然,国家必然作恶。道德情感当然一次又一次地起来反叛这一反常,但产生不了任何历史性后果。世界史的最可怕、最巨大的事实在于,没有希望使囊括所有其他社会的人类社会本身变得非常道德;然而,人类社会包含着最丰富、最多样的文化,因而的确应当依其本质的纯粹,成为所有其他社会的指路明灯。

对大多数人来说,这一状态是可以忍受的,因为习惯使他们麻木,也因为他们有一种多少明确的感觉,即在这一点上他们或许面对某些不可克服的人类局限性。但是,对一个历史学家来说,完全不亚于对一个哲学家或神学家,不能容许甘于耸耸肩膀接受这情势。诚然,历史学无法援助文化,因为它没有树立正面标准和行为理想。相反,它追求的全是纯然沉思的理想,连同作为终极价值的真理。如果它还试图直接为美和善效劳,就会危及这追求,沦落到只是偏见的历史。然而,以一种间接的方式,它确实为它们效劳了,因为所有理智性的生活价值和精神性的生活价值互相支持。它们各自都只干脆和坚定不移地力争实现自己,但这样一来它们就更深刻、更有效地互相促进。因而,我们在试图做的对"国家理由"问题的历史评价必须抛弃任何道德说教意图。如果成功地做到这一点,就将不乏一种道德的派生效果。

接着,值得再次(只是现在比先前更显然如此)来探讨,并且清楚地看到下面这一状况的原因:虽然国家是法律的捍卫者,虽然它像任何其他种类的共同体一样依赖伦理和法律的绝对合理,但仍然做不到在自己的行为中遵守之。权势属于国家的本质;没有权势，国家就无法贯彻自己维护正义和保护社会的任务。所有其他共同体都需要国家的权势，以便无阻碍地发展，以便对人内在的兽性保持控制。只有国家才充分拥有这一既包括物质手段，也包括精神手段的权势。所有其他共同体，虽然依赖权势的使用，但不必拥有它们自己的物质权势，因而比较少受权势的诱惑。正如施洛瑟和布尔克哈特所认为的，权势的确并非"本身邪恶"；相反，它天然地与善恶无关。但是，凡掌权之人都不断受一种精神上的诱惑，那就是滥用权势，越过正义和道德的界限。当我们分析由"国家理由"激励的行为时，我们就足够清楚地看到这一点。可以把它说成包藏于权势之中的祸因——无法抵挡的祸因。因此，正是由于同任何其他共同体相比，国家需要更为本原、更为天然的权势手段，它也发觉本质上更难以使这些权势手段保持为合乎道德的。

然而，其他共同体这种固有的道德化，完全不意味它们的所作所为纯洁无瑕，而只意味它们的行为规范和原则是纯洁的。为什么国家没有办法至少也取得其运行标准和法则的这种纯洁？为什么没有至少是一种纯洁的国家生活理论，即使国家的实践不得不依然是不纯洁的？人们一次又一次地试图确立这样一种纯洁的理论，它将始终如一地把国家带到道德法则和正义要求的支配之下；但是，如已经说过的那样，这从未取得历史性的成功。不管什么人，只要试图从国家的历史本质（这必然无疑是必需的产物）得出关于国家行为的理论，就总是不能不在某种责任压力使国家越出正义和道德的场合，起来反对"国家理由"激励的行动中的这个障碍。这责任压力存在于国家的对外而非对内行为之中。在国内，"国家理由"有可能同正义和道德保持和谐，因为没有别的权势妨碍国家的权势。并非一向如此：这只是历史发展的结果。只要国家权威没有将所有国内物质权势手段统统集中在自己手里，只要它仍不得不在国内事务中同与之竞争和对立的权力作斗争，它就总是受到以不正义和不道德的手段来与这些力量战斗的诱惑（诚然在它自己看来往往不能不如此）。甚至今天，每一场它必须予以镇压的革命仍重新展示这种诱惑，所不同的仅仅是一种更精细的道义情感在起着反对作用，而且特殊立法使得国家在此种形势下所需的不平常的权势手段有可能合法化。但无论如何，国家的根本利益也在于应当服从它自己颁布的法律，从而以自己的榜样在国内事务中促进国民道德。因此，在国家内部，道德、正义和权势有可能互相和谐地协同作用。

然而，在它们同其他国家的关系中，它们无法做到这一点。只是在有一个能够并随时准备维护正义的权力存在的情况下，正义才能得到维护。否则自然状态出现，在其中每个人都力图以他掌握的无论什么权势手段，为他信仰的权利而战斗。黑格尔说，国家之上无执政。没有任何执政官能够给予各国正义的决定，并且以威力来维护这些决定；他也不会知道，在他的决定中他应当由哪一套法律来指导，因为各国互相冲突的紧要利益一般都利用那些被承认的法律原则中间存在的混乱。这使得各国可能将所有各类基本权势倾泻出来互相作对，使得权势冲动的精神诱惑肆意泛滥。然而在这一形势中，"国家理由"现在再次展示它内在的两面性和双重性，因为它也害怕它释放的这些基本力量。被释放出来泛滥的权势应该（在"国家理由"被适当地行使时）真正仅构成强行实现那些不能由法律办法获取的、国家之重大必需的手段。然而这手段一旦摆脱法律羁绊，就威胁要自立为终极的目的，威胁要使国家越出它始终需要的那种界限。这时，权势政治的放肆无度就开始了，非理性超过了理性。那（如前所述）构成"国家理由"内核的纯粹技术性的效用，确实并非总是拥有足够的力量来有效地束缚暴力的原始冲动。不过，也许它就此目的而言拥有的力量，一向的确超过伦理观念拥有的，而这力量在其达到最高形态时围绕"国家理由"成长。在各国生活中一起发挥作用的功利动机和道德动机，迄今为止任何情况下都未能产生出更多的东西，除了脆弱的国际法体系和至少同样脆弱的时髦的国际联盟。而且，尽管有国际法和国际联盟，我们直到目前，却仍然在看到那些不必害怕任何讲坛，也不必害怕任何更强大敌手的国家在放肆无度地滥行权势政治。

说在几个世纪的历程中，权势政治的性质和特征发生了重要变化——可以归因于（虽然也许不能仅仅归因于）道德观念影响的变化，那肯定也是对的。然而完全可以这样发问：在使权势政治（及其最重要的工具即战争）比较高尚和人道方面已成就的一切，是否并未由文明，即生活的逐渐理性化和技术化的其他重大效果得到补偿？这个问题的答案被放在本书的结尾处，就如只是在阐明"国家理由"观念的发展历程之后才能说明的一切那样。

然而，现在我们肯定必须更近地来考察那在国家的总体生活中使"国家理由"超越法律和道德界限的强制性力量。国家（如前所述）必须为自己来创造自己的想象性权利和存在必需，因为没有任何其他权威能为它作此创造，也因为不存在任何凌驾于所有各国之上的、直接和仲裁性的国家权威。但是，为什么不可能为了依据伦理动机而合作的各国本身那得到恰当理解的利益，来促使它们联合一致，直截了当地限制它们的权势政治立场，使它们遵守法律和道德，将国际法和国联体制发展到充分和足够有效的地步呢？

因为它们当中没有哪一个国家会完全信任另一个国家，没有哪一个国家确信任何其他国家会绝对在每一个场合毫无例外地遵守已约定的限制；相反，它怀疑在某些场合其他国家将再次堕入到遵从其自身固有的利己主义。一国（出于对本身福利的焦虑）首次堕入邪途并取得成功，便将足以破坏整个谅解，摧毁合乎道德的政策的信用。即使一国希望用道德上并非可以指摘的方法来操作本国的对外政策，它也不得不始终当心，防范它的对手在某个场合没有同样这么做；而在这种场合，（根据"海盗亦会被抢"（ à corsaire et demi ）的原则）一国将感到自己从道德命令中被解脱出来，于是那悠久古老的竞争将再次从头开始。

因而，使得任何改良都看来无望的是一种深刻的、悲观主义的信念（它植根于本能之中，并由历史经验证实），即不可能改善国家活动的特性。理想主义者将始终重申他对于这么一种改良的要求，一贯地宣告这改良是可能的。责任在肩、管理国家的政治家（即使他本人根本上是个理想主义者）却将总是发现自己受制于对整体承担的责任的压力，不能不怀疑改良的可能性，并且采取一种与此怀疑相符的治国方针。我们再次认识到：这一剥去正义和道德束缚的"国家必需"同时具有伦理的和自然力的两方面，国家是一种同时栖息于伦理世界和自然世界的两栖动物。同样，每个人和每个由人组成的联合体都是一个这类的两栖动物。然而，他们受制于国家的约束力，后者惩罚自然冲动的每一滥用，至少是只要这样的滥用触犯了法律。尽管如此，国家本身现在却又一次负有一种责任，据此它必须既运用又滥用自然冲动。

* * *

我们已试图用一种看起来好像当今观点的方式，展示了"国家理由"那难解的性质。如果我们的看法是正确的,那么我们面前就有了这么一项观念:它虽然本身在很大程度上被置于历史变迁所及之外,但确实以一种非常重要的方式助成了所有历史变迁——它是人创造的一切国家之永久的伴随物和指引者,是支配所有新崛起国家的一种活力;而且,甚至在同一个国家内部,如果统治者及其类型由于一场革命而改变,它也会从旧统治者那里跃入新统治者。普天之下一切政府都以这种或那种方式,依据"国家理由"来被延续,因而人们也遇到在"国家理由"激励的行为中发生的种种问题和矛盾。行为内容有变,但方式——即支配行为的法则——保持不变,并且重演不息。由于"国家理由"同时包含自然的和价值的因素,因而这两种因素之间的关系也有可能不断变化,有时这种,而有时又是那种因素占上风。

然而(历史意识肯定要问),这是否至多不过是一种不断的往复运动?或者,这里是否有任何有机的发展?治国方略在多大程度上一般来说永久不变,又在多大程度上可变和能够发展?我们认为,这个问题(就我们所知,它从未被提出过)是个很有益的问题,但如果要寻求一个普遍和包罗一切的答案,那么它也很难回答。然而,要是将它用作一个启发式的手段,以便将(各自独立的文化共同体之民族发展中的)普遍和不绝再现的因素同个别和独特的因素区分开来,它就能起非常可贵的作用。

现在,在治国方略的永恒内核和"国家理由"与它们历史上可变的运作之间,立刻出现了一种确定的、全然重要的关系。民族利己主义、权势冲动和自保冲动,亦即国家利益,是永恒的和普遍的,而具体的国家利益(它们属于一个国家是由于其特殊结构及其在其他国家中间的处境)则是可变的、独特的和个别的。不仅如此,在后者中间有些可变性较大,有些可变性较小。其中某些与一个特定国家的特性及其地理形势结合得如此紧密,以至于只要这个国家继续占据地球表面的那一块,它们就必须被认为是很可能保持不变的。例如,从恺撒时代直至当今,高卢人与日耳曼人之间一直进行的争夺莱茵边疆的斗争,就是如此。有时,由一个民族的特性和地理形势决定的其他利益可能只有在被某些内外变更唤起时,才成为有效的,例如英格兰民族显示的制海利益就是如此,它在中世纪一直处于睡眠状态,而德意志民族在1871年后的世界范围的经济扩张也是如此。还有其他一些利益看来完全是从地理形势产生,并且由于这个原因而附着于无论哪个前后相继统治同一个区域的民族或国家。因此,从难以追忆的古时候起,在统治亚得里亚海北岸、东岸和西岸的国家之间,不断兴起争取主宰这一海域的竞争;南部斯拉夫国家步奥匈和哈布斯堡家族的后尘,后者通常威胁威尼斯共和国。

除了国家的这些在多个世纪里一直起作用、并且多少是强制性的基本利益和趋势之外,还有可以突然变化和不断改变的其他利益,它们有如水银珠,在一种形势下分开,在另一种形势下又融合在一起。凡在那些较为恒常的基本利益不起作用的时候,国家之间的友好和敌对一般不倾向成为绝对和无条件的。例如,一国在削弱一个敌手(一国为了确定的权势目的而与之斗争)方面可以走得多远,同时不必害怕一个盟友(它在斗争中援助该国)可能由于敌人的毁灭而变得过分强大,并且从盟友变为敌人?于是,在事实上的敌手之间,当关系极端紧张之际,往往存在隐秘的利益纽带,它们(有如隐秘的弹簧)结合起来影响各种力量复合的相互作用。首先是这些利益纽带(与出自同类根源的文化和宗教等智识力量协同)构成了西方民族的一种共同体生活。然而,这么一种社群式存在与其他每一种共同体在类型上大不相同,因为在其中,伙伴之间的友好和敌对总是彼此交织和连接,因而各独立成员的利己主义总是强于共同体观念。但尽管如此,这一西方社群式存在仍然足够强健有力,能保证其全体成员某些共同的基本利益,这些利益因而再次以最易变、最多样的方式,变得同各成员自身独特的私利混合起来。在世事的疾风骤雨中,权势天平不断上翘下沉,其主要结果是导致了一种对权势关系中更大程度和平与稳定的共同希望,即一种对"势力均衡"的共同希望,那存在于仿佛由友好与敌对结合在一起的西方国家共同体内部。各国无不热烈接受这么一种"均势"理想,但又无不利己主义地解释之,将它当作本国的一种喘息空间和生长机会。因此,甚至这种均势也几乎总是脆弱无比,朝不保夕。

蛛网织而复破,破而复织,
一种沉静的法则主宰这转换的奥秘。

这种将社群意识与利己主义、战争与和平、死亡与生息、不和与和谐交织在一起的法则,其终极奥秘完全无法探测,但其面容带有"国家理由"的特性。只是通过塑造和自觉地促进所有这些独特的、流动不息但又恒常不变的权势利益,一国的"国家理由"才真正达到巅峰,实现自己完全的个性。它由此给国家本身打上自己独特的印记。个性由这一过程形成,据此某种确定的内在根本法则吸引或排斥外在世界的某些部分,并且将被吸引的部分合并到一个独特的统一体中。一个个特殊的国家从"国家理由"的真正内核中形成。因此,"国家理由"构成所有历史和一般治国方略的一个非常根本和必不可少的知识源泉。

迄今为止,现代历史只是比治国方略更充分地利用了这个源泉,因为后者仍然在许多方面受到旧的绝对主义方法影响,那使之倾向于追求完美、理想和标准的国家,而非具体、独特的国家。现代历史主义的本质和主要任务,在于把握历史的人类的个别模式,但同时又理解其永恒的内核、其重大法则中的一般因素、其联系中表现的普遍成分。这就使得"国家理由"观念与现代历史主义之间的一种重要联系凸现出来。换句话说,由"国家理由"激励的行动有助于为现代历史主义开辟道路。在关于国家的思想仍是从自然法规定的理想(关于最好国家的理想)出发对待国家问题的时代,由"国家理由"激励的行动已经一定程度上在教人如何探究实际的历史。当关于国家的思想仍在根据永恒的标准判断国家依以表现的不同特殊形态时(因而说到底由什么是最好的国家形态这一问题来引导时),实际施政的国务活动家都丝毫不为了什么是最好的国家形态自寻烦扰,而只关心眼前实际存在的那些国家。它不得不假定,支配它自身行为的同一个"国家理由",也支配它的邻人和敌手的行为,仅受制于他们国家的特殊关系导致的修改和具体化。因此,如果治国方略要取得进步,那么国务活动家必须不断努力确认这些修改是怎样的,以便发现指引那个特定国家的运作的法则。于是,依据"国家理由"做出的行为相当早地就发展成为一种探查的判断,它们已同现代历史判断密切相关。但是,现代历史判断也因而得益于"国家理由",得益于"国家理由"之渗入国家利益学说,因为自17世纪往后这一学说已经由那些同治国方略密切相连的信条培育滋养,如同提供了一个可用于同一目的的实际知识的源泉。

* * *

于是我们看到,我们的研究的各条不同线索被整合为两个节点,即被归纳为政治与道德之间的关系问题,并且也是政治与历史、"国家理由"观念与历史主义观念之间联系的确立。此外,研究任务还表现为探索治国方略由于恒常要素和当代成分的并列与混合而发生的变化。我们将主要对付头两个问题,而将后一任务的创造性解决留给别人来做。我们认为有理由纵贯近几个世纪的历史来跟踪这些问题,因而可以设想它们从一开始就彼此影响,交互作用。在此过程中,有时会主要着重于一个问题,有时则会更集中地关注另一个问题。为了驾驭汗牛充栋、不计其数的史料,我们将满足于一种选择程序。试图写一部关于"国家理由"和国家利益的面面俱到的历史,就等于是要从确定的角度写一部普遍的政治史。实干的政治家们将肯定在其中大唱主角,查理五世、黎塞留、克伦威尔、弗雷德里克大王、拿破仑和俾斯麦之类人物的政治大体系必定要予以描绘,它们之间的联系也不应被忽视。研究者还不得不钻研得更深,以图发现不同时代和不同文化中"国家理由"运行的种种不同力度。为什么在西方晚近的几个世纪里它具有如此不寻常的弹性力和流动性,而在其他时代和其他文化中它却往往更多地导致历史生活的持久状况?遵循理性路线(它,连同合理化的大规模制造业,是现代欧洲主义的最突出产物[1])的强国将由此被显露出它的智识根源。然而,"国家理由"观念本身在其历史形成中,远比在它作为一种观念的自觉理解中表现得清楚。当然,在主角们关于自己指导思想的富有特征的坦陈当中会不乏"国家理由",但大多数情况下,他们并没有感到自己要不得不对这一观念做任

---

[1] 参见 Troeltsch, *Historismus*, V.1, p.720.

何首尾连贯的理性分析。然而,要写"国家理由"观念的历史,意味着恰恰是就变化着的时间进程中"国家理由"的思想渗透和对它的理解进行这么一种探究。在较早的时期里,人们惯于将这一工作(迄今为止仅仅偶尔尝试过)算作政治学说史的一部分,而且在任何场合都是依照教条史的模式,将这类历史本身当作一连串信条的前后相继,松散地关联到总的历史。今天,对我们来说这种苍白划一的对待办法不再是合适的了。思想史大有必要被当作世界史(Universal History)的一个基本和必不可少的部分对待。它将下面这些方面汇合起来并加以展示,那就是有思想者对他遭遇的历史事态的了解,他在思想上把握它的方式,他从其中抽引出来的思想后果的类型。因此在一定程度上,思想史反映了所发生事物的本质——反射了人心中的指向生活基本要素的本质。然而,由于这个原因,思想史不仅仅是种种灰色理论的皮影戏或简单排序;相反,它是事件的生命血液,被吸收到那些奉召表达他们所处时代之本质要素的那些人的生命血液中去。一位重要思想家的意识形态从其所处时代的经验中生长出来,有如从千百片玫瑰花瓣中提炼出来的一滴玫瑰油。人依靠将经验转化为思想,使自己解脱经验的压力,并且创造出塑造生活的新鲜力量。思想是人能够达到的最高点,在那里它的认知精神与创造力联结为一体,共奏华章。为其本身的缘由(也为其效果的缘由),思想观念值得从世界史的角度予以考察。赫尔德说过,意见和看法的历史"将真正是理解行为史的钥匙"。[1] 当然,指引历史生活的思想确实不仅仅是从大思想家的头脑中跳跃出来的;相反,它们有广泛得多、也深刻得多的来源。然而,正是在大思想家

---

[1] *Briefe zur Beförderung der Humanität*, 5th collection, No. 58.

的头脑中,它们被浓缩和凝固下来;正是在那里,许多情况下它们首次取得将影响事态进展和人们行为的形态。

这些考虑使我们有勇气选择本书展示的那些重要的、或者仅仅富有特征的观念,将此推出来当作一部"国家理由"观念史。如果它在选择的论说方面足够成功,以至于所有关于"国家理由"的较深刻的现代思想激荡(亦如那些对历史生活施加了特别强有力影响的思想家和教师们)在此过程中都被恰当地置于透视图景之中,那么它就能够算作是这样的一部历史。我们希望每个被挑选出来的思想家都是他所处时代的代表。马基雅维里、弗雷德里克大王和黑格尔则显现为同时也对历史生活施加了强有力影响的人物。

因此,本书的真正主题,在于审视"国家理由"观念对各种世界观(Weltanschauungen)和思想模式的影响,并且探究这影响在整个晚近几世纪历史上的作用。

本书不能不展示的是一个悲剧式的过程,一场对命运之不可战胜的力量的不断重复的抗争。在历史织锦的其他明亮丝线中间,不可割断地(而且无论如何都明白可鉴地)交织着"国家理由"的红线,只是过于经常地是血红的红线。它们是从《人道理想与民族国家》讨论过的那些东西里生长出来的,这一事实对任何读了这两本书的人来说都会是一目了然。在大战的头几年里(伴随当时严重和深刻动荡的、但同时又是乐观主义的情绪),所设想的规划是仔细审视治国方略与历史解释之间的联系,揭示国家利益理论是现代历史主义的预备阶段。[①] 然而,以后由于紧接德国1918年

---

① 载于 *Historische Zeitschrift* 第123期的那篇论黎塞留时期法国国家利益观念的文章(它起初被打算构成本书的开头)仍然完全是为了这个目的。

崩溃而来的动乱,"国家理由"这真正核心的问题以其全部可怕性越来越清楚地凸现在眼前。历史判断发生了一种变化。一棵树如果由于受到自然力的作用,变得不能不多少违背其本来的生长步骤,那是可以原谅的。希望本书的任何矛盾之处也能得到谅解,它们至少会表明本书经历了有机的成长,而非出自生编硬造。

第 一 篇

幼年专制主义时代

第一章 马基雅维里

有如我们说过的那样,不管环境如何,统治事业总是根据"国家理由"进行。"国家理由"可以被偏移,或者受阻于真实的或想象出来的障碍,但它始终是统治的重要组成部分。然而,它作为一项原则或观念,直至历史达到一个特殊的发展阶段才得以实现。在这个阶段上,国家已变得足够强大,以致能捣毁这些障碍,并且在所有其他重大力量面前确立自己无条件的存在权利。要从世界史的观点出发说明这一过程,就必须通览和比较所有文化。必须从审视古代世界的"国家理由"观念开始,分析它同那个时代的精神的关系,因为古代的自由城邦国家和君主国家都充满着"国家理由"难题,也都有着许许多多明确界定"国家理由"的尝试。在修昔底德史书第五篇(第85章以下)所述雅典人和米洛斯人的对话当中,"国家理由"和权势政治之严酷可怕的方面得到了非常简明的表述。欧里庇得斯在其《腓尼基处女》中,让埃泰奥克利斯说,"如果必须作恶,就以替权威作恶为好。但其他情况下应该正直地行事。"亚里士多德在《政治学》第五篇里给出了一幅施政方式的合理构想图景,一名僭君(tyrant)可以据此来统治,在《论责任》第三篇里,西塞罗从斯多葛派的观点出发,充分地讨论了道德与对国家有用的东西之间的冲突,并且遗憾地说"在一个共和的国度里,公众利益的表象常常误导人们犯错"(见该书第11章)。塔西佗的伟大历史著作浸透了"国家理由"观念。关于这一点,我们可以从他的《编年史》第十四篇所述卡西乌斯那里引一句话作为证据:"任何重大案件的处理都会有不公正之处,这种对个体的不公正会因国家利益而得到补偿。"后来,随 1574 年于斯特斯·利普修斯重新发表其书,塔西佗成了"国家理由"的伟大教导者(虽然马基雅维里主要从李维、亚里士多德和色诺芬吸取教益,从塔西佗那里所得甚少)。此后整整一个世纪,塔西佗派①的文献层出不穷,该派人物在政治上对他大加利用。于斯特斯·利普修斯本人完全是从古代格言,主要是塔西佗的格言中整合出他的政治原理(《政治或公民教化文书:致执政者》,1589 年版),因而提供了一个关于古代世界如何谈论"国家理由"问题的知识宝藏。即使古人没有为之创造出任何广泛使用的专门表达办法,但我们在西塞罗那里经常碰到 *ratio rei publicae*(国家意志)一语,在弗洛鲁斯那里则经常读到 *ratio et utilitas rei publicae*(国家意志和公众利益)。②

在古代,培育"国家理由"观念的是多神论和关于人类价值的一种世俗观点。城邦国家欣欣向荣的时期里,最值得为之生活的

---

① 后面,博卡利尼将作为塔西佗派人士的一个例子被予以说明。我们在此可以引用加布里埃尔·诺代《政治书目》(1642 年版)中的一席话(第 233 页)来表明对塔西佗怀抱的崇敬:"但事实上,当塔西佗以一种领袖或将军般的姿态坐在高台之上,或者更准确地说,是他按计划这般安坐,在那儿面对众人惊奇艳羡的目光,他气定神闲地处理各种政治难题,就这样,塔西佗以其感人至深的魄力,使所有人间才俊黯然失色。平心而论,我也深为之折服,他应该为人们称颂,不仅由于他所保留下来的像一个纯粹的人所作的演讲,也由于他那神一般的静默。……"关于塔西佗派,见该书第 247 页以及 Toffanin, *Machiavelli e il Tacitismo*, 1921 年后一著作颇具才智,见闻广博,但夸大了塔西佗对马基雅维里的重要性。

② *Cicero ad Plancum* (Book 10 ad fam. epist, 16):不要等待元老院,让你自己充当元老院,无论如何,国家意志引你服从。*Florus*, Book I, ch. 8 谈到罗马七个国王"天性不同,但以国家意志与利益是瞻"。

东西是国家本身。个人伦理与国家行为伦理于是彼此相符,政治与伦理之间因而并无冲突。而且,也不存在任何普遍性宗教,要以其律令来为难和限制国家权势的自由行使。既存的国教相反是以赞扬英雄主义来倾向于促进这一自由行使。随城邦国家开始解体,英雄主义理想在人们无不为自己而激烈斗争的国家里转变为一种新的权势形式,而此等国家就是冷酷无情的权势者的国家,他们由柏拉图在《高尔吉亚篇》里论说卡列克莱时作了经典的描绘。① 总的来说,古代的"国家理由"观念此时仍牢固地附着于个人人格,用来为当时的统治者迫于形势压力不得不采取的行为方式辩护。它看来从未(或至少完全没有首尾一贯地)向一种超个人的、独立的国家人格概念升华,超越当时的实际统治者并与之相对。②

当奥古斯丁说"一旦没有了正义,国家的统治将会完全依赖赤裸裸的掠夺来维持"③时,基督教宣告了古代"国家理由"观念的尾声和对它的最终决定性判决。与此同时,新的普遍性宗教确立了一种普遍的、甚至国家也必须服从的道德命令,并且将个人的眼光转向彼世价值。于是,所有现世价值,包括作为权势政治和"国家理由"之先驱的英雄主义,因此让出舞台。此后在中世纪里,日耳曼法学与基督教伦理结合起来,共同压抑国家。国家固然存在于中世纪,但它并非至高无上。法律被置于国家之上,国家则是贯彻

---

① 比较 Menzel, *Kallikles*, 1923 年;并见维尔纳·耶格尔(Werner Jaeger) 1924 年在柏林大学就柏拉图时代希腊国家的伦理所作的富有启发性的演讲。

② Kaerst, *Studien zur Entwicklung u. theoret. Begründung der Monarchie im Altertum*, p. 10 f.

③ *De civitate Dei*, IV, 4;关于这句话的准确含义,参见 Bernheim, *Mittelalterliche Zeitanschauungen usw.*, I, 37。

法律的一种手段。"政治和'国家理由'在中世纪完全不被承认。"自然,通常的实践与这一理论观点有别。因此,"既然中世纪的法律和宪法理论中没有政策要求的容身之地,它们便强行闯出自己的生路。"①

然而在中世纪较晚时期,这些不规则的出路开始被规则化了。基督教教会与罗马教皇之间的斗争培育了弗雷德里克二世皇帝和法王腓力四世那样的大统治者的权势政治。德意志的查理四世皇帝和法王路易十一作为范例,表现了基于他们自身权威的一种彻底地肆无忌惮和合理化的统治艺术。甚至教会本身,由于其内在转化和世俗政治利益愈益渗透教廷,也由于宗教会议往往非常功利的立场以及教廷财政的合理化改进,同样为统治艺术中的新精神准备了条件。然而,这方面最强有力的动机仍寓于民族国家初始的成长,仍寓于较重要的那些王朝进行的斗争,这些王朝用封建方法积聚领地和财产,但用非封建的黏合性的统治方法力争保卫之。这一中世纪基督教世界的种种普遍观念不断地朝一种新的、国家意志的中心变迁。

中世纪晚期思想开始进一步将理想的法律即自然法同成文法区别开来,从而减小了日耳曼法学对国家施加的影响。"从此,国家权力被置于成文法之上,并且归属于自然法。于是,所有无关紧要的个人权利无不被置于国家权能之外的状况不再继续下去了;只有自然法的伟大根本原则才依旧在其所及之外。"②

这一时期里,零散可见几处对"国家必需"这一新观念的大

---

① F. Kern, *Recht und Verfassung im Mittelalter*, Histor. Zeitschr., 120, 57 and 63f. 这是一篇根本性的论文。

② Kern, *loc. cit.* p. 74.

致承认。14世纪期间,为荷兰伯爵效劳的一位教士菲利普·冯·莱登写了《对国家的关注和统治者的命运》;他提出这么一项主张:如果一位领土统治者授予一个城镇或一个人的特权损害公共利益,他就应当废止之。① 1404年,让·热尔松以一种更广泛的方式断言,如果任何法律与维持和平之目的(那是中世纪国家的最高目的)相冲突,那么这法律就应当更多地依照这目的予以解释,否则它们就必须被彻底废除,因为"必需无法律"。②甚至更为大胆的是一位替勃艮第公爵效劳的神学博士,名叫让·珀蒂。在一篇很长而且极为强词夺理的论文中,他为自己的主子导致奥尔良公爵被谋杀一事辩护,并且进而宣称不需信守贵族之间的承诺和同盟,如果信守它们将使统治者和国民整体遭受损害的话。他甚至说,信守此类承诺会完全违背神法和自然法。③

在中世纪晚期的资料和作者中间做一番搜寻,很可能会更进一步地发现此类看法,从而显现中世纪封建障碍的逐渐不断的松弛瓦解。可是一种大理论尚未从中生长出来。

---

① v. Below, *Territorium und Staat*, p. 190, and H. Wilfert, *Philipp von Leiden*, 1925.

② Platzhoff, *Die Theorie von der Mordbefugnis der Obrigkeit im 16. Jahrhundert*, p. 27;另参见 Gierke, *Althusius*, 279 和 v. Bezold, *Aus Mittelalter und Renaissance*, p. 257 f. (on Pontano)。

③ "事实上,同盟、承诺就是用各种方式由贵族组成的联邦,无论如何倘若信守它们变得对君主、后代以及公共事务有害,那就不必再信守。信守会与自然法和神法相悖。" *La chronique de Monstrelet* p. p. Douet-d'Arcq, 1857, I, 215 f. (Bk I, ch. 39)。然而,康斯坦茨宗教会议不敢立即谴责让·珀蒂的弑君信条。见 v. Bezold, *Aus Mittelalter und Renaissance*, p. 274。关于让·珀蒂,另参见 O. Cartellieri, *Beiträge zur Geschichte der Herzöge von Burgund V.*, *Sitzungsber. d. Heidelb. Ak.*, 1914。

然而,现代西方世界从基督教/日耳曼的中世纪继承了一项极为重要的遗产。它继承了关于"国家理由"与伦理、法律之间冲突的一种更强烈、更痛苦的意识,也继承了一种不断被唤起的感觉,那就是冷酷无情的"国家理由"确实有罪——忤逆上帝、违背神规之罪,破坏往昔美好时代法律的神圣和不可亵渎之罪。古代世界已经熟悉"国家理由"的这些原罪,也未忽略批评这些原罪,但对它们并没有非常在意。在古代世界,人类价值的世俗性使之有可能以某种平静的心态看待"国家理由",将其认作不可制服的天然力量的结果。古代的罪仍是一种完全天真的罪,还未被基督教开创的天堂与地狱之间的鸿沟弄得心神不宁,胆战心惊。甚至在基督教变得越来越不教条的时期里,教条式基督教怀抱的这种二元世界图景仍有深刻的影响。它使得"国家理由"问题带有被深切感知的悲剧色彩,那是它在古代从未有过的。

因此,"国家理由"观念在现代西方世界的历史随之开始的那个人,马基雅维里主义从其得名的那个人,历史注定必然是个不信上帝的人。他必定不知地狱的恐怖为何物。相反,他能以古代世界的全部天真,着手从事他那分析"国家理由"之本质的终身工作。

尼科洛·马基雅维里是进行这工作的第一人。我们在此关心事物本身,不是关心其名称,而他还没有这名称。马基雅维里尚未将他自己关于"国家理由"的思想浓缩为单单一句格言。他虽然喜欢强有力和富含意味的术语(他自己就创造了不少),但他并不总是觉得需要用术语来表达他内心的根本思想,如果事物本身在他看来不说自明,如果它充斥于他的全部心灵。例如,批评者们注意到他未就国家的真正终极目的表达过任何看法,他们还错误地由此推断他未曾思考过这个问题。① 然而,有如我们很快将看到的那样,他整个一生同国家的一种明确的最高目的紧密结合在一起。而且同理,他的整个政治思维方式仅仅是就"国家理由"进行思考的一个不断的过程。

马基雅维里的思想体系来自事态发展的一种关联,它绝对特殊、卓越和不同寻常,亦即政治崩溃同精神和理智复兴这两者重合。15 世纪期间,意大利享有政治独立,并且是——用马基雅维里那富有意义的话说(见《君主论》第 20 章)——由互相制约的五个国家即那不勒斯、教皇国、佛罗伦萨、米兰和威尼斯组成的一个体系。在意大利,发展着一种根据固定和明确的规则运行的治国方略,它由文艺复兴时代文化中的所有现实主义因素培育,并且直接由常设驻外使馆这一安排(恰好开始流行)促进。这种治国方略的极致在于"分而治之"原则,它教导人们每件事情都应当依其有用性来予以考虑,它以一种天真的嬉戏方式克服一切宗教和道德限制,但它本身依凭相对简单、机械的操作和思考过程为手段来起作用。只是 1494 年以后吞没了意大利的那些灾难——法国和西班牙的入侵、那不勒斯和米兰的独立地位的衰落、佛罗伦萨政体的突然变化和(这最重要)外部国家对于整个亚平宁半岛的集合影响——才成功地使得政治精神成熟到马基雅维里透露出来的那种程度的热烈、深刻和敏锐。作为佛罗伦萨共和国直至 1512 年为止的一名国务秘书和外交家,他学会了意大利治国方略其时已成就的每一项奥秘,并且也已开始形成他自己在这个问题上的独创

---

① Heyer, *Der Machiavellismus*, 1918, p. 29;另参见 A. Schmidt, *N. Machiavelli und die allgemeine Staatslehre der Gegenwart*, 1907, p. 104。

的思想。使得它们在1512年以后突然喷涌而出的,是那一年骤然降临到他和共和国头上的决定性厄运。马基雅维里作为被推翻并且暂时受着迫害的一派的成员,为了东山再起,不得不试图取悦于再次当权的新统治者——美第奇家族。于是便发生了冲突:一边是他自己的个人私利,另一边是他直到当时一直怀抱的关于共和自由与城邦国家的理想。马基雅维里的伟大的确在于,他现在力图解决这一冲突,使之达到最后结果。与他本人那天真幼稚和肆无忌惮的利己心相对(这是个朦胧不清的、并不特别吸引人的背景),出现了对于共和政体与君主政体之间关系,以及对于君主制的一种全国性新使命的新颖、精妙的思考。正是在整个这一环境中,"国家理由"的全部本质——由纯洁的与污浊的、崇高的与可鄙的两类成分混合而来的本质,获得了一种无情的表达。当1513年以后他写作论君主的小册子和《论李维》时,年满四十岁,那正是富含创造性的科学头脑最为才华横溢的年龄。

如前所述,一场精神和智识复兴也必有其塑造性影响。马基雅维里无论如何并未吸取文艺复兴运动的一切。他既未怀抱其宗教要求,也未持有其思辨哲学欲望;而且,虽然他不自觉地沐浴和浸透了文艺复兴的美学精神,但仍不特别赏识其艺术尝试。他的强烈兴趣在于国家,即分析和估计国家的不同形态、功能和存在条件;因而,在他那里达到极致的是意大利文艺复兴中特别理性、实证和讲究算计的成分。然而,仅有对政治权势问题的冷静考虑,本不会意味任何彻底的精神和智识更新。为维持它所必需的忠实信念和蓬勃精力,以及复兴理想可以从中成长起来的源泉,就马基雅维里所信而言是来自古代的。在他身上,古典精神肯定不是(像在文艺复兴时代那么多人文主义者身上那样)表现为一种单纯的学问和文艺更生,带着一种教师般苍白淡漠的辞藻灵感。他对古代英雄和哲人的热情,往往显出一种多少是复古派的有欠独立思考和判断。然而大体上,在他那里古典因素脱颖于传统和继承感,那在意大利从未完全丧失。尽管马基雅维里表面上尊敬教会和基督教(这尊敬往往同讽刺和批评混合在一起),也尽管基督教观点对他有不可否认的影响,但他心底里是个不信上帝的人,对基督教作了人所熟知的严厉谴责(见《论李维》,第二篇第 2 段),那就是它使人变得卑微、怯懦、虚弱。怀着一种浪漫的渴望,他瞩目于古典生活的力量、庄严和美,瞩目于它的光辉理想。他希望唤回自然的、真正的人具有的感觉和思想的结合力量,在这样的人身上,灵魂的伟大和肉体的强壮合起来创造英雄主义。于是,他与贬抑感觉的自然冲动的二元的和片面地精神化的基督教伦理分道扬镳。虽然他的确保留了它的某些关于善恶之分的结构性观念,但他主要是争取造就一种新的自然主义伦理,这种伦理将无所偏袒和义无反顾地遵从自然的指示。遵从这些的指示的人,不管是谁,(如他曾说)在严肃的正经事中间干快乐的恋情之事都不可能有错,因为连自然都充满着变化和矛盾。①

这种自然主义能够很容易地在人类价值问题上导致一种无害和浅薄的多样性。然而(尽管他欣然向维纳斯的圣坛献上了贡品),马基雅维里将自己一切真正和至高的价值都集中于他所称的"美德"(*virtù*)。这个概念具有极丰富的含义,而且虽然它取自于古典传统和人文主义,却被予以一种颇为独特的感知和阐说。它肯定包含伦理性质,但基本上是意在表述某种生机勃勃的、自然灌

---

① 致菲多里,1515 年 1 月 31 日。*Letterre di Mach. ed. Alvisi*。

输于人的东西,即英雄主义和追求文治武功之伟大成就所需的力量,首先也许是创立和维持欣欣向荣的国家,特别是共和国所需的力量。① 因为正是在共和政体——其理想典范在他看来是伟大的共和时期的罗马——之中,他看到了产生"美德"的最有利条件。于是,"美德"包含着公民的德行与统治阶级的德行;它既意味着一个人随时为公益作奉献的准备,也意味着国家伟大创立者和统治者的智慧、精力和抱负。不过,马基雅维里将一国的创立者和统治者必须具有的"美德"算作是一种更高层次的"美德"。因为他认为,依靠恰当的"调节",这种"美德"能够从邪恶和肮脏透了的凡夫俗子那里提取出另一种"美德",即公民的德行。在一定程度上,这后一种"美德"是第二性的,只有在植根于精神自然清新而未经污损的人民的情况下,才能经久长存。将"美德"如此分为原本的与派生的两种类型,对于彻底理解马基雅维里的政治目的格外重要。它表明,马基雅维里远非无保留地相信共和国公民自然和不朽的德行;它还表明,即使对于共和国,他也是从上面,即统治者的角度,而不是从下面,即基础宽广的民主制的角度来看待。他很欣赏他那个时候流行的一句谚语:在广场上你的言论与在宫殿里不会一样(《论李维》,第二篇第47段)。他确信,即使是共和国,若无伟大的统治者、组织者个人襄助,也无法问世。因而,在此限度内,他的共和理想含有君主主义倾向。他从波利比阿那里学到了一种理论,那就是每个国家的命运都循环往复,一个共和国的黄金时代必有其衰落和覆灭跟随。因此他认为,要恢复一个共和国由于沉沦

---

① 参见我提到过的一部著作:E. W. Mayers, *Machiavellis Geschichtsauffassung und sein Begriff virtù*,1912。

到如此地步而丧失的那么多"美德",从而再度振兴国家,只有采取一种办法,那就是一个人的原创性"美德"、一个"王者"(mano regia)和"权利似君者"(podestà quasi regia)的原创性"美德"(《论李维》,第一篇第18段和第55段)起来主宰国家,复兴国家。的确,他走得如此之远,以致认为对腐败透顶、无望更生的共和国来说,君主制是唯一可能的政府形式。因此,他的"美德"概念构成了将共和倾向与君主主义倾向密切联系起来的纽带,并且在佛罗伦萨共和国崩溃之后,使他能无所矛盾地将自己的希望放在美第奇家族的统治上面,为之写作《君主论》。同理,它使马基雅维里有可能在这之后,迅即在《论李维》中重新采取共和主义倾向,并且将共和制与君主制两相比较。

不仅如此,他自己特殊的"美德"伦理——文艺复兴运动的快乐的世俗精神的一个产物——现在开始披露他与寻常的基督教道德或所谓真道德之间的关系,而这关系一向是众多争论的原因,也不断是非难马基雅维里的一大话题。我们已说过,他保留了基督教关于善恶之分的基本观点。当他提倡邪恶行为时,他从未免去这些行为的邪恶称号,也从未试图做任何伪善的掩饰。他也不敢将道德恶行的直接特性包含在他的"美德"理想之中。在《君主论》那谈论阿加索克利斯的第8章里,他说谋杀本国公民、背叛自己的朋友、不忠不孝不虔诚,都不可能够上"美德"之名;做这些事能取得权势,但得不到光荣。然而与此同时,也是在如此行事的阿加索克利斯身上,他认出了真正的"美德"和灵魂的伟大,亦即一个统治者的大德行。因此,他的"美德"伦理范畴,同寻常的道德范畴并存,有如一个自立自在的领域;但对他来说,那是个更高的领域,因为它是国家的生机来源,是"为政治而生存"(vivere politico)——

人类创造力的最高任务的必需源泉。而且,由于对他来说,它是更高的领域,因而它可以被容许侵入、蚕食道德领域,以便达到它的目的。这些蚕食和侵害,这些基督教意义上的"罪过",始终免不了被他判定为不道德的,而且的确不构成"美德"本身;但是(如我们很快将比较清楚地看到的那样),作为最后手段,它们可以出自"美德"。

让我们首先更近地来看他的"美德"理念,考察构成这理念的悲观主义与理想主义、机械因素与活力因素的惊人的混合。他在《论李维》第一篇第 4 段里说,人从不会按照自己的利益做任何善事,除非某种"必需"驱使他们如此。他接着说,饥饿和贫困使人勤劳,法律使他们善良。对任何犯法行为的惩罚导向认识正义。因此,对他来说,道德上的善和正义是靠,并且可以靠国家的强迫性权力来产生。他对国家是何等敬仰,对一个个的人又是何等鄙视!然而,这一生硬的实证主义的因果联结得到了松弛,靠的是"美德"的中介,靠的是对于伟人的创造性权势的信念,这些伟人通过他们自己的"美德",连同他们所作的明智的调节,能够将人性的平常水平提升到一种新的、第二类型的"美德"形态。他还有另外一种机械的和宿命论的信念:世界总是依旧如故,所有事物皆循环不已,反复重现,因而"美德"在世上的存在并非源源不绝,而总是走马灯似的一时由这个民族,一时由那个民族有幸拥有。三百年后,黑格尔重复了这一观念:在他关于"世界史的支配民族"(它们不时受世界精神委托,履行在世界上指导其事务的任务)的理念中,他将宿命因素当作一种崇高的、宣示世界进步向上的哲学的组成部分。然而,马基雅维里满足于顺从地说明,只是在古时,才有单单一个民族有幸占据大半"美德"的事,而在现代,它是由一批民族所分

第一章 马基雅维里

享。这非常清楚地显示了不同世纪之间的相似与区别。这两位思想家都面临他们生活于其中的政治世界的崩溃,因而都渴望寻求世界史之中力量和效率的代表者。但是,黑格尔由于启蒙时代的影响,怀抱对进步的乐观主义信念,马基雅维里却持有历史生活永远相类似的旧信仰——基督教对此世的蔑视始终鼓励这信仰,文艺复兴的勃勃生命力也未能将其冲垮。然而,这勃勃生命力仍然足够强劲,即使在这崩溃中间,即使面临对人类的蔑视,也不失勇气,而且有力得足以去寻求新颖的"美德"。对马基雅维里来说,发展和创造"美德"是国家理想的、并且完全不说自明的目的。依靠"美德"将他自己的民族从所沉沦的深渊提升出来,并且可能的话使国家得以重建(他总是不断地在怀疑与相信这一点之间来回摇摆),成了他终生的关切。但是,这一新的政治理想主义现在确实为"国家理由"内在特性中那有严重疑问的因素所累。这就使得我们更接近于我们的真正目的。

将中世纪基督教生活理想联结起来的道德和宗教纽带一经被切断,要立即确立一种具有同样的内在统一和凝聚程度的新世俗理想体系,肯定是不可能的。原因在于,现在有那么多生活领域,同时对那些刚从中世纪的束缚中解脱出来的心灵开放,以至不可能一下子就找到一套独特的观点,由此出发世俗化了的世界能再次被当作一个和谐的统一体来予以把握和理解。人们一会儿在这里有所觅得,一会儿在那里有所发现;他们热情地、往往是颇为全心全意地投身于眼前的发现,并且对其变得如此全神贯注,以至没有机会去审视新经验与到此时为止一直怀抱的人类价值之间的矛盾和差异。马基雅维里在空前程度上怀抱此种片面的发现激情。他那么样地投身于自己的眼前特殊目的,有时竟将他自己先前所思所云的一切忘得一干二净。他以一种颇为勇敢的、有时几乎是狂热的方式,从他发现的真理中演绎出最极端、某些时候是最可怕的推论,与此同时却从不检验它们对他持有的其他信念的反作用。在他实验性的发现过程中,他还喜欢改变自己的观点,并且此一时彼一时地自我认同于政治斗争中大为不同的利益,从而对每个利益攸关者,无论是一位君主,还是君主们的一位敌手,他都能够设计出某种有力的灵丹妙药(而且只要有可能就是某种"普遍的统治"(regola generale))。因此,他临时开出的处方往往应被认为具有一定程度的相对性。对于他的这些倾向,应当牢记在心。

他的思想体系的最严重的内在矛盾——他从未成功地消除,甚至从未试图去消除的内在矛盾——存在于下列两者之间:一方面是新发现的"美德"伦理和"美德"激发的国家伦理领域,另一方面则是旧的宗教和道德领域。马基雅维里的这个"美德"起初是个自然的、充满活力的观念,包含着(并非全然不幸)某种残忍性质(*ferocia*);他现在认为,它不应依旧是一种纯然缺乏管束的自然力(按照文艺复兴精神,它本会是如此),而应当被升华为"寻常美德"(*virtù ordinata*)——一种理性地和有目的地指导的、统治者和公民遵循的价值规范体系。"寻常美德"自然很珍视宗教和道德,因为它们发挥的影响有助于维护国家。特别是,马基雅维里大力疾呼宗教不可或缺(《论李维》第一篇第11段和第12段);无论如何,他强烈赞同有一种将使人勇敢和自豪的宗教。他曾将"宗教、法律、军务"一并称作国家的三大基本支柱。但是,在此过程中,宗教和道德从固有的价值地位上跌落下来,变成至多不过是追求国家——由"美德"激励的国家——的目标的一种手段。正是这一点,导致他提出一项以后几个世纪里听起来那么可怕的双刃剑似的建议(这建议鼓动国务活动家们信奉一种不信宗教的、同时又是不诚实的怀疑主义),那就是甚至一种带有谬误和欺骗的宗教也应当得到支持,而一个人越聪明,他就越会这么做(《论李维》第一篇第12段)。无论是谁,只要这样想,从宗教观点看都是完全随波逐流的。如果甚至一种虚假的宗教也能被算作可贵的,如果道德上的善被认为是恐惧和习惯的产物,那么生活中还留下什么最终的确定性和可靠的基础?在这无神的自然世界中,人除了他自己以及和自然赋予他的能力外一无所有,只靠这些来与同一个自然行使的所有致命力量作斗争。马基雅维里正是如此设想他自己所处的形势。

发现马基雅维里如何力争超越这形势,是引人注目的和很有说服力的。"命运"(fortuna)对"美德"——这就是他对这形势的解释。他在《君主论》第15章里说,许多人今天面对命运的各种打击和我们经历的出乎意料的革命,认为一切智慧都根本敌不过命运所为,因而必须听任它对我们为所欲为。他承认,在心情阴郁时,甚至他自己也偶尔有此感觉。但他认为,屈从于这种感觉,就会是缺乏"美德"。一个人必须振奋,开河筑坝来同命运的洪流抗争,如此就能制约之。我们的行为只有一半受命运支配,而另一半或近乎一半,是留给我们自己主宰。"在人没有许多'美德'的场合,'命运'就足够清楚地显示其力量。因为它充满变化,所以共和国和国家就有许多变化。这些将始终在变,直至迟早会出现一个如此热爱古代,以至将调节命运的人;而命运将无法每日显示它能有多大成就"(《论李维》第二篇第30段)。必须像对待一个人想占有的女人那样,鞭打和损伤命运,而勇敢和残忍总会比冷静更成功。然而,这勇敢必须同大狡黠和巧算计结为一体,因为每一种命运的形势都要求有专门适于对付它的办法。他开始非常深刻地思考这一特定问题,因为它很清楚地透露出"美德"的力量和局限,连同整个人类的力量和局限。个人无法逃避他与生俱来的自然。他以这样那样的方式行事,因为这自然要求如此。于是出现这么一种情况,即按照命运的意向,他的特性规定的这同一个办法有时会产生好结果,有时却会产生坏结果(《论李维》第三篇第9段)。这么一种洞察可能导致退回到宿命论。但是,所有这些怀疑和刺激对他的影响像是一张绷紧的弓。他让自己的箭射得更猛。

以毒攻毒。"美德"肩负逼退"命运"的任务。"命运"是恶毒的,"美德"在别无他法时,也必须恶毒。这很明白地表达了马基雅维里主义的真正精神来源,那就是如下声名狼藉的信条:在国家的行为中,甚至肮脏的手段也是有理的,只要关系到赢得或维持国家必需的权势。它展示了人的这么一幅图景:人被剥去了所有超然的美善,被孤身抛在战场上面对自然的恶魔般的力量,因而现在感到自己也拥有了恶魔般的力量,以眼还眼,以牙还牙。在马基雅维里看来,"美德"有一种完全真实的权利来不择手段,以达到征服命运之目的。可以很容易看出,这个从外表上看来显得如此二元的信条,实际上是出自一种幼稚的一元论,它将生活中的一切权势归结为自然力。它现在变成了一个前提,马基雅维里就"国家理由"的本质所作的发现就是依据了这个前提。

但是,要做出这个发现,还需要有另外一个理论,一个他想出来、并且像他应用"美德"与"命运"之间斗争的理论那样清晰和一贯地应用的理论。此即"必需"(necessità)理论。"美德"、"命运"和"必需"是三个在他的著作中贯穿始终的术语,它们铿然有声,反复鸣响。这些术语,或许还有"精兵"(armi proprie)一语(它概况了他在军事事务和权势政治方面对国家的要求)的反复使用,表明他浓缩自己的经验和思想财富的能力,并且显示了他那丰富的思想体系是如何建立在寥寥几根简明朴素但坚固可靠的支柱之上。对他来说,"美德"和"必需"是以这么一种方式彼此联系:它非常类似于现代哲学中价值领域同因果关系领域的联系,即因果关系如何提供实现价值的手段和可能性。如果说"美德"是人创造和维持国家,并且赋予其意识和意义的活力,那么"必需"就是原因性压力,是使得怠惰涣散的群氓聚合为"美德"所需形态的手段。我们已经得知他如何将道德的起源追溯到"必需",也充分讨论过(他在《论李维》第三篇第12段中这么说)"必需"对于人的行为是多么有用,又能导致怎样的光荣。而且(像若干道德哲学家写过的那样),人的手和言语——使人高贵起来的两个主要工具——如果没有受到"必需"的推动,本来永不会完全地行使其作用,人类成就也永不会达到它们现在的高度。古代将领认识到"必需之下的美德",在计划将手下的士兵们投入一种他们不得不拼搏的形势时,用这向他们灌输顽强的战斗精神。在李维的史书(第四篇第28节)中,一位沃尔西人的头领向身边的战士们高呼:"跟我来!你们在道德上是平等的,这就是你们最可依赖也最有效的武器,你们定会战无不胜。"这些就是使马基雅维里热血沸腾的话语。他在《论李维》第一篇第1段里强调:存在越大的"必需",也就会有越多的"美德";"必需"能使我们成就许多事情,那是理性不足以有力到驱使我们去成就的。而且,他将同样很有特征的"寻常必需"(*necessità ordinata dalle leggi*)概念与"寻常美德"概念并立,前者为国家造就第一流的人力材料。因此,问题总是在于遵循生活的自然力,但与此同时也在于用理性来调节自然力。如果有人要一时间采用"主义"这讨人嫌的命名办法的话,就可以将马基雅维里的思想体系称作自然主义、意志主义和理性主义的三位一体。然而,若无他对于积极的"必需之祝福"的信念(这信念植根于世界史),若无他赋予它的真正的温暖,他就绝不会以如此的决心和确信来宣告那(可称之为)"国家的必需"。

他的另一个人格特征肯定有所贡献,那就是他的思想具有大不同于流俗的、激进的性质,从不在任何深渊面前退缩。诚然,他的同代人也早就懂得绝不要畏惧任何道德深渊,而要高高兴兴地跋涉穿行于污秽之中。要不是生活中的道德感一般已成无用之物,要不是已有西克斯图斯四世和亚历山大六世——连同他那可怕的儿子切萨·博尔贾——以来教廷提供的范例,马基雅维里本来绝不会有关于在政治中使用不道德手段的新思想所需的环境。它们就内容来说确实并不新颖,然而在下述意义上是新的,那就是他敢于表达它们,并且将其结合到一个含有普遍见解的体系中去。因为迄今为止,理论一直只是在实践后面跛行。如出一辙的人文主义者们,像那不勒斯宫廷中的彭塔努,明了新式治国方略的所有黑暗面,确实准备在对共同体有利的时候容许狡诈和欺骗;但在这之后,他们重新返回到君主身份的正经样式,其中充斥着古典习语。① 马基雅维里说,如果我要提供某种真正有用的东西,那么在我看来更适当的是遵循事物的真实,而非关于事物的想象中的图景。许多人为自己想象过共和国和君主国,却从未见过这类东西,甚或从未认为它们是可能的;一个人实际上做的与他应当做的之间有那么大的差别,以至无论何人,只要在考虑人们应当如何生活

---

① Benoist, *L'Etat italien avant Machiavell*. *Revue des deux mondes*, 1st May 1907, p. 182; 另参见 Platzhoff, *loc. cit.*, p. 28。

第一章 马基雅维里

时不去考虑他们实际上如何行事,就统统是盲人瞎马。这就是说,将只是行善奉作一切情况下行为通则的人,在那么多邪恶者中间必定失败。因此,一位君主如果要维持自己的地位,就有"必需"同样去学会如何不善,然后按照"必需"的指示去用或不用这一知识。

值得注意,马基雅维里并未在《君主论》开篇后很快就引入这一新的方法原理——一项将为那么多个世纪开辟新天地的原理,一项如此纯粹经验的、完全不受先验前提束缚的原理。他直至很后面才在第15章里引入之。所以如此,是因为他本人在写作此书的过程中,思想经历了发展。第15章(如我们在别处试图证明的那样)①并不属于《君主论》起初的写作构想,而是属于它的大概不久后就设想出来的延伸。自此往后,他始终运用这一新原理,很像佛罗伦萨艺术在审美上的诚实和率直。接着,当他完全铺陈开来时,他突然意识到自己正在走新路子。这是他生命的高峰,同时也是欧洲思想史的一个转折点。而且,在这方面,思想的历史非常密切地涉及各民族的历史,两者都被同一下电击所震撼。即使国务活动家们自己没有从它学到任何新的东西,它被教授给人这一事实本身也仍然是新的。因为,要直到它被当作一项原理来予以把握之后,历史趋势才发挥了其充分的影响力,才达到它们能够被称为思想观念的阶段。

然而,这新的科学方法的最初应用,连同它对历史的影响,是可怕的和破坏性的。一位君主还必须学会如何不善——这是支配和制约全部人类生活的"必需"所要求。可是,一方面确定道德法

---

① *Klassiker der Politik Bd. 8*, *Machiavelli*, *Der Fürst*, etc., Introduction, pp. 32 ff. 沙博(Chabod)在"*Archivum Romanicum*"一文中的反驳并未使我信服。

则是否只在政治实践中才应当被违背,另一方面确定是否容许用诉诸不可避免的"必需"来辩护这么一种违背(就像自此往后变得可能,而且事实上越来越倾向于发生的那样),却是另一码事。起初,道德法则本身作为一种超经验的必需所具有的神圣性,仍全然未受损害。但是现在,这超经验的必需被一种经验的必需压倒;邪恶势力在为自己力争有与美善力量并立的一席之地,并且在说明自己即使不是一种实际的美善力量,也至少是为实现某种美善不可或缺的手段。业已基本上被基督教伦理降服了的原罪力,现在赢得了本质上是局部的胜利;恶魔强行进入了上帝的王国。这就开始了那现代文化不得不在其下受苦的二元论,即超经验的与经验的、绝对的与相对的价值标准之间的对立。遵循本身内在生命冲动的现代国家,现在有可能摆脱所有束缚它的精神枷锁,有可能作为概不承认这个世界以外任何权威的一个独立的权力,去实现合理化组织的大可赞美的成就,这些成就在中世纪是不可想象的,现在却注定要一个又一个世纪地越来越多。然而,现代国家从开始抬头上升的那一刻起,就已经包含了一种内在矛盾或毒素。一方面,宗教、道德和法律对它来说都必不可少,都是它生存的基础;另一方面,它一开始就立意在国家自我保存所需的任何时候损害它们。人们要问,马基雅维里是否一定觉察到了这一矛盾,连同它必然产生的严重后果?

他未能觉察到,原因在于他那铁律般的"必需"理论蒙蔽了他,或者在于(至少像他相信的那样)"必需"理论解决了这个矛盾。迫使君主们在某些环境中避不行善的同一力量,也迫使人合乎道德地行事,因为人行善只是出于必需(《君主论》第 23 章)。因而,"必需"是这么一个东西:它造成伤害,同时又予以治疗。它是一种因果机制,只要"美德"存在于国家之中,它就保证存在必要的道德和宗教,保证这方面的任何过失都能得到弥补。这样一来,"美德"与"命运"之间斗争的理论和"必需"理论就很密切地协同作用,既为君主使用阴险方法辩护,又防止这在他看来成为有害的。

马基雅维里始终如一地坚信宗教、道德和法律的绝对有效性。甚至在《君主论》的最有害、最声名狼藉的一章即第18章里(这一章为违背契约辩护,并且宣称一位君主,特别是新君主为维护国家之目的,"往往必须无忠、无情、无人道,甚至无宗教地来行动"),他仍强调一位君主在能够的时候,不应背离道德之路,而只是主张他在必需的场合,也应知道如何走邪恶之道。他在此提出的声名狼藉的建议确实糟糕:那就是君主不必具有忠诚、诚挚等等一切好德性,但他必须始终装得像具有这些德性,因为在前一情况下它们将总是在起作用,因而是有害的,而在后一情况下他装得像是具有这些德性,因而是有用的。他这么说,就有助于使任何伪善的恶棍稳坐王位。要求君主本人有一定的内在道德约束,即使它同权势结合起来,使他本人在国家必需的情况下,承担国家利益与个人道德之间的全部冲突,从而做出一种悲剧式的牺牲——这本将整个地完全符合他的目的及其思想主线。然而,这种解决问题的办法(弗雷德里克大王后来将给出这办法)或许仍与当时的思想气候和马基雅维里本人的思想方式完全格格不入。按照心灵的内在冲突、侵害和悲剧性问题来思考的能力,是以一种更现代、更精细的心理为前提,它或许只是始于莎士比亚。与当时的时代精神相符,人们喜欢探求精确和直线式的途径,而马基雅维里在反对基督教道德的直线式途径的同时,铺下了另一条以它自己的方式同样笔直的道路,一条径直指向对国家有用之目的的道路。然后,他就怀着一种他特有的欣喜走下去,从中导出最极端的推论。

然而,人们禁不住要再次向他挑战,要问在他撰写《君主论》的时候,心中所想是否真的是国家的安宁?或者它仅仅是为美第奇家族写的一篇简要策论?这个家族的垂青是他需要的,这本书也是他献给它的,是为了通过推荐可怕的切萨·博尔贾的谋略为自己找到一个新主公。我们在别处[1]已经试图证明这一解释过于狭隘。不能否认诱使他写这本书的个人动机和当时缘由,但他关于国家的全部哲学,还有他要看到意大利摆脱蛮族的渴望,也从深远的地方参与进来起作用。切萨·博尔贾,凭其合乎理性的残酷行径和不守信用,肯定提供了一个在当时现实形势下操作权势政治的实际方法的楷模。然而,可供意大利的新君主们效法的理想模式和最高榜样,必定是那些伟大的民族解放者和国家缔造者,例如摩西和居鲁士、忒修斯和罗慕路斯。《君主论》从头到尾,甚至包括最后一章(它有时被错误地当作是个附录,而不是全书所需的一个组成部分),都是从一个统一和根本的观念中生长出来的,都建立在"美德"与"命运"之争这一伟大的主题上。

说《君主论》就其技巧性的各章而言,很容易使人感到马基雅维里只是在密切关注君主的个人利益,那肯定是对的。在这一方面,马基雅维里屈从于自己对片面强调的热衷,执迷于过分精微地处理眼前的论题。然而,如果将这一作品同《论李维》和他的其他著述一起拿来当作一个整体看待,那么这种印象就完全消失了。我们清楚地看到他一生真正的中心思想,那就是凭借一位专制君主的"美德",凭借"必需"所规定的一切措施的杠杆力,来实现一个

---

[1] 见已提到过的 *Klassiker der Politik* 一书第 8 卷导言。

第一章 马基雅维里

沦落了的民族的新生。

这么一个事实就是马基雅维里的独特处,同时也构成其作品的历史力量:他——发现"国家理由"真实性质的第一人,确实成功地度量了它导向的所有巅峰和深渊。他懂得它往下一直深入到人内在的兽性:"因而一位君主必须恰当地理解如何利用人和畜生"(《君主论》第18章)。像我们已经看到的那样,在此过程中当他着迷于自己那根深蒂固的分析热情的时候,他能够比为了恰当利用兽性而确实必需的程度,深得多地沉入兽性的污秽中去。他还懂得,一个场合的国家必需(在此场合一个遭受危险的邻邦威胁的共和国或许不得不采取征服政策)并不仅仅代表一种纯粹的事实上的必需,而是还包含着某些权势冲动和权势贪欲因素:"受他人骚扰会激起征服的欲望和必需"(《论李维》第二篇第19段)。① 但是,他鄙视他所谓十足的、毫无心肝的权势贪欲(《论李维》第三篇第8段),他总是再回到"国家理由"的功利性的中间道路。他劝告人保持头脑清楚,因而只希冀能够获得的东西;取胜后切勿变得专横,而应当——如果有着更强的对手——留心在恰当的时机媾和(《论李维》第二篇第27段)。也不要以威胁激怒敌人或用言辞侮辱之,因为威胁会使之更谨慎,侮辱会增强其仇恨(《论李维》第二篇第26段)。自招仇视而无任何得益是不审慎、不明智的(《论李维》第三篇第23段)。任何情况下一个政府体系都不应建立在民众中间持久不消的仇恨上面。最好甚至有意激起贵族的攻击,因为贵族人数很少,能被比较容易地制服;但即使在这么说时,他仍

---

① 另参见《君主论》第3章所云:"获取领土的欲望确实是很自然的人之常情。人们在他们的能力允许的范围内这样做时,总会为此受到赞扬而不会受到非难。"

提倡一种经过理性权衡的方针,"以免将贵族逼至绝望境地,同时又使民众满意"(《君主论》第 19 章)。

政治功利主义同时还是一种相对性政策。他教导说,在现今,必须对被统治的民众予以关注,因为民众比军队更重要。然而罗马帝国的皇帝们不得不迁就士兵而非民众,原因在于当时士兵能做的超过民众(《君主论》第 19 章)。设防的城堡视当时情况可能有用,也可能无用,而不招自己的民众仇恨要比任何设防的城堡更好(《君主论》第 20 章)。不过,每件事情总是包藏某种它特有的祸患(《论李维》第三篇第 11 段)。因此,每当依据"国家理由"行事时,都必须始终注意到它在其中作用的那些含糊不定、变化不息和祸福相倚的领域。"没有什么国家应当认为自己能够采取一条绝对可靠的路线;相反,它应当考虑一切都是可疑的,因为绝无万全之策乃事理使然。所以,智慧就在于明辨祸患轻重,取其轻者以为福"(《君主论》第 21 章)。

我们已经看到,当考虑国家能够采取的各种不同形态时,马基雅维里采用了一种相对主义观点。《君主论》中的君主主义偏向与《论李维》的共和主义色调截然相反,但这反差纯粹是表面上的。存在于一国人民中间的"美德"之多寡决定究竟是君主制还是共和制更适切。因此,由于他身处乱世,他就要求有一位专制君主,将此当作国家的必需,这完全是首尾一贯的。他绝对明白一个事实,那就是他要求的东西可以祸福相兼;他很懂得,他正以最高超的技巧授给主公的君主制权力工具可能被滥用——出于纯粹的个人权势贪欲而被滥用。人们可以理解,他为何在《君主论》中不接下去谈论这个问题。然而在《论李维》中,他颇为坦率地谈了他对这个问题的确实真诚的看法:只有在一个共和国里,才能保证公共利益优先于个人利益,从而使国家有可能臻于伟大(《论李维》第二篇第2段)。以他有时未免的那种夸张,他能够就一个君主统治的城邦国家写下这么一条命题:君主为自己的利益所做的在大多数场合会损害国家,而他为国家的利益所做的则大多会损害他个人。①然而,他接着马上来修正自己的粗糙的观念,并且用西方君主模式同野蛮的东方君主类型作对比。在这对比中,如果西方君主是个正常人,他对落到他照管下的各城邦就会有一种一视同仁的父爱,会让它们传统的整体安排安然继续下去。正如人们可以见到的,同样出自马基雅维里式的"国家理由"的本质,国家在其内部生活方面,仍应当希望以一种相对保守和考虑周到的方式来行事。②然而,并不因此排除冷酷无情的干预行动,只要它们是为保护权力免遭直接威胁所必需的。的确,在他的政治想象的地平线上,还浮现出一种徒然的梦想,那就是降临一位使得已沦落的各国幡然振兴的伟大重建者,"他或者通过自己的'美德',或者依靠一番调整的(亦即一场全面改革的)'美德'",将给这些国家注入新的生命。尽管如此,他那个时候的实际需要和实际可能(他一般是基于这些来做算计)并未超出镇压国家内部的实际抵抗,即未超出合乎理性地、同时完全彻底地以直接和间接的手段反对一切阴谋。后来那种类型的专制主义追求的目的,连同一概拉平的趋势,对于他本人和他的时代还是完全陌生的。马基雅维里主义确实开辟了导向这

---

① 他在此参照了色诺芬《论暴君》一文——该文(如 Ellinger, *Antike Quellen der Staatslehre Machiavellis*, *Zeitschr. f. d. ges. Staatswissenschaften* Bd. 44, 40 所显示)就是被认为出于色诺芬之手的对话录 *Hieron*。

② 参见《君主论》第 3 章内的忠告:"在使用同种语言的新征服国家里,法律和税则不应当被更改。"

目的和趋势的道路,但它们本身尚未萌现。正是由于这个原因,我们在马基雅维里那里看不到"国家理由"优先于成文法的迹象,而这一优先(如我们不久要见到的那样)在17世纪将构成"国家理由"的首要价值。相反,对现存法律的根本尊敬是他那理性的独裁政治的部分真实本质。"君主们确实应当懂得,他们开始违背法律,扰乱人们在其下生活已久的传统安排和习俗之际,便是他们开始亡国之时"(《论李维》第三篇第5段)。

所有这些都表明,他是在这么一种"国家理由"的伦理高度上行进:那在他所处的时代局限之内,的确只能有狭隘的目的,但它能够怀抱关于共同体利益,即全体人民的共同裨益的自觉意识。而且,他最终甚至能够升华到"国家理由"激励的行为可能达到的最高道德感,那就是甘愿让自己个人蒙受耻辱,只要这个人牺牲提供了拯救祖国的一个手段。他偶尔会同时伴着他那平实的功利主义来表达这一点,说"要使得大众赞成诸如此类看起来显示出怯懦和失败,但实际上意味着拯救和得益的结论,总会是困难的"(《论李维》第一篇第53段)。然而,人们可以在《论李维》的结尾处看到的如下话语,它以最有力的方式将其"国家理由"的崇高与黑暗结合在一起(第三篇第41段),而且在第一次世界大战期间肯定回响在某位伟大的德国国务活动家耳边——一个人可以用哪怕是可耻的方式来救国:"当问题在于拯救祖国时,一个人不应当有丝毫迟疑去考虑某事是合法的还是不合法的,是文雅的还是残酷的,是值得赞美的还是可耻的。相反,他应当抛开一切别的想法,把无论何种将拯救国家生命和维持其自由的决心坚决贯彻到底。"

*　　　*　　　*

马基雅维里的思想体系中,只有一部分能够影响历史生活:这是马基雅维里的命运,与那么多伟大思想家的命运一样。诚然,他通过他那将政治建立在经验和历史基础上的新方法,发挥了强有力的和经久的影响(虽然甚至这新方法也没有马上代替先前经院哲学式的和人文主义的方法,而只是在近两个世纪过程中与较旧的方法混合在一起,并且能逐渐地取而代之)。可是,他的"美德"理想很快便消退了,因为它从中产生的那种文艺复兴的异教情绪无法在随"罗马的洗劫"而来的时期里继续存在下去。与之相伴,他的治国方略的道德目的,他的重建观念,也黯然失色,成为无关紧要的。他的共和理想确实被人注意到,然而它们被以种种方式错误地解释,例如有一种不久后就表达出来的看法,认为凭着展示一幅真实的《君主论》图景,他意欲揭开专制政治的真面目,告诫人们防范他在指出的那种危险。① 但一般地说,他首先被看成是准备了独裁政治这剂毒药;如此,他被公开谴责,也被秘密运用。如我们已看到的那样,这只能怪马基雅维里自己,因为他的方法在于片面地将这个或那个时刻他恰巧在谈论的无论什么问题孤立起来。然而首要的是,政治重建观念完全超出当时民众和统治者的能力和希望,因而全盘失败。将要围绕宗教价值席卷各国的搏斗占据了人们一切较高层次的精神力,马基雅维里关于国家的古典异教理想主义不再为反宗教改革时期的人们所理解,甚至不为继承文艺复兴世俗精神的自由思想家们所理解。然而,他们很懂得他的治国方略的古典异教理想主义。一种精神和智力性的塑造能够为生活的纯粹天真的力量增添多少东西,在此非常清楚地得到

---

① 这就是《君主论》1532年琼塔版(the Giunta Edition)中已有的看法。又见伯德(Burd)为其版本(1891年)所作导言中的看法,第36页。

了显示。智力性塑造力在发现业已存在的马基雅维里主义之后,将它整合为一个说理高明、紧凑简洁、雅致雄辩的体系,从而使之在影响方面远为有效。一种一直在野生乱长、到处蔓延的植物——同时也是毒性甚烈但蕴含医疗效果的植物——成了一定程度上人工培育的,从而变得完美,且其效用大为增强。他的理论将下列两者结为一体:一是绝对有力的证据,表明政治生活一向看来恰恰具有这种而非别种特性,而且大概始终看来如此,二是"必需"的压力,即一位不想被毁灭的君主必须像狐狸群中的一只狐狸那般行事(*vulpinari cum vulpibus*)。而且,在这必需当中,一个人还可以朦胧地感觉到某种在道德良心的审视面前为不道德的政治行为做的较高级辩解(这是马基雅维里的思想中产生任何后来效果的唯一伦理因素)。随后,新近激活的每一派信条的基督教良心起来反对之,于是便开始了围绕马基雅维里主义这一主题的精神斗争和思想斗争,那是我们将要叙述的。我们以后还将回过头来再次谈论马基雅维里,那时我们的任务将是考虑其"国家理由"理论中包含的某些含义丰富的观念,探究它们后来有怎样的发展。这些观念指向在历史和政治思维方面更为个性化地对待国家。现在我们剩下要做的,仅仅是展示那些与其理论的传播相关联的、并且与它浓缩为"国家理由"(*ragione di stato*)这一显要用语相关联的最重要的具体事实。

《君主论》起初以手稿形式流传。1532年,它首次由布拉多在罗马刊印。此后便有无数次重印。[①] 1531年,布拉多还编辑了《论李维》的第一版,该书同样得到一次又一次重印。1552年,从罗马

[①] 参见 Gerber, *Niccolò Machiavelli, die Handschriften, Ausgaben und Übersetzungen seiner Werke*, 1912。

第一章 马基雅维里

首次发布的《禁书目录》将马基雅维里的全部著述列于其上。然而,翌年在巴塞尔便出现了《君主论》的第一个拉丁文译本。要阻止他的书传播开来是不可能的。

"国家理由"这一用语必定是很逐渐地才开始流传起来,起初是在 16 世纪 30 年代。精神上同马基雅维里如此接近的圭恰迪尼已有一次说过"国家理由"(*ragione e uso degli stati*),但他使用这一用语的方式使人怀疑他是否将其用作一个独特的概念。① 因而,一种明确的"国家理由"理论的最初存在证据,被人相信可见于一部从 1525 年讲起的匿名回忆录。然而,这是错误的。② 因此,

---

① 他在 *Opere inedite*——一部关于佛罗伦萨政体(1523 至 1527 年间)的对话录中用过(第二篇第 212 段)。参见 Barkhausen, *Fr. Guicciardinis politische Theorien usw.*, 1908, p. 89. 圭恰迪尼在此建议将比萨俘房统处死,以便削弱该城邦。虽然这可能不符合基督教观念,却是"国家理由"(*ragione e uso degli stati*)所要求的。

② 在其 *Secrets d'Etat de Venise* (1884) 一书第 529 页至第 533 页,拉曼斯基(Lamansky)发表了一篇匿名并且没有写作时间的文字,它来自属于威尼斯博物馆馆长巴罗齐所有的一份 17 世纪或 18 世纪的手稿。这篇匿名文字题为《什么东西一开始就能遮蔽其敌方支持者的视线》。查理五世手下的一名将军佩斯卡拉(死于 1525 年)据称阴谋杀害法国国王的一名支持者、费拉拉的埃尔科莱公爵。与此相关,这篇文字讨论了一个问题:埃尔科莱公爵是否有理由,以及有多大理由来抱怨这阴谋? 在此过程中,该文称我们想要说的政治谨慎或国家理由并不意味一个统治者应当将维持其国家、增长其国势置于最优先位置,所谓国家理由即是由此产生的一切,为此目的进行的一切活动等等。然而这谨慎只是为保障公共服务、安全和统治的万因永恒所必需的,它诠释法律,改变民风,转换风俗,或许还要加上进行裁判和处置,等等。佩斯卡拉的阴谋不应遭到谴责,而且此类一个个阴谋并不像战争那么坏,或具有那么大的破坏性,后者致使许许多多无辜者丧命。埃尔科莱公爵唯一正当的抱怨理由,在于佩斯卡拉作为一个意大利人和他的一位亲戚,竟然以如此不侠义的方式对他行事。如果这篇文字像普拉兹霍夫设想的那样(见 Platzhoff, *Theorie von der Mordbefugnis der Obrigkeit im 16. Jahrhundert*, p. 31)是当时的东西,或者无论如何最迟在 1525 年出自佩斯卡尔的侍从们中间,那么它对我们来说就构成了一种完整的"国家理由"理论的第一个重要证据。然而,至"国家理由"下一次被提到,中间间隔了 20 年,而在 1589 年博泰罗对"国家理由"进行理论性的讨论之前,又过去了几十年。我有个明确的印象,即这篇文字是以存在此种理论性的论述为前提的。"国家理由"同成文法的关系、它作为准绳的观念、精

在出现进一步的证据之前,我们只能采纳这么一种观点(17世纪里谈论"国家理由"的意大利著作家们已经持有这种观点①),即16世纪中期的大主教和人文主义者乔瓦尼·德拉·卡萨是见证它作为独立的流行术语存在的第一人。

来看看它究竟在什么情况下出现,连同德拉·卡萨不得不就此作了些什么评论,是有启发的。1547年,皮亚琴察落入皇帝之手,后者坚持占据该城,拒不将其交还给自己的女婿、帕尔马的奥克塔维奥·法尔内塞公爵。于是在接下来的某一年里,德拉·卡萨(其时作为驻在威尼斯的教皇使节为奥克塔维奥公爵的祖父、教皇保罗三世效劳)在一则遣词造句非常高明的致辞中,要求皇帝查理五世交还皮亚琴察。②德拉·卡萨说,虽然或许可以声称如此行事违背"国家理由",但这说法完全不是基督教的或人道的。它就像说公平和荣誉只是粗糙的工作日服装,每逢庄严的大场面就不能穿。恰恰在生活的重大问题上,情理应当占上风。谁违背情理行事,特别在国务方面,谁就是在违背自然,忤逆上帝。如果指

确地界定它的努力以及"战争理由"(*ragione di guerra*)同"国家理由"的区分和并列,是阿米拉托(见第六章)之后关于"国家理由"的文献中一次又一次反复出现的不同特征。在我看来,在1525年,一位思想家极不可能了解1600年时流行于世的所有问题。这篇文字还缺乏直接的当代气氛。总的来说,它更具有文学特征。它将佩斯卡拉的垮台当作一个标准范例,就像帕鲁塔和博卡利尼(他有一次也论说了佩斯卡拉的垮台)后来喜欢从往昔撷取个案,将其当作标准范例来谈论一样。而且最后,这篇文字的导言显示,作者已经习惯于时而论说此项主题。一句话,它分明是从一篇较长的政论文章中取来的一个片断,而其作者是1600年左右实际上多得不计其数的、笔谈治国方略的政治作家之一。不仅如此,佩斯卡拉谋害埃尔科莱公爵一事不见于任何其他资料。对该时期了如指掌的布罗施先生——普拉兹霍夫依据的就是他——对这匿名作者持怀疑态度。

① Chiaramonti, *Della ragione di stato*, 1635, p. 10. 参见 Ferrari, *Hist. de la raison d'état*, p. vi.

② *Opere della Casa's*, 1707 edition, V. 2, 125 ff.

引国家的理性仅仅是要服务于有用和有利可图的目的,并且要蔑视所有其他法则,那么君主和暴君还会有什么区别?人和禽兽还会有什么区别?创设"国家理由"这名目当然很好,但在这么做时,一个人就创设了两类理性。其中一类是扭曲、谬误和肆无忌惮的,适用于任何劫掠和丑行;它被冠以"国家理由"之名,被付托给各国政府。另外一类则是简明、直接和坚定不移的,它被完全逐出了治理国家的大业,局限于仅仅处理司法问题。如此,它试图使皇帝持有一种思想模式,在其中他会发觉无法依据这一令人憎恶的信条来行事。

当然,在皇帝和教皇之间围绕皮亚琴察的争吵中,双方都用了马基雅维里式政治的一切伎俩整治对方。1547年,在帝国驻米兰总督的唆使下,奥克塔维奥公爵的父亲彼尔·路易吉·法尔内塞被暗杀。然而在法尔内塞家族中间,这激起了复仇渴望,要用最邪恶的办法反对皇帝。这一点在那遣词造句非常高明的致辞中,被教廷外交家精致巧妙的"国家理由"掩盖。然而,人们的思想与其行为之间呈现的整个断裂,在他言辞后面幽暗朦胧的背景中可以瞥见。

第二章 让蒂莱和博丹
——马基雅维里在法国的最初反对者

可以试图将马基雅维里主义的历史与围绕马基雅维里进行的论战史连接起来。这将是又一次按照约翰·弗里德里希·克里斯特在18世纪业已踩出的踪迹走下去,他撰写了那不同寻常的论说马基雅维里的书 *De Nocolao Machiavello libri tres*(哈雷1731年版)。此后,莫尔在《关于国家的科学:历史与文献》第三卷,维拉里在其关于马基雅维里的论著的第二卷,还有伯德在其版本的《君主论》(1891年)中,都是步克里斯特的后尘。然而在此过程中,一个人将不得不同整整一大群才智只及三四流的人物交锋。这么一部关于对马基雅维里所作的历史判决的历史,肯定会构成历史-政治思想变迁当中的一个世界史断片。然而,这将同由马基雅维里本人的个性引起的特殊问题纠缠得过紧,而且将不得不分析(往往是痛苦地、详密地分析)早先几个世纪里种种困惑和矫揉造作的解释。比较富有成效的做法是将我们的探究与马基雅维里的个性分离开来,追踪其著作呈现的那种精神的后世效应。

马基雅维里的理论是一柄利剑,插进西方人类政治机体的腰窝,使之尖叫暴跳。这必定会发生,因为不仅真挚的道德情感受到了严重伤害,而且所有教会和教派的基督教观念,进而将各人各国联结为一体的最有力纽带和主宰他们的最高精神权力也面临被毁坏的威胁。当然,不应忽视(如恩斯特·特勒尔奇在其《基督教会的社会学说》一书中所展示)不仅天主教会,而且新近问世的新教当中包含的宗教道德确实为世俗型的治国方略提供了某些出路和余地。天主教道德做到这一点,是因为承认有一个具备某种相对性价值的自然法,从而也承认存在着真正的此世义务和责任;路德做到这一点,是依靠他的官方道德论,它给了当局一种极有力的武器用来对付作恶者;加尔文做到这一点,是靠着他散布的合理目的性精神,加上他强调的节制肉欲冲动的必要。然而,政治家在其中被允许较自由地活动的这些领域被限制得相当狭窄,并且必定一直如此,因为说到底一切政治行动按照原意都是为至高的宗教目的服务。如今,这一从属状态却受到马基雅维里主义非常严重的威胁。

还有其他一些重大力量并列起来,带着一种朦胧不清的本能来反对它。因为从根本上说,倘若马基雅维里主义要毫无限制地支配国家生活的全部运行,那么每一现行状态、每一权利和每一其他根本利益就将成为问题。它固有的那种思想,即政治目的的实现在必要情况下可以逾越任何界限,表面看来就像一种腐蚀性的毒药。即使那些已在或多或少地以马基雅维里方式行事的人,也不想要其他每个人变得会以这种方式来行动和思考。他们要么希望这一双面刃似的信条照旧是个秘密,只有极少数感到有理由运用它的人知道,要么希望它采取不那么有害、不那么遭人厌憎的形式,以至在其保护下他们自己将能够保持良心清白,同时又不伤害公众的良心,并且保持普遍道德。

这样就发展出了两类与马基雅维里主义作斗争的不同方法。有些人将它当作恶敌,全心全意地与之格斗,另一些人则冠冕堂皇地做出格斗姿态,同时却大肆效法之。这只是个非常粗略的类型区分,因为在此问题上涉及形形色色的动机和生命力,其种类之多大不寻常。问题的性质足以使每个认真考虑它的人心灵激荡。

自此往后,每个负责任的国务活动家都面对一个问题:他是否以及在多大范围内要应用马基雅维里的理论?因而有非常丰富的实例可以用来说明这个问题的历史,它们多得不计其数。有鉴于此,我们决定选取动机混合特别复杂,也特别明显的人物作为范例。最使我们感兴趣的将是这样一些思想家和政治家:在他们身上,马基雅维里主义和反马基雅维里主义彼此密切关联。这么选择的原因在于他们自己是内心分裂的,因而他们反映了通过马基雅维里主义这一中介进入历史生活的悲剧式的二元性,亦即马基雅维里主义包含的那种难分难解、事关根本的结合——毒害力和治疗力的结合。不过,我们还将在其代表背景特征的限度内,仔细选取少数思想直截了当的人物,他们以一种简单和专一的态度同马基雅维里主义作斗争。所有这些从各个不同世纪里挑选出来的个例,将被用作一大历史复杂过程的一个个象征,而这过程的影响力和重要性几乎是无论怎样高估也不为过的。

我们选择的方法首先将我们带到宗教战争时期的法国。在那里,胡格诺教徒伊诺桑·让蒂莱于1576年匿名发表一部书:《论如何管理好并保持一个王国或公国和平稳定的办法,分三部分,即一位君主要牢牢记住的三件事:枢密院、宗教、治安。驳佛罗伦萨的尼科洛·马基雅维里》。他将该书献给亨利二世和卡特琳·德·美第奇所生四子中最年轻的一位——弗朗索瓦·德阿朗松公爵;三位兄长弗朗西斯二世、查理九世和亨利三世先后依次登上王位,但也都遭到灭顶之灾。弗朗索瓦·德阿朗松本人的确不是胡格诺教徒，但他在政治上反对他母亲，并且雄心勃勃，以至5年后被恭请统率尼德兰时起而领导这个造反之邦。让蒂莱期盼这位当时的王位继承人会结束晚近已在法国存在15年以上的外来暴政，会恢复优良的传统法国统治方式。然而，外来暴政在他那里是指意大利人和意大利化了的法国人在法国的统治，因而就是卡特琳·德·美第奇与其宫廷的统治，加上新的邪恶的马基雅维里学说的支配——这些人应用和散布这歪门邪道，它整个地败坏了健康的法兰西民族。只是在亨利二世于1559年去世后，马基雅维里的名字和声望才在法国变得为人所知，而且只是从此往后，政府事务才在那里按"意大利样式"或"佛罗伦萨样式"进行。非常出名的是，廷臣们手不离马基雅维里的书，有如乡村教士手不离每日祈祷书那样。让蒂莱著作的拉丁文译本于1577年问世，其译者直接谴责卡特琳皇后是魔鬼选中的工具，用来在法国散布马基雅维里的毒药。[1]

如同胡格诺反君权主义者的那些争议性的著述（它们在同一年里产生），让蒂莱的这本书从头到尾深受内战和宗教战争之精神剧变的影响。其时父子格斗，兄弟相残，特别是1572年发生了圣巴托罗缪之夜惨案。该书来自这场大屠杀激起的愤怒，是这愤怒的思想产物，而大屠杀的终极原因在让蒂莱看来出自马基雅维里的理论。[2] 他在这方面并不全对，但同时也不全错。完全不清楚

---

[1] 作此断言的是这位译者，而非让蒂莱本人（相反的设想依据的是来自Christ, *De N. Machiavello*, 1731, p. 33的引言，它未经证实，却不断地被人照搬）。1577年版的献辞表明了这一点。

[2] 见Rathéry, *Influence de l'Italie sur les lettres françaises*, 1853, pp. 129 ff.，那里有进一步的证据表明狭隘的本土主义流俗看法，此种看法认为优良的传统法国方式被邪恶的意大利影响，特别是被马基雅维里败坏了。

卡特琳·德·美第奇本人在1572年以前是否留心马基雅维里。①无论如何,她那强烈地带有小气的女性情感和女性弱点的政治观念,与马基雅维里为君主规定的严峻、一贯的理性思想格格不入。然而,在她出生长大的故土,她得了感染马基雅维里的同一种疾病,肆无忌惮地相信君主有权杀人。诚然,圣巴托罗缪之夜大屠杀并非由她预先策划;她所以安排这场屠杀,是因为她对威胁她儿子查理九世国王的势力突然活跃大为焦虑。尽管如此,驱动她的并非仅仅是女人的一种强烈的统治和报复欲望。她完全不受宗教狂热的影响,而是以正开始赢得年轻国王信任的科利尼的名义,在与正力图迫使法国采取种种全新和冒险的行动方针的整个政治制度作斗争。卑下的个人动机或许已支配了她,但它同朦胧地强制性的"国家理由"动机难分难解地混合在一起。这就是最可怕的例证之一,说明在纯粹弘扬国家权势的原则与所有较卑下的原始驱动力之间,可以有一种不幸的结合。

被这么一幅景象震惊和激怒的对手,通常做不到客观地区分在此类场合"国家理由"与原始激情分别起了什么作用。他的哀号通常是单一的,将行为归因于仅仅一种有罪的动机。在此引人注目的是,让蒂莱不将这行为和总的内战苦难归咎于宗教狂热,虽然他作为胡格诺教徒这本来会是很自然的;相反,他将其归咎于马基雅维里主义的无神和非道德精神。他宣称,② 马基雅维里建议君

---

① Platzhoff, *Die Theorien von der Mordbefugnis der Obrigkeit im 16. Jahrhundert*, p. 62 f.; Jordan, *N. Machjiavelli und Katharina von Medici*, *Histor. Vierteljahrsschr.*, V. 6, 339 ff. (然而,该书的观点在许多方面不恰当); van Dyke 刊于 *Histor. Vierteljahrsschrift*, V. 18 的论文,第38页。

② P. 542,参见 p. 534。

主应在其臣民中间散布不和。法国的一切不幸难道不是出于外国人在我们中间散布的不和——天主教与胡格诺教徒之间的不和？53 应当谴责的不是宗教分歧,因为这本来可以通过辩论和宗教会议处理。如果要说出真相的话,那么赞同马基雅维里的天主教徒甚至并非真信天主教;他们是无神论者,不比他们的师傅更在乎上帝或魔鬼。这位胡格诺教徒在试图尽量淡化宗教敌意的清晰程度和意义时,①或许自己也不正是在下意识地按照政治机会主义的规则行事吗？他所属的教派充其量不过构成国内的一个羸弱的少数,因为它只有取得结合在"政治派"("Politiques")当中的温和天主教徒的信任和赞许,才有希望维持它自身。让蒂莱将自己的书献给弗朗索瓦·德阿朗松公爵,就显示了这一点。而且,事实上该书问世的1576年正是"政治派"和胡格诺教徒的接触尤其密切的一年。

有一类怪事在历史上总是与"国家理由"激励的行为相关出现,那就是一个人完全能够任凭自己不知不觉地受"国家理由"指引,然而也完全能够气愤地背离其基本命题。所以如此,是因为意识不可能很深地渗入个人生命的内核。让蒂莱永不会承认政治可以是生活的一个独立领域,在其中纯粹的机会主义行为可以是自然的和有机的。他只承认法律有三个来源,人的行为据此能够得到控制,因而它们也应当来控制国家的行为。这些来源是:第一,自然法,例如,它禁止人们按照马基雅维里的建议,将居民逐出被征服领土;第二,基督教教规;第三,成文法,特别是一个国家的宪法。在这三类立法的界限之内,还必须为他所称的统治者的"绝对

---

① 关于这一点,尤其参见 p. 149 ff.：天主教和新教必须都算作是基督教,差异仅在某几点上。

权力"(*puissance absolue*)找到立足之地。① 因此,统治者无权废除法国王位继承法或三级会议,也无权将他继承下来的任何一部分土地让予别国。然而在另一些方面,他倾向于相当宽泛地解释"绝对权力",赋予统治者在不得到臣民们同意的情况下率其进入战争和征税的权利。不过他相信,如果统治者一般根据他所称的"文治权力"(*puissance civile*)——它受制于情理、正义和公平——行事,就会在这方面做得更好。我们还可以补充说,他认为统治者的权力起初由人民授予。这样,我们面对的就是一种总的来说不连贯和不彻底的尝试:一方面的确试图承认法兰西王国的专制主义趋势,同时另一方面又试图依靠民众的权利和影响限制它。然而,马基雅维里主义想望的权力自由行使对他来说是可憎的。

假如仅仅按其实际论辩力衡量让蒂莱对马基雅维里的辩驳有多重要,那就几乎毫无价值。他的抨击笨拙啰嗦,充满误解。他只知道《君主论》和《论李维》。从这两部著作中,他断章取义地抽出整个一串命题,为的是逐一驳倒它们。在这么做时,他经常给它们赋予一种它们本来没有的一般意义,然后就按照当时那个时代的陋习,冗长、呆板地从古代和近代文献中摘取一条条权威看法和权威文句来驳斥之。基督教伦理的自然道德与成文法合在一起,在他看来就是判断政治事务的唯一标准。一切权势关系都被解释成伦理关系,道德教条与现实世界之间的所有矛盾都被诸如此类的格言掩盖起来:诚实乃最佳政策;暴君统治从不经久绵长;上帝绝不容变节行为不受惩罚,而且经常在此世惩罚之。对马基雅维里的一项主张——就统治者来说遭人害怕要比被人爱戴好——他报

---

① 参见 pp. 47 ff.。

以这么一条非常平庸的看法:没有什么比同时遭人害怕和被人爱戴更容易做到的了。对马基雅维里所提的一项精明的建议,即处死了人的统治者应当让被处死者的子女继承遗产,他则评论说任何正直的人总是更珍视名誉和生命而非财产。①

然而,这一判断确实令我们瞥见是什么使得让蒂莱对马基雅维里的抨击具有历史重要性,尽管他的论辩虚弱无力,而且矫揉造作地脱离现实。这里的情形是两种活生生的因素之间的冲突,犹如水火不相容。恼怒的不仅是他这样一位虔诚的胡格诺教徒,而且首先是他这样一名思想侠义、行为有骑士风度的法国人。这样的人突然认识到:他的整个世界和生活方式遭到了威胁;道德、名誉、他的阶级的利益,以及传统权利和特权的全部安享,统统不再安然无恙了,如果要仅仅依据对君主利益的恶魔般冷酷的盘算来统治国家的话。而且绝不能忘记,在更早时候,即60年代开始时,胡格诺运动已经同贵族利益结成了同盟。甚至在与之对立的天主教联盟阵营中,贵族原则也很活跃,因而对立就变得不那么截然分明了。这就将一种相当不安全和颇具分裂性的因素注入了王室同两大教派之间的关系。像卡特琳·德·美第奇及其儿子们的命运显示的那样,王室本质上太弱,太依赖各派系,根本不能按照马基雅维里指出的途径来恢复一种强有力的专制主义。然而,在这一年的流血和混乱之中,朝此方向发展的趋势始终继续存在,而胡格诺反君权主义者奥特芒和迪普莱西·莫尔奈继续进行他们反对法国专制主义思想的狂热斗争。让蒂莱虽然对统治者的"绝对权力"做了让步,但仍可被算作是他们的盟友。他在以他对生活的天真

---

① P.383.

新颖的感觉捍卫贵族和王国各等级的世界,而在此过程中他以一种同样深切的本能,意识到马基雅维里主义是他们最危险的敌人。

原因在于,当马基雅维里解释国王无限制的权力乃控制人的严重腐败的唯一手段(《论李维》第一篇第55段)时,他挑选出来作为这一健全的政治状况的最坏敌人的,恰恰是那不勒斯、教皇国、罗马涅和伦巴第的贵族土地领主。让蒂莱对这一点评论道:这就意大利来说可能是对的,但就阿尔卑斯山这一边的各国来说却肯定不对。因为在法国及其各邻国,强有力地维持法律并保证它得到服从的正是贵族。只有对马基雅维里心想的那种政治安排,亦即专制,它才能够是危险的。法国的贵族们一向有力地反对专制,使得现已进入法国的马基雅维里派人物大为恼怒。让蒂莱起而反驳马基雅维里的一个论断(《论李维》第三篇第1段),亦即假如没有巴黎高等法院对贵族施加的压力,法国本将遭遇不幸。他说在任何高等法院以前,法国就已经一样(如果不是更加)欣欣向荣,并且治理得更好。他问道,在法国,究竟有什么理由要有许许多多新法庭和新法官?法官越多,诉讼和冲突就越多。统治者也不应该建立任何庞大的国库,因为他这么做,只会创造出一种吸引敌人和引发冲突的诱惑。一位统治者的永不可能丧失的真正财富,是其臣民的财富。① 可以看到,让蒂莱不断地前来反对真正君主制权力的整个发展进程,而且在每一处都认为它得到马基雅维里思想的支撑。针对统治者按照马基雅维里式方针实行的一种权势、战争和征服性的对外政策,让蒂莱能够滔滔不绝地炫耀他满脑子所有的道德和宗教陈词滥调。他只有一次停下来,做了个颇有特征

---

① 参见 pp. 663 ff. 和 pp. 564 ff.。

第二章 让蒂莱和博丹——马基雅维里在法国的最初反对者

的坦白:①只要战争是确实在境外对着外国人进行,它们也许就不那么坏,因为那将始终保证在需要时能够得到有经验的部队;如果臣民们生来尚武好战、在别的情况下会倾向于自相残杀(法兰西民族就是如此),那就应该特别注意这一点。因此,对外战争是防止内战的一个安全阀——类似的观念曾出现在科利尼的政治纲领中,它伴随圣巴托罗缪之夜屠杀而夭折。这或许意味着让蒂莱在又一次对"国家理由"精神作不情愿的让步?我们可以猜测有另一种可能的历史动机——他对马基雅维里主义的最强烈厌恶从中产生的同一种动机,那就是已说过的他的法兰西骑士精神,他对军人职业的热情,那是他不愿任其消逝的,即使与此同时他希望全然过分好斗的法国贵族能够多一点科学感,少一点对他们自己血统纯洁的骄傲感。但是,诸如此类的人文主义要求,完全没有改变他的基本性质。这性质彻头彻尾仍然是中世纪的。中世纪人物在感觉新鲜地享受他那传统和有特权的生活时,能很容易地忍受,甚至带着一种身心投入的欢悦来承受教士和宗教权势的枷锁;然而,马基雅维里主义威胁着要加之于他的专制国家新枷锁,却是他要怀着顽固的愤怒来抵抗的。无论是作为基督徒,还是作为骑士,他都不希望同"国家理由"这冷酷的妖怪有任何关系。

*　　　*　　　*

在让蒂莱出书的同一年——1576年,他的一位较伟大的同胞让·博丹捧着他论国家的著作的法文初版登上舞台。就像在马基雅维里那里已经发生的情况那样,这看来也是政治大动乱的硕果。充满着内战和国家权力之争的这同一个法国社会,同时产生了对

---

① P. 267.

马基雅维里的两种大为不同的回答:其中一种出自过去,另一种则出自目前在正在萌发的未来。

在让蒂莱身上,是旧的生命力量抵抗那包含在现正跃起的现代国家之内的毒药。难道从现代国家本身的立场出发来与之斗争是不可想象的吗?难道不可能既坚决接受"国家理由"观念蕴藏的所有建设性和创造性力量,同时又从其中清除它的一切腐化和腐败成分?于是,一个人将不得不同马基雅维里很不一样地来对待这个问题。他不应该将权势要求当作自己的出发点,因为那样的话他会不断地被吸入实际生活的大旋涡,并且因此被那些诱使他违背道德和法律的政治行为动机俘虏。一个人的确能够用逻辑来减小这些动机的力量,但它将证明不适于完成这任务,而且动机本身是无法简单地被消除的。他宁可会不得不从一种基本的法律观念出发,由此进至审视和把握现代国家的本质特性。一旦其合法性得到承认,并且整个得到保障,便也能够以此为手段,使之摆脱中世纪封建社会的羁绊。一旦它被独立地确立起来,成为活生生的和自主的,就像它必定会成为的那样,它或许也能够(因为它是个立宪国家)被搞得能够免受马基雅维里主义很可能对法律施加的危险影响。精心做出这一尝试,以伟大的思想力来贯彻之,并且产生了非常重要的历史后果:这就是让·博丹的功绩。他的成就的全部历史重要性在被拿来同马基雅维里的作对比以前,不可能被认识清楚。他们是现代国家观念的两位最重要的先驱,考察他们如何各自通过完全不同的途径来达到这一观念是有趣的。

博丹属于"政治派",即一种现代"国家理由"观念在内战时期的法国的真正提倡者;它希望将国家利益从教会的支配和教派激情的主宰中解放出来。使国家回到自身:这就是博丹在以严格的

第二章 让蒂莱和博丹——马基雅维里在法国的最初反对者

法学方式予以促进的趋势。他确定了国家至高权力的法律性质,而且在此过程中发现了划时代的主权概念;另一些人在他以前已经对此概念有所察觉,但从未看清楚,也从未洞察其内涵的创造性富藏。那是"国家的绝对和永恒的权力"(*puissance absolue et perpétuelle d'une Républque*),或者用拉丁文版本内的说法,是"*Summa in cives ac subditos legibusque soluta potestas*"。一个进一步的定义是"事实上,主权既不受强权的限制,也不受任何法律和时间的约束"。(*Majestas vero nec a majore protestate nec legibus ullis nec tempore definitur.*) 因此,主权就是凌驾于臣民之上的最高权威,它独立于任何其他权力,经久永恒,不是基于任何授命,而是独一无二和不受制于具体的法律的。

博丹没有区分何为国家之内的最高权威与何为国家的最高权威。① 由此产生的种种专门问题处于我们讨论的范围以外。然而,将两个问题如此混合起来表现了那个时代的一项特征,即倾向于较具体的思想形态,它尚未成功地将国家这一精神实体与代表国家的机构区别开来。马基雅维里这么做的能力甚至比博丹还差。他俩都将自己的目光主要集中于国家权威的个人代表。他俩都觉得时世垂危,非常需要一位将靠行使无限权力来拯救之的医生。他们思想的进一步发展肯定帮助创建了现代国家和国家具有自身精神性质的观念;然而,他们的眼前目的在于创立一种君主专制主义,那会起到补救的作用。当博丹拿起古老和多有争议的罗马命题"始创法律者不受任何约束",将它置于他的新概念即主权的语境之内时,他就给了它一种新的动力,那甚至会令马基雅维里

---

① 参见 Jellinek,*Allg. Staatslehre*,443。

高兴。他说(用了一个古老的比喻),法律应当听凭统治者的判断,恰如船舵应当听凭舵手的控制,那不仅合理,而且必须;因为倘若船舵不能随天气或情势的每一个变化而被转向这边或那边,它就没什么用处。① 博丹在这么说时,还暗示了"国家理由"的一项核心信条:自由与责任的并列和交织——选择手段的自由和对国家福祉目的的责任;不仅如此,还有就改变着的环境状况而言的责任与独立。对君主政体(那最接近于他的所爱)来说,这包含着下述后果:统治者不应当受到拥有参政权的臣民的制约。"如果国王们受议会和民众公决的律令束缚,那么他们的权力和国王称号就会一钱不值。"②然而他认为,有如英国国会享有的那样,对臣民的拨款权让予可以和主权相调和。不过按照他的看法,这一权利对一位真正的国王绝无约束力。"如果国家的必需迫在眉睫,而且不允召集各委员会,那就没有必要等待人民同意;因为,他们的福利毕竟首先依靠永恒上帝的仁慈,其次依靠其统治者的智慧。"③于是,我们在此也碰到了国家的合理必需这一概念,它被允许违背惯例。

博丹的这一理论的特别之处,必定增加它对未来人们的说服力和感召力之处,在于它并不是仅仅围绕国家和民族的福祉目的展开的,因为这总会存留某种不确定性,任凭人去做主观解释。相反,他的理论由于法律性和逻辑性的论辩得到加强。在有一段里他写道:主权依其本性不需效忠于任何其他权力,因而甚至不需听

---

① Book I, chapter 8(我使用的 1601 年拉丁文版第 144 页)。苏格拉底和柏拉图早就将国家统治者比作舵手,应当将他们当作唯一的权威予以服从。Kaerst, *Studien zur Entwicklung der Monarchie im Altertum*, p. 27.

② P. 140.

③ P. 142;参见 Hancke, *Bodin*, p. 82 f.。

命于具体的法律;任何人都不可能通过他自己制定的法律为自己创设责任。① 而且在别处,他还将不可分割性当作主权的一部分性质。"正如一个王国倘若被肢解和四分五裂就不成其为王国,最高权威的权利倘若同臣民分享就将丧失。"②

如后所述,③这一主权不可分割理论由于未能将国家的主权权利与其最高工具的主权权利区分开来,可以导致错误的、历史地说靠不住的结论。应当清楚地认识到,它本身并非一个纯理论问题。它出自在现代(特别是当代法国)民族生活中兴起的、将国家权威的各不同部分牢不可分地重新结为一体的需要,那在中世纪发展过程中解体,晚近更由于内战的爆炸性效应而支离破碎。没有一个统一和不可分割的国家意志,就不可能有任何统一的"国家理由"。

虽然鉴于博丹体系的全然法理性的构造,"国家理由"观念不可能在其中占支配地位,但它仍然作为一个在他看来不说自明的中心思想凸现于背景之中。这主要由一个事实表明:他已经在削弱什么是最佳国家形态这一问题对所有关于国家的理论构建施加的强有力影响。由"国家理由"促进的一切思想将必不可免地导致背离之,而且倘若得到首尾一贯的贯彻,就将最终导致一个认识:没有什么最佳国家形态,只有各自不同的国家,其中每个都必须根据它自己的特殊条件而非普遍规范独立生活。诚然,博丹尚未得出这些结论,尚未全然放弃探寻理想的国家形态。然而在他心目中,它已经在将优先地位让给更紧迫更有益的对国家个性的探究。

---

① P. 134,参见 Hancke, *Bodin*, p. 26。
② Book I, chapter 10, p. 234.
③ 论普芬道夫那一章。

"国家要得到优良和明智的治理,其头号法则就必须是观察其状况,了解每个国家的力量和性质,明辨侵袭它们的那些疾病的原因。……认识到何为最佳国家形态是不够的,如果一个人不能评估他无法改变的一国状况的话。在有只会促成一国衰败而非其改良的危险时,保存可想象的最糟国家要比全无国家为好,正如倘若一个人重病在身,那么同试用虎狼之药以求治愈不治之症相比,还是依靠一种合适的疗养办法使他至少保持活着为好。"①这一观点也被应用于法律和习俗的变更问题。有些人希望将外国法律移植到一个按照完全相反方式治理的国家,那就犯了严重错误。即使最好的法律也能够是毁坏性的,如果它因其新颖而导致其他法律遭到鄙视的话。最重要的是,一个人应当提防为了某种好处或被指望从中产生的其他裨益而损害一国久经检验的基本安排。他希望这些在可能情况下成为不可变更的——但他随即补充说(完全受结合变与不变两者的"国家理由"弹性精神影响)这不可能绝对正确,因为人民的意志将永远是首要和至高的法则。"因此没有任何法律能够如此有益,以至不应当在必需压力下予以改变。"他以柏拉图在其《来山得传记》中(第14章)叙述的、关于"国家理由"激励的行为的古典范例来证实这一观点。当忒拉米尼推倒雅典高墙,从而被人指责毁了地米斯托克利的成果时,他回答说:"我这么做全非反对地米斯托克利;他建造高墙使公民们得以安全,我们现在为了同一目的而将它们推倒。"博丹评论说,地米斯托克利和忒拉米尼由同一个"理由"即"人民安康"指引。

马基雅维里严酷地宣告:一位统治者必须具有甚至"可耻地"

---

① Book IV, chapter 3 (p. 664 f.).

拯救国家的勇气,如果他缺乏其他选择。博丹同样要求一种解决办法,它将克服由荣誉意识而来的任何不合理的限制,将以成功与否作为国务活动家行为的头号评判标准。"没有任何与国家安全休戚相关的事情看上去会是可鄙的。"①对他来说不说自明的是,如果一国有力量抵抗敌人,它就应当奋力抵抗;然而就较弱的国家而言,他看不出听天由命屈从强国有什么可耻,并且认为仅仅为了荣誉而作没有希望和孤注一掷的斗争纯属愚蠢。② 他还说,永不要打任何胜利所得不抵失败所失的仗。这种关于什么是实际、什么是有用的意识同时也使他懂得权势对国家而言多么不可或缺。然而,他最强烈地拒绝一种贪得无厌、野心无限的权势和征服政策。他说,一个像奥古斯都那样堪称典范的统治者在开战必要时肯定从不犹豫开战,但在其他情况下,只要有可能他就自觉地维持和平。他谴责残暴地显示权势——那将战败国驱入绝望——主张合理、稳健和节省地使用权势。③ 诚然,所有这些理性观点并未防止他偶尔受到沙文主义的侵袭,④但他的"国家理由"大体上含有一种平庸和实用的意味,强调和平与宪政制国家的好处。

就我们所能见到的而言,博丹还未进至使用"国家理由"(*ratio status*)一语的地步,但他制作了一个专门的"帝国理由"(*ratio imperandi*)或"治国理由"(*ratio gubernandi*)概念,那必须同*status*即国家的特定形态区别开来(而且在他看来尚未有任何别

---

① Book V, chapter 5 (p. 891).
② 同上;随后参见 Chauviré, *Bodin*, pp. 279 ff.。
③ Book V, chapter 6 (p. 908).
④ 此点参见 Chauviré, p. 463。

人注意到这一点)。① 例如,一个国家可以是个真正的君主国,但由于国内的官员职责分配和奖惩分配平等,它据以运行的行政原则可以是民主的(*gubernatio popularis*)。同理,视臣民担任公职的广泛程度而定,一个国家权力是贵族性质的国家可能以一种民主的或贵族的方式得到治理。而且,他认为《卡努勒亚法》以前的早期罗马是个民主国家,实际上以贵族方式治理(*status popularis, sed aristocratica gubernatione moderatus*)。这一"治国理由"或"帝国理由"绝非等同于我们心目中内涵更广泛的"国家理由"。然而,将其一部分(或其效应的一部分)纳入一个概念却是个富有特征和(从法律观点来看)深思熟虑的尝试,从而使国家生活的内涵与其框架形式区分开来——内涵由"国家理由"驱动,框架形式则并非如此。

博丹沿这条探寻关于国家生活的独特观点的道路进一步走下去;而且,他为自己确定了一个至关重要和富有成果的任务,那就是考察国家形式和法律与其人民的独特性之间的联系。② 他自豪地写道,迄今为止没有任何论述国家的人讨论过这一问题。然而,他就此所作的实际论说表明,历史思想还未灵活和丰富到能够解决这个问题。他只能将民族与国家形式的不同往回追踪到地理和气候方面相当粗略的差异。但尽管如此,这足以使他成为孟德斯鸠的先驱。

然而,所有这些倾向于个性化的观点并未减弱他的真正希望,即为国家生活找出某种普遍和绝对的标准,亦即在关于国家的所有流动不息、变化不定的问题中间找到一个牢靠的法理和道德基础。这使他

---

① Book II, chapter 2 (p. 295), chapter 7 (p. 365). 参见 Hancke, *Bodin*, p. 44。
② Book V, chapter 1 (pp. 767, 771).

同马基雅维里截然有别,后者总是力争通过唯一的手段达到自己至高的绝对目的(维持国家包含的"美德"),那就是无情地服从获取权势这眼前目标,从而也是服从眼下的、相对主义的需要。马基雅维里眼中只有一个个国家以及为国家行事的掌权者们的勃勃冲动和法律,博丹却见到所有这些由一种永恒和牢不可破的纽带联结起来。只是如此,他才成功地将自主自闭的国家意志从中世纪生活的束缚中解脱出来,以便使之从属于一种更高的主权。为了给他的主权国家权威论提供一个绝对和普遍的法理基础,就必须如此。相应于统一和至高的国家意志,必须有一种统一和至高的世界意志,它会将一切牢牢地结合在一起并管束之。否则,如果没有这世界意志,主权国家意志就有堕落到任意妄为,从而使一切真正的法律解体的危险。他真心赞同地援引塞内加所言:"在恺撒那里,任何事情都是允许的,因此,这也是允许的。"于是,他在摸索一种从久远的传统留下的、得到普遍信仰的信念,那就是在和谐地结为一体的上帝命令和自然法中,有着一切法律的最高双重来源;它们是无论什么情况下都必须加以维护以颠扑不破的律令。这本身确有原创性。然而独特和意义深远的是,他将新旧两个思想结合起来,将主权国家意志并入最高世界意志,后者只有如此才能作为一种精神权力生效,要求得到良心的效忠。

因此,统治者不受制于法律这一命题完全不意味他不受制于所有法律,"因为一切都受神法约束,也受自然法约束。"他还补充说,与自然法和神法并非完全同一的万国法也有约束力。① 然而,他主要强调神法和自然法,它们构成国家意志的界限。"不容统治者破

---

① Book I, chapter 8 (p. 132).

坏上帝本身(他是他活生生的逼真的形象)通过永恒的自然法确立了的界限。"① 他也不可以做"天然不法或可耻的"事情。体面地行事意味着以一种自然的节制行事。他断定,阿里斯提得斯拒绝地米斯托克利的提议颇为正确,因为它尽管有用,然而可耻。统治者首先必须守信,必须自觉地遵守他缔结的任何协议,不管对方是他自己的臣民还是外国人;他甚至必须信守自己对强盗做出的诺言。"诚挚是完全正义的唯一基础。不仅国家,而且整个人类社会都是由它聚合在一起的。"即使上帝也受他自己做出的承诺约束。而且,因为统治者是国内诚信和法律的保障者和制裁者,所以他就更加必须维持信义及其效力,即使它给他自己带来损害。他在论各国权利的篇章(*De jure feciale*,第五篇第 6 章)内讨论了毁约和背信的无数例子,统统从纯法理、纯道德的观点作评判,不承认在此有"国家理由"的任何正当性。

因此,当他审视艺复兴时代统治者的政策时,他确实只能用下述办法将自己的法兰西爱国主义与自己的正义感调和起来:以马克西米连一世为代价,将查理八世或路易十二之类统治者过分理想化,并且靠用其他统治者和其他国家的先例来辩解弗朗西斯一世那声名狼藉的联盟。此外,他还对必须忠实信守协议这一绝对准则规定了几项例外(当然只是基于法理和道德考虑)。首先不说自明的是,没有任何人需要对某个背弃誓言者守信。然而,他也将任何"不犯罪就不可能履行、不渎神就不可能宣誓信守的可耻的协议"当作例外。② 而且,虽然在"国家理由"的各种不同借口当中他

---

① Book I, p. 161.
② *Loc. cit.*, p. 928.

偶尔也接受一个,即国家垮台的危险可以使人有理由背弃一项协议,但他并非未作补充:"那必须是这么一种情况,即根据自然法,你已承诺的必须要么不正义,要么无法兑现"。最后,他还像是说,含糊不清地制定的协议可以使人有理由不履行义务,以便将诚挚置于获利之上。①

然而,不管他据以规定这些例外的法理意识可能有多严格,它们仍然是可塑的,而且它们给那些有意无意地让自己受国家利益观念支配的评论者们提供了一个机会。我们已经援引的他的话,是说如果为拯救国家所必需,那就没有什么可被认为是可耻的。这话能够被引申到远超出他会喜欢的地步。现代宪政国家观念异常清晰分明地在他那里挣扎浮现出来,而且以他的主权理论为手段,他成功地将国家之内的权势迫切需求以一种堪称楷模的方式整合进宪政国家。然而,当他试图对国家本身的权势确立法理和道德限制时,他只能通过理想主义的要求这么做,那说到底无法堵住马基雅维里主义的所有避难所。时代气氛和当时国务活动家们的情调不容法律和诚实优先于获利。自马基雅维里那时往后,权势国家就是一个被自觉把握了的观念,同时也是个历史现实;然而,只是现在通过博丹,宪政国家才成了一个被自觉把握了的观念。"最无益的圆滑者",有如博丹给马基雅维里起的绰号那样,②尚不能仅靠那来铲除。

---

① 第 933 页。他表扬了那些持有这种观点的人,在他们看来,所有公益事业都是应该信任的,无论这些事业规模有多大,只要契约文字的意义不模糊,是明确的,无疑义的。

② Book VI, chapter 4, p. 1086;关于博丹对马基雅维里的其他苛评,见 Baudrillart, *Bodin*, p. 225,以及 Chauviré, *Bodin*, p. 276。

第三章 博泰罗和博卡利尼

在16到17世纪的转换时期,整个思想气氛对探索"国家理由"观念的普遍成立的方面,远比它对研究不同国度的国家利益之间的各项特殊区别来得有利。这可以从关于治国方略的那派有趣的意大利理论家那里看到,其中最著名的有博泰罗、帕鲁塔、阿米拉托和博卡利尼。然而必定发生的情况在于,即使关于治国方略的最笼统论题,仅仅因为一个人在将它们应用于自己时代和自己国家的特定形势方面所作的实际使用,也会带上它们从中产生的本土的特色,从而提供一幅并非自愿的自画像来展示完全具体的国家和民族利益。

这些意大利人的治国方略确实相当特殊。在西班牙对米兰和那不勒斯的统治的压力下,他们不很自由,但同时也不全受禁锢。在威尼斯、佛罗伦萨和罗马,他们没有全然忘怀过去在外国人入侵以前意大利的自由时期。他们渴望恢复这自由,但看不到有迅速恢复的可能性;而且,他们不得不让自己或多或少地委曲求全,适应现行的权势关系。他们至少能够欣喜地看到随法国内战的结束和亨利四世王国的确立,崛起了一个对西班牙权势的强有力的欧洲抗衡者。因此,他们完全明白自己是多么有幸,能够享有残余的政治独立——那仍然留存于意大利诸小国,特别是一向被大为赞颂并且仍然怀抱民族自豪的威尼斯共和国。在威尼斯,有着一个

第三章　博泰罗和博卡利尼

绝好的国家范例,那里形成了精明的睿智,以弥补权势的物质基础不足;这靠一个合理和构想连贯的体制得以实现,在其中治国方略刚柔相济,软硬交加。它显出智识胜过自然,计谋胜过蛮力。意大利的政治思想能够从该国的"国家理由"中学到许多东西,它从未在不首先找到一个绝对坚固的铁砧之前就挥舞权势大锤,恰如它从马基雅维里的告诫中学到的那样,如果扮不了雄狮就扮狐狸。而且,一个人不会不受长期和平之利的影响——那自西班牙权力确立以来就一直在意大利享有。他们自我安慰,说他们自己(特别是威尼斯)的操作精明的维持均势政策,连同他们之放弃更大胆的冒险推进政策,也帮助促成了这种状况。这就是精明显赫的威尼斯人帕鲁塔(1540—1598)的看法,他的《论政治》一书于1599年即他去世后不久面世。他详细地讨论了一个问题:教皇莱奥十世为了将外国人逐出意大利,决定与查理五世为伍转向反对法国,这究竟是更值得称赞还是更值得谴责?他最终得出结论,说这一政策的目的很值得称赞,但它有如一座基础不牢靠的"宏伟大厦"。见风使舵,韬光养晦,等待有利时机,并且在一切可能之处不流血地获取权势:这就是他相信留给那些仍然保持独立的意大利邦国扮演的角色。

生活在佛罗伦萨的阿米拉托(1531—1601)也在其《论塔西佗》(1594年)一书中申明,他能够给统治者的最佳劝告是满足于他们自己的疆界。他发出了一个告诫:威尼斯曾经几乎丧失独立,因为引起了它正在争取主宰整个意大利的猜疑。他还批评了他自己亲历过的攫取权势政策的最近实例——腓力二世的无敌舰队。西班牙由于投身这一冒险,在德意志引起了政治反对,而且在其过程中来自土耳其的危险加剧了。

因此,这些政治理论家的思想充满了对强国的恐惧,充满了一种不是追求伟大,而是热衷于较适度的目的和维持均势的保守精神。他们当中最为保守的是乔瓦尼·博泰罗(1540—1617),一位耶稣会门徒和教士。他担任过各种不同职务,先是米兰红衣主教卡洛·博罗梅奥的秘书,然后在罗马为萨伏依公爵效劳,接着又在马德里任萨伏依诸亲王的导师,最后在巴黎度过了一段闲暇的治学时期。在这些位子上,他获得了一种对南欧和西欧政治的彻底了解。通过他的得到广泛阅读的著作,主要是《论"国家理由"》一书(1589年),他建立了一个政治学派,他的思想获得了许多追随者,①因为他完全满足了存在于宫廷中的一种需要,也是对政治感兴趣的那部分公众的需要,即想咀嚼一种容易消化和有滋有味的东西。他与马基雅维里相比非常平庸。与这位佛罗伦萨人的思想不同,他的思想没有任何能够擦伤人、损害人的棱角。他诉诸反宗教改革时期盲信的各天主教宫廷,认为它们提供了一种温和的解毒剂,以解马基雅维里的玩世不恭之毒和反教权主义之害,但与此同时在用这帖药时,一个人不需完全弃绝马基雅维里处方中的有用成分。他的思想建筑犹如一座装潢华丽的耶稣会教堂,其风格源出于文艺复兴;他的教诲腔调则犹如一名讲道者,将尊贵、柔和与严厉混合起来。在他那智慧和政治经验的布囊中有某种万金油式的东西,既能满足教会和西班牙世界帝国的朋友,又能同样满足

---

① 这方面有着平庸之辈撰写的、已被遗忘了的大量文献蕴藏。就此参见费拉里(Ferrari)写的两本极有见识和学问、但略微反复无常和啰嗦冗长的书:*Histoire de la raison d'état*, 1860; *Corso sugli scrittori politici italiant*, 1862(他还谈论了许多未刊作品);又见 Cavalli, *La scienza politica in Italy*, 载于 *Memor. del R. Instituto Veneto*, 17 (1872)。总的情况参见 Gothein 发表在 *Staat und Gesellschaft der neueren Zeit* (Hinneberg, *Kultur der Gegenwart*) 内的文章和本书第五章。

威尼斯共和独立的赞颂者。短语"令人愉悦的和谐"(直接来自那个时期的艺术评论)被用在他身上,信仰天主教的君主们向自己的廷臣推荐他的书。①

在自己的著作一开头,他就担起了一个任务:使"国家理由"(*ragione di stato*)这一标签(它由于马基雅维里已变得声名狼藉)成为无害的,并且赋予它一种无伤大雅的含义。按照他的定义,"国家理由"是关于适合创立、维持和扩展一个国家的手段的知识。然而,如果要问扩展一个国家与维持它相比,究竟哪个是更大的成就,那么回答只能是——后者。因为,一个人以权势为手段获取收益,但一个人保持自己已有的东西是依靠智慧。能行使权势的人比比皆是,但能行使智慧的人寥寥无几。还有,如果有人问最为经久长寿的国家究竟是大型的,还是中型的或小型的,那么回答必然是中型的。因为,小国太严重地受到大国权势贪欲的威胁,大国则太容易受到邻国嫉妒,也太容易发生内部恶化。"那些靠节俭而兴的国家因富裕而亡。"在扩展自己的统治后不久,斯巴达就垮掉了。然而,他主要赞美的是威尼斯,作为中型国家更为经久长寿的一个例子。尽管如此,不幸的是中型国家不可能始终满足;它们力求伟大,于是陷入危险,就像威尼斯早先的扩张追求表明了的那样。他精明地告诫西班牙帝国不要伤害威尼斯的自由:"切勿击碎强有力的共和国,除非获益非常巨大而且稳操胜券,因为在那些国家里,对自由的热爱那么强烈,那么根深蒂固,以至它简直不可能被根除。统治者的计划和努力随其去世而烟消云散,自由城市的

---

① Calderini, *Discorsi sopra la ragion di stato del Signor Botero*, Proemio, 1609 年重刊。

思想观念和深思熟虑却几乎永不衰朽。"但是,在从马基雅维里那里借来这一点①之后,他接着就赞扬哈布斯堡家族,认为其君主的伟大是对他们格外虔诚的报偿。最重要的是(他继续劝告)永远不与教会决裂;那总是会带有邪恶的外观,并且无助于任何目的。米兰、佛罗伦萨、那不勒斯和威尼斯在它们对教皇的历次战争中一无所获,却不得不牺牲许多。

因此,教会利益与现实主义政策利益的一致(整个西班牙帝国体系便以此为基础)也是他的"国家理由"论的一个关键。它的总含义在于:跟着教会走,你就将事事吉祥。②他劝告统治者:在国务会议上进行任何谋划以前,首先在私下的良心会议上同杰出的神学博士们讨论问题。但尽管如此,他仍有足够的经验和实际头脑,知道宗教虔诚并非总是与世俗智慧完全合拍。不管他可能用多少柔和与节制来淡化真正的"国家理由"的性质,并且费多大的劲来试图使之适合教会和道德的需要,他仍然无法在公正地直面事态时对自己掩藏一个真相。这真相就是,所有政治行为的一清二楚的不变内核,在于统治者或国家的私利。"无可置疑的事实是",他写道,"在君主们的谋划中,个人利益将其他一切考虑撇在旁边。因此,一个人不能信任友谊、家族关系、同盟或任何其他种类的联结纽带,除非它牢固地基于一个人与之打交道的无论谁的私利。"在他的书的一项附录中,他终于无保留地承认国家利益与

---

① *Principe*, chapter 5: *Ma nelle repubbliche è maggior vita, maggior odio, più desiderio di vendetta; nè gli lascia nè puo lasciare riposare la memoria dell'antica libertà.*

② 莱维(Levi)做了一番不成功的尝试,要将博泰罗的基本天主教利益归结为纯粹的权宜。就此,见吉龙(Ghiron)在 *Rivista stor. Ital.*, 1927 年卷第 350 页上惊人的评论。

自我利益并无二致:"在其友好和敌意方面,君主们受他们自己的利益支配。正如有些食物尽管天然味道不好,厨师的烹调却使之美味可口;于是,按照自我利益对其智力和情感的掌控调遣,他们由自己的本性或情感驱至这一或那一边;因为说到底,'国家理由'不过是'利益理由'(ragione d'interesse)。"①

更深刻的思考本将导致他怀疑国家利益与宗教义务之间的和谐(就此他那么油滑地做了讲道),并且也许本将使他卷入与根本的宇宙观相关的所有各类难题——他那个时代的思想氛围尚未准备好来对付的难题。他规避这些(正如每个时期里讲求实际的国务活动家们一向做的那样),让自己满足于告诫统治者不要确立任何与神法相悖的"国家理由",因为这将有如筑起一个圣坛与另一个圣坛对立。而且,在其书结尾处,他转过身来彻底地谴责整个现代自我利益政策。今天,他说,不可能由统治者实行任何大的联合努力,因为彼此对立的利益之间的鸿沟太宽。然而,在有一个时期,即在十字军东征的英雄岁月里,有可能共同行动,所想的除上帝的荣光外没有任何其他利益。希腊裔的皇帝们阻碍了十字军斗士。结果如何? 野蛮人先将我们逐出亚洲,然后征服了希腊人。"这就是现代政治的果实。"在后来的一项著作中,他甚至将法国的沦落归之于同一原因。当法国同土耳其人和胡格诺教徒友好时,信仰被削弱了,因为"如果一个人从一种盲目残忍的'国家理由'推导出一切,那么将各人和各国联结起来的信仰纽带便全然松弛"。②

---

① *Aggiunte fatte alla sua ragion di stato*, Venice, 1606, p. 67 f.
② *Le relazioni universali* (1595), 2, 8;又见下文。

因此,对于那些涉足政治的忏悔神父们,博泰罗的理论可以充作一种很不错的每日祈祷书。他们鼓吹一个人的自我利益从属上帝的荣光;他们还进一步鼓吹(虽然那听起来不总像真的)一个人的自我利益与上帝的荣光两相和谐;如果最终说到底,他们就会一半无可奈何、一半抱怨不已地承认个人利益比任何其他能动力量更有力。然而,这些背反和矛盾如实地反映了反宗教改革宫廷的政治实践。在随后的年代里,连教皇之一乌尔班八世也以其将国家利益优先于宗教利益的方式,连同他阻碍天主教各国与古斯塔夫斯·阿道弗斯作斗争的做法,提供了一个腐败的实例。

不仅是宗教传统,而且还有人文主义传统导致博泰罗难以怀着始终如一的现实意识纯经验性地构筑自己的理论。他乐而不疲地从古代著作家那里大搬外交问题和外交方法,而未停下来问问自己它们是否仍然适用于现代国际关系。① 确实,马基雅维里和博丹之类比他伟大的人物也是如此。这种流俗的人文主义方法不仅基于对古代的尊崇,而且基于确立已久的对待历史的教条方式,亦即将整个历史过程(连同生活和国家在此过程中采取的一切形态)视为本质上类似的,从而不断重现。因此,当他希望指出优越无比、至高无上的政治智慧源泉时,博泰罗能够撇开个人体验(那总是局限性过大)甚至同代人的证言而指向实际的历史著述,"因为这些囊括了世界的整个生命"。

于是,他和他的同代人将古代和现代历史看做是唯一的、从中可以挖出普遍正确的治国原理的实例宝藏,用来从非常相对的经验例证中幼稚地抽取一般法则。在此过程中,一个人仍能滋生对

---

① 特别参见 *Reason of State* 一书第六篇关于驱退外敌的手段。

个体差别的强烈兴趣,它们是在他生活于其中的国家现实里见到的。威尼斯外交文献的作者们竭力为自己的主子提供可靠的有关信息;而且,博泰罗力求以一本规划宏大的政治科学论著满足同样的需要,那以《举世国交》为题在1595年发表。① 在这本书里,他提出要讨论较强大的统治者们何以伟大,何以富有。然而事实上,他执着于纯粹的统计和编年史领域,而且大都满足于有关政府形式、财政、军事和邻邦关系的事实铺陈。他没有升华到对各种不同政治制度和政治利益作任何敏锐的特征展示。

在整个这群对"国家理由"论有影响的人们中间,博卡利尼最为重要,然而即使是他,也还没有这么做。不过,由于浸渍他的政治思想的那种个人活力,他在这群人中间鹤立鸡群。他专注的问题和他给出的答案与博泰罗及其同伴没有什么大不同。可是在后者那里,问题被淡化成了一种平庸无味的俗事,而在他那里,它们首次发展成了一种真正的、令人兴奋的经验,从而得以展示其历史内涵的充分力量。在他身上,文艺复兴精神、马基雅维里精神再现生机;然而,它现在进至并且变成了一种巴洛克式的紊乱骚动。他首先是作为一名才华横溢和喜爱嘲笑的智者、一名讽刺挖苦的大师影响了他的同代人;对他来说没有什么是神圣的,他随时准备毫无怜悯地揭露人类。这已经给出了某些迹象,提示了那些一度不可能被充分看到的东西,它们直到他的匿名著作在他去世以后很久面世时,才完全地呈现出来,向后代表明了他的思想的更深背景。

---

① *Le relazioni universali*. 该书未发表的第五部分被纳入吉奥达(Gioda)撰写的博泰罗传记。

洛雷托的特拉亚诺·博卡利尼（1556—1613年）[①]受过法学教育，也对文学感兴趣；他一生的大部分时间在罗马度过，在那里享有红衣主教们的宠惠，担任过教廷的行政法庭法官和教皇国内一些不同部分的地方长官。[②] 在此过程中，他同贝内文托的贵族发生了冲突。在罗马，他属于反西班牙派；他站在威尼斯一边，参加了教皇保罗五世对该城市发动的重大宗教和政治斗争；他或许是作为替威尼斯效劳的代理人行事，与他觉得情趣相投的保罗·萨尔皮有书信友好往来，后者是威尼斯利益的有力维护者。西班牙感到这位无所畏惧的才学之士是个危险的敌人，一度试图以担任国务高官的前景拉拢他，但他坚决拒绝。他还受到罗马宗教裁判所怀疑，并且因为最终在那里变得境况艰难，遂于1612年移居威尼斯。一旦到了威尼斯，他就敢发表《帕尔纳苏趣谈》（1612—1613年）——他先前在罗马规划或开始写作的所有著作中最使他享有盛名的一本书。那是两名来自阿波罗王国的百夫长对帕尔纳苏的喜剧式叙述，在其中帕尔纳苏的智者们讨论古往今来的世事人物，由阿波罗作裁断。他还以类似的形式写了一部篇幅较小的著作——《政治比较之基石》，只敢以手稿形式传布，因为它最后激烈地怒斥了西班牙的政策。他于1613年11月26日去世；按照

[①] 有分别出自五位作者的新的专著来论述他，他们是 Mestica（1878年）、Silingardi（1883年，我无法读到其论文）、Beneducci（1896年）和 Galeotti，其文载于 *Arch. stor. ital.* N. S. I. 另参见 Belloni 在 *Storia letteraria d'Italia* 第七卷中的论文和 Stötzner 在 *Archiv für Studium der neueren Sprachen* 第103卷中的文章。Toffanin 在 *Machiavelli e il Tacitismo* 一书内（见 pp. 192 ff.）对他的评判在我看来错了。有其著作 *Ragguagli di Parnaso* 的一个新版，载于 *Scrittori d'Italia*（Bari, 1910—12, 2vols.）。

[②] 参见 *Bilancia politica*, I, 66。

第三章 博泰罗和博卡利尼

一种不可能得到任何确证的说法,他是被西班牙雇用的杀手暗害的。① 他的《政治比较之基石》一书然后于 1615 年付梓面世;②他的最伟大著作——《评塔西佗》——直到 1678 年才以《政治平衡》为题面世。③

基于对自己所处时代的印象,博卡利尼为自己构想出一幅颇为惊人的国家生活图景。甚至文艺复兴,就已经见证了政治生活的最为可怕的道德败坏;然而与此同时,它所知的人们充满力量,健美壮丽,热情澎湃——那正是马基雅维里宣告的"美德"理想,其光辉甚至这里那里地显现在负责任的统治者、国务活动家和将领们脸上。然而,博卡利尼觉得自己处在一个邪恶透顶的世纪的中段,它只能从历史的断言中得到一点可怜的安慰,那就是他看到毁伤了他的面貌的同一些令人厌恶的疾病流行于一切时代。他就罗马和教皇国的公共生活描绘的图景(大量散见于他《评塔西佗》的篇章各处)作为历史资料实属可贵,因为它们是一位不带偏见的当时人的见证。它们披露了司法和行政操作可怕的腐败堕落、贫穷

---

① 传说他被人用小沙袋打死的,这同起初的报道即他在一夜发热后死去截然相反;然而,他的儿子相信他是被人毒死的。Galeotti, *loc. cit.*, pp. 123, 127.

② 有意思的是,早在 1616 年,就出现了该书的一种德文译本,译者为阿米科拉(G. Amnicola)(或许就是克里斯托夫·贝佐尔德[Chr. Besold]?),献给荷兰执政。其前言说,"由于当前西班牙权势特别渴望在德意志实现突破",因而这番揭示西班牙性质的论说被翻译过来。1617 年,出现了《帕尔纳苏趣谈》德文节选译本。参见 Stötzner, *loc. cit.*, p. 137。

③ 共三卷;第一和第二卷由杜迈(Lud. Dumay)编辑,第三卷由莱蒂(Gregorio Leti)编辑。除了载有《帕尔纳苏趣谈》的一部分节选和重刊《Pietra del paragone politico》外,它包含了博卡利尼的一些书信;但是,根据莱蒂本人的断言,它们并非全都出自博卡利尼之手,而且它们被编者大幅度改动过了。不仅如此,头两卷编辑不当,并且从新教观点出发被淡化了。我没有读到据称早先的 1667 年和 1677 年版本。关于仍然未毁的手稿,参见 Galeotti, p. 131。

无辜者彻底的无能无助、在监狱中的秘密谋杀、在显贵餐桌上的毒药使用①以及由于间谍活动、告密出卖和纯属虚伪的笑容而被彻头彻尾地毒化了的整个气氛。依据他对帝王宫廷的了解,连同对意大利和西班牙政府场所的知晓,他能想的莫过于这么一点:他心爱的威尼斯以其贵族的严守法纪和共和美德(他将此过分理想化了),应当是沙漠——他的祖国——之中的绿洲。

然而,我们只有合起来比较他与马基雅维里对他们各自所在时期的恶行采取的实际态度,文艺复兴时代与博卡利尼时期之间的区别才能被揭示出来。在所见到的身边各处公共精神的所有衰败腐烂中间,马基雅维里从未失去自己的改革热情。一个沦落了的民族的幡然更生这一观念,是驱动他的根本思想;而且,为了贯彻这个观念,他不怕采用哪怕是最可怕的方法,那是由一个道德败坏的时代让他掌握的。一方面,他就此而言完全是他所处时代的产物,在手段的选择上全无道德感。然而另一方面,就他的最终目的而言,他是个道德主义者,最崇高意义上的道德主义者。与之相比,博卡利尼肯定表现了一种对于治国方略手段的较大道德敏感性,这或许显示了一般风尚从反宗教改革开始以来有的稍许进步。然而,他也失去了马基雅维里的生气勃勃的激进精神,那虽然有其手段的一切邪恶性,却遮掩着一种强大的信念力量。博卡利尼在无助的绝望之中抛弃了这种策略,同时以尖刻的嘲笑抨击寻常道德家的世界改良观念。在他看来,目前已没有可能以新的法律为手段改良各国。只有减抑宫廷和统治者(社会仿效其榜样)的过度

---

① 另参见 Settala, *Della ragion di stato*, p. 27: *Appresso de' principi nissun luogo, nissuna parentela, nissuna amicitia é sicura nel negocio de' veneni*.

行为,事情才能变得好些。"当我观察君主们的行为时,我心中油然而生恐惧,害怕上帝的耐心将最终耗尽,害怕正义的惩罚将降临世界。"①毕竟,一个人必须听任时世邪恶,顺风使舵。反抗统治者的恶行纯属无谓。他劝告各国人民耐心地忍受他们的坏统治者,因为即使剧烈地变更政府,他们的命运也不会改善。

在这些听天由命的宿命情绪底下,我们可以瞥见其他显著的政治更动和思想变化,那是自马基雅维里时代往后发生的。马基雅维里自由大胆地正视他那个时候的大人物;而且,尽管他可能以恭敬的方式去接近他们个人,但是仍然感到自己不仅在智力上,而且简直可以说也在社会意义上与之平等。在他那里共和精神仍然活着,还未感到它已被君主权力在世上的兴起完全压倒。博卡利尼的心态也是自由、大胆和共和式的,然而觉得他最终在威尼斯寻求的共和避难所是个被君主们的盗贼洞穴包围了的避难所;他只敢将自己最为尖锐辛辣的思想写入《评塔西佗》,那是一部注定只给后代人看的手稿。甚至他的共和情感也更多地是外来的而非内在固有的。它更多地表达了一种对宫廷状况的绝望,而且与那些在宫廷气氛中滋长起来的情感彻底交织。他始终集中关注宫廷,对追踪统治者、大臣和宫廷随从的活动与阴谋持有强烈兴趣,并且提供轻蔑的、讽刺性的建议,它们表明他同这个圈子紧密相连,从未能将自己从中大致解脱出来。在他看来,君主本身如同人杰,鹤立鸡群地高出芸芸众生,构成不能不认真对待的生机中心和命运力,即使就其可怕的权力和伟大、连同其动机和激情而言,他们捉摸不定,难以预测。这就是自马基雅维里往后逝去了的那个世纪

---

① *Bill. Pol.*, 1, 121, 479. *Ragguagli*, 1, 284(关于全世界的普遍改良)。

里罗马世界的历史过程;君主宫廷有如一个已经大为膨胀的巨瘤,将其阴影投罩在每个人的心上。远甚于博泰罗和巴尔扎克之流虔敬的宫廷文学所示,这一过程远为清楚和突出地由下述事实显示出来,即哪怕是博卡利尼那么自由和倔强的人,也在很大程度上处于当时这一精神的强烈影响之下。然而现在的后果是,在他看来,他那时君主制国家的勃勃冲动总是显得被遮蔽在宫廷世界——统治者在其中行事——的毒雾之内。甚至马基雅维里,当他研究君主制国家的政策时,也更多地集中于个人负责的君主而非国家本身;不过,他们的行为仍然由他在很大程度上以鲜明强烈的严酷事实形态来看待。

博卡利尼意识到,晚近发展起来的专制宫廷君主政体,伴之以它的道德毁坏效应,确实代表了某种历史创新。在他的帕尔纳苏故事当中,有一个①讲的是调查真挚为何在世上消失了的原因。甚至统治者也抱怨自己的藩属和臣民不忠;然而臣民们反诘道,他们背离旧日的真挚不是出于不忠,而是出于绝望,因为统治者滥用了真挚,将它转变成了一种纯粹的强制性义务和阿谀奉承。他们不再愿意被统治者滥用和糟蹋,他们渴望一种"开明治理"(*governo libero*)。这只能意味着他在直接地谴责他那个时候的专制主义毁坏了封建往昔的传统道义统一。这与让蒂莱表达过的看法共鸣。在他看来,统治者与国民之间自文艺复兴往后发展起来的新关系是不道德的,彻头彻尾地不道德。

博卡利尼从不倦于向统治者疾呼:驱除你心中的一切个人激情,公正温和地统治,以共和国为楷模,那并非按照个人利益和个

---

① *Ragguagli*, 1, 95.

人野心加以统治,而是以公共福祉为指南。然而,他自己并不相信事情能真正地改善。因为,难道有可能将下述两者清楚地分隔开来:一是统治者的个人利益及其不道德的行政方法,另一是国家和民族之公共的、普遍的利益? 当然,博卡利尼能够坦率直言:"激励君主言谈的是自我利益,而非正义感和对公共福祉的热爱。"① 然而,要为这种道德态度取得一个坚实的基础,他本应尝试在一个个具体场合彻底和准确地区分自我利益与公共利益,并且证明有可能做出这样的区分。他没有这么做,也无法去做。他有个太明确的感觉:统治者们可憎的治理方法不仅出自一种腐败倾向,也出自一种铁定的必需压力,这对于国家和民族的生活必不可少。因此,紧接着他也能承认:"是自我利益真正横行霸道地支配了暴君的灵魂,甚至支配了那些并非暴君的君主的灵魂。"② 他在另一处说,统治者们使用了最大的艺术技巧,以诱使人们为其抛头颅洒热血。他们在人们中间播种仇恨与不和,以保证其效忠。然而(有如阿波罗在责难这些诡计时说),不幸的是它们乃必需的恶,因为只是依靠"分而治之"原理,君主们才能安然统治。如果让各国人民自行其是,那么比这些可怕得多的分裂就会接踵而来。不要将它归咎于统治者们的邪恶本性,而要归咎于各国人民喜好作乱的不稳定特征。③

于是,他的目标——更确切地说是他的个人的酷爱——成了探测统治者的灵魂底端,一直达到权势贪欲和制约力量的结合产生无耻邪恶行径的最深处。不仅如此,它所以被产生出来,是为了

---

① *Bil. pol.*, 1, 85.
② *Loc. cit.*, 1, 91.
③ *Ragguagli*, 2, 211; 参见 2,90,139 f.; *Bil. pol.*, 1, 137; 2, 14。

过一种受必需制约的、同时也是不道德的生活,是为了取得结果和决定国家的命运。他在一处谈论了灵魂的黑暗深处(*cupezza dell'animo*),那构成一个统治者的最大力量和美德(两者都由难以被翻译出来的 *virtù* 一词来表述),提比略之类人物的荣光由此而来。① 可以理解,在考虑一种如此极为二元的现象时,他使用的表述办法也会变得是二元和互相矛盾的。他有时只见到盲目的恶魔般的强烈邪欲,接着又较多地见到制约力量,以此解释欲望渴求并使之合理化。"我必须坦率地说,当野心进入一位君主的灵魂时,他就不再是人们的保护者,不再是上帝的尘世代理人;他变成了一条恶龙,一个魔鬼。因为,如果一个凡人,不管他可能多么罪恶,在打算谋杀时无法抗拒一种可怕的感觉,那么当一位君主能够如此欢欣地着手千百次谋杀时,他必定有一种怎样的灵魂?"②此后他又说:"不可能束缚一位君主,正如母牛不可能束缚一个牧牛者,因为除了他自己的私利和得益外没有束缚他的任何其他手段。"③而且,他试图竭力同情统治者的灵魂,同时把握其存在的高度和深度:"谁生来享有适度的幸运处境,谁就能经受住艰苦和贫困;然而,君主注定必须饮取最苦的苦酒,体验极善与极恶。"④

他能够甚至更有力地表达存在于政治行为(不仅是君主的,也是掌权的国务活动家的政治行为)中的恶魔般的要素——能够吞噬载体本人的要素:"国家利益恰如阿克泰翁(Actaeon)的猎犬,撕咬它自己的主人,直至掏出其内脏。没有任何地狱惨景能够吓

---

① *Bil. pol.*, 2, 90.
② 同上,1, 281, 376 f.
③ 同上,1, 186。
④ 同上,1, 154。

倒充满统治激情的心灵。搞政治的人坚信一条原则:任何别的事情都必须让位于一个绝对必需,即在国中张扬和维持一个人自己;他将天堂和尘世的一切其他价值踩在脚下。统治欲是个恶魔,即使圣水也驱赶不了它。"他的话使人想起巴洛克艺术家塑造的、由贪欲和激情驱使永不休止地旋转扭曲的人物,而先前在马基雅维里那里反映出来的却是米开朗琪罗塑造的人物,富于行动,但冷静镇定。

在进而讨论这一理论的后果以前,让我们再多看一眼博卡利尼自己的观点,连同寓于国家利益中的他的个人利益。一个人有一种感觉,国家利益对他来说就像对阿克泰翁来说一样,他不得不将自己变成他想扑杀的鹿。正是怀着颇为真挚的道德感,他害怕国家利益的力量;不过,他爱这恐怖之物,认为对这恶魔般世界的精神参与包含着某种伟大崇高。"深入透视伟大君主的行为是一种可赞的好奇,展现灵魂的伟大和精神的壮丽。"①

他对世界历史的全部兴趣集中于这些"密令"(arcana imperii)。诚然,他曾在一种广泛的意义上说,历史是人写的。然而,只有一种他认为真正有价值的历史撰写方法,那就是首先由塔西陀——"政治史学家之王"——使用的方法,他第一个发明了透视统治者秘密生活的透镜。历史上有够多的趣事令不学无术者高兴。李维就是这样的人,津津乐道于战役、征服和胜利。然而,不管是谁,只要想从历史中提取政治理论的精髓,就应当坚持研读塔西陀。他还鄙视那类辞藻华丽的史学著作、华而不实的文体。他赞誉圭恰迪尼,因为此人接近塔西陀;但他也差不多同样高度称赞

---

① *Bil. pol.*, 1, 430.

政治实干者们的凌乱笨拙的素描,因为他们真正知道并懂得一些他们主子的政策。为了描述事件,首先需要的总是展示统治者和国家的解剖图。①

这一纲要对于未来非常重要,非常有益;但是,不应该将它等同于撰写历史的现代政治方法。因为,现代方法不仅旨在揭示政治决定在统治者心中的隐秘起源,还要展示这些决定释放的种种力量和后果的全部活剧;事实上,它的目的是提供关于政治权势在民族生活中意味什么和能够实现什么的整个图景。然而,博卡利尼仅稍微谈到一个事实,即李维只展现了政治的力量,而塔西陀表明了它的艺术和睿智。而且说到底,以其血腥的抢掠和全世界的毁坏,全部罗马史有何伟大可言?啊,你们罗马人,如此不公正地得到赞颂!上帝将提比略的暴政赐给你们,作为正义的惩罚。

观察下面这一点极有启发:在这个反宗教改革时期的意大利人身上,怎能既有一位知书识理之士对权势运作感到的道德嫌恶,又有对权势驱动的阴谋操作怀抱的强烈欢乐。一个人不得不学会懂得这类心态,它包含和载运文艺复兴的一切内在矛盾;而且,按照它提供的启示,甚至马基雅维里的那类心态也变得更能理解了。思想文化与权势之间的关系仍然与它在现代的情形全然不同,而且它并不持有像现代文化一样的目的。一个人虽然可以觉得厌恶,认为"为权势而权势是邪恶的",但仍然能够在其中发现某种文化因素(指当时理解和珍视的"文化",即人类心灵的力量、技巧和敏锐);而且,通过揭示"统治者的利益"来分享其体验被认为是一

---

① Principal instances: Introduction to the commentary on Tacitus' *Agricola*, 连同 *Bil. pol.*, 1, 334, 347; *Ragguagli*, 2, 249。

种崇高的文化理想,被认为是"灵魂的伟大和精神的壮丽"。

此乃灵魂强健者的一项任务,他们在其中找到了某种智力的慰藉。文艺复兴的特殊的个人主义,即以欢享自身升华了的人格满足自己的个人主义,仍然自我表现出来。如前所述,博卡利尼无意利用自己业已达到的政治理解来追求自己的实际政治目的;他不想靠揭露统治者的邪恶来激起全世界的怒火,煽动它达到造反地步。他本人并非革命者,虽然他肯定能造就一种革命的结果。他站在文艺复兴与欧洲革命精神发端之间的中间位置,前者的政治情绪远不是革命的,而至多只是(像在马基雅维里那里)一种改革情绪,后者在法国和荷兰出自民众代表制思想,那由加尔文主义养育滋生。意大利没有提供民众代表制观念的任何留存之地,因为它在各邦国湮灭无闻。无论如何,在意大利只有思想自由,而无行动自由。这一环境对博卡利尼的政治顺从的影响由一番话表露无遗,那是他在若干场合反复地说的。是否应当让所有人都平等地得到塔西佗发明的那种透镜?是否全国都应当知道关于统治者和宫廷的真相?诚然,博卡利尼确实嘲弄地说,这些日子里甚至市场上的挑夫也谈论"国家理由";[①]然而这在他看来更像是一种开始变得常见的高尚体育运动,仍然可笑而无任何危险。但是,如果塔西佗的透镜事实上成了公共财产,那对统治者就真正危险了,因为大众将会造反,而统治者依然拼命需要大众照旧无知,以便能够毫不麻烦地统治他们。博卡利尼也清楚地认识到这一点,确定从国家的总体利益出发,塔西佗的透镜只应当被给予统治者的秘书

[①] *Ragguagli*, 1, 315; *Bil. pol.*, 3, 81. 在1625年著文论说"国家理由"的祖科利也见证说,当时理发师和酒馆伙计都讨论"国家理由"。Zuccoli, *Diss. de ratione status* (Latin translation by J. Garmers, 1663, p. 2).

和顾问,并且同样显而易见,统治者将不得不压制对他们有害的政治著作。① 但是,他本人非常渴望写作此类著作,而且(像他那样有独立见识)不能允许对他仔细审视政治缺陷的权利作任何限制。他鄙视和嘲笑"华丽饰品",那按照博泰罗的界定,遮掩了"国家理由"的本质特性。②

在其《帕尔纳苏趣谈》的一幕喜剧故事中,③莫斯科大公受到质问,因为他的臣民像畜生那般生活,不会读也不会写。对此,大公答道:"在见到其他地方的人文造成了可怕的灾变后,我决定这样的一种毒草永不能被允许在我的大公国里生根。假如荷兰人和泽兰人依然保持他们旧日的统一和无知,假如他们的单纯心灵从未受到希腊拉丁语言和艺术的瘟疫感染,他们就绝不会根除传统的宗教和废黜那么多统治者,或建立那么怪异的、从未被梭伦、柏拉图或亚里士多德想象过的那类共和国。"帕尔纳苏议事大会确实对这些看法感到震惊,但最大的当权者中间有若干人同意莫斯科大公所言。然而,乌尔比诺公爵宣告,他宁愿摒弃他的领地,也不愿放弃人文。博卡利尼在另一处说,人们是傻瓜的地方,就会有王国和雇佣军;存在科学和伟大思想的地方,就会有共和国。因为,科学教导人考察什么是统治者权力的界限;正是通过科学,我们找到束缚他们手脚的手段,并且将他们逐出国家机器。一个人可以见到他的注意力多么强烈地被荷兰共和国成功的造反真正吸引。我们记起,共和国在他看来是公共利益被置于私利之上的国家,在其中法律绝对全权地主宰。而且与此同时,他认为共和国是奉行

---

① Commentary to *Agricola*, p. 13; *Ragguagli*, 2, 249.

② *Ragguagli*, 2, 290.

③ *Pietra del paragone*(载于 *Bil. pol.*, 3, 186)。

自给自足、爱好和平政策的国家的政体形态。在他眼里,自由与集权格格不入。因此,是在共和国之中,他看到了他关于文化和国家的理想充分实现。"人的真正祖国是自由城市。"①然而,至少对他来说,这不是个宣传性的理想,因为一个人将准备为其实现而去生与死。在《帕尔纳苏趣谈》的一则诙谐故事中,②他确实描述了欧洲的统治者们如何试图组建一个君主利益的联盟,以阻挡正在从德意志和荷兰诸共和国往外散布的传染性的自由思想,又描述了他们怎样被迫对自己承认只有经历最大艰难才能粉碎这一思想,而且即使如此也必须招募雇佣军。③ 然而,即使在他的灵魂内(恰如曾在马基雅维里的灵魂内)燃烧着意大利也应当最终自由的强烈渴望,但在他看来这仍是关于遥远的未来的梦想;对于当前,他不抱任何希望。与此同时,他认为不说自明的是,这些避难所,他那一类有教养人士的避难所,必须有真正的贵族制政府,才能行使自己的功能,并且维持必要的和平与稳定。他规避真正的民主制,规避没有教养和不受管束的大众的统治。④

---

① *Bil. pol.*, 1, 495;另参见 1,339,342,349,402。

② *Ragguagli*, 2, 17 ff.

③ 对1815年"神圣同盟"的这项预示得出了一个机智的结论,即统治者们热情互助以反对共和国,但在内心深处打算根据自己的利益行事。

④ 谈论民主制和大众统治的主要段落见 *Bil. pol.*, 1, 48, 186, 337 f., 340。他承认,只有德意志人"才是共和制的如此洞察入微和杰出的建立者,正如他们是各种不同的工具的发明者和生产者那样,他们在所有人中间首先和唯一能够拥有令人钦佩的素质,去实施一种以谨慎和法律监督进行治理的平稳的民主"。说德意志诸共和国时,他往往也是指荷兰。他就德意志人讲的一个小笑话可以在此也说一下。德意志人拒绝接受一部规定清醒的万国法典。他们说,你们其他国家生活在君主统治下,而我们保持了自己的自由,因为我们酗酒。如果我们总是清醒,我们就会像你们一样无助,野心家就不能够对你们那样么好地隐瞒其邪恶计划。"饮酒过度有使身体透明之效。" *Ragguagli*, 2, 123 ff.

这就是他的兴趣和理想由以受限的特殊方式。他的政治判断激情被投入到一个他所厌恶的世界,但这个世界赋予他理解的热情。令他在道德上感到厌恶的东西在智力意义上吸引了他。虽然他生性不喜爱政治,但他成了一位敏锐和深刻的政治思考者。在现代人看来,这一思想态度多么特殊和陌生,它或许只有在文艺复兴和反宗教改革的氛围中才有可能。博卡利尼本人感到自己在两个世界之间不断地摇摆:表面(*apparenze*)世界与本质(*essenza*)世界。然而他感到那不是问题,而是个不可改变的事实,就此一个人必须机智地评论,但它不必导致任何个人良心上的不安。因为,这表面世界无法改变,不可能受存在于本质世界中的理想的影响。因为,难道这邪恶的表面世界不也就是自然的世界?难道大鱼吃小鱼和弱者受强者统治不正是支配所有生物的法则?[①] 于是,像加图之类人物那样坚执理想主义教条有什么用?你是对聋子喊话(博卡利尼设想有人对他这么说),不管你自己还是任何别人都一无所获。因此,博卡利尼的信条是,并且始终是随波逐流,顺风使舵,然而与此同时他鄙视这么做的人。

他所以拒不鼓吹自己的共和理想,并不只是因为哲学上的消沉和有教养的放任;那还归因于一种精微的历史和政治意识。在威尼斯(他观察到的)生气勃勃的东西无法从书本或人那里学到;它必须随同一个人幼时吮吸的母乳一起被吸收。威尼斯的法律不能被移植;共和国像树木一样缓慢生长,而不立即结出果实。如同佛罗伦萨的情况表明的那样,自由来得过早只会太容易导致新的

[①] Beneducci, *Boccalini* 一书(第102页)指出了与达尔文和斯宾塞的这一自然主义类同。作者或许也想起了斯宾诺莎,后者使用过同一意象(*Tractatus theologico-politicus*, chapter 16)。

暴政。一般而言，根本不可能将好的法律移植到别国，因为它们不得不符合那些将必须服从它们的人的精神气质。① 浮躁的立法和治理是他厌恶的。从他自己担任教皇国地方长官的实际经验出发，他可以大谈存在极多互相冲突的政令是多么愚蠢和有害；而且，他很不喜欢参与政务的法理学家和文人墨客。"说哲学家应当统治非常愚蠢。君主的哲学家，他的真正的文人墨客，是宫廷中的实干家，他们熟悉他们自己的君主和别国君主的利益、属地、军事防御和财政资源。"说到底，他相信真正和至高的治理艺术既不可能靠理论，也不可能靠实践学到；它作为上帝的礼物是与生俱来的。

所有这些考虑再次表明，博卡利尼并非冬烘先生，而是智识素养极高，人格完全，富有思想活力，同时具备非常必要的现实感。作为一个人，他是一部"活书"（用他自己喜爱的话说）。他鄙视在政治事务中使用哲学，与此同时明白可以靠科学达到的政治上的革命性效应。他尊重贵族，但（有如他的朋友保罗·萨尔皮）对自己真正的高贵不在于血统而在于头脑这一事实而感到自豪。一切似乎以一种富有活力和原创性的方式，同时在他身上活跃和挣扎。尽管有他如此精巧地运用的所有怀疑主义和讽刺，他从未沦入玩世不恭；忠实于文艺复兴精神，他始终保持一种天真性情，一心遵循自己的本能。他的所有洞察都发自直觉；它们诚然得益于他受的人文主义教育，但绝非奴隶般地从那里照搬。假如他有系统地思考的本领，那么他会成为一套关于统治者和国家的利益的、包罗万象的理论的创建者。他身上的一切确实都指向这个方向；而且

---

① *Ragguagli*, 1, 143 ff.; *Bil. pol.*, 1, 182 f.

（如前所述），国家利益这一恶魔从未让他内心有任何平静。现在，让我们重新拿起我们为了能够首先了解他的整个思想特征而丢下的线索。

我们已经看到，当就统治者的一项私利政策做出评判时，博卡利尼在两端之间来回摇摆：一端是纯粹的道德说教式评判，另一端是对于这么一种政策受制于无法逃避的国家安全和自我维护压力的承认。"君主根据需要而非随心所欲实行统治，因而不得不做他厌憎的事情。"而且，这一观念是他的思想的主要产物，是他不得不一遍又一遍地奋力迈向的终点。我得出了一个结论（他接着说①），腓力二世并未导致唐·卡洛斯被杀②以惩罚其邪恶性情，而是为了防止英国、法国和别的西班牙敌手利用唐·卡洛斯来反对他；他为了自己的国家和自己的性命这么做。君主们竟通过杀掉自己的亲戚来保证自己的统治：这确实可能是野蛮的不人道（他在另一处说③），但一个人能够做的至多是哀叹必须这么做；因为，王族血统的年轻人太多了不是好事，剪除多余的几支并非看似的那样是显著的不信神征象，相反有时却表现了君主对人民的爱（*carità*）。这番可怕的话语部分地要由当时的生硬粗鲁来解释，那甚至是马基雅维里时期往后的一个世纪也未能予以克服的。它还出自一项惊人的观察（然而由他十分平静地记录下来）：善行及其后果与恶行及其后果这两个世界不能被毫不含糊地彼此区分开

---

① *Bil. pol.*, 1, 202.
② 这是当时人普遍的（在此场合没有根据的）假设；参见 Platzhoff, *Theorie von der Morddbefugnis der Obrigkeit im 16. Jahrhundert*; p. 76。
③ *Bil. pol.*, 1, 472.

来。(这项观察已类似于现代相对主义。)恰如难得找到一种药,①它在排除对身体有害的体液时不也排除对生命有利和必需的体液,同样难得找到并不同时带来某种有害后果的一国善政安排。反过来说,统治者们往往从国内混乱中获得大利。罗马因其能干和精力充沛的公民而大遭祸殃,甚于因其最邪恶的敌人而遭受的。有益的科学和印刷术的发明既有用,同时也有害。在德意志出现的反对真宗教的著述中间,也有一些具有反统治者的极端革命性质,是"号召各国国民公然造反的号角和战鼓"。

"真宗教"!博卡利尼叹息查理五世满足于将路德的著作烧毁了事,而不是令其本人——瘟疫之源——无法作恶。他全无他的朋友保罗·萨尔皮那种对新教教义的同情,虽然他确实支持后者反对教廷政治干预的斗争,并且无情地谴责许多教皇的阴谋诡计。他满意地说,总体上意大利的宗教状况现在好于先前;然而,倘若设想他有任何特定的宗教倾向,那就错了。他对为政治目的滥用宗教大加讽刺,但他自己对宗教的多方面评价本身就浸渍政治目的。他认为宗教之于国民恰如马鞍之于马匹;没有对神法的服从,就不可能有对人类法的服从。因此,宗教是政府用来控制千百万众生的一个工具;它是一种国家利益。由于这个原因,他还认为国家内部的宗教统一也是国家利益。在他看来,国民不可能真正爱戴一位宗教信仰与他们不同的统治者;相反,他们必定仇视他。凡有两种宗教并存的地方,国中就会有两大主要权威并列。在他《帕尔纳苏趣谈》的一则故事中,他让博丹被判绑在火刑柱上烧死,因

---

① *Bil. pol.*, 2, 468;又见关于 *Agricola* 的评论, pp. 5, 12。

为他提出了对国家如此有害的宗教宽容学说。①

他这里是在重复他那个时候的社会舆论(communis opinio);就此只应指出,他以严酷的"国家理由"而非宗教狂热声音讲话。然而即使在此,他也只是在重现现实生活中的实情。因为实际上,在它首先变得足够强大,以至能忍受国内宗教异见的存在而不危及其臣民的服从以前,没有任何国家能敢于宽容;因而,常备军的组建在有利宽容方面发挥了最重要的影响。但是,博卡利尼确实大有悖于历史,因为他将整个当代的信条问题强纳入他的自我利益理论范畴。他足够鲁莽地断言"当前异端的真实原因在于害怕查利五世巨大横暴的权力";②心意邪恶的统治者们所以支持路德和加尔文的异端邪说,是出于国家利益考虑。不敬神的现代政客将"分而治之"方法应用在宗教上面,以便更进一步地分裂人民,而传统政客尚未不虔敬到混同上帝利益与国家利益。从这些话包含的真理当中撤除夸张成分将是多余的。然而,关于针对查理五世的权势斗争怎样同新教的命运相连,他的洞察确实有如电闪雷鸣,振聋发聩。而且,三十年战争爆发前的全部可怕情绪和紧张确实在他的话中栩栩如生:"由于现代异端现在成了一个国家利益问题,因而从此它们不再会由宗教会议通过议论和教令得到解决;它们将在战争中由军队来解决。"

从根本上说,他对异端的厌恶远不如他(作为一名狂热的意大利人和马基雅维里的真正传人)他对西班牙统治的厌恶那么强烈。他极其仇恨后者;而且,或许只是这仇恨感才阻碍了他真正冷静和

---

① *Ragguagli*, 1, 225 ff.
② *Bil. pol.*, 1, 475, 参见 433 f.; 2, 225; 3, 148。

精细地去分析多层多面的西班牙利益体系,而这样的分析本来是他的政治天才完全力所能及的,现代历史学家也会欢迎他这么做。因此在实质上,他只是以多少粗糙的色彩,描绘了西班牙人在他们征服的国度内使用的残忍统治方法。他们比法国人更懂得(他这么认为)如何守住被征服国家,因为他们有着对维持新国家来说如此头等重要的残暴性。"无情地折磨一个新国家内的主要贵族,在那里灭绝王族,将人民压制到他们既不会有力量,也不会有勇气来光复自身自由的地步:这就是西班牙人精通的特种知识。"[①]法国的统治如同一阵短暂的暴热病,西班牙的统治却像肺痨。西班牙人还变动自己的统治方法。他们在西西里傲慢,在那不勒斯却不那么傲慢,在米兰更次之,而在佛罗伦萨他们真正变得相当和蔼;然而,这是服从者表现的胆怯(viltà)程度或大或小的结果。当他往下说西班牙人在尼德兰已被搞得认识到"世界要活下去,但不想以西班牙的方式活下去"时,他是在真正地大声疾呼。但尽管如此,他仍在西班牙与古罗马治理方法的比较中获得了一种微妙的政治上的慰藉;幸运的是,西班牙没有仿效罗马人,后者知道如何使他们征服的各族习惯于罗马公民权。然而,他的良好的判断力告诉他,即使这残忍的治理体系也不是仅仅靠一位统治者的利益,而是靠一整个统治民族的利益被聚合在一起的。"我记得,"他在一处叙述说,"腓力二世死时人们在罗马的谈话。有人在期望,随之在其继承人未成年期间将发生大动乱,因为遭腓力二世恶待的大贵族中间存在不满。然而其他人说(他们被证明是对的),'不,在维护各统治国内他们的优越地位方面,西班牙人的利益同他们

---

① *Bil. pol.*, 1, 28;参见 117, 134, 142, 356, 407;II, 73;*Ragguagli*, 2, 187。

国家的伟大是那么休戚相关,以至他们将小心翼翼地避免以发动内战来打开祸殃之门。'"

众所周知,在西班牙与法国之间决定意大利命运的重大权势斗争过程中,对欧洲均势机制有了更深入的洞察,亦即就受到权势压倒性地集中于单独一国的威胁的所有国家而言,对它们的集体利益的自动作用有了更深入的透视。显而易见,因为威尼斯人有这种眼光,所以博卡利尼也有这种眼光。的确,欧洲均势理论不是别的,只是"国家理由"和国家利益理论的一个方面,而且确实只能联系到它们来看待它。在这方面,博卡利尼顺从一种倾向,那将在后来对历史的理性主义对待中证明占据上风,然而它也植根于文艺复兴精神,特别是植根于它造就的利益理论。他在此假设一种自觉的、有目的的行动方针,而事实上只是时势造就了与这些目的相符的后果。在此,有某个指导性智慧起作用:这一幻想直接导致想当然地设定一个指导性智慧肯定在起作用。于是,博卡利尼进而将尼德兰造反(它给了西班牙的所有敌人一段喘息时间)归因于对均势有利的自觉行动——归因于所有那些不希望整个意大利变成西班牙的掠夺品的统治者们的一项计谋。① 在他看来,是这些统治者煽起了尼德兰反叛,它现在成了"意大利的唯一救星"。同样,博卡利尼除了怀着同情和希望注视法国和亨利四世外,无法别有所为,虽然他很明白即使法国,其利益也不是单纯和一贯地指向均势。的确,他认为从整个意大利的自由考虑,米兰在法国人手里会比它在西班牙人手里更危险,因为鉴于其领土与法国接壤,它可能在法国人心里激起占有整个半岛的一半土地的欲望。

---

① *Bil. pol.*, 1, 474.

第三章　博泰罗和博卡利尼

从意大利不得不经受的命运和博卡利尼所处的历史环境判断，非常清楚他的注意力更多地是集中在国内而非国外的利益运作上。统治者与被统治者的关系、国内权势与自由的关系、君主制邦国与贵族共和国的反差以及它们各自的"密令"：这些便是一直翻腾到他这位渴望着自由和几乎被窒息的思想家灵魂深处的问题。只是就一个国家，他才能勾画出它的"国家理由"概貌，并且至少勾勒出它的内外利益：此即土耳其。这里远离基督教民族生活，有个构造完全不同的国家。它所以引得政治思考者注意，不仅是因为它像一大片权势政治雷雨云那样浮在欧洲地平线上，而且更是因为它那古怪的内部结构。甚至路德也曾以赞赏之意说过土耳其人精细的世俗统治。① 土耳其活现和例解了文艺复兴政治思想一直在努力追求的东西：一个被自觉和有目的地建设起来的人为构造，一套像钟表那般被安排组合的国家机制，它利用各类不同人及其力量和素质作为自己的弹簧和摆轮。土耳其人（博卡利尼惊讶地说）②从未读过博丹的不敬之作，从未听过马基雅维里的罪恶劝导，却是极棒的政治操作者。这些人是完全野蛮的统治者、有益的科学的公然死敌，却仍对可以如何治理世界有最精妙的理解，懂得怎样操纵至高的"国家理由"。他可以很容易地用一个著名例子——土耳其禁卫军说明这一点，其士兵来自征募的基督教少年，组成百战不殆的伊斯兰突击部队。不仅如此，他们当中的佼佼者不被允许升至掌权地位，因为他们会在禁卫军主体中拥有太多追随者。相反，被选来组成一个神学院、为担任国家高级官职而受教

---

① 见 *Christl. Adel, Weimarer Ausg.*, 6, 459。
② *Ragguagli*, 1, 107；又见 2, 237, 271；*Bil. pol.*, 1, 377。

育的较少数量的基督教少年没有这样的追随者,而且他们中间经久不消的竞争和敌意使之无害于最高统治者。在他看来,整个伊斯兰体系既是邪恶的,同时又是以高度的政治精致性仔细构筑起来:禁酒有利于军人效率,多妻制总是倾向于(由于新一代人数的迅速增加)将有权有势的家庭重新降到较低层次,关于天命的恶魔理论令人非常勇敢。永不放弃任何筑有清真寺的土地这一准则导致新征服国家得到拼死的捍卫。苏丹们被禁止建筑新清真寺,除非他们首先征服一块新土地:这个事实激励他们发动战争。那些在不受其统治者宠幸时死去的人丧失灵魂:这一信条趋于滋生最大的敬畏。对妇女的宗教性漠视表明,伊斯兰教的创建者只关心男人的服役。

现在谈论同样精确地规划的对外政策方式和战争操作方法。土耳其人只会对那些大(但确实分裂)的、能够被彻底打垮和征服的王国进行决定性和彻底摧毁性的战争;对那些由于本身力量强或由于其同盟而无法如此容易打垮的国家,他们发动短暂的战争。在这些场合,只要割得小块土地,他们就会满足。土耳其人还知道,如果发动长时间战争,就可能加强其敌手。在对神圣罗马帝国皇帝的战争中,他们的做法是任何一个时候只对他小施掠夺,以免使德意志和匈牙利民族变得过于好战,然后(因为那是一个征服者的最好办法)倾向于绝对有把握地征服一点,而非一下子征服许多。一口吃不成胖子;要长胖就应当不时吃一点,将它适当消化。守住新近被征服了的国家是一件麻烦事,尤其在其居民好战和信仰一种不同的宗教的场合;如果那里仍有着一位能够光复所失的强有力的统治者,情况就更是如此。另外,土耳其人惯常发动短暂的战争来打击这样的统治者:他们的垮台能引起其他大掌权者们的嫉妒。在勒班陀海战中丧失制海权的塞浦路斯战争期间,土耳其人经历了基督教联盟危险之害。他们将波兰和莫斯科之类贫瘠之地留下原封不动,却力争占有弗留利,以便赢得通往意大利的道路。

这大概展示了当时在罗马、威尼斯和佛罗伦萨的无数政治谈话的精髓,它们是在体验世界运行方式的实务家、宗教人士和文人墨客之间进行的。来自东方的消息传来传去,能在当时的谈话中得到非常直率的解释,然后经过某种进一步思考,能被编排得像博卡利尼在此讲述的那样。① 无可置疑,它有史料价值,就像关于土耳其的威尼斯外交文书那样。这是被聪明地汇集在一起的一系列思考,它清楚地显示了先前说过的那种倾向,即想当然地将历史事态尽可能多地当作有目的的理性行为。然而,就我们的目的来说,这一理性化是极有启发性的,因为博卡利尼在此推演出了他的"国家理由"论最终和最极端的结论,并且呈送给他那时的统治者一面镜子。看,他或多或少对他们说,你们在那里看到了师傅,他们在地狱般的药剂术方面胜过了你们全体。而且,这一可怕的、冒犯神性和贬抑人性的国家机制是由野蛮人形成的,没有任何一点可以归功于文化。因此,"国家理由",文艺复兴时代的君主国(the princely State),为了获得自身的充分发展完全不需任何文化。它不仅无须文化,而且甚至损害文化:这是个博卡利尼本人可能没有自觉地演绎出的结论,然而是他那里固有的,而且立即从他的整个思想中迸发出来引人注意。我们已经见到,此后他怎样(以真正的文艺复兴方式)再次觉得自己神秘地被这一蛇发女怪的头颅吸引,

---

① 几处类似的话可见于康帕内拉论说西班牙君主国的著作,第23章。

并且又一次能够感到这君主国的力量、庄严和命数。

在这个世纪里,对初生的现代国家固有的真正不虔敬和不道德,或者它对该时代文化理想的彻底二元论态度,没有任何别的思想家有过如此深刻和痛苦的认识;换言之,这是一种对其中的不满足和有害成分的认识,但也是对其生命冲动中势在必行和不可战胜的因素的认识。一句话,没有任何别的思想家如此清晰地设想过同时以理性和非理性方式构成国家的人类激情、人类理性和超人命运的整个构造。博卡利尼的首要历史重要性在于,他通过一位当时人的活生生的敏感,首次使历史发展的黑暗面成为对我们来说真正可以理解的。尽管为了能够抒发他的愤怒讽刺和激烈夸张,不得不做出前述推演,但仍然可以这么说。他从未成为一位改革家或革命者;他从未能够发现权势、自由和文化的一种真正综合,那本来能够导致某种更进一步的东西。不仅那个时期的潜能不成熟,而且他自己个人的怀疑主义对此目的毫无用处。由于他相信权势与自由不可调和,因而热爱自由的他逃到一个贵族城邦共和国的平静环境里,该共和国确实没有什么历史性未来,恰如城邦君主国那样一心关注机械的、肆无忌惮的① 自我利益政策和均势方略,虽然它在当时确实仍然拥有一定的有机活力和稳定。他只有一种极模糊的预感,即各国不会总是必须忍受统治者的枷锁;他根本没想到,在未来某个时代,没有统治者的各国将能继续君主"国家理由"的同样的罪过。

然而,对我们的问题来说,博卡利尼的经久的历史意义在于:

---

① 例如,关于在威尼斯的暗杀问题,参见 Platzhoff, *Die Theorie von der Mordbefugnis der Obrigkeit im 16. Jahrhundert*, pp. 13 ff., 32 ff.

事实上是他首先看到了这个问题,连同其全部可怕的双重性。只是因为他是个意大利人、马基雅维里的思想传人,他才能绝对清晰地在经验上把握它,并且认识到根据"国家理由"行事的天然必需和不可避免性。只是因为他是反宗教改革的产儿,他才同时还直接意识到它包含的罪过。马基雅维里从未感觉到这罪过,而他的反对者作为通例从未理解"国家理由"的天然必需。使得博卡利尼对现代历史研究变得如此重要的恰恰是这么一个事实:他能够将道德判断与现实主义理解统一起来。因为,现代历史主义也希望始终同时拥抱道德价值的世界与现实世界;它希望一方面论说道德,另一方面研究自然状态。它现在寻求(我们以后将不得不联系黑格尔来追踪这一过程)某种将沟通这二元性的联系链环,某种会真正解决这对立的东西。博卡利尼找来满足他个人需要的解决办法过多地属于文艺复兴时代,而且其中有过多的本能因素和个人成分,以致缺乏任何经久意义——因为他以他从洞察深渊得来的精神快乐安慰自己。然而,这是历史生活的一切最大问题共有的某种东西:它们本身没有时间限制,虽然解决它们的各个尝试随时间流逝而亡,并且始终是相对的。它们以发自其中每个的独特的温暖生命气息来为之补偿。

第四章　康帕内拉

我们看到,博卡利尼的思想反映了一种尴尬处境,那是反宗教改革时期里特别在意大利有识之士发觉自己处于其中的处境。他应当将自己的忠诚奉献给他周围历史世界的什么现象?诚然,当时在许多人看来,半新教和自由不羁的倾向既已被无情压制下去,由特伦特宗教会议赋予了新生命的天主教会便拥有一种神圣的价值。但是,在博卡利尼那样的一个人身上,完全没有内在的宗教热情的迹象。而且,任何人,只要出于自己的热烈情感和求知渴望,试图为自己创造一种具有意义和依靠神性来丰富的世界观,或者尝试自由地探究宇宙法则,那就注定要冒危险:要么像焦尔达诺·布鲁诺那样被绑在火刑柱上烧死,要么像伽利略和康帕内拉那样被关进监狱。然而,我们已经从博卡利尼这一例子看到,当代国家生活的种种问题多么令人烦恼,任何追求政治理想的思想家所处的形势又是多么不适当。无论是一个世纪以前,还是一个世纪以后,形势都比较有利。即使在其民族遭殃的一个时期里,马基雅维里仍能致力于它的政治更生。一个世纪以后,巩固了的专制主义国家已在感觉到启蒙的最初效应,而且一个人能够为之设想新的目的。可是,在文艺复兴与专制主义鼎盛之间,横亘着一个个困惑不定、麻烦不安的过渡时期,在其中欧洲大陆君主制国家呈现出一种全然令人不悦、在许多方面还令人厌憎的面目;它们在自己的构造和疆界两方面都不完整，就此它们以自己掌握的不足的权势手段，与内外敌人痛苦地争斗。它们的指导原则在于"国家理由"，那是一种完全不受制约，但同时被予以巧妙操作的持续不断的斗争，目的是获取权势，为此依靠或大或小、或纯洁或污秽的任何手段。然而，这一追求的种种后果仍然那么有限和可疑，以至它们并未成功地遮掩住统治者们在其无力状态中被迫抓起的污秽卑鄙的手段。国家仍无真正的尊严；"国家理由"（它尚远不能从一种理想主义观点出发为权势争夺辩解）被视为一项必不可免的"无耻手段"（*partie honteuse*），由完全可敬的博卡利尼之类人物率直地昭示出来，由不那么可敬的博泰罗之类人物油滑地遮掩起来。

这些意大利人在他们本国君主宫廷和统治并压迫他们的腓力二世帝国宫廷中面对的，连同他们就阿尔卑斯山外的各君主国全部听说的，根本没有起激励或激发政治理想主义的作用。如同我们就整个"国家理由"流派已经见到和后面将会再次见到的那样，它至多可能强化智能，以利一种对治国方略之谜的极为尖锐、极具洞察力的分析。

在这些关注中间，博卡利尼大声疾呼普遍改良他生活于其中的整个可恨的世界，而这一呼吁当时甚至在德意志也被听到了。[1]然而他自己说，事实在于自私和不道德的"国家理由"像无情的自

---

[1] 他关于全世界普遍改良的讽刺文字(*Ragguagli di Parnaso*, 1, 258 ff., 1. *Centurie*, n. 77)在蔷薇十字会主义(Rosicrucianism)的历史中起了一定作用。安德烈埃(Joh. Val. Andreä)用贝佐尔德(Besold)翻译的博卡利尼论普遍改良作为他自己（一半认真、一半玩笑）的书 *Fama fraternitatis* 的一项导言，该书讲的是可赞的蔷薇十字会，它通过神秘地叙述这么一个教派据想的存在，试图建立一个教派。参见 Guhuauer, *Joachim Jungius*, p. 60; Begemann, *J. V. Andreae und die Rosenkreuzer*, *Monatshefte der Comeniusgesellschaft*, 18。

然律那般支配伟人及其仆从的行为;既然如此,怎么会有国家生活的任何基本和彻底的改良?因为,如果任何人一旦明白包藏在"国家理由"中的险恶深渊,同时不能(像博卡利尼那样)满足于仅仅沉思这些如此可怖,同时又如此诱人的深渊——如果任何人真的为了从绝境进至一种较好的社会状态而积极奋斗——那么只有一个对他敞开的逃脱绝境的出路,那就是"暂时的逾越"(salto mortale),在一个或另一个方向上。伟大的托马斯·康帕内拉——来自卡拉布里亚的多明我会修道士、哲学家兼诗人、世界改良者——就是如此。他的全部政治和社会活动就是一场反对"国家理由"的坚持不懈的斗争;那是(颇为简洁地说)一系列殊死跳跃,努力规避之,以其自身的方法克服之,从而使人类摆脱之。关于这个时代的本质,这出动人的活剧教给一个人的或许比一项对客观政治事件的精确陈述更多,因为它让人相当清楚地看到由其命运给这个时代设立的限制。

简短地浏览他一生的主要事实,将足以对这些问题形成一个初步概念。

康帕内拉1568年生于斯蒂洛,年轻时加入多明我会。他最初以大胆的哲学思想和哲学发现出名,动摇经院哲学家和亚里士多德的权威,并且主张对事物本质的探究不再应当依靠个人理性的强词夺理的演绎方式,而应当依靠对自然的如实观察。诚然,他并未始终一贯地照此行事,因为在他自己心里有着太多的激情、冲动和旧思想方式的残余,全都乱缠在一起。然而,在他最纯粹的时候,特别是作为一位诗人的时候,他升华到一种卓越的意识高度,明了自然的统一性,明了自上而下渗入自然的神性。他有一种由强烈的知觉驱动的热烈渴望,希冀目睹他已在沉思中把握的整个

第四章　康帕内拉

世界的和谐也在人类生活中实现。那是一种被此世的邪恶强烈地挫伤了的渴望。作为一个视其祖国为欧洲最佳智力所在地的骄傲和热烈的南意大利人,他仇恨西班牙统治,将它当作一个残暴的政权,厉行最坏一类经济盘剥和社会压迫的政权。然而,在他周围的社会生活中,他以一种颇为独特的激烈态度痛感社会涣散不一,缺乏指南理性,私欲支配一切。一个人并不经常见到下述两者间一种如此剧烈的冲突:一方面是追求崇高的火样热情,另一方是世俗世界的种种障碍。"突破重重羁绊,我奋力飞向星辰。"然而,即使在他自己身上,也始终有着从未完全克服的障碍。他那个时代里最黑暗、最倒退的势力——迷信、占星术、迂腐、狂热——支配了他的一部分存在;而且,他的南方人的多愁善感也助成了他关于社会和国家改良的乌托邦观念,那必定是他在16世纪最后一些年里形成的。不可能有丝毫把握地确定他当时在多大程度上还成功地使自己摆脱了天主教会及其教条和教规束缚,连同他是否实际上(像某些见证人说的那样)将上帝完全等同于自然,并且将基督教当作纯粹的人类产物看待。① 然而,他肯定是一位革命者;他以先知角

---

① 参见阿马比勒(Amabile)的两部大作:*Fra Tommaso Campanella : La sua congiura , i suoi processi e la sua pazzia*, 3 vols., 1880—1882; *Fra Tommaso Campanella ne' castelli di Napoli , in Roma ed in Parigi*, 2 vols., 1887,它们包含文件资料。又见克瓦恰拉(Kvačala)的著作:*Th. Campanella und Ferdinand II , Sitzungsberichte der phil.-hist. Klasse der Wiener Akademie* 1908, vol. 159; *Th. Campanella, ein Reformer der ausgehenden Renaissance*, 1909; *Protestant. gelehrte Polemik gegen Campanella*, Jurjew, 1909; *Über die Genese der Schriften Campanells*, Jurjew, 1911。又见布朗谢(Blanchet)论述康帕内拉的给人印象深刻的著作,1920年版。在 *Sommario del processo* 等文献(载于 Amabile, *Camp., la sua congiura*, 3, 421 ff.)内包含的见证人证言中间,我认为唯一绝对可靠的意见,是那些由康帕内拉在其著述中以某种方式证实了的意见。不过,康帕内拉很有可能以见证人报道的那种异教和自然主义方式表达他的看法。

色做过预言世界天翻地覆的占星术计算,受此激励于 1599 年 9 月在卡拉布里亚举起造反旗帜,而且在这场冒险中甚至不规避土耳其人的帮助。造反被扼杀在萌芽状态,康帕内拉不得不为此付出代价,即坐西班牙大牢,遭西班牙人拷问。

在刑讯期间,康帕内拉的一位朋友证明他希望建立一个国家,在其中人们能够生活"在共同体内",而且他设想以一种只有好人才会被创造出来的方式组织人的生产。① 这是他 1602 年在那不勒斯监狱中撰写的著名的《太阳国》乌托邦的两个根本思想。他本人完全不将此当作乌托邦,而是当作一种既可能又值得争取的未来的意象,因为甚至到他生命的最后一刻,他仍然坚执这一希望。太阳国是个共产主义式的社会,将使利己主义变得原则上不可能,将确立普遍的工作义务,连同一种按照个人才能和能力的合理分工。然而,此外还将贯彻一种规划好的优生制度,办法是废除私人婚姻,并且靠选择身体彼此适合的个人来规范性交——而且所有这些都将从上往下地由一个主宰一切的神治政权完成,它由最具智慧和最有教养者组成,其最顶层是一位最高神职统治者。

然而,甚至在他作为一名西班牙囚徒和被控异教者写下《太阳国》以前,而且确实甚至在他造反以前,他就写了大唱赞歌的书,赞颂他正在与之斗争的同一些统治者,而且还就他们怎么能扩展自己的权势给他们提供了若干项深思熟虑的建议。这些书就是《论意大利政治与君主》(*Discorsi politiciai principi d'Italia*)和《西

---

① Amabile, *Th. Camp.*, *La sua congiura*, etc., 3, 439.

班牙君主国》(Monarchia hispanica)。① 它们都有一个共同的基本思想,那就是上帝的意愿在于西班牙的世界统治拯救各国并开启黄金时代,这统治部分地直接行使,部分地以半自治国家为手段间接行使,但由教廷在精神上的(同时也是政治上强有力的)世界统治加以温和化和升华。在某种意义上,他写这些书出于狡黠的谋算,以便在自己事业失败的情况下能够诉诸它们——事实上他确实总是以此种方式大力使用它们来反驳他的指控者。然而,这不是他撰写它们的唯一动机。这些书里有些思想完全与他的《太阳国》相符。而且,他将这一双重性以及他的内心世界与他周围的外部世界(那将他投入牢笼)之间的联系推进得更远。他在西班牙的监狱里受难长达27年。请设想一幅可怕的图景:这位极有才华和身体健壮的人张着目光如火的双眼,坐在西班牙人一度囚禁他的地牢里,一边写他的书,一边叹息自己如同被铁链锁在高加索山上的普罗米修斯。② 他并非只写哲学著作,也写为了天主教会和天主教信仰的荣光和利益的书籍。天主教世界也不希望全然摧毁这么一件可贵的防御武器。1626年,西班牙人将他交给罗马,此后他在那里活着(先是处于一种软禁之中);虽然身体被搞得愈益衰弱,他仍精神不屈,坚持写作。当他再次成为西班牙人的猜疑对象

---

① 我们在此依据《论意大利政治与君主》1848年加尔奇利(Garzilli)版。载于1854年丹科纳(d'Ancona)所编 Opere di T. C. scelte 一书中的那个版本是个简缩本。通过康帕内拉在德意志的朋友代理,《西班牙君主国》于1620年和1623年首次出版德文译本,译者是杜宾根大学教授贝索尔德(也使得博卡利尼在德意志被人所知的同一个人);该书的拉丁文译本(也许译自德文?)于1640年面世,意大利文本载于丹科纳所编 Opere di T. C. scelte。这两部书都只是以康帕内拉在其被囚的头几年里赋予它们的形态为人所知。

② *Ego tanquam Prometheus in Caucaso detineor.* 致希奥皮乌斯,1607年6月1日,载于 Amabile, *Camp. ne'castelli di Napoli*, 2, 57。

时，教皇乌尔班八世向他建议出逃避难。他最终在法国找到了避难所，该国将他保护起来，直至他1639年去世。他住在将在法国大革命期间变得举世闻名的雅各宾修道院。在他身居罗马的最后几年和他在法国逗留的日子里，他写出了一系列书籍，一反他的《西班牙君主国》论调，转而赞颂正在腾升的星宿黎塞留和法国。他以一首歌颂王太子——后来成为路易十四——诞生的田园诗辍笔，称其为"神奇的孩子"，势将实现基督教世界的一切希望，并且会最终在全体基督徒中间建立太阳国（*Urbs Heliaca*）本身。①

这是引人注目和令人困惑的一生。康帕内拉教导说世界有两个中心：一个在太阳，体现温暖和爱；一个在大地，体现寒冷和恨。他自己的一生变成了这两个世界冲突的战场。在他痛苦的被囚岁月里，他不得不在自己内心与所有邪恶的存在之魔——对上帝的绝望、发疯的想法和自杀的念头——作斗争。与此同时，牢狱之中如同自由时候一样，他在与尘世权力作斗争，以便实现他的太阳国理想。然而对后者，他不是在进行任何体面的公开斗争；相反，他断断续续、反反复复地试图通过为之效劳来使之顺从他自己的目的。于是就发生了一种情况：他能够今天向这个政权建言，明天向那个政权献策；与此同时，他从未在哪一刻说出他的最终看法或透露他的真实目的。对他来说，他想出和提出的所有政治可能性都是追求一个目的的手段，并且被调整到适合尘世权力，那是他当作既定事实来接受的。它们统统是掩饰，遮掩着他的真正强劲冲动。然而与此同时，它们又不止是纯粹的掩饰和面具，因为它们包含着

---

① 刊印本于1639年面世；重刊于 Amabile, *Th. Camp. ne'castelli di Napoli*, etc., 2, 347 ff.。

第四章 康帕内拉

明确的、旨在世界的较好政治安排的思想。这些思想构成了一条贯穿他一生的连续线,迫使人认真看待它们,即使它们只是在为准备实现他的最高目铺路。然而,这内在与外在倾向的极乱混杂和并列(其中有些真实严肃,另一些却纯属机会主义或完全虚伪)确实无疑地造成了一种可怕的效果。[1] 在此,我们见到了一位伟大高尚的人,他被迫脱离了他的自然道路,他的整个有机体被扭曲和变形,因为他不再有机会使之达到内在真实和统一的完整状态。先前博卡利尼一定程度也是这种情况,而且它还以更大的程度发生在伟大的威尼斯塞尔维特僧侣弗拉·保罗·萨尔皮身上,此人被迫隐瞒自己对新教的同情。"我带着一副面具,"萨尔皮说,"但我是被迫如此,因为没有人能够没有面具而安然活在意大利。"[2]康帕内拉在他的诗里,有一回脱掉这面具说,"无权的智者,言行生活一如傻瓜,虽然在内心深处,他们有着别样想法。"[3]他在与他敌对的时世压力下,被迫比萨尔皮更强烈地折腾和扭曲自己——不仅因为这个世界更严厉地迫害他,而且因为他本人想使这个世界被他的思想迷住,从而成为他的计划的工具。然而在此过程中,他自己无法全然逃脱天主教会和西班牙体系的思想影响。他虽然是拉丁反宗教改革的最感人的受害者之一,但同时也是它最有效的仆人和先驱之一。挺身维护伽利略和科学研究自由、被西班牙和教廷囚于牢狱的这同一个人,也替反对异端的战争铸造了思想

---

[1] A. Doren, *Camp. als Chiliast und Utopist* 一书(*Kultur- und Universalgeschichte*, *Festschrift für W. Goetz*, 1927, p. 255)正确地强调了康帕内拉的神秘心理,但就我本人对康帕内拉的解释所作的叙述不正确。

[2] Rein, *Paolo Sarpi und die Protestanten*, 1904, p. 205.

[3] Amabile, *Camp. ne'castelli di Napoli 2* (*Narrazione*), 167. 那里还提供了关于同一点的更多证据。

武器——教廷能够大加利用的武器。有人猜测（并非没有可能）他出的主意帮助促使教皇格列高利十五建立了"宣传圣会"（the Congregation of Propaganda）。① 希奥皮乌斯，德意志最激烈的改变信仰者和新教迫害者之一，曾用心倾听康帕内拉的刺激性的话语，从他那里学到了许多。而且，康帕内拉在煽动对新教的仇恨时，并非只是出于一种对罗马的别有用心的顺从，他自己也感觉到这仇恨，因为他被一种显著的混合——自由意志主义情绪加罗马天主教教义激励的宗教情绪——主宰。这些情绪能够一时在他内心如此沸腾，以至于在据想同异端作斗争的著作里，他会承认他先前的罪，以激烈的情感张扬他目前的天主教信仰，那见证了体验之真。②

然而在这么做时，他并未遗弃他的太阳国理想，其中包含了某种即使不是真正异教的，也仍是自然-理性神论的精神，只带着一点儿基督教。③ 由于这个原因，他提供了现代人类思想史上最大

---

① Kvačala, *Campanella*, p. 137 f.

② 在 *Volumen quadripartitum*: *Quod reminiscentur* 等著述（时间为1617年至1618年）内，克瓦恰拉（见其 *Th. Camp. u. Ferdinand II*, *loc. cit.*, pp. 32 ff.）觉察到了这一认罪："……尽管我是一个以无知和丑行破坏教堂的欺骗者，我还是赢得了同情。……我并非一个品行高洁的人"，等等。尽管有这些认罪，布朗谢（前引书第92页）仍不相信康帕内拉什么时候重新成了一名好天主教徒。然而，他自己接着在第102页后和第487页以天主教现代主义者的心理为论据，说这样的人虽然思想上抗拒教条，但无法使自己真正摆脱天主教会。康帕内拉生性容易出神入迷，这看来使之颇有可能忏悔自责。

③ 克瓦恰拉（前引书第12页）从1607年6月1日康帕内拉致希奥皮乌斯的一封信中引了一句话，显示他是一名自我供认的异教徒："他即使不是真正的基督徒，也是一位以自然方式热爱上帝的哲学家"等等。这句话被译错了；原文为"*Nam etsi nulla tenus Christianus essem, tamen velut philosophus naturaliter amo Deum*, etc." Amabile, *Th. C. ne'castelli di Napoli*, 2, 62。

第四章 康帕内拉

的心理谜团之一,而且是一个至今从未完全解开的谜团。

如果将他的内在分裂与我们正在研究的问题联系起来,或许这分裂就变得多少较易理解;因为,康帕内拉的情况确实绝对如前所述,属于"国家理由"的历史。① 正如马基雅维里主义(连同它导致的"国家理由")在现代国家的历史生活中劈开了一个以后从未被弥合的裂口,它也能够将一种二元性导入那些在思想上变得深深卷入其中的人的生活。我们已经见过博卡利尼如何怀着碰到一股躲避不了的力量的感觉与之斗争。让我们现在更仔细地考察我们提出的康帕内拉与之相联的方式。

他的整个策略计划,在于用一部论说西班牙君主国的书掩盖他自己的革命企图,然后还以认真和有实际价值的资料填充这部书,并且在西班牙与法国之间朝秦暮楚,轮流卖力,与此同时始终为教廷的世界统治效劳。这一切除了他自己的"国家理由"外还有什么?这一行动方针(别无其他)为太阳国的创始者所必需,以便将世界带上他希望的道路。他感到自己面对一个根本问题:如何在他业已拥有的"无权的智慧"(*senno senza forza*)之上,添加他渴望的、为确立"权势、智慧和爱"这三位一体需要的权势。他不得不尝试、估算和利用现存的资材和政治力量,使之在构建他的太阳国需要的方向上移动。他不得不按照马基雅维里的教导行事,但同时恨他的理论,因为那是尘世的理论、寒冷和自私的理论,因为它以仇恨和敌意分裂人们,而非使之统一和谐。尽管如此,这个(像我们现在要显示的那样)比他的任何同代人更激烈地反对马基雅维里的人,在自己的思想和行动中那么多地借鉴马基雅维里(自

---

① 这个问题仅由布朗谢接触过,见其书第473页和第521页。

觉和不自觉地),以至通过轮流反对和利用"国家理由",最终使这个观念成为其整个政治体系的能动的核心。

正是在反对马基雅维里的过程中,康帕内拉形成了自己的政治思想。他一次又一次地抨击他。他说,他的主要著作之一——1605 年撰写、1631 年和 1636 年分别在罗马和巴黎出版的《无神论的胜利》①也能以《反马基雅维里主义》为题。当然,几乎不说自明,他不会完全理解马基雅维里,必定未能认识到后者最终的、指向构建国家和更生公民美德的积极目的,因为那在关于历史的现代观念成长以前得不到恰当理解。然而,他能够起而反对马基雅维里的某些基本立场,反对他的理论的实际后果,而这些反对或许在所有早期的反马基雅维里呼声中间是最重要的。诚然,它们必须从一大堆同样在书里的、铺垫性的粗糙神学论争中发掘出来,并且一般必须将两样东西彼此分离开来:一是位于前台的十足的神学论点,一是处于幕后的他自己最个性化和最重要的反马基雅维里倾向。

不过,一个人必须从前台开始。在此有那个时期的最重要现象之一:一个已经被博泰罗及其追随者大为厌恶和反对,但由康帕内拉暴烈得多地对待的现象。马基雅维里主义毁损了虔信情绪,危及了反宗教改革的一切成就。因为,它将宗教变成了政治统治的一个工具,变成了确实必不可少但被视为主要是功利主义的一个权势来源。显然,所有宗教取向的政治家立即谴责犯了马基雅维里主义之罪的异端统治者,拒绝承认后者由任何宗教动机指引。

---

① 参见 Amabile, *Camp. ne' castelli di Napoli*, 1, 414; Kvačala, *Campanella*, 92。

第四章 康帕内拉

康帕内拉的感觉也是如此。然而,他看得比较深,并且也批判地检验天主教统治者们的情感。因为,一个人能在多大程度上仰赖他们宗教情感的真挚性?是否有任何保障,确保他们将照旧忠于他们的宗教情感,要是他们的权势利益体系不再不可分离地与罗马教会体系绑在一起?这是个非常难解的问题,甚至现代历史学家也只能就一个个特定场合有任何把握地予以肯定回答。康帕内拉怀着最深切的怀疑主义来尝试对待它。在他向天主教狂热分子希奥皮乌斯表述的看法中,可以瞥见一点他自己的被刻意压抑着的思想自由:"没有哪个人相信圣经、可兰经、福音书、路德或教皇,除非在它有用的时候。"① "差不多所有统治者都是马基雅维里式的政治家,将宗教只当作治理策略使用。"他认为,特别在德意志,一个人不得不承认权势利益已压倒宗教,因为那里的支配性原则是"教随国定"。只是基于政治理由,德意志的邦主们才要么信仰教皇,要么信仰路德。如果他们改变宗教信仰,那么他们的臣民必须随之改变自己的——就像宗教有如鞋帽,随脱随换!② 他误解了导致《奥格斯堡宗教和约》这一棘手的妥协的历史原因。然而他以一种敏锐的本能认识到,该和约的后果倾向于促进宗教冷漠。

康帕内拉很喜欢将三个称号——"政治家"、"马基雅维里派"和"自由思想者"等量齐观。"政治家"('*Politique*')这个称号当然从胡格诺战争往后就在法国被使用,用来指为了民族和国家利益试图令每一派教义皆温和适度的那些天主教爱国国务活动家。"自由思想者"起初只用在西欧那些倾向于自由思维的人身上,他们使自己摆

---

① 致希奥皮乌斯,1607 年 6 月 1 日。Amabile, *loc. cit.*, 2, 58.
② *Le monarchie delle nationi* (1635), Amabile, *loc. cit.*, 2, 310.

脱教条。世纪之交,这两个用语都扩大了含义,事实上开始被颇为随便地使用,用来指虽然看似信教,但缺乏宗教热情和宗教感的现实主义政治家。特别在荷兰,对"自由思想者"的抨击落到富有的贵族组成的议会派头上,他们由奥尔登巴内费尔特领导。① 那里展现的宗教宽容和怀疑主义倾向成了伟大的欧洲启蒙运动的初始阶段之一。然而,在这些西欧"政治家"的情感中,"国家理由"、宗教宽容和怀疑主义的思想潮流现在开始完全混合起来。诚然,许多国家,还有甚至博卡利尼之类开明的政治思想家,仍然能够将不宽容和维持臣民大众中间的宗教一致视为国家的一种无情必需。但是,在宗教战争期间,已经有了一些预兆,透露出一种全新的、从国家利益动机出发而宽容的态度。而且,对欧洲思想和国民生活中的这些变化,因于那不勒斯西班牙监狱中的康帕内拉有了尖锐的意识。"政治家们认为",他在《无神论的胜利》中写道,"因为有那么多宗教,所有其中没有哪一个是真宗教,但他们又认为它们全都构成一种有用的人类发明"。② 好像根本不可能存在纯酒,因为酒馆老板在酒里掺了水。确实,教派之多已开始在使有权有势者能感到满意。③

然而,在真正罗马天主教的一致背后(他正式捍卫之,并且通过这么做来保护他本人抵挡他的迫害者),还有着他自己极深切的个人理想。对宗教的功利主义解释和贬损令他愤怒,因为他的哲学是将宗教视为某种极为自然的东西,某种属于所有生灵,甚而一定程度上也属于兽的东西,或许最重要的是某种由上帝和自然赐

---

① Block, *Geschichte der Niederlande*, 3, 380 f., 481.
② 第94页。
③ 引自《无神论的胜利》前言,1630年撰于罗马。

予了人类的东西。① 然而,他的统一宗教要求出自对另一种统一的巨大热切需要,那决定他设想世界的方式,并且使他的哲学有其初始冲动。他的基本哲学思想和自然观念之一在于,一切事物(以及,相应地,一切个人)都有两重运动,一方面为其自身,另一方面为了整体。②马基雅维里只显得知觉其中一种运动形式,即自我中心的运动形式这一事实,是康帕内拉仇视他的真正原因。康帕内拉称他是神怒的靶子,并且向他喊叫:

你,爱局部甚于爱整体,
并且以为你自己大于全人类,
你这聪明的笨蛋。③

"这就是我们这个反基督世纪称为'国家理由'的那整个政治理由:重视局部应当甚于重视整体,珍爱自己应当甚于珍爱人类、世界和上帝。"就像一块奶酪中的蛆虫,人们相信除了奶酪别的什么都不存在。④ 马基雅维里的信念在于(按照康帕内拉的看法),人们的成就全然归因于权势冲动和统治欲望。他只知道肉眼可见的东西,以为人们是靠其自身自由意志的行使来操作人类事务,并且将人的狡黠当作正义的一个基础。他的劝告是遵从时机,即顺

---

① "我认为,宗教本身通过某种方式以自然法与所有人类联系在一起,以某种方式与动物联系到一起,但更多的是与人联系,尤其是基督教的联系。"《无神论的胜利》,第 227 页;另参见该书前言以及 1607 年 6 月 1 日致希奥皮乌斯函,loc. cit.:Religio virtus naturalis a Deo in nobis inditao。

② Windelband, Geschichte der neueren Philosophie, 3rd ed., 1, 85.

③ Gothein, Th. Campanella, Zeitschr. F. Kulturgeschichte, N. F. 1, 81 (1894).

④ 致希奥皮乌斯,1607 年 6 月 1 日,loc. cit。

从命运。然而,什么是命运?"命运乃一连串因果联系。"①这是个深刻的陈述,但康帕内拉并未以一种纯粹机械论的意味去理解它,因为那样他自己便有可能轻易滑入马基雅维里主义。他将因果链视为锚定在一个首因(prima causa)上,那就是上帝;而且,他要求一个人在每件事情上,甚至在政治事务中,都应当考虑到事情和事件的总体,连同它们在上帝那里的根源。"如果我们不是处于任何原因的影响之下,那么你——马基雅维里说的就有意义。然而,如果我们不考虑每个单一的原因,我们的一切计划就会迷入歧途;而且,这样你是在骗自己,你的所有门徒也由此会遭遇不幸。"因此,马基雅维里不知道在其中天与地协作造就万事万物的那一伟大的世界关系,而无论是谁,只要不知道这关系,就是在从谬误的前提出发作推理。在此,康帕内拉上升到了一种关于历史过程的大神秘、大普遍观念,据此人的行动看来只是普遍事态发展的一个微小暗淡的部分。国家并非只由人统治,因为有不可见的原因和隐蔽的可能性在运作,它们是人预见不到的。"不仅伟大的首要实体,而且人类的和政治的实体(只要我们仍然生活在大地上)都由不可制服、同时互相矛盾的原因引导和启动。"②

以这一方式,他运用大普遍主义反对小自我中心主义,然而他同时也不放过使用手头反马基雅维里论据的任何机会。康帕内拉认为,政治行为中的不道德成分正在扩展其影响,腐蚀社会生活的一切基础。倘若它果真如此,父亲和儿子、人和人是否依然有任何可能在互相交流中一起生活?事实上,马基雅维里除了肉体的狡

---

① 《无神论的胜利》,第 229 页。
② 《论政治》(1632 年);Amabile, *loc. cit.*, 2, 118, 212。

點,即兽性的狡黠外无所关心,并且将权势和统治视为最高的伦理美善。与博泰罗、马里亚纳①和其他宗教趋向的政治理论家相同,他要求宗教构成政治的真正灵魂。

如果我们撇开对马基雅维里一类理论的个人误解和粗糙看法,并且剥去覆盖康帕内拉本人全部理论的中世纪思想外层,那么我们面前就剩下可能对现代世界、生活和国家采取的两大态度之间的强烈反差。这两大态度自文艺复兴时候起展开,有如(用康帕内拉自己的话说)两个"不可制服、但同时互相矛盾的原因"。马基雅维里从对单个活力统一体的经验性观察出发,进而将自己的注意力集中于一项(被他有意孤立起来的)任务,即辨识政治操作的前提和条件。这导致他发现了"必需"——政治操作中的权势利益这一制约力量,那甚至能够违背道德法则。如此,他使政治领域摆脱了所有非政治限制,但由此造就了人类集体生活中的反常和冲突。他没有就这些进一步麻烦自己,因为他僵硬地拒绝去看自己的目的以外的任何东西,拒绝去听任何非政治的考虑。这是宏伟的片面性,它现在继统一的中世纪文化崩溃后,使得所有不同的生活领域逐渐恢复了它们的自主和自由运动,从而能够获得料想不到的成就。但同时,这同一个片面性引发了不同生活领域之间的冲突,那开始威胁整个生活共同体,最终成了现代人类的难题。

因此,康帕内拉的对立主张,即不允许将政治完全分割出人类生活整体,有相当大正当理由。他关于人类生活的每个从属性领域应当以"永恒的观点"(*sub specie aeterni*),并且在一种广大无

---

① 甚至马里亚纳也从马基雅维里主义有所借取。这一事实由 Dunning, *A history of political theory from Luther to Montesquieu* 一书显示出来 (p. 74 f.)。

边的背景下看待和处理的思想更为伟大,更富成果;确实,它相当于天才的预感,预感到某种后来被维科、赫尔德、歌德和黑格尔看到了的东西,与此同时它尚未从中世纪普遍主义思想模式中最终被解放出来。即使他在他的太阳国里描绘的人类共同体理想图景,也是两面的,即一半中世纪,一半现代,展现出中世纪神权政治的面貌,然而是以一种多少自然化了的形式。在其顶端的神职统治者只是教廷的反映,它拥有它的教皇国,同时声称有权担任最高仲裁者,并且说到底返回到奥古斯丁的"大祭师"(magnus sacerdos)理想观念,他将以他个人代表俗世权力与教界权力的统一。而且,一种深深的等级甚而僧侣精神纵贯于他为他的太阳国设想的体制,甚至远及于性管制,那是僧侣心理、性欲,同时还有苦行精神激发起来的。不过,太阳国里统治阶级的等级结构并非基于一种社会等级分隔制度,而是基于智慧和能力,基于全国所有成员互相间起初的权利平等。科学与劳动彼此结合,理性知识指引工作,普遍的工作义务将全国所有成员统一起来:这些就是在此挣扎着显现出来的、真正现代的观念。在其乌托邦外观之下,太阳国在树立与权势国家观念对立的、关于一种真正的共同体的观念。至此往后,西方人类生活一直受到这两种观念激励。

然而现在,问题成了指出那将导致离弃"国家理由"自我中心主义,迈向太阳国社会团结的实际可行的道路。我们已经提示,康帕内拉将他那个时候的政治权势关系看做一种他指望塑造的原材料——确实不是直接塑造成太阳国,因为他的思想并非如此想入非非,但肯定是造就当时可能的、无论何种走向太阳国的预备阶段。然而,在此过程中事实上发生的是,从一开始,他正在与之激

第四章 康帕内拉

烈斗争的邪恶敌人马基雅维里主义就占有了他,并且保持这占有。

在康帕内拉的所有政治著述中,或许《政治格言》(写于 1601 年)最接近于他一年后描绘的太阳国理想。① 一个人在其中看到例如崇奉神职国王,由国中最具智慧者负责挑选才能之士,废弃官位(甚至包括王位)世袭制等等。一个人当然也在其中看到对"国家理由"的惯常谩骂。然而,与此截然不同的是,人们也在其中遇见马基雅维里主义的最粗俗形态,例如下面这番从《君主论》中直接提升出来的话语:"不管是谁,只要取得了一个新王国……就必须令一切人俯首称臣,变更法律,拆除防御工事,翦灭王族血统,而且所有这些都在胜利之日以士兵和将领的名义实行,并且由他们一举完成。但是,他接着必须做出的仁慈行为不可一蹴而就,只可在胜利以后点点滴滴地去做,而且要以他自己的名义由他亲手赐予。"为了保卫一个王国,必须在一个人有理由害怕的种种势力中间助长分裂和仇恨,就像西班牙人在土耳其人与波斯人之间做的,还有他们在自己的对手法国的贵族们中间做的。的确,即使宗教也不需被保存,如果它的影响与"政治的天然体系"对立。当不愿在安息日打仗的犹太人被击败时,马加比家族②断定"在必须时刻一个人总是不得不战"。

也许,恰恰是康帕内拉的普遍主义思想框架——他在其中进行反"国家理由"自我中心主义的那个思想框架——迫使他很不情愿地在一定程度上认识到一个事实:"国家理由"本身是个普遍现象,它将继续在人类生活中冒头。这一观念在他最早的政治著述

---

① *Opere* (edited by Ancona), 2, 11 ff. 关于撰写时间,参见 Amabile, *Campanella, La sua congiura*, etc., 3, 656。

② 公元前 2 世纪统治巴勒斯坦的犹太祭师家族。——译者

之一、他写于他造反之前的《论意大利政治与君主》内,已经占主导地位。在从古巴比伦扩散到全世界的或好或坏的重大文化创新中间,除军事科学、天文学、专制主义、人文及科学艺术外,他分辨出了所谓"国家理由"。他还试图更深切地理解统治者们无限的权势冲动和征服欲,并且试图为之找出某种玄学基础。"它出自永恒的上帝,只有在永恒之中它才能变得再次安静下来。"①从一开始,他就完全熟悉马基雅维里教导的那类艺术——估算政治利益游戏的艺术。他懂得均势政策的含义,目睹欧洲继续生活在一种双重紧张之中,那就是一方面土耳其人与哈布斯堡王朝之间,另一方面哈布斯堡王朝与法国人之间的世界性大对立。例如他说,意大利各邦统治者目前正在试图援助法国制衡西班牙,恰如他们会做与之截然相反的事情,如果西班牙衰落和法国变得强盛的话。不仅如此,他们本不会对西班牙取得任何成功,假如奥地利王室没有遭到异端在德意志境内、土耳其人在匈牙利和海上的反对。由于这个原因,有些人认为土耳其统治提供了抵挡奥地利王室的一道有用的屏障,否则后者会主宰整个欧洲。

然而,他现在还进行着一场反对整个这一自我利益和均势政治体系的根本斗争。欧洲内部的战争和纠纷使得土耳其权势有可能增长。要是没有同法国的战争,查理五世本将征服土耳其帝国的很大一部分,然而他受阻于法国人的嫉妒和意大利人的惧怕。蛙鼠相斗之际,秃鹰飞来,将两者一并吞食。古代东方世界所有先前试图按照"国家理由"互相制衡的较小国家被亚述吞并,希腊化诸国则被罗马吞并。亚历山大大帝成为希腊人的统治者并能征服

---

① 《论意大利政治与君主》,第 2 页和第 4 页。以下内容仍引自它们。

第四章 康帕内拉

野蛮人,这对否则会被野蛮人击败的希腊人来说难道不是一点幸运?

因此,在康帕内拉看来,"国家理由"教人"有害的艺术"。为了理解他的不利批评,必须记住他是从一位南部意大利人的观点出发评判着欧洲形势。在他身边,他只看到一方面是意大利各邦统治者之间卑鄙和病态的关系,另一方面是囊括世界的西班牙权势。尽管他恨西班牙人,但在哪个是更强大的生命力量这一问题面前,他对于什么是历史性的伟大有力的意识(一种突破他所有空想观念的意识)不可能有片刻犹豫。不仅如此,他还将土耳其权势视作越来越逼近的乌云。南意大利海岸地区在土耳其的舰队和海盗面前战栗不已,而且当时只是费了九牛二虎之力,才挡住正从匈牙利脱身而出的土耳其军队。在地中海,正如勒班陀海战业已表明的,只是西班牙的力量才在一定程度上提供了真正的保护。在这方面,康帕内拉有如博卡利尼,着迷于支配土耳其军政事务的那种恶魔般的内部构造图景,并且怀着两相交织的恐惧感和兴趣感,研究或许可以从那里借用的种种政府设置。这样才有他从世界史视角对欧洲形势与亚历山大大帝时的希腊形势所做的比较。出于俱为普遍主义的思想方法和历史哲学,出于基督教普遍主义传统,但同时也出于占星术盲信和对圣经先知及未来事态预言的信念,在他那里生长出一种首先将一切寄托于基督教世界统一在西班牙和教廷之下的热望。在他看来,世界现在正经历西班牙统治乃是无可规避的命运。然而与此同时,他希望以智取胜,克服这一命运,并且将西班牙的世界统治用作迈向太阳国的预备步骤。如前所述,在这崇高的谋算旁边,较鄙俗的个人谋算也在起作用。以某种这样的方式,有可能想象他那引人注目的论说西班牙君主国的书从何而来。

该书提出了一种为普遍帝国服务的"国家理由"和自我利益理论。自我利益理论要求有一个具备归纳本领和经验主义头脑的人,他将首先准确地认识实际情况,然后才最终形成自己关于应有情况和应有目的的思想。现在,尽管有他从马基雅维里那里得到的所有知识财富,但康帕内拉肯定不在其中。他更明白自己长于思想的创造和构建,甚于能调查研究。他感到自己有努马(Numa)和莱克格斯(Lycurgus)那样的才能,希望根据理性塑造世界。然而,他的兴趣那么普遍,他的幻想那么多产,以至他脑海中的那幅民族和国家生活图景非常丰富,同时他还能以很大的天赋利用即使很小的知识碎片。然而,他肯定往往确实因为自己幼稚的理性主义而招惹反感,设想依靠几桩狡黠地构思出来的小诡计塑造国家生活。他的建议经常让人想起关于怎样在沙漠里逮住狮子的可笑主张。[①]

在这部相当引人注目的书籍里,贯穿始终的最深刻、最重要的思想肯定在于:由一个统治国支撑的普遍帝国无法长期只依靠该国人民的力量来护持,它还不得不合理利用各属国人民,必须满足他们,使之在整个帝国的持续和稳定方面有切身利益。每个妥善组织起来的普遍帝国必须以某种方式松弛起初的统治核心,与参加进来的各种成分合并,以此方式改变它们本身,并且使之互相同化,如果它要造就经久维持一个世界王国的诸社会共同体的话。

---

① 仅举一例可能就够了。为了征服荷兰人,他提议应当仿效特洛伊城前的西农等例,有一名西班牙将领装作投奔他们,取得对他们的影响,然后率领部队回西班牙,等等(第27章)。同样的提议也见于一本篇幅较小的书——*De Belgio subigendo*,是那篇幅较大的论西班牙君主国的著作的前身,被合并在该书之内。

这就是在亚历山大帝国和罗马帝国发生的情况。是罗马人这一例子,[①]正如各项当代观察一样,导致康帕内拉形成了这些思想。作为一个相信其民族的根本优越性的意大利人,他必然期望让它在政府体系内享有一份,以便使西班牙统治成为经久的。不仅如此,他精明地察觉了西班牙政府体系的最弱处,即西班牙民族的人力短缺和过劳、人口的减少和农业的衰退。而且,他最终形成了一个观点:土耳其人以其禁卫军体制发现了将外国鲜血转输到本国体内的办法。他的太阳国表明,他如何大为关心优生问题。他从而成功地强调了远在马基雅维里这样的人考虑范围之外的人口问题,逐渐显示着人民在国中愈益增长的重要性。他提出的特定方法大多是激烈和不现实的,在历史上只能同西班牙在腓力二世治下邪恶有害地驱逐摩尔人相比。他大胆地宣称:必须靠武力获取宗教不同、政府形式不同的新征服国家的居民,将其作为奴隶占有;他们的孩子必须受洗礼,并且被迁移到新世界。他给西班牙人的建议是(那对他们来说肯定难以实施),他们应当完全重组自己的殖民体系,他们在新世界聚集的储藏应当是人口而非金银。此外,为了便利西班牙人与意大利人、法国人与荷兰人之间通婚,必须建立神学院。他在这么说时,心里想的肯定是在他们自己的教会内为神学院和修道会(此时这两者都特别兴旺)做的种种安排,它们旨在以一种统一的超民族精神打动不同民族的青年。印第安人应被带到西班牙,以提供农夫和工匠。然而,意大利人也应被送往西班牙以及西班牙统治的其他国家,目的是他们能够与西班牙人一起担任高官。总而言之,西班牙的排外倾向必须减轻,西班牙

---

① 他在 *Aforismi politici* no. 44 中求助于他们。

的政府体系必须以所有各种方式较好地使自己容纳民族特殊性。当然,与此同时它必须仔细保护自己,免遭这同一些特殊性损害,办法是一种"分而治之"政策,就此他又一次很大程度上依赖马基雅维里的主张。

由于康帕内拉希望将西班牙普遍帝国用作迈向太阳国的一个预备步骤,它就必须变得不止是一个单纯的权势组织。在这方面,来自世界历史的许多回声汇合起来,丰富他的政治想象。他有一次给奥地利大公写道:"亚历山大,还有其他一切试图统治全世界的人,同时也着手以非同寻常的新理论和新艺术为手段来赢得世界人心。"因此,西班牙军事国家必须也成为一个文化国家,办法是一种劳动分工,那不仅将服务于"国家理由"利益,还将满足人类精神的文化需要。也就是说,在其帝国的混杂人口之内,西班牙人应当为他们自己保留构成一个占统治地位的武士阶级的功能;在训练自己高效使用武器的同时,他们还应当认真培养各种艺术和科学。相反,各臣属民族,连同那些仍处于被降服过程中的民族,应当只忙于艺术和科学;这将趋于一箭三雕:感召他们,平定他们,使他们变得无害。因为,"智慧女神雅典娜同时征服了司雄辩和史诗女神卡利俄珀和战神玛斯,因为她一并除去了前者的艺术和后者的武器"(第29章)。从一个普遍帝国的利益考虑,这是相当合适的,而且多少类似于主宰当今世界的各国所持的某些观念,它们在解除德国武装的同时,仍然想让她能够写书,以此留作安慰。

康帕内拉还对在现代国家中间依靠科学与黩武主义的结合可能成就什么有强烈的预感。他要求,西班牙应当启动尽可能最大规模的地理和天文考察,使德意志和荷兰的数学家们从事关于星座、海深和海流以及所有海道的可航性的研究,因为这会比任何其他措施更有利于西班牙君主国(第32章)。说到底,他的最高理想仍然不是合理化的权势国家,而是纯粹的文化国家,基于社会共同体和正义,由哲学家和理想主义利益支配。他的打算在于,合理化的权势国家应当构成文化国家的一个准备。这一思想(他并未实际表述之,但那可以从他的思想总体中推断出来)也可以归之于他,作为对未来发展趋向的一项重要预感。然而,无论是在他对西班牙普遍帝国这一权势国家的描述中,还是在他就他自己的太阳国勾画的图景内,他都始终未能避免原始理性主义的局限性,那追求将每一项事物都纳入一种钟表式的机制中去。

或许,东西方之间民族大战的激动和焦虑是否也迫使他投入西班牙君主国的怀抱,从而接受构成那可恨的"国家理由"的种种观念?然而在这个方面,他同样始终是一名大幻想者,因为他过高估计了来自东方的危险。他发出警告:如果信仰基督教的统治者们现在不团结在西班牙和教廷之下以共同征服土耳其,土耳其人就会取得霸权,教俗两方面的最高权威就将不得不从欧洲迁移到新世界。在另一个场合,他吓人地预言说,基督教世界必定沦于土耳其人统治,恰如犹大必定落入亚述之手。这会发生,"原因在于必要的'国家理由',在于神学征兆,在于天然的相似性——甚至政治家也信它",他讽刺性地补充说。①

应当注意到,康帕内拉的计划旨在一个西班牙和教廷双重性质的,而非纯粹西班牙的普遍帝国。在太阳国里,世俗生活的领导人蓬(Pon)、辛(Sin)和摩尔(Mor)(意即权势、智慧和爱)臣属神职统治者,神职统治者的职责在他看来则须由西班牙对教廷的关系来准

---

① *Discorsi politici*, p. 11;参见 *Span. Monarchie*, ch. 30。

备——而在相反意义上（如前所述）太阳国的想象图景反映了关于精神权力与世俗权力之间关系的陈旧的中世纪思想和宗教观念。与腓力二世趋于将民族教会置于国家势力之下的倾向截然相反，他要求教会在国家之内完全独立；不仅如此，他还要求世俗权力应当从属于教皇权威，教皇也应当拥有世俗权力。他喜爱的一个思想（那是他在《意大利政治与君主》一书里已经表述、在他后来的著述中一次又一次地重复的），在于建立一个各国天主教联盟，它将有个设在罗马的元老院，由教皇任主席，根据多数票做出决定，并且以仅仅听命于它的单独一支军队为手段统治天主教欧洲（或至少意大利）。①

引人注目的是看到，在这位巴洛克时期的卡拉布里亚僧侣的情感和想象中，怎么有那么多种思想和希望缠结在一起：中世纪的与现代的，通俗的与深奥的，理想主义的与机会主义的，关于世界史、世界人（universal man）的与相当地方性眼光的。对这位希望使之摆脱马基雅维里主义灾祸的人性更生者来说，那不勒斯王国仍然是世界的中心。② 他希望在他的被压迫同胞中确立自由的人性，但除了可恨的"国家理由"外，无法找到任何别的工具。在生活过程中，他学会越来越精明微妙地使用它。在罗马，他开始接触政治世界，特别是接触法国使馆。他最后10年的政治著述或是在那里撰写，或是他1634年从意大利逃入法国以后撰写，它们在政治建议方面确实远不那么幼稚了，与此同时展现了关于世界和国家

---

① Kvačala, *Campanella*, pp. 105, 107, 113; Amabile, *Campanella ne' castelli di Napoli*, 2, 86, 171.

② 特别参见论说意大利所受苦难的 *Avvertimento*, 载于 Amabile, *loc. cit.*, 2, 168 ff., 该著作写给法国和西班牙国王及教皇，其中他以争夺那不勒斯的斗争为中心，整理编写前一个世纪的世界史。又见《君主制与国家》（1635年）中的话，载于 Amabile, *loc. cit.*, 2, 312, 340。

的高得多的知识程度,连同大得多的把握和敏锐性。他进入黎塞留的政策范围之内并非事出无因。但仍可疑的是,为什么和在什么程度上黎塞留赞赏和保护了这位非凡的避难者——仅仅是作为一名得到法国学者热情欢迎的伟大的哲学家,还是或许也作为一名具有敏锐的政治觉察力(尽管有其一切幻想)的智者。无论如何,这一时期里的政治论著(当时仍未被发表)给人的印象在于,它们是为了让黎塞留及其随从看到而撰写的。①

让我们首先试图看清楚它们反映的事态变化。

他的《西班牙君主国》于 1620 年(即被撰写出来以后 23 年)发表之际,全未变得过时,因为在三十年战争的头一些年里,哈布斯堡王朝的总体权势仍然似乎在势不可挡地增长。因此,在这一令人着迷的预言——就西班牙和天主教世界的统治方面所有可能的发展所做的预言——面世时,它给当时人造成了强有力的印象:吓人的或鼓舞人的;而且,令人困惑的是,作者当时众所周知因在西班牙狱中。一个人要对它意味的强烈号声有什么想法的话,就必须设身处地地体会当时的一位德意志读者的心态。然而 10 年以后,这巨大的主题已在失去重要性;哈布斯堡王朝的总体权势虽然确实还未被推翻,但在许多方面受到了严重威胁。自 1628 年往后,由于曼图亚继承战争,事情已经开始改变。法国再次派遣一支军队越过阿尔卑

---

① 康帕内拉从罗马写信给"显赫的灰发"约瑟夫神父这一事实由 Amabile, *loc. cit.* 得到了证明(1, 501)。关于黎塞留与康帕内拉的关系,参见 *ibid.*, 2, 20, 25, 48, 99, 110 f. 他还展示了克里斯托夫·冯·弗斯特纳提供的证据,证明黎塞留就意大利事务征询过康帕内拉的意见。另一方面,授予他的年金不久便停止发放,这事令人难以相信黎塞留对康帕内拉个人有强烈的兴趣。关于康帕内拉给法国提供或争取提供政治效劳的证据,见他 1635 年给法国宰相塞吉耶的信函(Kvačala, *C. u. Ferdinand II*, *loc. cit.*, 45 ff.),它提供了关于西班牙在修道院内进行的宣传的一份秘密报告。

斯山,从而重新发动了旧日的反西班牙斗争。然而在接下来的几年里,皇帝(他向意大利输送了他手下的某些最精锐部队)将自己在德意志的胜利果实丧失给了那位伟大的瑞典异端统治者;而且,在瑞典、法国和德意志新教徒之间立即发展出了一个有效的同盟和利益共同体,那必定显得像是"国家理由"对所有信条理想的一次令人目眩的胜利。瑞典人1634年在诺丁根败北后情况更是如此,因为法国在那以后施展全力,力争阻止哈布斯堡家族再度大有可能兴盛。

所有这些事态都得到了康帕内拉的密切注视和解释,同时他又总是受着他的那些保护者的利益的影响。在他1626年至1634年居住的乌尔班八世治下的罗马,洋溢着反西班牙气氛;而且人们知道,这位教皇有如文艺复兴时期的教皇们,为了给自己的侄子找到一个国家而觊觎那不勒斯。康帕内拉视而不见这一想望中的裙带因素,于1628年宣称那不勒斯现在由于天主教世界的内在不和有落入土耳其囊中的危险,因而它如果被置于教皇手中就有福了。因为,属于教皇的东西将是基督教世界的共同财产。① 甚至当他在以后的岁月里越来越接受法国的"国家理由"时,他也坚持这个想法。在背景中,始终有一个目的,那就是创设一个世俗功能强大有力的神职国王。②

---

① *Avvertimento*, etc., 载于 Amabile, *loc. cit.*, 2, 170;关于教皇的计划,参见 Amabile, 1, 277 ff。

② 在康帕内拉论说教廷神权统治的两部主要著作中间,较早的一部(按照 Amabile 的观点系 1594 年撰写)《基督教世界帝国》业已遗失,而另一部《救世主帝国》乃 1605 年撰写,1633 年刊印,仅有几本留存下来,我们无法读到。(参见 Amabile, *loc. cit.*, 1, 335 ff.; Kvačala, 101 ff. 所载内容表;Ferrari, *Corso sugli scrittori politici Italiani*, p. 557; Lange, *Histoire de l'internationalisme*, I, 390。)康帕内拉一向惯于重复自己的基本思想,因而我们的考察可以忽略《救世主帝国》。

第四章 康帕内拉

他现在关于西班牙权势之本质特征的看法多么不同啊。从《西班牙君主国》的初稿到该书在1635年(处于法国影响下)的姐妹篇《君主与国家》,中间隔了37年。① "我一度将西班牙视作救世主的仆人,"康帕内拉在这后来的书中承认。他现在把希望转到了法国身上,这肯定没有经过任何深刻的精神剧变,因为无论是前一希望还是后一希望,俱非基于任何真实情感,而只是根据他的计谋想象。而且,如果说偏见先前导致他过高地估计了西班牙的权势和前景,那么即使在那时,由仇恨变得锋利的目光也令他察觉到西班牙国家运行方面的若干弱点。现在,他可以放手运用他的摧枯拉朽似的批判力,并且能够理解西班牙衰落的种种原因——尽管仍不免有某些宣传性的曲解,但总的来说鲜明犀利,显示了"国家理由"对历史思维的丰富影响。

他现在的主要论点在于,西班牙令人惊异的巨大权势并非只是靠自己的力量发展到它目前的分量;宁可说,它是运气和机遇、婚姻和遗产汇聚的作用效应,连同一些外部的、非西班牙力量的结果。有利于他们在百年前强大起来的种种发明,如火器、指南针、印刷术等等,不是出自他们自己。他们的工程师和投弹手是意大利人和佛兰芒人,他们的伟大将领是意大利人、法国人和比利时人。西班牙乃三头怪兽:本质之头为神圣罗马帝国,存在之头为西班牙本部,真正力量(valore)之头则为那不勒斯,它有着具备一切和平与战争才能的明智的人民。不靠自己的力量那么迅速地飙升到顶端的东西,也会迅速地再跌落下来。他将西班牙比作因为雨水而暴涨的山间洪流,一时汹涌直前,但其后必定水落潮衰。西班

---

① Amabile, *loc. cit.*, 2, 229 ff.

牙哈布斯堡总体权势的各个组成部分各自相隔甚远,靠热那亚、瓦尔泰利纳和敦刻尔克之类链环才联结起来;如果这些被斩断,整个体系就将崩溃。而且最重要的是,西班牙统治越扩展,其人口和实力就越衰减。康帕内拉集中关注的便是这最为致命的一点;我们已经知道他对人口问题感兴趣。在其境外属土,并且为了境外属土,西班牙正在放血至死。那些外出前往美洲、非洲和其他地方的西班牙人一去不返。然而在本土,神父和修道士们构成了一支强有力的禁欲主义大军。按照康帕内拉的看法,人口已从800万(肯定有所夸张)跌至不到400万。[1] 在驱逐犹太人和摩尔人以后,他们耕种的土地荒芜下来。西班牙人还导致他们统治的国度人口锐减,因为人们害怕将孩子生到一个他们会只是西班牙奴隶的世界上。西班牙人未能懂得罗马人以其世界帝国很懂得的事情——康帕内拉早先劝导他们做的事情,那就是使异族人变成西班牙人。

康帕内拉并未发觉自己面对一个大问题:这在现代西方世界是否仍有任何可能？或者说各民族的总体情势也许是否还未(由于它们在基督教中世纪期间的特殊发展)已经变得过于严格,以至容不了任何这样的融合？在历史主义感苏醒以前,此类可能性通常以一种不问时间的绝对意识得到对待,因为人性被认为永恒不变。

"他们不懂得如何使事物变成西班牙式的,不知道如何汇聚一种财富":以这引人注目的表述方式,康帕内拉试图概括西班牙世界权势的根本弱点。他对西班牙的经济危难和迟滞的批评最后上

---

[1] 据布瓦索纳德(Boissonnade)(见 Lavisse-Rimbaud, *Histoire générale*, 5, 676)所说,当时人口在半个世纪里从超过800万减至600万。

升到如下谴责:它没有积聚国库,就像从亚述到威尼斯一切伟大的王国都做了的那样。一个人能够据以清楚地看到某些过程发展的唯一方式,是抓住形式上显得简单的单独一个征兆,以说教方式加以强调。康帕内拉一向认为,在显而易见的经济事实中有某种因果联系在起作用,西班牙白银运输船队载来的所有财富很快就通过西班牙本身流入邻国,甚至流入实际上敌对的国家。在西班牙,他写道,一切都试图以靠王家金银而存在,结果农业和贸易被忽视了。

这样,他曾经爱恨交加地对自己描绘过的西班牙普遍帝国,要成为各民族大熔炉的西班牙普遍帝国,到头来是个失败。法兰西普遍帝国是否应当简单地步其后尘,走他为西班牙人规划过的同一条道路?意味深长的是,康帕内拉尚未考虑过这一点。他的普遍主义理想的确不可动摇,但最重要的是它必须由一位教皇般的神职国王来实现(从一开始这就是他的希望)。在他看来,法国现在肯定被要求接管帝国,取代西班牙成为基督教世界的主宰国家。他偶尔找到了一句经典话语,即现在的问题是"解放各民族,完全统一法兰西"。① 刹那间,普遍主义迷雾一下子在他眼前消散,他看到或至少猜到了体现于现代国家的两个最强劲的趋势:一是趋于形成民族国家,二是趋于形成中央集权国家。

可以理解,他不想送走虎豹,迎来豺狼,以法国的主宰取代西班牙对其祖国的外族统治。他直截了当地告诉法国人:虽然没有任何国家更适合成为欧洲的主妇,但也没有任何国家更不适合如此。诚然,他们懂得如何取胜和征服,但他们也很快就失去他们征

---

① Amabile, *loc. cit.*, 2, 346.

服了的东西。因此,他们或许可以不同地开始。依靠他们的实力,他们应当从事他们自己的征服;然而此后,为了保卫他们的胜利果实,他们应当要求瑞士人和意大利人的协助。因为,征服过世界的帝国总是紧密地聚合为一体的帝国,而对法国来说,这一紧密的联合是个比征服意大利更重要的目标。[1] 因此,在自己进军直入意大利所打的旗帜上,他们应当写这样的策略口号:"解放意大利人"。他们应当从解放那不勒斯开始,然后将那不勒斯和西西里交给教皇,而教皇可以撤出阿维尼翁。

让我们很快掠过这些以及其他馊主意。它们出自一种强烈的民族情绪,那由1635年在法国与西班牙之间爆发的大争斗激起。类似的计划也在意大利的其他地方被设想过。[2] 幻想与政治现实主义轻易彼此交织乃康帕内拉那时常有之事(而且并非他所特有)。他还有个天真的提议,即法国人在自己的征伐中应当带一位"智慧的哲学家",他能够给他们出主意,并且指出他们的错误;然而,即使这个提议,也同现代最有效率和前途的治国方法之一——康帕内拉主张过、黎塞留和路易十四成功地使用过的一个方法——有某种联系。此即"精神战"(*guerra spirituale*)或"文战"(*guerra literale*):召唤说教者和文人墨客,为推进法国宣传而系统地努力赢得教俗两类知识分子。"谁控制人们的心灵,谁就有统治权势。"[3]

---

[1] Amabile, *loc. cit.*, 2, 336. "这里表明对于法兰西皇帝来说,一个全部统一的法国比上述那些意大利的王国和公园更有用;这首先是因为它应该管好家里的事情,少插手外面的事情。其次,法国单独一个国家就足以战胜蒙达埃人",等等。

[2] Amabile, *loc. cit.*, 1, 286 n.

[3] *Loc. cit.*, 342.

人们可能会注意到,一切如何在此汇合为一种达到"国家理由"发展新阶段的尝试。治国方略之原始的、边缘的方法和目的,被强化了的、中央集权的方法和目的所取代(即使尚不完全)。不管在当时如何少有可能,以那不勒斯交换阿维尼翁的提议有很大意义。一个世纪以后,弗雷德里克大王表达了这一点,他说边境上的一个村庄比境外 60 英里地方的整整一个邦国更有价值。而且,如果从总体上考虑,就可看出黎塞留的政策与此相符——在其强调巩固本土核心和获取良好边境甚于关注重复查理八世冒险的限度内。这就是康帕内拉归因于新近统一的法国的"单子效因"(*virtù di Monade*)。即使有王国的国内紊乱——黎塞留针对王太后、针对国王兄弟加斯东·奥尔良、针对大贵族们的斗争,康帕内拉敏锐的政治观察也未看到有任何虚弱迹象,反而觉察到君主制更强的中央集权取向。这些斗争能够(如他所说)构成一种"国家理由",因为它们提供了冲击各省省督地位、搬开王国之内一切权力障碍的机会。[①] 他回顾了古罗马的例子,那里贵族与平民之间的争执说到底确实给国家赋予了新的力量。这也是马基雅维里的看法。

因此,黎塞留可以就下述事实感到自豪:他毕生从事的民族国家的和政治的工作为他那个时期最深刻的思想家之一所完全把握,而且后者还是个外国人。现在,在其暮年,马基雅维里的老对头直面体现在黎塞留身上的一种"国家理由",那彻底解除了他的武装。诚然,从一开始他本人就拿马基雅维里主义来同马基雅维

---

① 《论政治》(一名威尼斯人、一名西班牙人和一名法国人之间的对话)(1632年),载于 Amabile, *loc. cit.*, 2, 185 ff。

里主义作斗争,而且在这么做时,他体验了自己身上的"国家理由"制约力。然而,他从来不肯承认(或无论如何只是半心半意地附带承认)"国家理由"同时蕴藏着善恶两者,并且能够采取各种不同形式,有些伟大崇高,另一些卑鄙可恨。甚至现在他也没有感到这一点,同时他拒绝承认黎塞留可以从马基雅维里学到任何东西。存在于这个世纪里的羞耻感阻止了任何人公开赞扬马基雅维里,唯公然愤世嫉俗者除外。不管是谁,只要遵守基本原则和有道德感,都将他当作极可鄙视者对待,犹如麻风病人。因此,康帕内拉别无他途,只可采用一种多少陈腐的办法,亦即将普通的自我中心主义(有如马基雅维里教导者)与国家理想主义区别开来,后者由于黎塞留而在发展中,它会为了祖国和人类崇高地牺牲自己。"马基雅维里之流,"他在1632年的一篇对话里让一名威尼斯智者说道,"不理解像红衣主教(黎塞留)现在显示着的那种精神崇高。他们更多地注意卑微而非伟大之事,珍视他们自己甚于珍视全世界。"①

尽管他俩之间存在种种本质的差别,但康帕内拉仍然确实感到与黎塞留不无相似之处,即对事实有强烈热情,为某个总体、为人类的伟大事业而牺牲自我。共产主义的世界改革者对法国专制主义的缔造者表示了敬意,后者同时将为他的太阳国开道铺路。这差不多使人想起后来拉萨尔与俾斯麦的关系。不过,假如他的眼睛未被那个时代的思想幕布遮住,康帕内拉本来还能发现在马基雅维里那里已有的国家理想主义。然而他坚持认为,马基雅维里具备理解具体事物的精明,却缺乏理解人类命运(*le cose fatali*)

---

① *Loc. cit.*, 2, 199.

大问题的智慧。"他也不知道宗教的权能。"但是,宗教提供战胜世界的力量,即使你在这个过程中被钉上了十字架。① 曾经懂得西班牙的最可怕镣铐的人相信宗教的力量,并且自视为受难和胜利的弥赛亚。

然而,接下来的情况是不是黎塞留的政策(他认为它那么远高于通常的"国家理由")符合他前此一直对所有真政策提出的要求,即它应当有宗教作为灵魂?这怎么能同黎塞留与欧洲新教世界之间存在的、并且由他公开促进的共同利益相调和?的确,这一粗糙的马基雅维里主义甚至被天主教世界责骂,只要它将自己定位于哈布斯堡家族的旗帜后面。

康帕内拉对此问题的回答有如面部扭曲。按照进攻是最好的防御这一原则,他谴责西班牙和奥地利不忠于宗教;现在,上帝让异端卡住它们的脖子作为惩罚。"他们对教皇和对自己的信仰的服从完全取决于它是否对国家有用。"②(我们可以记起他就德意志的新教统治者们做过同样的断言。)要为古斯塔夫斯·阿道弗斯的战役承担罪责的不是法国,而是皇帝,因为是他为了在曼图亚继承战争中增援西班牙人而使得帝国缺乏防御,成了新教徒的俎上肉。法国不过利用了瑞典国王,不是将他作为异端,而是作为克制一项公共麻烦的有力工具。例如,在战争中一个人利用非理性但有用的畜生,例如马匹、骆驼和大象。同样,出于对扫罗的恐惧,大卫对迦什国王是有用的;而且,马加比家族为安条克四世和德米特里厄斯效劳,反对他们的其他敌人,此乃纯粹的"国家理由"。弗朗

---

① 《君主与国家》,*loc. cit.*,2,322。
② *Loc. cit.*, 2, 311.

西斯一世国王利用了土耳其人,查理五世利用了正在劫掠罗马的异端,还有相当晚近时候,在拉罗谢尔的胡格诺教徒得到了西班牙人的支持。①

当康帕内拉写下这一玩世不恭的诡辩时,他的感觉如何？他肯定不是一般的信口开河的作者,也不是那些为自己的国家盲目效忠的人之一,这些人惯于按照下意识的伪善来决定自己的判断。他也不是一位负责的国务活动家,感到自己不得不屈从于形势的压力,将政治与道德之间的冲突留给哲学家和神学家。然而,我们也不希望设想他有现代情感,想象在其灵魂深处,这位一辈子对马基雅维里主义作斗争的哲学家为他自己思想的二元性而深感不安。在这个时代,人们的头脑中仍有一种很大的天真成分。康帕内拉内心怀抱的光怪陆离的千年理想,他对外必须估计、同时在自己内心从未全然与之分开的种种完全相反的当代力量,最后还有他遭受的苦难命运的软化和弱化效应:所有这些都必须一起得到考虑,如果一个人要多少理解作为一名始终不渝的梦游者(而且或许还没有意识到前有深渊),他怎样探寻实现自身理想的极为复杂的道路。这个时代的人们始终抱着一种原始的肯定感生活下去,不让自己被自己思想的最终结果和隐藏在一切生命力量之中的可疑因素搞得身心惨淡,困惑痛苦。哈姆雷特这个角色诚然是在这一时期被创造出来的,但是当时人很少有可能以类同现代人的方式去理解他。关于整个这文艺复兴、宗教改革和反宗教改革时代,如此巨大和显著的事实在于:它创造的种种惊人观念出自思想和意志的一种本原力,然后就像种种自然力那样陷入它们自身的冲

---

① *Loc. cit.*, 2, 326 f.;《论政治》(1632), 2, 208。

突,与此同时怀抱这些观念的人却并未因此而被突然解除他们本能的肯定感。在这些观念当中,"国家理由"是最有力的之一——那么有力,以至它能够控制一位极彻底地反对它的人的步伐,同时并未实际上令他改弦易辙,或者将他导入迷途。然而,同样有力的是康帕内拉以一种异常形式维护的、该时代的宗教观念。这些观念生硬和泾渭分明地互相并存,而当时的人们也与此类似。

第五章 "国家理由"观念在意大利和德意志的传播

我们已经得知,在17世纪头10年的意大利,在市场挑夫和客栈工匠中间有着关于"国家理由"的种种讨论。这表明意大利人天性喜欢政治论辩,喜欢在公共场所进行辩证式的争论。然而,这也提供了某种迹象,显示出某种较深层的过程。整个反宗教改革时代确实预示了一阵巨大的反弹(虽然无论如何都不全然成功):对业已开始将生活世俗化的文艺复兴的反弹。人们的思维方式被重新拉回到尊敬那些由教会经管的彼世价值,然而文艺复兴发现的新的世俗价值仍然生机勃勃。当然,它们被扔入了背景;但是在许多场合——在那里关于它们的赤裸裸的观点涌动不安——它们只是被遮盖起来,或者被涂上了伪装色彩,在此掩护下能够继续发挥影响。正是马基雅维里主义的这种伪装形态,体现在例如博泰罗的"国家理由"观念当中。马基雅维里现在被视为声名狼藉的不信上帝者,然而宫廷和国务活动家们的实际做法步其后尘。必须承认,事情并非全然如此,因为他采取的对教会和宗教的那种纯功利主义和基本不信态度不能经久,至少对于被灌输了新的信仰激情的天然良心来说是如此。然而,教会的权威并不仅仅基于它无情维护的神学信条和有效组织,还基于一套道德信条和伦理价值,那囊括整个世俗生活,似乎造就了自然法与神旨之间的一种和谐无隙、明确无疑的统一。结果,在(由基督教和自然法激励的)道德信条和伦理价值为一方、马基雅维里式的治国方略和伦理价值观念为另一方之间,冲突绝对必不可免,而且总是不得不重新决一胜负。如此,一个人感到自己在实际政治的要求与讲道和忏悔的信条之间被撕裂为两半,前者倾向于迫使人走马基雅维里之路,后者却谴责说谎、欺诈和背信。如同我们已经从博泰罗这个例子看到的那样,一个人可以求助于造出一种"好的"、经过纯化和变得无害的"国家理由",而17世纪30年代和40年代期间在意大利被写出来的大量"国家理由"书籍显示了对这一任务的热烈兴趣。这些书反映了两者间全部可怕的紧张:一边是传统的和新近激发起来的宗教世界观理想,一边是现代国家的成长壮大。在大多数场合,马基雅维里主义观念活在许多关于塔西陀的评论内(它们仍以阿米拉托和博卡利尼的方式被撰写)——在那里经常被表述得相当差,[1]而"国家理由"的真正理论家们一般希望展示一种"好的""国家理由"的可能性和有益影响,它与"邪恶""腐败"的"国家理由"截然相反。可是,与此同时他们不得不承认,这个术语在普通言谈中被使用的时候,它的含义事实上是那邪恶的"国家理由"观念,不得不承认统治者以任何手段,甚至不正当的手段追求自己的利益是可以容许的。[2]

在这些作者中间,没有哪个留下了任何有力经久的影响,没有哪个是在平庸之上,也没有哪个(像博卡利尼和康帕内拉那样)既怀

---

[1] 就此参见 Ferrari, *Corso sugli scrittori politici d'Italia*, pp. 438 ff.; Toffanin, *Machiavelli e il Tacitismo*。

[2] Palazzo, pp. 9, 177; Frachetta, *Il seminario de' governi*, etc., p. 81(他并未区分好的和坏的"国家理由",而是区分了"真的"和"假的""政治审慎"[*prudenza civile o politica*],并且将后者等同于"国家理由"); Settala, p. 11; Chiaramonti, p. 13.

抱由衷的伦理精神,又具备有力的政治灵魂,从而这两者之间的对立能够导致更深刻的问题。由于这个原因,我们将如先前就博泰罗、帕鲁塔和阿米拉托所做的那样,满足于概括地评价他们的特性。为此,我们可以将下列著作当作一个基础:奇罗·斯蓬托内的《治国十二书》(*Dodici libri del governo di stato*)(1599 年);吉罗拉莫·弗拉凯塔的《君主》(*Il Prencipe*)(1599 年)、《论国家与战争》(*Discorsi di state e di guerra*)(1600 年)和《政府与国家论集》(*Seminario de'governi e stati*)(1617 年)(他论说"国家理由"的书读不到);安东尼奥·帕拉佐的《论政府与国家真理由》(*Discorsi del governo e della ragion vera di stato*)(1606 年);彼得罗·安德烈亚·卡农伊埃罗的《政治和国家理由导论》(*Dell'introduzione alla politica, alla ragion di stato, etc.*, 1, X)(1614 年);费代里科·博纳文图拉的《论国家理由》(*Dellaragion di stato*)(1623 年);卢多维科·祖科利的《国家理由论》(*Dissertatione de ratione status*)(这个拉丁文译本译自 1625 年左右面世的意大利文原本,由汉堡的约翰·加尔梅尔于 1663 年完成);加布里埃尔·齐纳诺的《论国家理由》(*Dellaragione degli Stati e*, XII)(1626 年);洛多维科·塞塔拉的《论国家理由》(*Dellaragion di stato*)(1627 年);希皮奥内·基亚拉蒙蒂的《论国家理由》(*Dellaragione di stato*)(1635 年)。①

---

① 这些以及其他类似的著作也在下面两项论著中得到了考察:一是前引费拉里(Ferrari)和卡瓦利(Cavalli)的书(第 67 页),二是孔克尔(Kunkel)于 1922 年完成的一篇基尔大学博士学位论文(可惜没有出版),它主要分析了 17 世纪里关于"国家理由"的德意志文献。我对能够利用其文稿表示感谢。考察关于"国家理由"的德意志文献的部分以打字稿形式可见于柏林国家图书馆和其他一两个图书馆。近来,贝内代托·克罗切(Benedetto Croce)也在他可贵的论文 *Il pensiero Italiano nel seicento* (*La Critica*, XXIV, 3, 1926)之中考察了论说"国家理由"的著作家们。

存在一种强烈的关切,要就真正的、好的"国家理由"形成精确的定义——一个将证明在逻辑上和伦理上都令人满意的定义。这项任务提供了一个场所,在那里可以精力旺盛和乐此不疲地沉湎于摆弄智识的经院式热情和对人文主义的兴趣。因为,这个概念一度提供了一种现代成就的范例,它多少超出被人顶礼膜拜的古典领域,同时却仍完全植根于古典,而且能用无数古典例子予以例解。"希腊语和拉丁语很可能就这项美妙的表述而嫉妒我们",乌尔比诺公爵的顾问博纳文图拉说道(第664页)。此人对它的整个态度是尊崇得心醉神迷,确实以自己的整本厚书致力于为之定义这一任务。然而,没有哪个敢走这条路而不依赖古典拐杖。首先可以从亚里士多德《政治学》第五篇中获得帮助,该篇论述革命的原因和维持国家政体的手段;以其对暴君的种种手法的描述(它已被马基雅维里用过),该篇还反映了"坏的""国家理由"。然而接着,论著需要的事实和判断还大量借自柏拉图、修昔底德和普鲁塔克,特别是借自塔西陀的《提比留史》。虽然一个人在这些文献里能够清楚地感到当代具体需求的搏动,但有一点仍然确实无疑,即它们更多地是喜好思辨和咬文嚼字的学者们而非讲求实际的政治家们的著作。

用语或许新颖,实质甚为古老——正如(这想对了)国家本身一样古老。"我的结论是,"基亚拉蒙蒂说(第489页),"在一人或多人统治的场合,好的'国家理由'伴随好的统治者出现,坏的'国家理由'则与坏的统治者共生。"坏的"国家理由"植根于过度追求主宰;而且,爱自己在起源上先于爱公益,因此它与好的"国家理由"相比或许更古老,并且肯定更有用。

那么,这好的"国家理由"有何特性?我们完全无意就基亚拉蒙蒂区分的"理由"一词的十个不同意思进行争辩,也不想辩论通用的"国家"一词的同样众多的含义。我们将满足于注意到"国家"一词现在开始被赋予一种比较广大的内涵;它不再意味着仅仅是统治者的权力机器,而是可以有阿米拉托说过的那样(见基亚拉蒙蒂,第 421 页)广泛的"统治"、"公国"、"王国和帝国"之意。总的来说,"国家理由"现在被拿来指治国方略:好的那种是依靠道德和宗教上可接受的方法争取普遍福祉和幸福,坏的那种则是利用不能容许的方法追求统治者的特殊私利。这艺术中被感到特殊的成分乃是"某种隐蔽和非凡的东西",只被赐予智力高明、精神伟大、聪明过人、经验丰富者(博纳文图拉,第 38 页)。它是"至高美德"(*virtù superiore*),其功能在于引导、塑造、补充和全面把握;尽管它要服从道德律令和神法,但它有高于国法的权威,负有"在特定时候改变法律的义务",连同背离成文法和惯常做法的责任。阿米拉托已经为博纳文图拉的这一命题铺平了道路,因为他确定"国家理由"不是任何别的,而只是"违背正常理由,以便尊重公众利益或真正为了尊重更重要更普遍的理由。"[1]而且,它由四桩经过妥善选择的事情构成,那是卡农伊埃罗(第 574 页)断言在"国家理由"驱使的任何行为中都应当有的:(1)必定无法以不同的方式行事;(2)其他权利被压倒;(3)符合公共利益;(4)除了"国家理由"外,无法为自己的行动提供任何其他理由。因而,他如此定义"国家理由":"国家理由乃是出于公众利益而对共同法理的必要的超越。"

不仅如此,现在饶有趣味的是看到,超越那些可以通过逻辑思考和法学思维分辨出来的特性,人们开始注意到"国家理由"内某

---

[1] *Discorsi sopra Cornelio Tacito*, 1594, p. 231.

种超个人的、甚至神秘的东西。当帕拉佐在"国家理由"内感觉到一个统一和持续的生命体的智能灵魂(第28页)时,这就像现代历史思想在一个仍然那么完全地浸透着经院哲学和人文主义的时代里的首项痕迹——就像对国家精神人格的首次预感。博纳文图拉掘得更深,因为他发现"国家理由"就是亚里士多德的"权威"(κύριον),即"真正的帝王","君主的君主及其固有的真正法律","政界的普遍灵魂——没有规制就没有一切"(第586页往后)。可以回想起几年以前,莎士比亚也发现了国家灵魂的神秘性。在《特洛伊罗斯与克雷西达》一剧(III,3)中,他让尤利西斯说出这些话:

> 在国家的灵魂中有一种神秘
> (对此绝不敢说三道四),
> 它的运作神圣伟大,
> 甚于任何话语所能表达。

也许,莎士比亚已经听说了新近时髦的"国家理由"理论?无论如何,他对"国家主义者"(给那些在实际政治和"国家理由"方面有经验的人取的称号)有所知。① 这一对于正在遵循某种伟大有力的生机原理的热烈意识包含某种动人的东西,当一个人在此类平庸的意大利著作家那里碰上它时会感到如此。其中的一位米兰杜拉在其所著的《国家理由论》中甚至走得那么远,以至构想出上帝本身的特定"国家理由"。②

---

① *Hamlet* (V, 2); *Cymbeline* (II, 4); 参见 John, *Geschichte der Statistik*, p. 10 f. 我的同事阿洛伊斯·布兰德尔认为,很有可能是旅居英国的意大利人在那里传播了新理论。

② Ferrari, *Corso*, etc., p. 395. 我无缘读到米朗杜拉的书。

因而特别有益的是,博纳文图拉竟也会从各不同时代形成的不同类"国家理由"中,推导出不同的国家形态。因为他认为"国家理由"先于国家形态,并且认为前者为因,后者为果,而不是相反。可是,现在由于如此承认"国家理由"以不同的国家形态自我区分,他们就再次回到了亚里士多德踏出的道路,并且能够利用他勾勒的、关于三种好的和三种坏的国家形态模式来帮助解决"国家理由"问题。第一个这么做的是安科纳的卢多维科·祖科利,他对圣马力诺的非政治性田园诗的热衷[①]并未阻止他撰写关于这主题的最简短、然而最重要的著作。他采取了一种清晰简单(虽然也无可否认多少有些狭窄)的观点,即"国家理由"不是别的,只是关于旨在确立和维持一种特定的国家形态的手段的知识,连同这些手段的应用。因此,按照"国家理由"行事,意味着去做符合一个人想有的特定国家的本质和形态的任何事情。结果,有着分别符合君主制、暴政和其他每一种国家形态的特定的"国家理由"。"国家理由"与法律的相悖因而并非(如他在反对阿米拉托的观点时指出的那样)其特性的一个本质部分。它有时,即在国家形态坏的场合很可能发生;与此相反,在国家形态好的时候,法律与"国家理由"将和谐共处。总的来说,好的国家形态的"国家理由"本身善美可敬,认为一切"国家理由"无不邪恶的看法只适用于坏的国家形态。诚然,即使是他,也不得不悲伤地补充说,很难得有好国家,因而实际运用中的"国家理由"在道德上差不多总是坏的。由此,一个人肯定应当赞扬那些在其中法律与"国家理由"之间的差异并不很大的

---

① 参见 Ferrari, *Corse*, etc., pp. 510 ff。克罗切也强调祖科利的重要性(*loc. cit.*, p. 158),但他对"国家理由"问题的态度与我不同。

国家。

重要的是,他像博纳文图拉那样,也倾向于一种对各个不同种类的"国家理由"加以区分和个别对待的观点。因此,他不仅区分了按照亚里士多德的表式可能有的六类不同"国家理由",而且教导说这一种观点应当注意国家形态方面的个体差异——例如法国君主制与西班牙君主制的差别,或者瑞士共和国与荷兰共和国的差别。在普通情感被压抑,思想和精神被集中于一个相当个别的权势目的时,他甚至多少感觉到由"国家理由"激励的行为在本质上的伟大,连同其特殊的崇高。他相信,这种行为——仅仅和完全由"政府的个别形态要求的"无论什么事情激励的行为——是某些智慧非凡、聪明异常的人特有的,例如伯里克利和洛伦佐·美第奇。①

假如博纳文图拉的直觉与祖科利的智力敏锐结合起来,也许本来可以导致一种更丰富、更具历史感的"国家理由"观念。然而,祖科利的追随者、米兰的医生和哲学家洛多维科·塞塔拉(70 多岁,在祖科利之后两年写书,而且反复抄袭他)将他的思想扩展和淡化成了一种冷冰冰的系统性组合,那给当时人留下了强烈的印象。在六节长篇文字中,他铺陈了六类不同的"国家理由",分别存在于君主制、贵族制、"真共和制"(亦被称为 *politia comune*)、暴政、寡头制和大众统治(由他仿效亚里士多德称作"民主制")。这

---

① "除此之外,我们需要特别指出的是:这种确证自身的渴望——无论是依靠其天赋资质,还是凭借其从内心或习俗中汲取的力量——要实现其既定目标,他那执掌权柄的威严仪表是不可多得的凭恃。他的判断力可能来自人的敏锐感,抑或是高出通常意义上的强者的洞察力。就其重要性而言,我们可以确信的是,他丝毫不比伯里克利之于雅典,或是洛伦佐·美第奇之于佛罗伦萨逊色。……"第 46 页。

样,就出现了六种不同的机制,在其中典型的行为模式和治理方法以一种镶嵌方式被互相衔接排列,而且通常是依据古典资料来源。风格是近乎全然课堂式的。重要问题在于:谁掌权? 法律是否至高无上? 或者权力是否任意专断? 他不愿(像别人一般做的那样)承认真正的"国家理由"的目的是公共福祉,而是认为其目的在于国家首领们的利益。因此,他始终将两类属于"国家理由"的预防措施区分开来:一类旨在统治者个人安全,另一类旨在维护国家现状。

对"国家理由"的任务的这一狭窄限制,由于统治者和支持他们的国家形态的眼前安全问题而来的这一痛苦焦虑,再次透露出国家本质上的不完整,即事实上它的权力和权威仍未达到不说自明的地步。祖科利和塞塔拉的前驱们强调的普遍福祉目的更多地是个传统伦理用语,而非以一种具体方式被彻底思考过的一项富有意义的任务。"国家理由"的阿耳戈斯①之眼仍然首先关注来自内部的反对因素:骚动不安者的野心、正变得权势过盛的大臣、臣民中间对自由的热爱等等。例如,在斯蓬托内的论说国家观念的著作中,许多篇幅被用于论阴谋要以最无情的严酷加以镇压那一章;塞塔拉甚至觉得可以向好的共和国提议采用放逐制(第162页)。超越意大利诸小国和城邦国家地平线之外的任何事情都未得到真正的关注;从根本上说,这些国家仍在力求自身的和平存在,力求统治者能够安享他的权力,而这依然完全不是可靠无虞的。然而,出现了某些非常令人愉快的迹象,例如在博纳文图拉赞扬他那小小的乌尔比诺祖国的时候,因为它(以好的"国家理由"的

---

① 阿耳戈斯为希腊神话中的百眼巨人。——译者

典型方式)吸引着来自所有地方的有德有才之士,管照着贸易、艺术和科学,并且懂得一国的真正铜墙铁壁是其臣民的精神,从而拆除了要塞堡垒。然而,塞塔拉关于国内福祉政策的提议(有时同样富有特征)完全基于明智:堵塞国内动乱之源,造就对统治者们的良好看法。例如,为了使民众确信公共岁入正在被用于国家的最佳利益,贵族应当鼓励公共营造,建立医院和学院,修筑教堂、桥梁和港口。然而,他们不应当允许富有的公民与外国王族联姻(第126页往后)。他心里想的是威尼斯。

民主制的"国家理由"图景(他为了系统性的完整而将其包括在内)结果证明远不那么有力;它不得不主要以取自古典文献的片言只语得到填充。然而在此过程中,一个人注意到他和其他人有一种情感,那是我们已在博卡利尼那里了解到的,即对暴民群氓敬畏交加。如果要整个把握那些时期里的政治心态,就必须懂得这一情感。因为有时得到一种印象:说到底,在他们关于"国家理由"的思考中,对于释放粗鲁的大众力量所持的恐惧确实有作用。在君主制和贵族制下,国家都一定程度地被按照钳制大众、使之始终安分守己的功能来看待。与特别适合于国务活动家的观点相比,社会本能,即对法律和秩序的保守主义需求,往往在这些做学问的理论家和统治者仆从身上发展得更厉害。

这也由下述事实显露出来:对指向国外的权势和征服政策,一般来说没有多大兴趣。只有基亚拉蒙蒂争辩说,力求获得外国领土合理正当,如果一国邻近一位贪婪的大统治者,从而处于要么被迫征服他、要么被他所征服的境地(第73页)。信守条约也得到了提倡,这与马基雅维里截然相反;然而在此,基亚拉蒙蒂再度与博纳文图拉一样添上了一个例外——国家被毁的危险解除了一国的守约义务(第159页)。但尽管如此,一切马基雅维里式的药方都能根据一个借口得到讨论,那就是允许以一种遏阻方式描绘虚假邪恶的"国家理由";而且,尽管恨马基雅维里,齐纳诺仍酷爱描述能够被用来对付敌人的阴谋诡计和欺骗。像他巧妙地试图证明的那样,即使犹大的行为也不包含虚假(第39页往后),而且他赞扬雅各对拉班的诡诈(第99页往下)。因为,在广为展示的基督教道德盾牌背后,许多不同计谋以一种诡辩方式被掩盖起来。在这些热血意大利人中间,大多数人依然有非同小可的马基雅维里血液。① 例如,塞塔拉很乐意让一位善良的统治者练习虚伪。以此方式,他们向禁果投去了渴望的目光。

有时,在这些巴洛克时代的意大利人(或许受西班牙理想的影响?)身上可以注意到一丝骑士侠义感,那产生了我们先前在让蒂莱身上见到的对马基雅维里主义的同一反应。马基雅维里赞美和辩解以任何手段,甚至欺骗手段赢得战争胜利。然而,弗拉凯塔现在解释说,"以诈取胜"(*vincere con fraude*)原则不符合战争的真智慧,因为它与真英勇相反,有损胜者荣耀。当然,他也认为战争中可以用计谋,但并未费心去划出"智战"与欺骗之间的界线。②

对马基雅维里的最大恨意总是由他缺乏宗教情感引起。不信教和关于宗教同时有价值(然而是从纯粹功利主义的观点来看有价值)的意识两相并存:正是这一事实,被觉得构成了他对宗教的最严重攻击。因为,这将意味着宗教被拖下它的宝座,从一个至高

---

① 就此,进一步的证据见 Ferrari, *Corso*, etc., pp. 389 ff。
② *Il seminario de'governi di stato e di guerra*, p. 89 f.

第五章 "国家理由"观念在意大利和德意志的传播 　211

价值和超尘世性质的目的本身被改变成一个纯然追求种种尘世目的的手段。它由此丧失自己作为绝对真理的价值,即丧失自己的本质,因为在某些情况下,一种伪宗教(像马基雅维里的学说坚持的那样)能够像真宗教那般提供同样的实惠。他们完全明白马基雅维里主义很可能导致的一切价值的革命,连同生活的全盘世俗化。基亚拉蒙蒂说(第467页),马基雅维里的信条等于将统治者奉为崇拜对象,使他成为一切行为的衡量尺度、一切正义和道德美善的源泉,赋予他神的属性。因此,新发现的"国家理由"价值不被允许毁坏旧的价值等级。"国家理由",用卡农伊埃罗的话说,确实被置于所有其他权利之上,然而它服从宗教权威,正像肉体服从灵魂。行事违背宗教权威恰如反对上帝。

面对既存的政治实际,面对马基雅维里主义正在大行其道这一事实,他们求助于旧的基督教慰藉:上帝经常允许邪恶,以此作为对罪过的惩罚,而邪恶本身将在来世受到惩罚(帕拉佐,第22页;基亚拉蒙蒂,第378页)。然而,从一种好的和故意的"国家理由"观点出发,也作了一种努力,那就是显示肆无忌惮的自我中心主义和自我利益追逐能得到的好处实属可疑,或者说显示此类政策倾向于有利有弊。基亚拉蒙蒂指出(第373页),弗朗西斯一世与土耳其人结盟反对查理五世,结果却证明不好。因为,除了不道德外,它还最终未能有用,原因在于颇大程度上,严重动摇了他的王国的宗教分裂出自一种考虑,即这位国王从国家利益出发,谋求基督教世界最可怕的敌人的友谊。后果对这个特定国家来说变得更糟,因为事实上,它前此一直是不信上帝者的那么激烈的敌人。我们可以记起,博泰罗表达过这一观点。它显然已经成了天主教政治中的一项常规论辩。

毋庸赘述,对这群思想家来说,国内宗教统一和拒不容忍新信条同样是好的"国家理由"的一项不说自明的要求。在其中,教职-宗教动机与国家利益动机仍很密切地混为一体。卡农伊埃罗很正确地担心宗教个人主义的迅即解体效应,如果每个人都能以他自己的方式塑造他自己的上帝。一切道德和生活方式将由此被扔入变革的漩涡,法律的权威,乃至到头来统治者的权威将遭到蔑视(第607页)。他回想起德国农民战争和16世纪浸信会等革命运动,它们或许可以预示历史蕴含和预备的东西。一个人在他以及齐纳诺和年迈的塞塔拉的著作中觉察到的、对于异端的仇恨,有着一种强烈苛刻和冷酷无情的意味。只有基亚拉蒙蒂(他意味深长地是这些著作家中最为晚近的一个)才将这仇恨稍加缓和。不得不将异端当作较轻的害加以容忍,因为作为统治者方面误判政治利益的一个结果,它现在已经传播得如此广泛,以至无法将其根除而不给天主教造成很大伤害,或不引起内战危险;然而与此同时,就像亨利四世做了的那样,必须尽最大可能支持天主教(第43页)。

这些,也许就是一个人能够从这迂腐学问与政治智慧的混合中挑选出来的、当时一般思想中最有特征的观念。在他们急于使现代治国方略再度同西方宗教和伦理传统和谐相处的间歇性热望背后,有一种他们只是好不容易才控制了的隐秘的怀疑主义。基亚拉蒙蒂在其书末尾写道:没有可能阻止人们去实践坏的"国家理由",但有可能阻止任何人去相信那是"政府性质的一个后果"。

* * *

令人觉得非常古怪,论说"国家理由"的意大利文献在17世纪头几十年似乎如此丰富不竭,却竟然在该世纪下半叶全然萎缩,只

第五章 "国家理由"观念在意大利和德意志的传播

留下为数不多无足轻重的零枝落叶。人们显然满足于它;他们知道了所有要知道的东西,就它没有更多的要说。他们已为自己形成了一圈固定的观念;只有在饶有意义的新经验迫使思想有了进步,才有可能突破这个圈迈向新问题。可是,不存在任何此类经验。或许,政治精神如此萎缩的真正原因要到下列事实中去寻找:三十年战争的大紧张(甚至意大利人也在精神和思想上参与其中)业已结束,西班牙业已从权势顶峰跌落(这一向是意大利人的一个焦虑来源),现在已经和意大利一起成了世界事态中一个纯粹客观的因素,而且甚至意大利的内部国家生活也自会议(Convention)往后沦于衰朽。然而与此同时,"国家理由"的种子撒到了其他国家的土地上,它们需要它,犹如久旱逢甘霖似的接受它。

如果我们试图从构成"国家理由"的观念组合当中,挑取一个从实践观点看最有用、并且在历史上最有效的,那么它必定是这么一个观念:完全允许为"公益"的要求和必需违背成文法和国家制定的法律,虽然此类要求确实不得冒犯神法和自然法。在一定程度上,这是中世纪精神与现代国家精神之间的妥协——使得教俗权威彼此间权限分明、各司其守的妥协。它自此成了国家生活、最重要的是国家内部生活中的一项主要观念。如果说,在国家间的权势斗争中,现在仍旧有可能(恰如此前那样)通过背弃条约和使用秘密手段逾越神法和自然法的约束,而且甚至经常针对国内不受管束、滋事生非的臣民这么做,那么它却仍然只是一种非正统的做法,只有极少人敢于按照马基雅维里的思想在理论上为之辩解。然而,"国家理由"被设想为冲破旧的成文法的一种手段,从而变为受青睐的手头可用之物,一项真正的原则;它从此成了现代国家能够信心十足和心安理得地挥舞的一种武器,舍此它永不能克制各个社会等级和特权阶级而弘扬自身。这意义巨大。同传统的、旧制度下的社群合作国家(the corporate State of the Ancien Régime)相连的合法性观念针锋相对,专制主义现在有可能挥舞一张王牌,即一种新的正义观念;仍在成长的一种正义概念现在被树立起来,与那些充分形成和扩展了的概念相对立,因为现在随时都有可能为了"公益"而要求变更法律并予强行实施。"国家理由"是一个手段,用来使一种坚硬不屈的材料变得比较柔软可塑。在中世纪里,国家和社会体制的形成何等沉重缓慢,经历了何等漫长的抵抗。现在,出现了强迫力量,使之运动得较快——虽然还不像18世纪和法国大革命以后其他驱使性和革命性的观念也参与进来起作用那么快,但快得足以拉宽中世纪与现代历史的内在性质之间的裂口。因此,"国家理由"观念是所谓晚近历史的最重要的特征和激发因素之一。

宗教、道德、司法是受到马基雅维里主义严重威胁的三大力量。事实上,从此时直至当今,它能够持续不断地削弱和损害所有这三大力量,同时以反映在"国家理由"文献中的一连串思想为手段在理论上维护之;至少,宗教和道德被允许在"国家理由"面前保持自己的主权,只有在法律方面才与之公开决裂。然而,具有巨大的历史效应的正是这一事实,即现在甚至法律(一个依其本性如此保守的领域)也正被拖入世事的变迁,不仅在关乎实际应用,而且甚至在关乎其原则——依规范性观念和人们的价值判断确立的原则——的范围内。

意大利的情况不及在德意志和法国。关于法国的情况,我们可以记起就博丹这一题目已经说过的,无须专门谈论那里富有特征的事态。在意大利,理论家们的信条,即"国家理由"高于成文

第五章 "国家理由"观念在意大利和德意志的传播

法,并未真说出了什么新意,而只是确认了一种现存形势。因为在那里,浸透了古典"国家理由"精神,使得统治者免受法律束缚的罗马法继续起作用;而且,封建制度的早早衰落,强暴凶猛的城邦暴君和统治者的早早出现,导致那里没有可能形成在德意志阻碍了现代国家崛起的基于惯例和特权的法律硬壳。无论那里有何权利和惯例,它们在马基雅维里那样的一个人看来绝非危险,他的"国家理由"能够主张说它们应当尽可能多地得到尊重。然而在德意志,新的"国家理由"信条给统治者提供了一柄用来击碎这硬壳的铁锤。为此目的,它比16世纪里业已完成的罗马法之引入更有效,而罗马法在确立专制主义方面的重要性往往被夸大了。[①] 因为,专制主义是在17世纪最初兴起,并且也正是在整个17世纪期间"国家理由"文献始终流行于德意志。我们不想过分强调理论的力量。专制主义在德意志领土国家的兴起首先基于三十年战争的可怕效应和体验,基于在国内集中和组织权力的需要。旧制度下的社群合作国家,连同与之相伴关于一种包含在地方惯例和地方法中的、不可违背的良好传统法律的观念,在三十年战争期间业已破产,因为它使得国家全无防御之力。为了造就领土国家的新防御,并且克服各社会等级和既定特权对它的任何抵抗,统治者的权力意志现在能够求助于这一新的公正或"公益"(*salus publica*)观念,从而在精神上为自己辩护并使之崇高化。为了察觉这一新观念在所有各处的活跃翻腾,一个人只须阅读一下大选帝侯的政治遗嘱,只须密切注视他差遣的官员们对顽固的地方权力和特权的

[①] 参见 v. Below, *Die Ursachen der Rezeption des röm. Rechts*, 1905, pp. 55 f.

广泛剪除。1651年时,黑尔姆施泰特地方出了一篇由赫尔曼·康林激发的博士学位论文,专门论说"国家理由"(*Ratio status*)问题(作者署名为拉芬斯堡的海因里希·福斯),被献给选帝侯。[①] 他手下最有素养的国务活动家之一、机智的戈特弗里德·冯·耶纳(1663年往后在位于雷根斯堡的帝国议会中代表他)先前曾作为法兰克福的教授,编写过论说"国家理由"的24篇博士学位论文;它们激起了如此强烈的兴趣,以至以后被汇集为一部文集,于1667年面世,题为《"国家理由"散论》。

几十年里,整个这类文献一直起着作用,为专制统治的来临拓平了场地。在一位固执的统治者策动下,瓦伦斯坦被暗杀;正如斯尔比克近来指出的,[②] 倘若一项观念——成文法必须屈从于国家的更高必需——不占支配地位,此事本不可想象。的确,统治者有暗杀特权的观念在16世纪时已经流行;然而富有特征的是,它此前在德意志本身只得到了极少赞成或应用,[③] 被认为是一种外国的不诚实。要造就斐迪南二世皇帝在导致暗杀令颁发时屈从了的那种权利信念,首先必须发展出一种对外国观念的更大接受性,连同对"国家理由"问题的更全面的思考。密切追踪在这方面采纳的思路很有启发性,因为它正是按照博泰罗、阿米拉托以及他们的流派在天主教世界散布的那些信条。一方面,面对帝国军队统帅的重大叛国行为,他们感到自己因紧急情况而有权省却适当的法律

---

① 当时,以学生的名义发表的博士学位论文一般都是导师的作品,就像例如 Chr. Besold, *Politicorum libri duo*, 1618, p. 876 显示的那样。然而,康林尤其在很大程度上鼓励其学生与其一起工作,因而他能够说"既是我而又非我"。v. Möller, *H. Conring*, p. 105.

② v. Srbik, *Wallensteins Ende*, p. 87 f.

③ Platzhoff, *Mordbefugnis*, p. 44.

第五章 "国家理由"观念在意大利和德意志的传播

程序;但另一方面,他们又并未觉得自己有权(像贡达克尔·冯·利希滕施泰因的专家意见所表明的那样)完全不考虑"公正",意即神法和自然法。①由于这个原因,搞了一场秘密调查,它虽然确实未听取被告的申诉,却仍由一群(用利希滕施泰因的话说)"良心端正和精通法律"的辩护律师进行。而且,(像博泰罗要求的那样)也征求了忏悔神父拉莫尔梅尼的意见。现在,首先安慰了自己的良心之后,皇帝于1634年1月24日下令将瓦伦斯坦及其同伙当作"犯罪者"杀死,如果没有其他办法的话。

瓦伦斯坦被杀对日耳曼世界的震撼如同先前圣巴托罗缪之夜屠杀对拉丁世界的影响:那是"国家理由"乌云内燃爆出的一道最耀眼、最强烈的闪电光芒。日耳曼和拉丁两大世界联系得多么紧密,意大利对德意志的影响(尤其在当时)仍然多么强烈,由德意志的"国家理由"文献得到了显示,那是作为一个分支,从博泰罗和阿米拉托奠基的意大利文献中发展起来的。帝国辩护律师博尔尼兹1604年曾论说真假"国家理由"之间的差别,如果我们不将这算进来,那么始作俑者便是阿尔特多夫的阿诺尔德·克拉普马尔教授(此人英年早逝),连同其1605年的著作 *De arcanis rerum pulbi-*

---

① 斯尔比克(见前引书第98页;我们对这些事态的解释归功于他)认为,虽然我们在此考虑的"国家理由"论确实肯定国家有一种"生杀大权",但它并未使君主解脱对理想法和实在法的义务"。然而,正是(在必需的情况下)对实在法的要求的这一解脱,构成"国家理由"论的一大要义。利希滕施泰因 *Gutachten* 一文的主要段落说:"一个人没有任何世间理由可以反对上帝,但正义允许这么做……因为极端的邪恶必须采用特别的措施,为保存国家应当去做不反上帝的一切事情"。Srbik, p. 75 f.——一个人会预料发觉帝国辩护律师冯·埃费伦的书《政治和"国家理由"原理手册》(1630年)是这些看法的一个源泉。但是,这项十足天主教的伦理信条还认为,"真正的""国家理由"应当遵守实在法。

carum libri VI.①在他之后接踵而来的有：多产和肤浅的蒂宾根法律教师克里斯托夫·贝佐尔德、②克里斯托夫·冯·弗斯特纳（先前访问过康帕内拉，后来在蒙贝利亚尔任行政长官）以及1630年时写有论著论说这一问题的帝国辩护律师冯·埃费伦。从1630年往后兴趣更增。广为人知的学者大名赖因金、博克勒和康林出现在这类文献内；其中，或许最重要的是有力的反哈布斯堡政论家博基斯拉夫·开姆尼兹，他在1640年过后不久，以笔名希波里修·阿·拉披德发表《论罗马-日耳曼帝国的"国家理由"》，里面有一节概论阐说"国家理由"的性质。在三十年战争的最后岁月里，"国家理由"成了（恰如它几十年前在意大利）市井谈话的一个主题，成了人们就此倾吐愤恨和恐惧之情的一个恶，好像它是一种新的瘟疫，但同时谈起它来也怀着隐秘的尊敬。1646年里斯特将"国家理由"搬上了舞台，让它扮演一个外科医生角色，而在克里斯托夫·冯·格里梅尔斯豪森的著作里，一个人可以感觉到关于它的情感骚动。大约1650年以后，这类文献涌现得甚至更为丰富，而且直至世纪末仍然如此。它是德意志学问界的普遍舆论（从而开启了专制统治的胜利进展），因为它主要源于法学界，以后又流

---

① 就此参见黑格尔斯（Hegels）1918年的波恩大学博士学位论文。G. Lenz, *Zur Lehre von der Staatsräson* (*Archiv d. öff. Rechts N.F.*, 9, 281 ff.）一书基于对克拉普马尔和贝佐尔德的一种错误解释，试图表明德意志的"国家理由"和"统治方略"论极少受到意大利观念的影响，而是作为帝国内部各国反对皇帝的一个武器兴起的，帝国利益则要求反对这贵族信条。然而，克拉普马尔的学说广泛论及所有国家和统治者，而且事情已经表明皇帝也使用了这一新学说。

② 治国方略和行政管理在其 *Politicorum libri duo* (1618)一书第二篇内得到了谈论。见其中第5章 *de arcanis rerum publicarum*，谈及克拉普马尔。贝佐尔德的 *Discursus de arcanis rerum publ.*（与克拉普马尔一书的1644年埃尔泽菲版合订）与该章相同。

行于神学界和教育界。大约18世纪开初,当专制主义总的来说达到了自己的目的时,热情消退,而接近18世纪中叶时,这一主题全然不再时髦。它现在不再时髦并非因为事情本身已从现实中消失,而是因为它已变得不说自明,并且因为与此同时,对国家感兴趣的有学问教养的公众将自己的注意力转向了启蒙运动中兴起的新思想。

同我们在意大利文献中注意到的情况相比,在德意志文献中我们没有发现任何本质上新的和重要的智识问题。从一开始,"国家理由"信条就被觉得是一种拉丁起源的外来物,其力量确实无法规避,人们确实试图使之适合德意志的需要,但同时又可以对它感到怀疑和焦虑。族长式领土国家的传统(新教的恰如天主教的)聚焦于稳定和宁静生活,聚焦于传统权利的维持,聚焦于政府对教会的行政关怀和作为国家首要目的的助长正义。这些传统在那些为统治者提供镜鉴的文献(或许首先在法伊特·路德维希·冯·泽肯多夫的著名著作)中表现出来;它们只熟知基督教统治者的传统权利和义务,而不了解可能被创造出来的任何新权利,也不了解可能被其获取的任何新权力。然而,"国家理由"(*Ratio status*)概念(无法为之找到等同的德语表述)包含着某种向前推进和看似创造出新模式的东西,某种一个人朦胧感觉到和尊敬的东西。这个概念现在被同化为真正的德意志形态,办法在于使之成为一个法理概念。同一件事由克拉普马尔做到了,因为他将"国家理由"构想为"统治法"(*jus dominationis*),那给予君主为了"公益"而将自己置于"普通社会法"(*jus commune seu ordinarium*)之上的权利。这权利(像他在与阿米拉托的通信中以一种颇为传统的德意志态度所说的那样)还可以被称作"特权"。他认为,这权利(对它的任何侵犯都等于犯罪)有一定的严格限制,它们一方面由宗教,另一方面由"忠诚或荣誉感"(*fides sive pudor*)构成。他谴责不道德的马基雅维里主义,那被他等同于意大利人的"阴险的国家理由"。然而他强烈地感到,国务活动家有时在违背法律行事时,有可能是正当的。① 而且,他还承认,欺骗是一种必不可少的治国方法。他现在从"统治法"中,推导出了一般的"公务方略"(*arcana rerum publicarum*),亦即它可以得到实现的方法和途径;他还将后者分解成"国体方略"(旨在维持国家形式,并以不同方式适合这目的的种种方法②)与"统治方略"(旨在维持当时行使统治的那些人的权力,同样按照国家形式而各有不同③)。然而,他发觉必须补充说,这两者之间的界线并非固定不移(第三篇第1章)。

我们不需进一步深究这概念区分及其延伸含义,因为在此,就像在其他每个场合,使我们感兴趣的是生机勃勃的历史要素,而不是纯粹的强词夺理。然而,在他的理论中,还有某种关于"国内自由权虚饰"(*simulacra imperii seu libertatis*)的强健有力的东西(那是他取自塔西佗的)。为获取真正的权利和由此而来的自由,臣民必须得到补偿,即向他们展示正义和自由的幻影,那是作为"空洞的法律"(*jura inania*)允许存在的,虽然从政治观点看它们

---

① *Nonnunquam in Republica quaedam contra leges fieri et recte fieri. Conclusiones de jure publico*,Thesis 164. 1644年埃尔泽菲版 *Arcana*, p. 49。前一著作是克拉普马尔为后一著作做的预备。

② 同样有可能追溯博纳文图拉、祖科利和塞塔拉的相应的信条(见上面第122页以下),返回到克拉普马尔。又见 H. Bresslau, *loc. cit.*, p. 17。

③ 在 *Conclusiones de jure publico* 一书中,克拉普马尔将"统治方略"等同于"国家理由",并且将它定义为 *recta et secreta privilegia conservandae dominationis introducta boni publici causa*。1644年埃尔泽菲版,p. 17。

第五章 "国家理由"观念在意大利和德意志的传播   *221*

极为有用和颇为必需。①这方面的例子一是总督（Doge）的职位,总督看似威尼斯贵族共和国的统治者,二是罗马帝国时期的元老院。最有力的例子（那到 17 世纪在德意志正显露出来）,在于愈益成长的专制主义统治能够损害三等级这一宪制安排,同时在表面上将它们保持下来的那种方式。

克拉普马尔的书被广为阅读,并且经常被重版和模仿。就"方略"和"国内虚饰"所作的思考有助于锐化政治技能意识,锐化关于合理和目的明确的行为以及精明、隐晦但有效的诡计的意识。还可以设想,此类文献被干实事的国务活动家们急切地阅读和领悟,从而根本上有助于造就那种作为 17 世纪特征的、冷静和目的明确的清醒气氛。因此,例如克拉普马尔的追随者之一、荷兰法学家约翰内斯·科菲努斯在其《公务方略论》（他借此介绍了克拉普马尔著作的 1644 年埃尔泽菲版）之中,主张一个贵族共和国的统治者使用种种方法,"诱使平民以为他们拥有某种他们实际上没有的东西"。例如,在选举官员时,应当以惩罚相威胁,责成贵族必须行使自己的选举权,但普通公民不应被加诸这样的义务。如此,后者肯定会喜欢各人自扫门前雪,将国家留给贵族去管。作为君主对人民的一种态度方略,他主张向统治者提供新权力的法律应当被制定得像是依据人民的同意。作为君主对贵族的一种方略,他则提议授予重要官职时不应规定很长任期,或者倘若如此,它们也只应被授予那些完全忠于统治者同时并非才能非凡的人,或被授予出生低微的律师而非军人。不仅如此,君主的方略还应包括绝不允

---

① 马基雅维里先前已主张（见《论李维》第一篇第 25 段）在进行宪制改革时传统安排的轮廓应予保留;这确实只是为一个传统国家的改革者提的,而不是向建立一个专制君主制的人们建言,因为在他看来后者应当全盘创新。

许任何王族血统的人被杀,因为否则统治者会"暴露自己的侧翼"和危及自己的性命。在他看来,下面是君主的一则"虚饰":统治者应当有意允许人民中间针对他的、轻率诽谤的言论而不予以惩罚,与此同时盯住真正的诽谤者,以保护自己免受他们的危害。"确实,对一位统治者来说,能容忍嫉妒乃是头号治理艺术。"而且,最好的"国家理由"在于有一个温和的政权,它非常注意不使臣民不满政治形势。为成就大事,必须放过小事,忽略小事。总的来说,不应当就自己注意到的每件事情一律表达看法,而应当装作未能看到某些自己实际上看到的事情,"因为人生无非是一场漫长的欺骗和装傻"。因此说到底,即使此种温和审慎的治国方略,也是出自一种对人类的深切蔑视。

这类文献最重要的是有助于专制主义;然而,认为它仅仅意在将专制主义当作天经地义的予以效劳,是完全不正确的。每种国家形态都有它自身的"国家理由"这一观念(它首先靠克拉普马尔得到形成,后来更充分地被塞塔拉所用)使人有可能甚至为颇为反专制的目的使用"国家理由"论。这由博基斯拉夫·开姆尼兹在其《拉皮德的伊波利特》(*Hippolithus a Lapide*)一书中以最强有力的方式做到了。在那里,一种笼统化的理论(该时期的思想喜欢以片面的热情予以延展)的所有逻辑方法都被置于一个相当具体的政治目的的支配之下,那就是支援瑞典反对皇帝的斗争,并且在帝国境内任何可能的地方驱除哈布斯堡家族。如果一个人能够成功地给出令人信服的证据(他相信有此可能),证明帝国事实上是贵族制而非君主制的,那么他也将能最精确地考虑"国家理由"(即其政治生活和政治行为的指导原则);据此,在他明确表述的德意志"国家理由"六项基本原则当中,他认为最重要的是将克拉普马尔

第五章 "国家理由"观念在意大利和德意志的传播

的"国内虚饰"论应用于德意志的那项:"尊贵的形式应该被国家的领袖们放弃,而法律却把它们保留在共和国里。"然而,对该时期的历史而言,他的态度中特殊和重要的因素在于这么一个事实:他对帝国境内君主制思想的反对完全不是出自放任不羁的自由主义精神和国家的瓦解,但却始终能构成"国家理由"之严厉、集中的思想过程的组成部分。极少有人像他那么坚持不渝地将下述思想置于正中地位:国家行为依据一种铁的必需;它诚然像他指出的那样,一方面受限于神法的约束,另一方面受限于忠诚、公平和体面的制约,但是在其他每个方面绝对不受限制,并且因而就有效的成文法来说也是如此。在其中,他见到了"国家的必需";他(像克拉普马尔已经做过的那样)引用塞涅卡的话——"保护人的弱点的重大必需打破了一切约束",并且加上克拉普马尔自己的话,即"现如今,必需成了一种力量,一种尊贵,它并不常把法律和正义强加到一种并非被非法容忍的事件上。"①确实,即使不是任何必需,而只是国家的明显裨益要求将成文法撇在一边,基本原则也必须依然有效,那就是"公益为最高法律"(salus publica suprema lex)。因此,他比"国家理由"观念在德意志的任何其他代表走得更远,后者一般认为只有在紧迫的必要情况下,违背公法才是可允许的。开姆尼兹还以十足的一贯性,提倡国家利益优先于私人利益。"在国家利益与私人利益相冲突时,要以国家利益为重。"专制主义统治应当为其提供的有效援助而感谢帝国内的这位贵族拥护者。

如果我们注意到下述事实,这显著的矛盾就会迎刃而解:他支持的帝国内的强势贵族实际上都是成长中的君主,他们劫掠帝国

---

① 1647年版第18页;参见 Clapmar, p. 160。

的君主权利,只是为了自己享有之。① 在皇帝与各邦君主之间,像是发生了一场争夺"国家理由"战利品的竞赛,而威斯特伐利亚和约着重确认,甚至(通过并未明确界定其范围)增大了领土当局的主权权力,因此以有利于各邦君主的方式决定了它的胜负。

一个引人注目的事实,是在所有"国家理由"论者中间只能见到一位论者支持垂死的社会等级(estates)体制,劝诫君主们倾听地方议会的建议,从而以爱护人民的办法保障自己的统治。此人便是在《君主利益》(1655 年第 2 版)中说教的约翰·特奥多尔·斯普伦格。

其余论者以这样或那样的方式,重复了我们已经熟悉的那些思想序列,带着所有德意志式的卖弄学问、推敲界定和过细区分,连同德意志式的十足中产阶级道德。然而,在这些将"国家理由"、法律、道德和宗教小心翼翼地调和起来的尝试中间,还冒出了那种特别德意志式的激进主义的零星例子,它正是由于自己植根于伦理问题,因而喜欢将原则推至极端,并且热衷于描述这些原则的可怕后果。

一位现在已被全然遗忘的政治著作家、厄廷根邦国宫廷会议成员约翰·埃利亚斯·凯斯勒就是这么做的——在他那古怪难读,但很值得注意的书《纯粹和真正的国家规则:基督教君主和摄政等等所需遵循》(纽伦堡 1678 年版)。② 这位最小的统治者之一的仆从,竟会使自己成为德意志的霍布斯式人物,而且甚至在最小

---

① 开姆尼兹希望将帝国内的充分主权给予帝国议会而非各统治者,可是与此同时,他为统治者们求取权利,从而减小了这一主权。参见 Weber, *Hippol. a Lapide*, *Histor. Zeitschrift*, 29, 300 ff.

② 孔克尔(Kunkel)的著作引起了我对他的注意,但我对他的解释稍有不同。

的国民共同体内仍以锐眼发现了"未定的""国家理由"普世原则：这本身肯定是个颇为德意志的现象。确实，在他看来一个政权越弱，就越是必须在它内部增强"国家理由"(第46页)。独特，并从一种广泛的历史观点来看富有启发性的，是看到他所属的正统路德教运动的思想气氛如何不得不变样：变得与新的治国方略的显著世俗性质、无情的国家必需的显著世俗性质统一起来。就像在当时严酷的转型时期里往往发生的那样(其时生活的目的正在从彼世的变为此世的)，这依靠许多粗糙和脆弱的不同论辩环节来实现，但最多的或许是通过这么一个事实：上帝本身被抬到"国家理由"的"指引者"地位，而"国家理由"被解释成某种颇为权威的、取悦于上帝的东西，其根源在于人性本身(第38页)。从路德大力敦促的、对于神意之不可思议和无所不在的信念中，差不多任何事情都可以被推导出来。凯斯勒有一种不无深刻性的确定感，那就是一个掌权的国务活动家确实必须觉得自己高度自由，仿佛一切都完全由他任意处置，都取决于他的任意判断；然而，他仍然仅仅是上帝使他个人幸福或不幸福的一个工具。一位"国家之主"的估算可能往往在常人看来显得鲁莽大胆、莫名其妙，因为每当被较清楚地看做"由此受一个更高的权威驱动和指导，它们就难得导致审慎"(第486页)；而且，一个人干脆不得不甘愿服从这超人的技能和运作，正如铁服从磁石那样。他甚至贸然荒谬地反思"国家天使"，他们是上帝可能在其天使群中选定的，以监察每个分立的政权。然而，他们也可能遭到同样多的邪恶精灵和邪恶势力反对(第506页往后)。

他将马基雅维里也看做这些邪恶精灵之一，认为纯粹无邪的"国家理由"被贪得无厌之力，被马基雅维里式的治国方略和伪善的鬼蜮伎俩完全遮蔽了（第291页）。最激起他愤怒的,仍是马基雅维里那种对宗教的处置,因为他认为一个统治者不仅应当显得虔诚,而且实际上也该如此。然而,由于他相信上帝赞成"国家理由",他就能够在主张"国家理由"应当在服从神义和宗教的同时,声言与之相反的另一个命题,即"在一定程度上,精神之事、神性之事并非完全解脱了'国家理由'这普遍主宰的尘世女神的支配";相反,为了普遍福祉,它们的范围必须在有些场合受限制（第223页）。因此,举例来说,教士绝不能听任自己背离谴责政府罪过的责任;然而,如果情况是国家行事过分,他就必须以一种宽恕政府权威的方式来履行这一责任（第213页）。

这让人认识到,他本来可以更大胆地放松自然法的限制,那在相反情况下由理论那么僵硬地予以维持。只要向前再走几步——如果他是个大思想家——他就能推翻整个公认的自然权利理论。因为,他颇为正确地认识到,所谓自然权利根本不是绝对固定不变的,而是相反,"不时显得可变"（第230页）,即变得总的来说受社会生活的要求和权宜需要修改和制约。例如,农奴制无疑与自然法冲突,因为后者要求人身自由;可是,农奴制根据"国家理由"得到确立,以求各国人民的总体福利,因为与此前的流行习俗即处死被征服的敌人相对,它代表一种较轻的恶（第228页）。① 在他看来,"国家理由"的性质恰恰在于这一艺术:总能两害相权取其轻。他坚定不移地鼓吹政策的制约性影响,鼓吹"明智的国主"以这种而非其他方式行事的强制性铁定必需。死一个人好于毁了全国。

---

① 在这一点上,他预示了特赖奇克的论断:"引入奴隶制是个有益的文明举动。" *Der Sozialismus und seine Gönner* (*Zehn Jahre deutscher Kämpfe. Auswahl*, p. 100).

正是由于这个原因,在例如发生危险的叛乱的紧急情况下,统治者"有时发觉自己为了总体福利,有权利处死甚至无辜者"(第253页)。"以此方式,一国统治者更多地是根据事实有义务,而非按照权利有资格去从事或允许某种不轨之事,甚而违背自己的良心所令却未伤害自己的良心,或者(说得更明白)便是随风使舵。因此,在某些场合,善恶被自由和不受限制地置于一国统治者的权力范围内,任其按照情势要求予以摆布"。即使假设他是个天使,他有时也会不得不为总体福利的缘故弃善从恶(第256页)。就像道德那样,人们的权利、生命和财产可以被这"国家理由"利维坦吞噬。同凯斯勒的这一信条相比,甚至霍布斯本人也是小巫见大巫,前者鼓吹国家的"至高统治权"(*dominium supereminens*)包含"在必需情况下,或总体福祉需要时处置其臣民的生命财产"的非凡权力(第280页)。① 诚然,他告诫不要发动征服战争,还独特地认为中等规模国家比大国更适合将他那刻板的国家观念付诸实施,因为后者在许多方面过于复杂和混杂,并且受到更大的罪过玷污;但是,他仍然不惮于将下面一点确定为可允许的,那就是为了一国自己的安全,"肯定可以抢劫"正在变得危险的超大邻国。的确,在极端需要的场合,甚至可以允许在这样一个国家里鼓动阴谋,虽然这会违背神律和整个万国法(第266页往后)。

然而,所有这些有着将"纯""国家理由"与马基雅维里主义之间的界限一扫而光的危险,而这界限也是他在努力要划清楚的。因此,对他来说,它们之间区别被归结为两点:第一,在马基雅维里的种种可争议的方法中间,只有某些——而不是所有——才被他

---

① 关于霍布斯的对臣民生命多少小些的要求权,参见第二篇第1章。

认为是可允许的；第二，他只会允许这些方法被用于"广泛地有益于国家"的目的，而不是服务于统治者的私利。所有这些倾向于确证一个经验事实，亦即正是那些最积极地研究"国家理由"理论的人，在不断发觉自己退到了由马基雅维里发现的深渊的危险边缘。

我们在康帕内拉那里看到了这一情况。当他在那不勒斯的监牢里憔悴苦熬时，他的话传到了德意志人加斯帕尔·希奥皮乌斯耳中。希奥皮乌斯从他那里学到了如何同可憎的异端作斗争，但在保护宗教这一正事之外还显然拾得了马基雅维里的技艺——已经被谴责为罪恶的、并且尚待更强烈谴责的技艺。在他1622年的小书《政治教育》(*Paedia politices*) ①里，他玩了一种在意大利人中间已很流行的花样，即如实描绘马基雅维里主义的特征，不是为了赞扬或公开提倡之，而是为了显示如果一位暴君要实现自己的目的他就必须如何行事。因为这么做时，他不仅能援引（意大利人已经大量借用的）亚里士多德《政治学》第五篇内描述暴君行为的先例，而且能援引托马斯·阿奎那对它的评论，那里采用了同样的方法。只要一个人恰当地去读它（希奥皮乌斯补充说），就不可能有它误导一个人以类似方式去行事的危险，因为它确实只是个"假设的演说方式"(*modus loquendi hypotheticus*)。而且，他接着如履薄冰似地进至展开这"好像什么"的哲学。他认为，科学的每个分支事实上都应当被严格地限于它自己的边界之内；政治理论家的声音与神学家有所不同。他确实不应赞扬暴君，但谴责政治理论家劝告渴求权势的暴君装出虔诚和有德的样子，而非真的虔诚

---

① 在科瓦勒克(Kowallek)论希奥皮乌斯的专题论文（载于 *Forsch. z. deutschen Geschichte*, 11, 460）内，这本书被贬低了。评价较为公正的有 Janet, *Hist. de la science politique*, 4th edition, 1, 553 ff.，因而有 Dilthey, *Schriften*, 2, 269。

第五章 "国家理由"观念在意大利和德意志的传播

和有德乃愚蠢幼稚之举,因为导致其臣民们爱戴的并非一位统治者的实际美德,而是他关于美德的看法,激起他们仇恨的也不是他设置的枷锁本身,而是一个人对它的态度。进一步说(在此我们见到希奥皮乌斯越来越接近马基雅维里),如果政治理论家不是讨论尽可能好的和应有的国家,而是讨论实有的、通常自我表现出来的国家,那也不能指责他。要是他声称这后一类国家被严格按照道德和宗教来治理,他的教诲就将是虚假的,因为日常经验揭示真实情况恰好相反。只是不允许赞颂这实有的国家,因为它浸透着强权、狡黠和背信。

三十年战争时期许多有政治头脑的忏悔神父很可能笑读过这些信条。然而1663年,赫尔曼·康林重新出版了希奥皮乌斯的小册子,并且写了对马基雅维里《君主论》的评注,①于1660年奉献给法国国务活动家于格·德·利奥纳。该评注原则上试图去做希奥皮乌斯做过的同一件事,即试图考察政治实况,不是因为要替那些为其公民争取真幸福的国家出主意,而是因为这些劝告可能对国家有用。他在现实主义与道德主义观点之间来回摆动,一会儿(诉诸上帝、圣经和自然法)庄严宣称完全可能不靠犯罪行为来治理国家,一会儿又不得不承认在紧急场合,即使就讲求道德的统治者而言,背弃承诺有时或许也并非不当。而且,他就马基雅维里的提议所做的许多显著批评有意地从功利观点而非道德立场出发。

因此,应当注意到两者之间的深刻差别:一方面是希奥皮乌斯和康林使用的这一方法,另一方面是对"国家理由"问题的通常对

---

① *Nic Machiavelli Princeps cum animadversionibus politicis Hermanni Conringii*. 我使用的是1686年版。

待,最终在克拉普马尔、开姆尼兹和凯斯勒那里表现出来。后者依据法理,前者则依据经验和现实,然而是通过这么一个途径:在其中,经验方法并非唯一正当,而只是在法理方法旁边能够被认为可能和正当的方法之一。因而,关于现存的实有国家的信条就与关于应有国家的信条并列:一种甚至康林本人也仍然继续有效使用的方法。方法和价值标准上的这种二元主义倾向于使他们更进一步地同马基雅维里有别,后者抛弃了理想国家问题本身,只探究了实有国家。意大利"国家理由"论派与其德意志追随者确实给予人一种常用的洞察力,去透视实有的(亦即邪恶的)国家,然而他们基本上仍坚持试图提供一个规范,试图表明一种将与神法和自然法和谐相处的"国家理由"的各项准则。在此浮现出来的是绝对主义思维模式与相对主义思维模式之间的大对立(甚至今天也未完全消散)。说到底,不管它可能怎样为经验材料所浸透,不管它可能向现实做多少让步,绝对主义倾向仍然希望找到有普遍约束性的种种一般命题,它们符合悠久的自然法传统,即在终极意义上确实存在自然命令与理性命令之间的和谐。相对主义思维模式断定可以探究真实、邪恶的国家本身的紧要过程和权宜,由此击破了自然命令与理性命令之间的和谐——或者宁可说,假如它在那时更坚执更直率的话,本来会击破这一和谐。马基雅维里显示了为做到这一点所必需的恶魔精神,但反宗教改革时代再次克服了达到现代相对主义的这些最初尝试。现在,它们在缓慢地恢复起来,不过是断断续续地。

然而,关于"国家理由"的一般文献也正在不自觉地促进旧的、依据自然法的禁欲的-基督教的世界观走向转变,走向价值的相对化。它确实认为国家、教会和宗教一起存在于最自然的和谐状态

第五章 "国家理由"观念在意大利和德意志的传播 231

中。在那些思想家当中,没有哪个提出过任何一种建立无宗教国家的要求,仍然显出宗教冲突时代至深虔诚的人却比比皆是,而且他们全部将宗教视为国家必不可少的基础。可是,有如孔克尔很深刻地指出的那样,在此过程中,他们近乎全都听任一个观念退出舞台,那就是应当为宗教而助长宗教。援引《圣经》的做法变得不那么频繁了。宗教成了"政权的工具"。依靠这"国家理由"崇拜,国家本身的独特价值慢慢地越来越重要,直到与悠久的、绝对和普遍的人类生活价值平起平坐。

三十年战争的结束就宗教信条而言,意味着一种因精疲力竭而来的和平;同时,它成功地使得传统的"国家理由"问题、连同宗教和教会统一在国内是否必要或宗教宽容是否能被允许的问题有了一种新的含义。所有人都坚信宗教统一值得想望,但这更多地是基于政治而非宗教理由,因为统一理想已经真正从宗教领域移出,进入了政治领域。实际要求现在是国家内部的统一,以信仰统一为手段加以保护;它不再是追求整个基督教世界普遍的信仰统一,那在凯斯勒看来是一个人可想而不可及的某种东西。他说,我们没有一个当今基督教教会内的精神君主国,而是有许多不同的世俗权力,他们作为尘世诸神,有资格按照"上帝"(the Word of God)的范式和规则左右世事。由于这个原因,在他看来"教随国定"观念并不只是一项依据历史妥协的纯德意志国家法规,而是一项绝对合适的"国家理由"要求。然而,对宗教的政治处理现在甚至影响了那些仍然有教条倾向的人,逐渐使他们变得比较宽容和慵惰。"如果一个人不能改变某件事情",凯斯勒非常引人注意地说,"他就可以有更多的正当性为'国家理由'而听之任之,并且必须如此"(第 203 页)。因此他教导说,搞宗教不宽容完全不可允许；但与此同时，他确实做了个非常有弹性的例外，亦即对于那些有意犯错的人，那些业已放纵地堕入偶像崇拜并且似乎不顾上帝的人，可以诉诸甚而肉体惩罚乃至死刑；那些信奉亵渎性的信条的教派，例如再洗礼派，可以出于"最佳国家理由"予以彻底摧毁（第120页和第146页）。然而，在别的方面，一个穷困潦倒、满目疮痍的国家的统治者或可毫无内疚地接受和忍受多种宗教。即使一个人想消除如此荒唐的人们，他也不要靠这么做来促进其转变！（第136页）

因而，当仔细看时，"国家理由"现在或可被视为在它从不宽容到宽容的转变途中，首次达到了一个中间阶段。思想模式仍然被教条主义束缚，加上对那些宣称信仰其他教义的人的政治不信任，以至要求他们在国中的公民权应当受限制。凯斯勒（他又一次比任何别人都走得更远）希望将他们排除在一切官职之外，不得娶嫁正统信仰者，并且在刑法管辖方面处于不利地位。大致说来，照此办理的一种受限的宽容仍然施行于德意志，因而理论家们完全不去做任何为了在实践中拧紧螺丝的事情。他们本来肯定要试图如此行事。他们的国家观念仍旧全不知个人权利和个人要求，只是以这么一种观点集其大成，那就是国家的福利要被绝对和完全地置于私人的个体福利之上。然而，就这一新的国家观念的绝顶伟大而言，永不会有为了臣服贵族权利、为了成功地给国家提供必不可少的权势手段所必需的思想力。对德意志各领土国家来说，这项任务是如此显而易见和紧迫，以至于很能够理解为什么当时理论家们的思想仍然总是更关注于此，而不那么关注对外权势政策的种种难题。在此，又是信守条约问题索取每个人的注意力，而且这个问题通常是以一种基于"必需"而允许例外的方式给予回答。

从恰恰选取这个问题和规避好战性地伸展权势的倾向（即使凯斯勒之流也不大能够克服这一倾向）当中可以看到，说到底，他们代表国家的那种新冲劲仍在不断地受到一种强烈的伦理和法理思维方式的修改和限制。而且，在三十年战争的天翻地覆之后，德意志人需要和平。不仅如此，这些书籍仍然大多不是由统治者而是由臣民写的，他们一般达不到彻底认识"国家理由"的更具体任务的地步。然而，现在德意志的臣民们已开始理解"国家理由"的影响：这已是非同小可了。

在许多方面，他们为自己描绘的、正在成长的君主国家的图景仍然被遮掩在浓雾暗云之中。他们当中有些人主张，为了得知臣民的情绪，君主制的"国家理由"需要有一种组织起来的密探体系。其他一些人则提议，应当人为地在臣民们中间散播互相猜疑和挑拨离间，应当采用一种"分而治之"体制。① 这一提议尤其是就君主的大臣而向君主提出的。它令人想起当时路易十四正是以此方式行事，因为他挑拨科尔贝与勒泰利耶这两个大臣家族互斗。作者们也根本没有免却从意大利文献或古代典籍那里取来的、颇为天真和书呆子气的"国家理由"建议。在当时的德意志国家里，有着在可想望的行动与真实行动之间的一种连续不断的摸索和摇摆。他们赞成禁止长子继承权原则，然而论辩说在统治者的儿子们中间瓜分国家领土违背了"国家理由"：他们这么做时，是在表达它的最有力和最有效的原理之一。② 或者，情况与此相同：他们将

---

① 这两种建议例如都可以在斯普伦格《君主利益》第 58 页以下见到，虽然他（如本书前面第 135 页所示）不持专制主义观点。

② 参见 Chr. Besold, *Politicorum libri duo*, 1618, p. 714: *ad arcana successive regni refero, quod principatus minime dividendus est*。

王室婚姻契约从属于国家利益的要求,同时却极力主张君主不要将较重要的决策留给国务会议去做,而要按照他自己的个人判断决定。他们当时提议的、后来由弗雷德里克·威廉一世在普鲁士实现了的内阁政府,在大选侯时期已经一定程度上在得到尝试。凯斯勒提到,作为增大权势的一个很重要的手段,以牺牲特权贵族为代价,将若干分隔的省份和封地聚合为一个统一体(第333页);此时,他又一次很准确地触及到这个时代的国家的重要趋势。

国家福利优先于私人福利:这就是他们的信条的内核,也是其具有历史性成就的部分。然而,这国家福利不包含任何较为精致、较具精神性质的文化任务;它将它自己局限于照看宗教和法律这旧任务,连同保障权势和促进国家经济这新任务。"公共利益"(*bonum publicum*)观念仍然带有某种生硬的和抽象的东西,与人民的现实生活脱节的东西。只要这一观念继续照旧囿于信条和特权设置的界限——正在由德意志领土统治者们的"国家理由"自觉和不自觉地松弛的界限——它就很少能是别样的。

于是,"国家理由"信条与当时德意志国家生活的最真实倾向相符。我们已经注意到,正是由于这个原因,它引发了剧烈的反对,激起了所有各种愤怒和痛苦情感。最引人注目的反对肯定不是来自旧的有生力量阵营,而是来自现正兴起的新力量阵营,来自现正逐渐终结的启蒙时代。在三十年战争以后,已经可以听到那失望的批评的先声,这种批评到今天,仍在由崇信人道主义与和平主义的世界公民对准"国家理由"的行使大加挞伐。阿莫斯·夸美纽斯(他虽然不是德意志人,却非常接近德意志文化生活)从他新的纯粹人类生活理想的观点出发判断"国家理由",那完全忽视了关乎国家的一切:"它意味着一种专横的权利,即有权去做将促进一己私利的任何事情,毫不虑及与之相反的承诺和协议。如果一旦允许这么做,人们中间的所有真诚和信念就化为乌有。……支配的将不再是公理,而是强权或狡诈。"①

德意志人民自己也完全不喜欢新的"国家理由"观念。正在与之打交道,并且在试图清除其马基雅维里主义污迹的理论家们影响所及有限:只限于德意志受过教育和瞻仰宫廷的社会阶层。公众无意信奉这么一种纯粹形态的"国家理由",他们在讽刺文学中找到了栖身之所。古斯塔夫·弗赖塔格在其《昔日德国教育》中,以一批给人留下极深印象的作品,显示了德意志人民在17世纪的悲苦与其在三十年战争以后的了无生气和僵硬刻板,其中一项就是1666年间对"国家理由"的尖刻讽刺,由他重新付梓。② 在这项作品中,统治者手下一位大有前途的年轻谋臣被带到一间密室,那里可以见到种种"国家用具":国家斗篷、国家面具、国家眼镜、障眼粉尘等等,它们被用于国务。一件件金玉其外、败絮其中的国家斗篷名称不一,例如"民众的健康"(*salus populi*)、"良好的公共空间"(*bonum publicum*)、"对宗教的保护"(*conservatio religionis*)等等,在打算会晤民众代表,希望使臣民同意支付津贴,或者以一种虚假信条为口实意欲将某人逐出房舍家园时使用。此外有一件每天都穿,穿得破烂不堪的斗篷叫"善意";它在将新的难以承受的负担加诸臣民,在以劳役使他们一贫如洗,或者发动不必要的战争

---

① *Unum necessarium*, 1668 (edition of 1724, p. 163 f.),参见 Langer, *Histoire de l'internationalisme*, I, 1919, p. 487 f。

② 就此(第三卷第 7 章)他使用了一项著作——*Idolum principum*, etc. (1678年),但它据孔克尔认为,只是重刊了 *Alamodischer Politicus*, etc. 一书(1666 年在汉堡出版)的简缩版。博卡利尼这一先例显而易见。其他类似的讽刺文由孔克尔予以了评说。

时穿在身上。带着种种不同的国家眼镜,蚊子能被看成是大象,统治者方面的些微好意能被看成是极顶的仁慈行为。还有一件铁制工具,以此统治者能撑大其谋臣们的咽喉,使之可以吞下大南瓜。最后一件是个铁丝镂球,外设尖刺,内燃热火,因而使得观看者淌眼泪:这代表马基雅维里的《君主论》。统治者将此作为政治秘密掌握,不过至此他尚未用它,因为他的臣民温顺驯良,而且他不希望公开玷污自己的名声。接下来也自然,谋臣本身在使用他们各自私人的"国家理由",以相当无耻地大发私财。其中之一实际上提议夫妇同居应当课税,目的是为"永恒的骑士"(*miles perpetuus*)筹款。

谁敢依据这幅极度的讽刺画,判断当时德意志统治者们的治国方略的真实性质?然而,理论家们经修饰的学说信条同样未全然展示这性质。两者一起,显示了两个极端,我们从其行为所知的德意志领土国家的真实生活就在它们之间往复变动。对它的活动的道德辩解——受到当时某些人(特别是其特权享用遭其侵扰的人)辩驳——总的来说由现代研究得到了还原。它并未失去依据,而是慢慢地在德意志诸邦生活中获得了依据,17世纪后期争取形成各个国家的努力构成了德意志精神在18世纪兴起的预备阶段。但是,一切由"国家理由"鼓动的行为都免不了经受的伦理分析恰恰在这个时期里特别多见,因为一个对国家怀抱效忠感的官员阶层当时首次在成长,与此同时在国内外获取权势的任务(落到这些官员肩上的任务)则在快得多地增长。然而,"国家理由"观念也在熏陶这些官员对国家的情感方面起了作用。

第六章　黎塞留时期在法国的"国家最佳利益"观念

一　开端和1624年的《论君主和国家》

不仅现代国家,而且现代历史研究精神已经变得浸透了"国家理由"。以"国家最佳利益"观念(一个从它那里发展出来的独立的分支)为表现,它导致了现代历史主义的一个基本要素。我们已经考察过接近这一观念的思想,亦即博卡利尼和康帕内拉的某些思想,现在必须更远地往回追溯对这个问题的更笼统的考虑,并且回到整个发展的起点,那就是马基雅维里。

自博泰罗那时以来形成的"国家理由"观念仍然如前所述,确定不移地局限在一般的国家理论(General Theory of the State)界限内。这后一理论追随亚里士多德的模式,研究国家的各独立形态的性质,但与此同时(按照对一切时代都成立的标准)评估由现存国家实际例解的不同个别形态。说到底,这一理论集中于探究尽可能最佳的国家类型。与此相反,"国家最佳利益"观念完全不关注什么是尽可能最佳的国家类型,而只关注现时个别存在的当代国家个体。这些国家由理论加以细致入微的考察,以探寻它们可能怎样行事,连同从它们那里可以期望将来如何。只有在能够发现决定每个分立国家的行为模式的特殊法则,从而牢固地确定在其令人眼花缭乱的政治行为中什么是经久不绝和反复重现的东西时,这种考察才能成功。因此,它从根本上说是一种纯粹实际的探究,占据了一名博弈者的注意力,或者任何为了自己从中学到某种技艺而兴趣盎然地观看博弈的人的注意力。一个人自己国家的具体利益驱使他去进而理解支配别国的特殊和恒久的运动法则,从而能够据此调整自己。通过一种回顾式的概览,一个人迅速学会更深刻地理解甚至他自己的最佳利益,并且由此变得能够将自己的最佳利益意识从低层次上升到高层次,即从幼稚的本能和杂乱的想望升华到有思考的自觉和经过澄清的理性意志。在试图估计对手的内在动机的同时,一个人也逐步变得更惯于估算支配他自身行为的法则,以一种更直接的方式应用这些法则,较少受激情和一时冲动的干扰。据此,国家行为方式变得有可能成为一种真正的政治科学。这一倾向,即实际和可教的政治科学之趋于形成,确实能导致返回那一般的国家学说,它追求一种非历史的理想,即尽可能最佳的国家。作为结果之一,一个人还能探询哪个是最佳的政治科学,并且从关于个别经验和政治行为操作规则的大量叙述中,将最有用的东西聚合为一部典则,一部政治科学教科书,可以由任何国家使用。这倾向在较早年代(16世纪和17世纪初叶)甚于在较晚年代,其缘由一清二楚。正在现代人头脑里苏醒的经验意识仍然有限,带有旧的教条精神。由于这个原因,政治行为这新的实验材料本身仍被设想成以非常教条和图解化的方式为起点。因此,从一名人类思想史家的观点看,观察一般的政治科学理论如何在关于各个特殊国家的最佳利益的学说面前逐渐退让,极为令人着迷。

第六章 黎塞留时期在法国的"国家最佳利益"观念

的确,那时就像现在一样,难以清楚地将争取构建这两类学说的努力区分开来;而且同样,它们在有效性方面全不彼此排斥。完全可能想象这么一种治国方略通论:它将基于对它们两者间的一切个别差异的最精密认识,但仍会力图搜寻出可变中间的恒定,个性中间的共性。而且,反过来看,对各国特殊利益的研究必将当然地导致一个问题:它们的共性与个性、恒定与可变怎样彼此关联?在这方面,还有一项危险,在早期特别如此,那就是过早地概括事物和将它们过度简单化。然而,被追求着的目的确实在一定程度上提供了保护,以抵抗这危险。例如,倘若要认识一个特定国家的经久利益,那么就必须提防,不要将它们当作过于经久不变和僵硬刻板的,否则在实践中会犯错误。在这方面,任何过分的假设都有变成错误之源的危险,那将导致误判自己的对手,而且由此还会使自己对他采取错误态度。这一时期里惯常的历史理念浸透着古典人文主义观点,将古代传统思想视为哪怕是现代国家活动的永久正确的原型;它相信永恒循环,相信人世间事无不反复重现,从而试图将每个特殊事态、它在历史生活中碰到的每种新的或特殊的事情,看做只是某种普遍典型事态的一个个实例。在追求特定目的时所做的一项对外国的观察,有可能非常接近这些国家里的个性因素(因为它总是有连续不断的新鲜经验供给以便吸取),然而同时不忽略其中展示的无论何种典型因素。诚然,这种在自我利益和经验刺激下产生成果的认识模式有它本身的局限性和绊脚石。正如它有着对待事物的纯经验性、纯功利性方式的一切长处,它也有着这一方式的全部短处。它很容易在进一步的实际结果不复出现时突然夭折;而且,它因此并不总是感到有必要将那些得到良好的新鲜观察的一个个具体特征联为一体,并且将它们系统地组织起来。结果,它也未能达到一般的国家学说所达到的那个真正的思想和形式完美程度。不仅如此,它在直接被用于服务特定的国家时,依其本性就有偏向,而且一定程度上就其效应来说不能不是宣传式的。因此,明显的结果是,对手的动机不仅遭到无情的揭露,而且甚至遭到诽谤和漫画般的扭曲,与此同时自己的动机却部分地被掩饰,部分地被理想化。可是,很容易从呈现在我们面前的图画中抹去这掩饰和润色。而且,它们还经常构成并非情愿的自供。因此,它们并未真正损伤(由聪明人运用的)这种观察方式对当时的政治和思想发展具有的价值,也没有真正损伤它今天对国家活动的历史理解仍然具有的价值。

国家利益理论的公认的最初缔造者,是向国内发回其报告的外交官。如果他是更认真地对待他的工作的人之一,他就不可能满足于仅仅报告发生的情况和取得的成就,外加勾勒人们的性格和收集关于外国武力的统计资料;他还发觉自己不得不努力将事件、计划和任何特定时候的可能性转化为一个公约数。因此,新观念的开端上溯到现代外交的开端,上溯到就它而言经典的马基雅维里时期。在此,文艺复兴又一次显露自己是现代精神从中成长出来的原土。

马基雅维里大力辨察政治机制的隐秘源泉,披露其载体的最强烈的主要动机。他据以这么做的勃勃精力和敏锐眼光无论怎样渲染也不会过分。然而这载体——他懂得如何窥探其内心——大都还不是国家人格;宁可说,他们是手里握有一个"国家"(*stato*)的个人,"国家"的首要含义对他来说仍然实际上等于"权力机器"。尽管他已经具备深刻的洞察力,洞见了国家的内在结构,而且依凭其"美德"观念洞见了内在的民族生命力与外在政治权势之间的联系,可是,他仍然听任这一背景和处于权势政策操作背后的假设从

第六章 黎塞留时期在法国的"国家最佳利益"观念 241

图景中退隐出去,当他开始尝试直接估算这些操作本身的时候;接着,他满足于较容易(对他也更有吸引力)的任务,那就是断定个别国务活动家的行为中的权宜成分。这是他的认识的一个局限性,另一个局限性(与之密切相连)则在于他按照自己的说教倾向,确实只想导出一切政治行为中典型和普遍的东西,即希望为每个统治者和政治世界这令人眼花缭乱的万花筒确定某些规则,写下容易理解和能够应用的明确的格言;而且,这还导致了一个结果,那就是他依旧不可解脱地处于那种认为人世间事无不反复重现的历史观影响之下。然而对后人来说,他本着这种泛化意向和说教动机展示的图景,经常呈现出一种真正历史的看法具有的全部魅力,那将个性与共性两者不可分离地和直观地融合在一起。因此总的来说,马基雅维里对当今的思考者们施加的显著吸引力基于这么一个事实:他的思想往往包含某种隐秘的动力,导致超出这些思想本身,亦即使他往往提供多得多的东西,远多于他直接打算提供的。因而,马基雅维里还有可能极有意义和极清晰地展示出国家的固有利益。他以一种老道的简练和准确,描绘了五个较大意大利邦国构成的"五头联合"在查理八世入侵面前拥有的共同政治利益的结合。"这些主权者操心的主要是两件事:一是不能让任何外国人武装入侵意大利,二是在他们当中谁都不得夺取比现有的更多的领土"(《君主论》第 11 章)。人们立即心知肚明:这个体系将多么短寿,它一旦在一处被击破,就肯定会彻底崩溃。①

---

① 关于马基雅维里采取不同的政治观点的能力,另参见 E. W. Mayer, *Machiavellis Geschichtsauffassung und sein Begriff virtù*, p. 37. 还可参见韦托里(Vettori) 1513 年 7 月 12 日致马基雅维里函(*Lettere familiari di M. ed. Alvisi*),在其中他试图发现和界定当时在意大利运作的所有各国的特定利益。

最重要的是,一个人在此还非常强烈地感到那分明的悲剧式经验,那将提供一个认识源泉。意大利"五头联合"的崩溃,连同意大利诸国的一切政治利益由此在欧洲权势关系内必不可免的纠缠、重组和隶属,不断迫使意大利的国务活动家们既研究非常宽广的关系,也以同等的注意力研究非常狭窄的关系。出现了以威尼斯外交文书为典范的观察艺术。这方法确实一向显示了对于在威尼斯人们惯常与之打交道的、未加修饰的具体事实的偏重,它难得升华为较为普遍和构建性的见解。然而,它确实默然假定(如前所述)"政治动态出自国家根深蒂固的生命力量";而且,在16世纪中叶以后,它的确成功地达到了更清楚地形成一种理解的地步,那就是超个人的"国家利益"支配各国行为,决定国家间的离合。① 这观察方法包含一种观点(它亦为马基雅维里接受),即每一项特定的"国家利益"都出自16世纪中叶往后被称为"国家理由"的东西,也就是说出自一条普遍法则——每个国家都受关于它的私利的自我中心主义驱使,并且无情地压抑所有其他动机;然而与此同时,一个根本假定被默然做出,亦即这"国家理由"必须始终只是指那些被深思熟虑地、合理地认识到的利益,不沾染任何纯粹本能的贪欲。只有在统治者的利益得到"国家理由"支持的情况下,才能起而信奉之。人们认识到,例如一位教皇有时可能发觉自己无法在"爱的感情"与"国家理由"之间选择其一;然而,他永不可能怀疑"无论是依据理性,还是按照必需",由于自身利益而彼此依赖的两个国家会继续携手合作,即使完全缺乏彼此间的同情。人们还进

---

① Andreas, *Die venezianis chen Relationen und ihr Verhältnis zur Kultur der Renaissance*, pp. 58 ff. 此书还包含后文所述内容的证据。根据作者的发现,"国家理由"的口号在那里首次出现于1567年。

第六章 黎塞留时期在法国的"国家最佳利益"观念

一步认识到,这些利益的运作有不变的一面,同时也有可变的一面,如果(举例来说)人们理解萨伏依公爵的政策,那虽然在其友谊方面每天都可变,但仍然出于同一原因努力"在一切事情上用自己处世的规则去进行治理"。

然而,威尼斯外交文书只是意在不时提供关于个别国家里个别形势的情报。这一目的对这些富有成果的思索设置了一定限制。威尼斯外交文书不可能升华到对这些国家利益(其存在被颇为广泛地假定)做出全面系统的考察,因而更谈不上升华为欧洲内部国家利益关系的一幅综合图景。

就我们所能见到的来说,给出这么一幅图景的首次尝试是在黎塞留时期的法国做出的。

有了这一事态,新时期的经验主义精神进到了一个新阶段。而且,对于普遍和全面地理解一个个国家的特殊动机力的兴趣愈益增强,它显示这些动机力本身已开始进至其发展的一个较高阶段,显示它们已开始更有力地互相区分,其中每个已开始塑造它自己特殊的民族存在,那是国家的现代发展中最重要的转折点之一。

容易理解新感觉的兴起不是在现代治国方略的经典故土意大利,而是相反在法国。意大利给政治思想家提供了最有选择性的观察材料,即小国和小专制君主,他们惯于只靠在侦查窥测和利用人类激情与弱点方面行使精巧的技艺来维持生存。这样就出现了写作关于君王谋略的处方式书籍的倾向,那是一类供政治实用的心理学。

尽管有对于现存大国的政策和治理方法的全部显著兴趣,但全然缺乏一种冲动(那只能由亲历一个伟大国家的不幸命运来激起),即超越单纯应用人类知识,不仅理解治国方略的主观方面,也领悟国家活动的客观内在联系。然而在法国,胡格诺战争的惨痛体验已迫使人们不再那么狭隘地一心关注自我利益。事实上,正是国家的这一深刻的宗教和政治分裂,导致政治思想产出硕果,迫使它为一个大有解体危险的国家探寻出一种新的思想精神凝聚力。如前所述,这一凝聚力在其宏大形态上,由博丹的主权学说和国家权威的中央集权化提供出来。另一种这样的凝聚力在于认识真正的全法国集体利益,它目前被对立各派的狂热情绪遮蔽了。宗教信条分裂问题直接导致法国在欧权势和国家独立这一最高政治问题,因为关于旧天主教会的无情斗争不能不将国家驱入西班牙怀抱,不能不导致放弃所有那些只能依靠反西班牙斗争来实现的权势目的。1562年以后出现了"政治家(Politiques)"派别,该派人士认识到这个事实,迅即集中全力以争取再次确立真正的和平,办法是给予胡格诺教徒宗教宽容;接着,他们还进至形成一条反西班牙的政治阵线(在这方面他们很快发现自己与胡格诺教徒同心同德)。现代宗教宽容思想基于现实主义政策这一事实在此显得一目了然。法国的真正利益使得实行宗教宽容绝对必需,以便国家免遭外国势力影响,并且使其力量能被伸展于国外。

"政治家"的这些思想(它们被多少错误地描绘成"沙文主义的最初迹象"[①])在接下来几十年里始终继续光芒四射,有如内战乌云之上的指路星辰。它们开始在君主政治中、在亨利四世的体系内得到实现。亨利四世之死又一次将法国抛离理性的利益政策道路。然而,"政治家"的传统依然活着,而且在法国准备重新从事由

---

① 参见 de Crue, *Le parti des Politiques au lendemain de la Saint-Barthélemy*, 1892, p. 253.

第六章 黎塞留时期在法国的"国家最佳利益"观念

亨利四世开始但被其去世打断了的工作,并且加入反西班牙行列的那一时刻苏醒过来。17世纪20年代开始时,法国有思想的政治家们痛感由于摄政时期的内部混乱,加上摄政王后玛丽和路易十三的最初幕僚们的对西软弱态度,他们的国家在欧洲大失权势。西班牙行将攻击陆上通道——从米兰经瓦尔泰利纳,过格里松山口,横跨上莱茵的奥地利农村。西班牙同皇帝一起统治了德意志西部,并且(被广泛认为)支配帝国的政策,结果它迟早可以在上莱茵的领土经久盘踞,荷兰共和国可以被彻底摧垮。与此同时,自1623年夏以来,一直在就英国王储查理与西班牙公主结婚进行谈判,那很可能导致英国变得在未来相当长时间里同西班牙帝国体系拴在一起。看来肯定是法国挣脱这些禁锢的时候了。正如亨利四世先前成功地以平息国内派争为手段,重新在国外伸展他本国的权势,现在伴随政府1622年与胡格诺教派造反者们缔结的蒙波利埃和约,国内分裂显然再次得到了弥合,在国外又一番伸展权势的可能性油然而生。

正是在这一形势下,出现了一部书,题为《论基督教世界的君主和国家及其对法国的意义:按照它们的不同性质和情势的论说》。

该书有两个版本,第一版在接近1623年和1624年之交面世,第二版(对该书有所增删)可以被相当准确地断定为1624年3月底或4月初出现,[1] 亦即黎塞留于1624年4月24日开始参与国王

---

[1] 第一版重刊于文集 *Le Mercure d'Estat ou Recueil de divers discours d'Estat*, 1635, pp. 293—400, 因而与他的主题相关, 在克贝尔(Kaeber)的下述著作中被简短地提及: *Die Idee des europäischen Gleichgewichts in der publizistischen Literatur vom 16. bis zur Mitte des 18. Jahrhunderts* (1907)。克贝尔错误地将该书的面世时间断定

议政前不久。作者被说成是一位非同小可的人物：黎塞留的密友和助手约瑟夫神父，①虽然直到今天也未被证明这不止是一种可

为1620年或1622年。一个较确切的时间下限参照是书中提到乌尔班八世当选教皇，那发生在1623年8月。不仅如此，书中说到英国-西班牙联姻谈判仍悬而未决，但已开始破裂。事实上，当威尔士亲王于1623年10月初从马德里返回英国时，这一谈判差不多已崩溃。一个时间上限参照或许可以从该书第345页叙及瓦尔泰利纳问题谈判的方式得到，那于1623年至1624年在罗马进行。作者显然不知道1624年3月开始以后，由于法国大使西耶里独自做出的种种让步，谈判转为(对法国)不利(Zeller, *Richelieu et les ministres de Louis XIII*, 1621—4, p. 272)。

第二版刊于 *Mercure françois X* (1625)，pp. 16—94，并且被提到在1624年开初面世。其中第61页说(在一个关于德意志国际关系的长注内)，巴伐利亚公爵"13个月以前"被授予巴拉丁选侯尊号。这一授予典礼发生于1623年2月25日。不仅如此，在该版内作者对英国-西班牙联姻谈判的结果极为焦虑。因此，他尚不知道英国中途终止了谈判，于1624年4月开始时予以宣布(Ranke, *Engl. Geschichte*, 2, 159)。第二版的第二次刊印本可见于 *Recueil de quelqaues discourse politiques, escrits sur diverses occurrences des affaires et Guerres Estrangeres depuis quinze ans en ça*. 1623, pp. 161ff。

① Dedouvres, *Le père Joseph Polémiste* (1623—6(1895))。在这非常勤奋地写成、但出自业余爱好者的书里，德杜弗勒(Dedouvres)试图将约瑟夫神父说成这年里一整系列匿名小册子的作者，其中包括此处谈论的《论君主和国家》(简称《论君主》)(该书他只熟悉第二版)。然而，他的方法遭到两位非常杰出的学者的反对，他们是法涅(Fagniez)——约瑟夫神父传记作者——和屈克尔豪斯(Kükelhaus) (见 *Revue des questions historiques*, 60, 442 ff.; *Histor. Zeitschrift*, 79, 327 ff.)。实际上，德杜弗勒为证明约瑟夫神父写了《论君主》而举出的论据很大部分极为含糊不定。然而，多少需要重视德杜弗勒显示的、在风格和话语上《论君主与社会等级》与一些无疑出自约瑟夫神父的著述的相似性。当然，这并不等于任何压倒性的证据。德杜弗勒依赖《论君主》与约瑟夫神父1617年所著《回忆录》之间的高度近似，后者被发表于法涅著 *Le père Joseph et Richelieu* 一书第二卷第467页以下。法涅完全否认了这一近似(见 *Rev. des quest. Hist.*, 60, 479)。确实，并不存在思想和内容上的近似，但一种非常僵硬、同时又富有表现力的风格是这两部著作共有的。当然，人们可以就当时法国文学的许多作品说这话。另一方面，可以举出一件事来否定约瑟夫神父是《论君主》作者，即他在 *Turciade* 中关于哈布斯堡家族之敌友的判断(由德杜弗勒本人在其书第一卷第61页往后援引)显示了一种在《论君主》的相应判断中完全没有的天主教气息。不过，这无论如何能以形势和政治目的来解释。

或许还可以考虑《论君主》是否有可能出自方康(Fancan)——协助黎塞留的那位热心的政论家。然而，该书的写作特征与人们所知的方康大不相同。方康专长讨论德意志国际关系，但在《论君主》第一版中它们只得到了颇为概要的论述，第二版则仅就它们说了些相当平凡的东西。不仅如此，该书完全缺乏对胡格诺派的愉快的

能性。然而,该书作者肯定是一位受过一流政治训练和广为知情的人物,而且他的著作肯定多少与黎塞留的腾达鸿运密切相连。它属于那些年里出现的整个一批小册子,先前"政治派"(如他们自称的"好法国人")的法兰西民族主义思想在这些小册子里再次复苏,其形式为反对吕内采取的西班牙/天主教路线。在该书必定于其间写作的那些星期里,约瑟夫实际上同黎塞留生活在一起,而黎塞留本人正在大力争取国王采纳一种弘扬荣耀、追求伟大的政策,同时进行着反对现任宰相的软弱政策的斗争,以便为他自己出任宰相铺平道路。① 然而,还必须考虑在黎塞留的圈子之外的其他可能性。作者可能还与科内塔布勒·莱迪吉埃有密切接触,因为这位前新教徒(他谈判缔结了蒙波利埃和约)也强烈赞成恢复亨利四世的政策,特别是提倡(如同《论君主》一书作者)争夺瓦尔泰利纳,并且与意大利各国统治者结成较紧密的联盟。②

然而,这里不是谈论该书对法国当时政策的意义的地方,我们必须概而略之。我们将只是用它来表明欧洲国家领域内的生命力冲动如何反映在当时人的思想中,连同它能够给出什么来促成一种较深刻的历史和政治理解。

它给出的非同小可,并且完全未受它的形式缺陷损害。可以原谅其冗长的言语,因为当时法国散文的状况就是如此;而且,

回忆,而那被阿诺托(Hanotaux)描述为方康的所有著作的特征(见 *Richelieu*, 2, 2, 468)。而且最后,在屈克尔豪斯讨论过的方康著作目录中没有提到此书(见 *Histor. Vierteljahrschrift*, 2, 22 ff.)。

① 威尼斯大使报告,1623 年 11 月 28 日,载于 Zeller, *loc. cit.*, 267;参见 Dedouvres, 45。

② 莱迪吉埃主要是在 1623 年期间身居宫廷,在那里为自己的政策操劳。不仅如此,莱迪吉埃当时青睐的事项——与萨沃依一起征服热那亚——在《论君主》中有所暗示(*Recueil*, p. 314)。参见 Dufuyard, *Lesidguières*, pp. 527, 532 ff.。

在用语灵活性方面,它仍然优于当时德语政治著述的风格。虽然全书到处散布着历史事实和历史暗示,但它从未变得沉溺于史实素材和古事细节;相反,它将所有历史线索紧密地汇集在一起,服务于眼前的政治目的。在作者看来,历史知识是所有政治思想和政治行动的前提条件。因此,该书一开头就说:"在国务方面,一个人能够提供的最佳建议依据关于国家本身的特殊知识。"他必须知道国家自身是什么,它与其他国家有什么样的关系,它怎么得到治理,统治者与臣民之间的关系怎样,它对外国的行为方式如何。内政与外交之间有着无论好坏都是必不可免的关联(这里反映了半个世纪法国历史的惨痛经验),国内哪怕些微的混乱都影响到外国对它的行为,而国内的任何力量增进马上导致修补国家对外形势损伤的任务,这损伤是在国家动乱和虚弱期间遭受的。世上一切统治者仅由他们自己的利益左右,他们的行为动机出自邻居的幸运或不幸,因此谁能怀疑一位虚弱和不受其臣民尊敬的君主会被他的邻居和盟友看轻,认为他不如一位在自己国内享有服从和被畏惧的统治者那么重要?在亨利三世国王多有烦难的最后岁月里,法国发觉自己受到旧日盟友相当糟糕的对待,而亨利四世一经赢得国内胜利,除哈布斯堡奥地利以外的几乎所有欧洲国家便立即向法国靠拢,以便通过与法国携手能重建制衡奥地利的均势。靠上帝仁慈,法国国体颇为强健,因而经过内部混乱的喜人解决,在外国面前重新挺立的时候现在已再次到来。当前值得来研究这些外国,以便知道对它们之中每个国家要抱什么希望和持什么担忧。

因此,将仅仅从法国特殊利益的观点来观察和描述欧洲各国,而且只是欧洲才构成考察的范围。由于这个原因,作者拒不考虑

第六章　黎塞留时期在法国的"国家最佳利益"观念　249

西班牙的海外势力范围。这也显示了仍然能在所有此类尝试中看到的一种情况,即实际政治目的总是必定缩窄视野。作为补偿,政治目的锐化了一个人的目光,以利分辨视野之内所有特殊现象。举一两个例子就足以表明这一点。

首先,关于西班牙的在欧权势,该书给出了一幅非常重要和清晰的图景:它的不同的主要和次要势力范围、它的资源、它的政府原理和方法。然后,通过对它在整个南欧和西欧的地理分布的一般性了解,我们被告知它怎样以一种链条方式连在一起,并且同哈布斯堡家族在德意志和东欧的领地遥相联结,因而威胁着包围所有处于中间的国家。其眼前表现是一套尚未完成的水道体系,它的目的必定是清除处在中间的所有统一路障。因此具体来说,为何瓦尔泰利纳至关重要就变得显而易见了:"仿佛是山与山之间彼此连通的一条走廊和便道。"从这幅合成图景中,人们得到了关于西班牙主要领土的一个清晰的概念:在似乎天然而成的巨堡的比利牛斯山脉拱卫中,居高支配周围一切;一片自大公们百年前丧失其权力以来始终完整和内在统一的土地;一个虽然人口减少,但仍能为保持对邻国的奴役而施展巨大实力的国度。统治这些邻国的不同方法得到了非常精妙的谈论。诚然,西班牙驻防军据守的据点遍布这些国家,高级职位由身为西班牙人或持有西班牙观点的官员占据;可是,在那不勒斯的统治模式显著不同于在西西里的,而在米兰的又不相同。那不勒斯居民固然像西西里人那样性情火烈,容易激动,但那不勒斯是那么充满骚动和喜好变更,不得不靠西班牙的枷锁来严厉地使其循规蹈矩(按照历史经验,唯一能做到这一点的是枷锁),因此在那里最多只能取得一种被强制的服从;然而在西西里(它从前已经自愿臣属于西班牙王室),可以指望一种自愿的服从,因而有可能减小压力,并且尊重传统的自由和特权,以便不去惹恼一个假如被激起就难以劝慰的民族。在米兰,采取的是这两种方法之间的中间策略,因为伦巴第人多少稳重笨拙,从而较容易使之安分守己。与此同时,对所有其他西班牙领地来说,米兰是关键,是预定开进德意志、弗朗什孔泰和佛兰德的西班牙大军的集结地,由于热亚那港口的缘故比那不勒斯更便于西班牙前往。还有,尽管热亚那基本上同样持有意大利人对西班牙的共同憎恨,但它起着西班牙的银行家的作用,这项功能保证了它的利益与西班牙利益紧密相连。然而为了米兰的缘故,西班牙不能据有那不勒斯。作为它扩展领地的斗争的出发点,西班牙很聪明地没有选择那不勒斯(在那里它会同教皇冲突起来),而是选择了米兰,在那里它一步一步地获得了摩纳哥、菲纳莱、皮翁比诺等地。而且,即使米兰会处于威尼斯和萨沃伊的敌视之下,作为补偿西班牙也能享有米兰的其他邻邦的好感,那就是热那亚和瑞士的五个天主教州。而且,西班牙现在因此能够在瓦尔泰利纳和格里松力争建立其经久存在,以便越过大海和山脉与德意志和奥地利联为一体。

作者有一种可说是将个性分类的特殊天才:他首先按照其贯穿始终的共性设想一套复杂现象的整体,然后进至说明它所包含的种种差别和特殊性,直到深入最为内在的隐凹处,但接着他总是再次回到总体印象,回到要从它那里被提取出来的教益。因而,非西属意大利诸国首先以统一的形式展现在他眼前,由对西班牙枷锁的共同憎恨和对西班牙权势的共同畏惧结合在一起。与此同时,他还以可赞的客观性,承认西班牙人的一项论辩有些道理,那就是靠着西班牙的统治,先前自相残杀、破碎不堪的意大利才首次获得全然和平这一巨大实惠。同样可敬的是,他确实指出甚至法国也会被意大利人憎恨,假如它占据了西班牙在意大利拥有的地位。然而,法国现在可以摘取西班牙权势的果实,因为所有那些正在大吃西班牙苦头的邦国都会寻求同法国结盟。它们对待西班牙的行为方式也各不相同,依其具体国力和特性而定。最小的邦国——曼图亚、摩德纳、帕尔马、乌尔比诺——在西班牙面前战栗不已,尽可能恭顺地以一种确实与主权国家不配的依附效忠来自保。甚至佛罗伦萨大公也对西班牙国王阿谀奉承,即使实际上他对他置之不理和设法反对他。威尼斯和教皇的行为则又以各自独特的方式与之两样。教皇拥有西班牙不得不对他作为基督教世界的首领表示尊敬这一好处;他看来反西班牙如此坚决,以至不让他们为之争执的哪怕最微不足道的利益从他手里被夺走。威尼斯大胆自信,尽管并不公然藐视西班牙,然而靠明智的政策和秘密支持西班牙的敌人来保护自己免遭其害。萨沃依从前一直站在西班牙一边,令意大利其余邦国大为遗憾,但现在也一样防范西班牙。这个小国对西班牙和法国都特别重要,正在发现难以同时与它们两国都关系良好;它先是引起其中一国的怀疑,然后引起另一国的猜忌,并且刻苦利用这个策略,以便同每个国家打交道时在无论什么可能的场合都促进自己的利益。

  接着,就一个个意大利国家的权势方法和权势目的描绘的图景,也是一幅幅精巧的小插图。特别是威尼斯——文艺复兴治国方略的女教师,必定诱使了这位政治肖像画家施展出自己的最佳本领。他极为赞颂她的国内经济的优秀安排和谨慎基础。威尼斯人能用一个银币做到别人用两个银币才能做到的事情。他们能够让他们的臣民承受相当沉重、但分配均衡的负担:这是他们在内陆的统治得以成功的"不小奥秘"。要判断他们的海上力量有多强,就必须看过他们的军火库。就此,无言胜于有言:这给出了足够的证据,证明他们的伟大勇气和实力。事实上,威尼斯的实力无可惊异,因为这个城邦本身以其海洋性地位永不能被征服。因而,就像先前已通过康布雷联盟出现过的情况那样,有可能夺得整个内陆领土却仍打击不了该国的心脏;她由此总是能够东山再起,夺回所失。然而,尽管她权势强盛,威尼斯一向似乎只是关心维持这权势,而不是增长之。这可以理解,只要考虑到包围了她的那些邻国和敌手:陆上是西班牙,海上是土耳其,此外还有皇帝、弗留利大公和教皇。对教皇开战是糟糕事,因为总是不得不把从他那里夺来的东西退回去。这是一条基于经验的实际政治原理,同样可以在马基雅维里、圭恰迪尼、博泰罗、博卡利尼和康帕内拉那里见到;①因此,威尼斯是"坏邻居",没有希望扩展其领土。靠着不丧失任何东西,她已经多有所获。然而,为了在这些敌人中间维持她的地位,威尼斯不得不在全世界为自己寻求盟邦,而不管宗教属性如何。因此 15 年前,她通过亨利四世斡旋,与虽然相距遥远却能经海路与之交往的荷兰共和国结盟。不仅如此,她还以同样的方式与瑞士的伯尔尼、苏黎世两州和格里松结盟;而且,她还谋求与德意志新教徒,甚至与贝特朗·加博尔本人达成谅解,并且珍视与法国的友谊甚于珍视其他一切。

---

① Machiavelli, *Principe*, chapter 11; Guicciardini, *Ricordi pol. Et civ.*, no. 29: *La chiesa...non muore mai*; Betero, *Della ragion di stato*, Book II, *capi di prudenza*; Boccalini, *Bilancia politica* 1, 7; Campanella, *Monarchia nationum* (Amabile, *Camp. ne'castelli di Napoli*, etc., 2, 334): *Sempre chi hà voluto nocer al papa ha perduto*.

第六章 黎塞留时期在法国的"国家最佳利益"观念

从这番叙述和遍布全书的类似的描写中,可以认识到作者要做的是解释一只精巧的钟表何以运作,并且基于其各个弹簧的属性、力量和相对位置,显示其摆动的必不可免的确定性质。当然,几乎不用说在一位现代历史学家看来,仍然缺少许多东西。更深刻的洞察力尚不存在,它会透过威尼斯治国方略的优雅的外表,察觉这一政治实体本质上的麻木和茫然。全部注意力都集中于眼前和最近的将来,至此没有对较长远的历史前景予以任何展望。由于整部书的目的在于煽动法国政府争夺瓦尔泰利纳,其余欧洲得到的谈论就不成比例,也不那么有力。例如,在变动不定的德意志形势问题上,作者无话可说,因为必须首先等待观望,看那里的结局会怎样。① 他尚未想到斯堪的纳维亚各国会在行将到来的欧洲危机中起的重要作用。然而接着,在他不得不就尼德兰说的话里,他又表明了对历史强制力的非常真切活跃的意识。靠着一种幸运的本能,他在此首次强调了荷兰人将在欧洲国家体系中起的作用。他们在几十年里提供了对西班牙和奥地利强势的一项平衡力量,从而获得了整个其余基督教世界的感激。他们的国家在风暴和危险中生机勃勃地诞生和成长,在作者看来乃是道德能量的成就。他说,该国一度确实靠孤注一掷得以建立和挺住;然而,现在它是

---

① 《论君主》的第二版确实包括了关于德意志的较长一节,但其性质不同于对其他地区和国家的谈论。它没有展示个性特征,而只是叙述了自 1618 年往后的德意志战争当时事件。作者为了解释这一点,说若干年前已经有了 *un discours à part sur le sujet de l'Empire et de ses Princes* 一书(*Mercure françois*, 10.60)。这或许是指 1618 年的 *Discours de l'Empire et des princes et estats d'Allemagne*,它被刊于(见前面第 153 页注)*Recueil de quelques discourse politiques*, 1632, pp. 55 ff. 这并不一定意味该论著出自《论君主》的作者。否则,为什么他不早在第一版中就提到它,以便说明他缘何只草草地谈论了德意志。

靠自己的勇气和能力来维持。然而在此,我们同时又见到了他的洞察的局限性。他在政治方面不受任何宗教偏见影响,但出于同一个原因,他相当漠视这些能量的宗教来源,其政治效应却给他留下了如此强烈的印象。他更强烈地被尼德兰的物质力量大发展的壮观景象打动:它们的海上优势,那绰绰有余地给了它们一切,虽然它们自己不种植什么东西;它们战时工商业的繁荣,那里战争喧声只是在边缘的国境附近才听得见,与此同时全国其余部分通过其确定不变的组织和赋税为边防做贡献。以一种典范的历史和政治洞察力,他对该共和国内部生活的最近危机,即拿骚的莫里斯与奥尔登巴纳费尔德之间的争斗——做出了判断。他认为,荷兰宪法意在保证各省自由,但尽管如此,当它们以联邦政府侵犯各省议会的权利(那可能是非法的)为手段镇压阿米尼乌斯教派时,它们已依据"国家理由"在自由方面有所牺牲。为了有利于各省人民的安宁和福祉,应当如此,虽然这严重地伤害了个人。它们发觉少了奥兰治亲王就束手无策,后者是它们的利剑和坚盾,即使此前只是其军队统帅的他现在依靠推翻他的国内敌人,竟使自己成了差不多是一位君主。"必需之下无法律"这一严酷的政治信条还被作者应用于另一个实例。荷兰人现在夺取了埃姆登和若干由曼斯费尔德修筑的要塞,并且因而将东弗里西亚纳入了他们的权势范围:"既然这件事能对他们的敌人有利,使敌人变成了王国,对这种篡夺就可以宽恕。"

在叙述法国必须应对的各国时,随当时已达到其最大历史意义的荷兰以后,那个时期在詹姆士一世治下的英国似乎没有得到那么仔细的考察。尽管如此,作者仍然很明白,英国由于其岛国位置而固若金汤,在海上强大有力,能够独自发动进攻,并且对其他每个国家来说都是值得向往的一个盟友,因而事实上必须被评估为仅次于法国和西班牙的欧洲第三强。亨利八世,他接着说,懂得怎样针对大陆上彼此争斗的两大强国构成一个平衡力量,让自己受两强畏惧和笼络;而且,他还懂得如何维持这一体系,甚至在他同罗马决裂之后。伊丽莎白继续以同样的决绝显示自己的力量;通过她对尼德兰造反的起初秘密、而后最终公开的支持,她导致西班牙人丧失了那个国度的一部分,接着在对无敌舰队的伟大胜利之后,将战争一直打到西班牙海岸和西印度群岛,"与如此强大的敌人打交道,她更喜欢战争而非和平。"这样,一个人就能理解为什么在1604年与英国缔结和约以后,西班牙急于为自己争取这个危险的强国的友谊——即使只是为了在尼德兰享有不受其威胁的安全感。

我们不想夸大该书的重要性,也不会将其不为人知的作者实际上排在那个世纪最为杰出的政治和历史著作家之列,虽然该书可以同他们当中任何一个人媲美。在它对互相关联的各不同政治利益的描绘中表现出精细和敏锐,那是拉丁民族中间许多外交家和政治著作家所共有的。我们眼前有的只是个绝妙的范例,代表政治思想的一整个流派、一整个倾向。他的许多个别判断透露出一个事实:他熟悉关于"国家理由"的意大利文献。然而,他在对事物的看法上高于它,因为他将欧洲当作一个集合的整体来对待,而且就我们所知他是第一个试图这么做的人。这个时期本身确实发挥了一种教育性影响,有助于将欧洲当作一个集合的整体予以思考,因为除了尼德兰的命运(因而整个西欧的命运)仍然悬而未决这一事实外,三十年战争的爆发,连同一种巨大的新野心在法国胸腔内的翻腾,预报了中南欧命运即将出现迫在眉睫的一场场危机,而且所有这些问题的线索都难分难解地缠结在一起。在将决定宗教战争的结果,从而也将决定欧洲的精神未来的剧烈冲突过程中,趋于纯粹权势政治的倾向再次重现,那已经在马基雅维里时期兴盛过,但这次由于下述事态有过之而无不及:洞察更广阔、更全面的关系,更清楚地认识国内统一和秩序与对外显示力量之间的关联,形成对真正强大和支配性的权势的意识,而且(最后但并非最为次要)自觉地反对听任教会和教派考虑遮蔽简单的权势利益。为在国内保证国家统一和在国外获取欧洲盟友,从而使自己做好准备来完成与西班牙斗争这一艰巨任务,法国的现实主义政策不能不宣布一种关于不同宗教信条的"共处"方针;法国自己能够适度地期望当时的教皇、猜忌西班牙的乌尔班八世会在这方面采取一种谅解态度。作者希望法国将能以这么一种方式在教皇与新教徒之间调停:瓦尔泰利纳的天主教徒将被给予新教徒们为自己希望并且苛求了那么长久的、信奉其自身宗教的同样的安全。因此,他也将教廷仅仅当作意大利政治和一般欧洲政治中的一个因素对待,以一种冷酷的客观性审视其教会权威的政治后果。对他(就像对他的那么多同时代人)来说,"基督教世界"("Christendom")一语已淡化为一种流俗的表达,泛指天主教和德德意志各国;它含有的传统"基督教世界"(*republica Christiana*)观念的唯一有效残余,是土耳其被排除在它的含义之外。然而,这还可能与他不那么了解、当时也不那么关心东欧国际关系有关。

黎塞留政策的一位不知名的预示者做了这一富有启发性的实验。不久后,它就从一位历史情况明白得多的人那里得到了新的力量。这是当时法国最重要的人物之一,其引人注目的政治腾达不仅增添了这本小册子的魅力,而且使我们能深入得多地探究当时的治国方略和历史观念。

二 亨利·德·罗昂公爵

重要的国务活动家们叙述自己政治生活经验的那些政治著作有个特殊长处。普通的政治著作家不管在政治和历史方面受过多好的训练,也不管他可能多么有力地试图影响政事(甚或确实成功地影响了政事),总是必然有点脱离事态,而未曾实际地参与事态。他的政治见解必然会缺乏某种最终要素和某种力量,那只能在下述情况下才有:政治思考浸透着一个人在肩负责任的行动过程中获得的全部亲身经验,浸透着一个人对他自己的艰难努力和斗争的回忆。历史学家或政治著作家往往可以比国务活动家更广泛、更深入地理解政治关系,后者虽然受过亲身行动的训练,但也受损于亲身行动的局限性。然而,前者永不能使自己的思想像国务活动家的亲身经验那般震耳鸣响。这洪亮的鸣响从恺撒的《战记》一直回荡到俾斯麦的《思考和回忆》。如果它们被拿来与甚至像海因里希·冯·特赖奇克那样有力的思想家的政治著作相比,我们所说的意思或许就会更清晰。

当一个人从1624年那位富有天赋的匿名作者所著《论君主》,转到1638年在巴黎面世的、亨利·德·罗昂公爵所著《基督教君主和国家的利益》(简称《利益》),就多少会有这同样的感觉(尽管这个例子的确并不那么引人注目)。德·罗昂先前是黎塞留的对手,指挥造反的胡格诺教徒,直至他们在1629年拉罗谢尔陷落后被搞垮为止。然而,接着在争夺格里松和瓦尔泰利纳的斗争中,他成了黎塞留政策的支持者。他可以被算作是17世纪期间法国最有力的政治人物之一,虽然他确实也是那些没有充分实现自身能力的人之一,因为他差不多总是感到不得不站在正趋向失败的那一边战斗,而且通常是为了一项已经输掉的事业。在狂风暴雨似的艰难生涯途中,他仍始终没有变成一名纯粹的冒险家,而且与此相反以严格的自制,心智坚强地掌控自己,一直到他阵亡的最后时刻。肯定可以说,这么一个人在其书籍记下的政治思想中浸透了我们正在谈论的那种生命活力。从一开始,就不得不考虑他不断变化的政治生活与他的书之间的关系问题。然而,直至我们首先考察了这本书的思想内涵,连同它对我们自己的主要难题的意义为止,我们不会拥有为回答这问题所必需的资料。我们将从关于这本著作的起源的几项外在细节谈起。

1629年,阿莱斯和约订立,确保了尚在法国南部战斗的最后一批胡格诺教徒缴械投降。此后,黎塞留将德·罗昂公爵送往威尼斯,为的是给这位危险人物在法国境外有件事做做。在那里,罗昂不久便能使自己变得既对黎塞留也对法国有用,因为在当前由曼图亚继承战争肇始的对西班牙的斗争中,胡格诺教徒们现在也能被用来推进他的政治目的,并且扩充国家的集体阵线。1630年,罗昂开始作为一名雇佣军首领为威尼斯效劳;然而他发觉,那里在军事方面可由他做的是那么少,以至他能够以所有各类文墨工作度过闲暇。他谈论1610年至1629年事态的《回忆录》和他关于军事科学的《优秀军事家》在随后的岁月里问世,而且附于《利益》一书的论说断片早在1631年至1632年间就已发端。[①] 与此同时,在法国与西班牙之间的凯拉斯科和约之后,罗昂于1631年秋奉黎

---

① Bühring, *Venedig, Gustav Adolf und Rohan*, p. 221, A. 1.

塞留之命赴格里松,在那里他被挑选为三联盟(three Confederations)将军。不过,这次他又引起了黎塞留的猜疑,后者从未完全放心其先前敌人的野心;1633年开初,他不得不回到威尼斯,然而他很快从那里擅自重返格里松和瑞士。① 他在巴登、苏黎世和库尔度过了一些时日,从黎塞留那里得到了新的军事和政治指令,其宗旨在于阻挠西班牙在那些地方的图谋。可是,他本人敦促着做出甚至更强烈的反西好战决定,并且确实成功地使黎塞留让他于1634年前往巴黎,以便作更深入的商讨。1634年7月到10月,他游荡于宫廷和巴黎,起初得到了足够友善的接待,但以后就被黎塞留撂在一边,受其蔑视。然而就在此时,发生了瑞典在诺丁根的惨败(1634年9月5日和6日),那终于使黎塞留做出了拖延已久的决定,大规模地从事反西班牙斗争。然后,在1635年爆发的战争中,罗昂作为在格里松和瓦尔泰利纳的法军司令官,找到了为其祖国取得光辉成就的广阔机会。可是到头来,他一贯的坏运气即使在此也又一次令他倒霉。他从宫廷得到的财政支持不足,未能收取到他的胜利的果实,而这又增添了黎塞留对他的讨厌和不信任。为了逃避即将来临的逮捕,他最终加入了魏玛的伯恩哈德的军队,当1638年作为一名普通军人在莱茵费尔登作战时受了致命伤,于当年4月13日身亡。

他的《利益》一书大概只是在他死后才于1638年面世。据书

---

① Laugel, *H. de Rohan* (1889), p. 306. 关于罗昂在1629年以后的情况,另参见下列专著:Mention, *De duce Rohanio post pacem apud Alesium usque ad Mortem* (1883); Pieth, *Die Feldzüge des Herzogs Rohan im Veltlin und in Graubünden* (1905); Rott, *Rohan et Richelieu*, Rev. d'hist. diplomat., 27 (1913)。这最后一项专著最重要。对罗昂在格里松的活动,一项更充分的论述为 Rott, *Hist. de la représentation diplom. de la France auprés des cantons suisses*, vol. 4 and 5 (1913)。

前献辞,它是献给黎塞留,而(按照珀蒂托在其罗昂《回忆录》导言中的说法)它的一个藏于巴黎前王家图书馆的手抄本在献辞后载有日期:"1634年8月1日于巴黎"。① 无疑,在他不得不焦躁地等着黎塞留的决定的那些星期里,他希望以该书为手段影响黎塞留,树立他本人可被信任的形象,同时鼓动这位红衣主教。然而,它是否最初写于那时,已被罗昂的传记作者洛热尔怀疑(此人在其他方面确实并非很具批判性)。② 在附于该书主体的七篇论文中,第六篇(如后所述)大概从一开始就在该书写作规划内有预想,而它必定写于1633年。③ 其他几篇论文也许出自(如前所述)一年甚或两年以前。这些年给了他足够的闲暇,以至他能够在献辞中说自己"即使闲时多多也不愿无所事事"。然而,仍然可能只是在他逗留巴黎的那些星期里,它们才得到了最终安排。

有如《论君主》一书的作者,罗昂写作于法国重大决策的前夜,希望加速这些决策。两部书里的思想都被这一对行将到来之事的意识支配,都有在干涉欧洲事务以前研究欧洲的愿望。与此同时,在他自己的政治生涯中,罗昂经历了如此深刻的质

---

① Petitot, *Collection des mèmoires*, etc., 2nd series, 18, 65. 据此,再加上在兰克的私人文件中间发现的另一个手抄本,维德曼(Wiedemann)(见 *Histor. Zeitschrift*, 66, 498)确定了原书日期,但他将实际日期定为1634年8月5日。

② Laugel, 315. 但是,洛热尔不慎将罗昂的著作与后来模仿他的一本书混为一谈,并且将其前言中的话当作罗昂本人的话来援引。该书为 *Interests et maxims des Princes et des Estats souverains*, 1666。

③ 论述挑选巴拉丁选侯为波希米亚国王(第109页以下)。该篇说,德意志的战争在14年以前就已开始,现在仍然没有结束。由于他将挑选波希米亚国王一事算作战争的开始,这就使人想到1633年。珀蒂托断定,在这一年里,罗昂太不满黎塞留,以至不会有任何情绪来唱赞歌;可是,该书本身或许在献辞被写下以前相当长时间就写了,而且黎塞留的名字在其中没有被提到,因而就其本身而言,这一说法并不可靠。

变,以至他能够以一种深切的个人感觉写下他给黎塞留的献辞的开头几句话:

"没有什么比统治的艺术(*savoir regner*)更难,在这行当中最有经验的人也在去世时承认自己只是新手。所以如此,原因在于一个人无法定下治国的不变铁律。导致世界万事周而复始不断变动的无论什么力量,同样导致善政的基本原则变动不休。因此,那些让自己更多地由往昔楷模而非当今理性来指引的人,必定会犯严重错误。"

当马基雅维里早先为那些谋求获取或创建一个新王国的人指出一条掌权道路时,他强调了大不相同的原理。"人们差不多总是遵循前人踩出的道路,靠仿效来行事。"诚然,他们永不可能很成功地始终坚持走别人的道路,也不可能达到自己在模仿的那些人的"美德"(*virtù*);但是,他们遵循伟人们踩出的道路获益良多,因为他们自己的力量即使抵不上前人,也至少会从中获取某种气息和韵味。因此,他的教导以展示摩西、居鲁士、罗穆卢斯和忒修斯等伟大范例开头。他以这一方式思考和行动,首先因为他相信永恒的循环,相信历史生活中事态之无休止的反复重现,还因为他处于古典时代的强烈影响之下,喜欢拿他自己那个较卑微的时代与从前更伟大的时代作比较。他那天才的经验意识完全能够使他自己超越他的理论的这些局限,但他从未将文艺复兴时期的古典主义完全撇在一边。甚至16世纪末的政治思想家们也尚未成功地使自己从中解脱出来。博丹将许多古代的和现代的例子混在一起,很不管青红皂白,全无任何历史区别。博泰罗则解释说,政治智慧的最丰富源泉不在于总是必定有限的个人经验,甚至也不在于由当时人提供的信息,相反却是在历史学家那里,①"因为他们怀抱世界的全部生活。"甚至雨果·格劳秀斯,在他1615年写的政治研究指南中,也大都推荐阅读古代作者;②而且在他的国际法论著中,他只使用取自古代的范例。人们在阅读罗昂的著作时,如同正在从16世纪攀升到17世纪。纯经验主义原则占了上风,根本上拒绝那遵循著名范例和墨守往昔陈规的传统倾向。他只重视自己周围新鲜的、不断喷涌的生活源泉。这部分地也表现了他自己的个人态度和个人受教育方式。他从来就不是一个靠读书来学习的人;不乐意学拉丁文,学得也很差,认为它对一个伟人的教育来说是不必要的。在谈话中,他说历史、地理和数学构成一位统治者的真科学。③然而,向注定要逐渐支配每个生活领域的纯经验主义的转变已经孕育在时代精神之中,能够一经些微刺激便突入政治领域。而且,伴随着政治经验主义,一种对于政治生活中个别和独特之事的强烈感觉也发展起来。"对国家最危险的,"黎塞留在其《政治遗嘱》中说,"莫过于那些希望按照他们从书本里搬来的原则统治王国的人。这就是说,他们往往完全毁了王国,因为过去同现今无关,因为时间、地点和人物的相对情况大不一样。"

因此从一开始,这同一个倾向就俱可见于黎塞留与罗昂的思想。假如黎塞留治国方略的直接展示没有也影响到罗昂,那就令人

---

① *Della ragion di stato*, Book II, *Della Historia*.

② *Epistola de studio politico*, 与 Naudé, *Bibliographia politica* (1642)一起刊印。

③ (Fauvelet du Toc), *Histoire de Henry Duc de Rohan*, Paris, 1666, p. 11 f. 另参见圣伯夫(Sainte-Beuve)论罗昂的文章,载于 *Causeries de lundi*, 12, 248。

惊愕了。"在整个这部论著内,"他微妙地献媚说,"您是讨论的唯一对象,虽然从头到尾完全没有提到您。"黎塞留政治思想的核心在于这么一个命题:在一切国家活动中,主宰因素都将纯粹和完全地是"国家理由",即"公共利益",被清除掉了一切特殊的和私人的动机、一切物质上利己主义的成分。如果说,作为一位国务活动家,他比16世纪的任何其他人都更超前地为一种不会被局限于教会领域的普遍的文化政策铺路,那么他仍以一种十足功利主义的方式,将它限于会直接有利于国家、会给国家带来威望和权势的范围内。他甚至毫不犹豫地限制君主的个人行为自由。他告诫后者不要按照个人喜好和情绪来决策,提醒他即使国王也受制于国家的绝对必需;而且说到底,占据王位的实际上不是国王的既定人身,而是"理性女神"("Goddess Reason")——并非甚至想主宰国家的18世纪的"理性",而是国家自身内在固有的"理性"或"理由"。确实,按照他的看法,这一理性同时也是那支配着整个世界的普遍理性的一种发散;然而对他来说,它只是以各国显示的对权势、权威和内部团结的直接的具体的需要来表现自己,全无任何一种理论诡辩,而且在为它效劳时,必须压制一切自私冲动。它是这么一个观念:虽然根本地和非常有力地被感知到,但同时也被贯穿着(确实几乎是被机械地贯穿着)一种铁的逻辑连贯性;它作为一个原则,具有最高程度的普遍、不变和抽象性,然而在一个个国家活动实例中,也具有最高程度的特殊、可变和具体性。一旦它在其中成功地达到领导地位,政府事务就成为彻底地合理化的和被确定了的。国务活动家失去了任意的个人行为自由。他成了为这观念效劳的一名士兵。

以一种崇高的方式,罗昂同样将这一观念用作了他的考察基础。"各国由君主统治,君主则由利益支配。"令人难忘的原文导言如是说。关于这利益的知识提升到高于对统治者行为的单纯认知,就像统治者本身被提升到高于人民。"统治者可以欺骗自己,他的幕僚可以变得腐败,但利益本身永不可能出错;对其理解的对错决定国家的存亡。"然而,利益的宗旨总是在于壮大国家,或者至少维持国家。由于这个原因,它必定随时间的推移而变化。因此,为了察觉什么符合当今统治者的利益,就不必钻入久远的过去;相反,需要从当今的观点来设想这利益。

这里有一些甚至会使现代读者心跳加快的句子。我们面前有这么一个人:他触及了一切历史思辨的最高任务,那就是将永恒的(对所有时代来说都成立的)要素与可变和必然由它自身特殊历史时代决定的要素联系在一起,将历史世界中现存的要素与将来的要素联结为一体;他由此成功地深入洞察到(即使只是靠预感)终极奥秘,而且所有这一切是由一个认为费心往昔纯属多余的人做到的,这个人由此将思想进程更加指向考虑真正的历史哲学本身。博卡利尼已宣告利益是暴君之暴君,博纳文图拉也宣告"国家理由"统治统治者,而罗昂在其逗留威尼斯期间必定知道意大利人的政治文献。然而,由于他自身的个人经验,他从此等文献中汲取的这些信条变得更加深刻,从而取得了一种直觉式知识的性质,那揭示了国家活动中两者的并列,即恒久的绝对形式与变化着的相对内容。他的话语发散出国务活动家的激情,这些人既看到北斗星辰高悬不变,也同样明知风云气流可变不息。不变与可变之间的这一紧张在罗昂和黎塞留那里(如同它先前也在马基雅维里那里)导致了国务活动家一类思想的崇高,恰如它以后将导致历史思想的升华。

此时的历史知识承载着从传统继承下来的巨量资料和旧式观念，不可能以任何方式帮助他争取达到他追求的对欧洲当前状况的清晰理解。他只想考虑构成"基督教世界"的各个国家实体，这一事实可以像对待1624年《论君主》的作者那样，依据同样的原因予以解释。"基督教共同体"(corpus Christianum)观念的任何一种遗留影响现在已不见踪迹。这一观念已由于精神权威与世俗权威之间的二元并存而消失；不仅如此，它现在将不再是个二元体，而是变得结合为尽可能最强有力的内在统一，靠的是一种观念，即精神权威与世俗权威紧密和不可分离地同属一体，就如灵魂和肉体那样。这只有在一种进一步的观念与它彼此结合时才有可能，那就是主要大国互相间的一切冲突都应予谴责，这些大国相反只应被允许在试图重建"基督教世界的和平"方面互相竞争。罗昂眼前的"基督教世界"图景当然也是二元的。"必须从这么一个前提出发：基督教世界里有两强，犹如两极，战争与和平的效应就从那里降临到各国身上，那就是法国宫廷和西班牙宫廷。"西班牙正在打仗，为的是一个新帝国的太阳当从西方升起。对此，法国必须立即谋求形成一个抗衡。其他统治者朝秦暮楚，依据的是他们的利益。然而，对这利益的追求有好有坏，由此它趋于导致一强的毁伤或另一强的辉煌。

根据这种解释，将克服这二元性的彻底统一和欧洲最终和平的确立要成为可能，最后只有靠这一斗争的不利结果和西班牙普遍帝国的建立。法国或许也有可能取得单方面胜利这一事实肯定能存在于他未经言明的思想当中，存在于均势信条的其他法国提倡者的思想当中，然而他们不得不小心，不将它表达出来。在当时的权势关系状况内，他们（不仅在眼前，而且在可预见的未来）只能允许自己去争取两大权势集团之间的一种平衡状态,它既不会导致永久的战争,也不会导致永久的和平,而只会使战争与和平脆弱不定地反复交替。这显然也是罗昂对很可能有的未来格局的看法。

就他如何实施自己辨识所有统治者利益和所有各国利益的计划而言,事实在于这要服从(正如我们已经在《论君主》一书作者那里注意到的)支配为实际原因从事的一切理论性探究的准则。实际动机既构成知识的手段,同时也构成知识的限制。罗昂的整部书不管多么冷静求实地试图辨识一个个国家的真实利益,却仍充斥着法国的特殊利益;因此,它对于法国以外的一切利益的解释带有法国偏见。他的描述因而做不到全然客观。而且,由于他自觉是个实干的国务活动家,希望为自己的读者提供政治行动的素材,因而他没有像《论君主》的作者做过的那样,那么深入地探究各国的结构和特性问题;相反,他在绝大多数场合,只满足于关注那些在高层政策运作中直接可见的主要动机的特性。部分地也是由于这个原因,他基本上未能将特定国家的真正特殊利益与用来促进这些利益的技能手段区别开来。即使这些手段能在不同国家的实践中带有不同的个性,它们也能被任何别的国家使用;因而,对这些手段的讨论更恰当地是属于论说一般治国方略和外交技艺的专著范围。另一方面,各不同国家的"真正"利益被描述得太粗略,论说方式太笼统,不够个性化。他就它们不得不说的一切,本质上等于一种多少单调刻板的反复申说,不是获取权势,就是维持自由。在此,由于太少关心各不同国家的内部构造,他得到了报偿。他肯定把握了对外政策对国内政策的优先地位(那是现代历史知识的基本观念),但把握得太幼稚。一句话,这项著作的意义更多地在

第六章 黎塞留时期在法国的"国家最佳利益"观念

于它主要的基本思想和意图,而非它们在各个具体的论说场合得以贯彻和应用的方式。

尽管如此,仍然值得分别考察这些具体场合,并且评估它们为达到更精细的历史认识而包含的许多不同可能性。

第一个被谈论的是西班牙;而且像不可避免会发生的那样,罗昂回溯到腓力二世的政治体系。在这么做时,他表现了一种幸运的历史本能,去显示腓力的个人能力与他造就的更广泛、更普遍成立的要素之间的联系。腓力二世明白,他个人不像适合谈判那么适合打仗;这导致他认为,与依据组织有方的商议和良好原则的帝国相比,由战争大王聚合起来的帝国不那么经久,因为伟大的征服者们通常得不到同样雄武有力的后嗣继承,而且一旦被征服民族发觉自己解脱了最初征服者的枷锁,它们就会马上奋力改变自己的处境。如此,罗昂认识到一种纯军事扩张政策的不稳定性,并且进一步认识到西班牙的权势政策基于理性原则的一种坚实的内在关联。在其中,头号的最重要的原则他认为是利用天主教。西班牙给教皇留下了一个强烈的印象,即西班牙的强权乃教廷权威所不可或缺;它甚至还打动了意大利各邦统治者,使之认为西班牙保障他们的宗教,并且保护意大利免受外部入侵的污染性影响。在法国,国王被敦促镇压新教徒,与此同时新教徒受到秘密鼓励,去从事势将削弱王国的内战(如后所述,罗昂就此有许多话可说)。与信奉新教的英国(在此罗昂更多地想着他自己那个时期,而非腓力二世时期),西班牙肯定不得不尝试并维持和平,以求在海上不被英国人骚扰,或求英国人不妨碍它享用东西两印度的财富;然而,在友好的外衣下,西班牙还必须使自己成为英国国内一切天主教徒的保护者,并且为英国的天主教青年维持在佛兰德和西班牙的教育机构。与此相应,西班牙还必须支持在德意志的天主教哈布斯堡帝国,支持在瑞士的天主教徒,积极迫害新教徒,而且至少努力在信奉新教的荷兰制造内争(当时阿米尼乌斯派教徒与戈马尔派教徒正在那里争吵不休)。在此,恰如在全书各处,罗昂以一种功利主义的和马基雅维里似的方式,将宗教仅仅当作"国家理由"的一个因素对待。这就引起了一个问题:他如何能将此与另一项利益(那驱动他个人远甚于任何国家利益)——即他的根本的新教信仰调和起来?眼前,我们只想提出问题,尚不予以回答。

他进而列举的西班牙的一切其余利益,都属于当时外交和治国方略的技艺范畴,而这治国方略仍然发觉自己不得不使用所有各种小诡计小谋略,以此弥补物质权势手段的不足。应当注意到,罗昂并未从一切治国方略的首要基本手段即施展武力说起;相反,他只是将此纳入西班牙娴熟地使用的一系列其他手段,例如通过僧侣和传教士发展在外国的秘密情报工作,唆使外国大臣,耐心进行秘密谈判以掩盖预计的进攻,作为外国统治者彼此间争执的仲裁者作好管闲事的干预,然而尤其是助长西班牙自身的威望。罗昂就此所说的特别有意思,因为"威望"是当代治国方略的一个重要方法,一个就政治野心而言已差不多成了目的本身的手段。黎塞留在其《政治遗嘱》中说,①威望的最微小损失能够使一位伟大统治者没有更多的可失去了。1620年的一份威尼斯外交文书则说,西班牙人将其对威尼斯共和国的敌意发展到了如此地步,以至

---

① 1,62.

第六章 黎塞留时期在法国的"国家最佳利益"观念

他们甚至想损坏它的声誉。① 对自身威望的这种挚爱不能仅用文艺复兴时期按照外在浮饰设想政治权势的倾向来解释,它要被解释成主要出于一项本能的需要,那就是用耀眼的表象掩盖国家在真实力量上的缺陷。对黎塞留来说,威望并不意味着只是外在的方面;它还意味着在获取同情和信任上的成功。② 而且,根本说不上罕见的是,"威望"一词被用来表示一种方法(那在当时已经被使用),即为一个人自己的权势政策表面上举出合乎道德和理想主义的动机,以此赢得和唆使世上的公众舆论。按照罗昂的论辩,西班牙的威望实际上基于一个事实:它以虔诚和热衷维护天主教为外衣掩藏自己的图谋;由此,"该国不断被人怀着出奇的敬意来看待"。"这种敬意,"他接着说,"显然是空洞的,但它产生实实在在的结果;而且,虽然一切统治者都将小心助长自己的威望当作一条重要原则,但西班牙不能不更警觉地这么做,留心它的图谋在多大

---

① Fiedler, *Relationen der Botschafter Venedigs über Deutschland und Österreich im 17. Jahrhundert*, 1, 120. 另一位威尼斯人福斯卡里尼说:名望有时具有与实际一样的效果(Barozzi and Berchet, *Relationi*, etc., II, 3, 434)。又见一篇未发表的罗斯托克大学博士学位论文(1921年):Anne Maria v. Schleinitz, *Staatsauffassung und Menschendarstellung der Venetianer in den Relazionen des 17. Jahrhunderts*, p. 79. 已由马基雅维里予以珍视的"声誉"(*riputatione*)(见《君主论》第21章)自然也在关于"国家理由"的意大利理论家那里起重要作用。博泰罗在其《国家理由》第二篇里谈论了它;经请求就此题目(从未有人以系统的方式谈论过)作一番较长的说明,他在1598年写了两卷特有的论说,题为 *Della Riputazione del Prencipe* (*Aggiunte fatte da G. Botero Benese alla sua ragion di stato*, Venice, 1606, pp. 77 ff.)。阿米拉托在其论塔西佗的著作的第五篇第8章和第十三篇第1章谈论了这个主题,弗拉凯塔在其1599年的 *Prencipe* 和1600年的 *Discorsi di stato e di guerra* 中就此谈过几次。博卡利尼也机智地讽刺过执迷"声誉"甚于重视"力量"(《帕尔纳苏趣谈》,1912年重版,2, 84 ff.)。人们还发现意大利人的德意志模仿者也谈论过这个主题,例如参见 Chr. Besold, *Politicorum libri duo*, 1618, p. 707 f。

② W. Mommsen, *loc. cit.*, p. 215 f.

程度上超过其他国家的图谋。"

罗昂的洞察力并未像那些年里康帕内拉的那样,穿透到西班牙作为一个强国的彻底的笨拙之弊,穿透到它的欧洲任务与它的经济实力之间的差距,而且确实还有它的人口资源的总的过度紧张。那个时期还没有被训练到审视此等关系的地步,然而它已经能以一种敏锐的本能,感知和表达这些联系的结果。罗昂关于西班牙问题的结语表明,他很明白该国的病态方面。他以隐秘的幸灾乐祸之情写道:"这部大机器由那么多不同部件组成,并且受阻于它本身的重量;它靠这些秘密的动机弹簧来发动,但一个人越是揭示这些弹簧,它们就越失去自己的力量。"

然而法国的利益和任务,他继续写道,已经天然地被规定了。它处在阿尔卑斯山、比利牛斯山和两大海洋之间,这地理位置使它成了一道堤坝,阻止西班牙山洪淹没欧洲。因此,法国必须(像亨利四世第一个彻底认识到的那样)竭尽所能反对西班牙的原则。它必须使教皇明白,如果西班牙实现其普遍帝国目的,①他就会被降为仅仅是西班牙的奴仆,而他的权威若要恰当弘扬,就需要基督教各君主和各国之间存在一种均衡状态。② 它必须告诉新教徒,虽然它可能确实希望他们的"皈依",但它不希望他们的"毁灭",它随时准备帮助他们对付敌人。为了对抗西班牙的秘密打入策略,法国自己当不吝钱财,不惮使用间谍和受豢养者。在西班牙试图靠谈判取得结果的场合,法国自己应当也参加谈判,并且应当选择性格冷静的人作为谈判代表,他们将不受典型的法国急躁脾气影

---

① 他没有用"普遍帝国"这一术语,而是谈论西班牙的"君主国意图"。
② "罗马宫廷的政策事实上是扮演两大天主教强国之间的中间人角色,以致其中没有哪个能够强迫它。"Ranke, *Französische Geschichte*, 2², 31.

响。在他对外交谈判的这种高度重视方面,罗昂再次发觉自己与黎塞留完全一致。后者在其《政治遗嘱》中说,值得连续不断地谈判,不管是公开的还是秘密的,即使一个人不指望从中得到迅即的结果。有些种子会比别的种子花更长时间发芽成长。至少,它帮助人理解世界上正在发生的事情。当西班牙增加其军备时,罗昂继续说,法国必须有力地增加它自己的军备以对抗之。依靠所有这些办法,西班牙的威望便会衰减,法国的威望则会增长,而其他基督教国家将找到希望和勇气来奋起反抗西班牙压迫。

这便是他就法国利益不能不说的一切。他完全没有忘记法国权势政策的真正积极目的,它们首先关系到获取较佳边境的需要,在他的这部打算发表的著作里,罗昂捍卫这些法国利益的方式,恰恰在于不把它们说出来。他叙述的只是通往权势的道路,而非权势本身的目的。

当进到展示意大利的利益时,他就可以较自由地说话和较客观地作判断了。在此,他同样能够加工前人传给他的老的政治材料,即马基雅维里和威尼斯政治家们的思想,后者是他个人在经历同一生活氛围后所熟悉的。在这方面,头等重要的是他(有如他以前《论君主》的作者)不仅熟知各意大利邦国的特殊利益,而且超越了它们,以至认识到整个非西属意大利的共同意大利利益。认为即使在这压迫和分散的时期里意大利观念仍旧活着,实属非凡。它们的目的可以仅仅是希望所有外国势力都退出意大利,留在各大山脉的另一侧,以致它们即使无法为自己重新造就民族政治统一,至少也能够为自己再次搞出一个小型国际体系,在其中甚至小统治者也可以和平地生活在大统治者的庇荫之下,而大统治者们可以在一种均衡的状态中互相牵制。罗昂就是如此表述的;然而在这么做时,他非常小心,不去回顾查理八世、路易十二和弗朗西斯一世实行征服性入侵时曾对意大利的自由施加的暴烈攻击。既然西班牙已踏入意大利,所有意大利统治者的真正利益就只能是至少保持敞开一条途径来免受压迫——它们必定害怕的、一个那么强大的国家的压迫,而从任何地方它们都无法像从法国那样能那么肯定地指望得到这一帮助。然而,罗昂以很强的洞察力断言,还有所有意大利邦国共有的第二项普遍利益,那就是维持它们互相间的和平,因为它们互相打的每一场战争都会立即导致法国和西班牙的干预,或者是以参战形式,或者是以扮演仲裁者的形式。这里,他是在描述典型的弱国治国方略,就此威尼斯首屈一指。而且,由于威尼斯在意大利是仅次于西班牙的最重要国家,因而它也是为了自我保存而首先确定和艰苦贯彻这些准则的国家。像他极好地表述的那样,威尼斯选择将意大利的普遍利益当作它自己的特殊利益;而且,如同我们可以按照他的用意添上的那样,它必须做出这一选择。威尼斯的其他特殊利益仅被罗昂草草几笔带过,而它与哈布斯堡奥地利之间在领土和海事方面的反差本可予以远为更多的谈论。威尼斯不得不仔细培育自己与土耳其人的关系这一事实,他简要地指出了。然而,此外他还指出,威尼斯的另一项特殊利益是以金钱为手段鼓动境外别国的战争——结果是(如他正确地认为的那样)威尼斯自身将免于战火。在他看来,意大利的其他统治者也会试图照此行事,只要他们有实施此类政策的能力和胆量。不仅如此,威尼斯还在试图阻止西班牙和教皇在意大利扩张,并且尽一切可能之机利用其他意大利统治者。关于威尼斯政策的性质,肯定无法找到比这更精致、更简明的描述,在其中威尼斯的特殊利益被如此奇妙地同整个意大利的利

第六章 黎塞留时期在法国的"国家最佳利益"观念 273

益交织起来。

罗昂随后进至谈论罗马和萨伏依的特殊利益。他关于罗马利益的多少含糊不清的观念既体现了作者的特征,也同样体现了那个时期的特征。它作为一个普遍权力的地位很少遭到质疑,但教皇国的领土利益得到了强调。在此图景中,被展现的更多是文艺复兴时期而不是反宗教改革时期的教廷。然而,乌尔班八世的教廷(兰克说他"主要将自己看成是一个世俗统治者")可能容易导致此种描绘。这一图景再次显示了弱国治国方略的某些特征,这些弱国持着它们掌握的权势手段,不得不在强国中间维持自身,警觉和小心地航行一条中间路线。例如,罗马不应过于频繁地以革出教门来吓唬统治者,否则它将变得毫无效用;还有,萨伏依虽然其领土受西班牙威胁的严重程度超过任何别的意大利邦国,但它仍应当培育与西班牙的危险的友谊,只要它自己不得不提防法国。另外,对萨伏依来说,不过分拘泥于信守与西法两国有关的条约也是可允许的。

176

这样,在此他曾提出小国很有道理不仅害怕西班牙,而且害怕法国。当他进而谈论德意志的利益时,事情就不再如此了。虽然,他对德意志利益的描绘比对意大利粗略得多;而且说到底,在德意志利益问题上,当时一个外国人——一个法国人和新教徒——除了说它们现在(而且一段长时间以来)集中于捍卫自由以抗哈布斯堡家族的野心,除了说宗教歧异在所有德意志统治者的这一共同的根本利益面前必须挪后,还能找到什么更多可说的?与此同时,他要新教统治者懂得,他们不仅应当继续团结一致,还应当与外部国家保持密切接触,以便制衡天主教联盟。而且,由于德意志的自由权倘若被摧毁,丹麦和瑞典的自由也将岌岌可危,因此德意志的统治者们还应当照旧与这些国家紧密结盟,特别是出于感恩缘故,要与曾将他们从奴隶深渊中解救出来的瑞典紧密结盟。

当他进而谈论瑞士和荷兰时,他又一次能够给出一番具体生动的描述。这是被德意志离弃了的两个共和国;它们在其他国家中间有重要意义,既因为其人口的实力,也同样因为其占据的特殊位置。它们犹如德意志的两臂。在这两个国家里,人与自然环境彼此匹配。瑞士人似乎就是为了山脉而生,山脉则像就是为了瑞士人而存,正如荷兰人与海洋的关系那样。瑞士人向别国出卖自己的人身自由,从而维护了它们自己国家的自由。荷兰人则绝对维护自己的自由。瑞士人的利益在于和平,荷兰人的利益则在于始终随时准备战斗。当时自然仍是荷兰国家的英雄时代,没有谁能料想到有一天它从欧洲强国地位掉下来以后,竟会像瑞士那样满足于将和平视为其自由的保障。罗昂认为,只有两个致命的原因可以导致这两个共和国的毁灭:由于内战而分裂;由于宗教纷争而瓦解。关于荷兰政策的商业和殖民命脉,他没有什么说的。无论如何,这些事情对当时法国政策的需要来说无足轻重,而这需要毕竟确实是他正在集中关注的主题。

可是,就英国而论,即使当时也不可能忽视这些商业命脉问题。罗昂断言,英国自身就是个小世界,其真正利益在于贸易;而且,只是因为这一利益的缘故,它近来才与其他统治者接触。他以一种可靠的本能为英国预卜,说倘若它继续遵循这一真正利益,为之配备所需的手段,即发展海权和形成明智的治国方略,那么它迟早会成为基督教世界第三大强国。然而,英国自信仰天主教的玛丽女王与西班牙腓力二世之间的神秘婚姻以来,听任自己被甩出自己的真正利益道路,现在则摇摆不定,此一时赞同法国利益,彼一时迎合西班牙利益。这是罗昂在拿现今斯图亚特君主的摇摆政策与玛丽向西班牙天主教体系的盲目投靠比较时,可以做、也必须做的一种批评。然而在这两者之间,横隔着伟大的伊丽莎白时期,她被他看做是英国利益政策的经典代表,正如亨利四世一向在他看来是真正的法国利益政策的奠定者。伊丽莎白将压制天主教活动当作自己的首要原则,视其为令天主教阴谋徒劳无效的唯一手段,后者正在以此为幌子鼓动对她的叛乱。而且,反西班牙对她来说实属必须,因为只有通过这一途径,英国才能上升到应有的海权大国地位。由此出发,她应当支持法国,并且同法国新教徒保持密切接触。人们再次注意到,在所有这一切之下有着何等严峻的政治现实主义。教义因素不显得是目的本身,相反却是达到目的的一个手段。以最大的敏锐,他还揭示了伊丽莎白在保护荷兰一事上的纯政治利益:首先,英国由此成功地削弱了一个过于强大的邻国;其次,它获得了迈向更高目标的一块踏脚石。这样,他就非常简练地概括了英国在整个尼德兰问题上一向持有的世俗利益的意义。同样世俗的是据称伊丽莎白说过、由他援引的一句话的含义:英国是头除非自杀永不可能死去的巨兽。

人们如果看了这一切,就会认识到他能够极锐利地描绘所有久已在贯彻深思熟虑的权势现实主义政策的国家的利益,这样的国家一方面有真正的大国,另一方面有精于治国方略的意大利小国。同中欧和北欧相比,西欧和南欧由于政治上较成熟和有了较精细的发展,给政治思考提供了更有趣的观察素材。

在他那里,一切都集中于实际功利,集中于政治意愿的训练和优化。他有一种喜人的灵感,能够紧随他对各个不同国家的利益的描述,做出一系列论说,它们涉及当代史的不同篇章,将表明什么构成一种好的或坏的利益政策。① 在此,人们再次注意到他的政治思想受过的威尼斯训练。威尼斯人帕鲁塔在其《政治论》(1599年)内,已经使用过一种非常相似的方法,并且考察过例如汉尼拔选择意大利为战场是否对头,威尼斯人前去帮助比萨反对佛罗伦萨是否实行了一种正确的政策,等等。甚至当今,在各国参谋本部中间,同一种方法仍惯常地被应用于军事史研究,那肯定远比纷繁复杂的对外政策更适合这种方法。现在,在这些补充性的论说中,罗昂希望首先强调国务问题上不允许听任自己受不加管束的一时兴致支配,它倾向导致一个人去干力所不及的事情;也不应当让自己被暴烈的激情或迷信的舆论左右。相反,我们应当让自己完全听从仅受理性指导的、我们自己的具体利益支配。例如,法王亨利三世所以倒霉,是因为他误认了自己的真实利益。他本来应当压制王国内部的各个宗派,并且由于自己没有后嗣而应当与同族的亲王们维持良好关系。相反,他实际上鼓励了宗派,因为他老是让自己屈从于一派,以图压制其他各派;至于对同族的新教亲王们,他听任自己受其敌人的唆使不断地与之作对。然而,亨利四世很正确地理解了怎样履行两个被先后分派给他的大为不同的职能。起初他只是纳瓦尔国王、首席亲王和法国新教徒的保护者,而他懂得如何将这些不同的利益结合在一起。然而,作为法国国王,他面对获得新朋友而不丢失老朋友的任务;他最终成功地解决

---

① 论说一:*Sur l'affaire de la ligue*(亨利三世和亨利四世的政策);论说二:*Sur la guerre de Savoye*;论说三:*Discourse sur le differend survenu entre le Pape Paul V et la Republique de Venise, l'an 1605*;论说四:*De la Trefve des Pais-bas avec le Roy d'Espagne*;论说五:*Sur l'Affaire de la succession de Cleves et Julliers*;论说六:*Sur l' Election du Comte Palatin au Royaume de Boheme*;论说七:*Sur les Mouvemens survenus en Italie pour la succession des Duchez de Mantoue et de Montferrat*。

了这个难题,办法是改变自己的宗教信仰。另一方面,在其遗孀玛丽摄政期间,罗马和西班牙被搞得彼此交好,法国的真正利益从而被牺牲掉了。"过分虔诚坏了事。"在教皇保罗五世与威尼斯的冲突中激情与利益的对立得到了大为精妙的考察:一边是教皇狂暴专横的态度,另一边是威尼斯共和国冷静、灵活和顽强的政策。关于奥兰治的威廉在据以创建其新国家的方式中表明的那种国务活动家的伟大,他给出了一番相当经典的描述。他是(罗昂说)在此世纪里有幸创建一个新国家的仅有一人——这无疑是提及马基雅维里就缔造一个新王国所作的著名论辩。然而,如何评判奥兰治的威廉建立新国家,罗昂现在依据的不是先前由马基雅维里做出的规定,而是它自己的特殊标准和前提。他展示了威廉不得不对付的那些关系的历史压力。威廉必须从自己面对的各个独立部分中塑造出国家这一集合实体,与此同时他还必须考验和保存这些部分中每个的特性。他在应对的是那些几百年来关注其自由甚于关注其生命的人民。因此有各省和各市的自治,因此有联合省议会中的"自由否决"。而且,为了使各省免受同西班牙达成谅解的任何诱惑,威廉宁可奉承它们的自由权,而不向它们提出旨在有个更好的宪法的任何建议。然而,他的儿子莫里斯做了为创建必要的军事基础所需的一切,以保国家的继续存在。

我们还要举出罗昂对欧洲政治晚近各阶段的评判。在三十年战争初期,法国将自己的利益出卖给了西班牙霸权。然而,被自己在战场上和欧洲政治中的成功宠坏了的西班牙/奥地利集团冒险透露了自己的图谋(那此前一直被宗教幌子掩盖着),公然袭击曼图亚公国。此刻,法国奋起,通过前去救援曼图亚公爵开始重新遵循自己的真正利益,并且同古斯塔夫斯·阿道弗斯结盟。然而,西班牙犯了低估这位君主的错误,因为在它鼓动下,最精锐的帝国部队开入意大利攻打曼图亚公爵,从而导致古斯塔夫斯·阿道弗斯有可能在德意志获得成功,同时并未因此在意大利境内捞到任何好处。这支大军的残余不得不被抛回德意志战场;进入意大利的门户卡萨莱和皮内罗尔不得不留在法国人手中。由于试图征服意大利而不先行确保征服德意志,它们两头落空。随后,紧随着对奥地利/西班牙政策的这一评判,罗昂展示了进一步推进的胜利前景,那是可以从得到严格指导、缜密贯彻和逐步实施的黎塞留政策期望的。他在此给出的关系图景肯定有点简单化,[①]然而它确实深入到了世界史上他适才亲历过的那场大危机的核心。哈布斯堡帝国主义在达到前所未闻的成功巅峰后再次被打倒,因为它的目的轻率冒失,加上它任意低估了那些仍在反对它的力量;[②]与此同时,法国却在一种既大胆又审慎的领导之下,可靠无疑地攀上了自己的欧洲权势道路。

*　　　　*　　　　*

在其著作末尾,罗昂颂扬法国的政策(即使在此他也没有提到它的伟大主导者的名字)。他颂扬它,特别是因为 1628 年加入曼图亚战争,从而追求法国的真正利益的大胆决定,即使当时拉罗谢尔围城战依然悬而未决,即使英国在援助被围兵力,即使西班牙看来即将援助在朗格多克造反的胡格诺教徒。当罗昂将此颂词写在

---

① 西班牙并不希望实际派遣帝国军队从事 1629 年对曼图亚的战争,而只希望西班牙军得到盟国援军的增援。是皇帝决定派遣一支大军前往意大利。见 Ritter, *Wallensteins Eroberungspläne gegen Venedig*, *Histor. Zeitschr.*, 93, 54; *Deutsche Geschichte 1555/1648*, 3, 419。

② 例如参见里特尔的评判:Ritter, *Deutsche Geschichte*, 1555/1648, 3, 447。

第六章 黎塞留时期在法国的"国家最佳利益"观念

纸上时,他的感觉必定如何? 当时(1628年),他本人就是这些胡格诺教徒的首领,他们不被打倒,黎塞留的法国国家政策就永无可能兴起。更有甚者,他本人曾向西班牙人提出建议,而且与他们达成了一项协定,据此他投身为西班牙的政策效劳。简言之,正是在此关头,黎塞留准备发动一种促进法国唯一真正和重要利益的政策(这甚至也是罗昂在自己的书里对此政策的看法),他——罗昂——却是这政策的最危险的敌人。而且,如果较细致地来看1629年5月3日由他的代理人克洛泽尔在马德里缔结的这项协定,就更令人惊讶。①

为交换每年300 000达克特的津贴,罗昂承诺维持6 000人的部队;他还进一步承诺在西班牙国王希望的任何时候,以其希望的任何方式让自己为其所用,并且在他经这位国王充分知情和同意而投身媾和谈判的情况下,如果西班牙希望中止这些谈判,他就要中止之。同样,在他和他的派别变得强大到能够建立一个独立国家时,他们要保障天主教徒在该国自由信奉其宗教,同时有被任命担任公职的平等权利。

---

① 该协定由两部分构成:(1)罗昂的建议,由克洛泽尔拟定;(2)多姆·让·德·比列拉对这些建议的稍加修改的接受,此人是西班牙国王的国务会议首席秘书。协定由比列拉和克洛泽尔共同签署,并且附有一项保留规定,即罗昂必须予以批准、签署和发誓信守。1631年间,它已在 *Mercure françois*, XV, 455 ff. 发表。我读不到重刊于 Le Cointe, *Recueil de pièces conc. l'hist. de Louis XIII*, II, 522 ff. 的协定文本,也读不到藏于前王家图书馆的协定草案手稿,那是他和珀蒂托(Petitot)(在罗昂回忆录的前言[载于 *Collection des mémoires*, 2nd series, 18, 55])提到的。关于晚近的历史学家们对该协定用语和内容的看法,除洛热尔(Laugel)和珀蒂托的著作外,另参见 Ranke, *Französ. Geschichte*, 2^2, 343; La Garde, *Le duc de Rohan et les protestants sous Louis XIII* (1884), p. 296 f.; Schybergson, *Le duc de Rohan et la chute du parti protestant en France* (1880), p. 89; Lavisse, *Hist. de France*, 7, 273。这些看法大同小异,而且并非全然准确。我们坚持依据载于 *Mercure françois* 的协定文本。

罗昂的祖母是阿尔布雷家族的人,亨利四世的姑姥。假如亨利四世始终没有子女,他就会是纳瓦尔和贝阿恩两地的继承人。[①] 1620年,贝阿恩被剥夺了此前一直享有的很大的新教特权和省份特权。这引发了1621年在罗昂领导下首次胡格诺教徒武装起义。自然可以设想,当1629年他通过自己在马德里的亲信,提出在法国南部建立一个特殊的新教国家的问题时,他不仅在将自己看作是个新教徒,而且自认为是阿尔布雷家族在贝阿恩的继承人。然而,不管他心里想的是贝阿恩,还是某块别的领土,这都构成了对法兰西民族和国家的根本基础的一记打击,他因而损害了他在自己1634年的著作中鼓吹其绝对正确性的那些利益。诚然,那时在法国,一个人仍很习惯于看到反叛的贵族在本国的敌人那里寻求避难所。[②] 然而,他在1629年的行为与他在1634年的思想截然相反,这就提出了一个心理难题,那或许还有一种普遍的政治意义,而且或许还能说明"国家理由"观念和国家利益的发展。似乎不合情理的是,这位性格严厉的人物竟会十足地见风使舵,竟会从一名被击败的反对者摇身一变为黎塞留政策的热烈支持者。至此,我们已在他的政治生涯中遇到过三种动机:胡格诺教派信仰、贵族抱负和王朝野心、黎塞留国家观念倾向。它们怎么可能全都表现在同一个人的头脑中?它们怎样在他内心真实地互相关联?为了找到这个问题的答案,必须回顾自亨利四世去世之后他的政治史。

一开始,他肯定像是完全由头两种动机支配,而且确实这两种

[①] Sainte-Beuve, *Causeries de lundi*, 12, 249; Laugel, p. 83 和 Hanotaux, Hist. du cardinal de Richelieu, II, 2, 440 显示了这一点。

[②] Avenel, *Richelieu et la monarchie absolue*, 1, 328.

动机彼此紧密交织,以致并不总是有可能将它们准确地区分开来。1611年在索米尔举行了胡格诺派教徒的政治集会,要决定他们将对亲西班牙的摄政玛丽与其天主教行动方针采取什么态度。是罗昂及其岳父苏利在这次会议上反对较为和平的倾向,对他们的同派教徒提出了更激进的要求。接下来的几年里他走得甚至更远。他对自己被拒绝了在位于普瓦图的政府中的继承权大为恼火,于1615年极力主张胡格诺教徒与孔德为首的"贵族党"(Party of the Nobles)联合。"现在,"兰克写道,"他们与一个希望对摄政王后发号施令的贵族派别同仇敌忾。"[1]驱使着罗昂的不再是纯宗教利益。后来,在政府被路易十三接管后,王太后本人成了"投石党"的魁首,罗昂遂发觉站在她一边暂时有利(虽然她彻头彻尾地信奉天主教)。在接下来20年的斗争期间,他的胡格诺教派信仰肯定较为真纯地发挥着作用(而且未与任何其他动机混杂),其时只得依靠自己的胡格诺教徒在奋力对抗宫廷。他当时的态度仍然经常令人回想起早先时代里老的加尔文主义战斗精神。他面对《圣经》宣告,如果世上还留下两个人信奉新教,那么他就将是其中之一。[2]"如果你将我们被俘虏的人处死,"他1628年给他的一位对手写道,"我就会对你们被俘虏的人做同样的事,那对他们将比对我们的人来说更糟,因为你们的人不会有得到灵魂拯救的必然性。"[3]甚至后来,在1631年,他仍以同样坚定无比的信念宣告,他宁愿听到自己女儿的死讯,也不愿听到她与一名天主教徒结婚。[4] 然而,

---

[1] *Französ Geschichte*, 2², 195.
[2] *Loc. cit.*, 257, 289; De La Garde, p. 153.
[3] *Discours politiques du duc de Rohan*, 1646, p. 112.
[4] Laugel, p. 289.

当他与王室作对时,他的加尔文主义情感是多么容易不知不觉地转变成一位不从王命的臣属的蔑视和挑战!关于他和他兄弟苏比斯领导的1625年起义,兰克感到自己不得不说:"他们完全缺乏对王族威严的尊崇,他们只想着自己特殊的宗派姿态。"在他与外国结交反对本国政府这一个人政策方面,他也多少是肆无忌惮的。在1611年的索米尔集会后,他试图通过一名代理人,使英国国王对他那一派的观点感兴趣。[1] 他与英国在1626年建立的关系引起了胡格诺教徒的第三次造反,而他本人就此关系说道:"除了教会的利益,我根本不顾任何其他考虑。"[2]与西班牙的最初的政治联系在1625年已经发生。[3] 我们已经见过它们导致了怎样的叛国计划。甚至在他的政治活动的这一最后高潮到来以前,图卢兹高等法院就已于1628年1月29日判他四马分尸,作为对他已做之事的惩罚。[4]

诚然,任何仔细阅读他的《利益》的人,都能在察觉出背景之中的这一中介。在这本书里,亨利四世在他看来凸现为法国及其真正利益的经典代表,接下来从亨利四世到黎塞留却截然反常,是个背离真正的指导光芒的时期,恰如斯图亚特王朝的政策看来背离了伊丽莎白代表的真正英国政策体系。[5] 在亨利四世的体系中,驱动他个人的各种不同利益线索汇集为一种综合,那在他看来是完全理想

---

[1] *Memoires du duc de Rohan*, 2nd edition, 1646, p. 36;参见 Laugel, p. 60。

[2] De la Garde, *loc. cit.*, p. 188。

[3] Ranke, *loc. cit.*, 290。

[4] De la Garde, *loc. cit.*, p. 228;参见 *Memoires du duc de Rohan*, 2nd edition, 1646, p. 285。

[5] 关于当时舆论中的类似观点,参见 Kükelhaus, *Ursprung des Plans vom ewigen Frieden*, 等等,第50页以下。

第六章 黎塞留时期在法国的"国家最佳利益"观念

的。亨利四世是其同派教徒在法国内外的保护者,也是大贵族的侠义和杰出的领袖,后者的种种抱负由他仅仅在拥有一个强大王国这利益要求的限度内予以控制;另一方面,他们的辉煌反映了他自己王权的光彩。而且,他依靠自己的智慧、坚定和对西班牙普遍帝国坚持不懈的抗击,导致法国再次登上了一种强大有力、至关重要的在欧地位。罗昂1579年出生,像是业已由亨利四世训练出来的年轻一代胡格诺教徒的一员,能够将亨利四世改变宗教信仰当作一个既成事实接受下来,比这位国王的老战友们更容易达到对他的真正理解。他成了国王的宠幸,其亲信大臣苏利的女婿。1610年夺取于利希的尝试是进入大欧洲政治的最初行动,也是亨利四世谋划着的法国权势的最初部署,而在其中法国部队一度由罗昂率领。当这次行动因亨利四世被刺而突然中止时,罗昂写道:"现在,我要将我的生涯划分为两部分;已经逝去的那部分我要称之为快乐的,因为那是为亨利大王效劳的岁月,而我仍不得不去活完的另一部分我要称之为不幸的,那将在哭泣、悲恸和哀叹中度过。"①

只是在这根本经验的基础上,1610年以后他的整个行为轨迹才变得全能理解。将他的各种理想汇合在一起的中介瓦解了。现在它们支离破碎,没有了至此为止一直在左右它们的原则,迅速朝各个不同的方向发散,蜕化成了胡格诺教派特殊主义和贵族狭隘性;然而,在整个这躁动不安和四分五裂的宗派挣扎中间,仍然有着一种强烈和不断的渴望,意欲在曾由亨利四世代表的宏大的法国民族利益和国家利益主导下,重新统一和谐地合成发展。不必靠提及后来他撰写的回忆录表明这一点,在其中他哀叹1610年以

---

① *Discours politiques du duc de Rohan*, 1646, p. 11;参见 Laugel, p. 42。

后特殊利益导致了更普遍的利益遭人遗忘。① 宁可说,是在他同宫廷作斗争的岁月里,他反复提笔撰写了一系列《论说》,②它们使我们能够给出一幅他当时政治思想的、不受以后反思和偏见干扰的真实图景,与此同时还是一幅他朝着他以后的国家利益理论做出的预备阶段和初期尝试的真实图景。

这些论说中的第一篇——"论亨利大王之死"写于事件发生后不久,叙述了它给法国带来的不幸。"在这一篇里,我没有为我自己的个人希望哀悼,它被他的死击得粉碎;我的悲哀甚至也不是由于害怕新教教派的毁灭引起,因为我们从未像此刻得到那么多尊敬,或者得到那么多追求,而且我们处于一种可选择自己愿意同天主教两派中的哪一派携手的地位。我在哀悼的是法国遭受的损失,因为国家正岌岌可危。"这危险他看来不仅在于内部混乱;他差不多更将它视为法国在欧权势的衰落。在写于1612年③的第三篇论说中,他说道:"在亨利大王治下,我们令我们的敌人心惊胆战,为我们的朋友提供庇护。自他的统治结束以来,我们的地位与日俱降。欧洲正呈现一种全新的面貌。过去,法国与西班牙两强之间存在一种均衡状态。无疑,所有新教徒都在法国保护之下或站在它一边,它还同西班牙分担保护天主教徒的任务。它们是彼此势不两立的两大强国,而且不可能以婚姻纽带两相联结,不是此盛彼衰就是彼盛此衰。尽管如此,这两强的势均力敌还有别的效应,那就是给所有其他国家以安全,后者从而在这力量均等方面有了重大利益,因为倘若没有这均等,其他国家将被置于一种依附两

---

① *Memoires*, p. 47.
② *Discours politiques du duc de Rohan*, 1646.
③ 见第28和第33页显露的迹象。

第六章 黎塞留时期在法国的"国家最佳利益"观念 285

强之中较强者的地位。现在,我们开始看到业已发生的重大变化。法国与西班牙结成的当今同盟使两国各自的盟友,特别是法国的盟友认清了形势,因为它们现在非常明白这一同盟只是趋向于法国的毁灭,因而也趋向于它们自己的毁灭。"

因此,在这篇和这些年里的其他论说中,他在试图表明法国有可能靠保护新教徒取得强有力的地位,新教徒则有可能靠法国的权势得到保护,同时不发生天主教徒会遭到任何伤害、与天主教小国的同盟会受到任何损坏的情况。鉴于该王国在其他王国中间所处的情势(他在1611年夏天断言),法国国王将保持其欧洲保护者信誉,只要它们善待我们。① 就我们的情况而论(他在写作时间自1617年始的第六篇论说中说),②两大宗教无法成功地彼此毁灭而国家不同时被毁。维护法国的伟大符合新教徒的利益——但也符合许多天主教国家的利益。一方面,新教教派由于其教义,与整个基督教世界的新教徒抱成一团;另一方面,它是个在自己中间产生了复兴法国的那个人的教派。③

即使在那时,他仍希望法兰西国家的利益不仅应当被牢固地与新教利益结为一体,还应当被牢固地与贵族利益结为一体。如果大贵族派与新教教派团结一致(第三篇论说写道),④它们就能够复兴国家,清除目前的罗马和西班牙津贴领取者。合在一起,贵族和新教徒们就将恢复旧日的王权同盟。然而,虽然他表明对他来说,他的新教良心拥有它自身的绝对价值,而且确实只是一种自

---

① P. 20.
② P. 62.
③ P. 34(第三篇论说)。
④ P. 36 ff.

然的和谐使得它符合国家的有机利益,但是他仍将自己的贵族利益从属于君主利益,凭着他用以描述它的全部生动性。在每个王国里,他说,①国王的权威肯定减小了贵族的权威,恰如贵族方面的任何扩张削弱了国王权势。这是一种不可能保持均衡的力量对比:其中的一个权威必须总是压倒另一个。然而,思想合理有序者的看法是:他们自己的伟大与国王的伟大一致;与服从那些害怕损害与法国或西班牙的关系,因而不敢作为的小君主相比,贵族们服从一位伟大国王更快活、更安全。

因此人们看到,他的思想已经趋于揭示各种政治力量的运行中固有的理性利益动力,趋于认识支配它们的规律,并且使之成为一个人自身行为的指导原则。"一个人的雄辩,"他说,②"如果并未触及他希望说服的那些人的利益,那就通常对他们了无效力。"甚至此时,他就已经把握了关于"利益"的首要基本思想之一,那就是国家利益构成国家行为的法则,但这些法则的实际内容因国家各自有异而各不相同,每个国家都有它自己的个别特殊法则。"国家的法律随时代变化。没有一定之规。对一个王国是有用的,对另一个王国则是有害的。"③然而这一时期的另一段话,却为他以后的著作增光:"一个王国的力量在于国王及其盟友,不是血统,而是利益。"第三篇论说"论法国国家"以对欧洲各国的一番简短的比较考察,已经包含了他关于统治者利益的著作的整个核心思想。他指出,欧洲各国全都对西班牙-奥地利同盟感到焦虑,其中每个不同国家又有其不同的焦虑原因。"每个都懂得自由何等甜蜜,都

---

① P. 59 f. (第六篇论说)。
② P. 47 (第五篇论说)。
③ P. 19 (第二篇论说)。

第六章 黎塞留时期在法国的"国家最佳利益"观念

知道一个赢得了自由的国家为保持自由将竭尽所能。"甚至西班牙的特殊弱点,即其权势在地理上被分割,与法国权势攻守皆宜截然相反,也已经由他在此作了相当明晰的分析。

在这些年疯狂的宗派冲突中,即使他本人并非不受这一冲突污染,他仍奋力趋向于一个较宏大、较纯净的任务,那就是在欧洲国家体系框架之内理解法国的集体利益。他一身数任:宗派分子与国务活动家、胡格诺教徒与法兰西爱国者。正是在此时即1612年,他有力地否认了一种看法——新教徒正在希望仿效瑞士人与荷兰人,将他们自己从国家分离出去。这既不会有助于他们民族的光荣,也不会有利于他们自己。无论如何,要考虑走这么一条道路是不可能的,因为他们的家园广为分散在全国各地。① 然而尽管如此,他仍在同一篇论说中威胁说,如果胡格诺教徒被逼至绝望,他们就能够寻求英国国王的帮助,从而使法国陷于毁坏和内战。② 如前所述,说到底绝望事实上能够将他逼入类似的道路。然而,我们现在知道,黎塞留1629年通过打垮胡格诺教徒而为他准备的命运也解放了他内在的力量和思想,那从前就已在他身上酝酿成熟,只是由于时局而受到阻碍和干扰。多年来,他内心燃烧一种热烈的渴望,那就是他和他的同派教徒应当有一天为国王效劳而打过阿尔卑斯山去。③ 他在1629年后,不是作为一名新信徒,而是作为一个长久以来就确信其真理性的人转而为黎塞留的政策服务,并且宣布无情的国家利益信条:

从一开始,对西班牙天主教普世主义的共同反对就是(经恰当

---

① P. 39.
② P. 33.
③ 对此他在1622、1623和1625年均有所表达。参见 Laugel, pp. 137, 167, 177 f.

理解的)法兰西国家利益与胡格诺教派利益的汇合点。而且就罗昂而言,科利尼和亨利四世的政治命运在一定程度上得到重演。当科利尼1572年来到查理九世宫廷并获得羸弱的年轻国王信任时,他就不再仅仅是一个宗派的首领,而是相信达到他真正的政治目的的道路现已开通,这目的就是基于胡格诺教,采取一种为了整个法国的政策,一种扩张政策。巴托罗缪之夜屠杀摧毁了这意义深远、在当时似乎很有机会实现的可能性。接着,亨利四世在从教派领袖一变而为君主时,不得不放弃胡格诺教这一基础,至少对他个人来说是如此;然而此后,胡格诺教派利益之被纳入占支配地位的法兰西国家利益一直是他的政治体系的一部分。罗昂的道路和目的像是介于科利尼和亨利四世中间。他放弃了,而且从一开始就不得不放弃科利尼盯住的至高目的——使法国本身成为新教国家。不再有做到这一点的任何可能性,而且就我们所知,他从未有一刻对此考虑过。另一方面,命运没有像要求亨利四世那样,要求他改变自己的宗教信仰,以便能够将他的力量充分服务于国家理念。相反,黎塞留虽然通过摧毁胡格诺教徒的城防堡垒和剥夺其政治军事特权,在一定程度上将他们的共同体非封建化了,然而他仍授予他们足够的宗教宽容和移动自由,使之能为国家效力而无任何良心问题。在随亨利四世亡故后的岁月里,罗昂曾希望将他的国家利益与宗派利益联在一起,办法是使新教徒在不要求有权独自主宰的同时,仍为国中真正有效的国家宗派。这并无可能;它毁于胡格诺教派的封建抱负——由亨利四世授予的封建特权和它作为国中之国的地位植根于该教派中的抱负。在强有力的、正确理解了法兰西国家利益的亨利四世君主制下,这些封建特权未能损害国家利益,相反它们能够始终与之和谐共存。在摄政年代和

第六章 黎塞留时期在法国的"国家最佳利益"观念

路易十三在位初期的混乱之中,并且在他们实行新的错误的欧洲政策路线期间,胡格诺教派利益从国家利益分离了出来;它并非无理地谴责后者遭到错误理解和错误维护,它退回到依靠自身。结果,罗昂随后更强烈地维护他自己一派的封建利益,并且听任自己(人们不禁要说颇为符合他的利益观念)被它"主宰"。由此发生在他内心的分裂不是他自己能够解决的。必须有某个更强有力的权威,来将在他内心以如此矛盾但必不可免的方式一起发展起来的各不同成分互相隔开。这在黎塞留将胡格诺共同体非封建化时做到了。通过这么做,黎塞留把罗昂身上的法国国务活动家成分、关于国家的纯哲学家成分从特殊宗派利益的压力下解放了出来。当罗昂得以同时既是一名加尔文主义者,又是一名法国人时,当他能够不受限制和以同等的热情如此一身二任时,他也许终于可以真正自由呼吸了。这就像一块田地,至此为止不得不既种庄稼,又生杂草,现在却被清除掉了隐藏的野苗。

拉罗谢尔的陷落标志了法兰西民族和国家生活中一个时代的结束。法国的各主导人群急切地渴望王权会给他们带来统一、伟大和荣光;甚而那些至此为止阻碍统一的人,也在期盼它。当时的观察家们很明白现在正在出现的这项新要素。其中的一位在1629年写道:"这不再是昨日的法国,分裂、病态和虚弱。已经发生一场道德革命,一场精神变更,一场叫人欢悦、令人满足的从坏到好的转型。"现在,法国将有如一幢井然有序的楼舍。从孩童到受雇的仆人,大家都将循规蹈矩,王公林立的局面将让位于单独一位国王的无上主权。①

---

① Balzac, *Le Prince*(1661年版),p. 162;尤其见该书第30页。

现在，我们还能够回答这么一个问题：如何将罗昂《利益》一书中予以各派对立教义的冷淡的功利主义对待与他深为真挚的加尔文主义信仰感调和起来？他本人命运的各种复杂性和不同解决办法向我们表明，他一贯希望既是国家利益的鼓吹者，同时又是信仰的倡导者，而到头来他能够一身二任，互不侵扰。一经达到这和谐，他就毫不犹豫地去引出实际结果。他在瓦尔泰利纳活动期间，代表那里的天主教徒行事（依据黎塞留和约瑟夫神父的政策），与他在格里松的同派教徒的希望作对。① 倘若联系整体来理解法兰西国家利益与加尔文主义利益，它们就都指向同一条政治路径：这或许在他看来像是一种由上帝预先设定的和谐。然而，一个人可以探索得更深，并且回想起加尔文主义内在的那种由马克斯·韦伯和特勒尔奇揭示的、具有如此无穷历史意义的特性，即其内在的精神禁欲主义要素，它使得加尔文主义者能够以十足的功利主义和理性方式，同时以极大的劲头，来从事世俗事务，只要他们不让世俗事务俘虏和误导他们的良心，只要他们只是作为弘扬上帝在世上的荣耀的一个工具来从事这些事务。因此，就有可能也在政治中纯功利主义地使用教义因素，仅需做一个默然的保留，即上帝的荣耀高于一切政治问题（有如为国王效劳的胡格诺教徒的一个说法——"上帝的王国是完美的。"——表达的②），而且说到底每项政治行为都必须服务于上帝的荣耀。马克斯·韦伯已显示，西欧现代资本主义精神怎样一直由这思想的和精神的禁欲主义滋养培育。现在，罗昂

---

① Laugel, p. 309, 313, 335; Rott, *Hist. de la représent. dipl. de la France*, etc., 5, 89, 144; *Revue d'hist. diplom.* 27, 167.

② Schybergson, p. 16.

的情况表明,这些动机力还能至少有利并促进现代治国方略精神,虽然并未实际产生之。在他身上,存在着宗教冲突时代与纯"国家理由"时代之间的一种密切联系。

* * *

这样,罗昂本人的生涯提供了对其国家利益信条的最完美说明。我们看到这些利益如何有机地从当时的时代状况中崛起,它们如何由于正确或错误的理解而能导致国家的兴衰;我们看到它们怎样必然凸现,甚至以胡格诺共同体之类准国家的形态,然后又怎样能以一种特殊方式,与真正的最高国家利益彼此交错和衔接;我们还看到当这终于发生时,后者(如果得到理性的和有力的维护)必定自我表现为更强者。此时,刚从封建主义挣扎出来,又新受到宗教分裂问题威胁的古老的法国君主制碰到一项任务,那与现代宪政国家及其各党派面对的任务相似。现代党派也是,并且(按照它们内在的天然冲动)必然是准国家机体,它们的天然利益有时与更高的国家利益冲突,有时则与之相符。在新旧两例当中,更高的国家利益都必须战胜类国家机体的利益。然而与此同时,新旧两例之间有个本质的区别。依赖境内移动自由的现代国家永不能大致消除党派的准国家性质,永不能全然掐死它们体内的特殊利益神经。对此的适当救策是议会制国家,在其中各独立党派及其领导人本身接管了整个国家的责任;它们顺遂无阻地从党派实体过渡到国家实体,此后(如果它们被它取代)必须从国家的观点出发思考和行动,让自己被它"主宰"。因此,在各党派内部发展的有生力量有可能被搞得有益于整个国家(在某些场合较成功地做到这一点,在另一些场合不那么成功)。旧君主国不得不争取以其他手段达到同一个目的。为了使罗昂之类人物的力量可供它自己所用,它就必须完全彻底地粉碎他们依附的类国家机体。君主国绝不可能容忍任何种类的国中之国、任何种类的在它内部的特殊政治自治,因为它还没有强大到足够地步,以至可以授予各种类国机体在它本身框架内的更大行动自由,而不在此过程中被它们压倒。虽然亨利四世的体系有可能既保留胡格诺教派的自治精神,同时又将它保持在限界之内,但是它仅仅基于他个人的独特秉性。按照摄政时期的经验判断,黎塞留清楚地看到只是依靠铲除一切自治当局,依靠击破国内的一切特殊政治利益,中央集权国家的利益才会变得能够实现其最充分发展。

于是,国家利益的内外发展过程彼此紧密相连。为了实现其国外权势目的,国家意志就必须为自己在国内寻求更丰裕的财力和军力来源,而当时要做到这一点,只能依靠启动一个专制政权。这就引起了一个问题:罗昂是否也已经决定导出他的利益信条的此等推论?或者说,在胡格诺教派自治被粉碎后,他是否也已经基本上采取了黎塞留的专制主义立场,从而不仅赞成其对外政策,也赞成其对内政策?不可能依据罗昂自己的言谈来回答这个问题,然而某些其他原因使我们倾向于给出肯定的答复。罗昂政治思想的真正指南一向是亨利四世体系;他所以能转而为黎塞留效劳,是因为(而且我们很可以添上"只是因为"四个字来限定它)后者正在恢复亨利四世体系。然而,这一体系尚未达到国内专制主义完全形成的阶段。贵族在国内的独立权力只是被削弱,而未被粉碎。它的真正根源在于那古老的、能将下列两种态度结合起来的法国式忠君思想:其一,对一位向国外投射强烈光彩的国君怀抱真诚、幼稚的热烈爱戴;其二,与此同时本着狭隘的宗派情绪鄙视国君的仆从——"支持国王,反对红衣主教",就像后来在贵族们与黎塞留争斗时得到表述的。① 而且说到底,黎塞留为之铺道的无限专制主义确实(如经验本可表明的那样)还危及他给予胡格诺教徒,并且据此使罗昂有可能为他效劳的那种程度的宗教宽容。黎塞留终生工作的这些令人讨厌的后果当时尚不可见,然而罗昂由于眼下为黎塞留效力,帮助挖掘了胡格诺教派的坟墓。他相信(而且他当时颇有理由相信),他正在为得到恰当理解的法国"国家理由"服务,那必定宽容国内的新教,因为法国的欧洲利益需要它。在意大利各战场上,他也想着(正如被正确地指出了的那样)为他的信仰得到承认而战。而且,在这同一些战场上,贵族的未经制约的多余力量能够发泄出来,他们那古老的法国式忠君思想能够肆行无遗。没有谁能比罗昂更强烈地感觉到这一点,后者那么长久以来不得不在徒劳无功的反叛中徒费精力,最终才在代表法国欧洲利益的政治军事活动中,找到他长久渴望的为国王效力的机会。在他评论恺撒《高卢战记》的著作《完美的指挥官》(*Le Parfait Capitaine*)(写作时间与《利益》属同一年代)②之中,可以见到关于这个问题的某些富有启发性的言论。它们确实接近某些当时经常得到表述的治国方略信条,但也带有明白无疑的个人经验色彩。

不依赖别国帮助的强国(这里说)③寥寥无几,它们必须提防的只是它们自己。然而,强国恰如不那么强的国家,只应有精良的要

---

① Avenel, *Richelieu et la monarchie absolue*, I, 148 f.
② 我用的是 1638 年版本:*Abbregé des Guerres de Gaule des commentaries de Cesar* (Paris, Jean Houzé)。一种较早的 1636 年版本由 Laugel, p. 293 提及。
③ Pp. 363 ff.

塞，并且只是少数这样的要塞被建筑在边境而非国内心脏地区，[1]因为它们必须害怕的是内战而非入侵，因为没有谁会进攻一个不在内战阵痛中的大王国。而且，其政府绝不应当被允许永久由一个家族执掌，或如此超过一个人一生时间。然而，防止内战的最重要、最有力手段是进行对外战争。它驱除懒散，让每个人（特别是野心勃勃、目无规矩者）有事可干，禁绝奢侈，令人好战，并且使国家在邻邦中间保持如此的好名声，以至成为它们一切事务的仲裁者。诚然，这一原则只适用于强国。它对它们来说是一项必需的原则，但对不得不害怕所有战争的小国来说却是危险的，因为它们有被强国掠食的风险。

莱迪吉埃在1620年已经提议对西班牙开战，理由是它会起到防止内战的作用，并且为法国的好战势力在意大利平原找到用武之地。[2] 然而总的来说，这种想法，即对外战争提供了一个占去喜爱反叛者精力的有益手段，乃是那个时代治国方略中的一项常识，[3]

---

[1] 就此参见博丹《论国家》第五篇第6章："命令被发布到各个地区、各个行省，这样一来，整个国家只能听到一种声音，除了在皇室领地既不禁止大兴土木，也不全力保卫城市之外，在其他一切地方这些都是必要的，因此，皇室领地既能轻松地抵御外敌入侵，也能有效防范国内暴动。"

[2] Dyfayard, *Lesdiguières*, p. 527.

[3] 在 Desjardins, *Les sentiments moraux au 16. siècle* (1877) 一书第304页往后，有取自16世纪中叶的无数例子。另参见马基雅维里《君主论》第21章，连同上面提到的博丹那段话。甚至亚里士多德也在《政治学》第九卷中说，借主为占去臣民的精力并使之觉得需要一位领袖而发动战争。博泰罗在《国家理由》第三篇内（1606年版第107页）断言，之所以西班牙生活完全安宁，而法国却不断被内战搞得分裂，是因为西班牙使它的人民总是忙于对外大战，与邻居和平相处的法国却由于加尔文主义异端而自我内战。又见：康帕内拉论西班牙君主国一书第20章；弗拉凯论君主一书第134页；贝佐尔德的 *Politicorum libri duo* 第774页。关于克拉普马尔，参见 Hegels, *loc. cit.*, p. 54. 在《论政治》第7章第20节里，斯宾诺莎说国王们通常为了贵族的缘故而发动战争，以便享有国内和平。

第六章 黎塞留时期在法国的"国家最佳利益"观念

在对当时战争动机的任何探究中都值得被给予远为更多的考虑。黎塞留本人确实完全无意以对外战争为手段缓解国内形势,[1]然而即使是他,也可以欢迎它对国内事务的效应。对外国敌人进行的战争是导致国家非封建化、消除国内自治精神和将分裂的民族力量聚合起来为国家利益服务的最有效手段之一。当然,在为此类动机进行的任何战争中,必定有着强烈的、这同一种封建精神的成分,即强烈的骑士式抱负和成就伟大武功的急切渴望。例如,众所周知查理八世对意大利的著名入侵——它开启了现代权势利益政策史——根本不是依据任何纯粹、冷静的"国家理由",而是代表了一场宏伟的骑士式冒险。同样众所周知,骑士式的侠义动机也在查理五世与弗朗西斯一世的巨大斗争中起了作用。现代国家生活本身(在此我们考虑的是现代权威等级体系与围绕君主宫廷建设起来的国家之间的联系,连同旧式常备军的结构)本来就在一定程度上类似一名大骑士的生活。于是在这方面,不同的时代实际上也彼此弥合,而且因此各个旧时代以其根本活力滋养了新时代的成长,虽然它们本身在此过程中遭到摧毁。

时代之间的这种血缘关系确实也使人能够理解罗昂怎么可能一身属于两个时代。尽管如此,人们在读到《完美的指挥官》一书中关于国内要塞部署的话语,同时回想起他的《利益》的基本思想时,总会不断发现对他自己先前的个人行为的否定。有谁比罗昂更清楚国内的小要塞是内战中最危险的一类军事资源?他是作为朗格多克和塞文山区的小城市和小城堡的守卫者为自己赢得军事荣耀的。在一定程度上,出自《完美的指挥官》的这些话语现在最

---

[1] W. Mommsen, *loc. cit.*, p. 228.

终确凿地肯定了黎塞留的一项行动,那就是拆除罗昂曾经守卫的胡格诺教派要塞。对他先前这一活动的否定本来差不多显示了一种懦弱,要不是相当清楚地懂得某种程度上缺乏原则确实构成新的国家利益政治的一个本质要素。在马基雅维里那里,它表现为一种估算国家自我中心主义的纯能力,一种应当颇为理性地加以行使,不受任何伦理原则或目的骚扰的能力。只是在概览马基雅维里的整个人格后,才有可能觉察到在这一切背后,掩藏着"美德"理想的伦理动机,连同一种炽热的意大利爱国主义的道德目的。罗昂的情况与此大为相似。从一开始,在作为胡格诺教徒封建共同体的高傲顽固的捍卫者同时,他就分明积极地提倡法国的光荣伟大。然而,利益政策本身(那是他以其同时代人的精神予以接受的)需要冷静和理性地估算朋友和敌人的相对实力。在我们看来,正是利益信条中的这一估算要素,使他比较容易提倡之,并且因而与此同时公然否定自己的过去。他以一种冷静的"事实如此"的态度,开出与他自己早先的反叛性截然对立的药方:这所以可能,是因为一项事实本身,即那是个纯技术问题。

此番观察引导到其他某个情况。黎塞留,甚至还有罗昂,很可能怀着隐秘的崇高感和精神热情来考虑纯国家利益这一大观念,考虑每项偶然和本能的冲动都严格从属于无情的"国家理由"法则这一大思想,似乎它乃是一类福音。然而,在被应用于具体的现实和国家权势的多重关系时,这项信条也有可能轻而易举地蜕变为一种唯物质的谋算能力,一种功利主义技能和政治交易机制。而且,那些时期的精神恰恰倾向于这么一种冷静漠然的常规态度。在马基雅维里那里,它已经扰乱了读者的伦理感。诚然,当时国家尚未怀抱足够的道德价值,它还没有足够广泛深入地植根于民族文化生活。它只能靠使用一种机械的手段从封建主义挣扎出来向前迈进,那就是经良好谋算的权势装置和精确地计算了本国与外国实力的利益政策。然而如前所述,与这理性相交织,确实还存在着非理性的紧张,即封建和骑士式的抱负与成就伟大武功的急切渴望,还有(在反宗教改革时代,主要是在西班牙)一切宗教激情和教义偏见。现代国家由国王、教士和骑士造就(不仅通过他们互相协作,而且通过他们奋力互相分离),得益于取自中产阶级的某些创造和工具。初生的现代国家因而不得不在它自身内包含那么多矛盾,这就一定程度上迫使它(为在这些矛盾的影响面前保护自己)恰恰采取其运行方式上的这种冷漠的谋算态度,恰恰采取关于其利益的这一机械观念。一个人如果仔细考虑16世纪和17世纪初的政治史,就会不断对以下两者同时并存大感惊讶:一方面是纯马基雅维里式的治国方略和思想模式,另一方面却是朦胧不清、令人困惑的种种激情和冲动。①

不过,因其当时尚有的机械性,利益政策和利益观念的胜利进展变得比较容易了。在实行这么一种政策时,有着(如前所述)像在下棋时那样的快感——而且最终也像甚而当今一名老练的外交家体会到的那种欣然。它能够带有一种玩耍和竞技性质。正确评估欧洲所有大小当权者的隐秘动机和资源,并且正确操纵之:这对强人们有何等的吸引力!而且,对冒险家们来说,朝秦暮楚地试运气又何等富有诱惑。利益观念还教人敏捷地改换观点的艺术,由日日翻新的利益变化左右自己的看法。而且,特别是17世纪,形

---

① 斯蒂弗(Stieve)关于17世纪的治国方略和激情的文章(载于其 *Abhandlungen, Vorträgen und Reden*, 1900)很好地展示了激情所起的作用,但低估了当时政治中理性的私利动机的重要性。

成了一类外交雇佣军,即一大批兼职或全职的外交家,包括常驻公使、代理、通信人和政治作家,他们随时准备受雇于任何国家或熟练地估算任何利益。这个圈子在17世纪后期和18世纪产出了罗昂著作的许多仿制品。只要它们出自政治才子之手,它们便很有启发性地反映了欧洲政治形势和政治精神的改变。然而,如果要追踪利益观念和与之相连的"国家理由"观念的更深刻发展,如果要观察它们投射在其他紧要领域的光彩,连同它们与整个政治思想和历史理念互相交织的方式,就必须不仅注意这些政治交易的老手,还必须主要注视那些独立的和原创性的政治思想大师和实践巨匠。据此,以后各章的目的将是展示一条链环,它远远延伸到19世纪的历史主义,从而表明治国方略发展与历史理解演化之间的关系。然而,我们可以让真正的"国家理由"观念的又一位代表——这次出自黎塞留本人身边——先来说一番。

第七章 加布里埃尔·诺代

在我们至此为止关于黎塞留——17世纪"国家理由"观念的最伟大实践者——的考察中,我们如同转了一个圈。我们心满意足地追踪他的国务活动家精神如何启示了康帕内拉、1624年《论君主》一书的作者和罗昂公爵,然后我们考察了光芒如何从这三个人身上反射回来,照在黎塞留本人的终身工作上。我们现在将照此进一步深入下去,办法是竖起一面新的镜子,它不仅反射光芒,还发出它自身的光芒,那就是黎塞留的同代人加布里埃尔·诺代写的一部书,题为《政治与政变思考》。我们这么做的理由在于,"国家理由"的思想线条和底音在实干的国务活动家的作品里,不如在下面那些人的作品里有那么清晰和完整的表述:这些人距离行动领域足够近,以至很了解它,但同时又距离它足够远,以至能够以一种深思方式思考它的种种问题。只是在例外情况下,例如在弗雷德里克大王那里,行动和思考才那么有效地统一起来,使我们有理由对它们考察再三,久不离去。有趣的是,诺代这个在我们讨论的四位黎塞留同代人及其附属者当中唯一的纯学者,成功地注意到了"国家理由"激励的行动给人的思想加诸的某些线索和影响,并且与较多实干性的其他三位当中随便哪位相比,更自觉、更鲜明地将它们揭示了出来。

加布里埃尔·诺代生于1600年,卒于1653年。他起初是个医生，但1631年成了枢机主教巴尼麾下在罗马的图书馆长，后者多次担任教廷的外交家，也担任过教皇乌尔班八世的驻法使节。诺代一直为之效劳，直到后者1641年逝去。1642年，即黎塞留去世的那年，他被这位红衣主教召到巴黎，担任其图书馆长，此后又被马萨林安放在这个位置上。他是一位图书馆长、书籍收集者、若干宏大的图书馆的创建人。他勤勉不辍地以典雅的拉丁文与他那个时期的许多学者通信，过着一种他去世后深受赞扬的无懈可击、俭朴节制的生活。他的座右铭是"在外遵守习俗，在家随心所欲"。[1] 这一学术生涯似乎未曾出过任何特殊问题。他对他那时的政治文献阅读得非常广泛，这由他那本1633年初次面世的、篇幅虽小但富有教益的《政治书目》表现了出来。然而，特别令我们感兴趣的，是他与康帕内拉之间友谊与争执交替的密切的个人关系；[2]他对后者的枯荣沉浮有不少深刻的透视，并且在上面提到的那本小书中称其为"满腔热情者和自命不凡者"。值得做一番单独的研究，以便追踪康帕内拉通过与诺代、希奥皮乌斯和克里斯托夫·冯·福斯特纳的通信而扔进法国和德意志的各种不同的思想火花。[3] 这刺激必定非同寻常，尽管诺代本人能在被康帕内拉那里玄学与政治的两相混杂搞得疏远了的岁月做出尖锐的批评。[4]他俩之中，诺代的性格更冷静，马基雅维里主义在他身上有更强烈

---

[1] 参见圣伯夫（Sainte-Beuve）1843年就他所写的文章，载于 *Portraits littéraires*，II；又见 G. *Naudaei epistolae*（1667年版）内关于他的生活的记载。

[2] 就此参见 Amabile, *Campanella ne'castelli di Napoli*, I, 437 ff.，以及刊印在第2卷里的诺代的书信。

[3] 见 Kvačala, *Protestant. gelehrte Polemik gegen Campanella*, 1909; Blanchet, *Campanella*, 529 ff.

[4] Amabile, 2, 281.

第七章 加布里埃尔·诺代

的突破,甚于康帕内拉所能够赞成的。因此,我们可以设想,对于诺代受其主人巴尼主教促使而撰写,并于1639年献给后者的那部政变问题论著,马基雅维里和康帕内拉都起了思想引导者的作用。起初,它根本不是打算写给公众看的,而是供一小群政治专家和内行阅读;而且,由于这个原因(如其前言所说),一开始只印了12本。然而实际上,从这首次刊印往后,必定有数量大得多的印本存在;据称同一年即1639年里随之在巴黎出了一种重印本,以后还有更多的版本。① 在17世纪里,它成了代表马基雅维里型的最著名的治国方略手册。它自觉地放弃了意大利"国家理由"文献和克拉普马尔所创"方略"文献的那条陈旧的道路,远为密切地不仅与马基雅维里,而且与于斯特斯·利普修斯、②沙朗《论智慧》(*De la sagesse*,1601)和希奥皮乌斯相连——此外还有另一大影响,它不仅对他的书的直接主题,而且对他的整个思想方式来说确实成了决定性的,那就是米歇尔·德·蒙田。他从蒙田那里学到了某种在那些时期里只能难得地、经过很大困难获取的东西,即将学者的知识与实干者的观点结合起来,并且自由地暂不评判人和书籍,从而使自己解脱古代楷模对自己的思想施加的可怕压力。某些属于伟大的自由思想家的素质——思想无畏和不存幻想、相对主义的

---

① 我们在此使用1667年版(*Sur la copie de Rome*)和1673年版,那由迪梅伊(L. Dumey)提供,附上了一番专横武断的、针对诺代的论战式评论。

② 于斯特斯·利普修斯在我们先前提过的(第一章第1段)、他的1589年《政治原理》中,维持一种有节制的马基雅维里主义立场。虽然作为古代"国家理由"思想的一个资料集是有用的,但我们的目的并不要求在任何程度上详细地分析它。就此可以参见雅内(Janet)的 *Hist. de la science politique*,4th edition,I,561 ff.那里在第571页有一节谈论诺代。雅内的有价值的著作受损于过分法理性地对待政治理论。他并非全然明白"国家理由"问题,这特别表现在他试图将黎塞留与马基雅维里截然对立起来。

怀疑态度、与此同时对人类灵魂迷宫的精细感觉以及对觅得一个新的、牢靠的伦理立场的深切渴望——也反映在诺代的思想世界里。

他确信,克拉普马尔等人对马基雅维里主义做了的让步(使国务活动家解脱信守实在法的义务和允许他使用虚伪手段)并未穷尽驱使国务活动家跨过法律和道德界线的所有紧急情况。因此,他再次(而且这次更深地)透视马基雅维里的主张;但尽管如此,他坚决认为(就像后者事实上也坚决认为的那样)允准国务活动家施行不义并不等于为骨子里无法无天、横暴专制的任意妄为辩护。从依然处于法律和道德界线之内的、国家的一般和普遍规则当中,他首先分辨出了"国家准则"(*maximes d'état*),那也许相当于意大利人的"国家理由"和克拉普马尔的"国家方略",其次他又分辨出了他主要谈论的"政变"(*coups d'etat*)。两者的共性在于,它们都为了"公共裨益"(*bonum commune*)的缘故侵犯了普通法律;但是,就"准则"激励的行动而言,它们是在明示的理由、宣言、宣告等等做出之后,而"政变"却犹如闪电直劈而下,不等人听见乌云中的滚滚雷鸣。因此,亨利四世治下比龙倒台,伊丽莎白治下埃塞克斯公爵倒台,都属于"准则",因为它们之前都有一场审判;另一方面,马雷夏尔·当克尔和戴维·里奇奥倒台则属于"政变"。然而,即使正式程序实行在前,仍然能将它称为"政变",如果宗教在此过程中特别严重地遭到亵渎的话。因而,当"浸透了一贯的马基雅维里主义的"威尼斯人说"我们首先是威尼斯人,然后才是基督徒"时,或者当一位基督教统治者要吁请土耳其人给他援助时,事情就可能是如此。然而按照诺代,甚至远非寻常的行动和导致深远后果的行动,例如圣巴托罗缪之夜屠杀、暗杀吉斯公爵、亨利四世与荷兰人结盟以及确实(如他甚至敢提出的那样)后者皈依旧教会,也属于"政变"一类。

不必批评这一概念构建在逻辑上的弱点。他试图说的大多可以理解。当然,他根本不想一概为所有这些"政变"辩解;但是,他区分了正当的与不正当的、国王干的与暴君干的,并且试图为那些有正当理由的"政变"定下辨识的标准和标记。在这个说谎欺骗的、在其中不得不以狡黠对抗狡黠的世界上,可以允许仅仅为防御而非进攻目的搞"政变"。它必须出于"必需",或者必须使国家或统治者得到明显和重要的公共裨益,因为"统治者的荣誉、对祖国的热爱、人民的安全,将补偿许多小失败和小不义"。此外,最好缓行而非急求,并且不过分频繁地使用这方法。接下来,总是应当选择最文雅和最容易的方法,应当像个医生而非刽子手那般行事,凭智慧而不是凭激情。"对罗马的洗劫"本来会较少遭人憎恨,如果多留下一点教堂和教士的话。最后,总是应当带着同情和遗憾,以类似给别人拔牙的方式来行事。应当非常仔细地考虑可能使得运用这种方法成为不必要,或至少使之得以缓解的任何事情。简言之,不能全善的统治者至少应当半善。如果我们对此添上一个事实,即他还断言圣巴托罗缪之夜屠杀(他认为那是预谋的)是个完全正当的"政变",尽管它有非常危险的后果,①那么我们就能领略到他心中全部的理性的马基雅维里主义。

光是这一点,还不会使他成为从历史观点看引人注目的。因为,马基雅维里主义成为历史中的一个有生力量,只是由于它同国家生活的某些真理和价值的邪恶联系。而且,诺代也具有足够的

---

① 他的唯一批评是,它没有以一种足够激进的方式贯彻到底。

正视真理的彻底精神来承认这一点。他并未以任何方式试图掩饰（像甚至博丹本人做了的那样）他本国的马基雅维里主义做法；相反，他公然承认自从查理七世对圣女贞德行使"政变"以来，法国只是靠一连串方略才得以保存，正如一具垂死的人体只是靠使用激烈手段才能活着。不仅如此，他深刻地意识到"政变"蕴含的可怕的两重性。它们像泰莱弗斯的长矛，既能刺伤人，也能疗治人；像一柄剑，既能被使用，也能被误用；像以弗所人的守护女神狄安娜，有两个脸孔，一悲一乐；像异端教派的大奖章，既铸着教皇肖像，同时也铸着恶魔面容；它们还像同时显示生死情景的图画，究竟显示的是生还是死取决于观看者的角度。而且，某一时刻有用的，下一时刻就能有害。

在他身上，此类洞察升华到了那种自由地生成的生活感，在其中我们认为可以觉察到蒙田的影响。① 若要发动"政变"（这是他所教导的），就必须完全确信两件事情。第一，所有王国和领地都必定会变化：巴黎不会永远是法国王都，罗马也不会永远是教皇驻地。所有权力终将衰落。第二，如果希望成功地进行"政变"，就不应当认为必须为此搅动全世界。此类大变更的到来往往谁也想不到，至少不必做大准备。阿基米德设法用三四个被巧妙连接在一起的杆子移动了极大的重量。因此，国务活动家也能用相当微小的手段造就政治大变更。而且，在这方面，应当顺乎自然，自然能够使小种子长出大雪松。智慧与精妙、心理冷静与行为敏捷的一种特殊和富有特征的结合，便是他精巧地描绘的国务活动家特有

---

① 那就是17世纪开始后在法国兴起的"诚实人"（*honnête homme*）的理想。参见 Erna Priest, *Margarete von Navarra und die Frauenfrage*（柏林大学博士学位论文，1925年）。

第七章 加布里埃尔·诺代

精神。在依据纯"国家理由"行事的国务活动家那里一般存在、但难得被公开表达出来的那种哲学怀疑主义基础,在此以一种相当直截了当的方式显露出来。

国务活动家的这种务实哲学确实一向是一种二元哲学,因为智慧与权势需要并非总是一致。一位开明和心存怀疑的国务活动家与其下属人民之间的关系究竟有多大两重性,是他必须考虑的一个问题。诺代甚至就此也有所揭示。一方面,他极为轻蔑地谈论民众,说他们比畜生还蠢,因为后者并无天赋理性而只有本能;粗鲁的大众以千百种方式误用理性,从而为煽动者、假先知和吹牛家提供了舞台,为能够由任何风暴造就的流血悲剧准备了条件。然而另一方面,他认为值得使用此类欺瞒蒙骗、讲经传道、制造奇迹、挑动情绪、巧言宣告等手段,以此统治乱世和操纵大众。诺代可能经常就此同康帕内拉切磋。这与他的下面一句话如出一辙:有十二个演说家可用的统治者,将比他有两支大军时得到更多的服从。然而,尽管康帕内拉精通煽动性欺骗,但他终究想为一种未来的真宗教铺平道路,诺代却以完全讲求实际和功利主义的方式看待宗教问题:在经验意义上冷静,但也因而终究浅薄。诚然,他高度重视宗教热情的强大力量,认为拉罗谢尔或可依靠40个在该城避难的传教士得到更有效的守卫,甚于依靠那里的所有士兵和指挥官。然而,他难得费神将宗教与迷信区别开来。对他来说,这两者至少近乎不可分离地混在一起。因此他得出一个结论:迷信乃激发民众的最强大力量,宗教则是达到政治目的的最容易、最确凿的手段。它能够,也必须由政治家指导,而最好的宗教是那种拥有最广大信仰者的宗教(第 201 页)。因此,路德被允许独树一帜是个重大错误。应当通过一个"政变"使他变得无害,或者用一笔年金和一项闲职将他收买。的确,不靠收买其最好的指挥官,黎塞留怎么会达到他搞垮胡格诺教徒的目的?

罗昂的例子向我们表明了赢得民众的较好、较高尚手段,而且"国家理由"这思想领域本身确能产生此种较高尚手段。如果说,诺代向我们显示了在依照"国家理由"行事和思考时,总是有沦入鄙视人、鄙视思想的习惯的危险,那么相反他现在还以自己在书末描绘的理想的国务活动家图景,向我们表明了包含在政治人的生机模式中的更高伦理可能性。他显然想着黎塞留,即使那是个理想化了的黎塞留。

他将后者当作出发点,劝告统治者们效法路易十三,让自己听从一名强有力的大臣主宰,以最开通的方式选贤任能,甚至不排斥外国人,甚至不排斥学者和僧侣(他举保罗·萨尔皮为例)。他必须具备三项素质:毅力、公正和审慎。"毅力"是指一种始终如一地坚定、英勇的心理倾向,能够毫不激动地目睹一切,耳闻一切和从事一切。为了获取这美德,必须不断地反思人性及其弱点,反思此世荣耀的虚幻,考虑我们在精神上的赢弱,考虑事物的可变性和暂时性以及舆论的多样性;简言之,寻思避恶择善的巨大好处。他说:我希望国务活动家们犹如处于世外那般生活在世上,如同被置于天上那般行于天下;我希望他懂得宫廷是蠢话蠢事多于世间任何其他地方的一个场所,那里幸运即在于比别处更愚蠢更盲目——因而他该快快学会并不因此而沮丧;我希望他将自己献身于一种高贵的贫困,献身于一种既是哲学的,但同时又是俗人的自由;我希望他就像偶然降临的那样活在世上,如同被暂借置身于宫廷为一位主子效劳,目的只在于给他恰当的满足。这一通常导致人冷漠、率直和自然美善的基本处境,将在他那里引起一种无论处于好运或厄运都会坚持的忠诚,不受任何其他欲望干扰,在他本人及其家庭得到适当供养、全无物资焦虑的生活状况中,一心一意地为其主子好好效劳——他一旦欲求更多,不忠和背叛之门就将洞开。他应当只相信他亲眼目睹的事情。他用来骗人的手段不应被允许骗他自己。迷信令人盲目。如果一个人用圣水涂洒自己的眼睛,他就会开始相信他能免却自己生活中的一切不良行为,并且在轻率冒失的场合以为已谨慎从事。迷信令人愚蠢、鲁莽、邪恶:必须对它喊,"滚开!"

第二类基本美德是"公正",它要求一个人依照神法和自然法生活,不伪善,毫无畏惧和犹豫地信奉一种宗教,除了一个人应当怎样作为正直的人生活之外不抱其他想法。但是,由于在实践中这自然和首要的公正形态有时不便和不合宜,因而一个人往往不得不出于国家的必需(*la nécessité des polices et Estats*)而采取一种特别的、人为的公正形态,那是政治性的,会迫使人去做许多依据自然的公正标准将遭绝对谴责的事情。因此,值得将有利之事与光荣之事尽可能结合起来,绝不让自己被用作主子的激情的工具,绝不向他建议一个人自己不相信那是为维护国家、人民福祉和统治者安全所必需的任何事情。

第三类基本美德即审慎,居政治美德之冠。审慎在于就那些不适于公开的事情保守秘密,在于让自己的言谈出于必需而非出于野心,在于不虐待任何人或鄙视他们,在于称赞自己的同伴甚于称赞自己,最后还在于爱戴上帝和为自己的邻居服务,而且既不想死也不怕死。无法指望发现所有这些都汇聚在一个人身上。应当挑选具备其中大多数素质的人。

犹如处于世外那般生活在世上:这也是作为出自加尔文教的

思想和精神禁欲主义之基础的基本观念,那种禁欲主义在根本上帮助产生了理性的资本主义经济态度。然而,诺代在呼吁的、大国务活动家的心理禁欲主义全无加尔文教表达的那种宗教热情,甚或仅仅伦理热情。但是相当肯定,它不乏精神热情,尽管它在情调上有其全部绅士式的温和节制,连同它所有强烈的、肆无忌惮的功利主义。他的图景还仍然带有封建的贵族荣誉色彩,这在法国要比在意大利(中世纪在那里被更快地甩在身后)容易维持。总的来说,它确实是旧道德理想和价值观的一项残余,必须在此起到加固国务活动家操守的作用,以抵挡权势的诱惑;然而,由于它必须同"国家理由"特有的冷静成分结合起来,它就必然受到相当大的淡化和弱化。在此可以听到一点新的民族伟大和祖国荣耀思潮之音,而且与得到表达的相比(如果记起这里分明有着黎塞留这一楷模),它大概更强烈地被感觉到。可是,它仍然缺乏某种深度和活力;与此同时,其福祉(连同统治者的荣誉)应当占据国务活动家全部同情的人民遭到俯视和鄙视。显而易见,傲慢与谦恭,道德与不道德,英雄般的宏伟和精神力量与轻浮浅薄自相矛盾地结合在一起。然而,这些以及类似的矛盾不断地重现在现代国务活动家的心理中,那乍看来显得如此简单,但给予较细的考察便往往看似迷宫一般。

不仅如此,诺代的思想还确认了某种业已经常迫使我们注意的东西。"国家理由"成了为启蒙运动铺平道路的最重要因素之一,这既是因为它要求的富有特征的心态,也是因为一切教条价值的基本松弛。以此方式导致互相有益的那些观念,也尚能够互相最直接地内在对立。启蒙运动本身,作为它那依据自然权利的人道个人主义的一个结果,后来能够极为激烈地反对"国家理由"。

第七章 加布里埃尔·诺代

我们已经在夸美纽斯那里见到了这种抨击的最初迹象之一。在法国，它开始得甚至更早，确实与正在迸发的国家利益观念同时出现。1623年，埃默里克·克吕塞发表其《新悉涅尼》(*Nouveau Cynée*)一书，那是一种将大致依据世界公民观念来拥抱全人类的和平主义的纲领，在思想上比苏利公爵的计划重要和丰富得多，后者远为更多地出自法国的野心，而非纯粹的爱好和平。该书源于对世界的一种理性主义和自然神论观点（一种本身已差不多全然完整的观点）；它将道德置于教条之前，高度珍视文明的和平成就，与各民族间互相对立的偏见作斗争。如果说（就像我们肯定能说的那样）诺代是蒙田的学生，那么（像已经提示的那样）现代和平主义者眼下挚爱的克吕塞①也是如此。人们必然再度想起西欧趋于思想自由的整个运动，还有在康帕内拉和焦尔达诺·布鲁诺那里喷薄而出的新精神。17世纪的这起初几十年正在萌发某种东西，它直到整整一个世纪后才变得成熟。然而，如果说先前反宗教改革压制了文艺复兴的世俗精神，那么现在成熟的专制主义这一新的、由"国家理由"维持的支配性根本力量横亘在它们之间，以它自己广泛发展着的存在限制了个人主义运动的自由进展。然而以后（如前所述），它将再度对它起某种促进作用。于是，以一种特殊的关联，不同的思想在历史上相反相成。

---

① 参见 Lange, *Histoire de l'internationalisme*, I, 397 ff., 连同该书提到的文献。鲍尔奇(T. W. Balch)重刊《新悉涅尼》，连同其英译，费城1909年版。

第 二 篇

成熟专制主义时代

第八章 略论格劳秀斯、霍布斯和斯宾诺莎

"国家理由"观念的丰富内涵不允许自己被强制纳入一个抽象的定义而受到严重束缚。由于这个原因(如我们在导言中所说),我们的研究也不可能局限于展示存在一股历经几个世纪的、统一和被刻板地界定的思想发展潮流。我们必须追踪这一观念的种种影响,在它们当时被最强烈、最广泛地产生出来的任何地方。因此,这个问题的一个个方面将依次得到仔细的考察,前后相继的各历史时代的特性将会在此过程中使自己被清晰地感知到。诚然,这些时代的一些内涵确实还互相重叠。为此,我们追踪"国家理由"的诸项首要观念在德意志的传播,而不去暂时停下细看在世纪中叶的深刻分野,并且一直考察它们远至路易十四时期。然后,在此时期里,支配性的思想(除在德意志本身外)是业已从"国家理由"观念中浮现出来的国家利益信条,所以如此,是因为各大国的国务活动家们现在就笼统的"国家理由"已经听得够多的了,与此同时他们恰逢专制主义内阁政策的最初兴盛阶段,因而非常关心利益政策的所有具体难题和具体方略。但是,在进而叙述这一时期利益信条的诸位最重要的代表以前,我们必须回答如下问题:17世纪那些关于国家的主要大理论家对"国家理由"问题采取了什么态度?它对他们的国家学说有何意义?引人注目的事实在于,他

们当中只有一人,即德意志的普芬道夫,直接接受了"国家理由"和国家利益观念,为此他必须单独予以考虑。另一方面,格劳秀斯、霍布斯和斯宾诺莎并未直接使用这两项观念,而是依据传统的基础即自然法(那经过了他们按照各自的逻辑做出的发展)构建他们的国家理论。旧的自然法传统的巨大力量由一个事实显示出来:即使是那个世纪里最解放的思想家,也处于它的影响之下,(在经验主义业已萌发的一个时代)未做任何尝试来抓住"国家理由"信条提供了的、导向一种新的经验性国家学说的机会。然而,作为伟大和深刻的思想家,他们除了吸收旧传统,还在精神上消化了国家生活乃至整个世界的活生生的现实;不仅如此,由于这一原因,他们直接接触到种种"国家理由"问题,并且某种程度上在此过程中形成了一些思想,那突破了他们基于自然法设下的前提假定。正是这些突破性的思想,必定引起我们的最大兴趣。

在他们中间,始终最远离这些问题是雨果·格劳秀斯——现代国际法的首要创始者。① 这归因于他的任务的性质。国际法与"国家理由"彼此间自然格格不入。国际法希望限制"国家理由"的影响,并且尽可能多地赋予它法理性质。但是,"国家理由"对此限制大为不满,同时利用法律——事实上非常频繁地滥用法律——作为争取达到它本身的利己主义目的的手段。由于这么做,"国家理由"在不断动摇和破坏国际法适才艰难努力要奠定的那个基础。在许多方面,国家法以其同"国家理由"的斗争,做着一种西西弗斯

---

① 另参见 Lotte Barschak, *Die Staatsanschauung des Hugo Grotius. Bijdragen voor vaderlandsche Geschiednis III*. 另一部著作——Erik Wolf, *Grotius, Pufendorf, Thomasius*, 1927——并未涉及我们的问题。

的劳作;①而且,国际法越少就"国家理由"的本质和需要来麻烦自己,情况就倾向于成为越是如此,因为那样它从一开始就有变得不真实、不实际和教条化的危险。不管归功于格劳秀斯的思想成就和科学功绩有多大,他本人仍在不少根本点上陷入了此种危险。这并非源自缺乏任何关于政治现实的知识。当1625年在巴黎他完成了自己的伟大著作《战争与和平的法律》时,他已经富有政治经验,并且已经品尝到政治避难的辛酸苦楚。他懂得世界,懂得何为治国方略;然而,他有意使这一知识远离其著作。"我避开了每一种属于其他领域的东西,"他在该书《导言》中说,②"例如关于何为有利可图的观念,因为那属于专门的政治艺术。我只是在不同地方相当潦草地提及这些其他问题,以便将它们与法律问题更清楚地区别开来。"科学思维尚未变得恰当地适应各种不同生活领域互相间有机的互动效应,因而除了完全孤立地对待每个领域这一肤浅办法,无法找到任何别的方式使它们全都在逻辑上互相分开。格劳秀斯遂如此构建他的国际法体系,好像根本不存在"国家理由"之类东西,或任何趋于推动各国逾越道德和法律界线的强制性力量,好像全然可能将各国的相互行为限制在法理和伦理限界之内。在此过程中,他每一步都将法律与道德混杂在一起。然而,在所有这一切背后,有着他自己的生活观和他自己的人格,那是全然高尚、温和、充满人道感的。他据以构建自己的法律观和国家观的基础,是一种对人类的信念、对人的社会亲和性和利他冲动的信念,还有一种特别是对基督教各民族同属一家的信仰。在他那里,

---

① 西西弗斯,希腊神话人物,系古时暴君,死后沦入地狱,被罚推石上山,然而石头在被推近山顶时又滚下,因而重新再推,如此循环不已,永无休逸。——译者
② 《战争与和平的法律·导言》,第57节。

旧的"基督教世界"传统观念已在转化为关于生活的现代社会自由理想,其中浸渍了诸如现在能在荷兰商业贵族中间发展着的情感。他,国际冲突仲裁解决的倡导者,有资格在和平主义思想史上占据一个宏大的地位,① 远大于在"国家理由"观念史上的。他劝告被征服民族应顺从命运,说这比为其自由坚持一场无望的斗争要好,因为理性珍视生存甚于它珍视自由!② 他这么做时,他的情感绝非英雄主义的。这也是一种功利主义思维方式,但他将"国家理由"和利益政策看做是较低形态的功利,不如维护自然法和国际法带来的较高级、较经久的裨益。③ 而且(他补充说),即使一个人可能无法从依据正义行事中看到任何利得,以我们觉得出自我们本性的方式来行事也仍然是明智而非愚蠢的。

诚然,由他的国际法和战争惯例发动的、反对野蛮和残暴的斗争能产生许多裨益;而且,尽管在它的要求中已证明过分的不止一项,它仍对各国的实践发挥了有益的影响。出自生活的伟大伦理理想确实难得有不携带某种幻想混合物的。但是,他坚信一种旧式幻想,即总是有可能将"正义战争"与不正义和不可允许的战争区分开来。这一幻想能在实际上加剧局势困难,加大而非减小冲突的来源和战争的频度。他宣告,中立者有责任不做任何能加强不正义事业守护者的事情,或阻碍实行正义事业的事情。④ 然而,这除了中立者应当依据总是会受其私利和"国家理由"影响的道德

---

① 就此参见 Lange, *Histoire de l'internationalisme*, I。
② 《战争与和平的法律》,第二篇,第 24 章第 6 节;参见该书第二篇第 6 章第 5 节,还有第三篇第 25 章第 4 节。
③ 《战争与和平的法律·导言》,第 18 节。
④ 《战争与和平的法律》,第三篇,第 17 章第 3 节第 1 段。

第八章　略论格劳秀斯、霍布斯和斯宾诺莎

价值判断来选择站队外,还能意味着什么?确实,一场干涉战争,即使它出于纯粹道德和正义的动机,即使它是为惩罚一位统治者对其臣民干下的显著不义或对国际法和自然法的粗暴侵犯,也被他认为是不正当的。① 能够出现一种情势,在其中整个文明世界的良心可能大声疾呼,反对某个正义和人道的践踏者,并且以充分的权威进行干预以制止之。这是一个甚至在当今(而且确实特别在当今)也必须得到承认的事实。然而,非政治动机每次流入纯粹的权势和利益冲突领域,都带来这些动机被天然更强的纯利得意图和"国家理由"动机滥用、并且因为它们而堕落的危险。后者犹如某股泥浆色的液流,很快就将所有流入其中的纯净水变为泥浆色。在神圣同盟时期的干涉战争,连同在世界大战期间德国的对手们的法理动机,证明了这一点。

*　　*　　*

纯"国家理由"激励的思想和行为难以符合格劳秀斯怀抱的那种对人性和国家的乐观看法,他由此表明自己是那博爱的 18 世纪的一位先驱。马基雅维里从对普通人性的一种深刻的悲观主义观点出发。在这一点上,托马斯·霍布斯与之相似。根本上出于这个原因,在他关于国家的强有力的理论体系内,"国家理由"观念(虽然霍布斯没有使用这一实际表述)②表现得比在格劳秀斯那里强烈得多。然而与此同时,有一点变得显而易见,那就是在判断基本人性方面,例如存在于格劳秀斯与霍布斯之间的深刻和不断重

---

① 《战争与和平的法律》,第二篇,第 20 章第 40 节第 1 段,第 25 章第 8 段第 2 节。

② 他所谈及的"为公民着想"(*ratio civitatis*)(《公民论》第一篇第 2 章,第 1 节)与"城邦法"(*lex civilis*)是完全一致的。

现的分歧,能够在一个同类思想的大背景下发展起来。因为,霍布斯也严格按照自然法逻辑来思考。国家要据以被构建起来的自然法无非是理性的规定;它永恒不变,因为理性永久如一,既不改变自己的目的,也不改变自己的手段。① 但是(此处开始了那个根本上扩展并最终打碎了基于理性与自然同一的自然法观念的思想过程)理性只构成人性的一部分,人性还含有人的其他能力和冲动,因而也包括人的激情和私欲。而且,正是这些,霍布斯厉眼扫视在一切场合都占主宰地位。霍布斯教导说,一个人对另一个人的态度依照本性是狼的态度。如果他不受恐惧阻碍,他的本性将驱使他争取统治,而非趋于社会生活。人依照本性是个"政治动物"的说法并不正确。不是互相仁爱,而是互相恐惧构成一切较重要和较经久的关系的基础。我们在此关注的,并非较细地考察和批评这一共同的恐惧动机(按照霍布斯的学说)依以突然结合起来,与理性的规定一起运作的方式,并非深究从起初的"一切人反对一切人的战争"状态中,每个人和其他每个人之间订立的一种契约怎么能突然导致国家的产生。② 然而,从他关于人性的基本观念的悲观主义出发,已经能够想象这个国家必须极为强大有力,以便控制人内在的兽性成分。这个国家就是"利维坦",那在他1651年的著名政治杰作中得到了颂扬。通过天才的构思技巧,即国中权威拥有者的权力必须被认为确实并非依据(像先前被教诲的那样)他本人与人民缔结了的一项契约,而是依据人民在他们自己中间互相

---

① 《公民论》,第一篇,第1章,结论;第三章第29节。
② 关于他的理论在这一点上的含糊不清,参见腾尼斯(Tönnies)的一篇文章,载于 Klassiker der Politik, 13, 10(霍布斯1640年论政治和自然权利的早期著作译本)。

第八章 略论格劳秀斯、霍布斯和斯宾诺莎

缔结了的一项契约,①霍布斯成功地将国家权威的拥有者从一切出自任何契约的义务和限制中解脱出来,成功地给这执政者提供了差不多无限的权势资源,并且将利维坦抬高到"人间上帝"("a mortal God")的地位。② 他在国中的权力范围和公民服从他的义务范围并非无边无际,因为霍布斯(与大多数"国家理由"理论家一致)承认执政者要受神法和自然法的节制。然而,他懂得如何通过一系列精巧和人为的演绎,使得甚至这些节制实际上如同虚设,从而最终在人们拥有的一切天赋自由权当中,差不多仅仅剩下国家无法全然摧毁的内心的思想和信仰自由。"如果被宣布的法律不违反那无疑是神法的自然法,而且他保证服从它,那么他就受他自己的行为约束;我说约束是指服从它,而不是必须相信它。"③

因此,国家权力的行为显得不受任何约束,"国家理由"观念看来达到了它的顶峰。它同时也是个最纯粹的"国家理由"观念,因为在回答利维坦可能滥用其权力奴役和虐待其臣民这一忧惧时,他说国家权力的拥有者将由于本身的利益而被诱导来合乎情理地统治,并且促进公共福祉和审慎地对待臣民。④ 总的来说,一种极度理性和权宜的精神浸染了关于在国内将必须做什么和允许什么的叙述,例如,他以很强的洞察力告诫不要搞过头的立法。在此主宰的是一种完全开明的专制。⑤ 因而,在国家的国内政策方面,盛

---

① 就此参见 Gierke, *Althusius*², 86; Jellinek, *Allg. Staatslehre*, Book 2, chapter 7。
② 《利维坦》,第二篇,第 17 章和第 28 章。
③ 《利维坦》,第二篇,第 26 章。
④ 《公民论》,第二篇,第 10 章第 2 节和第 18 节;第 13 章第 2 节往后;《利维坦》,第二篇,第 18 章和第 30 章。
⑤ 《公民论》,第二篇,第 13 章第 15 节。

行的是我们已称为"国家理由"之功利主义中间立场的东西。

不仅如此,在国家互相间关系方面,盛行的也是我们已认识到作为"国家理由"天然基本任务的东西,即不惜代价和不择手段地争取安全和自保的斗争。只是国家内部事务才得到一种理性的和平化,办法是建立一个国家,而在各个国家本身互相间仍然存在"一切人反对一切人的战争"(因为没有任何更高的利维坦能够被确立来拥有凌驾于各国的权威),连同初始的自然状态的所有必然压力。因此在其中,马基雅维里主义的一切权势措施、狡诈诡计和隐秘谋略都是可允许的。① 即使有时各国不在互相打仗,也并无和平状态存在,有的只是一段喘息时间。甚至协议也可以遭到背弃,如果国家安全需要的话。与此相反,在国内,事实是协议应当得到最严格的遵守,那要起整个事情的基础的作用,并且是自然法的要求。霍布斯将"自然法"与"自然权利"截然区别开来。对他来说,法律相当于义务和限制,权利则相当于自由,即自然状态之自由。② 因此,刚由格劳秀斯确立为国际冲突之限制的国际法,一下子就被霍布斯用下面的话推翻了:"关于那被包含在通常所称的'万国法'中的、一位君主对另一位君主的责任,我在此毋庸作任何谈论,因为万国法和自然法是同一个东西。而且,在保障其人民的安全方面,每个君主都有与任何个人在保障自己的身体安全方面能够拥有的同样的权利。命令没有政府的人们应当做什么和互相间提防什么的同一种法律,也对各共同体,即对各国主权君主和主

---

① 《公民论》,第二篇,第 13 章第 7 节;《利维坦》,第一篇,第 13 章;第二篇,第 17 章和第 21 章。

② 同上,第一篇,第 14 章;*Klassiker d. Politik*, 13, 207。

第八章 略论格劳秀斯、霍布斯和斯宾诺莎

权议会的良心提出同样的命令。……"①

与此同时,他很同意一个本身领土不再足以使其自给自足的国家或可奋起,在战争中追求其最后的解救希望,以便在或胜或败中得到满足。② 然而,贪婪地渴求纯粹扩张权势和统治被他说成是国家的一种病症,那曾导致雅典和迦太基败亡。③ 而且,他说,作为一种获取财富的手段,劫掠战争违反自然。④ 这已是第一个迹象,提示在他关于主权国家间存在的自然状态的学说中,并非纯权势观念占主宰地位。在这方面他虽然准备允许无情的权势政策,但这政策只是作为争取达到一种被合理预定了的目标的手段,只是为了特定国家和民族的安全、福利和经久可靠的财富的缘故,才得到他准许,也才被他认为是正当的。然而,这是否确实浸渍了最真的"国家理由"精神?在此过程中国家本身是否确实被感到是一个活生生的至关重要的人格体,有其自身的价值和目的,并且拥有一种寓于"国家理由"的、规定它应当如何生存并使自己完美化的法则?此前在国家必需和"国家理由"问题上的一切思考,正是以此为基础。对霍布斯来说,国家肯定是人格体。然而,它是一个人为的人格体,一个"人造之人"(*homo artificialis*);它本质上是个钟表似的机械装置,被人的天才制造出来,以促进人(即作为个人的人)的目标。因为,人们如果一旦分析它,就会看到一种全然个人主义和幸福论的精神浸透了他就国家最终目的问题不得不说

---

① 《利维坦》,第二篇,第 30 章;参见 *Kalssiker d. Politik*, 13, 211;另参见 G. Jaeger, *Der Ursprung der modernen Staatswissenschaft usw.*, *Archiv für Geschichte der Philosophie*, 14, 4 (1901), p. 556。

② 《利维坦》,第二篇,第 30 章。

③ 同上,第 29 章。

④ 《公民论》,第二篇,第 13 章第 14 节。另参见 *Klassiker d. Politik*, 13, 205。

的一切。在那里，公民个人的"生活热忱"（commoda vitae）、"幸福"（delectatio）和"更为舒适和愉悦的生活"（jucundissime et beate vivere）被赋予了特别重要的作用。① 这的确并不是说，国家现在必须特别地给予个人本身任何特别的注意，而是说在他看来，个人只是在作为一个整体的国家运作方面才能够被适当地关照。这里已经潜伏了后来将由杰里米·边沁宣告的一项观念——"最大多数人的最大幸福"。② 不管听来多么自相矛盾，这极其强大的利维坦国家还与后来自由博爱理性主义的弱型国家密切相关，后者通常被称作"守夜人国家"。两者之间的差别只在手段，而不在目的。两者的目的一样，都是个人的福利、安全和舒适。在专制主义时代终了时，人们彻底厌倦了它的警察式压制，同时却被它产生的文明化效应惯坏了，以为自己将能以一个尽可能弱的国家来管理；然而，霍布斯却被英国内战的惨景震惊并因此愤怒（那有导致退回自然状态即"一切人反对一切人的战争"状态的危险），感到他必须致力寻找一个尽可能强的守夜人，此人将不仅在夜里，也在白天保护他。我渴求安宁：这就是回响在他书中各处的呼声。他恨内战，因为内战破坏了秩序和公民们的舒适。在这对内战的仇恨之外，他的国家全能崇拜还有第二个基本动因：仇恨教会，仇恨对奇迹的盲信力。已经由他体现的启蒙之士，怀着一种确信般的希望在国家那里寻求栖身之地，即预期它（即使给了它凌驾于教会和奇迹崇拜的全部权威）不会侵犯内在的思想自由，因为公民的外在服从对它来说将足够了。

---

① 参见《公民论》，第二篇，第 13 章第 6 节第 16 段；《利维坦》，第二篇，第 30 章；Klassiker d. Politik, 13, 160。另参见 Gierke, Althusius², 189 f.。

② 《公民论》，第二篇，第 13 章第 3 节。

第八章 略论格劳秀斯、霍布斯和斯宾诺莎

这是一种彻底的英国式的思想:要求公民应当最严格地遵守国家发觉为普遍福祉而必须确立的道德习俗和宗教惯例,与此同时却让他们内心自由思考,信仰他们希望的一切。

因此,霍布斯的《利维坦》虽然惯常被人认为是专制主义国家观念和"国家理由"的极致,却并非真正出于专制主义国家概念本身的缘故而为之效劳;它为之效劳宁可说是为了大量个人期望从中取得的那些裨益。利维坦并无个人灵魂,尽管霍布斯确实在谈论此种灵魂,并且将它归因于国家权威的拥有者。① 它事实上是一种人造的灵魂,一种钟表弹簧。如果由于外来原因它中止运行,那么整个钟表机械就会停转,国家形成以前存在的自然状态就会卷土重来。没有什么比下述观念更能显示这一点:如果君主选择废除其子的继承权,那么他死后君主国就将停止存在,所有人的自然权利就将死而复生,即使君主的后裔仍然活着。② 为了每个人的总体裨益的缘故,这一机械地构造出来的利益和权宜之国确实能要求其公民盲目服从,但它无法从他们要求基于忠诚的奉献,要求一种对国家的依恋,那是真正有生的和个人的国家,甚至马基雅维里的"美德"共和国可以从他们那里指望的。两个例子可以说明这一点。第一,一名已被敌国俘虏的公民有理由通过变成敌国臣民来拯救自己的性命。霍布斯觉得这完全没有什么可耻和不爱国的。第二,一名被国家征召在一场战争中服役的公民能够要求免役,只要他找到替代者。③ 如果一个人要在一位18世纪后期的理性主义者那里碰到这些观念,他就会谴责后者对国家怀抱利己主

---

① 《公民论》,第二篇,第6章第19节。
② 《利维坦》,第二篇,第21章。
③ 同上,第二篇,第21章;另参见 Klassiker der Politik, 13, 149。

义二心。然而,《利维坦》的作者正是持有这些观念。

甚至他对君主专制主义的偏爱也建立在功利主义基础上,并非出于感情原因,因而不带有任何宣传热情。诚然,他认为它无疑是最好的国家形态;但是,每个被确立了的国家都应当始终保持自己的既有形态,因为如果一个国家的公民不满足于它的形态,羡慕邻国更幸运的国家形态,那就会非常有害。同样由于这个原因,一个共和国的公民们不应当被听任哪怕是梦中羡慕邻国有君主制的福气。① 他甚至乐意承认克伦威尔的统治。②

霍布斯的国家学说是辩证发展的最显著例子之一,非常清楚地表明了一种思想可能转化成另一种思想,以及旧思想的极致如何能演变为较近的现代思想。在此,在最严酷的专制主义外壳下,已经生有我们先前看到也在格劳秀斯那里萌发的新因素,即西欧式的个人主义和功利主义,它们试图改造国家,使之适合中产阶级的需要,而且在此过程中能够依不同环境希望它尽可能强或尽可能弱。

与此同时,这一学说表明,"国家理由"观念如果继续墨守其功利主义的中间阶段,就无法达到它能够达到的那种国内强度和完善程度,相反却实际上处于在背离国家的种种倾向中间遭殃的危险。单纯的自我中心主义和单纯的功利,不管是以它可能被提倡的(就像在霍布斯那里一样)多么理性、多么有见识的方式存在,都永不会起到一种将人类大群体聚合在一起的内部纽带作用。某种更高的道德感和思想价值感必须被添加到依据"国家理由"的思想

---

① 《利维坦》,第二篇,第30章。
② Hönigswald, *Hobbes und die Staatsphilosophie*, 1924, p. 18.

第八章 略论格劳秀斯、霍布斯和斯宾诺莎

和行动上面,如果后者要达到其顶峰的话。在国务活动家那里,一般是一种对事情本身、对国家和对祖国的爱使得他依据"国家理由"的功利主义操作高尚化,并且得以加强。在政治思想家那里,"国家理由"的无穷冰冷能够依靠一种关于世界和生活的伟大看法的热忱变得暖和起来。马基雅维里的"美德"理想能做到这一点。基于机械的原子论和利己主义的霍布斯哲学却不能。它或许能由将"具有恒久意味的表象"(*sub specie aeterni*)哲理化的斯宾诺莎的思想来做到?

* * *

在其《论神学与政治》中,斯宾诺莎两度以很长篇幅论说作为生命机体的国家的问题。该书1670年面世,但源于1665年以前的岁月,源于他1677年去世时还未写完的《论政治》。门策尔很细致地指出了在这两部著作之间发生的观点变化。① 这里,我们将只在我们总的问题要求的范围内考虑它们。

斯宾诺莎(他完全不是一个专制主义心态的人,相反他起初倾向于民主制,后来倾向于贵族制)仍处于霍布斯国家学说的基本思想影响之下,并且拿它当作形成他自己国家学说的出发点,这显示了霍布斯国家学说的力量和丰富性,以及它能够对自由大胆的思

---

① Menzel, *Wandlungren in der Staatslehre Spinozas. Festschrift für Joseph Unger*, 1898. 又见同一作者的下列文章:*Homo sui juris*, 载于 Grünhut, *Zeitschr f. Privat- u. öffentlich. Recht*, 32 (1905); *Der Sozialvertrag bei Spinoza*, 载于同书,34 (1907), 在其中他针对祁克(Gierke)的反对(见 Althusius[2], 342 ff.)辩护他自己的解释,多少夸大了某些情况; *Spinoza und die deutsche Staatslehre der Gegenwart*, *Schmollers Jahrbuch*, 31. 另参见:Rosin, *Bismarck und Spinoza, Parallelen ihrer Staatsanschauung*, 载于 *Festschrift für Otto Geerkes 70. Geburtstag*; E. Kohn, *Spinoza und der Staat* (柏林大学博士学位论文,1926年)。

想者卓越地施加的吸引力。一方面,斯宾诺莎偏离并淡化了霍布斯理论的政治后果(为专制君主的目的效劳),与此同时他又更深刻地进入了它的宇宙观前提假定,从而在理解作为一种生命机体的国家方面,并且也由此在理解"国家理由"方面开启了新的富有成果的可能性。一切都取决于能否找到一条路径,那将从依照自然法和理性法(Law of Reason)对待问题的思想方式(即试图从人的理性资源出发构设最佳国家、应有国家)进至那类阐明真实国家的现实主义和经验主义。霍布斯在将自然法与自然权利区别开来时,指出了这么一条路径。他用自然权利来指自然状态的自由,用自然法来指充分认识自身裨益的理性的命令。基于这类自然权利,便有可能(如前所述)使得严酷的现实,即国家间彼此对待的行为方式被直截了当地承认为一种固定不变的事实,与此同时在国家自身内部,关于最佳国家、应有国家的理性观念肯定再次得胜,而且那(纯粹出于理性法的)老办法即产生国家的契约被拿来当作一个基础。斯宾诺莎现在非常愿意直接从霍布斯接过自然权利这新概念,因为它完全适合他的泛神论的、十足因果性的世界图景。他在《论政治》中说(第二篇第4节):"我用自然权利来指万事依以发生的那些法则或规则,亦即自然力量本身。……因此,一个人依其自然本性法则做的每件事,都是出于至高的自然权利,而他对自然的权利有多大取决于他的力量有多大。"霍布斯已经说过:[①]"……然而我们并不就此指责人的本性。人的欲望和其他激情本身没有罪。"这是一项极具革命性后果的思想,因为它不仅导致了决定论,也导致了相对主义,导致无保留地承认一切以自然本原方

---

① 《利维坦》,第一篇,第13章。

第八章 略论格劳秀斯、霍布斯和斯宾诺莎

式运作的力量;而且,一旦这些力量中的个性要素被发现,它还导向历史主义。当时,人们肯定还无法推导出所有这些后果。然而可以理解,与通常的、关于最佳国家的观念相比,斯宾诺莎现在能以一种大为不同和远为现实主义的方式,概览国家的全部有机生活。以令人想起马基雅维里《君主论》第15章的著名纲要的话语,斯宾诺莎(在《论政治》开头)拒绝了一些人的方法,他们的立论基点在于人应当怎样,而非人实际上怎样;他还宣告,他的任务将既非嘲笑也非哀叹人世间事,甚至亦非诅咒之,而只在于理解之。他有着一种崇高的自我安慰,即相信自然事物的力量恰恰只是上帝的永恒力量,相信自然之中无论什么在我们看来坏的东西,只是因为我们不充分明白整个自然的内在关系才显得坏。在自然的所有不和谐中间,他仍能听出一种神意统一的和谐之音:正是通过这宗教心态,他使自己超越了属于霍布斯的那种十足机械的思想模式。这一在其中人人互相为战的自然状态,在其中(一旦国家已被建立起来)众多主权国家本身经久和必然地互相对立的自然状态,被霍布斯当作一个事实残酷无情地承认下来。诚然,现在斯宾诺莎恰如霍布斯,准备承认各国在其互相关系中有自然状态权利,因此还准备承认它们有权利实行一种不受任何协议义务妨碍的利益政策;与此同时,他还懂得只是由于人的洞察力不足,才使他们为政治与道德之间的冲突所震惊,并且理解从"具有恒久意味的表象"的角度看,甚至国家的这种行为模式也是上帝的意愿和上帝的造化。他差不多像霍布斯一样极少使用"国家理由"这实际用语。然而,我们现在可以说,就实际做法而论,他确实在此过程中成功地将这一原理(即国家间斗争由"国家理由"支配)并入一个旨在以理想方式给予世界安慰的哲学体系之内。这只有对一种十足地一元

论和泛神论的哲学来说才是可能的。在这方面,他表明他是黑格尔的一位先驱。

斯宾诺莎的这项观念,即国家为了自我生存利益有权并确实必须违约,始终未受从《论神学与政治》到《论政治》期间他的国家学说在其他方面经历的变化影响。他在《论神学与政治》中说(第16章第45节往后):"虽然不同的国家并非为了彼此伤害而订立条约,但它们总是采取每一种可能的预防措施,以防这样的条约被较强一方撕毁,同时它们并不依赖这契约,除非对双方来说有信守它的足够明显的目的和好处。否则它们就会担心背信弃义,而且如此也不会造成任何伤害,因为只要头脑清醒,明白主权国家的权利,谁会信任有意愿也有权势行其所欲之事,并且只是追求其统治地的安全和利益的人做出的承诺?不仅如此,如果我们考虑忠诚和宗教,我们就会明白没有任何拥有权势的人应当信守有害其统治地的承诺,因为无法信守这样的承诺而不违背他与他的臣民所做的约定,那使他和他们都受到极为庄严的约束。"他在《论政治》中又说(第三篇第14节):"订立它的动机——即害怕受害和希望获利——维持多久,(国家间的)这种契约就保持原样多久。但是,从两国除去这害怕和希望,它就孤立无靠,两国彼此约束的纽带便断裂无存。因此,每个国家都有权在其选择的任何时候背弃其契约,而且一旦希望或害怕动机不复存在,自食其言就不能被说成是背信弃义行为,因为缔约双方在这方面条件是一样的。"不仅如此,着眼于将来的协议只是根据现有形势将继续下去的假设才能得到缔结。如果这形势会变,整个国家的"理由"就也会变。因此我们看到,在谈论这一决然重要的问题时,他也一度使用了挂在每个人嘴上的现成术语。

第八章 略论格劳秀斯、霍布斯和斯宾诺莎

他也未绝对谴责基督教国家与土耳其人和异教徒结成的同盟,这一事实已经能从他自己的犹太人背景出发予以想象。然而与此同时,他也能依靠荷兰人的一项国家原则,即应当谨慎处理与异教国家的关系。①

最重要的是,国家必须继续存在下去。国家伦理(这也能在斯宾诺莎那里找到)优先于私人伦理。"因此,不可能有任何对于我们的邻人的、即使涉及伤害整个国家仍不会成为一项罪过的义务;反过来说,除了对我们为维护国家生存所做之事的忠诚,也不可能有任何侵害我们对邻人的义务的罪过。"②因此,他也像霍布斯那样,赋予"国家理由"在国内的完全行为自由。国家不受法律和公民权利的约束,后者确实在大得多的程度上只依赖国家的决定。③这里,国家必须像它的自我生存利益要求的那样行事,或者如斯宾诺莎所说:"国家'为了维持其独立',④必须保持那些使它得到敬畏的原因,否则它就不成为一个国家。"这就是说,为了维持自身,它应当以一种理性的而非任意的方式使用其权势资源。"国家因而在按照理性的指令行事时最完全地'独立'。"有如霍布斯,他也指望国家(从它自身的得到恰当理解的自我利益出发)不会误用这被交给它掌握的权势资源。国家的自身利益(他相信)为之规定了国家权力的限度。由于它如果蛮横残暴地统治,它自己就会有巨大危险,因而可以允许剥夺它这么做的无限权力。而且(像他精致

---

① 《论神学与政治》,第16章第67节。他的确发出过一项对缔结此类同盟的告诫,但又要求说倘若它们被缔结,它们就应当被保持。
② 同上,第19章第22节。
③ 《论政治》,第四篇,第4和第5节。
④ 关于在斯宾诺莎那里这一概念的重要性,参见前面提到的门策尔的文章。

地、但很符合其学说精神补充说的那样),最高权威的权利不超过其自身权势所及,因此还可以否认它有无限的权利。① 这全都是本着纯"国家理由"精神构想出来的。

对斯宾诺莎来说,权利和权势确实非常紧密地彼此关联。"就像自然状态中的每一个人那样,一个国家的身心两方面有多少权势就有多少权利。"② 门策尔说过,在霍布斯那里,绝对统治依据一项根本契约的法律约束力,而在斯宾诺莎那里,它却依据被授予国家权威的实际巨量权势。与此同时,霍布斯已认为在基于契约的国家之外,纯粹的权势国家也是有根据的;他还将契约的法律理论本身建立在了权势观念基础之上,因为他承认,公民对国家权力拥有者的义务持续多久取决于他保护他们的力量持续多久,如果没有任何其他人更能保护他们。③ 然而,这么说是正确的:在斯宾诺莎那里,旧的、假定国家及其功能基于契约的理性和自然权利理论甚至比在霍布斯那里更急剧地让位于一种新认识,那就是国家的本质和生命首先依靠权势。而且,这就他后来的著作《论政治》来说甚至超过较前的《论神学与政治》。诚然,契约理论的格言不时在其中回响;然而尽管如此,国家的起源在其中远更显得是由全部精神力量导致的一个自然和必然的过程,而不那么是一项法律行为。"人自然渴望国家,"《论政治》中说(第六篇第1节),"而且也不可能发生人会在任何时候彻底解散它的情况。"由于这么说,他就再次接近了亚里士多德关于国家起源的重要的古代观念。随自然权利理论逐渐消逝,历史-政治现实主义和经验主义变得愈益重

---

① 《论神学与政治》,第20章第7节;另参见第16章第29节。
② 《论政治》,第三篇,第2节。
③ 《利维坦》,第二篇,第21章。

第八章　略论格劳秀斯、霍布斯和斯宾诺莎

要。在从霍布斯到斯宾诺莎的转变中,还有在从较年轻的斯宾诺莎到较年迈的斯宾诺莎的转变中,我们已能观察到的东西确实同时意味着"国家理由"观念的某种温和、逐渐的发展。斯宾诺莎的这一愈益发展的现实主义确已被联系到下述情况得到了解释(而且不无理由):他与约翰·德维特之类国务活动家的交往;后者1672年灾难性的结局造成的剧烈印象;与此同时还有其泛神论玄学的更清晰的构建,它强调自然的永恒因果关系。①

然而,要就霍布斯说的也适用于斯宾诺莎。除了导致"国家理由"观念的思想发展线索,还有导致再次从它那里离开,返回先前的理性和自然权利观念的一条线索。

斯宾诺莎仔细地将整个自然的法则与人性的法则区别开来,前者大多是我们无法认识的,后者则是理性在其中左右,并且克制冲动而弘扬自身。② 最初导致了国家的是原始冲动和自然需要,而非理性;然而,"凭其本身的力量"最强大、最高级的国家是基于理性和听从理性的国家。③ 因此,斯宾诺莎尽管有其泛神主义一元论,仍然同样认识到在普遍自然力领域与人类理性领域之间的确实际存在一种二元论。普遍自然与人性之间的这紧张导向一种内在一致,如果一元论要首尾一贯的话。如后所述,黑格尔如何因此能够表明他除去了人性法则的稳定性,将它们改变为流动的活体,从而在此过程中发出一种统一的生命之流,在其中精神与自然合二为一。可是对斯宾诺莎来说,人类理性仍旧如它依照自然权利观念呈现的那样,即稳定、普遍,无论何时何地都提出同样的要

---

① Menzel, *Wandlungen usw.*, *loc. cit.*, pp. 80 ff.
② 《论政治》,第二篇,第8节。
③ 同上,第六篇,第1节和第五篇,第1节。

求。结果,理性(它在国中应起支配作用)被设想为一位绝对和永恒的立法女神,而不是一种特定的和历史地变化的个体。不仅如此,这还产生了另一个后果:斯宾诺莎尽管有其研究实在国家的伟大构想,却仍再次往回滑入了老的自然权利问题,那就是探究何为最佳国家形态。他的两部论著的全部内容实际上是寻求最佳和最合理的国家,亦即最符合普遍人类理性的国家。于是,他也在考虑不同的国家形态(我们无需密切关注他经过的各个阶段),以便使之适合于他自己的目的和理想,而不以任何其他方式处理各自不同的国家间的历史差异,除了将它们当作好形态和坏形态的范例来源。他从普遍和同一的理性出发,而且也(像霍布斯和自然权利流派那样)倾向于从个人的普遍需要的观点考虑国家;于是,他不能首尾一贯地从上面、从它自己的独特需要的观点考虑之。他事实上总的来说仍能如此考虑,根本原因在于他依据泛神论和自然因果关系思路做出的前提假定。然而,如果说(如前所述)在《论神学与政治》中他已确定国家道德高于私人道德,那么这(像在霍布斯那里一样)只是为了表示个人利益不得不屈从于国家利益,但全体个人的利益必须仍然是国家的目的和目标。

而且,甚至他表达的对"国家理由"的无条件承认,也能够(同样恰如霍布斯)被往回追踪到一种深为个人主义的动机。对于他,保护个人的内在精神自由甚至有比对霍布斯而言更大的根本重要性。他希望保护以免一个强暴国家扼杀的,不仅是思想自由,还有言论和教导自由。本质上出于这一目的,并且同时由他自己艰难的个人人生斗争激励,他撰写了《论神学与政治》。在一定程度上,它是这位哲学家与按照"国家理由"被统治的17世纪国家之间的一部对话。犹如他在向它呼叫:"我承认你,你有权势;而且由于权势等同于权利,你还有权利,即有权去做你的自我保存所必需的任何事情。然而,当你按照理性行事时,你会最有把握、最有效、最完全地'凭你本身的力量'行事。如果你不合理性地、强暴地统治,你就会伤害自己。因此,我期望你——如果你明智的话——尊重思想自由,并且(带着我授予你的某些限制)尊重言论和教导自由。"

这就是17世纪的自由思想家能够同17世纪的权势国家做的妥协,亦即"国家理由"应当构成合理的思想自由的一个保证。然而,隐伏在那里的个人主义动机现在也影响到斯宾诺莎在《论神学与政治》中(第20章第12节)规定的国家目的——"国家的真正目的是自由"。这自由在他看来,在于一个事实:人们应当利用其自由理性,心灵和身体应当不受阻碍地发展自己的力量。

此后的生活经验进一步界定了斯宾诺莎关于国家的思想。于是,《论政治》(第五篇第2节)显著地改动说:"国家的目的只在于生活的和平与安全。因此,最佳的国家是在其中人们和谐生活、他们的权利始终不受伤害地得到维持的国家。"如此,这个定义将个人的需要与"国家理由"的需要统一起来。关于国家问题的现代思想也在不断争取将它们重新统一起来。然而,对现代头脑而言,最佳国家不再(像它对斯宾诺莎和自然权利那样)是各项放之四海而皆准的原则的实现,而是一项暂时和独特的生命原则的最佳、最完全的实现。

斯宾诺莎提供了一条接近黑格尔的道路;但是,他不大能够突破他那个世纪的局限性。

第九章 普芬道夫

有一种符咒镇住了某些在17世纪已被酝酿的富含未来意义的重要思想。它们在那个世纪的严酷气候中尚不能恰当地孵化出来，尚不能发展自己充分的多产性质。只是歌德才将斯宾诺莎完全带回生活，德意志唯心主义则就莱布尼茨成就了同样的事情。思想运动必定已经被拉丁学术语言这件呆板的紧身外衣束缚，因为在现代文化和民族语言的生动性与现代思想的生动性之间有非常密切的联系。然而，17世纪的一般精神生活也是呆板拘谨的，甚至与18世纪后期的一般精神生活相比仍是如此，后者由于唯心主义和启蒙运动而变得柔和了。然而与此同时，它能够在它的若干最伟大的思想家那里，展示强有力的建设性思想力量，那类似于政治领域中黎塞留、克伦威尔或大选侯之类人物构建国家的勃勃精力。

如我们所知，这精力不是别的，而只是"国家理由"和国家利益观念的实际应用。这一观念还包含着潜藏的种子，它们在17世纪的气候中尚不能完全萌发。假如在不同的生活和思想领域之间，该世纪仍然被囿于其中的那些僵硬刻板的分隔墙并不存在，那么不仅关于国家性质的一般学说和观念，而且历史写作也能被搞得远为更早地开花结果。

这以一种引人注目的方式，由该世纪伟大的建设性思想家之

——萨穆埃尔·冯·普芬道夫显示出来。我们知道他的伟大功绩既同德意志历史写作相关,也同关于国家的一般学说相连。在这两个领域,他都努力探索那些出自事情本身的根本性质和动能的原理。他的国家学说帮助了国家摆脱神学思想的羁绊。在历史写作方面,他将自己的注意力密切地集中于往回追踪政治事件造就者的理性动机,以此说明这些事件。下面的论述将表明他还充分熟悉"国家理由"和国家利益信条,而且这两个问题确实处于他的主要思想的前列。他可能还有一种足够明确的意图,即让这三项观念互相渗透,导致它们各自开花结果。我们将不得不仔细跟踪探索此类互惠性互动的所有努力。然而说到底,即使是他,也不可能超越他那个世纪的局限。

他的国家学说植根于博丹的伟大发现,那是后者在触及国家主权概念时做出的。国家主权(如我们已知)即独立于任何其他权力的最高权威,①而且——他补充说——是单一和不可分割的。

博丹的这一发现不仅是个纯理论行为;它构成了新的"国家理由"的一部分,正如它也构成国家具体利益观念的一部分,而且这两个部分彼此补充。因为,除非一个最高和统一的国家意志被创造出来并得到承认,就不可能有对于具体利益的统一和有效的促进,同时新的主权概念舍此便始终空洞和无目的。然而,理论思想并不总是惯于注意这种至关紧要的互相关系,相反却很容易倾向将一套观念与另一套割裂开来,并且以一种单面方式推进其中每套观念。博丹受到一种眼下正在发展的专制主义前景诱惑,已经

---

① 根据现代的主权理论,它实际上并非国家权威,而只是完全的国家权威的一项属性。Jellinek, *Allg. Staatslehre*, 2nd edition, p. 459.

以此方式将总的国家主权与其最高工具的主权权利混淆起来，并且因此赋予主权概念一种僵硬刻板的形式，使人难以设想一个主权性的国家权威怎么能在不以专制方式统治的国家里发展起来。

现在雅斯特罗（Jastrow）已指出，①普芬道夫1667年（以笔名塞韦里努斯·德·蒙扎姆巴诺[Severinus de Monzambano]）对日耳曼帝国宪法做的抨击性判断不那么基于对其政治缺陷的考察，而是首先多得多地依据一点，即它过于狭窄僵硬地应用那个主权概念。他发现，帝国内的主宰权利被皇帝和各等级（Estates）分享，因此皇帝不可能是个君主，帝国则无法是个统一的国家实体。他认识到，除了统一的国家，还可能有各国联合体，但这些只能有两类：要么统一在一个共同的主权之下，要么依靠各国间的联合而形成。而且，因为也不可想象一个国家竟然没有主权，所以这样的"国家体系"（"State systems"）（如他所称）应当带有国际法而非宪法的性质。换句话说，他尚不懂得，也不会承认在若干国家被统一在一起的情况下，还可能出现一个新国家、总的国家（chief State）、联邦国家（federal State）。他的信条是，只有一国将若干国家纳入它自身之内才是可能的，如果这些国家都不再是国家。而且，此时各个分立的德意志国家尚未以任何方式停止其为国家，相反却越来越趋于完全地成为国家，因而他被迫断定日耳曼帝国根本不是一个国家。与此同时，由于另一方面也不可能称它为一个国家体

---

① *Pufendorfs Lehre vonder monstrosität der Reichsverfassung. Zeitschr. f. prauss. Gosch. u. Landeskunde*, 1882 und Sonderausgabe. 另参见 *Gierke*, *Althusius*, 2nd ed. , p.247. 萨罗蒙（Fr. Salomon）在1910年推出了 *Severinus de monzambano De statu imperii Germanici* 一书初版的重刊本，它参照了最终的经过改正的版本；布莱斯劳（H. Bresslan）所译的一个很好的译本于1870年首次面世，然后于1922年再刊（载于 *Klassiker der Politik* 第三卷，附上了一篇很有价值的导言。

系(带有国际法性质),因此他说它事实上是个不正常的实体,是个"怪物"(*monstro simile*)(就像他一开始便一针见血地表述的那样)。① 在他看来,朝一个统一的君主国家的任何复归从讲求实际的观点看都不可能,或至少作为剧烈的革命性变革的结果才可予设想,因而他认为唯一可能的复兴途径,是德意志在一旦踏上走向仅为国家联盟(State federation)的道路后,一直顺着这条道走到底。他的改革建议最后发展到提出皇帝应当被迫降至仅仅是联邦首脑(federal chief)的地位,从各等级挑选出来的一个常设联邦会议(federal council)应当被置于他旁边,就一切联邦事务(federal affairs)做出决定。

然而,如果更仔细地考察这些改革建议,就会发觉普芬道夫陷入了一种显而易见的冲突,即其宪法理论与其政治希望和要求之间的冲突。一个他想要的那种国家联盟只能由各主权国家构成。但接着,他的改革建议又以这么一种方式限制了各个国家的主权:这种方式虽然在一个联邦国家内是可能的,但在一个国家联盟内却不可能。联盟成员国之间的冲突将例如不得不由非利害方的仲裁决断来解决,然而必要时这仲裁决断必须依靠武力来贯彻。他甚至认为,由王国诸等级宣布的非法并非与国家联盟的宪章两不相容。② 后来,在他去世前不久修改他青年时代写的这部大胆的著作时,他自己觉察到不允许从联盟各成员国索取这种主权削减,因而将他

---

① 在1668年版内,这个著名的说法被淡化为"相当于怪物",后来又被全然删除。然而,他一直坚持说它不正常。参见布雷斯劳(Bresslau)译《塞韦里努斯》,*Klassiker der Politik*, 3, 28* f. 科泽(Koser)显示(见 *Hist. Zeitschr.*, 96, 196),事实上巴尔托洛(Bartolo)在14世纪就已使用了"怪物政权"(*regimen monstruosum*)这一说法。

② 参见第8章第4节和第5章第28节。

的改革建议温和化了。① 于是到头来,他的理论变得相当首尾一贯,但其代价是损害了一种较正确、较有力的本能,它起初驱使他前进,但后来他不得不加以压制,因为它扰乱了他的对称模式。在他规划着他青年时代的著作时,这本能曾悄悄告诉他日耳曼帝国事实上不止是一个初始的国家联盟;它告诉他那里有着一种大的政治统一,一种活生生的特殊政治有机体,它必定需要国家力量资源,用以对付它的各个成员。导致他陷入内在不一的并非单纯的爱国愿望,而是健全的历史和政治本能。他那刻板的主权信条威胁着击破可怜的日耳曼帝国仍有的国家统一的最后残余,而他的具体国家利益意识(我们现在可以说)在他那里恢复了这种统一。

在他早期著作中的若干地方,已能瞥见此类至关紧要的意识,即确实存在真正的、就像一个真正的国家才能拥有的那种德意志集体利益。《塞韦里努斯》一书(Severinus)的结尾一章(其中展开了他的改革建议)题为"帝国国家理由",从而表达了一个思想,那就是日耳曼帝国尽管有其不正常,却仍然拥有一套集合的国家利益。在这方面,他追随着博基斯拉夫·开姆尼茨在其《拉皮德的伊波利特》一书中确定的模式。可是,开姆尼茨将帝国当作一个贵族社会来设想,因为那是他希望将它变成的,而同样由于这个原因他调整了德意志的"国家理由",并且以一种相应于他的偏见的方式予以勾勒。② 与此同时,我们见到他确定德意志"国家理由"的方法在性质上是笼统化而非个性化的。因为,"国家理由"(这正是该

---

① 其详细展示见 Jastrow, *loc. cit.*, p. 72 f.
② Bresslau, *loc. cit.*, p. 21*。

第九章　普芬道夫

信条说的)直接取决于国家形态。有多少国家形态范畴,就有多少"国家理由"范畴。如果一个社会的国家形态已被确立,并被纳入了对称的图式,它的"国家理由"便自动追随之。

普芬道夫也持有这种图式化观念,那倾向限制一个人,妨碍他采取一种个性化的国家利益观。但尽管如此,归功于显而易见的运气,他仍达到了一个地步,能够以远比开姆尼茨在《拉皮德的伊波利特》一书中凭其理论与偏见的混合所能有的更具个性、也更适当的方式,理解真正的德意志集合利益。正是因为他并不认为帝国构成一个正常国家,他就觉得自己格外不得不去研究它的个性。[①] 于是,他就德意志"国家理由"、德意志集合的国家利益描绘的图景必定具有更为个性化和历史方面更为具体的特征。然而(现在出现的问题是)他对德意志"国家理由"的探索怎么能符合他的一个观念,即严格地说根本不将帝国视为一个国家,而是视为一个初始的国家联盟?

人们可能反驳说,按照普芬道夫的观点,即使一个国家联盟也可以有共同的"国家理由"。[②] 然而对此可以答道,一个不得不在外捍卫经久的共同利益即自我保存,在内捍卫类似的利益即自由的国家联盟,事实上不再仅仅是个国家联盟,而是开始成为一个联邦国家,并且开始发展出一个凌驾于自身的、仍然只是组织得很不完全和很松散的超级国家。任何地方,只要存在一种特殊的"国家

[①]　对此敏锐的观察见 Bresslau, *loc. cit.*, p. 32*。
[②]　有如布雷斯劳指出(*loc. cit.*, p. 41*),普芬道夫在其《不正常国家》一书(1669 年面世)里走得那么远,以至将单纯的国家联盟(*systemata civitatum*)纳入"复合国家"(*res publica composita*)一类;然而,后来他尽可能试图避免对它们使用"复合国家"一语,因为它与他的基本前提假设——主权乃国家必不可少的特征——相对立。

理由",只要一个共同政治实体的特殊原则和利益以统一和经久的方式施展自身,就必定有一个国家存在。它可能只是一个很不完全的国家,受到根本的阻碍或全然衰朽,可能除国家精神外差不多未剩下任何东西,缺乏合适的躯体,然而仍会有形成这躯体,变成一个完全的国家的需要和倾向存在。日耳曼帝国在此时的情况正是如此。通过助长它仍有的国家统一微弱残余来维持帝国的倾向并未被另一个倾向淹没,即各个分立的德意志国家趋于发展为真正和完全的主权国家。普芬道夫本人对它作了一些不连贯的让步,那是他后来为了自己理论的缘故撤回了的。而且,在一切有关德意志对外关系的问题上,他幼稚地想当然,以为德意志无疑构成一种国家统一,并且很有见识地分析了它的特殊利益,正如他分析了与德意志对立作用的外国利益。"日耳曼帝国的力量假如由一种正常的国体合在一起,本来会令全欧洲战栗,却被内部的疾病和动乱搞得如此羸弱,以至它很少能够保卫它自己。""事实多么荒谬,"他说,"在帝国内部头颅与肢体竟像敌对双方一般彼此对立!"①他的理想无疑是,德意志的种种力量应当以它们"将由一个意志、一个精神来施展"的方式被统一起来。② 国家联盟对他来说,基本上只是君主制的一个出于形势所迫的勉强替代;它"容易得多地会遭内部动乱,甚至确实还容易有彻底解体的危险"。他强烈地悲叹依照威斯特伐利亚和约被明确分配给德意志各等级的联邦权利(federal rights)的作用,因为外部大国由此被置于一种地位,能够通过与德意志人结盟而经久地压抑德意志,并且靠损害这

---

① 第7章第8节。
② 第7章第7节。

第九章　普芬道夫　　　*341*

集合体扩展它们的权势。① 在他为这一未来的国家联盟进行改革的设想中,他不仅要求限制上述联邦权利(这将再次涉及削减主权以利德意志集合国家),而且要求有一种对外政策,它虽然确实不追求扩张和征服,却意在阻碍任何邻国被一个贪图领土的、能危及德意志的强大敌人征服——也就是说一种维持均势的政策,一种在必要情况下将积极前进的政策。② 他接着进一步仔细考虑外国组成的某些联盟是否(如果是,那么究竟哪些)能够对德意志成为危险的。③ 他没有将这危险估计得非常大,因为德意志总会能够找到盟友,原因在于德意志的失败也将危及所有其他欧洲国家的自由。在他看来,最危险的联盟是那已经在三十年战争期间决定过德意志命运的联盟,即法国-瑞典同盟。然而在这方面,他或许能在他的兄弟、为瑞典效劳的外交家埃萨亚斯提供的信息中找到安慰。"有经验的政治家,"他说,"会设想虽然法国随时准备购买瑞典的援助,但她希望只为她自己利用得自这一援助的好处。"法国完全不希望瑞典的权势增长到如此地步,以至对瑞典来说法国的友谊将是不必要的。瑞典也一样不希望看到德意志被法国彻底击败,因为这也会结束她自己的政治独立。④

这样,我们就看到了国家利益观念所能产生的最精细考察之一,依据"势力均衡"(*trutina statuum*)来估量欧洲同盟的秘密动机、前提假定和局限性的最微妙探究之一。普芬道夫作为瑞典驻

---

① 第7章第9节。
② 第8章第4节。
③ 第7章第6节。
④ 关于给《塞韦里努斯》的作者身后版增添的文字——在其中他对路易十四征服政策和那些助纣为虐的德意志统治者的愤怒迸发出来——参见 Bresslau, *loc. cit.*, p. 45*。

哥本哈根特使的家庭教师开始其任职生涯；而且，在他（作为海德堡大学教授）写作《塞韦里努斯》的岁月里，他同样能靠着他与选帝侯卡尔·路德维希的关系洞见帝国政策事务。[1] 当应邀于1668年前往隆德，能够从瑞典的角度凝视德意志和欧洲时，他的政治视野宽阔了。与此同时，他现在变成了一位伟大的国家理论家，变成了一位关于欧洲利益政治的眼光敏锐的专家和当代史写作者。然而，在国家理论与历史和政治思想之间已经显现的分裂（我们在他那里已经观察到的一种分裂）依然存在。他的大作《自然法和万国法》（1672年）仍然牢固地囿于自然法思维方式的限界内，未能运用（他作为政治家拥有的）洞察力透视各国的特殊利益，以便取得一种对于各不同国家形态之个别和历史上特殊的方面的较宽广见识。诚然，"国家理由"观念，即各不同国家的特殊利益皆出自其中的那个普遍源泉，被大为强调。统治者要让自己的个人生活、私人意向和自我利益变得完全彻底地纳入国家利益，这被说成是统治者的责任。[2] 而且，下面一点也被承认为利益信条的一个更广泛基础：统治者之间的协议只在它们不证明有害其人民的利益时才有约束力。[3] 然而在他的体系中，这些利益的历史多样性和活生生力量却无容身之地。

他将自己就此怀抱的观点归入别处，那就是他着手为"有素质的青年"、"习惯于国家安排的有地位人士"提供的一件兼具世俗性和学术性的盔甲，一部历史和政治知识实用手册——1682年的

---

[1] Treitschke, *Pufendorf. Histor. u. polit. Aufsätze*, 4, 220.
[2] 第七篇，第8章第1节至第3节。
[3] 第七篇，第6章第14节和第9章第5节。

第九章 普芬道夫

《欧洲现存各主要王国和国家历史导论》。① 学问、世俗知识和实用政治的这么一种结合,其本身完全与17世纪吻合,那个世纪喜欢题材宏大的著作,并且珍视哪怕是一位国务活动家身上的学术荣光。然而问题在于,结合本身是否也是成功的。就利益观念和总的国家学说而言,它一直不很成功。或许,现在就利益观念和历史写作而言,它是否较为圆满?

将历史、关于各国和各民族的信息以及利益观念结合在一起的尝试肯定非同凡响。然而,世界史提供的资料只是在各独立国家方面得到考虑,因为自从关于西方基督教世界统一的中世纪观念衰败以来,历史思想尚未变得足够宽广,以至能用一种适应事实本身的新形式展示这个世界的实际历史统一。对每个独立国家的叙述通常由前后三部分组成:其中第一部分,也是最长的部分叙述历史,第二部分谈论人民和国家的状况,还有政府形式,然后第三部分接着谈论其对外政策利益。现在变得显而易见,新的利益观念不能同传统的历史知识结合起来,正如它一直之于总的国家学

---

① 我们在此也应当简短地提及另两项类似的努力,它们也是旨在重复罗昂的工作,提供一套关于各不同国家的利益的学说。彼得鲁斯·法尔凯尼尔(Petrus Valckenier)——住在美因河畔法兰克福的一位荷兰人——在其当代史大作 *Das verwirrte Europa* (阿姆斯特丹1677年德文版)的第一部分中,论述了"欧洲每个君主和共和国的普遍和特殊的国家利益"。他的立场是荷兰的、反法的和保守的,从奥兰治派的观点出发;他还有一种引人注意的倾向,即考虑经济因素在政治利益运作中的重要性。我在 *Gedächtnisschrift für G. v. Below, Aus Politik und Geschichte* (1928)一书第146页往后论说了他的理论。然后在1681年,萨克森的选侯律师克里斯蒂安·威德曼(Christian Widmann)在其 *Academia Status* 中描述了欧洲不同国家的利益。他显示了人世知识和某种政治判断力。孔克尔(Kunkel)在其关于17世纪的"国家理由"和政论的书稿中充分地分析了威德曼的著作。——一部在1666年业已面世的著作—— *Intérêts et maxims des Princes et des Estats souverains* 实际上不是论说利益理论,而是汇集了各种不同的权利宣称和领土要求等等,那是各不同国家互相针对对方提出的。

说那样。因为,在历史部分里,始终充斥着对于素材的不加批判、令人绝望的重复,而结尾一部分却显露出政治观察家的老练成熟,并且在真正的历史理解方面基本上比前面的历史部分丰富。

普芬道夫将利益观念称作"人们必须由此出发的基础,以判断国务中的某件事是做得好还是做得糟"。[①] 恰恰因为在他看来它由一套纯粹实用的知识构成,所以它尚不能渗透他关于往昔的历史知识。然而,他的理论能力超过他的历史能力,能够第一个勾勒出利益观念之系统陈述的基本轮廓,并且确定各个不同的利益范畴。他将这些划分为想像的利益和真实的利益。在想像的利益中间,他纳入了过度的和病态地野心勃勃的权势政策目的,"可以将'欧洲帝国'(Monarchiam Europae)、'普遍垄断'(universale Monopolium)等等置于这个标题之下,那是能将整个世界投入火海的导火索"。在此,我们又一次(如同在所有先前的例子中)看到,利益观念出自一种自我保护情感,主要由那些认为一切国家都有一种最高利益要维持自由共处局面、欧洲各国间合理均势局面的人培育。真正的利益类型被普芬道夫正确地划分为经久一类和暂时一类。"前者通常出自国家所处的基本形势和状况,或者出自人民的自然秉性;后者却出自邻国的特征、实力和弱点,它们的任何变化也会导致一国利益的改变。"因而可能发生这样的情况:今天或许我们可以援助一个弱邻,而明天,如果同一个邻居对我们变得危险起来,或者使我们大伤脑筋,我们就可能不得不转而反对他。普芬道夫接着进一步提出由罗昂提出过的那个反复出现的大问题,即性质明显或至少能为参与的国务活动家们所知的种种利益,怎

[①] 《历史导论》前言。

么能如此经常地被错误理解和错误对待？如同罗昂,他对此能够给出的唯一答案是浅薄的答案:要么统治者自己往往不充分了解情况,或不让自己得到明智和忠诚的大臣劝导,要么大臣无能,或不足够无私客观。需要有比这个时代能有的更深刻的历史方法,才能理解利益本身时常是双重性质的,能够迫使一个人腹背受敌,进退两难,也才能懂得个人对其真正利益的误解往往只是命运力的作用结果。然而,普芬道夫已经在正确的思维轨道上了,因为他认为利益观念的任何应用还要求准确地了解不同时候在不同国家里行事的具体人物,认为这种"不得不与他们有关、因而与国家的对外事务有关的知识非常必要,但同时它是暂时的和可变的"。

在他对不同国家的利益的谈论中,我们将选出那已经被他包括在他的早先著作中予以谈论的。那就是德意志的"国家理由",[233]它肯定是他费心最多的,因为在他个人兴趣的一切变化中,他自己的情感始终深切地寓于德意志。

与在他的那么受限于宪法教条的早先著作中可能的相比,他现在能够更自由和(从历史观点看)更深刻地把握它。在那早先的著作中,他已经指出了存在于德意志国家有机生活中不自然的两重性,连同皇帝与邦君的利益那样地根本有别这一事实。现在,他甚至比先前更简洁、更有力地说,在德意志各邦君中间,兴起了一小批比较强大的,它们"几乎全然主权行事,渴望为自己制定自己的'国家理由'"。已经可以从这一观察中看出,对于改善德意志国际关系的可能性,他仍像以往任何时候一样怀疑。然而在此场合,他解释恶因的企图导致他有了一种完全出自利益观念精神的历史见识。在1519年查理五世当选皇帝事件中,他已看到了德意志历史的致命转折点。按照他的分析,查理五世当选完全违背德意志的利益，因为已继承一个世袭王国、然后又被选来统治一个选任王国的君主，将疏懒于后者的治理，或者使选任王国的利益取决于世袭王国的利益，或者竭力将选任王国置于他的枷锁之中，使之成为世袭王国的一个附庸。在查理五世统治下，德意志苦于所有这三者。"他从未允许他的计划受真正的德意志利益支配，相反做每件事情都考虑他自己家族的特殊权威和权势。"假如在那时，德意志有了一位除此之外极少或全无其他领地的皇帝，那么帝国的真正利益会提示他不应当依赖法国和西班牙这两大强国中的任何一国，而应当采取在它们之间作为仲裁者的地位，留心它们当中哪一个都得不到任何可能有损于德意志的好处。德意志的利益还会在于（如他先前已在《塞韦里努斯》一书中指出的①）使自己脱离教皇，并且没收教会财产。假如当时皇帝伸出援助之手，这本来能像在瑞典、英国和丹麦那样轻而易举地做到。然而，他的西班牙利益驱使他实行反新教政策。此后在谈论教廷的那部分里，下述情况得到了高明的展示：从此往后，皇帝如何超越"国家理由"，不能使自己挣脱教廷，即使他业已希望如此。因为，帝国内的精神领主们已被迫转而支持他，为的是得到一种支持来反对诸世俗领主。不仅如此，皇帝即使希望摆脱教皇，也将无法指望诸世俗领主的支持，因为现在各古老的君主家族会宣称，它们同奥地利一样有资格享有帝国荣耀。法国那时也会力图争夺皇位，而且也许神职人员中有许多会投入法国怀抱。

于是，正如普芬道夫准确和深刻地认识到的，一种无情的、真实政治利益的压力现在维持着德意志的宗教分裂。而且，这宗教分裂

---

① 第8章第7节。

第九章 普芬道夫

不断倾向产生新的政治裂隙和羸弱,因为此时教会财产问题仍然(如普芬道夫断言)使天主教和新教各邦国四分五裂。同样,他还注意到出自哈布斯堡家族西班牙原则的一如往昔的有害影响。除了无数其他苦难之外,这些原则还产生了这么一个结果:各邦国为了保持自己的自由,已被迫依赖外国。在他看来明白无疑的是,德意志新教徒(即使他们由勃兰登堡率领)倘若没有瑞典和法国的帮助,本无希望仅凭他们自己的力量对抗皇帝。德意志仍旧难以解脱地深陷于僵局之中,它的真正利益在那些由1519年选帝事件加宗教分裂状态导致的其他利益的压力下羸弱无力。这项悲观的一般结论与他在《塞韦里努斯》一书中已经引出的论断并无二致;然而,它的最终效果甚至更具破坏性,因为这次它不是通过教条方式得出的,相反是通过历史方法,即蕴含在利益观念之中的因果关系分析。

然而,这悲观的怀疑主义因素也与当时被怀抱的利益观念的精神密切相连,与被归属于各种不同利益的数学性质和机械特征休戚相关。在此,一旦利益网络被封闭,就无任何逃路。不存在对民族之内任何较深刻的发展力量和未来生命种子的信念,也不存在对一种有机的新颖历史模式的信念,通过这种模式落在德意志身上的致命符咒有可能被打破,即使在将来某个时候。只是由于相信人类事务的一般多样性,并且相信那些懂得怎样在利益竞赛中精明巧妙地使用王牌的大胆赌徒的运气,对无情的利益压力的信念才有所减轻和得到补充。"常有的是,"普芬道夫说,"一个本身羸弱的国家因为其统治者的英勇和好运而可能得到敬重;同样常有的是,统治者的笨拙会导致一个强大的国家显得鄙俗。"然而,在普芬道夫的利益学说正在谈论的当时的统治者中间,谁本应发觉有任何个人利益来为整个德意志施展他的实力,来恢复德意志的"国家理由"?

因此，当他担起撰写当代史这一任务时，普芬道夫限制了自己的目的。他还不能想到要去展示国家利益及其个人代表与文化和国家的集体存在之间的交织方式；相反，他的历史撰写方法是，也只能是利益观念的一种应用。这就是他的四部大作的特征，其中两部即《瑞典史：从古斯塔夫·阿道夫远征德意志到基督徒的退位》(*De rebus suecicis ab expeditione Gustavi Adolphi in Germaniam ad abdicationem usque Christianae*) 和《瑞典国王卡尔·古斯塔夫叙略》(*De rebus a Carolo Gustavo Sueciae rege gestis*)，是他作为瑞典史官 1677 至 1688 年间写的，另外两部即《弗里德里希传》(*De rebus gestis Friderici Wihelmi Magni electoris Brandenburgici*) 和《弗里德里希三世传》(*De rebus gestis Friderici III*) 片断，则写于他 1688 年到 1694 年去世期间在勃兰登堡史官任上。

因而，在这些著作里，历史撰写与利益观念之间的联系远比在他的《主要王国和国家历史导论》的历史部分内来得紧密。这就提出了如下问题：在多大程度上，至少对自己亲历过的往昔的历史看法能够被浸透蕴含在利益观念中的伟大思想，即每个国家都有它自己的生命动脉，都有它必须走的、由它的起始特性和事态状况固定了的路径？还有，在多大程度上，治国方略的经验能够导致历史思想结出硕果？

必须首先考虑普芬道夫对历史写作任务所持的观念；或者更精确地说，首先考虑他对他的历史写作任务所抱的想法。确实，他并非以自由的科学观察者和探究者身份撰写他的大作；相反，他是在执行一件差事，今天为瑞典国王，明天为勃兰登堡选侯，而那些差遣他的人在期望他为他们树碑立传。从一开始，这就限制了他的历史写作流程。然而尽管如此，他仍自以为能够以一种纯真和

第九章 普芬道夫

科学的方式,将较高尚的史家责任与他较卑俗的官方差事义务统一起来。让我们先来听一听他给《瑞典史》写的前言中的话:

"不仅如此,在本著作中,我们还(鉴于史家的主要责任)非常自觉地力求保证可靠性;我们从真实可信的文件中得出判断,毫无篡改,并且依据军队将领和特使们的报告描绘事件。一般而言,我们没有费神去展现敌方的决定和行为,除非在它们进入了我们自己一方视野的范围内。我们认为,靠猜想去探测或解释它们的秘密是轻率的。总之,我们让读者去自由判断,而没有不必要地引入我们自己的看法。我们意在叙述他人的行为,而非评判它们。正如会被清楚地看到的那样,我将自己的情感限制在我不需害怕受到当时以政治或军事身份与瑞典作战的任何人谴责的范围内。然而,如果他们对于我公开了少数几件他们觉得最好被遗忘的事情感到不快,那么他们必须认识到统治者生来必须服从法则,明白他们的行为无论好坏,在任何情况下都必定迟早为众所知。而且,史册基于其权利,毫不迟疑将自己发现了的东西传给后代人考虑,他们的自由批评是任何统治者都躲避不了的,即使他可能行之有理。……最重要的是,史家不得说谎造假,不得隐讳真相。"

我们在此不是要细致辨识普芬道夫是否信守了,以及在多大程度上信守了自己的许诺,而未出于一种机会主义意识掩盖或修饰任何事情。他承认,在他的查理十世史中,他在谈及勃兰登堡时"有所节制";而且,他肯定还以淡化和隐瞒事实的方式,屈服于人性的弱点。[1] 然

---

[1] 参见 Salzer, *Übertritt des Grossen Kurfürsten von der schwedischen auf die polnische Seite*... 载于 *Pufendorfs Karl Gustav und Friedrich Wilhelm*, 1904; Ridding, *Pufendorf als Historiker und Politiker*, 载于 *Commentarii de reb. gest. Freiderici III*, 1912。

而总的来说,他忠实地贯彻了自己的原则。不过,有个重要和有趣的事实,即他在当代史撰写者的任务与后代进行道德评判的任务[①]之间划了一条根本的界线:当代史撰写者不应进行种种道德评判,只应汇集和传递道德评判能够依据的一切可能的资料,它们只能由一种事后回顾性的历史论述恰当地去做。在撰写过程中,一个严重和困难的问题确实令他深感不安,那就是一个人如何能将历史客观性和冷静与关于历史事件的独立的价值判断结合起来。然而,他那个时代的思想资源尚不足以实现这种结合。他本人可能朦胧地感到了这一点,例如有一次在其《主要王国和国家历史导论》中亲自试图做这么一种事后回顾性的历史论述时,他并未成功地超出一种对资料的相当原始和俗套的处理。然而他很清楚地懂得,任何展示当代史同时又对它作道德评判的企图,都受困于主观片面性的所有各种危险。另一方面,他满怀高傲的抱负来对待自己的当代史家角色,意欲既不沦于替无论哪个恰好委任他撰史的人大唱赞歌,也不沦为一名单纯的资料汇集者。而且,他现在确信,尽管一位当代史家事实上感到自己不得不避而不作道德评判,但仍完全可能撰写一种真正的最高品级历史著作。他的意图(有如后来兰克的意图)在于消除自我,只让事实本身说话——但不是粗糙堆积的事实,而是相反经过选择、梳理并以确定和崇高的原则启示了的事实。因此,他争取一种真正的历史客观性,即使是在他的官方史家任上。

斯莱丹在一种类似的情势中,当写作一部施马尔卡尔迪克联

---

① 在 *Geschichte des Grossen Kurfürsten* 一书的前言结尾处亦如此。

第九章 普芬道夫

盟的当代史时,已经力求达到同一个目标。[①] 他说,历史学家应当显示可靠性和公平。可靠性他发觉在于使用最可靠的资料来源,即文件——普芬道夫也发觉了同一点。他还发觉(同样几乎逐字逐语与普芬道夫一致),公平在于压抑自己的情感,避免任何有偏向的写作。他将各派别的不同著作和反驳互相对列,多少精巧地从中摘取片断,只认为自己有理由"协调风格",以便实现一部文气统一的作品。对哪些是最好的史料来源的意识,连同压抑一个人自身情感的能力,无疑是历史学家的两大永久美德,而斯莱丹和普芬道夫则努力实现之。然而,斯莱丹达到的客观性只是原始和偶然的;它仅由抄录产生。他尚不知道能依靠一个人自身的思想努力取得的理想客观性,一种要通过压抑一个人自己的情感,从而亲自开发自己的思想力量来达到的客观性,一种在一定程度上基于精致的主观性的客观性。将其聚集起来的大量素材联成一体的思想纽带仅在于(甚至尽管有外在的人文主义风格)作者不屈不挠的新教信念。

然而,普芬道夫在处理当代史方面,朝实现历史客观性走了更前一步,显著超过斯莱丹。而且,他所以做到这一点,是因为他那个世纪给他提供了国家利益观念,作为能够使得事件和资料勃勃有生气的一项原则。统治者和国家的利益是其行为的灵魂;指引他们、迫使他们在为"国家理由"效劳时压制自己的情感的,是完全不受情感影响的非人的力量。如果一个人注意寓于政治事件内部的这一原则,那么此等事件的过程本身就在一定程度上带有了一种颇为客观的性质,一种内在逻辑和必然性,一种像17世纪的思

[①] 为评论文 *de statu religionis et reipublicae Carolo V. Caesare* 写的前言。

想家们那么渴望在生活和世界的每个领域发现的纯数学结构。然而,依据它自己直接的亲身产物即文件来再现这"国家理由"规则的当代史撰写者,由此能达到(以一种可敬的和令人满意的方式达到)一类摆脱偏见和情绪的知识。他现在能够,事实上必须废弃他自己的个人判断,但尽管如此仍然站在他的使命的最高峰。他能相信,他正在提供某种相当于物理学家和数学家提供的东西——哪怕他只是在其历史透视中,展示着支付给他报酬的那些主人的"国家理由"。为了斥退他的私敌,普芬道夫不惮援引"谁给乐手付钱谁就定调",以及文章表主子之情并非食客之过等谚语。① 而且,他这么想并不是怀着一种次等的和狭义的伦理感,而是怀着一种认识到超越和凌驾私人生活伦理的、更高的公共生活法则的伦理感。这些法则对他来说,恰恰具有法则概念在今天仍有的同一双重意义。一方面,它们是政治家的规范、义务和职责;另一方面,它们是事件的因果要素,其力量一般是个人无法规避的。作为这一解释的证据,我们可以援引他1690年3月5日从柏林写给帝国议员冯·赛勒恩的信。② 虽然他论述查理十世的手稿当时在瑞典仍未付印,虽然他仍在柏林宫中研究大选侯的文件,但他同意了皇帝的一个请求,去撰写土耳其战争以后的历史。他论辩说,不可能仅凭他曾展示过瑞典的反皇帝政策这一事实,就设想他对哈布斯堡家族有任何偏见,因为统治者之间的友谊和同盟频频按照时间推移而改变,而且私人的义务乃是追随自己为之效劳的统治者,甚至追随他们对别人的敌意。特别还有历史学家,他不是在表达他

---

① 致保罗·冯·富克斯,1688年1月19日。Varrentrapp, *Briefe von Pufendorf*, *Histor. Zeitschr.*, 70, 27 f.

② *Loc. cit.*, 41 ff.

自己的判断,而是仅仅作为其历史正在被叙述的、这个或那个统治者或国家的行为与偏见的一名辩护者来行事;除了再现他的主人的观点,这历史学家不可能有别的做法。统治者和国家并不仅仅依照普通法则评判自己的行为;相反,他们首先遵循他们国家的特殊利益(*peculiares status sui rationes*)。由于这些利益往往极其不同,甚至彼此对立,因而会发生一种情况,那就是每个斗争对手都会希望公理显得在他一边,然而斗争结束后,双方可能将他们事业的正义性看作半斤八两,不相上下。① 因而,两个彼此对立的统治者的历史可能以同样的方式去写,据此作者们将自己调整到适合其统治者的观点、解释和利益。确实,只要他有技巧,同一位历史学家有可能这么做,因为一位历史学家的任务大不同于一位法官或辩护者。于是,希望后代人有一天会这样地评判一件事,即他以瑞典和勃兰登堡的观点在恰当的场合得到了正确表达的方式,写了两个像查理十世和弗雷德里克·威廉那样彼此敌对的统治者的历史。

因此,利益、"国家理由"不仅对统治者也对当代史撰写者施加了影响。当代史家必须以一种纯真和忠实的方式解释国家利益,而无任何派性,也不做任何评判。只要他时时严格履行这一责任,他就可以今天为这"国家理由"、明天为那"国家理由"效劳,恰如在那个时代,外交家、军官和官员们有可能改换自己的主公而不招致说他们没有德行的谴责。我们先前已经指出,利益观念的机械性质恰好便利了观点的这么一种迅速改换,与此同时也含有吸引冒

---

① "因此,就出现了这样一幕:争斗双方都极力想证明公理在他的一边,并且他有足够的理由为争得这种公理而战斗,因此就其正义性而言,争斗双方可谓难分高下。"(拉丁语)

险家们的众多诱惑。然而,就像普芬道夫的话所显示的那样,也有可能做一种更深刻的辩解。在当时人看来,效力于各自独立的统治者和国家(在其中,统治者恰如其仆从,成了各自独立的各个国家观念[State-ideas]的职员)是生活之更高的和超个人的一定形态;而且,即使这些生活形态试图以武力互相争斗以维护各自的权利,但到头来偃旗息鼓时,它们仍再次互相视为同样有理。因而,它们在一种相反相似的友好兼敌对关系中并存共处,有着将它们统一起来的一种更高的权利共同体。今天为这"国家理由"、明天为那"国家理由"效力的人,不管是谁,实际上都在为世界理性(world reason)服务(普芬道夫没有这么说,但肯定觉得如此),这理性要求各国利益应当各自独立,但也要求每个人都应在他据有的位子上尽责尽力,从而不可能非难朝秦暮楚,因为给每个统治者和国家提供的服务在本质上互相等同。

然而,至高的法理共同体——在其内不同的国家和国家利益能够作为同等的成员共存共处——只能是西方各基督教民族的古老共同体。有如我们在罗昂那里已经注意到的,中世纪"基督教世界"观念的核心早已被铲除,但依旧留有其框架。当土耳其恐怖横扫基督教世界时,对一种普遍的基督教团结的古老渴望即使在17世纪仍卷土重来。然后,基督教意识形态与各独立国家的真正利益对立,要求它服从普遍的基督教利益,而且当它袖手旁观或(如同确实在法国那里)试图与基督教世界的异教敌人携手合作时,对它进行严厉的谴责。真正的内阁政策诚然本质上未受这一意识形态影响,但它仍能被帝国政策,被法国扩展政策的一切反对者用作一种道德辅助。普芬道夫就属于这些反对者。吸引他肩负叙述皇帝对土战争任务的正是这么一个事实:在此只有一次(他写道),他

第九章　普芬道夫

不得不展现由整个基督教世界（唯放荡的法国人除外）的情感为背景的伟大一幕；而在展现别的战争时，很少有可能使一个人的言辞和观点足够节制，以防某人恼火。因此，这位国家利益的最娴熟、最忠实的历史学家不可能变得醉心于自己的任务，他开始感到有获得一个更高的结合点的需要，以便弥合利益歧异。

在他那里（如同在他的同代人那里），这一需要仍受传统约束，即使它只是个垂死的传统。走向一个将不再是基督教的，而是带有世俗色调的较现代共同体观念的第一步，走向西方各民族法律和文化共同体观念的第一步，已经被他指出（正如我们看到的那样），并且已经以国家理论和国际法的方式，由他和格劳秀斯强有力地迈出。然而，他们仍然远未画出一幅西方各国各民族集体生活的有机图景，在其中各国特殊利益的分野被展示得恰如将它们统一起来的文化和法律利益一样有力，每项独自的利益分裂将同时显得是整个欧洲政治的一个生气勃勃的过程。因此，普芬道夫对利益史的描述仍然囿于一种片面的僵硬刻板而不能解脱。他只产出了一篇篇专论，而我们要的是一篇篇关于各自分立孤处的国家利益的"传记"，因为这些国家利益只有在对手们的动机和利益，以及确实还有普遍的欧洲联系被展现得完全分明时，才能得到彻底理解。普芬道夫满足于仅仅说出（如前所述）他在自己国家的文件中所发现的，认为提及未在那里发现的事情乃是方法错误。他弃绝某种他和他的时代都没有为之做好准备的东西，这或许是对的。他自己为自己的历史写作确立的限制确实是他那个世纪的限制。它将"国家理由"观念强加到各国生活中去的那种堂皇的片面性，确实也必定在一种同类的历史写作中反映出来。

普芬道夫的历史写作中的其他一些片面性也与此相连。德罗伊森(他多少展示了普芬道夫的那种片面性)已怀着某种亲近感指出了它们。① 一个人起先被普芬道夫那抽象和非个性的写作模式打动,但其后就感到厌倦。纯人文因素在事实中间,即在利益的作用和反作用中间一定程度上蒸发掉了。甚至宫廷本身内部的结帮拉派,同一位君主的不同国务活动家们之间为影响其政策而进行的争斗,确实在一定程度上变得非人化了。很少指名道姓;国事商议的个人详情和局部细节被略去不谈,为的是只有"理由"本身当明白浮现。在此过程中,普芬道夫使用了一种非常引人注目的历史编纂方法,那一定程度上是一种较为真实(但还不完全真实)的替代:替代古代史学家、甚至人文主义史学家用来修饰其作品并同时满足思考需要的杜撰的演说,替代对事态动机的任意概览。在他关于瑞典和勃兰登堡的著作中,他都经常谈论在君主的国务会议中的"磋商"(*consultatio*)、"考虑"(*consideratio*)或"商讨"(*deliberatio*),作为新的事态发展系列的出发点。然后,他就瑞典或勃兰登堡的国家利益分明地提出依据和反依据,但并非总是基于真实方案的文件背景,相反却通常不受拘束地从不同的报告、指令和意见书中凑合。② 这些是关于国务商讨的结构性模仿图景,只有按照这种历史撰写模式的体裁原则才变得可以理解,那纯粹只是在各项具体利益的多种多样的互动中揭示出"国家理由"之形成的原则。

然而,这"国家理由"在其自身观念中多么片面,由一个事实表现了出来,即这位历史学家差不多仅仅集中于它的外在发展,却不

---

① 参见 Droysen, *Abhandlungen*, pp. 358, 368。
② 迄今为止,只是关于大选侯的历史著作(由德罗伊森)证明是如此。然而可以设想,关于瑞典历史的著作的相应部分也是如此。

着力展示其内在形成,而只有两者合起来才能提供一幅完整的图景。当时在德意志,对"国家理由"的理论性探讨有一种类似但相反的失调之弊,那就是(按照从意大利移植过来的传统)主要强调确保统治者的国内权力。它恰如普芬道夫,不能就德意志领土国家内部发生着的情况画出一幅真正生动的图景。关于大选侯的国家改革,关于军队建设,关于这些在行政管理和财政方面导致的变化和创新,普芬道夫实际上全未述及;而且,就与第三等级的斗争,就其政策的非常重要的重商主义需要和目的,人们从他那里听到的太少太少。① 流俗的看法仍然是,这些事情无一提供了撰写伟大史著的任何有价值的题材。然而,即使是国家利益观念(它不受俗见束缚,直接出自政策需要),也没有——如我们在罗昂那里看到了的——近乎足够地去费神关注国家对外利益与其内部生活之间的有机联系。许多重要事态正在国内发生;国家内部利益并非不如其对外利益那么活跃。而且,主要的国务活动家和发回报告的外交官们(虽然"对外事务"更为显赫②)对国内事务予以颇大的、即使并非总是合乎比例的关注,就像黎塞留和大选侯的政治遗嘱、威尼斯外交文书以及1690年勃兰登堡特使埃策希尔·施潘海姆所撰《驻法外交文书》所表明的那样。因此,在一般国家的内政与外交之间,的确完全不乏根本联系,缺的只是对于此等联系的重大意义的充分意识。在利益信条和在依据这信条的普芬道夫撰史

---

① 参见 Droysen, *loc. cit.*, 336 ff.; Ritter, *Entwicklung der Geschichtswissenschaft*, p. 203。

② "外国货"一名威尼斯人说,是"国家真正需要的上等品"。引自 Annemarie v. Schleinitz, *Staatsauffassung und Menschendarstellung der Venezianer in den Relationen des 17. Jahrhunderts* (罗斯托克大学博士学位论文,1921年,未发表)。

模式中的这一欠缺便由此而来。我们又一次知道了那个世纪的局限性。然而,普芬道夫的历史写作具有一种不朽的品质和与之般配的风格纯净。

第十章　库尔蒂兹·德·桑德拉斯

在那些于17世纪期间趋于削弱相信绝对真理的教条精神的思想力量中间,再也不可能忽视利益观念和它为之开辟道路的真正的政治/历史思想模式。利益观念将每个国家都拥有的、以它自己的眼光看待欧洲国际社会和按照它自己的需要改造这个社会的自我中心主义权利当作一种最高天然冲动接受下来,从而直接导向了相对主义。有多少具备独立的政治利益的欧洲国家,现在就有多少关于欧洲权势关系的思想观点;而且,希望掂量它们的政治智能发觉自己不得不(即使在此过程中它一般还可能由它自己的意愿引导)按照同一个标准,即关于实际运行的种种力量的标准,集中于纯经验和不带偏见地判断各个不同图景。更深刻、更细致地看,是真实的欧洲发展本身,连同各自由独立国家的与之并存,最终必定产生这相对主义——因为利益观念只是它的反映。然而,事件实际上确实只是以这类反映、观念和思想习惯为中介才不断地起作用,而且这在很大程度上总是确保思想的形成及其有效力量。

观察者本人越是远离他自己的政治希望和利益的影响,利益观念固有的相对主义就能越是自由地发展。利益观念在法国的最初代表[①]从一种牢固地基于他们本国本民族利益的立场出发,概

[①]　还有上文第230页的注释里提到的那位荷兰人法尔凯尼尔。

览了其他民族的利益,并且听任他们的处境影响他们的看法;普芬道夫则随自己从一个宫廷游荡到另一个宫廷,从一种可变的基础出发做出观察和判断,然而在此过程中自觉地固守当时恰巧是他主公的人的利益,无论那是谁。因此,他的论述始终既坚定又灵活,在暂时的情势之中从未缺乏品格。然而,我们现在必须还要考察一个动摇不定的相对主义——它能在路易十四时代里普及起来——的样本。这就是罗昂的一位模仿者,①《欧洲君主的新利益》②的作者。

这位宣称自己的书由科隆著名虚拟商行刊发(实际上却是在海牙出版)的匿名作者,乃是加蒂安·德斯·库尔蒂兹·德·桑德拉斯,一名极为多产、异常敏捷的政治和文学冒险家,1644 年至1712 年在世。在被法军解雇之后,他先于 1683 年在荷兰发表一本著作,激烈地抱怨尼曼根和约后的法国政策,然后(可能是为了求得免罪)发表了一项对他自己小册子的同样有力的反驳。一直到他去世,情况都大致相同:一本接一本地撰写军事和政治著述,伪造回忆录和政治遗嘱。甚至 1693 年至 1699 年以及 1702 年至1711 年两度在巴士底狱苦熬期间,他看来仍笔耕不辍。与此同时,他设法像任何别的穷鬼那样在巴黎撑下去,让他的妻子、兄弟和兄弟媳妇在书店和住宅叫卖他的书籍。然而,他在整个欧洲都有读者。他是《历史和政治杂志》的创办人(1686 年),那是第一个真正的政治月刊,划时代地将政治新闻和独立的评论结合在一起。

---

① 在第 51、81、105、309 页和第 312 页提及罗昂。
② 该书全名为 *Nouveaux interets des Princes de l'Europe, où l'on traite des Maximes qu'ils doivent observer pour se maintenir dans leurs Etats, et pour empêcher qu'il ne se forme une Monarchie Universelle. A Cologne, chez Pierre Marteau 1685*。

第十章 库尔蒂兹·德·桑德拉斯

而且,他的书被德意志和波兰的年轻贵族们阅读,由斯德哥尔摩和哥本哈根的夫人小姐们浏览。现在,有了一类对宫廷和国家的秘密强烈地感兴趣的国际公众。甚至他的《新利益》也出了三版,而且引出了皮埃尔·培尔的赞美性书评,说在这里有一位真正的有识之士讨论每个国家的特殊利益,而且讨论得很好。确实,这个人的成就大得足以值得我们注意。不管我们对于将它用作历史事态的一个资料来源有多么勉强和怀疑,它却仍然提供了有教益的证据,证明那个时期的一种广泛散布的政治心态,连同一种由于路易十四的权势政策而变得突出、眼下正在幼稚的安然自得中步入衰亡的政治爱好;然而与此同时,它也已经给出了新的破坏性因素的某些迹象,这些因素注定要毁坏路易十四体系。

"无疑,没有任何事情像政治那么令人快乐,"库尔蒂兹有一次说;对他自己的成果的这种强烈爱好已经多少缓和了我们对他的感觉。他写作可能是为了售卖,然而他对他自己确定的种种政治谋算问题的乐趣相当真诚,一个人不可能看不到他极其乐意为每位独立的当权者制定出一套特殊的、适合这特定主公的利益规则。因此,不管他如何缺乏良心,他确实有着一定的讲求真实的精神。从根本上说,在此过程中他很可能真的倾心于法国和"路易大王"的光荣伟大,而且他能够用以将此和他的冒险家角色结合起来的方式,被他本人在一番关于间谍职业的宏论中显露出来。[①] 在早先时候,一位绅士就充当间谍会感到有所踌躇,但今天不管情况是否如此,没有谁会依然就赚钱发财的方式自找烦恼;或者,不管情况是否如此,为一位像路易十四那样的人效劳是如此荣耀,以至从

---

① 第209页以下。

前无耻的事情现在变得光荣了。无论如何,极少有活着的法国人会不高兴接到这样的差事。亡命的不法决斗士,甚至亡命的新教徒,也自告奋勇地请求担当此任。这是现已实现了的法兰西民族团结的一个显著证据!

以同样天真的坦率,他还能赞同贿赂方法,那在路易十四与其同代人的治国方略中发挥了那么大作用。贿赂是政策的一部分,而政策是"促进一个人自己的事业、阻碍别人促进他们的事业的秘诀"。① 他心灵的肮脏还由一个事实透露出来,那就是他极度夸大了分发金钱的政治效用。他认为,假如吝啬的利奥波德皇帝给了土耳其人足够金钱,土耳其战争本来绝不会爆发,路易十四也绝不会夺得施特拉斯堡和卢森堡。② 在金钱之外,被用于那个时代的治国方略的另一方法是王室联姻,而他就此问题的判断较为精细可靠。他指出,力量相等的统治者之间的婚姻同盟脆弱,力量不等的统治者之间的婚姻同盟强固。政治家们不懂为何皇帝不将自己的女儿嫁给波兰国王约翰·索别斯基之子,却嫁给巴伐利亚亲王。同前者在一起,她本可得到较好的照顾;然而,在安排婚姻时,统治者们并不习惯关心这一点,因为他们的子女"通常是牺牲品,被宰献于他们的利益祭坛"。③

他宣称一位统治者不应在其国家利益危在旦夕的情况下,将自己捆绑成自己言辞的奴隶。他这么说,不过是重复早已变成一

---

① 第 143 页。
② 第 145 页。然而,库尔蒂兹在此不知怎地搞混了事件的先后次序。夺取施特拉斯堡发生在 1681 年,夺取卢森堡则从 1681 年拖到 1684 年,土耳其战争却最初于 1683 年爆发。对外交腐败的效用的夸大由 Fester, *Zur Kritik der Berliner Berichte Rébenacs* 一文(*Histor. Zeitschr.* 92, 25 ff) 作了极好的讨论。
③ 第 155 页。

第十章 库尔蒂兹·德·桑德拉斯

则普遍格言的东西。然而与此同时,直言自己赞成马基雅维里并不被广泛视为可敬。即使库尔蒂兹,也认为提及权势政策受基督教限制,并将利益政策与威望政策区分开来是合适的。可以允许为了保护自己免遭根本损失而背弃同盟,但不能允许仅仅为了扩展权势这么做。他发觉可以理解荷兰人在移归权战争中背弃与法国的同盟,因为其目的在于阻止法国进一步征服;然而,他也赞扬路易十四没有利用土耳其战争带来的机会,没有走捷径去争取实现在他眼前飘动的普遍帝国目标。① 只有对并不生活在基督教世界的法律之下的统治者来说,无限的征服贪婪才是可允许的。

库尔蒂兹本人是否非常相信这一点甚为可疑,因为一种肆无忌惮的政治相对主义支配了他的著作,从头到尾。"不存在任何一条不得根据形势被翻转过来的准则。一切都必须服从国家利益。"也不存在任何悔恨,如果它是个政治利益问题。与此同时,他也知道国家利益本身可以是两重性的,往往像是两个深渊之间的一条通道。在他看来,显然荷兰为了自己的生存不能让法国征服佛兰德。由于反对法国的恰当时机尚未到来,荷兰就必须为之做好准备和武装自己;然而,在这么做时,荷兰又必须表明审慎地警觉奥兰治的威廉的君主制图谋——但同时不将这警觉搞到过分地步,以免在某个其他方面遭殃。简言之,"每个问题总是有两面。"②

"统治者的政策必须始终坚定,但同时它又必须随事态的变动而不断变化。"③罗昂已懂得这一点,然而自他那个时候以来,由于

---

① 第 3 页及下页。
② 第 319 页以下,第 375 页。
③ 第 347 页。

几个世纪内权势关系的巨变,对政策变动性的认识已变得更为重要。先前,谁会想到西班牙与荷兰现在竟有可能不得不如此紧密相连,以便挡住法国的压倒性压力?不仅如此,对一个以纯粹政治方式思考的人来说,一切宗教倾向性的问题都已变得陈旧过时。利益政策成了走向宗教宽容政策的最有效的教育性影响之一。库尔蒂兹非常鄙薄皇帝的政策,后者尚未使自己摆脱天主教热情。"今天,问题不再是靠假装一种虚伪的热情来诱惑各国,而是保障它们的处境和幸福。"① 这里,治国方略的一种新音符在鸣响,物质利益的首要地位和使臣民幸福的观念(这两者都是18世纪将引入的东西)在此有了先声。甚至在罗昂那个时候,真正的权势利益就已开始削减由宗教教义产生的对立,不同信仰的统治者之间的同盟就已成为可能。但尽管如此,宗教外衣仍被视为应在治国方略中得到使用的一种有效工具。库尔蒂兹针对使用宗教借口进行的斗争,却有如针对一座已在溶解的冰山。他讥笑早些世纪里的种种迷信,嘲讽他那个时候的狂热的法国教士,他们在天主教中看到了启动所有星辰运行的"第一推动力",想象路易十四通过镇压法国新教徒能够为他自己的世界统治铺平道路。我(他接着说),相反,以我的世界政治观,要说为实现这位伟大君主已构想的成为西方世界皇帝的计划,不可能选择比现在已被采纳的这个办法还更荒谬的手段了,因为它得罪新教各国。② 他的书面世后不久,《南特敕令》就被废除,而他的预言最终证明是对的,那就是以此行为,路易十四将犯一个重大错误,伤害他自己的利益。如果设想在他

---

① 第19页。
② 第188页以下。

第十章 库尔蒂兹·德·桑德拉斯

身上有任何胡格诺教派倾向,那就错了。他能够抛出这么一个思想:如果人们仅希望在行将建立的普遍帝国内只有一种宗教,那就有可能从新教和天主教教义中合成出一个居间的宗教来——除去了胡格诺教派和天主教派的一切强辩和争论的宗教。这令人想起像莱布尼茨那么一个人的一则梦想,然而这也预示了一种到时候将来临的理性主义的幻想。可是,这位开明的政治家同时也以非凡的敏锐,预言了(由路易十四开启的)压制政策将对法国国内生活造成的坏效应。"它将造就伪君子、假圣人和怀疑者,因而他的王国将变成无神论者的天下。"他告诫要记得西班牙和意大利的命运,在那里一个懒惰的教士阶层显示了国家的性格;他还指出了经过改革的教职人员的经济和文化成就,法国的兴旺时期就是以他们为基础。

在此,开始浮现了一种对一切利益政治的民族基础和前提的较深切理解。然而,由于事物发展的自然过程,这种在单独一个经验点上已被取得的较深刻洞察可以长时间保持孤独,长时间未能渗入整个主导的思想模式。这一思想模式(库尔蒂兹是其典型代表)仍然照旧在政治方面只注意帝王将相及其权势装置和政府机器,而不考察整个民族和国家。不仅如此,它还反映了仍在主导或支配的状况。既然贵族阶级的封建抵抗已被击破,欧洲大陆大部分民族和国家的内部生活便比先前平静得多,受到的控制大得多;而且,在库尔蒂兹撰写其著作时,专制主义已差不多处于其顶峰。这本质上归功于同别国的大规模权势斗争,贵族阶级的多余精力和过剩野心被吸引和分散到这斗争中去。库尔蒂兹同样懂得并公然声称,法国国王有必要以征服性战争为手段耗用其臣民的天然精力,不时清除掉国内的多余成分。为了享有国内和平,就必须在臣民们中间培育和鼓励一种针对国家的敌人的"尚武精神"。[1] 现在,这两者——国内服从和好战力量——在法国都已通过一切权势利益的实现而达到了。只要路易十四依然在位,皇帝(如库尔蒂兹在谈论帝国利益时指出的)就没有可能指望法国内部纠纷。[2] 诚然,少数心怀不满分子有可能在最近的战争期间在波尔多揭竿而起,布列塔尼的一两个城市也有可能反叛,然而那有什么重要?"暴民(canaille)没有能力造就任何变更。在贵族避而远之时,民众无法独自做任何事情;即使在他们协同行动时,他们也常常会失败。"

因此毫无疑问,库尔蒂兹的利益观念——人们甚至可以说一般较旧的利益观念——远不如像关心统治各民族的手段,使之成为君主野心的有用工具那般关心各民族本身。为此,内部服从与对外权势政策(有如我们刚才又一次看到的那样)既被视为相得益彰的手段,又被视为彼此助长的目的。即使在库尔蒂兹这么一位有政治头脑和政治兴趣的当时人看来,这也是完全不说自明的,因而他的兴趣限于注视之乐,限于对利益政策中这目的和手段机制的一种精明的理解。他非常敏锐地察觉了法国君主制与社会上层和下层阶级之间的关系。国王(他断言[3])依靠民众的支持来反对贵族。在诸侯(seigneur)与其封建社群之间的任何冲突中,所作的决定一般总是有利于后者;贵族没有民众便一无所成,因而他们必须被保持在一种分裂状态,省长们(intendants)也因此是贵族的死敌。然而另一方面,"倘若一位国王被弄到将其一切希望都寄托

---

[1] 第186页及下页。
[2] 第127页及下页。
[3] 第341页及下页。

在普通民众身上,那便是下贱了;在我们看来,前后左右总是由忠心耿耿的贵族拱卫构成国王的光荣,就像法国国王那样"。后者还懂得如何补偿和满足贵族。因此,这已经给我们提供了一幅托克维尔后来将绘制的"旧制度"的经典图景。

在此基础上,下一幅即法国的欧洲利益政策图景在他眼前升起:本国臣民忠心耿耿,外国臣民背信弃义,皇帝缠身于土耳其战争,英荷两国彼此分离,西班牙则弱得可怜,此外还有欧洲的一大群无力的小统治者。库尔蒂兹在1685年必须领会并以一位当时人所能达到的最佳程度敏锐领会了的,是路易十四的权势及其未来希望的最高峰。

这位国王像朱庇特那样被置于众神之上。看来(库尔蒂兹判断道)似乎当今没有谁能挡得住他,似乎他会实现普遍帝国目标,只要他采取正确的步骤;然而,接下来要采取什么步骤正是个谜。他面对两条路线。第一条比较保险,却是两条当中不那么光荣的,因而没有被他采纳,此即在维也纳被土耳其人围困之际径直进军该城,让帝国的威严落到他身上。也许,他现在后悔没有采取这条路线,因为另一条他舍此选择了的路线远不那么保险,可能造成欧洲的种种变化,那会使之成为对他来说不可行的。这第二条路线是让他自己通过惯常的手续被选为皇帝。一旦他选择了这条路线,他就不得不力求使选侯们畏惧他,那要依靠维持他的军备做到;然而,要以一种引起钦佩而非恐怖的方式来被畏惧。此外,他还不得不依靠他将为之取得的实在的好处赢得其友谊,而且最终他还不得不用上治国方略的所有其他小手段。

在此,库尔蒂兹正确地认识到,1683年,即维也纳被围困之际,就显示路易十四是否有大规模征服的素质而言将是决定性的。① 他不具备这样的素质;鉴于他的国家资源并非用之不竭,他将自己的眼前目标限于他能不大动干戈而实现的那些征服,以及限于"收复故土",对此的承认他希望以友好手段从帝国取得。在库尔蒂兹看来,国王为了隐瞒自己的真实目的即皇帝的威严,将不得不要人相信他除莱茵河边境外别无所求。然而,他当时的真实目的恰恰是取得莱茵河边境;② 成为皇帝只是他的一种单纯愿望,虽然可以激发他的想象力,但不能左右他的讲求实际的政策。因而,这位富有才智的政论家的政治意识还未被熏陶到足以精细得问自己一个问题的程度:一个人可能感到在太阳王的野心范围内的某种东西,是否也可能实际上就是其政策中的主导思想? 然而,这项错误,即夸大一个强劲发展着的世界强权的种种趋向,是个仍在不断被人犯的错误,不能被算作当时利益观念之历史见解的一项弊端。它出自事物的本性,出自所有欲望的变动性,出自能够促进它或抑制它的客观可能性。在将即使不是今天、也至少明天或后天可能影响和主导其政策的种种图谋归因于路易十四,库尔蒂兹及其同代人肯定是对的。"列强希望君临一切,"他有一次说过(令人想起兰克的名言),"乃是其本质使然。"③

尽管库尔蒂兹就各不同国家的利益所作的估算有许多是可疑的,然而关于强国的本质和意义的这一意识出类拔萃。在他看来,小国统治者也有某种重要性,因为如果他们正确地理解自己的利

---

① 参见 Fehling, *Frankreich und Brandenburg in den Jahren 1679—1684*, p. 239。

② Platzhoff, *Ludwig XIV, das Kaisertum und die europäische Krisis von 1683. Hist. Zeitschr.*, 121, 398; Fester, *loc. cit.*, p. 41.

③ 第 38 页。

第十章 库尔蒂兹·德·桑德拉斯

益,他们就会帮助较弱的强国对抗较强的强国,以便维持一种均衡,同时并不由此取消采取其他行动路线的可能性;然而一般来说,他们只是被使用和盘剥,而他们如果弥合他们自己中间的任何分歧,就有助于不遭强国劫掠。① 面对法国这可能的普遍帝国,像威尼斯那样的国家确实能够提供一个值得向往、但绝非必不可少的盟友。按照他犀利的判断,在欧洲能够当真对抗法国国王的只有三强:皇帝、英国和荷兰。② 他认为,皇帝将自己的主要战线定为针对西方而非东方是对的——但与此同时,他设想可以不惜代价地实现同土耳其人的和平却肯定错了;而且,他未能具备长远观点,未预见到对奥地利王朝来说土耳其战争将继续下去。他本人的目光较锐利地指向西方而非东方;是在西方,他洞察到了未来事态的核心。因为(在他看来),法国最应当留心的国家莫过于英国及其海上力量。英国可能轻而易举地扮演先前由西班牙扮演的角色,而且不但作为一个平衡法国的力量行事,甚至还倾覆均势。当今,采取一种真正的战争和征服政策(他以真正的精细性指出)不再符合英国的利益,英国的利益相反在于维持它的贸易权势和海上力量,为此成为其他强国的仲裁者便足够了。③ 就这些想法而言,他没有让自己被当时英国呈现的表象所迷惑,那是在詹姆斯二世的准天主教政府治下,连同其国王与国会之间的斗争。在此形势下(他说)法国自然必须加强詹姆斯国王,从而助长英国国内的宗教对立;然而,这一措施可能产生可疑的后果,因为如果英国成为天主教的,它就又会恢复其政治统一。为了使英国能继续陷于

---

① 第 26 页以下,第 31 页以下,第 39 页。
② 第 203 页。他事实上确是说"帝国",但他一般以此指皇帝。
③ 第 309 页以下。

政治分裂,他精明地劝告法国国王抑制对英国的商业竞争,以便使得对英国商业利益的威胁不会导致国王与人民重新团结一致。由于他是科尔贝重商主义的坚决反对者,也是已经有重农学派色彩的自由贸易观念的提倡者,他就更容易给出这一劝告。科尔贝的政策将导致与英荷两国的冲突;而且,如果这两国联合起来,它们的海上霸权将能毁掉法国的贸易。① 他的劝告击中了自路易十四那时往后困扰法国权势政策的深刻、危险的二元主义的根子,那就是法国希望同时追求大陆权势目的与海上权势目的,而不总是有能力同时追求它们。库尔蒂兹还确信,最高程度的权势和光荣确实包括制海权;但是他正确地告诫法国切勿为此激起冲突,自招英荷两国海军的联合打击。意味深长的是,他意识到了路易十四以后在西班牙继承战争中遭受的那种愈益增长的危险。

争夺西班牙遗产的不可避免和迫在眉睫的斗争,也必定大为库尔蒂兹所虑。不能指责他按照一边倒向法国的方式谈论当时关于欧洲未来的这个最重要问题。在此,他同样(像利益观念中包含的竞赛因素要求的那样)注意让自己深入考虑互相对立的观点,而且在这个场合也像在别的场合那样,以一种分明的冷静这么做,使人想象到他在各敌对国家的利益之外和之上,还看到了欧洲作为一个整体的利益。这一欧洲利益要求无论法国抑或奥地利王朝,都不应当是大部分西班牙领土的唯一继承者。库尔蒂兹现在的确假定,普遍帝国不说自明是路易十四的确定目的,如果现在不抓住实现机会,那么它再过一百年也不会重新到来。因而,他还感到自

---

① 第184页以下,第228页。他在荷兰的逗留,连同那里环境的影响,肯定说明了他为何讨厌科尔贝体制。

第十章 库尔蒂兹·德·桑德拉斯

己禁不住要探索赢得整个西班牙遗产的可能方式;可是在此,就像在英法对立问题上那样,他又一次主张温和节制。

最后,他还以一种显然优良的历史本能,掂量了皇帝在西班牙遗产上面的利益。他或可很简单地将他的女婿、巴伐利亚选侯马克斯·埃马努埃尔当作西班牙家族的假定继承人,从而将后者的野心从帝国皇位目标转移开去,因为他能够指望马克斯·埃马努埃尔作为西班牙王储,会为了取得其遗产继承而同皇帝保持良好关系。其次,这等于在将来维持西班牙-哈布斯堡两头政治。如果这在过去构成欧洲其余国家独立和自由的一大危险,那么现在它就是一大堡垒,保护整个大陆免于屈从法国的意志。库尔蒂兹很明白,不需再怕会有任何普遍帝国危险出自皇帝,而且确实也不需再怕它会出自西班牙。因此,这两者间持续的利益共同体不超过防御意义。[①] 与此相关,有意思的是注意到他的这么一个观点:皇帝大胆地脱去了他先前用以隐蔽其普遍帝国政策的天主教利益外衣,从而能够将新教国家集合在自己周围。因此,法国曾用来迫使查理五世从其权势巅峰跌落下来的同一个政策,现在可能成就同样的奇迹,即路易十四的败落。[②] 在此,库尔蒂兹又一次显示了他的历史未来意识。各国在西班牙继承战争中的联合证实了他的预言。是欧根亲王不顾哈布斯堡家族虔诚的贵妇和忏悔神父们的反对,捍卫和帮助贯彻了皇帝与新教海上强国结盟的政策。

这样的判断或许会使人在将来以某种同情心看待这位名声有问题的人。他还有个绝佳的特征,那就是给予东欧与西欧国家、北

---

① 关于西班牙继承问题的段落见第236页以下,第261页以下,第271、288页。
② 第166页。

欧与南欧国家同等的注意;他使自己摆脱了(在罗昂那个时候就已变得俗常的)对南欧和西欧国家的偏爱,连同对意大利各小邦的人为结构的青睐。这或许不可被认为给他带来了什么特别荣誉,因为南欧和东欧国家的重要性必不可免地自行突出起来,首先是在三十年战争和北方战争之后,接着法国政策的自觉操作导致了政治生活血液在所有欧洲国家中间(尚除去俄国这唯一的例外)不断环流。瑞典、波兰和土耳其构成法国同盟和协约体系的外缘,在一定程度上起到了给法国提供伪装的作用,阻碍了帝国和皇帝并引起其焦虑。取瑞典而代之(它在尼曼根和约和"收复故土"以后使自己摆脱了法国),丹麦和勃兰登堡在80年代前半叶接过了充当法国的伪装堡垒的角色。作为这么做的报偿,它们希望得到法国的准许与援助来袭击瑞典,从它那里攫取它们觊觎的领土。法国拒绝了,因为即使在这法瑞疏远期间,由威斯特伐利亚和约的作用导致的法瑞利益共同体仍然料想不到地持续下去。它是欧洲利益政策的最具教益的复杂情况之一,而再次使得库尔蒂兹的敏锐洞察力令人称道的是,他并没有对此毫无觉察。法国不会容忍(他如此断言)瑞典遭其邻国劫掠,因为倘若它们赢得了觊觎之物,就会有它们转向其他利益的危险,亦即它们会再次背离法国。"因此,必须不断地使它们保有希望",但与此同时不让这些希望得到实现;而且,拥有同盟的技巧在于如此安排事情,以致自己由此得利,而对方的好处小得不会由此引起任何嫉妒。这正是法国当时面对大选侯竭力争取袭击瑞典时实行的政策。① 他还很清楚地认识

---

① 第363页及下页。参见业已提到的费林(Fehling)的书,另见 Fester, *loc. cit.*, p. 36。

第十章 库尔蒂兹·德·桑德拉斯

到,瑞典不再有足够的力量维持古斯塔夫斯·阿道弗斯赢得了的那种地位,因而它急切被迫寻求法国援助来对付它的首要敌人丹麦和勃兰登堡。然而总的来说,瑞典国王不能不像在他们自己国内自身难保的统治者们那般行事,也就是说不能不力求避免战争。[①]

他也向帝国之内的德意志君主们提出同样的劝告,虽然(或恰恰因为)他充分认识到他们如何受到法国扩张政策的威胁。他只是将所有德意志君主当作一个集体来对待;因此,虽然历史学家希望听到一位如此聪明的当时人谈论勃兰登堡愈益增长的权势及其广泛的利益,但他们注定失望。在这对于帝国之内德意志君主的集体性看法中,有着一种旧式的俗见因素,于是他们仍然被从外面来看,犹如一条由众多小型和微型星宿组成的银河,而且惯常的观点是他们的总体利益在于自由。他们特殊的各别冲动没有引起多大兴趣,因为各不同成员国的个性和权势尚未凸现为足够充分地发展了的。在此,令人遗憾,库尔蒂兹缺乏他在谈论大世界关系时显露出来的那种对即将到来之事的敏锐意识。

而且,虽然他的视野已经是欧洲集体视野,但他的实际观察方式还不是现代意义上集体地历史的。在揭示各个不同国家的不同利益和倾向时,他为自己造就了自己的兴趣。那是一篇篇专论的汇集,只谈论各不同国家必定做什么的问题;他仍然没有就这个体活动将在集体的发展倾向方面导致什么提供任何分析。只有在一个场合,我们才能假定他由一种欧洲整体意识指导。正如一个个国家的较终极背景倾向于被用来分析的它们的政策例子遮蔽,欧

[①] 第343页以下。

洲国际社会这一普遍背景也倾向于化为乌有。不过,这的确也是当时的历史实情。以一种热烈的、多疑的方式,每个独立国家都试图在法兰西普遍帝国这危险的妖怪面前确保它自己的安全。欧洲的集体精神没有死去,但对个体生存的焦虑阻止它上升到充分的自觉。可是此后在世纪之交,将震颤整个欧洲的新的重大权势斗争,还有新的智识理想,会最终为一种较普遍的利益观念奠定基础。

第十一章 鲁塞

在许多方面,西班牙继承战争是百年后欧洲将经历的大动乱和大复兴的一个前奏。在这两个场合,问题都在于挣脱一种权势关系,它陈旧过时,没有生气,然而直到那时总是被紧紧抓住不放,总是给欧洲集体生活中的新兴力量留有发展余地。大革命时期的动乱影响了各国的全部政治和思想存在;可是18世纪初的动乱只影响到每个国家的一部分,因为欧洲还未有全然更新的准备。由查理五世和斐迪南一世建立的、完全陈旧衰老的西班牙-哈布斯堡集合权势和双头政治体系被成功地推翻。这个体系的单一支柱被完全击碎为它的各个组成部分,曾包括西班牙、比利时、米兰和南意大利在内的西班牙权势构造分崩离析。这是个意义非凡的事态,因为关于欧洲的权势和领土关系状态的历史传统由此遭到了第一次巨大打击。此前,总的来说,在国际斗争中只有个别省份和国度被输掉或被赢取,现在倾覆的却是一整个体系,一个普遍主义性质的大帝国。而且,迄今为止受它统治的各邻国被弃之于变动无常的命运,因为它们的新领有者完全不是仅靠自己的力量赢得它们,而且并非以一种古老领地的充分牢靠性占有之。不仅如此,主要继承者奥地利不久便受到一种命运威胁,那与其姊妹国西班牙所曾遭遇的类似,即男嗣的断绝会导致它四分五裂。于是,作为欧洲国家体系如此基本的一个特征的不牢靠和变动性就愈益增强。一种速赢速输、交替坐庄的模式出现了。这强有力地刺激了各种政治野心；它们将比迄今为止的远为巨大，而且，假如在它们背后的国家物资资源更为充裕，假如没有欧洲两大首强——法国和英国发挥一种温和化和限制性的影响，它们就会招致与它们在紧随西班牙继承战争的 20 年里实际造成的颇为不同的剧变。

英法的温和事出有因。虽然它们自己互为对手，但在经受了晚近战争的牺牲后它们不愿施展全力，而且都希望尽可能长久地维持欧洲和平。因此，出自新的西班牙波旁王朝之王朝性野心的南欧动荡只引起了相对有限的紧张和冲突，而未导致真正大规模的欧洲危机和战争。在 1733 年至 1735 年的波兰继承战争中，法国再次与奥地利王室为敌，然而这场战争以两大对手之间一项令人惊异的妥协告终，领土交换和王朝变动据此再次发挥了一种经典的作用。西班牙继承战争本身导致关于瓜分西班牙领土的著名谈判，在其中各敌对强国力图依靠妥协（而且没有怀抱任何对世袭权利的痛苦的关切）和平地解决国家划分问题，从而不仅保证了总的均势，而且还满足了每个强国本身的特殊利益。西班牙继承战争过后，这种努力由所谓四国同盟政策、康布雷会议（1724 年至 1725 年）和苏瓦松会议（1728 年）重演。不仅如此，这个时期里兴起的一项全新的政治观念在于发现一种合力，一种欧洲集体意志，那确实不会属于欧洲各国各民族全体，而是仅仅代表相对于中小国家的各强国的旨令。权势利己主义与和平主义、欧洲主义与特殊主义成分由此合并为一。此前，欧洲总是沦为两个彼此冲突的阵营，彼此谴责对方怀抱追求普遍帝国的邪恶欲望；现在，联系环节被创造出来，它们趋于造就欧洲国家体系的一种统一的寡头组织。诚然，这些环节那么脆弱，以至由主要强国的特殊利益加在它

第十一章 鲁塞

们上面的每项额外压力都可能再次使之断裂。

这种新原则名曰"习俗"('Convenance'),主要强国试图据此规范欧洲。"庄严的'习俗'权利"被人挂在嘴上谈论。然而与此同时,造出该用语的政治著作家让·鲁塞却以他对它的用法表明,他用它来指的是某种模棱两可的东西。如果今天有谁(他在1735年写道[①])因为1702年以来欧洲所有权势关系的巨变而大为吃惊,那么他就不明白"庄严的'习俗权'这宏伟的特权——每个人都猛烈抨击、但又都用它来掩饰自己行为的一种权利;某些国家不能不阻碍采用这权利,然而它们使自己的真正利益让位于它,即使不是现在的,也至少肯定是未来的真正利益"。他的另一项断言表明,权宜(expediency)观念本身也含糊不清,模棱两可。法国垂涎尼德兰南部,甚至对它拥有一种古老的、而且或许正当的封建权利要求。然而这无足轻重,因为整个欧洲的"习俗权"反对之。以恰好同样的方式,它不能容忍英国人和荷兰人将西班牙人逐出美洲,法国和意大利诸国则不会容忍皇帝占有威尼斯和瑞士。法国完全无须叫喊不公正,因为难道它自己未曾千百次地体现"习俗"权的力量?难道它对布列塔尼、诺曼底和阿克维塔尼亚,或对阿尔萨斯、弗朗什孔泰和奥兰治邦有比这更好的权利?[②]因此,权宜并不像肯定被说过的那样,[③]只是表达了一种欧洲寡头制的经过互相安排的共同权势利益;它还可能简单地指明了单单一个国家的赤裸裸

---

① 《历史和政治杂志》,vol. 98, 20 (1735)。

② Rousset, *Les intérêst présens et les prétentions des puissances de l'Europe*, 3rd edition, 1, 533 (1741).

③ Herre, *Völkergemeinschaftsidee und Interessenpolitik in den letzten Jahrhunderten. Festgabe für Gerhard Seeliger*, p. 199; Koser, *Staat und Gesellschaft zur Höhezeit des Absolutismus. Kultur der Gegenwart*, 2, V, 1, p. 262.

的、没有任何合法权利依据的权势利益,而且它由此趋于变成弗雷德里克大王时候以"惯例权利"(*droit de bienséance*)这一用语所称的东西。① 当鲁塞谈论一种"暴烈的习俗权体系"时,它指的是单单一个强权——土耳其人,那不能忠实信守条约。②甚至列强联合这一权宜之计,对他来说也全非总是欧洲集体利益的表现,即使这些利益经常被援引来掩盖它们的基本上是利己主义的行为。"看来,"他有一次在他的《历史和政治杂志》上写道,③"本世纪之初的著名的瓜分条约,连同此后一直在国际法中被采用的'习俗权利',导致按照最强者的'习俗'改变各国的轮廓成了欧洲时髦,那不久便可能再次等同于弱国被吞并。"

然而,谁希望非常严格地区分这些观念与其背后的利益和情感,或者将它们之中的表象仔细地从真实之中分隔出来?在奥兰治的威廉这么一个人身上(而且不仅在他身上),对欧洲的真正社群感与一个特定国家的明智的利益变得难以觉察地混合起来。没有什么时候有什么人从纯欧洲的情感出发行事。它们只可能出现在它们与特殊利益和谐一致的场合,而在所有情况下后者必定是根本。

然而,对政治思想模式和国家利益观念的继续发展来说,两件

---

① 然而,"惯例权利"一语在 17 世纪后期,即在迪梅(Dumey)版的诺代《政变思考》第 178 页就已出现过。

② 《历史和政治杂志》,1737, vol. 103, p. 80. 作为这项语言用法的一个进一步的证据,我还可以添上出自其《选集》第 11 卷(1736 年)绪言的一段话。他在其中辩护自己的著作关于各国利益的排列:"我抽象地谈论每个国家的政治和利益,好像我只该谈论这一个国家;在另外一章,我同样谈论另一个国家的政治和利益,遵循这个国家的规矩和礼仪,好像我不曾谈论过任何其他国家。"

③ 同上,第 582 页。

事情至关重要并有决定意义。首先,合法性、历史传统和实在法遭到了一记打击。"国家理由"之高于实在法肯定在17世纪期间已被教导。然而那时,这一信条事实上更多地是针对国家内部阻碍其权力增长的那种形式的实在法,而不是针对一个国家——或更准确地说一个王朝——用来反对另一个的那类实在法。当然,在实践中,现代历史的头两个世纪里即使这后一类也足够经常地遭到侵犯;可是,随时间推移,以某种成文法权利掩饰赤裸裸的权势利益的做法得到了广泛的尝试,而且这成文法权利构成了一种舍此就永不会存在的权势利益的基础。在整个18世纪里,情况也始终如此。然而,陪伴着那种随西班牙遗产瓜分条约而来的权宜政策,政治生活中成长起了一类新的、颇为非历史的权利。它并列于(如果必要就对立于)实在法和历史传统,同时援引欧洲"公共利益"观念;甚至当它收缩为单单一个国家的纯"惯例权利"时,它仍然用响亮的"权利"称号来给自己增光。国家利益,老的"国家理由",戴上了一副新面具,那仍然不总是单纯的面具,因为至少偶尔它是由真正的欧洲整体利益激励的。

权宜权利(the right of expediency)因而是自然权利的一个引人注目的变种。而且,正如后者在18世纪开始后从理性主义和启蒙运动得到了新的推进,权宜政策中也有着明确无疑的理性主义成分。主要强国的理性洞察力导致了一项权利要求,那就是被允许按照欧洲快乐和福祉的需要瓜分欧洲。由于18世纪初的理性主义仍然依据非常贵族和专制主义的方式去思考,因而还很可理解没有任何人想到要问一下有关民众他们希望什么。对国家便利的事情应被说成是"权利"——"惯例权":这也被觉得是一种完全理性主义的观念。

然而,像我们已经注意到的那样,在新的意识形态底下,依然继续活跃着"国家理由"精神。国家利益铁臂现在戴上了天鹅绒手套,马基雅维里以此经历了一场新胜利。然而,根本的马基雅维里观念现在以一种奇异的方式,同完全反马基雅维里的思想结合起来。一方面,康布雷和苏瓦松两大会议试图建立一种欧洲法庭,而且弗勒里红衣主教1728年在苏瓦松宣布"消除一切互相冲突的利益和避免任何可能导致决裂的事情"至关重要;① 与此同时,圣皮埃尔神父的和平主义思想重新拿起了康帕内拉和苏利公爵提倡过的国际联盟观念,正在影响欧洲公众。肯定可以设想,列强的外交家们在伸张蕴含于他们的会议和干涉之中的世界和平倾向时,也想对圣皮埃尔神父的时髦思想表示敬意。然而,更重要的是认识到即使他们(不管他们的寡头制最高裁判机关与圣皮埃尔幻想的国际联盟相隔多远),也由一种出自他们自己的最根本利益的和平需要所左右。商业利益鼓励和平情绪。在西欧,紧随西班牙继承战争过后,来了贸易大增时期,海外领土尤其如此,而且趋于受到英法两国的经济危机和过度投机热的促进而非阻碍。英国利用战争期间从西班牙赢得的所有斩获,以便从商业角度盘剥西属美洲。法国将自己同东地中海地区的贸易搞得甚为兴旺;不仅如此,它还能成功地同英国人的转运贸易竞争,所要的运费较低,因为其水手活得比英国海员更简朴。② 对于西班牙被迫从英国遭受的经济盘剥的愤怒根本上促成了一个事实,那就是1732年后,在巴黎和马德里的两个波旁宫廷发展起一种共同利益,据此法国的贸易再度

---

① Droysen, *Abhandlungen*, p. 211; Rousset, *Recueil*, 5, 176.
② 对此,比尔费尔德(Bielfeld)非常了解(见其 *Institutions politiques*, 3, 89)。

第十一章 鲁塞

得利。于是,英法之间开始形成殖民性质的新紧张和战争可能。不过,弗勒里红衣主教和沃波尔都很懂得,这一和平时期多么大地帮助了他们各自国家获取财富;他们据此行事。

这样,主要强国的利益政策确实一般具备较为温和的性质。它们以一种带有较现代型的理性主义色彩的精神来对待欧陆权势关系(它由于西班牙霸权的解体已变得更有变动性);不仅如此,它们在其内部权势的物质强化方面的利益开始获得一种现代性。它不再是科尔贝时期的那种重商主义(那仍然令人强烈感到是多少容易哮喘的),而是主要试图通过专制主义监护和一种限制政策发展国家的生产力。在各国自身的中产阶级中间表现出来的实业精神变得更为活跃和积极;它利用战争和政策创造的机会,接受政府的仁慈的保护,并且被扩展到国外。然而,除了这些较现代的性质(它们突出地表现在毗邻大洋的两大强国——英国和法国),先前利益政策的传统特点继续在欧洲中小国家中间存活。在以马基雅维里式风格(在意大利)建立"新邦国"的经典基础上,蹦出了来自伊丽莎白·法尔内塞为儿子谋利的勃勃野心的新王朝构造。肯定是由于她的政策的影响,前西属意大利的那个沦于奥地利的部分被减小了,意大利国家体系因而多了一些民族性。不过,驱使这位骄傲和精力充沛的公主的动机,仍然绝对有文艺复兴和巴洛克时期的政治精神气息。

与此同时,由于彼得大帝和弗雷德里克·威廉一世的操作,一种完全不同的"新邦国"在欧洲东部成长起来。事实上,这两位君主的思想和行为大有共同之处,但他们所造之物却有显著的差异。俄国的治国方略开头不得不从一个非常原始的层次破土而出,并且在彼得死后它受难遭殃,原因在于民众的往后倒退的半野蛮性和王朝宫廷的内部动荡。相反,在普鲁士,一种对"国家理由"思想领域全然丰沃的新土壤开始形成(虽然起初难以察觉)。

我们再次寻求一套对这参差不齐、不可协调的世界的当时人看法作为镜子,它与运动中的各项政治力量的改变一起,同时将揭示其中固有的政治精神变迁。从西班牙继承战争到奥地利继承战争,中间几十年缺乏任何大的历史进步,也未产生任何一流的思想家来理解它们的"国家理由"和国家利益。这一时期开始时,哈勒大学教授尼古劳斯·希罗尼穆斯·贡德林在1712年作的《欧洲现状咨询委员会》(*Kollegium über den jetzigen Zustand von Europa*)之中,重新拿起普芬道夫以其《各主要王国和国家历史导论》开始的那个传统,引导其听众了解欧洲各国的利益和民族力。他以托马修斯使之在哈勒变得自然了的一种新颖大胆的方式这么做,并且带着初始的启蒙运动的半自觉。"理智(*bon sens*)提供一个人想要的一切,"他回答指责他正在大学公报上讲授的非难时说。从他的讲授概要(他多少虚饰地将其发表)当中,无疑能看到自普芬道夫那时往后,对政治利益与经济利益之间联系的一种非常强烈的意识已经成长起来,将其中一类利益与另一类利益孤立开来谈论不再被认为可行。科尔贝,他断定,甚至比两位红衣主教更使法国得利。西班牙继承战争和两个海洋国家之加入欧陆权势斗争已向他展现了新的地平线,并且已使他懂得"没有谁能理解欧洲的全部内在关联,如果不了解荷英两国的贸易和制造业"。对于坐在他讲台下的、弗雷德里克大王的未来文职官吏们,这真是不坏的教诲。然而,他看来没有超出一种多少是浅薄的观察办法,那以纯粹机械、纯粹统计的方式,搜寻一切可计算的权势资源。

在他过后20年,出现了一位引人注目的政治著作家,连同一

第十一章 鲁塞

幅更丰富更有益的欧洲国家利益图景。这就是让·鲁塞(1686—1762),一位住在荷兰的法国流亡者,从1724年起主编库尔蒂兹创办的《历史和政治杂志》。他非常积极地汇编当代文献集[1]并撰写专著和小册子,而且以其大作《欧洲强国的当前利益和野心》(*Les intérêst présens et les prétentions des puissances de l'Europe*)(简称《利益》)使我们对他感兴趣。该书分两部分首次于1733年面世;1741年的第三版共有三大卷。[2]

我们可以忽略其中大部分内容,因为那由不同国家声称的对其他领土的要求和对其拥有的历史法权构成——一套奇形怪状的庞大构造,充满奇闻旧事。然而,就此还有什么太古老的,如果人们想到被路易十四"故土收复法庭"挖掘出来的墨洛温王朝文件?每个国家都惯于在其档案库里保存恰恰这么一类旧时权利要求的宝藏,因而倘若机会出现,它们就可以被重新翻出来。办法在于从不忘记任何可能变得有用的事情,即使在这个自由的"习俗权利"正开始淹没顽强和从来不无争议的特权和继承条约等等权利的时期里。这两种权利被并行利用,而且在任何可能的场合,以权宜性质的有文可据的权利要求掩饰"习俗权":这是整个正在终结的旧制度的特征。

在此,我们只关注谈论利益的那些部分,那是鲁塞自觉地模仿罗昂和库尔蒂兹提供的模式写的。他并非不熟悉更老的政治文

---

[1] 其中最著名的是他的 *Recueil historique d'actes, négociations et traités depuis la paix d'Utrecht etc*。关于鲁塞的更多详情见 Droysen, *Gesch. der preuss. Politik*, IV, 4, pp. 11 ff. 另参见 Koser, *Preuss. Staatsschriften aus der Regierungszeit König Friedrichs*, II, 1, xlv。

[2] 引起我们兴趣的第三版中的那些段落的文字,不过是复制第一版的文字(除了少数补充的内容)。

献,并非不熟悉马基雅维里、博卡利尼、保罗·萨尔皮、阿姆洛·德·拉乌赛等人的著作;他还精通他那个时期的史事。① 作为一个靠写作为生和向宫廷售卖它们想要的他的评论的生意人,他肯定希望自己的咨询听来顺耳,在自己的《利益》一书中也很当心,不去说会在各个不同的宫廷里得罪人的事情。这做起来不那么难,既是因为不管是谁,只要一个接一个地谈论各不同宫廷的利益,就有能力通过模仿极为不同的声音讽刺性地描写之,也是因为所有宫廷现在都互相承认对方可以奉行一种公平的国家利己主义。而且,鲁塞也并非未能给极为不同的宫廷提供大量好建议,即使有时这多少是不可行和不切实际的。例如,他提议瑞典和丹麦王室作为帝国的成员,在帝国议会会议上有力地拿起新教问题,因为那样它们就能变得在帝国内像普鲁士和汉诺威英国一样有影响。他忘记了这一影响基于权势,忘记了没有权势的单纯的活动无足轻重。

然而他的建议表明,他也能有他自己的情感和理想。他经常承认他的新教立场,尽管那不带加尔文主义情绪,而是相反由在荷兰包围着他的、已经同等地具备功利主义和天然权利特征的新的宗教宽容思想氛围温和化了。"难道与能够按照一个人自己良心的指示为上帝效劳相比,有什么事情更与人的天然自由不可分离,更符合自然法和万国法?"②确实,当他因为发表这样的言论而受人抨击时,他甚至有意无意地说出了那么富有未来含义的关于"人

---

① 当时广泛公认,荷兰办刊人士和政论家们是世上了解情况最多的人。关于鲁塞知情之多,参见 Paul-Dubois, *Frédéric le Grand d'aprés sa correspondence politique*, p. 185。

② 1, 98.

第十一章 鲁塞

的权利和自由"的话语。① 当他再次因其倒退性的不宽容政治特征而谴责南欧的天主教法庭时,他宣告的是启蒙世纪的普遍判断。"一个国家从宗教宽容和良心自由中获得难以言状的好处";人们只需看一下幸运的英国和同样有福的荷兰,看一下它们的富饶和它们那在最完美的团结中居住在一起的兴旺的人口。一位伟大的天主教君主应当决定将这种宽容引入他的国家,据此天主教能够保持为主导宗教。希望如此纯属必需,因为"整个国家都充满着国王的榜样"。②

关于这一点,确实有一种强烈的专制主义味道。他甚至走得更远,将国王们说成天生就是他们人民的牧师,并且(像博丹、波舒哀和费奈隆在他以前也做了的那样)将其比作尘世上帝。③ 以这被给予有力强调的国家宗教与宗教宽容的结合,他显示了国家与教会关系发展中后来由弗雷德里克大王的国家体现出来的那个阶段。不过,他自己的政治理想全非接近专制主义。他欣喜 1719 年瑞典政体发生的贵族主义变化,④因为在一个专制体制内,唯一的规则是"我希望如此,就必须这般"(*sic volo sic jubeo*),是统治者的快乐(*bon plaisir*),而在一个混合型政体内,在君主制基于贵族制和民主制的任何地方,构成一切规范的目的的是国家的福祉和臣民们的最大利得,连同公共秩序的保障和贸易的发展。他希望法国的高等法院有更大的权利,并且断言 1688 年英国革命创立统治者与人民之间的相互责任完全是对的,对它的任何侵犯都会瓦

---

① 他的《选集》第 11 卷绪言。
② 1,705.
③ 1,9;参见前文第 62 页,以及 Madsack, *Der Antimachiavell*, p. 77。
④ 1,720.

解将他们结合起来的纽带。① 但尽管如此,他仍接着承认与一个贵族体制——其统治温和节制、不够有力——相比,一位强有力的专制君主确实会更能领导瑞典走出查理十二留下的废墟。这一切都显出关于他的国家理想的某种含糊不清,显出一种潜在的相对主义特点,那不谋求(像现代历史主义做的那样)依靠直觉的理解确认每个特定的国家形态的长处和短处,而是相反,接受既有的东西,不特别强烈地给它注入他自己的理想。不仅如此,他全然缺乏任何鼓吹较自由的政府形态的激情。他不仅怀着一种中立的冷漠去判断专制君主的王朝性权势利益,也同样如此地去判断得到更自由治理的海洋国家的现代商业利益。只是为宗教宽容观念和自由贸易,他才显出一种引人注目的鼓吹热情。"贸易不容妨碍,"他就对于莱茵河航运征收的关税评论说。"人们授予它的自由越多,它就会越繁荣,君主从它获取的利得也越大,"因为适度的税将被充分缴纳,过头的税却总会鼓励非法逃税的企图。② 他叹道,只要日耳曼帝国不对荷英两国的贸易制造那么多障碍,只要丹麦不那么渴望欺骗荷兰人,那就好了。③ 因为,荷兰肯定不想进行任何征服。"共和国不寻求与它们的邻国争吵。"

以有幸享受自由和财富的海洋强国的贸易为手段,和平地开发欧洲:此即他的第二祖国的基本利益,那是他如此天真地揭示了的,并且(在人们能够谈论其欧洲观底下的基本思想的范围内)构成一个指南。在他看来,各个贸易国应学会解决它们之间的分歧,消除任何小的摩擦可能。与此同时他很明白,即使贸易也由大国

---

① 1,650.
② 2,25.
③ 1,112,734.

第十一章 鲁塞

关系支配;而且,他对英荷同盟是两强权宜结合这一事实不抱幻想,深知英国正在试图尽可能大力窃取荷兰的贸易。在西班牙和葡萄牙港口以及东地中海地区(他抱怨说),①从事贸易的船数起码是英国对荷兰十比一,而过去人们在那里看到是荷兰对英国十比二。因此,他甚至考虑到体系彻底变更的可能性,要法国明白如果它限制在它港口里的荷兰海上贸易,那就侵害了它自己的真正利益,因为它将由此把荷兰驱赶到英国一边。无论如何,倘若法国听任自己的舰队衰败下去,那么它将是在犯能有的最大错误。很可以设想,这种想法出自对他的祖国的一种并未完全消失的旧爱。一个将胡格诺教徒召回,从而改正路易十四的(在他看来)最大错误的法国,会将他一变而为它的利益的最热烈倡导者。而且无疑,他在此仍然深怀对整个欧洲的情感。他要求(如前所述)法国应当最终放弃赢取尼德兰南部的希望,因为欧洲不愿如此,"习俗权利"与之格格不入。法国难道不应当对自己说(他很聪明地补充道),如果尼德兰南部成为奥地利的领地,它就会趋于削弱而非加强这个遥远的国家?

因此,他的观点轻而易举地几方摆动,以图用间或不同的方式估算欧洲力量对比,那对他来说始终是欧洲形势的全部。他怂恿西班牙人与英国结盟,鼓动萨丁国王与法国联合。总而言之,他的本能在引导他设想英国最有前途(尽管他对法国的内部资源怀抱敬意)一事上肯定是对的。"有一些国家发觉不可能限制自己的扩张。它们不能宣布放弃抢机会实行征服;这就是不列颠民族被置于其中的形势。它在四面八方都孤立自处,完全不怕它的邻国,与

---

① 1,532.

此同时却能使它们怕它,并能发现征服它们的某些部分有利可得。这由直布罗陀和马翁港的情况得到了证明。"其他强国确实不会容忍英国在欧洲进一步征服,然而依凭直布罗陀,它成了地中海的主宰。①

他并不设想依靠有如圣皮埃尔神父提出的那类方法治疗各国浮躁不安的权势冲动。他从不敢批评纯粹的王朝野心。在那时,有哪个国家比受其愚蠢的女王鞭策的西班牙更浮躁不安,更倾向扰乱和平?西班牙一会儿因为旨在未来的王朝竞争而与法国争吵,一会儿试图获取奥地利在意大利的领地,一会儿又敢于挑起一场与强大的英国的争执,以夺取直布罗陀,或者激烈地制止在南美的英国走私贸易。听鲁塞对西班牙政策的这一问题的评判近乎有趣。他将防止英国人载运违禁品称作轻浮的借口,因为西班牙甚至在公海上也向英国的贸易征税。因此,西班牙应当较为合乎情理,停止欺骗英国人,转而试图与英国结盟,以便孤立奥地利。赢回被乌得勒支和约从它那里剥夺的一切,仍应是西班牙的唯一目标,它怎么能违背英国的意愿来这么做?"有种种很切实的原因驱使西班牙内阁将国家保持在连续不断的活动状态,弄出一项又一项计划,一桩又一桩事业。国王的注意力必须被分散,贵族们必须被搞得总是有事可做,时间必须被获取以拖延一个事件,而且或许由此预见到赋予其彻底行动自由的另一个事件到来。"②不可能比这更简洁地(同时又在其全部缺乏特征方面)再现这一蓄意的机会主义政策了。很容易设想,他会乐意看到西班牙的野心在欧洲释

---

① 1,652.
② 1,627,631.

第十一章 鲁塞

放出来,以便它会让自己无阻碍地在海外被商业强国利用。

在鲁塞看来,纠正伊丽莎白·法尔内塞的文艺复兴式政策在欧洲造成的紊乱有个适当办法,它寓于他那个时代特别有益的财力和权势资源,寓于和平贸易交换的和解性、平静性影响,寓于一种明智的内阁政策的效应,它们也会成功地克服各国人民之间的民族仇恨("政治的任务,"他确凿无疑地说,"就是在宫廷之间匡正那兴起于民族之间的恶感"①);而且最终,它还寓于那类一向追求将欧洲维持在均势状态的欧洲会议政策的效应。在30年代结束时,他悲哀地看到一个"新体系"兴起,"它完全倾覆了另一个体系,后者的光荣是不止一次地恢复了欧洲和平并维持之"。这就是新的、比较糟糕的模式——"宫廷对宫廷打交道,而无任何会议或中介"。②

这类争取将欧洲变成开明、灵活的商业共和国的势力范围的利益政治,实际上隐蔽了在他那里的马基雅维里主义基本要素。这一事实是他肯定很不愿意承认的,因为他坚持惯例和礼仪,坚持"一种基于权利、正义和公共福利的健康政治形式",并且宣称他完全不持有某些人的看法,后者认为不可能同时既是一名大政治家又是一个诚实的人。③ 这些问题没有较深刻地驱动他,明智的宽容与物质福利之间的和谐缓解了他的佟谈,这和谐(尽管有一切内阁战争)能够使所有各国快乐,只要它们追随海洋强国的信条。

* * *

① 1,633.
② Droysen, *Preuss. Politik*, IV, 4, p. 13,依据《历史和政治杂志》1737年第1期第6页以下。
③ 《利益》第1卷第4章以下。

他的政治思想的一切真正特征出自海洋强国的经验和利益，出自新教-日耳曼商业和海洋政治与天主教拉丁国家圈的二元主义和互动，而后者本身也正在一种大成问题的、经济利益与纯权势政治利益的二元主义之中挣扎。然而，海洋强国的政治太密切地与整个欧洲交织，以至人们不得不也相当细致和批判性地研究中欧和东欧国家体系。1733年至1735年的波兰继承战争——它对皇帝丧失意大利南部做了补偿——同时决定了东欧和西欧的权势关系。人们现在看到（鲁塞颇为正确地说），一个拥有从未有过的那么多土地和臣民的国家，如果缺乏相称的资金，就仍然基础薄弱。于是，人们懂得了欧洲均势必须不仅根据王国和省份的数目和幅员，而且根据各种力量（其中财政资源值得特别注意）的均等来评估。① 他看到奥地利被迫退居守势，法国（与西班牙结盟）目前握有政治王牌，那可能使它禁不住要再次破坏欧洲和平。"国本诏书"现在也得到了法国承认，但鲁塞明白整个安排的脆弱性。他预言，法国（它仍对属于皇帝的不同领土有权利要求）将在日耳曼帝国内寻求和找到盟友，主要是在受到"国本诏书"损害的巴伐利亚亲王和萨克森亲王中间；然而，法国还知道怎样赢得普鲁士，如果它希望如此。因此（他断定），由"国本诏书"保障的领土将成为劈开过欧洲的最可怕战争的争夺目标。② 这些想法与弗雷德里克王储在其1738年关于欧洲状况的《思考》中表明或含蓄地暗示的想法一模一样。

鲁塞对这位年轻统治者的国家里存在的扩张力量也有一定预

---

① 1, 6 f.
② 1, 534, 733.

感。今天,普鲁士国王(他略微夸大地说)拥有一支超过九万人的军队。在欧洲,没有任何君主有更多可以得自世袭继承和其他来源的权利宣称。日耳曼帝国内部大多数君主,特别是天主教君主,会高兴看到普鲁士被削弱,因为它的力量一天天变得更可怕。普鲁士渴望壮大的事实对他来说显而易见,但其发生方向他尚未猜到。他估计第一记打击必将挥向东方,即打击波兰,以便获得西普鲁士作为一块巩固的领土。然而,当他置身处地替普鲁士设想时,他认为自己能看到甚至进一步的权势可能性。今天,柏林宫廷必然比以往任何时候都更意识到一支海军的价值,而且没有什么会比在梅梅尔或在波美拉尼亚本身建立一支海军更容易的了。普鲁士所以感到这一需要,是因为在目前的政府下,制造业没有得到像在先前的政府下的那么多鼓励,现在不得不以高成本用外国船进口外国器物。而且,一旦拥有一支海军,普鲁士还能同俄国、瑞典和丹麦竞争制海权。

  这是一个关于什么构成普鲁士紧要利益的很有启发性的错误。无疑,大选侯也曾幻想令勃兰登堡成为一个波罗的海海岸强国和商业强国,并且仿照绝妙的荷兰模式发展这一野心。然而,欧洲权势关系阻止了他的国家(它仍然太弱)实现这一幻想,弗雷德里克·威廉一世坚决地在陆上军事强国基础上确立自己的地位。国家的所有进一步努力全都被明智地集中于加强这一基础,只有它才展现安全希望。鲁塞未能透视普鲁士"国家理由"的这项秘密。他通过荷兰人的眼光看形势。他尚未把握察觉外国的最独特性质的艺术——特别是像这样的一个因素,它的特性仍然全在萌芽之中。

  我们可以忽略他对帝国其余部分和北欧东欧较小国家所做的

观察,因为其中包含我们现在必须知道的、他的判断模式之基本特征的某种重复。1685年时,库尔蒂兹只能用22行文字谈论俄国当时的欧洲利益,鲁塞的描述却在我们眼前动人地展现了一个突然崛起的强国的活剧。现在显露出来的俄国国家利益仍然简单、根本,因而容易觉察:不仅对波罗的海国家瑞典和波兰,而且对土耳其人的冲击和猛刺。不仅如此,现在俄国的一项主要利益是波兰王位应由其候选人据有,这从波兰继承战争的历史中很容易被看出。鲁塞还多少注意俄国与波兰之间已经发展起来的联系,而且多亏他眼光的敏锐,他指出了英俄对立的最初一批小迹象,那在北方战争的最后几年里表现出来。① 而且,他这位关于海权和海上商业的专家,很快注意到彼得大帝争取建立一支舰队的种种最初尝试。他建议俄国人继续为之努力,那恰如他对普鲁士的恳恳一般热烈。也许,他这么做只是严格依据那项理论,即向每个国家指出它自己的根本利益,为每个人开出他药店里存有的政治药方。然而,也许他还由另外的动机驱使,其踪迹我们已经观察到,那就是他可能还希望通过发展几支较小的波罗的海海军来创造一种力量,以抗衡在荷兰看来压倒性和令人难受的英国海军强势。

他已经知道,土耳其的在欧势力寿数将尽。正如他正确地强调的那样,俄国之崛起为一个纪律严明的军事强国事实上已根本改变了土耳其的世界形势。他写下了自己关于这个问题的想法,但全然未能从俄奥两国1735至1739年间对土耳其宫廷的进攻性战争的挫折中学到一点,即土耳其国家仍拥有强大的防守力。"对于这个打仗不守任何规矩或规则的国家,"他多少过分轻佻地说,

---

① 1,722;另参见1,510 ff.,904 ff.(关于波兰)。

"为了像驱赶一群羊那么逐退它,只需幸运的一击。"不过,他正确地预言,土耳其人在重新征服匈牙利时会遭受极大的困难。[1]

鲁塞不得不描述的,是欧洲各国生活中的一个转变时期;它全非停滞僵死,而是被经济利益愈益增长的意义搅动,由席卷全欧的新权势方法激荡,但与此同时也贯穿着种种宫廷形态的、缺乏真正伟大思想伟大冲动的狂乱野心。而且,这位观察家的命运同专制主义18世纪流行的种种政治著作的命运一样。此类著作肯定能表现实用的知识和能干的判断力,但缺乏伴随新的国家观念的、伟大的鼓舞性激情。他在其中生活的世界太完整,太优雅,而且其宫廷专制主义的延续过于确定无疑。只是在非常有限的范围内,他才能设想影响它;大体上,他只能试图给它提供某些有用和有益的东西,同时(考虑到这一点)尽可能多地揭开它的神秘之处。因此,他肯定能如实描绘它,但缺乏纯粹的求知需要能够提供的那种根本清晰和深刻。于是在他的描绘中,展现了一种有点令人迷惑的性质。

将再次给"国家理由"问题和国家利益观念注入新的生命血液的人,不得不从执政的政治家本身的行列中出现。

---

[1] 1,522 ff.

第十二章　弗雷德里克大王

到现在为止,每一个时代,每一种精神和道德的特殊的思想模式,都试图以它自己的武器并基于它自己特定的生活目的,同"国家理由"这一妖魔作斗争。马基雅维里直截了当地承认它,但试图将它用作复兴他的祖国的一个工具;博卡利尼厌恶和好奇交加,能将它设想为一种邪恶,可怕地吞噬国家生活的基本现象。康帕内拉知道如何比博卡利尼更深刻地恨它,然而同时怀着一种玩世不恭的决心,像马基雅维里那样着手将它用作一种工具,以追求更高的、确实全然是乌托邦的目的。所有这一切都发生在一个仍未完成的粗鲁的专制主义时期,它特别在 16 和 17 世纪之交深深地受激于两者间的冲突:一是继续留存的文艺复兴非基督教观念,二是被复苏了的教会生命力。与此同时,而且随时间推移愈益为甚,有一种基于基督教道德和教会伦理的对"国家理由"之非基督教自然主义的反动,并且出现了一种努力,即试图使之变得无害,以有利于值得尊敬的政治形式,同时不致根本影响它必然按马基雅维里方式继续下去,只是逐渐趋于在手段方面变得比较文明的实际发展。接着,在宗教战争结束后,来了一个该问题的某种稳定化和固定化时期,例如由普芬道夫的刻板求实试图做的那样。专制主义继续其内部巩固;它的构建国家和塑造经济结构的内部工作变得更有力也更有益。因此,尽管有关于"国家理由"之恶的一切抱怨,统治者们却不再被认

第十二章 弗雷德里克大王

为由于在与别国的斗争中利用不清白的手段而变得更糟。在对待这问题时较深切的激情因素开始减弱。17 世纪后期的现实主义逐渐松弛了教条思想的控制,但它并未同时成功产生任何可能不得不同"国家理由"达成妥协的更强烈、更深切感人的新理想。

18 世纪开始后的情况大为不同。自然神论的到来,对人类理性的更大信任的出现,创造了关于这么一种生活的理想:它将摆脱迷信与粗鲁的专制主义,迈向人间快乐和世俗福利;不仅如此,这理想将在国家旧政体形式之内发育,而且事实上将在它与之协同取胜的同一些君主的领导下成长。至此为止,君主照旧被描述为"上帝在尘世的活生生的逼真形象";[1]然而,这不再在一种神秘的和宗教的意义上被接受了,而是以一种按照自然神论被净化了的方式被接受。"人性"这新的口头禅被造就出来,以描述种种新的目的和情感。与后来的人性观念(它将出自一种被深刻地搅动和高贵化了的心灵生活)即德意志唯心主义的人性观念相比,这较旧的人性概念(它只是继续发展古老的斯多葛学派和基督教的自然权利基本观念)[2]较为简单朴素,较为笼统,较少内容,因为它主要指向实际的目的,那就是使自己和他人快乐,并且通过发展更自然的人类美德即自我克制和关爱邻人,通过澄清自己的心灵和摆脱愚钝阴暗的偏见来服务于社会。它本质上是这么一个社会的心态:从经济观点看正在变得较为富裕,认为自己已走出了内战和宗教战争阶段,并

---

[1] 参见上文第 265 页和弗雷德里克大王的《驳马基雅维里君主论》,载于其《全集》第 8 卷第 164 页。在 1770 年的 *Examen de l'essai sur les préjugés*(《全集》第 9 卷第 151 页)内,弗雷德里克无论如何确实明确放弃了这旧时套话。

[2] 参见 Troeltsch, *Das stoisch-christl. Naturrecht und das moderne profane Naturrecht*, Histor. Zeitschr., 106, 263 ff。

且——不管是(像在英国)处于国会统治的宪政国家之下还是(像在欧陆)处于强有力君主的王权之下——有福欢享国家对正义与和平的保护。一个世纪以前，政治思想家们有时向他们自己描画暴民统治的可怕，现在没有哪个再考虑这样的可能性了，因为"永恒的骑士"(miles perpetuus)现正聚集在那里，代表着17世纪"国家理由"的最富成果的创造。本质上正是依据这些关于坚固的国内秩序、关于由此成为可能的物质进步的前提假定，才有启蒙运动的富有特征的乐观主义，即相信在晚近的过去没有取得的那种理性和文明程度，相信人的可完美性——像弗雷德里克大王有一次表述的那样，感到"在我们时代，错误更多由无知而非邪恶引起"。①

可是，所有这一切在国家和文化生活方面不可否认的进步远不能消除国际权势斗争。这些斗争照常发生；虽然(如前所述)它们肯定在表面上和涉及方法的限度之内多少受到启蒙思想的影响和感染，但它们基本上仍然恰如在被鄙视的野蛮世纪里一样严厉无情。观察启蒙运动初始时期一般对这个事实采取的态度是有趣的。这是一个完全不受制于任何革命情绪的时期；它仍然远为倾向于尊敬现存的国家当局，并且希望从它们手上得到它渴望的改良。它仍然拥有作为17世纪遗产的对于现实的充分冷静理解。因此，虽然过度的征服精神仍旧受到抱怨，继续存在的战争和权势斗争却被当作某种自然和不可变更的东西接受下来，它们现在能

---

① "论统治的形式"等，《全集》第9卷第210页。广为人知，在以后的岁月里，弗雷德里克对人性通常持有怀疑得多的看法，特别是他相信不可能消除迷信。然而，启蒙运动的乐观主义介于两者之间。参见例如1777年11月18日致伏尔泰函(由科塞尔和德罗伊森出版的《书信集》第3卷第419页："似乎欧洲目前正在让对人类的福利影响最大的所有事物变得明朗。"

第十二章 弗雷德里克大王

够,并且只应由列强的均势政治和"习俗"明智地予以节制。圣皮埃尔神父在乌得勒支和约缔结那年发表他的欧洲永久和平方案,无疑造就了一场时髦的轰动,但他依然是个孤独的幻想家。

然而,此时的启蒙运动(虽然它在精神领域显得喜欢某种明智的"习俗"和均势政策)仍有可能在思维有力、见解独特的人们反思权势政治的本质时,在其心中产生一种深刻的搅动感。权势政治是一个仍然被掩蔽在黑暗之中并与其他生活领域完全隔开的领域,而后者已经被启蒙的太阳照亮。难道不应当有可能也征服这个生活领域,净化它,使其文明化,让理性渗透之?要完全成就这一点,确实会涉及否定和全然摒弃之,并且追随圣皮埃尔神父的步伐,他在这方面相当正确地推导出了启蒙思想的合乎逻辑的终极结论。但是,如果有人认真热烈地真正接受这个理想,它就不会让他以俗常的心理舒坦来使自己平静,而是会追求让理性较彻底地侵入这阴暗领域,追求与现实的丑恶达成一种基本的妥协。在政治家之外,哲学家也要求人聆听他们对这些问题的看法。然而,如果现在这两种人集于一身,而且他们都被赋予激情和实际知识,那么情况会怎样?那就有可能目睹当时在试图达成理想与现实感的谅解方面的最有趣景象。启蒙思想就由此在对"国家理由"这一妖魔的斗争中经历力量的考验。人们就会见到它们在争取为理性王国征服(就现实容许的范围征服)国家存在的这个主要基本部分上面能够取得什么。

弗雷德里克大王一生的事业可以在许多对世界史饶有意义的背景下考察。对欧洲思想史来说,最重要的背景之一就是我们现在要试图依据的。如果说18世纪有什么人具备解决当时问题的才能和力量,那么这个人就是弗雷德里克。可以说,他一生整个献身于这项任务。以一种既是政治性的,也同样是哲学性的英雄主义,他从一开始就将它承担在肩,以他全部多种多样的思想精力(他的思想绝非简单或毫不含糊)和他那个时代的全部科学手段致力其完成。他找到的、并且令他满意的解决方案,肯定是一种大体上他相当迅速相当早地成功发现了的解决方案;然而,他没有允许它恶化为一种有用的惯常,而总是予以它新鲜和集中的再考虑,并且因而甚至后来能够给它添进某种新东西。因此,就像现在将被显示的那样,它最终能导致历史和政治知识的新阶段。然而,他本人依然无时无刻不局限在他自己的时代及其思想模式的限界之内。启蒙哲学武器显露出它们本身依然不能以现实与理想可以和谐相处的方式解决这问题。在他最激情地全神贯注于这问题的时期,即在即位前夕他的政治和思想"狂飙"(*Sturm und Drang*)时期,他最少有能力这么做。这个时期因而就他那个时代和他的个性来说更有教益。

*　　　*　　　*

弗雷德里克自豪在成为国王以前就已经是一个人,[①]而对他来说,是一个人也意味着是一位哲学家。然而在他身上,更早形成的是未来的君主而非哲学家;[②]而且,从一开始,这发展就遵循这么一个国家的"国家理由"所要求的路线,这个国家从军事观点看强大有力,但从领土观点看颇不完整,确实没有能力达到完整。他关于政治的年轻宏图始于1731年,梦想通过西普鲁士和瑞典属下

[①]《驳马基雅维里君主论》,《全集》第8卷第278页。

[②] 可以这么说,虽然哲学兴趣的最初搅动表现得早得多——早在1728年他就自称是"哲学家弗雷德里克"。参见 v. Sommerfeld, *Die philosoph. Jugendentwichlung des Kronprinzen Friedrich*, *Forschungen zur brand. u. preuss. Geschichte*, 31, 69 ff.

第十二章　弗雷德里克大王

波美拉尼亚等等,全面充实和巩固破碎的国家领土。[1] 他父亲病重的岁月,即令他非常接近于王位的1734年和1735年,确实显然强烈地激发了他的统治欲。在当时的秘密谈话中,他向法国大使主动提议,要作为第二个古斯塔夫斯·阿道弗斯或查理十二为法国政策将来所用。[2] 他父亲康复的事实令他期望成空,产生了严重的受挫心理。[3] 从那以后,他开始显得投身于比较认真的哲学和科学研习,但与此同时他也对当时权势政治的种种热点问题表现出更大的兴趣。此即他作为政治家兼哲学家那自觉的双重生活的开端,这随他长至成年反映在他与格伦布科的热情的通信中,后者使他对普鲁士政治、欧洲权势政治和均势有了感觉。这还反映在两本书中,它们现在将要作为分别在一个重要问题上的正论与反论影响我们:1737年与1738年之交写成的《关于欧洲现有国家和集团政治的思考》[4]与1739年撰写和1740年(经伏尔泰改为《反马基雅维里》的形态)变得为世所知的《驳马基雅维里君主论》。[5]

---

[1] Koser, *Geschichte Friedrichs des Grossen*, 4th and 5th edition, 1, 159.

[2] Lavisse, *Le Grand Frédéric avant l'avènement*, p. 327 f.

[3] Volz, *Die Krisis in der Jugend Friedrichs d. Gr.*, *Histor. Zeitschr.*, 118.

[4] 参见我在 *Histor. Zeitschr.*, 117 中对这部著作的分析。罗默(Rohmer)的研究专著(*Vom Werdegange Friedrichs d. Gr.*, 1924)与我的观点不同,其中没有一点能说服我。

[5] 《驳马基雅维里君主论》这一书名系由普罗伊斯(Preuss)所选(依据弗雷德里克本人1739年11月6日对伏尔泰的叙述),当时他首次在弗雷德里克《全集》第8卷中,全文发表该书的这一纯弗雷德里克形态。参见 v. Sommerfeld, *Die äussere Entstehungsgeschichte des Antimachiavell Friedrichs d. Gr. Forsch. zur brand. u. preuss. Gesch.*, 29, 460. 他显示,甚至《驳马基雅维里君主论》的文本也不代表弗雷德里克1739年的最初计划,而且伏尔泰所编《反马基雅维里》版本中的变动,部分地追溯到弗雷德里克本人送给伏尔泰的又一个更早的版本。

为简短起见,我们用已变得传统的《反马基雅维里》这一名称来指该书,但出于显而易见的原因,我们使用《驳马基雅维里君主论》的文本。Madsack, *Der Antimachiavell* (1920)一书第62页以下忽视了佐默费尔德(Sommerfeld)作的重要考证。

因此，关于他青年时期发展的一个基本事实是，在他的哲学思想形成以前，他的政治兴趣已经形成。未来的君主和国务活动家优先于哲学家。然而，为了取得对这优先的一种更清楚的理解，我们现在需要比较他青年时期的思想与他成熟后的思想。它们之间的关系是果蕾和成熟的果实之间的关系。

首先必须注意到，从一开始，这君主（他支配作为哲学家的他）就不是一位惯常意义上的（或许差不多可以说自然和有机意义上的）君主。无疑，一位大君主的最个性化的冲动，即宏大的抱负、对荣誉的热爱和对享有权势的欢欣，都以一种如此根本、而且首先近乎过度的形式存在于他身上，以致我们的判断可能显得令人惊异。然而，在他那里的君主环境成分很早就被他身上的君主个性吸收。作为一位君主的自然有机个性的组成部分，人们会看到那浸透一切的属于精选种类的意识，基于全然非自觉因素即血缘、家族和血亲的有力本能的感觉，那是几个世纪时间帮助塑造进一种绝对自然的思想和情感传统的。在走向现代国家的发展中，该王朝是最先也最主要的王朝；与任何关于纯粹身属国家的意识那么特别不同的王朝情感一直活跃，直至最后一位霍亨索伦的统治者（并且最终证明对王朝和对我们国家有那么大的灾难性）。这一自觉是统治者的家族本能（这统治者不仅囊括他们自己的王朝，而且囊括基督教世界所有其余君主家族，一起构成一个上天护佑、神授君权的有着共同利益的社会圈子）完全不见于弗雷德里克。无论如何，他去世早。如果他娶了一位在情感和智力上与他不相上下的王后，他也许可能会形成这一意识。然而，他处理他自己婚姻的那种全新和独特的方式（那么不同于君主们中间的正常惯例）令他不爱的配偶被迫孤寂独处，令他本人过一种差不多禁欲的单身汉生活，并

第十二章 弗雷德里克大王

且透露出他本质上少有血缘和家族本能,同时也同等地显出他的纯粹个性意志的根本力量。

他的《反马基雅维里》肯定了这一印象。它完全没有任何特殊的王朝情感,完全没有任何对王族血统的坚实的敬意。它依据的基本思想在于,纯粹的王朝利益如果缺乏真正的民众和民族整体利益基础,便一钱不值;它暗示,马基雅维里的建议因而没有什么价值,因为它们是从他那个时候的"主公"(*principini*)们那里提取来的,那是一些跨于君王和平民之间的两性人似的角色。然而,即使他祖国的那些较小的、能够以自己血统比马基雅维里的"主公"纯正而自豪的君主般人物,在他看来也好不了什么。[①] 几乎无须记起他后来无数次地表达的、对于纯为出身而骄傲的鄙视,连同他对他的王公同类们的讽刺性批评。这些由哲学理论激励或因为个人喜好鄙视而来的话语,[②] 不如他在1752年和1768年两篇政治遗嘱内对待治国方略中的王朝问题的方式有趣。在此,他作为君主,以较之在任何其他场合都更不含糊、更深思熟虑和更严厉的方式,谈论了王族的本质这一问题。只需阅读第一篇政治遗嘱中关于"世袭统治者"的话:[③]"他们构成既不是君王,又不是平民的一类人,有时非常难控制。"他们血统的重要使他们怀着某种骄傲,那被他们称作高贵,并且导致在他们看来服从毫无理由,任何一种形式的臣属令人憎恶。人们必须给予他们所有各种表面荣誉,然

[①] 《驳马基雅维里君主论》,《全集》第8卷第208页以下。

[②] 例如参见就弗雷德里克·威廉亲王的教育问题于1751年给冯·博尔克少校的指令(《全集》第9卷第39页),还有1770年就他那个时候的统治者们写的讽刺诗(《全集》第13卷第41页以下),还有 Zeller, *Friedrich d. Gr. als Philosoph* 一书第240页以下援引的各段话。

[③] *Die politischen Testamente Freidrichs d. Gr.*, edition of 1920, p. 33.

而始终不让他们染指国务;如果确信他们具有才能和忠诚可靠,他们就应当被用来带领部队。黎塞留就此已有过同样的想法。① 然而,这么想对黎塞留来说,要比对一位天生的统治者容易。就此引人注目的是,弗雷德里克的这些指教完全不含任何家族情感。在科林战役以后的几周里,他极严厉地转而惩治他那不幸的弟兄奥古斯特·威廉亲王。②

在两篇政治遗嘱里,还有关于亲王的教育的话。③ 他极重视君主要在其中受教育的精神的问题,因为他认为王国的命运取决于它。④ 正是出于这个原因,他要求与现行教育方法断然决裂,那倾向于将年轻的统治者围在宫廷顽固偏见的浓云之内,并且(我们可以补充说)最强烈地助长那种王朝本能和世袭天性。统治者应当"像一位平民"那样受教育——然而光是这个用语会非常有误导性,因为它并不涉及任何将未来的统治者民主平等化的意思,相反它趋于为国家元首职位提供一种十足理性的教育。它意在培育出这么一个统治者:依靠自己,以批判的和无偏见的方式观察世界,足够独立于依凭君主威严的种种好处之外,以至"他靠自己能创造自己的幸福"。这就构成了在他看来的王朝含义:它产生人类材料,受命领导国家的核心人物可以从中被挑选出来,以便接着经受一种为了这个职位的纯粹的文化训练。在此过程中,他应当学会按照他们对国家的用处来对待他自己的直系和旁系兄弟。诚然,

---

① W. Mommsen, *Richelieu als Staatsmann*, Histor. Zietschr., 127, 223. 可以回想起,斯宾诺莎在其《论政治》第 6 章第 14 节和第 7 章第 23 节里,也提议了旨在使某些王族血统的亲王变得无害的一般规则。
② Koser, *Geschichte Freidrichs d. Gr.*⁵, 2, 513.
③ 《政治遗嘱》第 102 页以下,第 231 页以下。
④ 同上,第 69、223 页(关于法国)。

从对外观点看,一个王朝集体的传统历史尊严应予维持,但是就其内在结构说,它应当被剥除它的情感依恋和传统联系,转变成一个为了国家裨益的功利性组织。其中每个无助于这目的的非理性和自然有机的成分都要尽可能予以压制。一种活生生的历史成长由此变得合理化了,其合理化方式完全类同于弗雷德里克大王的国家体系将国内土地贵族的成长(在许多方面如此非理性和个性化的成长)合理化,将它变为军官团的温床,那是当时的军队正好在这个而非其他方面需要的。要采取的做法也完全类同于为了国家和权势的财政与军事目的,将市民和农民阶级合理化并加以使用。为了国家的目的,将那些自中世纪以来形成了的社会成分合理化:这就是他的全部对内政策。于是,它们确实被保留下来,但与此同时它们相当明显地被阻止遵循它们自己的个体发展途径。

所有这些合理化措施必定成功地将普鲁士国家转变为一个真正的强国,并且使之越级腾升到按照纯王朝方式统治的一般德意志领土国家之上。然而,一项特殊的内在矛盾由此被导入弗雷德里克与其国家的本质特性。因为难道这个强国(甚于这位普鲁士人)是,并且继续是一个王朝的产物而同时又是它的通过继承取得的世袭财产吗?这一起始性质不可能被所有这些合理化完全消除。确实,它们只是使它显得更清楚,因为人们立即想象到在这人为和有意地被塑造出来的国家形态背后那异质的过去,它如此显著地与所有在一种自然的基础上成长起来的强国截然相反。的确,要变成某种异物,变成某种超越出身和起源真正容许的东西的意愿本身,在此就迫使一个王朝国家的内在天性带有它最清楚、最分明的表现。"你必须如此,你无法规避你自己。"弗雷德里克的有意非王朝的国家观念提供了黑格尔式辩证发展过程的最显著例证之一,历史上"对立统一"的最显著例证之一:一个历史观念迫于内在的压力和成长,变为自己的反面,与此同时在这两个相反观念之间却维持有密切的连续性。

弗雷德里克甚至将他自己合理化;他知道如何控制他天性中那些无忧无虑、喜好享乐的、他感到对统治任务来说无关紧要和有害的冲动,以便将自己转变为"国家的第一仆人"。这一自我教育和转变过程从30年代中期起在他身上充分展开。在他的《反马基雅维里》中已经见到这样的话:统治者是其人民的第一仆人,他必须不仅将臣民视为与自己同等的人,在某些方面还要将他们视为自己的主人。[1] 这番话绝不是个孤立的或纯粹个人的认识。它是至此关于"国家理由"问题的思想进程的成熟果实。统治者是"国家理由"、国家利益的仆人:这已经由意大利思想家和罗昂教导过。然而,17世纪的其他思想家能够赋予统治者是仆人的观念一种反专制主义倾向,办法是不再将"国家理由"或"公共利益"当作统治者的主人,而是单纯和干脆地将人民当作此种角色。弗雷德里克将自己同他们联在一起,而且或许是在回想起他读过的费奈隆或贝勒著作中的类似表述时铸造了他的用语。[2] 然而(这并非总是被认识到)它出自弗雷德里克本人那里一种深切的个人真实底蕴。也许可以将对于一种更高权力的依赖感,看作他心里一项极为内在、极其个人的情感。因而有某种意义的是,他在加尔文主义观念能够行使影响的一种思想环境中成长。年少时他急切地抓住预定

---

[1] 《驳马基雅维里君主论》,《全集》第8卷第168和298页。

[2] Madsack, *Der Antimachiavell*, p. 79. 费奈隆在《泰莱马克》一书中说,国王是其人民的奴仆。贝勒在一篇弗雷德里克也在别处用过的文章里叙述阿尔特胡修斯和其他人的看法,说统治者是"人民的仆人、办事员或代理人"。

论信条，而且当他后来变成一名世俗哲学家时，他针对伏尔泰，为人对神的依赖和人的意志并非自由的观念辩护。因此，他的宿命论肯定有可能以一种自然主义的方式硬化为一项信念，那就是相信有某种不可理解的命运，它使得人像傀儡那般行动。① 然而，他的职司的活生生的环境起了抗衡这硬化影响的作用。在他一生的这个最重要的关头，哲学、伦理和政治有可能全都携手并行。因为，当一个人看到（随他发展成一位政治家）他何等强烈地感到自己依赖于自己的职责，与此同时受制于"国家理由"的约束力。那是"一种明示了的形态，生机勃勃地展开"，而他的生涯现在变成了（有如兰克曾说）②不是他的选择，而是他的命运。

于是，纯粹十足的"国家理由"精神在他那里开始起主宰作用，但肯定不带有任何抽象和非个人的、可能使得"国家理由"代理人变成一项任务的单纯可互换工具的那种客观性；相反，它浸透着一个骄傲的人的根本意愿并与之融合，此人在此任务本身中，觉察到了赋予他自己的生命形态和发展他的最个性素质的可能性。在可怕的1761年里，他写信给威廉·皮特说："我让自己受两大原则指引。一是光荣，另一是上天委托我照管的国家利益。我亲爱的阁下，有这两大准则，一个人永不向他的敌人退让。"这"光荣"原则肯定也包含所有不可避免地与"国家理由"激励的行为相连的个人英勇。谁能在弗雷德里克一生的那些伟大决定中看不到它？显露他的王国和他本人被合理化的程度的，莫过于他在灾难压来情况下，于1757年1月10日写给他的大臣康特·芬肯施泰因的著名指

---

① Paul-Dubois, *Frédéric le Grand d'après sa correspondance politique*, 1903, p. 295 f.

② *Werke*, 27/28, 480.

令:"如果我的命运是被俘虏,那么我禁止任何人丝毫关切我个人,或者丝毫注意我可能从我的被囚地写的任何东西。如果这么一种不幸降临到我头上,那么我将为了国家牺牲我自己,而每个人此后必须服从我的兄弟;我要责成他以及我的所有大臣和将军,以他们的头颅担保不得为了我被释放而割让任何一省,或者交纳任何一笔赎金,而是要继续战争和夺取每项好处,就像我从未在世上存在过似的。"①

罗昂(他也曾在加尔文主义的依赖感中间成长)说过,统治者主宰国家,但利益主宰统治者。现在,从他那时以来,这国家利益不仅已变得更锐利,而且已变得更广阔、更深入。它已变得更锐利,是指它现在被更精确、更自觉地同它起初与之合一的王朝利益分隔开来,还指它已迫使从君主到农民每个社会阶层内的人为它效劳,从而在许多方面使他们脱离了他们的自然发展进程,有意和有目的地改变他们。它已变得更广阔、更深入,则是指它已开始包括启蒙运动的人道主义理想,而且关于那将构成国家利益内容的"普遍福利"的话语,现在被更热诚、联系更广地道说。与此同时兴起了现代国家理想,那将不仅是个权势国家,还是个文化国家;而且,"国家理由"之不适当地局限于旨在单单获取权势(17世纪的理论家们在许多方面仍一心关注于此)的情况现在被克服了。弗雷德里克将为其臣民提供符合其国家需要的最高程度世俗快乐、物资福利、智识觉醒和道德活力视为一项非常严肃和神圣的任务,而这决心出自一种深切和原初的情感,那是一个人只能艰难地从他那鄙视人类的讽刺性语气下面察觉到的。冰样的冷峻与内在的

---

① 《全集》,第25卷,第320页。

第十二章 弗雷德里克大王

温情总是同时在他身上涌现,并且彼此对立。① "对人们的弱点表示同情,对每个人都怀抱一种人道感:此乃通情达理的人应有的行事方式。"②这种关于国家的人道思想自始至终一直活跃在他心中。人们无疑经常假定,在七年战争以后,他的情感越来越严厉,越来越僵硬,因为他的治国做法此后带有了一种更强烈的财政性质。当他的1768年《政治遗嘱》被公之于世时,人们多少感到惊愕,而且显然同1752年那个较早的政治遗嘱相比,人道主义和慈善观点在其中被表达得更频繁。③ 他不想以虚饰性的话语遮掩他正在实行的更严厉办法,因为他与此同时还足够尖锐地表达之。宁可说,他感到有必要防止自己忘怀人道指南,特别是现在他正在让自己受严酷的必需影响的时候,这必需就是使用严厉办法保护一个不安全和不断遭到威胁的国家的生存。

因此,他的行为途径总是非常清楚,毫不含糊。他理解的无上命令即国家必需总是占上风,而且在一切有所抉择的场合总是压倒人道命令,甚至压倒他的启蒙哲学理想。可是,由于后者同样以一种深刻有力的内在方式占据他的心灵,因而他的思想里有强烈的矛盾因素。他为统治者和国家确立的最高任务不仅包括至此一直是

---

① Lavisse, *Le Grand Frédéric avant l'avénement* 一书笨拙地误解了这一点,在第169页做了一个判断:"不,他不仁慈。"保罗-迪布瓦(Paul-Dubois)的判断公正得多,在许多方面也更精细;然而即使是他(使用了肯定尖锐、但也是图解性的法国心理学方法),仍过分截然地分割了弗雷德里克性格的不同方面,并且将他的根本秉性与影响他的当代思想一刀切开。

② *Dissertation sur les raisons d'établir ou d'abroger les lois* (1750),(《全集》第9卷第33页);参见他1739年1月8日给伏尔泰的信。Koser and H. Droysen, *Briefwechsel usw.* ,1, 232.

③ Hintze, *Friedrich d. Gr. nach dem Siebenjährigen Kriege und das Polit. Testament von 1768*, *Forschungen zur brand. u. preuss. Geschichte*, 32, 43. 另参见 H. 冯·克默雷尔(H. v. Caemmerer) 在 *Hohenzollern-Jahrbuch* (1911) 中的文章,第89页。

"国家理由"的较狭隘目的,即保障和加强其物质权力,而且包括另一项人道主义理想,即教育人民和使他们幸福。因此,两类国家观念并存于他心中——人道主义国家观念和权势国家观念,前者由启蒙运动新创造,或至少由它填充了新内容,后者则出自生活、历史和经验,并且在持续不断地得到日常经验和必需的重新确认。不可能避而不见后者优先于前者,却较容易忽视一项事实,即这优先从未导致关于国家的人道主义观念化为乌有。因此,在他那里,最后必定发生这两类国家观念之间的一种非常特殊和大有疑问的解决。确实,首先他自己(如下所述)就有一个错误的印象,以为他不仅使这两类异质的观念和谐相处,而且实际上将它们完全合二为一。

他起先可能相信这一点,是因为他自己将启蒙哲学部分地纳入了权势国家观念。他这么做,靠的是他那"统治者乃国家第一仆人"理念、他对自己的思想和行为中王朝因素的压抑、对自己职位的泛人道性质和泛人道任务的强调。诚然,这么做有两面性。它无疑在旧权势国家与新启蒙理想之间架起了一座桥梁,后者倾向于将一切都归之于普遍人性。然而与此同时,它导致权势国家的武器锋利,因为它清除了那上面的铁锈,即不良的王族传统、无用的个人意图和王朝动机,同时也导致权势的拥有者认识到对于整个国家的新的、较纯粹的义务。可是这反过来加强了统治者的一种信念:相信使用他的权势方法真正有理,相信动用武力和施展一切治国方略把戏。弗雷德里克大王的权势政治千真万确正是如此。我们将看到,它由他的国家利益观念得到了巩固。[①]

[①] 关于弗雷德里克政治中的理性主义因素,另参见 Küntzel, *Zum Gedächtnis Friedrichs d. Gr.*, *Marine-Rundschau*, 1912, 206 ff., 还有该作者在马克斯(Marcks)和冯·米勒(v. Müller)出版的 *Meister der Politik* 一书中对弗雷德里克的描绘。

第十二章 弗雷德里克大王

不仅如此,甚至在国内政治领域,也不那么难达到"国家理由"与启蒙理想之间的一种和谐。对任何种类的人道主义国内政策来说,国家在外部敌人面前的安全都是头号根本前提。他要他的臣民承受的一切牺牲和负担,他作为君主不得不在规避贯彻慈善改良方面做出的每一项放弃,在国内对人道主义国家观念施加的一切限制,能够立即依据该国的最高法则——维持一支异常强大和有严格组织的军队——得到辩护,以便使他自己良心安宁。① 然而,与文艺复兴时代的统治者可能做到的相比,弗雷德里克也能够依据道德得多的原则来贯彻他的国内政策。前者不得不既提防国外敌人,也提防国内敌人;因此,马基雅维里感到必须建议其君主,即使在同自己的臣民打交道时也使用能令人丢脸的欺骗技巧。然而在军事君主国内,现在支配的是根深蒂固的和平、秩序和纪律。在国内继续使用同一些马基雅维里式方法现在是完全多余的,因而看来令人憎恶。而且,弗雷德里克还懂得,为其臣民树立一个坏榜样不明智。② 他要求在君主、国家和人民的关系中有彻底的纯洁、正直和可敬,而且大体上能够照此行事。③ 他对司法的处理(至少就其主观意图而言)不仅有功利主义色彩,而且甚至有伦理味道。在这两方面,都甚至(像已被指出的那样)有美法两国人权

---

① 他无疑能对他的同代人隐瞒这一基本动机,而且能以尊重地主和农民之间的协议、关照基于这些协议的农业利益来为维持"野蛮的"农村制度辩解。

② 1746 年的 *Histoire de mon temps*, *Publik. aus den K. preuss. Staatsarchiven*, 4, 299;其 1775 年版本见《全集》的第 2 卷第 22 页以下;另参见 Madsack, *Der Antimachiavell*, p. 82 n.

③ *La dissimulation deviant réprouvable, quand le fort s'en sert envers le faible, le prince envers le subjet. Polit. Testament* (1768), p. 219.

观的某种因素。① 在文艺复兴和反宗教改革时期存在的那类比较羸弱、受到内部争执威胁的国家里,不宽容是"国家理由"问题。然而,在更安全的18世纪军事国家内,这项原则已变得过时。国家利益不再需要利用臣民的宗教统一作为其服从保障。它现在能够在一定程度上解除负担,撤出这个领域,任其自行发展。总的来说,随国家成长得愈益强大有力,它能变得愈益自由,愈益有德,虽然肯定只是在它的权力现在完全支配的地方,也就是说在它的疆界之内。然而,在其权力依然不安全和受到不可预计的反对力量威胁的任何地方,即在对外利益领域,弗雷德里克必须承认更严厉、更残酷的法则的正确性。

这些利益的工具本身,即武装部队,受制于这制约力。弗雷德里克军队是依靠在许多方面野蛮的办法创建起来和经受战斗训练的。而且,在可见的限度内,弗雷德里克从不把他的军事事务中的这种野蛮当作一个值得考虑的问题,从不试图将比较符合伦理和人道的原则引入它依据的基本观念。在个别具体场合,他无疑能对士兵人道和有德;他甚至能试图以发布敕令为手段,限制对他们的任何虐待。但是,军队的结构本身依然不受这影响。他没有让他的人道光芒射入国家权力的这一阴暗基础。在这方面,他身陷于实干家的那种无知的天真。他的军事事务中的野蛮因素(特别是在国外募兵站征募社会渣滓这一做法)那么密不可分地与他关于人口、财政和经济的整个仔细谋算的政策体系绑在一起,以至在他看来,倘若他竟从基础上拆掉一块石头,整个大厦就有崩塌的危险。

---

① Hintze, *loc. cit.*, p. 54.

第十二章　弗雷德里克大王

但是,对外政策领域在他看来较为可变和灵活,而且事情确实如此。在这个领域,全无一个启蒙思想者可以闭眼不见的僵硬刻板的体制问题。相反,一个人在此涉及的是一种日常的行动和决策事务,一种虽然由外在事物制约,却仍然由内在事物决定的行为模式;一句话,涉及的是一个在其中时常不得不在自由与必需之间达成妥协的领域。在这个领域,道德和启蒙哲学要对真实世界作批判性判断的要求听起来不免专横。弗雷德里克认真并不时热烈地苦思苦想,力图给他的职位在这方面强加于他的种种含混不清的问题找到一个答案。

他开始时(如前所述)是一位权势利益的政治实干家,但哲学观点近在背后。在1738年的《思考》中,这两者最为显著地交织在一起。为了加强受到威胁的、他的家族对于于利希-贝格的权利要求,他想以一本小册子为手段,影响那些现在对普鲁士来说其支持至关重要的国家,特别是巴伐利亚和多数海洋国家;确实,甚至被他在书中抨击的法国,或许最终(一旦他放弃其发表)也可能以某种迂回方式受到它影响。一项尤其被掩藏了的野心在提及未来做大事的大机会时自行透露出来,那是个在查理六世皇帝死后肯定会出现的机会。然而从一开始,他就将自己非常深思熟虑和经过精明谋算的看法塑造成一种哲学,那马上以其因果关系意义而非伦理价值吸引我们的注意。就我们的论辩而言,最重要的一点在于,弗雷德里克在此书内将下列两者联为一体:一是他从孟德斯鸠的《罗马盛衰原因论》(1734年面世)吸取了的激励性思想,[①]二是

[①] M. Poser, *Die Montesquieunoten Friedrichs* II, *Histor. Zeitschr.*, 47, 253 ff. 说明了这点。亦可参见 Koser, *Geschichte Friedrichs d. Gr.*, 5th ed., 1, 148, 以及 Küntzel in the *Festgabe für F. v. Bezold* (1921), pp. 234 ff.

利益观念传统。问题不那么在于他是否知道任何被我们谈论的关于这个主题的著作,还有如果他知道,那么他知道哪些;[1]因为它们的基本思想是欧洲的外交臣僚们共知的。无论如何,当我们在导言内读到"王国真正利益"和必须在外交代表幌子下予以调查的各宫廷"固定原则"云云时,我们便感到了熟悉的气氛。在此指向因果问题的、启蒙哲学的全部乐观主义现在被提升成为一项堂皇的宣称,那就是有它的帮助,一位历史政治家(a historical politician)的"超然精神"将能解释政治史机理,显示从最遥远的世纪往后一直延伸不断的因果链条,最终预言未来。"能够知晓万物、指导万事和预见万象,是个智慧问题。"[2]

这是何等有特征的话语!充满青年人的夸张,但也富含意义。在此,突然活生生地蹦出了一种理解:理解国家利益观念对于历史知识、对于这些贯穿始终的历史血脉的意义的巨大价值(那是靠孟德斯鸠有力地应用因果分析方法而变得成熟的某种东西)[3];然而与此同时,他还开始认识到一种在世界史与日常政治之间的、与他至此意识到的相比远为密切的联系。在弗雷德里克手上,大胆希冀的、对世界历史和各国历史的洞察力必定首先变成追求其政治目的的一个手段。而且,他的政治思想和政治渴望的一个基本倾向专横有力地自行透露出来,那就是预计未来,估算事态整体的大概进程,并且将他由此得到的结论连同他的整个经验内涵混合为

---

[1] 关于此点,见下。
[2] 《全集》第8卷,第3页以下。他因而领先说出了实在主义的口头禅:"知晓为预见,预见为考虑。"(Savoir pour prévoir et prévoir pour pourvoir.)
[3] 参见孟德斯鸠《罗马盛衰原因论》,第18章:"统治世界的不是运气……存在着在每个王国中起作用的道德的或心理的原因……总之,主要的举止带来所有特殊的事件。"

第十二章 弗雷德里克大王

一套体系,他此后的行为很大程度上一直囿于该体系的封闭框架内。后来,作为出于他思想的怀疑性变化的一个自然反应,他足够经常地剧烈承认此类预言的不可靠和可疑性,并且谨慎地制约自己启动那些基于此类估算的重要长期计划的倾向,至少是在流动性太大的对外政策领域。① 然而,这种依靠智力来察觉和指导未来的倾向(这也意味着将非理性的事情理性化)由其政治遗嘱内著名的《政治幻想》和《空想计划》两篇透露出来。因为,即使政治(他在那里说)也有其形而上的方面,政治家恰如哲学家,必须被允许在这方面自得其乐,并且认识到隐蔽在最深的神秘处,将能指导以后世代的目标。

如此,当代哲学精神又一次流入旧的国家和历史力量及倾向的河床。对经验主义和因果联系的新意识在17世纪已经兴起,而且(如前所述)显然助成了罗昂的利益信条。科学在对存在于自然中的联系提供一种机械解释方面取得的进步促进了一种倾向,那就是也在历史中寻找行使机械性影响的法则。现在,洋溢着骄傲和自觉意识,将万物归之于普遍性(the Universal)的启蒙运动将一种快乐的前进冲动注入这些尝试,自信造就了一项重要的知识进步。而且,从今往后,一切知识(这是强烈功利性的启蒙哲学的一个本质成分)应当服务于生活和实务利益。例如,年轻的弗雷德里克在《思考》里写了下面的话,将其插入对法国政策新的重要成功做的一番考察:

"要对世上发生的事件形成正确和精确的观念,最好的办法在

---

① 这一点已由 Volz, *Die auswärtige Politik Friedrichs d. Gr.*, *Deutsche Rundschau* (1921年9月)正确地指出,但该书未能注意到在此制约方面弗雷德里克本人持有的自然倾向。

于比较,从历史中挑选范例,将它们摆在当今发生的事件旁边,然后观察它们之间的关联和相似。没有什么比这更具有人类理性的价值,没有什么比这更有教益,更有利于增长我们的知识总和。"因为,人类理性到处一样,永远一样;只是不断重现和相似的激情的程度在不同时代可以全然不同。然而总的来说,在各国的历史上,类似的原因和类似的结果必然反复重演。

这也是孟德斯鸠的教导;[1]马基雅维里的想法也是如此,只是他犹如一位早期先驱,举步维艰。然而,现在人们非常容易和轻快地行走在这些道路上。因此,作为这一思路的一个附注,弗雷德里克相当大胆和肯定地添上了如下判断:"伟大的君主们的政策总是如出一辙。他们的根本原则不变,即为不断增加自己的领土而抓住一切;他们的智慧在于先发制人地预防敌人的诡计,玩精致的竞争游戏。"

在实践中,统治者增加其领土的不变原则肯定要按照各国的形势、邻国的力量和事态状况经过无数变形;然而,原则本身不变,统治者永不背离之。"这是他们的脸面光彩问题;一句话,他们必须增大幅员。"[2]

这里,在急于尝试解释一切的启蒙普遍主义与严酷的马基雅维里自然主义之间,有种十足的一致,因为两者都取自现实和经验。然而,启蒙思想不仅急于解释事物,而且急于评判和谴责它们。关于脸面光彩(*prétendue gloire*)的短语点缀在无情的自然主义思路中间,非常引人注目,像是从一个不同地方引来的话语。

---

[1] 《罗马盛衰原因论》,第1章:"因为人在所有时代具有相同的激情,产生巨变的情况不同,但原因总是相同的。"
[2] *Loc. cit.*, p. 15.

第十二章 弗雷德里克大王

启蒙的人道主义部分如何评价由其因果联系部分得出的这一粗糙结论？在此，我们看到一个对另一个的完全无助无力。因为，弗雷德里克在《思考》结尾处①差不多造成了一种近乎喜剧的效果：他脱去政治家的仪式服装，匆忙披上哲学家的斗篷，然后指向他业已确立的、基于因果铁律和事件铁定恒常性的国家生活永久法则，在道德上称它们为"错误的原则"。现在，他劝诫统治者们离开他们已入的迷途——在那里他们的臣民成了他们错误激情的工具——回到君主行当的真正道路，为其臣民的幸福而生活。"他们的高位只是人民给的"，后者从他们自己当中选出他们认为最适合以父亲般的方式统治他们的人。只要再往前走一步，他就会从对人民主权的这一根本承认进至卢梭的革命思想。然而在历史上，思想的最后结果往往只能在生活为整个系列做好准备时才能被推引出来。未被自觉感到但仍不说自明的个人利益的重大力量，阻止了他走出这一步。他几乎不能抵挡住生育了他的那一支脉。他对统治者的权势政治做出的判断现在显得首尾不一，一方面无力抵御马基雅维里的自然主义，另一方面同样无力抵御卢梭依据自然权利的伦理激进主义。在我们所能见到的范围内，弗雷德里克关于国家的人道主义思想与他的权势国家观念从未再度在同一个智识领域内如此幼稚地两相交叠。

他对其中的矛盾确实也有所认识。想着在确保继承于利希-贝格问题上普鲁士的利益（那是导致他拿起笔来的原因），他以下面的话作为他书的结尾："丧失一个人自己的部分领土是一种羞耻和羞辱，而征服一个人对其没有合法权利的土地是一种不义行为

---

① P. 25 f.

和罪恶的抢劫。"因此,他认为,权势政治在依据"合法权利"(*droit légitime*)而非"惯例权利"(*droit de bienséance*)时,才是可以允许的和必需的;这是他据以将自己从自己的两难困境中解脱出来的妥协。而且,有趣的是看他为保持这限制而寻求什么保障。统治者应当亲自统治,亲自监察邻国的诡计,精明聪慧地准备对付它们,并且通过缔结好的同盟来限制贪婪不安精神为非作歹。在他看来,盲目地放手让大臣主事是权势政治搞得过度的首要原因。① 总而言之,他的整个宏图大业(以人道主义观念为手段来改良权势国家观念并使之高尚)的本质难道不要求一个统一意志的全神贯注和极端警觉?因为,在此不得不走全新的道路,那不是一般大臣例行公事的一个熟悉部分。而且,他怀着强烈和热切的渴望,想同时为两者服务:不仅他的人民的和平幸福,还有他的国家的权势和荣光。他只信任他自己来寻找使得这两者都成为可能的羊肠险道。

正是由此,"亲自统治"的决定②才得以做出,而且此后以铁定的连贯性被一直贯彻到他生命结束。从他开始亲政的那刻起,这一决心就由于他的国家的特殊形势而得到强化和加固,因为它需要的自然资源只有靠颇为精心的节省才能被维持在健全状态。这样的决定通常首先出于真实环境的压力,然后才成功地取得一种理想的圣洁性。然而,当年轻的王储不顾他父亲手下玩忽大意的臣子们的希望,想亲自掌握船舵时,一种伟大的理想主义观念也起了作用。他是在希望将利益和思想精巧地统一起来。从普鲁士在

---

① 关于做出这些结论的大概的实际场合,参见我论《思考》的文章,载于 *Hist. Zeitschr.*, 117, 56, n. 2。

② 就此,另参见《驳马基雅维里君主论》,《全集》第 8 卷,第 272 页以下。

1735年经历的痛苦体验（归因于列强实施的肆无忌惮的马基雅维里式治国方略）之中，并且从恰在此时构想的人道主义理想之中，成长出了1739年的《反马基雅维里》——同时出自利益和思想。利益与思想之间的矛盾（就他而言摧毁了他的《思考》的内在联系）令他不得安宁。现在，这矛盾将全然从世间去除；邪恶的马基雅维里将最终被逐出世界——而且被逐出他自己的心灵。因为，谁能想象不到他在此安排了一场与他自己、与他内心的激烈冲动的秘密对话？

他想牢牢地自我防护，免遭自我侵害。他（在其书《前言》内）谈到一个野心勃勃的年轻人，性格和判断力还未固定，马基雅维里的危险的书在其手中或许能造成最大危害。他这么说无疑是在想着他自己。不仅如此，由于他觉察到浸透了启蒙思想的现代公众正在就宫廷惯例进行的抨击，[1]因而他也想提供一番对君主职业的总的辩护；而且，他希望表明，一位开明和道德的君主仍然能够是个讲求实际的君主，他的"真正利益"与美德和谐一致。[2] 在《思考》中，他将一大剂马基雅维里政治与一小剂道德解药混合起来，而在《反马基雅维里》中，他却将一大剂道德原则与冷静的现实主义政治家的大量异议混合起来。正是由于他自认为能在马基雅维里身上看到他自己目前做法的恶魔般的缩影，因而有可能在他心中燃起一股正义的怒火；他必定觉得，必须用他那个时期能够提供

---

[1] 参见《驳马基雅维里君主论》，第282页，另参见P. Wittichen, *Machiavelli und Antimachiavelli*, Preuss. *Jahrbücher*, 119, 489, 那是在一篇否则全然浅薄和错误的文章里极少数有益的观察之一。

[2] 致伏尔泰函，1739年5月16日，Koser and H. Droysen, *Briefwechsel Friedrichs d. Gr. Mit Voltaire*, 1, 271。

的最有力的伦理武器来攻击他。

在与文艺复兴时代最伟大的政治思想家较量时所用的非历史方法,已足够经常地得到了评论。人们仍然感到自己似乎与往昔的事件平起平坐,倾向于考虑这些事件的永恒意义,而不问自己这些事件在其发生的时期里有何重要性。弗雷德里克只知道马基雅维里的《君主论》,而且即使《君主论》,也只知道它的一个1696年法文译本。① 《论李维》是否会导致他对马基雅维里采取一种较有利的看法肯定令人怀疑,因为即使是它,也包含着他厌憎的许多毒素,而且由于其共和爱国主义反差,它或许可能会更引起他的愤怒,怒其缺乏由马基雅维里在《君主论》中显示的个性。②

可是,必须更加精确地辨识弗雷德里克方法中的非历史因素。弗雷德里克非常明白马基雅维里在其中生活的不同时代和不同政治关系,因为他相信自那时以来文化和道德有了进步,他将马基雅维里的世纪看成处在一个野蛮状态,它从那往后已经令人欢欣地被克服了。他认识到,马基雅维里只是为小统治者——意大利的"主公"们写作,那时尚无任何受到严格的纪律约束的"永恒的骑士",已有的比盗匪组成的纯粹乌合之众好不了多少;因此,马基雅维里关于辅助部队不可靠的告诫乃时代使然,就像参照当今人民

---

① 参见《全集》,第8卷,第 xiv 页,另参见 v. Sommerfeld, *Die äussere Entstehungsgeschichte des Antimachiavell Freidrichs d. Gr.*, Forsch. zur brand. u. preuss. Geschichte, 29, 459。

② 早几年,莱比锡大学教授约翰·弗里德里希·克里斯特(Johann Friedrich Christ)主要依据《论李维》,力图清除马基雅维里形象蒙受的不道德诉病,并且证明他是一位温和的鼓吹反对君主罪恶的政论家,政治自由的一名先驱(*De N. Machiavello libri tres.* 1731)。该书试图挽救马基雅维里的荣誉,以颇大的才能和对马基雅维里之思想伟大的颇深理解写成(即使资料仍然不足),但是弗雷德里克显然不知道有这本书,而且无论如何,由于该书的拉丁学问形式,他即使知道也没有能力享读它。

的平静安宁,他针对臣民的反叛习性发出的警告不再能被认为是正确的了。他不得不承认,马基雅维里的整个世界当今几乎无法认出。① 然而,这是当时的历史观的一个根本弱点:虽然它确实考察(而且以强烈的兴趣考察)外在世界的改变,但它仅在表面上,并且极为笼统地考虑内在世界的变化,人们的真正思想模式的变化。而且,即使那简单的考虑,即当时全然不同的外在关系也许可能要求人们有一种不同的行为样式,也大多被置于脑后。因为,按照启蒙思想,"道德个体"(Moral Individual)现在出现,它有一种可以被正当地认为对每个时期来说都是正确的绝对意义。弗雷德里克的误解正是出自这些源泉,我们现在必须通过几个例子予以说明。

弗雷德里克是从这么一个国家的井然有序的状况出发做判断:它已经开始变成一个现代意义上的宪政国家。相反,马基雅维里的国家却仍处于原始的专制主义阶段,从上和从下都是如此;它还有足够的事要做,以便为自己尝试和造就一种得到普遍尊敬的、而且并非仅仅出于畏惧才被尊敬的权势储备。切萨·博尔贾对他在罗马涅的代表、变得被民众痛恨的拉米罗·德奥尔科的行为(如马基雅维里所述)提供了关于这一点的一个例子。他导致后者以一种可怕的方式被处死,那既令民众满足,同时也使之目瞪口呆。法律和秩序状态得以恢复,臣民由于一种残忍的非法手段而变得循规蹈矩。然而弗雷德里克的评论是:大谋杀者博尔贾有什么权利惩罚这个有罪的罪犯?后者确实不过是他本人的一个小小翻版。② 他不愿对自己承认,即使在这个例子中,也有个鬼魂般的

---

① 《全集》,第 8 卷,第 175、206、215、222、243 页。
② 同上,第 192 页。

"国家理由"在起作用,在挣扎着脱出黑暗升入光明。

然而最重要的是,马基雅维里及其时代的特殊思想模式无法被弗雷德里克理解。18世纪已变得太抽象,以至不能适当地理解16世纪种种较具体的观念。在人们能够以任何程度接近理解它以前,首先需要有概念性思想模式与对他人生活的同情性理解艺术之间的一种综合——19世纪的历史主义成功地创造的那种综合。现在18世纪从事创造笼统的概念和宽泛的思想,例如人道、美德、正义、普遍福祉、万国精神。它接受这些而无任何具体内容,并且对其津津乐道,热衷有加。然而,马基雅维里时代的伦理在使用同一些词语的场合,牢固得多地执著于它们的具体内涵和它们在特定场合的应用。它心怀的目标比较有限,但同时更明白可见;它仍然较少可用于表述更高类型普遍实体的措辞。看一下例如下面这个命题,它被弗雷德里克用来反对马基雅维里:"今天,一切都从属于正义事业,如果一位征服者的实力和军事能力给人类带来不幸,它们就是可恨的。"①在文艺复兴时代,这么一句话几乎全无可能,不仅是因为它的内容,也是因为它的思想方式。每逢马基雅维里想着某种普遍事物(他无疑很广泛地这么做过),他总是偏爱通过生动和容易理解的例子表达之。他的思想还充满了他那时的艺术进步精神,而与此同时这艺术的伟大、美丽和魅力基于那个时代的特殊心态。然而,正是由于这个原因,弗雷德里克不再能理解马基雅维里的观念性语言:如果一个人按照抽象逻辑方式评判它,它就毫无用处,但如果一个人以个性方式感觉它,它便灿烂辉煌。当马基雅维里在《君主论》中想表示他的最高目的,即争取他的沉

---

① 《全集》,第8卷,第170页。

沦的祖国彻底更生时,他能找到的最好办法就是提起摩西、居鲁士、忒修斯和罗慕路斯。年轻的弗雷德里克将这视为只是 *mauvaise foi*。①

甚至马基雅维里无疑使用了的那些一般概念和理想,仍然牢牢植根于具体事实的土壤。在他那里,从现实的充满矛盾并混杂污秽的感性成分当中,挣扎出了较崇高的因素,它仍然彻底地与所有较卑俗的成分交织在一起。在他那里,自然与精神仍然那么紧密地彼此关联,以至甚而他身上的精神因素也显得是一种自然力。最重要的是,(如前所述)他的"美德"(*virtù*)概念便是如此。弗雷德里克表示的启蒙"美德"(*vertu*)观念(肯定较纯粹,但也较空洞)与之何等全然不同!它首先是个理想,是个命令,是某个应当存在的东西,而马基雅维里的"美德"是个力量,是某个存在了的东西。作为理想,启蒙"美德"永久恒常,而马基雅维里的"美德"乃世俗之物,但肯定也是某种他怀着朦胧的渴望感到并相信不朽于人类的东西。不过,他使之游荡列国,燃熄无常。在缺乏实行"美德"的机会时,他说,"美德"衰亡。弗雷德里克就此评论道:这个罪犯谈论美德,但只是用它来指一个流氓的技巧,后者需要一个有利的时机显示它。②

非常奇怪和引人注目的是,尽管即使作为一个青年,弗雷德里克就有了自己未来冷静的现实感的基础,然而马基雅维里十足的归纳和经验方法(它拒不让自己被任何关于"应有之物"的幻想蒙蔽)只给他留下了那么浅的印象。他甚至为此指责马基雅维里。

---

① 《全集》,第8卷,第185页。
② 同上,第188页。

为什么,他问道,他以描述君主国之间的差别开始,而不是追溯到事情的起源,研究王权的由来,研究能导致人们服从一位主子的原因。在行为方面,弗雷德里克当时是一位经验主义和现实主义者,然而在思想上,他受启蒙运动的普遍主义影响,而且他从未充分摆脱这两重性。由于启蒙运动的因果观念与其伦理思想一样,被这抽象的普遍主义支配,因而他没有余下任何精力去注意那已经在马基雅维里的经验主义中喷薄而出的、现代人的被强烈感觉到的因果分析渴望。因此,后者在他看来似乎琐碎低俗,意义不大。被启蒙思想冲向至高原则,他按照人道理想去想象应有之人,要求统治者甚至应当将真荣誉视作只是"过眼烟云",并且对人身上的兽性因素大动肝火,而那在马基雅维里看来却显得与人的"美德"紧密交织。他甚至对马基雅维里的下面一句话也大为反感:"任何人,凡是相信大统治者的善行会导致其旧日恶行被遗忘,就只是在欺骗自己。"①

这一切都必须说出来,以便有可能理解为什么马基雅维里《君主论》的有力的政治真理基础,即政治行为中的必需这一要素的发现(简洁地说正是"国家理由"的本质),依然是那位将最完全地体现这"国家理由"的统治者茫然不见的。他肯定清楚地认识到,马基雅维里在试图展示这种强迫力的存在,它可以用作在政治方面解释一切的一大普遍原理。"在马基雅维里那里,万事都由利益实现,正如在笛卡尔那里旋风意味一切。"②利益是他唯一的神,他的恶魔。然而,在马基雅维里那里,这利益穿着太不熟悉、太肮脏的

---

① 《全集》,第 8 卷,第 194 页。然而在这个过程中(被译文误导),他混淆了"伟大的人物"(personnaggi grandi)和"大人"(grands hommes)。

② 同上,第 168 页;另参见第 181、232、241 页。

第十二章 弗雷德里克大王 423

外衣,以至他无法认出来。我们已经评价过观念性语言的新奇与其时代氛围的陌生。然而,还有另外两件事情使它以马基雅维里展示它的方式而令弗雷德里克憎恶。第一,在马基雅维里那里,君主利益与国家利益之间似乎没有区别。情况不可能不如此,因为现代国家在意大利是从"国家"(stato)即君主权力机器发展出来的,也因为在那里一个人碰到的不是神圣化了的旧王朝,而是依靠篡夺兴起的新王朝,因而专门王朝性的利益在那里似乎格外显著和自我本位。第二,马基雅维里在其《君主论》中看似表达的,而且看似为之宣称压倒一切道德价值的统治权利的,只是小君主和小国的利益,而非大君主和大国的利益。可是从一开始,弗雷德里克就鄙视小诸侯国,[①]因为他按照一种非王朝的、纯国家的思路想问题。而且,他就德意志各小邦所见的只能加剧这种轻蔑。至少,他认为一切政治的一条基本准则,在于必须以大为不同的规则对待大国和小国。他一生只对大国关系和大国根本状况感兴趣。

与此同时,他和马基雅维里之间也有相通之处:不是与"主公"的教诲者相通,而是与权势国家观念的永恒倡导者相通。另外,在弗雷德里克的人道主义思想与他的权势国家观念之间,也有个隐蔽的共通。只有一个大国,才能大规模地促进人类幸福。他在《反马基雅维里》中甚至说,当今只有举足轻重的统治者才能进行战争![②] 起先,他认为这只是基于物质和技术原因。然而,一旦认识到这个事实,他便发觉自己再次被推回,更深地退入权势政治

[①] 参见《全集》,第 8 卷,第 209、222、235 页以下。
[②] 同上,第 210 页。

考虑领域——他已在《思考》一书中大显身手的一个领域。如果说,他在《反马基雅维里》中试图尽可能多地缩小这个领域,那么他仍然完全无意步圣皮埃尔神父的后尘,完全无意将它从世上整个清除。

人们差不多有个印象:在写作此书的过程中,它更强有力地再次将他迷住了。"利益"(intérêt)起初主要被用作贬义词,表示鄙视马基雅维里的"主公"的那种卑俗小气的利己主义,但它在以后各章里往往以褒义重新出现,被用来指真正的国家利益和普遍利益。① 这使人想起一个事实:那时和以后,弗雷德里克的总的伦理学都从利益,从一种得到适当控制和正确理解的自爱推导出美德。② 他自己的道德行为变得超出了这一多少单薄的基础,但他的感觉论无疑造就了与马基雅维里主义的一个新关联。不仅如此,在书的开头,还出现了重要和困难的"必需"概念,如政治行动的"恶的必需",那是先前产生了马基雅维里学说的概念;然后,在书的后几部分里,他更经常地使用了它。③ 他将"出于必需"的征服者同任性妄为的征服者区别开来,承认前者真正光荣,如果他将自己的才能用于维护真正的正义。他将他比作外科大夫,以其"野蛮的手术"为手段,将人们从威胁他们的危险中拯救出来。一句话,他寻求并渴望战争和权势政治的"正当理由"。

---

① 连同前引(《反马基雅维里》内)各段话,参见同上,第 266、274、275、291、297 页。

② Zeller, *Freidrich d. Gr. als Philosoph*, pp. 70 ff. 'Le principe primitif de la vertu est l'intérêt',致伏尔泰函,1737 年 12 月 25 日,Koser and H. Droysen, *Briefwechsel Friedrichs d. Gr. mit Voltaire* 1, 120。

③ 《全集》第 8 卷,第 172、249、295、297 页。

第十二章 弗雷德里克大王

这是古老的"正义战争"(bellum justum)观念,是伦理与"国家理由"之间的折中,以此他在《思考》中让自己安心。当他谈论这么一类统治者的荣誉时,他是在想自己未来的行为:他们"依凭坚定、智慧和尚武美德,维护有人想靠不义和篡夺从他那里攫取的权利。"①因为(他怀着一种未经任何启蒙理想影响的现实感论辩说),国王们不受任何能够决定其纷争、其权利及其权利要求重要性的法庭裁判。不只是在权利要求彼此冲突的场合,或者(不说自明)为了保卫自己的国家,他才认为拔剑出鞘是可以的和正当的。在他看来,欧洲均势的重要性能够使哪怕进攻性战争也成为有理的:"如果欧洲最强国家的压倒性增长有泛滥天下吞并宇内之险,就发动预防性战争。"他明确认可"'先于'(praevenire)优于'落后于'(praeveniri)"这一格言。"伟人在其敌人达到能绑住其手、摧毁其力以前先发制人,便无往不胜。"②

还有,如何对待马基雅维里式政治的中心问题——条约只有在它们有助于国家利益的限度内才会被信守的信条?弗雷德里克声称,这基本上确是一种坏的、缺德的政策,"因为一个人只需搞一次这种欺骗,就会丧失每个统治者的信任。"然而,他感到自己(受行将到来的事件的一种朦胧和强烈的前兆驱使)必须补充说,有时确实出现不幸的必需形势(necéssités fâcheuses),在其中一位统治者被迫违背条约,毁弃同盟。无论如何,这必须以适当的方式来

---

① 《全集》第8卷,第218页。

② 同上,第296页和第139页。依据冯·佐默费尔德的断言(见其 Forsch. z. brand. u. preuss. Gesch., 29, 468),伏尔泰版本《反马基雅维里》中的预防性战争观念已被认为非常可能不是(像 Heydmann, Histor. Vierteljahrschr., 1922, 70 设想的那样)出自伏尔泰,而是相反出自弗雷德里克本人。

做；统治者必须立即通知他的盟邦，而且只有在"他的人民的安全和非常大的必需责成他的情况下"，他如此行事才是可允许的。① 这是解决这个将烦扰他整个一生的问题的首次尝试（而且在年轻的弗雷德里克那里似乎是个天真得惊人和徒劳无用的尝试）。无论现在还是后来，他给予它的所有不同回答都是在马基雅维里主义与反马基雅维里主义之间、启蒙理想与权势国家现实之间的来回摆动。以一种真实的天真，《反马基雅维里》的作者甚至表达了已是国家本身的生活固有的那种两重性，即他的内在部分已在趋向宪政国家，连同其种种道德联系，他的外在部分却仍纠缠于生存斗争的自然律。当他进至谈论选择国家仆人时，他并无矛盾地指出了明智的统治者的做法，那就是用可敬之士从事国内行政，但用更活泼、更热烈的人物从事外交交易，因为在必须搞诡计、往往还有搞腐败的后一领域，技巧和魄力显然比正直更有用。② 后来，在他的政治遗嘱中，③他无疑也承认了类似的原则；但是在那里，它们表现为审慎的经验格言，好像他在采取一种非常宽阔的视野，而在《反马基雅维里》中它们相反，显得像个在思想进程中漂浮的独立因素，真正有一种全然不同的性质。

然而，这确实成功地模糊了该书的基本思想，那就是表明有可能超越整个国家生活领域来满足道德要求。他的纲领，即行事要

---

① 《全集》，第 8 卷第 248 页以下；参见第 208、282、292、297 页。在 1735 年，他已对格伦布科写道："保全信誉，如果需要，只失信一次，而且在最紧急的情况下，这是政治的目标和伟大艺术。"Koser, *Briefwechsel Friedrichs d. Gr. mit Grumbkow und Maupertuis*, p. 124；另参见 p. 121。

② 同上，第 274 页。

③ 《政治遗嘱》，第 54 页以下，第 216 页以下。

像毒蛇那么聪明狡猾和像鸽子那么纯洁无邪,①是他不敢哪怕在理论上贯彻到底的。

说到底,他与马基雅维里之间的差别因而从原则相反降到了程度相异;于是,在文艺复兴时代猖獗的狡黠和欺骗的程度,被18世纪较文明、较注意道德的精神大为减轻,不过没有全然消除。他的观点中固有的这一危险(据此马基雅维里主义这头老虎能够被转变为一只令人愉快的家养小猫)当时显然没有被弗雷德里克充分认识到。

尽管如此,马基雅维里仍提出了一整系列道德上无可指责的治国方略准则,它们是弗雷德里克觉得全然启发性的。他劝告统治者亲自掌权用权,在战场上像自己的司令官那么行事,迁就和适应形势,鄙视阿谀奉承者,辨识其他统治者的秘密意图等等,这些完全符合弗雷德里克本人的想法,而且肯定有助于使他的政治思想在当时臻于成熟。②

因此,被拿来同《思考》放在一起,可以看到《反马基雅维里》作为一个整体在其象征意义上透露了两股色彩颇为不同的潮流的交互作用,一股是制约性的命运,另一股是他本人的内心倾向,两者被迫奔流于同一个河床,在那里它们逐渐不得不彼此容纳,互相交融。

* * *

---

① 参见第346页:"世界是个牌局,那里作弊的和诚实的打牌人并肩而坐。一位统治者必须知道作弊者的诡计,不是为了他自己利用它们,而是为了他自己不受其骗。"第294页亦如是说。

② 参见Zeller, *Friedrich d. Gr. als Philosoph*, p. 94 f.; Madsack, *Der Antimachiavell*, p. 99 ff.。

弗雷德里克不久便体验到,实干者可以被导致越出思想者自设的界限。如果要察看他征服西里西亚的举动("与光荣相遇"、他向玛丽亚·特雷莎提出的领土要求、达成克莱因施内伦多夫协定与缔结布雷斯劳和德累斯顿两项和约时他对盟友采取的态度),如果要用他自己在《思考》结尾处和在《反马基雅维里》中确定的标准来衡量这些举动,那就能提出许多异议。诚然,他完全确信自己对西里西亚的大部分权利要求实属正当。然而,是否真是这权利信念实际上塑造了他的决定?难道(用他本人的话说)还"很有益于勃兰登堡家族"[①]这一认识不是对夺取西里西亚起了大得多的作用?必须承认,弗雷德里克在此(就像在他依靠自己家族的、取自世袭权和特权等等的"权利"的所有其他场合),利用着那个已被他逐出他内心,并且被他自己的国家观念抛在背后了的王朝制度和领土体系。[②] 他在通过援引这些"权利"使自己在道德上更加安心,在(按照当时的惯常做法)利用它们掩盖那真正驱使他的、被他本人说成是"惯例权"的动机。当他开始这桩事业时,复杂的法理问题没有得到他的任何仔细研究。此乃(如他1740年11月7日所说)大臣之事:现在是秘密行事的时候,因为已经给部队下达命令。那是"国家理由"的号令。从此往后,它贯穿他的全部政治通

---

① 《政治书信集》,第1卷,第90页。在1743年《当代史》(*Histoire de mon temps*)(仅存片断)的第一种版本中有这么一番话:"野心、利益、引人注目的欲望占了上风,战争被决定了。" H. Droysen, *Beitr. zu einer Bibliographie der prosaischen Schriften Friedrichs d. Gr.*, 2, 30. 另参见 Koser, *Geschichte Friedrichs d. Gr.*, 5th ed., 1, 253. 后来在《七年战争史》(*Histoire de la guerre de sept ans*)中(《全集》第4卷第25页)的说法是:"当君主们意欲决裂时,宣言的内容无法阻止他们;他们作出决定,他们打仗,他们让某个法学家说明理由。"另参见《全集》第9卷第81页以下。

② 这已经由费希纳(Fechner)提出,见其 *Friedrichs d. Gr. Theorie der auswärtigen Politik*, *Programm des Breslauer Johannisgymnasiums*, 1876, pp. 11 ff.

信。如果只看到这通信,那么对弗雷德里克的另一个精神世界,或者对他内心意愿的分裂和矛盾就会近乎一无所知。一旦他坐到嗡嗡作响的政治织布机旁,他的双手就只听他国家的权势利益使唤,只受保护这利益的英雄野心支配。然而,在第一次西里西亚战争的混乱过后首回喘气时,他从库滕贝格营地写信给朋友说:"你或可治愈一切战争病患,不过我老实告诉你,如果你不能将两个可怕的东西——利益和野心逐出世界,你就会一无所成。"①

在此,就像在他那里如此经常地发生的那样,一股激情通过启蒙术语喷薄而出。作为普鲁士国家利益的一个工具,他感到自己被驱使他前行的恶魔精神缠住,或许甚至被它劫持。这一恶魔本身肯定是两重性的,不仅意味着某种颇为客观和物质的东西,不仅体现他的国家的生活需要,而且意味着某种主观和个人的东西——野心、虚荣欲和权势之乐,事实上就是他作为一位哲学家和思想者不能不谴责,而且确实对马基雅维里那么激烈地谴责过的一切。现在,他被迫设想实干者丧失了良心。与此同时,"利益"依然确实是一种活生生的力量,洁净与污秽在其中混为一体;所有净化它的尝试虽然的确并不很无效,但永不能达到全然成功。人的利己主义动机残余留存于每件事情之中,即使是最为平常的国家行为。

弗雷德里克确实不得不按照他那个时代的思想和他自己的性格相当不同地表达这一认识。他对自己诚实,而且是"谎言的天生

---

① 致约尔丹 (Jordan),《全集》,第 17 卷,第 229 页;又见致伏尔泰,1742 年 6 月 18 日;Koser and Droysen, *Briefwechsel Friedrichs d. Gr. mit Voltaire*, 2, 130。许多类似的观察见 Fechner, *loc. cit.*, pp. 20 ff. 另参见 Paul-Dubois, *Frédéric le Grand d'après sa correspondance politique*, p. 134。

敌人"，①发现没有表达它的其他方式，唯有听任一时环境，并且（恰如他当王储时在《思考》和《反马基雅维里》中做过的那样）不时从他自相矛盾的思想世界里的这一或那一观点出发，审视自己的行为。在1742年和1743年的表白书、1742年6月15日致约尔丹的信以及一年后为《当代史》(Histoire de mon temps)首次付梓写的《前言》内，情况便是如此。② 第一篇表白书意在给当时人看，为的是替自己在单独缔结布雷斯劳和约时将他的法国盟友置于困境辩解。第二篇表白书是为了给后代人看，因而以一种更坦率、更少专断偏见遮掩的方式表达了他内心的两重性。第一篇沿《反马基雅维里》的路子走得更远，然而方式较为成熟和实际。我是对的（他在此或多或少这么说），因为形势必需，在其中我必定担心，初遭失败之际我就会被最强的盟友抛弃，而若继续战争，我就将丧失征服所得，并且毁了我的人民。他首次分明地将私人伦理与君主责任区别开来，后者在于将他的个人利益从属于社会福祉——"他必须牺牲他自己"。与此同时，他以赌徒在一次大赢后急速退出赌局做譬喻，无疑透露出他自己的行为实际上带有其他更自然的动机。

然而，是否真有可能在他的行为中将两者分开：一是为国家道德作牺牲的动机，另一是赌徒的寻常精明？它们结合起来，构成政治行为的那种朦胧不清的制约力，那主要由原始的自保冲动即"国家理由"的最强壮根源滋养。这里的解决办法，是一个人不得不在要么做铁锤，要么当铁砧之间选择。如果我不骗别人，那么我就会

---

① 《驳马基雅维里君主论》，《全集》，第8卷，第277页。
② 《全集》，第17卷，第226页，以及特别是 Küntzel, *Polit. Testamente der Hohenzollern*, 2, 85。

被我的盟友所骗,后者力量比我强,会毫不内疚地虐待我:这就是驱使他缔结克莱因施内伦多夫协定和在布雷斯劳单独媾和的最强烈考虑。我们现在不需去想,他那时的行为若用纯粹的功利标准衡量,是否在政治上合宜,而或许不在某些方面模棱两可;因为,我们在此关心的是"国家理由"的根本性质,不是它的直接结果。然而,弗雷德里克的这个解决办法——在一个马基雅维里式的世界上他自己以一种马基雅维里式的方式行事——是在这个世界的铁锤打击之下,整个即时迸出来的,就像智慧女神密涅瓦从宙斯头脑中迸出来那样。"我们就当骗子",他给他的大臣波德维尔斯写道,①怀着对这个迫使他如此行事世界的一种真正的轻蔑,但也怀着一种恨意难消的决绝。

这也是他当时希望被后代人看待的方式。他在1743年为《当代史》写的《前言》内写道:"我希望,我为之写作的后代人将从君主身上分辨出作为哲学家的我,从政治家身上分辨出一位可敬的人。我必须承认,如果一个人被欧洲政治大风暴卷进去,那就很难保持纯洁和正直。他发觉自己不断处于被盟国背叛、遭朋友抛弃、因嫉妒被贬低的危险;而且最后,他发觉自己不得不做出可怕的抉择,要么牺牲自己的人民,要么违背自己的诺言。

"一个人可以保险地说,所有国家,从最小的到最大的,其根本政府准则都是领土扩展原则。这种激情就像普遍专制主义深深地扎根于梵蒂冈一样,深深地扎根于每个内阁。

---

① "要是当正人君子能赢,我们就当正人君子,如果需要欺骗,我们就当骗子。"1741年5月12日。《政治书信集》,第1卷,第245页。这一时期里类似的话见:*Trompez les trompeurs*(同上,第225页);*Dupons les plutot que d'être dupe.* 参见 *Sitzungsberichte der Berliner Akademie*(1908)所载科泽(Koser)的文章,第66页。

"除了其权势限度,统治者的激情别无制约。它们是每个政治家都服从的欧洲政治不变法则。如果一个统治者与其邻居相比,不那么仔细地照管自己的利益,其邻居就会发展得愈益强大;那会使他更有德,但也更羸弱。……说真的,条约只是对欺骗和背信的确认。"[1]

以此,他回到了《思考》的自然主义观点,放弃了《反马基雅维里》(它即使在当时也并非全然内在连贯)要将权势政治屈从于启蒙理想的企图,并且很干脆地承认了这两个领域都有的坚固不移的两重性,承认了权势政治的自主性。他以一种高尚的诚实,承认自己犯有自己在《反马基雅维里》中怀着一样诚实的愤怒谴责的同一些罪过。启蒙的太阳,如他现在不得不对自己承认的,尚未成功地照亮政治领域的野蛮黑夜。他现在说(虽然不带任何过分的信心),它迟早能够如此。他带着一种蕴涵的无可奈何,作为一名希望者而非信仰者说道:"人们必须相信,一个更开明的时代总有一天会来到,那时善良(*bonne foi*)将得到它应得的光荣。"他的这个(他认为有责任持有的)希望所依据的实际历史预兆被限于一项完全正确、但不很重要的观察,即当今在文明的当代人中间,早先时代一直惯用的那么粗鲁昭彰的权势政治方法会激起强烈的愤怒。

同样的年轻人的激进观点充满了当他身为王储时候的著述,还有1743年的《前言》。后者还包含对第一次战争惊心动魄的回忆,其中满是令人不安的决定和变动的环境。正是通过这,他现在还显露出他完全无意撤出道德世界。它的法则对他来说在更广泛

---

[1] 另参见:1745年2月28日对在海牙的波德维尔斯的断言,《政治书信集》,第4卷,第67页以下;*Histor. Zeitschr.*,43所载科泽的文章,第97页以下。

第十二章 弗雷德里克大王

的范围内正确有效,不仅是在这一个在他看来有着无可逾越的鸿沟与之隔开的领域。由于他觉得并希望在一个更广泛的基础上以合乎道德的方式行事,因而《反马基雅维里》蕴含的那种情感还能够在他身上不时重新勃发。[1] 然而,尽管他后来非常深思熟虑地再度对待信守条约问题,但他关于权势政治现象的基本立场从未改变。它是,而且自此往后对他来说仍旧是某种始终原本和自然的东西,那从讲求实际的观点看,令人只有与狼共吼,别无他途。在他1752年的政治遗嘱中,他甚至明确地同《反马基雅维里》的基本论点决裂。[2] "马基雅维里说,一个发觉自己处在一批野心者中间的无私者,迟早必定倒霉。这令我烦恼,但我不能不承认马基雅维里是对的。"而且,16年后,在他争夺权势和维持生存的巨大斗争结束后,他忠告他的继承者:"牢记一点:没有哪个伟大的统治者不怀抱扩展自身统治的想法。"[3]

当然,他1752年的那番话后面还接着一句:"统治者必定有野心,但这野心必须明智、适中、得到理性的启迪。"或许可以在此觉察到某种伦理倾向;然而大体上它更多地意在使权势政治合理化,而非试图使之符合道德。在此,他想的与其说是18世纪的理性(那是他作为一名哲学家表示的),不如说是已被黎塞留抬高到政治主宰地位的"理性女神",[4]她真正意味的只是最高权宜原则而非其他。弗雷德里克怀着与内阁政治的大师们比试高低的抱负投

---

[1] 就此参见《全集》,第15卷,第138页(1760年)和第24卷,第322页(致萨克森女选侯函,1779年5月29日)。

[2] 《政治遗嘱》,第59页。

[3] 同上,第200页。亦参见他对萨克森女选侯的评论(1763年12月2日):"君主的法律原则通常是强权。"《全集》,第24卷,第56页。

[4] 参见前文第167页。

入第一次西里西亚战争,决心比他们中的任何人都玩得更妙。这主要表现在大为不同的复杂思路,那导致他 1742 年与奥地利人缔结克莱因施内伦多夫协定,从而使奥地利哈布斯堡家族摆脱了严重危险。然而,这项协定,连同两项单独媾和即布雷斯劳和德雷斯顿和约,也损害了他作为一个可靠的盟友的政治信誉。它们造成了弗雷德里克本人在《反马基雅维里》内已经预言的那种结果,即毁约的大概后果。弗雷德里克从中得出一个结论:毁约这一方法必须仅仅很难得地、极端谨慎地使用。在 1743 年和 1746 年为《当代史》写的两篇《前言》里(第一篇里很率直,第二篇里多少较有节制),他甘愿为一般的毁约行为辩解,将它说成是治国方略的一种必不可少的手法;然而在后来对这个问题的讨论中,即在 1752 年和 1768 年的政治遗嘱以及 1755 年为第三版《当代史》写的《前言》内,他努力限制这种危险手法,将其使用局限在确实必需的场合。他颇像个医生,开始时不假思索地用了某种药方,接着被其两面效果惊吓,以后只会在做了明确的预防和保留的情况下继续使用它。

"只是出于重要原因,"他在 1752 年说,[①]"毁约才是可允许的。你可以被导致这么做,如果你害怕你的盟国会径自单独媾和,而且如果你有时间和办法抢在他们前面;或者,如果缺钱令你无法继续战争;或者,如果最终会从毁约得到重大好处。然而,此类举动在一生中只能做一次,或最多做两次;它们不是一个人每天都能依靠的药物。"

"一个非常重要的问题,"他在 1768 年说,[②]"在于决定什么时

[①] 《政治遗嘱》,第 76 页。
[②] 同上,第 212 页。

候可以允许实施一场所谓大政变——我在冲淡这一表述,我真正的意思是什么时候可以允许欺骗别人。那些认为这正当的人以下述观点作为他们看法的依据:由于一个人只是与流氓和恶棍达成协议,因而可以允许以其人之道还治其人之身。然而,其他人认为,恶棍们确实事实上令他们自己名誉扫地,认为甚至红衣主教马萨林也因为小事大事都搞欺诈而犯了严重的政治错误。在我看来,一个人应当尽可能少背离公平处事。当看见另一位统治者离开正路走邪道时,一个人无疑有理由以同样的方式对待它;而且,如果有忽视义务可以原谅的场合,那么它们就是这样的场合:在其中,国家的安全或更大福利要求如此。"

最后,在1775年他说:①"统治者必须始终受国家利益指导。可以背弃同盟的场合如下:(1)如果盟友忽视其义务;或者(2)如果他正在想欺骗你,而且你除了抢在他前面别无他法;(3)如果你迫于大压力,不得不毁约;最后(4)缺乏继续战争的手段——因为可恶的金钱致命地影响一切。统治者是其资源的奴隶,国家利益则是其准则,这一准则不可违背。"

此刻,我们不需要考虑在这决疑性说理中逐渐但重要的变动,连同其中越来越精细的修改。有人说,②弗雷德里克在此终于在一定程度上回到了《反马基雅维里》的观点,而且说到底,他相信最明智的做法是承认道德义务在原则上成立,不过规定某些基于必

---

① 《全集》,第2卷,第 xxv 页。又参见 Meusel, *Friedrich d. Gr. als historisch-polit. Schriftsteller, Preuss. Jahrbücher*, 120, 505。

② Hintze, *Friedrich d. Gr. nach dem 7 jährigen Krieg u. d. polit. Testament von 1768, Forschungen zur brand. u. preuss. Geschichte*, 32, 26;另参见 Meusel, *loc. cit.*, 512。

需的例外。诚然,与1743年《前言》的差不多彻底的自然主义立场相反,在就此问题作的这后三次讨论中重现了道德要求,即对条约的忠诚一般情况下应当基本予以维持,然而这重现是在一种不同的背景下,依据不同的理由。在《反马基雅维里》中,道德要求兴起于一种广泛的道德基础;而且,甚至通晓政治的王位继承人审慎地包括进去的限制性保留即必需,仍然被饰以一件不实际的奇异的外衣,以掩盖其裸体。但是,1752年、1768年和1775年对该问题的三次讨论依据的是国家功利。信守条约这道德需要所以被承认为一项基本准则,是因为它明智有利,是因为"国家理由"本身要求如此。在1743年的《前言》中,他体现的哲学家与他体现的政治家无可奈何地分道扬镳。现在,政治家能够再次向哲学家伸出手去,向后者保证他自己的合理需要会把他保持在哲学家身边,并且说他会非常乐意留在那里,但是倘若大压力或对国家的大好处要求他前往马基雅维里谷地,他就将不得不立刻离开。

如果人们又一次比较在他的守约和毁约信条发展过程中的三个阶段,那就肯定看到它们是由某种像黑格尔辩证法那样的东西支配的。每个较早的阶段都被接下来的一个阶段"扬弃";也就是说,它没有被战胜,而是继续起作用,而第三个阶段尽管全非简单地回复到第一个阶段,但确实再次接近它,迫于第二个阶段本身的压力。然而,那最终达到一种思想"自为"之和谐意识的快乐感不会产生出来,因为即使在此,道德与权势政治之间的老冲突也似乎只是以一种表面的和功利主义的方式被解决,而不是真被解决。

然而,我们再现的、弗雷德里克对此问题的不同讨论还包含另一条发展线索;我们至此一直将它搁置在一边,但现在必须将它提出来,希望它会帮助我们透视到问题深处。在这一发展线索中,同

第十二章 弗雷德里克大王

样有着权势要素与启蒙要素、理想成分与自然成分之间的妥协;而且,它们似乎那么密切地彼此接触,以至正是在此,人们一般想找到弗雷德里克思想世界内的和谐结合点——在弗雷德里克的每个发展阶段上似乎都近在咫尺的结合点。确实,他总是试图为背弃条约找到一种比较深刻的依据,比纯粹的自然主义动机依据——必须与狼共吼——深刻。在《反马基雅维里》内,除了含糊不定然而有力的、会证明统治者毁约正当的"巨大必需"概念外,他还强调对"其人民安全"的关切,那可能使统治者不得不那么做。1742年,在做了毁约行为以后,他叫道:"难道我应当将我的人民投入悲惨境地?"他现在定下的基本准则,即统治者为了自己的人民"必须牺牲"他自己和他的个人伦理,与否则完全自然主义的 1743 年《前言》彼此交织,并且在 1746 年的第二篇《前言》中得到了一番平静和基本的讨论。那里面说,一个私人在任何情况下都必须信守其诺言,"因为名誉优先于私利。但是,一位使自己被一项义务绑住的统治者并不只是绑住他自己,否则他就是处于私人位置。远为真实的是,他使伟大的国家和伟大的各省面临千百样灾祸危险。因此,他宁可毁约,而不让他的人民受难"。① 他试图用他在《反马基雅维里》中已经用过的一种意象来将此说得一清二楚:② 如果一位外科大夫对切除一个人坏死了的手臂犹豫不决,那么他难道不像是行事拘谨得可笑吗?在为 1775 年的《当代史》写的《前言》内(它被仔细地改写,变得适合他更成熟的心态),他的确删去了这个粗陋的类比,但再次提出了问题:"全国毁灭好些,还是统治者毁约

---

① 1746 年《历史》,*Publikationen aus den K. preuss. Staatsarchiven*,4,155。
② 《全集》,第 8 卷,第 172 页。

好些?"统治者必须"为他的臣民的安全牺牲他个人"。①

足够奇怪的是,至今为止没有任何人考虑到一个事实,即这些表述带有一种特殊人道主义的和作为启蒙时代特征的色彩,也没有任何人考虑到由此而来的关键问题。由启蒙思想规定和由它按照个人主义精神设想的国家目的,即促进其臣民的人生幸福,确实在这方面被用来辩解一种对个人伦理的严重违背。于是,必须被证明的论点和论证依据的理由各自出于不同的领域。难道这不能毁坏论辩的内在正确性?换言之,总起来看,是否真的有可能证明背弃条约——纯粹和绝对的权势政策和"国家理由"的要旨——是确保本国臣民的人生幸福的必要手段?而且,特别是在弗雷德里克不时担忧度过的那些少有的紧急情况下,是否真有可能证明这一点?

在许多场合肯定有可能如此。依靠毁约成为可能的单独媾和,例如布雷斯劳和约和德累斯顿和约,无疑使本国臣民免却了进一步的战争损伤和数不清的悲惨,虽然在这些和类似的场合,是否实际上正是这人道主义动机提供了导致毁约决定的初始冲动始终可疑。不仅如此,弗雷德里克能够辩解说(而且事实上确实常辩解说②),权势政策由于保证了国家的领土稳定,因而也确实保证了使臣民幸福的物质手段。"如果统治者丧失了某些省份,他就不再处于像先前一样的地位来帮助他的臣民。"对此,弗雷德里克也有非常强烈的个人感觉,他在国内事务中正试图贯彻一种家长式的福利政策。确实,人道主义动机甚至还能成为夺取对整个国家的

---

① 《全集》,第 2 卷,第 xxvi 页以下。

② *Essai sur les formes de gouvernement*,《全集》,第 9 卷,第 200 页;*Lettres sur l'amour de la patrie* (1779),《全集》,第 9 卷,第 221 页。

第十二章 弗雷德里克大王

物质福利必不可少的新省份的正当理由。可是,在此过程中,那紧迫的必需——应当始终作为任何毁约行为的必要条件的必需——是否始终极为重要?难道(如果人道主义动机真的被置于优先地位)正在受到威胁或被索要的省份没有可能像在一个不同的王权统治下同样和平幸福地生活?对一个启蒙思想的真正代表来说,这一或那一省份属于哪个国家应当是个完全无所谓的问题,只要他仅仅关心他的臣民的福利。因此,弗雷德里克在其《反马基雅维里》中始终承认,依据人道主义目的夺取新的省份是不可允许的。"一位统治者的新征服不会导致他业已拥有的国家更丰饶或更富裕,他的人民也不会以任何方式从这些征服中获利。"① 或许很可以问他,是否他起初的各省和他的西里西亚在萨克森和奥地利统治下无法同样繁荣兴旺。作为一位伟大的统治者,他以历史真理的全部力量否认这个设想将是可允许的。然而,作为一位只掌握他自己时代的思想方法的思想者,他会因此处于一种尴尬境地。1793 年,其政治开端全然属于启蒙运动的费希特曾讽刺性地问道:将来阿尔萨斯和洛林的艺术家和农民会发现自己的城市和村庄被列于德意志帝国为标题的地理教科书中一事,对德意志艺术家或德意志农民来说是否有那么大的重要性?简言之,在弗雷德里克将臣民的福利和幸福当作毁约的"国家理由"(因而也是整个权势政策)的依据时,启蒙运动那个人主义的、本质上非政治的伦理对于他使用它的目的而言毫无用处。至少,只是靠首尾不一,它们才能被搞

---

① 《全集》,第 8 卷,第 171 页。富含启蒙时代特征的这个思想,即合法的领土要求本身不能构成道德上正当的战争动机(因为臣民属于哪个统治者对其幸福没有任何影响),在当时事实上很流行。参见(de Lavie), *Des corps politiques*, 1766, vol. 2, 136。

得可用于这一目的。它们的真正含义指向圣皮埃尔的和平主义。

因此,值得注意的是,弗雷德里克本人在以后关于毁约问题的话里,不仅使用来自启蒙思想的仍然流行的表达方式,亦即将人民和臣民的幸福当作至高价值来谈论,而且还为他那么强烈地感觉的东西找到了另一种较好和较有意义的不同表述。现在,确实干脆就是国家本身出现在他至此会谈论人民或臣民的地方。"国家的安全和更大利益"(1768年的政治遗嘱说道)要求"条约应当在某些情况下遭到背弃"。1775年的《前言》甚至说得更强烈。"国家利益,"他在关于毁约的那段话开头说,"必须作为统治者的准则起作用。……这个准则是神圣的。"如此就发现了唯一可能的依据,能够为必要时毁约的权利和权势政策这两者辩护。国家作为一个单独的生命实体,为了在紧急情况下自保,能够声称有权利采用被私人伦理谴责的措施。不仅如此,国家不同于启蒙思想用"人民"和"臣民"来指的东西。在这个时代里,它仍然立于人民之旁或人民之上(这同样有别于它在19世纪拥有的地位);然而,它也不再是一个王朝的纯粹权力装置,相反是个活生生的大统一体,即使先前由王朝手段创建,也已成长得超过了它。我们必须又一次记起一个富有特征的事实,那就是弗雷德里克已经从统治者职司观念中大致铲除了王朝思想。从一开始,他就本能地感到自己是一种更伟大事物的工具。在《反马基雅维里》中,他仍然自称为"人民的第一仆人(domestique)";① 后来也出现过"国家的第一仆人"的

---

① 在伏尔泰的《反马基雅维里》第二版内,"仆人"一词变成了"官员"(*magistrat*)。参见 Heydemann, *Friedrichs d. Gr. Antimachiavell*, *Histor. Vierteljahrschr.*, 1922, p. 66。可能(见本章第6段最后一个注释)伏尔泰并未擅自做这项改变,而是相反,它依据弗雷德里克本人的一份手稿。

第十二章 弗雷德里克大王

用语"。① 乍看来,较早的文稿可能给人留下比第二稿更具现代气氛和民族色调的印象;然而事实上,像我们现在见到的,它并非如此,因为这"人民"不过是人口,它尚不代表任何真正的人民或民族;作为一个概念,它尚未以任何个性的或历史的方式被感知,而是相反,仅仅是纯粹人道的和理性主义的。在弗雷德里克本人的思维和表达模式中,从"人民"到"国家"的这个转变确实透露了一种现代思想方向上的进展,而且也是朝着现代民族国家的进展。它所以代表了一种向现代思想的迈进,是因为它导致了对那些伟大的生机统一体之一的认识,这些统一体已不再能够按照理性主义方式来被设想,而必须历史地予以把握;理解此类统一体的能力是现代头脑的主要特征之一。另一方面,它所以代表了朝着现代国家的迈进,是因为弗雷德里克的国家首创了一种固定和明确的形式,在其中一个单纯的人口有可能集合成一个真正的、有其本身生命意志的真正的人民和民族。

启蒙运动的人道理想是作为关于理性个人的理想来成长的,它认为个人固有的理性放之四海而皆准;它无一例外地以这理性拥抱全世界,从而不能完全理解国家实体的历史和政治中介力(intermediate-power),只能在实践中听任其运作,认可其正当。正是这,导致了先前弗雷德里克身上哲学家与统治者之间刺眼的二元主义。然而,生活和经验教导他越来越认识到国家是个卓越

---

① 这起初在 1747 年为"premier servitenr et premier magistrate de l'Etar "(《全集》第 1 卷第 123 页),在 1752 年为"premier servitenr de l'Etar "(《政治遗嘱》第 38 页),在 1757 年为 premier minister (du people)(《全集》第 27 卷第 3 和第 279 页),在 1776 年为"premier magistrate de la nation"(《全集》第 24 卷第 109 页),在 1777 年为"premier servitenr de l'Etar "(《全集》第 9 卷,第 197 页和第 208 页)。参见 Zeller, Friedrich, d. Gr. Als philosoph, p. 241f.

的、制约性的根本力量,是个不但指导统治者,而且规定和包容臣民和人民幸福的集合体。是生活和经验,而非理性思想,引导他在这条道路上进至19世纪的门槛。他的洞察力出自"国家理由"本身的最内在本质,出自一种必需意识。①

因此,从"人民"到"国家"的转变,意味着从权势政策的一种人道和道德意识形态转变到权势政策的一种历史和政治意识形态,后者此后主要在19世纪的德意志得到发展。然而如前所述,与它一起,先前的人道主义意识形态仍然活在弗雷德里克身上,一直到他生命的结束。我们已充分知道了这一意识形态的缺陷和内在矛盾。然而,绝不要因此忽视它带有的历史力量和意义。这一意识形态远远没有使国家变得全然合乎道德,但它确实成功地赋予了国家比至此为止远为道德的要旨。在这位国王的政治思想和行为中,我们已不能不叙述的、马基雅维里对反马基雅维里的胜利只是历史进程的一个方面。还有另一个方面,在其中反马基雅维里对马基雅维里取得了胜利。因为,普鲁士并未变成一个纯粹的权势政治国家;相反,归功于弗雷德里克,它还被置于走向一个文明的宪政国家的道路。从此以后,它一身兼有马基雅维里和反马基雅

---

① 比较兰克的精彩论述(*Werke*, 29, 154):"他的看法本身,虽然深深地扎根于他,但并不只是出于他自己的思索。它们同时因为他所处的受到四面八方威胁的形势,因为眼下必需的行动需要而成为必不可少。"

Dock, *Der Souveränitätsbegriff von Bodin bis zu Friedrich d. Gr.* (1897)一书以过分现代的语调谈论他(p. 142):"弗雷德里克大王是把握国家人格观念的第一人,从而也是把握国家主权观念的第一人。"另一方面,参见 Heller, *Hegel und der nationale Machtstaatsgedanke in Deutschland* (1921), p. 165。该书作者正确地指出,一位君主难得在言行两方面如此有力地提倡统治者主权观念。不过,就弗雷德里克而言奇怪的是,他确实已经有了一种有力的国家人格观念,然而——尽管他将自己看成只是国家的一个工具——他坚信统治者主权。

第十二章 弗雷德里克大王

维里。

在他后来的岁月里,他渴望将一种温暖感引入"祖国"概念;[①]这表明,他本人也满怀情感地倾心于他的意志创造出来的东西。他的"国家理由"塑造的大理石雕像开始有了活的生命。

然而,弗雷德里克植入其中的马基雅维里与反马基雅维里二元主义给普鲁士国家,以后又给德意志国家造成了严重问题。而且,如果先前我们断言诉诸"国家"利益构成必要情况下毁约权利的唯一可能依据,那么现在我们必须补充说,即使这也未导致一种最终满足人类心灵的全然和谐;相反,它导致种种冲突,导致我们已足够经常地瞥见了的种种深渊。直到我们的历史探究结束时,我们才会有可能给出对它们的意义的最终估计。

* * *

在弗雷德里克的言论和思想中,人们还不止一次地发觉了早先利益学说的为人熟悉的传统和思想过程的回响。始于罗昂著作的基本思想,在弗雷德里克对于国家利益之紧迫必需的反复承认中再次活跃起来。在《反马基雅维里》中已经有这样的话:"伟大的统治者总是忘怀自己……以便更好地怀抱他们的真正利益。"1768年政治遗嘱则说:"一个人必须盲从国家利益。"[②]在这两处,他都将这个命题与一项(同样许久以前就出现了的)信条联结起来,那就是没有任何对于特定国家的特殊好恶应当被允许影响政策,决定因素相反应当仅仅是利益考虑。传统的均势政策也由他从一种理论观点出发予以提倡,那在 1738 年《思考》和《反马基雅维里》

[①] *Lettres sur l'amour de la patrie* (1779),《全集》,第 9 卷,第 213 页以下。
[②] 《全集》,第 8 卷,第 294 页;《政治遗嘱》,第 210 页。

中,也在后来的 1752 年政治遗嘱中绝对分明。① 普鲁士有责任(如果说还有任何国家有责任的话)维持这一政策,竭尽全力与列强之一站在一起,并且从其对手的犹豫摇摆中得到某种好处。存在于列强之间的对立使得普鲁士那类较小的国家有可能崛起。然而,弗雷德里克也试图非常清醒地理解欧洲均势体系能够据以压制这些较小国家的各种依附关系和限制。"如果一位好战的统治者,"他在 1752 年说,"恰逢英法两国希望避免战争并就此达成一致的时候竖起战旗,那就必须设想它们会对各交战方提议仲裁,甚至强加仲裁。这种先前被引入欧洲的政策阻碍实现大征服,并且令一场场战争徒劳无益,除非它们依凭巨大的优势力量和持久的运气进行。"正是以这样的方式,他描绘了(而且是非常富有意义地描绘了)旧制度(ancien régime)的整个权势政策,它持续不息地得到鼓动,但同时总是留在某种固定的限界之内;确实,并非只是均势体系的机制将它保持在这一限界内,还有那个时代非常有限的军事可能性。直到法国大革命民族国家及其创造的强大的民族军队出世,这些限界才被跨越。

弗雷德里克无法预见到这一点。可是尽管如此,他由"国家理由"原理指引,仍然(如前所述)成功地接近了 19 世纪的历史思维和政治思想模式。事实上,正是基于这一指导原理,从 17 世纪往后,关于各不同国家各自特殊利益的学说得到了发展——这学说

---

① 《全集》,第 8 卷,第 24 页和第 294 页;《政治遗嘱》,第 47 页以下。他在 1759 年至 1760 年的《一个热亚那人的书信》(*Lettre d'un Suisse àun Génois*)(《全集》第 15 卷第 144 页以下)勾勒了欧洲均势:"欧洲不同政府之所以持续存在,要归功于这种明智的政策;这个屏障总是反对野心的泛滥。"另参见《全集》,第 10 卷,第 208 页(*Apologie des rois*, 1749)和 Fechner, *Friedrichs d. Gr. Theorie der auswärtigen Politik*, p. 14 f.

第十二章 弗雷德里克大王

同样也构成了迈向现代历史主义的踏脚石。它尚未取得那种对个性、对出自最内在生命根基之物的特殊意识——只有历史主义才成功地发展了的意识;然而,它牢固地立足于一种对人类重大关系的多方面性质的纯经验理解。而且,启蒙思想因此随后能够奠定一个普遍的框架,靠的是崇敬自然在这事物多样性方面的创造力。"宇宙中万物无不相异,"弗雷德里克在《反马基雅维里》中写道,①"自然的丰富性喜欢在各个不同的创造物中显示自己,后者即使在它们是同类的情况下,也全然互异。"人们不仅在植物、动物和风景等例子里看到这一点,而且自然的这种运作甚至远远扩展到各王国和各君主政体的不同特性。由于这个原因,在政治中同样不可能有任何普遍法则。

由于这个原因,他还发展了关于各不同国家的利益的学说(或者用他的话说关于"性情"的学说),而他发展它首先是为了实际政策目的。然而,以他那非常杰出的头脑,他还走得那么远,以至接近利用它来撰史的任务。一共在四个不同场合,②他让自己的目光以此方式在欧洲国家舞台上漫游,画出了一套关于各国及其不同利益的图景:在1738年的《思考》、在《当代史》和1752年与1768年的政治遗嘱中。

任何熟悉利益学说的早先提倡者的人,都必定会在这四项描

---

① 《全集》,第8卷,第215页。
② 严格地说是在五个场合,因为在1775年版本的《当代史》中,导言性的那章基本上被改写(虽然对我们在此关注的问题没有任何好处)。因此,我们在此使用1746年版本的导言,如其被简称的那样,虽然1747年2月弗雷德里克仍在写作这一章;参见 Koser, *Briefweichsel Friedrichs d. Gr. mit Grumkow und Maupertuis*, p. 216 和波斯纳(Posner)的一篇文章,载于 *Miszellaneen z. Gesch. Friedrichs d. Gr.*, pp. 228 ff.

述中注意到一种明确的既定传统和技能。在1768年的政治遗嘱中,他将关于"统治者利益"的知识规定为教育年轻统治者的一项主要课题;①一个人立即注意到一种言辞表达方式,那已经成了在有关该问题的文献中被使用的常规方式。鲁塞的实用手册已经发行了三版,很少可能不为年轻王储所知。② 1752年政治遗嘱内的一段话包含着罗昂的一项绝对回响,那是因为弗雷德里克用了"基督教欧洲"构成一个各主权体的共和国这一表述。③ 就内容而言,他的著作颇独立于任何先驱,但这个事实并不相干,因为利益信条的一个经久特征是它在每个场合必须被重写。弗雷德里克或许不过是将它提升到它在旧制度下能够达到的最高完整程度。在这个场合,一个优越的头脑受他自己的个人兴趣激励,受异常困难的政治任务的压力驱策,要提出一种尽可能尖锐和准确的看法,要以他能够达到的最冷静、最经验的方式确定他的对手的"真正利益",并且以尽可能最明晰、最强烈的方式表述之。

为了发现各不同国家的"真正利益",就必须做精细的区别,然后接下去再做更精细的区别——而且这并非仅仅按照会直接导致教条主义的单单一个标准,而是按照所有不同标准,它们是由事情的流动性决定的,确实此后也必定带有某种流动性和逻辑上的不完整性。弗雷德里克并不掌握现代历史主义的辩证手段和直觉资

---

① 第235页。另参见第196页上那一节的导言,它与利益学说的文献很相像。
② 自1732年起,鲁塞是在柏林的皇家科学协会的一名成员,周期性地给柏林发去政治通信。Droysen, *Gesch. der preuss. Politik*, IV, 4, p. 13 f.
③ 第47页:"应该把基督教欧洲看成一个分成两个强大部分的共和国。法国和英国,自半个世纪以来,对别国起到了推动作用。"携此参见罗昂的导语:"基督教世界有类似两极的两大强国,它们产生影响其他国家的好战的与和平的影响。"弗雷德里克1742年10月13日致伏尔泰函(*Briefweichsel*, 2, 152)令人想起这一点。

第十二章 弗雷德里克大王

源。像我们已注意到的,他仍处于一种机械观念影响之下,这种观念认为人类事务确实在根本上往复重现,因为人性保持不变。因此对于他,甚至各个独立国家的利益也不可能显得像某种独特的、有个体生命的东西;相反,它们似乎只是同一些元素的一系列万花筒景象似的不同排列。即使他在它们之间做出的区分,也更多地具有共性而非个性。然而,归因于他的观点的多样性,他超过了利益信条先前的所有区分尝试——区分国家的根本利益与并非根本的利益,区分其持久利益与瞬息利益。

他喜欢做的,也是我们在一个不同背景下浏览过的最重要区分之一,是在大统治者的利益政策与较小统治者的利益政策之间。事实上,《反马基雅维里》的首要论点已经依据这个区分。按照该著作,马基雅维里的治国方略确实只是意大利小"主公"们的治国方略。这也未经说出地蕴含在他的一个观测中:那类真正和伟大的治国方略在大强国里极能够兴旺繁盛。这已经使人想起特赖奇克之类权势思想的现代代表,对他们来说,最高的国家精神只能真正活在一个真正的强国之中。无疑,弱小国家仅处于争取拥有权势的过程中,它们的治国方略和利益政策确实很容易带有一种小气的、甚而令人反感的性质。黎塞留已经说过,就信守条约和协定而言,小国不如大国那么值得信任,后者不得不关心自己的声誉。[①] 当弗雷德里克在1743年的《前言》中,以一种自然主义的方式而无任何道德教化意图前去谈论权势政策问题时,他正确地指出弱国的政策(那依其本性恰如强国的一样肆无忌惮)与强国的政策相比,不同之处在于更胆怯;而且,他(恰如后来特赖奇克做的)

---

① *Testament politique*, Part 2, chapter 6.

挑选萨克森选侯国作为经典例子,说明小国的政策低劣。按照他在1746年《历史》中的判断,萨克森显示了"摆阔装强而无真正权势,渴望主宰但基本缺乏独立(véritable dépendence),在它那里像马基雅维里描述的意大利小邦主的那种政策,取代了强大君主国的国务活动家们遵循的那种平静少变、富有气概和强健有力的政策体系"。① 与此相似,他在1752年政治遗嘱中说:②"小统治者的政策小而邪恶,大统治者的政策则较多包含智慧、掩饰和喜爱荣誉。"大权势确实有一定的教育性影响,它能唤起对一个大集体的责任感,正如大规模商业会发展出一种趋于更合理方法的天然倾向,大规模政务的操作也是如此。而且,一个处置较大型权势资源的人较能以一种宽宏大量的方式行事,摒弃小诡计和小欺骗。弗雷德里克在实践中经历过所有这些,他的观察是正确的。然而,这是否穷尽了对大国权势政策与小国权势政策之间差异的描述?在此是否全然可能划出一条绝对唯一的分界线?难道不存在能将事情置于一个根本不同情境中的事实?如前所述,弗雷德里克还不能完全理解历史现象的这一流动和相对性质。然而,一旦他采取一种不同的观点,他还肯定能够在一个完全不同的方面看待大国政策与小国政策之间的差别。于是,在其《勃兰登堡回忆录》(Brandenburgische Denkwürdigkeiten)内,③他说:"这两位统治者,路易十四和大选侯,都曾缔结条约,然后背弃它们;然而,前者是为野心的缘故,后者则是由于必需。强大的统治者依靠行使一

---

① 第185页。
② 第75页。
③ 《全集》,第1卷,第95页;类似地也在对孟德斯鸠著作所做的边注里,见波斯纳的一篇文章,载于 Histor. Zeitschr., 47,第247页注9。

种自由和独立的意志,来规避受其承诺的役使。权势资源匮乏的统治者则背弃自己的义务,因为他们往往被迫屈从一时的机遇。"于是发生这样的情况:一个人越弱,"国家理由"施加的压力就越大,迫使其使用令人讨厌的办法。这不再给人留下一个印象,即在道德上谴责小国的比较令人厌恶的政策,而是相反,让人感到是以一种因果联系方式解释和辩护它。然而,拥有较大和较少受束缚的权势并不只是必然导致对它的较高尚使用;相反,那还可以导致对它的滥用。这一切再次表明了政治权势问题的不稳定性和多样性。可以就此问题说的一切笼统道理,倾向于在一个个具体场合因为事情的独特景况而变动——或许主要地是因为所有因素中最独特的人的因素而变动。

弗雷德里克治国方略的一个特征也应当在这背景中被提到,那是既普遍又独特的一个特征。基于他本人的个性,弗雷德里克赋予普鲁士国家的声誉相当独特。科泽引用了他一生中最得意的话之一:"声誉之价无可比拟,其值甚于权势。"然而与此同时,它可以被算作弱国使用的那些典型的对策和补偿之一,它们对自己的力量没有多大把握。我们先前看到,声誉问题在 17 世纪不完善的权势关系时期是如何急切地得到讨论。弗雷德里克非常深切地感到他自己的国家缺乏一个强国所需的物质基础,因而对他的继承者强调,一个统治者不能为了获得和维持好名声而招惹太大的麻烦。①

让我们就近考察弗雷德里克在利益政策方面做的其他某些富

---

① 1768 年《政治遗嘱》,第 220 页;Koser, *Gesch. Friedrichs d. Gr.*, 5th edition, 3, 537。

有教益的区分。在欧洲两个最大的彼此竞争的强国即英国和法国那里,弗雷德里克碰到了两类根本上不同的权势政治方法和目的。法国(如弗雷德里克以一种纯粹的因果联系方式、毫不带有道德情感色彩地判断的那样)①有个由自然本身为之确定的目的,一看地图就明了的目的,那就是赢得对远至河口的莱茵边境的占有,并且像挖地道的工兵那样慢慢朝此目标掘进,以此将其权势置于一个尽可能坚固的基础之上。法国未经说出却坚定地自信有一天会达到这个目的,而在判断它的政策时,不忽视这自信总是至关重要。另一方面,在他看来,英国并不追求征服,而是依靠取得支配性的贸易地位来谋求财富。然而,对这两国来说,这些目的都不是最终的或者真正的目的。而且,使它们形同水火的也确实不仅是民族仇恨②(由于注意到这一点,弗雷德里克表明自己远不受陈腐的俗见影响),而是一种旨在占据欧洲大仲裁者地位的竞争性敌对,连同彼此间的商业嫉妒。"法国人希望征服自己的敌人,以便将自己的傲慢的法则强加于他们;英国人则希望购买奴隶,并且以腐败和财富之诱惑为手段臣服欧洲。"按照这些标准,他相信很有可能也使其余欧洲分裂。在他看来,那些受扩张欲望驱使的统治者倾向于法国,将财富置于荣耀之上的其他统治者则倾向于英国。③

然而,有时他也作另一种区分。他将法国利益的目标与法国虚荣的目标区别开来。法国的利益要求莱茵边疆,它的虚荣要求

---

① 1746年《历史》,第206页以下;另参见第1738年《思考》,《全集》,第8卷,第15页以下。
② 在1775年版本的《历史》中(《全集》,第2卷,第46页),他的确再次谈起了仇恨动机。
③ 《历史》,第210页。

第十二章 弗雷德里克大王

欧洲仲裁者地位。这种区分更深刻地激动他的心灵。因为,在1752年政治遗嘱中,他还将两种战争尖锐地对立起来,即为虚荣原因打的战争和为利益原因打的战争,并且轻蔑地谈论那些受虚荣心激励的傻瓜。① 这是在威望政策与利益政策之间作的一个富有教益的重要区分——后来俾斯麦给他的人民留下深刻印象、兰克则足够经常地令人注意到的一种区分。但是,从弗雷德里克在1746年互不相容和悄然变迁的看法中,我们已经意识到在他自己脑海里事情如何变得流动不定,他刚划出的分界线如何又一次在开始改变。从单纯守护权势和生存当中,从狭义的"利益"当中,(一经它们开始稳当地得到满足)马上就长出了毒苗,即纯粹为权势而陶醉于权势,贪求如此经常地同虚荣心混在一起的主宰权,那是某种只能靠载体(agent)的节制性智慧和环境的客观限制被保持在限界之内的东西。然而,毒苗的种子往往已经深嵌于早先的动机即守护自己的生存之中,虽然这早先的动机得到理性承认。法国对莱茵边疆的热烈渴望就是如此,它在弗雷德里克看来可被说成是"自然的"。当他自己在1740年为"与光荣相遇"起步迈进时,情况也是如此。

说到底,载体可能避而不去太精细地探究一个问题,即他行将采取的行动是否带有健康的利益政策性质,或者说它是否或许不也包含不健康的威望政策成分;他可以将这全都留给后代人去做历史判断。就手头的工作而言,对他来说拥有据以作另一种区分的标准更为重要。利益观念的目的和抱负,都在于将国家的"固定和经久的利益"(此乃弗雷德里克偏爱的一个表述)与昙花一现似

---

① 《历史》,第50页。

的利益区别开来,从而提供可以拿来发展的静态公式。从一开始,弗雷德里克就自觉和深入地思考能够在多大程度上依靠这些公式的问题。我们可以回想起,在《思考》中,他试图研究"各不同宫廷的经久利益"的集合互动,恰如它们是钟表零件,而且在此基础上他试图估算很可能发生什么。此后,在《当代史》内,①他系统地深入这一问题。"我很明白,"他或多或少地说,"我在这里描述的各国利益互动确有例外。然而,那是体系的典型性质。许多与之相符,许多可以经过调整而与之相符。坏政策、偏见、误算、大臣腐败——这些当中无论哪项都可以暂时背离国家的经久持续的利益,但这些背离绝不可能长久延续下去。无疑有可能通过晃动,将不同液体在一个玻璃杯里片刻混合起来,但油与水很快就会重新彼此分开。"②

他具备才能出众的国务活动家运用警句文体和形象式表述方式的倾向;据此,意象一经被塑造出来,就现成地极具说服力和提示力。他造出了另一个精巧的意象(那直到前不久为止一直不为人知),一个对德意志人的情感来说确实难受、而他据此试图描绘他那个时候一项固定经久的利益关系的意象,那就是法国和普鲁士之间的复杂联系。在1754年政治遗嘱中有如下一番话:"西里西亚和洛林是两姊妹,普鲁士娶了姐姐,法国娶了妹妹。这一联系迫使它们遵循同样的政策。当阿尔萨斯或洛林在被从法国那里夺走时,普鲁士不能袖手旁观,无动于衷,而且它能够有效地帮助法

---

① 《历史》,第48页。
② 弗雷德里克也在其他一些话里表达了"真利益"胜过"短暂幻想"的信条,见1745年2月28日对驻海牙的波德维尔的断言,《政治书信集》,第4卷,第67页以下;又见1779年10月7日致达朗贝尔函,《全集》,第25卷,第130页。

第十二章 弗雷德里克大王

国,因为它能够立即将战争直接打到奥地利世袭领地的心脏地带。同理,法国不能忍受奥地利收复西里西亚,因为这将过分削弱法国的一个盟友,后者在帝国以北及其内部对它有用,并将肯定能在任何出乎意外的重大危险形势下,通过造就牵制来为它拯救阿尔萨斯或洛林。"

因此,弗雷德里克将奥地利王室与波旁家族之间的"永恒"敌意当作他的政治公理之一。这一敌意是永久的,他说,①因为波旁家族最有吸引力的征服成果由从奥地利君主那里夺得的国度构成。在此,他确实可能至少受他自己的(也是他自己始终应用的)一项公理和基本利益促使,来做一项审慎的保留。他本人只珍视那些与国家直接接壤的领土获取。他力求处置掉边远领土,用它交换某个邻近的地区。例如在1741年,当东弗里西亚变得很可能落到他手里时,他开始寻找一个用它交换梅克伦堡的机会。② 此类想法贯穿他一生。有一句著名的格言出自他1776年的《论普鲁士的治理》:"边境上的一个村庄比边境外60英里的一个邦国更可贵。"③弗雷德里克知道,一切政治上开明的人都有同感。难道他不也可能确信奥地利(它在像他本人一样大的程度上造就了将自身领土完美化这一问题)到时候将学会忘记远离其世袭领地的那些省份之被窃取?应否假设法国和奥地利会由于丧失阿尔萨斯和洛林而永远保持对立?1756年时,事情已到了奥地利为赢回西

---

① 1746年《历史》,第208页。参见1752年《政治遗嘱》,第44页。
② 《政治书信集》,第1卷,第357页。
③ 《全集》,第8卷,第188页;《政治遗嘱》,第242页。关于其最初时间,参见Hintze, *Forschungen*, 32, 6. 对这句话的另一种解释见1768年《政治遗嘱》,第215页。

里西亚而准备放弃南尼德兰的地步。①

弗雷德里克从法国与奥地利之间的"永恒"对立中导出的第二个论据更有分量。总的来说，法国经不起让奥地利再度兴起，必定要尽一切机会试图助长和维持日耳曼帝国的"德意志自由"，即它在政治上的分裂。然而，难道到时候法国就没有可能会忽视甚至这项基本利益？

引人注目并且可悲的是，弗雷德里克虽然在理论上很懂得即使油与水通过晃动也能混合片刻，而且在身为王储时实际上业已经历过法奥之间的一次临时协议，可是竟然在七年战争前夕他一生最严重的危机中将此可能性忘得一干二净。他相信利益的制约性压力，以为这牢牢地将法国与他联在一起，并且令其与奥地利分开，遂于1756年1月冒险与英国缔结威斯敏斯特条约。他如此的意图完全不是投入对方阵营，相反却是仅仅希望靠英国保证他不受俄国侵害，而且他认为他与法国的同盟足够坚固，使他能够施加

---

① 科泽（见其 *Zur preuss. u. deutschen Geschichte*, p. 404 f.）很正确地将奥地利政策中领土巩固（territorial consolidation）观念的开端追溯到1714年，当时奥地利竭力将比利时分离出西班牙遗产。即使那时，当时人就设想有着一个用尼德兰交换巴伐利亚的计划。（参见 Nic. Hieron, *Gundlings Collegium über die Friedenstraktate*, 1714, p. 21.）甚至1735年以洛林交换托斯卡尼也是由领土巩固观念支配的。奥地利继承战争期间，一度在维也纳有某种考虑，即考虑是否可能以奥属尼德兰为手段抚慰巴伐利亚选侯国，从而将自己同巴伐利亚领土合并起来。Rank, *Werke*, 27/28, p. 457；29, p. 53. 当时在维也纳的看法是："在巴伐利亚的一英尺土地比在其他地区的整个教区更可贵。"领土巩固原则依据的思想在于地处遥远的攫取不可行，它自然能够甚至更早地被把握和表达。参见克拉普马尔 *Conclusiones de jure publico*（Elzevier edition, 1644）一书中的第100个论点："这些人特别强调：侵占遥远的领地是一项既浪费精力又消耗钱财的事情。圭恰迪尼第一卷第三章中记载了威尼斯人的一段精彩演讲，尽管比萨城对于威尼斯人十分重要，而且即便在外国武力或金钱的支持下，他们能够进逼该城，想要完全控制此城也是一件十分困难的事情，因为要防范佛罗伦萨人的反击，须得经历一番殊死搏杀。"

这额外的紧张。然而,他的政治静力学公式在此失效了。凡尔赛宫廷对他所获之物极为愤怒,同时一只耳朵听取了奥地利的试探,接受了出让比利时领土的贿赂,结果虽然的确并非甘愿像奥地利渴望的那样让普鲁士彻底被毁(这方面法国事实上在遵循弗雷德里克归之于它的基本利益),但肯定满足于普鲁士的力量遭到显著削弱。激情战胜了利益,弗雷德里克事业的基础摇摇欲坠,他旨在生存的苦战由此开始。

依靠对列强利益的最敏锐的系统估算,弗雷德里克在1740年,即他的国务生涯开始之际,已发现了他从此能够飙升入列强行列的起点。现在,这位曾经希望深远地预测因果之链的智者,被迫体验他的技能的局限性。政治理性主义触礁翻船,很久以前由马基雅维里创立的这种思想在启蒙时代的气氛中已变得过于自信。利益观念一旦变成教条,就马上导致一个危险,即过高地估计政治中的理性因素,过低地估计其中的非理性因素。确实,它的特殊任务和特殊困难,就是不得不先考虑其一,然后考虑其二,如此来回变动。这极化状态已经包含了悲剧因素,即这个不得不追求最高程度精确的观念正是由于同一原因而很容易不精确。①

一切基于理性原则的观察模式确实迟早陷入危险,即变得脱离现实,虚矫造作。这也提醒我们不应当过分强用我们自己的观察模式。当我们在此研究某些思想的运作时,我们不应忘记思想

---

① 弗雷德里克的错误(它如此富含后果)在世界史上有个孪生物,同样夸大利益观念,受到同样的悲剧性结果惩罚,那就是冯·荷尔斯泰因(他在1900年左右支配德国政治)的看法:英国与俄国,鲸与熊,永不可能走到一起,永不能够缔结彼此间的同盟。

者的个性、其特殊性情也在那里出现,给它们留下它的印记。如果要理解弗雷德里克的生命历程,就必须牢记那寓于其性格的、想象与思索的颇为特殊的混合,那总是既猜测,同时又谋算的倾向,[①]即真正的赌徒相信大胆冒险便能赌赢。智力、想象力和根本意志全都结合起来,在他那里创造出了马基雅维里先前就"美德"与命运之间斗争描绘的同一种英雄式乐观主义。这样的一个力量肯定能被命运粉碎,但它不可能自行走入歧途。在科林战役之后那悲惨的几周里,弗雷德里克被迫自认其治国方略触礁翻船,然而他这么做不是为了哀叹自己的航路错了,而是对他作为一个仅仅持有人类知识的实干家和英雄遭遇的无常命运障碍深感悲伤。"我怎么能知道法国竟会派 15 000 人开进帝国?……政治家无法预见未来;那通常被称为偶然性的东西,被哲学家说成是次级因果关系的东西,是他们估算不到的。我们有某些原理指导我们的判断,而这些原理由统治者的利益构成,寓于他们缔结的同盟所要求的一切之中。……国王们的政策从不受血亲纽带的影响。一个人怎么能预见到法国太子妃的眼泪、波兰王后的诽谤和维也纳宫廷的谎言会将法国拖进一场与其政治利益截然相反的战争?自从早得记不清的时候以来,法国就一直与奥地利争战不止,它们的一切利益都截然相反。法国的政策一向是在北方拥有强有力的盟友,后者能够造成将有利于它的牵制。惯常对它有用的瑞典现在已丧失了权势和在大陆的影响。因而,只剩下普鲁士。谁能想象到一次无法说明的变心和几个多嘴妇人的诡计竟能使它背离它的真正利

---

① 参见 Paul-Dubois, *Frédéric le Grand d'après sa correspondence politique*, 1903, pp. 43, 59, 66。

第十二章 弗雷德里克大王

益,背离唯一真正适合于它的体系?"①

弗雷德里克一旦犯了 1756 年的巨大错误之后,他并不真正必须改变自己的思想或学习任何东西;相反,他只须更有力地对自己重复许久以来他一直知道的某种事情,并且再次使自己记住关于利益互动的任何预测中的不确定因素。当读到 1768 年政治遗嘱内的下述话语时,我们似乎觉察到他业已经历的体验的一个结果:②

"多数政治大设计基于往往是虚幻的猜测技能。一个人从他最为确知的那点出发,将这尽可能好地同他完全不知道的事情结合起来,从这一切中抽出尽可能正确的结论。为了更清楚地表达这一点,让我举个例子。俄国希望拉拢丹麦国王;它答应给予他属于俄罗斯大公的荷尔斯泰因-戈托尔普,希望以此赢得他永远的友谊。然而,丹麦国王没有思想。人们怎么能预见到经过这个年轻头脑的所有事情?亲信、情妇和大臣控制了他的心灵,代表某个别的国家向他提种种建议,它们在他看来显得比俄国的建议更有利。难道这些不会使他走到完全改变主意的地步?一种类似的不确定性虽然每次都以不同的形式出现,却在所有对外政策运作中左右局势,因而在重大同盟场合,结果往往与规划的截然相反。"

然而,如果不确定性如此之大,那么(他问道)为什么大规模的政治计划仍得到制定?他的回答值得注意。这么做是为了从盟国那里得到好处,在此过程中后者肯定不会忘记它自己的利益。"这些共同野心事业是各国之间唯一的联结纽带。如果不是为了它通

---

① *Apologie de ma conduite politique*（1757 年 7 月）,《全集》,第 27 卷,第 3 分卷,第 283 页以下。

② 第 192 页。

过与某个别国联合来期盼的好处,每个国家都会保持孤立。"

一批孤立的权势国家形影相吊,孑然自处,但由于共同贪婪的野心而连接在一起:这就是自中世纪结束以来欧洲国家机体的发展导致了的状态。而且,权势国家的孤立自处从未像在旧制度的这最后一个世纪里走得那么远。在教会观念和宗教思想的氛围中,中世纪欧洲自觉是个统一体,而且此后欧洲经过宗教分裂,仍有余地包容两大阵营;然而,这些思想观念早已消逝。将欧洲当作一整个集体的观念,奥兰治的威廉在其中行事的观念,已经被各个独立国家的特殊利己主义(从一开始就已存在于其中的特殊利己主义)损坏;这些思想观念被铲除出去,直至仅剩下鲁塞时期的"习俗政治",而且这不知不觉地从欧洲权宜变成了各个国家的特殊权宜。1740年后弗雷德里克对欧洲政治的各次不同介入事实上加速了这个进程,并且使关于欧洲集体利益的意识形态完全听凭它们处置。

另一方面,还未有19世纪将导致的新的利益共同体产生任何东西来取代它。尚未存在例如由资本主义经济产生的任何利益联合。事实上,占支配地位的重商主义的根本,恰恰在于每个国家应当使自己尽可能少地依赖国外进口品,应当力求自给自足。此外,还完全缺乏将由法国大革命造就的大对立;这些对立确实可以使欧洲再度分裂,但它们也将那些持有相似观点的部分重新联合起来。国内政治问题,后来将欧洲分裂为保守和自由阵营的、围绕国内自由进行的斗争,还未在国家间关系中起任何作用。事实上,无论此前此后,全欧性的观念和利益从未像它们在当时那样,在头等的欧洲政策中构成那么小的一个部分。弗雷德里克是对的:孤立自处的各国仍然只由它们本身的"国家理由"的效应凑合在一起。

第十二章 弗雷德里克大王

或许,启蒙时代典型的理性生活态度仍然发挥的仅有影响,在于它造就了一种更冷峻、更平静和更耐心的性情氛围,各国利益间的斗争能够在其中发生。尽管如此,这并不具有任何软化国家间凶残的效应。可是,它意味着一个人确实在内心承认其对手(就像商人承认其竞争者)有权利奉行一种狡黠诡诈甚至肆无忌惮的利己主义。即使对不公平竞争有许多大声抱怨,而且往往是强烈怨懑,但整个生意并不被当作很悲惨。政府间的政治仇恨并未发展得很深;它还没有得到民族激情的助长。政治激情的这一冷却随宗教战争结束即已开始,当时17世纪冷静的现实主义更为强劲地上涨,然而现在它达到了最高程度。而且与此同时,"国家理由"——被认作是国家利益之纯粹和绝对的、不受一切多余激情影响的利己主义——处于其历史发展的高峰,至少就它无所匹敌地支配政治领域、不受任何其他竞争力量阻碍而言是如此。它在弗雷德里克那里特别臻于极致,而弗雷德里克也由于压抑了所有扰乱它的王朝动机和个人意图而使之纯洁和高尚化了。

各国间在政治上如此互为孤立,与之截然相反的是一个重要过程,即欧洲逐渐通过启蒙运动趋于在思想上融为一体。弗雷德里克一身二任,既是哲学家又是国务活动家,其分裂的两重生活同时也是欧洲的两重生活。启蒙精神也对政治精神施加的种种内在影响事实上确实有助于"国家理由"的完善化;它们最终发展为诸项开明专制观念,那从弗雷德里克确立的样板出发,开始了它们在欧洲的胜利扩展。然而,这些观念的实现是,并且始终是每个孤立自处的国家自己的事情,它并未造就国家间任何新的团结。因而,启蒙运动的普遍主义促进了各个国家的特殊主义。

在这方面,注意到弗雷德里克如何在其国家利益观框架内对待国内政治基本体制问题是有益的。在《反马基雅维里》内,他对什么构成"最佳国家"、什么是国家的理想形态仍然显示出某种柏拉图式的兴趣;同时,由伏尔泰引导,他觉得英国是"智慧楷模",因为在那里,国会作为国王与人民之间的仲裁者行事,而且国王虽然肯定有权力行善,但无权力作恶。① 在他后来的一切观察中,只是在它们对国家权势状况和权势政策的影响方面,各国内部的政体安排才引起他的兴趣。而且,只是在它们对权势状况的影响是负面的和削弱性的时候,他才详细地考察它们。在《当代史》的重要的导言性一章内,人们发现关于政体史的大多数言论与很少或全不实行权势政策的国家有关,例如荷兰、瑞典、瑞士、日耳曼帝国或波兰。他的大对手们的专制主义体制在他看来无需特别描绘,因为那不说自明。②他以较大的兴趣谈论它们的统治者和国务活动家,因为"国家只是其统治者塑造的那样"。③ 不仅如此,在他描绘的专制君主图景中,他肯定刻画它们的军事和财政资源,也许甚至还刻画它们各自人民的民族性格。但是,他对例如法国和奥地利的国家机体的内部结构没有表现出任何兴趣。对他来说,这些问题是行政管理方面的小细节,他本人在他自己的国家里极端精确和自觉地处理它们,但它们在他看来所以对于对外政策至关重要,只是因为它们造成的结果,不是因为它们自身的存在和发展。就他而言,这些专制政府无不可以尽它们所能最好地对待它们的臣民;他只是对得知什么样的人统治国家、他们的计划如何、他们有

---

① 《全集》,第8卷,第255页;另参见第243页,连同 Madsack, *Der Antimachiavell*, p. 93。
② 他只是在该章结论内(第204页以下)插进了关于这一点的几项零碎的评论。
③ 1752年《政治遗嘱》,第69页;另参见第73页:"王国依靠其统治者。"

第十二章　弗雷德里克大王

什么财力和部队作为后盾感兴趣。这本质上就是所有大的(异己的和无关痛痒的)权势国家影响其情感(不仅是其情感)的方式。孤立自处的国家,由其孤立自处的统治者个人为首:在当时它们事实上除了互相间的有用或有害外,不由任何其他纽带联结在一起。

因此,不可能认为他怀着对原则的任何深切同情,或者对其观点的任何特殊赞同来追踪外国的内部斗争进程,观察那里的专制主义的胜败。唯一令他就此感兴趣的,是它因此对权势政治的运作发挥的影响。在瑞典(他于1752年指出①),一位雄心勃勃的国王本来十之八九能够再建专制主义——他使用的表述方式表明,他对他的姊妹路易丝·乌尔丽克的事业根本谈不上真正的休戚与共。他那时希望她成功的唯一原因,在于一个专制主义的瑞典本来可以作为在北方制衡俄国的一个有效和有用的力量。② 而且,基本上只有对专制国家,他才能够依靠一种能被认真看待的真正的权势政策;在这方面,就他那时的大陆国家而言,他也相当正确。在他看来,共和制成分与君主制成分混合的国家(例如当时的瑞典)乃杂种形态,因为"君主制国家的激情与自由原则对立",两者在任何一国的结合只会产生混乱。③ 另一方面,纯粹的共和制国家在他看来是真正的国家机体,对它们他甚至感到某种同情——诚然不是政治的而是哲学性的同情。按照他自己的观点(那由孟德斯鸠发展出成果,而且如前所述其身后已有久远的传统),它们

---

① 《政治遗嘱》,第73页。

② 他后来告诫他姊妹不要搞任何一种专制主义实验:"我了解瑞典这个国家,我知道一个自由的国家不会轻易地被剥夺自由。"1764年3月9日,《全集》,第27卷,第379页。另参见 Koser, *Gesch. Friedrichs d. Gr.*⁵, 2, 436; 3, 384, 505.

③ 1746年《历史》,第178页。

如果要维持自己的自由,就不能不在和平中生活和推行其事:罗马共和国的命运向他显示了这一点。① 他相当热诚地承认,瑞士各州的平静生存堪称和平幸福的楷模。② 他确实仍能随时体现出是一位人道主义哲学家,只要在可厌的"国家理由"差事不阻碍他这么做的时候。在他关于"君主制国家的激情"说的话里,可以觉察出温和的讽刺意味,那确实表明,说到底他甚至自觉对他自己的政治行当抱有某种超然感。"他总是显得,"兰克说,③"站在某个超过各国各民族所有不同活动的高度上。这与他的怀疑态度完全相符。"

在列强中间,只有一个套不进玩弄专制主义游戏的国家的模式,那就是英国(他由于命运而与之相联)。在他年岁增长后,他无疑不再说他作为一名年轻哲学家曾就英国的模范政体说过的话,他现在只是以政治家的眼光看待英国。与他年轻时相反,他对英国国家运行中与他格格不入的因素反复做出颇具批评性的判断,那就是从一方面出自宫廷、另一方面出自国会的两类倾向和安排的并列中产生的不安宁和显著不稳定。④ 然而,当他从纯粹政治

---

① 后来,在1770年的 *Examen de l'essai sur les préjugés* 之中(《全集》第9卷第143页),他提到了不仅古代共和国,而且威尼斯、荷兰等现代共和国的好战政策,但是没有注意到专制主义军事君主国的充分发展正在结束欧洲贵族制共和国的积极的权势政策。

他还能设身处地似地考虑共和国的特殊"国家理由"。他允许它们在自己的国内事务中,在自己的司法中,使用专制主义权势国家已经能够废弃的办法。例如,如果在日内瓦发现了一项危害共和国稳定的阴谋,那么"在这种情况下,我认为,公众的福利要求人们调查罪犯"。致伏尔泰函,1777年10月11日(*Briefwechsel*, 3, 416)。他1740年在普鲁士公开废除拷打,只是在处理叛国案时例外,而且关于叛国案的拷打也在1755年被废除了。Koser, *Gesch. Freidrichs d. Gr.*⁵, 1, 197.

② 1746年《历史》,第187页。

③ *Werke*, 24, 125.

④ *Dissertation sur les raisons d'établir ou d'abroger les lois*, 1750《全集》,第9卷,第21页;又见《政治遗嘱》中的话,第72、204、225页。

的观点评估英国的资源时,他也能摆脱任何君主制偏见,设身处地似地考虑特殊的英国"国家理由"。他认为,国王不应试图将一个专制主义政权强加给热爱自由的英吉利民族。"从伴随他那危险的行使权威尝试的挫败中,国王(乔治二世)学会了本来必须如何极端仔细地不去滥用它。"①

可是,尽管他一贯非常看重英国在欧洲政治中的重要性,但他仍然从未能完全和恰当地理解之。之所以如此,是因为英国超过了他本身利益的欧陆视野而突入海外世界,一个他从未变得完全熟悉的世界。"海洋事务是他弄不懂的,"拉维斯已经就年轻的弗雷德里克不无道理地说过。② 这提供了一个关于下述原理的富有教益的例子:即使在国家利益领域,要真正有力地把握事实,单纯的事实知识也是不够的;所有知识都必须以某种方式被经验过,如果它要成为完全的知识。自然,他完全懂得英国人当时已经散布于世界的贸易;他知道这一贸易给他们带来的巨大财富,他也明白他们的政策的彻底重商性质。不仅如此,他总是将英国和法国看作两个头等的真正强国,它们的竞争构成欧洲政治中最重要的运行发条。然而1746年,当他在估计英法总的来说彼此相对的分量时,他毫不犹豫地说法国是更强的国家。③ 因为法国(他认为)以最完美的方式,将权势的差不多所有组成部分都统一在它自身内:就其能够从军的人数而言,它超过所有其他国家,而且靠着一种明智的财政管理并由于其贸易和国民财富,它掌握巨量辅助资源。

---

① 1746年《历史》,第172页;在1775年《历史》(《全集》,第2卷,第14页)和《政治遗嘱》(第72页)中,也可见虽然多少和缓,但本质上相同的论断。

② Lavisse, *Le Grand Frédéric avant l'avènement*, p. 197.

③ 《历史》,第206页。

确实,英国虽然"也许至少同样富有,而且在海上强大,但正是由于这同一原因它在陆上羸弱",因为它不得不依赖由它支付的素质可疑的辅助力量打陆上战争。因此我们见到,弗雷德里克主要并首先按照它在欧陆作战的能力来判断一国的实力。他忽视了英法之间正在海外进行的、旨在决定北美和东印度未来的巨大斗争的极端重要性,因而他还忽视了英国权势的未来潜能。我们甚至也不能说,七年战争(它在世界史上导致了这海外冲突的首次重大决定关头)的经验使他对英国作为一个强国——世界强国——的地位有了显著更深的理解。他对自己的英国盟友的背信弃义感到愤怒,这确实肯定在某种程度上促使他的判断带有一种不利的、而且多少鄙薄的色彩。然而,它首先同样是由他的单纯大陆性判断标准决定的。他在1768年问道:①英国到头来会从它的众多殖民地得到什么好处?它们全都有一种脱离出来,成为独立的共和国的自然倾向(当时北美殖民地与母国之间已经出现裂痕)。殖民地代价极为高昂,并且因为涉及的向外移民,倾向于大量减少母国人口。唯一有利的是那些与本国接邻的属地。

他确实是通过普鲁士的眼光看英法两国。在法国的差不多完整的权势构造中,他见到了他为他自己支离破碎的、人力和资源大为不足的普鲁士长久渴望的理想;那是个他有一天或许能够实现的理想,但现在仍然遥不可及。他丝毫也不羡慕或渴望英国的殖民伟业。而且,英国由于近来一场场战争而背上的巨大债务负担简直令他(带有节俭的普鲁士管家特性的他)深感可怕。他听天由命地接受一场很可能足以摧毁整个欧洲贸易的灾难,如果考虑到

---

① 《政治遗嘱》,第226页以下。

欧洲的资本怎样与英国贸易密切相连。英国此时在他看来，就像一座可能立即崩塌的大厦。他认为，英国伟大辉煌的时期正在结束；不过，他也意识到此类预言不一定对。在他心里出现了一种重要的预感，那就是可能不得仅仅按照某些暂时的经济方面来评估一国的政治生命力，或者仅仅根据那些当时恰好掌权统治的人的缺点来这么做。因此，他最终承认，依靠英国有力的民族资质、"权势实力"或一两个伟人，那个机器仍有可能保持运转。这个判断是在他痛恨这些不讲信义的盟友之际做出的，因而更引人注目。

以类似的审慎，他于1768年试图评估法国作为一个强国的未来。在此，他肯定同样由于他那较为狭隘的普鲁士利益的影响，倾向于多少夸大国债对一个大国的效能的重要性。然而，确实是由于其国债，法国被拖向了大革命。弗雷德里克的政治想象力当然颇不足以预见到这么一种天翻地覆。当他从最崇高的角度概览世界史时，他能够相信未来的革命是可能的，它们或许会将欧洲再次抛回野蛮，正像古希腊发生过的那样。① 可是，虽然作为一名哲学家他仍怀有这些宏观想法，他却没有将它们移到他作为一名统治者必须观察的世界。在这后一个世界里，他未猜到国家根本体制的任何变动，未考虑向新形态、向不同于他那个时代对他显得似乎固定不变和臻于极致的形态的任何历史发展。他远为关心的是人，是强悍或羸弱的个人的盛衰兴亡，还有一种荒唐固执的教育对法国未来统治者的灾难性影响。然而说到底，即使在此，他本能的关注也是在法兰西民族的原本力量方面，那虽有其道德腐败和轻

---

① 致萨克森女选侯玛丽·安东尼，1777年10月22日，《全集》，第24卷，第306页。

佻浮华,却仍能依靠出现在国家领导地位上的一两个伟人——朝中一位新的黎塞留、军中一位新的蒂雷纳——再次崛起。有如跨过大革命这个鸿沟(大革命的到来并非他所能理解),他预见到了随后的、将远更接近他的秉性的拿破仑时期。政治和军事权势,由人民中间的一种生机勃勃的力量支撑,并且由伟人变得有效;这些就是他的利益观念的基本因素。如果我们回顾利益信条的较早提倡者们对一个个国家进行的评估,我们就会明白对它的理解已变得怎样深刻得多;我们会认识到在(弗雷德里克也极仔细地观察的)利益互动背后,现在怎样还有一种对这些利益从中兴起的首要基本力量的更自觉、更深刻的感知。

在奥地利,缺乏一个统一和富有才能的民族的基本力量,而西方强国正是得益于这基本力量。一个引人注目的事实,是弗雷德里克在其1746年绘制的奥地利图景中,完全没有描述人民的特性;相反,他只是就领导人物和他们掌握的财政军事机构做判断。他的思想模式过于专制主义性质,以至不能感觉到奥地利之缺乏一个统一的民族作为基础有任何根本重要性。按照他自己的确定观点(那总的来说仍然只是关于整个政治世界的观点),强有力的统治者和政府能够弥补哪怕是这一缺陷;因为,属地的政治价值不是要首先按照其民族特质来判断,而是相反,必须按照它具有的在地理上使一国领土达到圆满的价值来评估。然而,弗雷德里克肯定很强烈地感觉到,奥地利的王朝权势机构是某种不止于机构的东西,一种具有难以摧毁的传统和利益的、活生生的政治集体精神在那里起支配作用。当然,无法期望他对此抱同情看法。然而,他确实相信,将奥地利的权势政策(的确还有各个不同宫廷的权势政策)追溯到它在"习俗表现"('*expression des mœurs*')和一种确定的思想和精神脉流上的根源,"对于懂得如何多少利用它的伟人们是有用的"。① 当他仍只是王储的时候,曾就奥地利和法国的权势方法做过比较,那对前者大为不利。奥地利傲慢专横,以一种笨拙和专制的冒失莽撞老是犯错跌跤,法国却较为"仁慈和狡黠"。此时,他认为将世袭皇权置于帝国之首是奥地利政策的不可动摇的目的。这是过度煽惑(当时甚至他本人也肯定会乐于相信之),然而它依旧只是一种往昔时代的回声,《拉皮德的伊波利特》对哈布斯堡家族的激烈怨言的回声。与此同时,没有欧根亲王一类伟人,奥地利能做什么? 在他登上王位和伟业开始之际,奥地利不再有任何欧根亲王这一事实,的确实际上构成他的政治谋算中最重要的常数之一。他1746年《历史》中关于奥地利权势内在衰朽的极端图景(浸透着一种隐秘的幸灾乐祸之情)非常清楚地表明了这一点。然而,伴随他眼见他的女对手玛丽亚·特雷莎成长为一名伟大的统治者,他不得不改变自己的看法。1752年,他已经在用不同的语气谈论奥地利,后者在1748年的艾克斯拉沙佩勒和约之后,业已有力地开始改革其军队和财政。然而此时,他仍在墨守自己关于奥地利权势政策的精神和目的的流俗评判;他将它不变的帝国统治习惯追溯到斐迪南一世时期,承认它无论好运坏运始终不渝坚守目的,但也指责它以蛮横态度对待盟友,忘恩负义,对先前伤害了它的无论什么人一概报复,并且在谈判中过分顽固,不肯退让。②

可是现在,七年战争的重大经验,连同当前时期的较为平静和

---

① 1738年《思考》;《全集》,第8卷,第13页以下。
② 《政治遗嘱》,第66页以下。

成熟,根本改变了他心目中的奥地利政治特性图景。当1768年他再次提笔撰书时,他的判断中所有传统和流俗的因素全都隐入了背景。不再见有老的新教反对派和帝国各社会等级组成的反对派——确实此前还有他本人①——一直用来描绘哈布斯堡帝国主义的任何色彩。通过玛丽亚·特雷莎、考尼茨和年轻的约瑟夫国王的努力,自此已兴起了一个新的奥地利,它实行一种本质上现代性质的权势政策。新的奥地利政策的杰作是1756年5月1日缔结的凡尔赛同盟,那倾覆了寓于政治传统和欧洲各国"经久原理"中的所有观念。旨在使哈布斯堡家族权势圆满化,丢弃麻烦多于益处的边陲领土的更合理方法和更合理目的开始清晰得多地浮现出来。谁会认识不到奥地利不仅在国内改革工作方面也在权势政策的性质方面,正在由此仿效其大对手?1768年时,弗雷德里克以最怀敬意的措辞,承认了这一集体成就的重要性。他给了玛丽亚·特雷莎他能够给任何统治者的最高赞扬;他说,"她一个人成就了一切。"就智慧和系统性作为而言,她的国务会议超过了所有其他国王的御前班子。② 他现在看到,奥地利的利益目的恰如他在心中为他自己的普鲁士照料着的价值一样。他接着说,一个人还不能非常肯定它们究竟是什么,因为它由于战争原因而背上的、数达一亿八千万塔勒的巨大债务负担使之不得不暂时戴上和平面具。然而,年轻的皇帝也许最终会争取夺得巴伐利亚抑或威尼斯,

---

① 就此参见科泽(Koser)在 *Sitzungsberichte der Berliner Akademie*,1908年卷中的文章(第75页),还有他在 *Histor. Zeitschr.* 第96卷中的文章(第222页以下),另参见 Küntzel, *Die drei grossen Hohenzollern*, p. 151.

② 就此另参见 *Histoire de la guerre de 7 ans*.《全集》,第4卷,第7页。使人惊异的是,在这对玛丽亚·特雷莎的必定传诸后代的描述中,他对她的评判显示出更多激情,超过他以《政治遗嘱》的严格事实性话语表现的。

第十二章 弗雷德里克大王

甚或也许会力争光复西里西亚——所有这些都是旨在使其领土圆满化的目标,也都在此时或彼时以或大或小的程度激起了维也纳帝国宫廷的野心。因此,他还感到在将来,对维也纳的极端不信任和极端警觉应当构成普鲁士"国家理由"的一部分。① 因而,70年代结束后,当约瑟夫二世的帝国主义政策开始展现时,他旧日的忧虑还有可能卷土重来,那就是德意志可能转变为一个奥地利世袭君主国。② 然而,两大德意志对手已变得何等引人注目地相似。奥地利在他看来(在现实中事实上也是如此)更生为一个理性的权势国家,按照开明专制方式行事。弗雷德里克学到了一课。因为事实上,欧洲各国间的权势斗争总是产生了使它们在结构上互相类同的效应,将它们的利益引入同一个方向,消除落后过时的形态和目的,从而使之不断更生。

在他的政治生涯期间,弗雷德里克还目睹了一番类似的、由较原始到较合理的权势政策的逐渐升华,那发生在他的第二大东欧邻邦,即俄国。当然,在他看来,俄国作为强国的崛起首先显得是个佐证他的一种信念的经典范例,即一位强有力的统治者个人对国家机体发挥强有力的影响。他对彼得大帝的成就感到惊异,后者"从一个野人民族中创造出了军人和臣僚,事实上甚至还试图从中造就哲学家"。③ 然而在彼得的后继者那里,半野蛮特性在对外政策的方法和目的方面卷土重来。这政策的不可预见有其险恶性,它那么大程度上取决于统治者的个人任性,取决于宫廷阴谋,

---

① 《政治遗嘱》,第199页以下和第222页以下。
② 《关于欧洲政治国家的思考》(1782年)。《政治遗嘱》,第250页。参见Fechner, *Friedrichs d. Gr. Theorie der auswärtigen Politik*, pp. 17, 23。
③ 1746年《历史》,第179页。

取决于统治人员的突然的大规模的改变。众所周知,弗雷德里克总是如何不得不紧张和焦虑地观察东面天空,而且只要他的敌人伊丽莎白还活着,别斯图热夫(他对弗雷德里克的政策来说是个鬼才)还在她手下呼风唤雨,威胁他的乌云就如何经常在那里集结,连同电闪雷鸣。在此起作用的远为更多地是野蛮的激情和趋于统治的有力冲动,而非那种系统的、基于不断的需要的利益政策(那接近于弗雷德里克的思想,而且总是必定被他希望甚至是他的对手也有的,以便他能够预计他们的行为)。甚至他关于俄国的笼统判断也包含某种不确定性和尝试性。在1746年《历史》的同一章里,他引入了两个实际上彼此矛盾的不同观念。① 在一处,他将俄国说成"一定程度上是北方的仲裁者",插手每个欧洲问题。然而,他由此承认俄国具有的这一自成主宰特征,在他做出的第二个判断中完全消失不见了,因为按照这个判断,俄国一定程度上被往下贬了一个等级,排在土耳其旁边。这两个强国(他现在说)都是一半属于欧洲,一半属于亚洲。"它们是欧洲政治中的机器,被法国和英国在必需场合利用。"

正是在1746年夏季,伊丽莎白与奥地利结盟,它从此将给弗雷德里克施加那么沉重的压力。他日益增长的心理不安由他1752年的判断透露出来。② 俄国和普鲁士的紧要利益之间(他给自己写道)并不真正存在任何有机的对立。因而,俄国只能被认为是普鲁士的"一个偶然敌人";而且,如果邪恶的别斯图热夫(他受英奥两国唆使)能够立刻被扳倒,事情就会回复到自然状态。在北

---

① 第181页和第209页。
② 《政治遗嘱》,第42页和第74页。

第十二章 弗雷德里克大王

方,特别对波兰行使影响,为了在土耳其人的任何攻击面前保持强大有力而同奥地利和睦相处;在他看来这是,并且只有这才是俄国真正的根本利益。然而对他来说,俄国的未来态度无法预测,而且仍将如此,因为伊丽莎白女皇感情用事,喜怒无常,大臣腐败堕落,而且皇位继承不确定。他用他的政治想象力构设出来的前景安慰自己,那就是俄国最终可能因为争夺皇位的斗争和内战而完全崩溃。然后普鲁士和整个北部欧洲将能重新自由呼吸。

可怕的岁月接着到来,在其中正是由于俄国,他被迫走到悬崖边缘;然而,因为伊丽莎白死后,命运突然转折,他又一次得以有挣扎出头之日。胡贝图斯堡和约之后,他甚至能与叶卡捷琳娜达成一种更亲近的谅解,并且(于1764年)与她结盟。在头15年的普法同盟和七年战争期间的普英同盟后,现在普俄同盟成了他的欧洲地位的中心支点,直到80年代开始时为止。不仅他的对俄关系的主观变化,而且俄国权势政策中的一项实际的进一步发展,都反映在1768年时弗雷德里克感到自己有必要就它描绘的图景当中。① 他现在眼中所见的是一套明确、合理、容易辨识的俄国利益体系,它(对欧洲来说幸运的是)并非直接导向进行新征服,而是旨在造就与北方诸国的良好贸易关系,并且追求实现对瑞典、丹麦和波兰王国的政治支配。甚至此时,即在导致第一次瓜分波兰的谈判开始以前,弗雷德里克已经知道他与俄国的同盟必将包含一种牺牲,那就是必须将波兰交给俄国势力主宰。而且,他还清楚地认识到,俄国以其实现人口剧增的巨大能力,是个愈益强大的强国,将行使一种愈益增长的压力。奥地利与普鲁士之间的深刻对立导

---

① 《政治遗嘱》,第196页和第221页以下。

致难以建立任何阻碍俄国野心的真正屏障。"俄国在靠我们的错误得利",欧洲在盲目地听任一国崛起(因而他以一种怨恨事实压力的激情迸发来表达自己的内心感受,这压力哪怕他本人也被其支配),该国迟早会在欧洲令人胆战心惊。他现在是叶卡捷琳娜的盟友,竟预见到一个未来将制衡俄国的普奥同盟的可能性:[①]这典型地表现了弗雷德里克全然冷静和讲求事实的利益政策,不受任何恶感的影响,能够展望到遥远的未来。他再次期盼俄国权势从内部崩溃,期盼这巨型帝国土崩瓦解。

利益学说有不少较早的提倡者,但他们大多未曾如此倾向于清晰地阐述由各个不同强国之间变动着的关系构成的整个体系,而只是含糊地觉察到它,或者将它视作当然而不做说明。弗雷德里克的智力总的来说倾向于寻找体系,研究事物之间的合理联系;它在这方面同样走到了一个更远的阶段。在他1738年的政治观察中,已经是"欧洲政治机体"(corps politique de l'Europe)在提供固定的概念框架。他将它与人体相比,后者同样有其按照一定规则的病患和生命。"政治机体"的健康基于列强间的一种平衡;而且,他以一种全然系统性的诊断方式,显示政治机体的任何严重病患都归咎于这一平衡的某种损坏,那是他认为他能够识别的。然而,一种机械刻板的、机器般的因素仍然必不可免地附着于这欧洲体系概念,而且他此后从未成功地规避它。接着,他还将进一步的任务(已由利益学说的较早提倡者例如法尔凯尼尔尝试过)与之联系在一起,即辨识本质上相连的那些欧洲国家之间的天然组合。

[①] 另参见 Koser, *Gesch. Freidrichs d. Gr.*, 3, 310,那里谈到(如弗雷德里克所说)"爱国的德意志体系",那或许在20年内能由普奥两国造就出来抗衡俄国。

因为在这么做时,他只由实际需要主导,所以(当他在1746年《历史》内将欧洲各国分类时)他应用的标准唯有真正的权势——或大或小的政治独立程度标准。他将英法两国置于第一等级。在第二等级中,他包括了(从现代历史观点看多少有些奇怪)西班牙、荷兰、奥地利和普鲁士。他确实仅仅从技术性的权势观点判断它们。在他看来,它们都有的共性是这么一个事实:四国中的每一国肯定拥有一个在其中行使其自身权势的领域;然而说到底,它们都以某种方式依赖欧洲两大头号强国之一。萨丁、丹麦、葡萄牙、波兰和瑞典被他置于第三等级。它们的共同之处在于,它们的权势资源只有靠外国资助才能启动,因而它们的权势政策始终是全然从属性的。接下来几十年的权势活动根本改变和澄清了这一图景。必须注意奥地利和俄国取得了什么。当1768年①他着手做新的分类时,这两个国家现在见于第一等级,紧跟在法国和英国之后。然而其余国家现在被予以多少比较马虎的评估,而且不是仅仅根据它们的权势;它们现在还按照它们构成真正强国的同盟体系的一部分得到评估。因而浮现出了这么一幅图景:在其中,英国显得孤立自处,法国显得通过波旁家族条约与西班牙"联合",与此同时它还与奥地利"结盟"(就像他以精微的差别表述的那样);而在北方,他注意到存在俄国的一个同盟集群,它包括普鲁士、瑞典、丹麦和波兰。他将所有其他国家比作异教中的各附属神。这幅图景以如此纯粹冷静地讲求实际的方式来勾画,以至即使现在——经过他在七年战争期间经历了的实力大考验之后——他仍然避而不将他本国移到哪怕是第一等级尾端。他之所以不这么做,是因为深切

---

① 《政治遗嘱》,第290页。

地感到他已取得的权势地位不完全、不确定。"他知道",欣策不无道理地说,"寓于一国表面伟大之中的危险"。① 他并不足够肯定自己的后继者会有同等的成事能力。

根据他的利益学说刻画的对列强的描述就是如此,它们受到他教育王位继承者的希望的影响。② 它们浸透了(不可能不如此)他的个人关切,并且受到他本人所处时代的视野局限;尽管这视野肯定允许他对未来权势关系的外在大变动(甚至巨大变动)有所预感,然而它不允许他怀疑它们依据的基础有被根本重塑的可能性。他的思想犹如黑暗空间里的一道灿烂闪光,清晰可见地照亮了眼前邻近之物,但是达不到此外的任何远处。至少可以说,他只能理解那些与他本人所处时代同质的、与激活了他的时代的种种利益有某种关联的未来事件。因此(如前所述),虽然他的确完全没想到法国大革命,但他肯定在一定程度上预见到拿破仑的出现。他尚未有任何关于政治上被分裂民族将进行民族统一和政治统一斗争的观念。不过,他确实强烈地明白旧帝国体制的不可长久性,连同由此而来德意志被分裂为众多小国的形势。如果奥地利(他在1768年写道)怀着将其领土圆满化的目标,将佛兰德让予法国,以此换来巴伐利亚,那么难道这"分割癖性"(esprit de partage)不会

---

① Hintze, *Forschungen*, 32, 21.

② 为补充这一点,可能必须求助于 Ferd, *Die europäischen Mächte in der Beurteilung Friedrichs d. Gr.*, 1746—57, 载于 *Mitteil. d. Instituts f. österreich. Geschichtsforschung*, 20 (依据政治书信)。

还可以提到弗雷德里克的一位直接门生比尔费尔德男爵(Baron Bielfeld)及其治国方略手册——*Institutions politiques* (3 vols. 1760—72)。在 *Zeitschr. f. öff. Recht* 第四卷第 4 期 内(第 473 页以下),我谈论了他的依照快乐主义精神被淡化了的利益观念。

也传给其他强有力的统治者?然后,它们都会想要将自己的领土圆满化,强者以牺牲弱者来这么做。如此,修道院领地和帝国自由城市就要遭殃![1] 这是对将于1803年发生的事情的预言,也是对他自己先前于1742年至1743年推行的世俗化计划的回顾。

君主立宪制和现代民主制都是未来的国家形态,他自己的政治思想模式与之完全不相符。另一方面,他的重大历史重要性在于这么一个事实:他认识到君主制的某些基本条件——不仅在他本人所处的时代,也将在未来时代保持其存在的条件。他在其中生活的较合理的权势政策和国家行政管理的那个时代也要求有一类较为合理的君主;它要求有我们在讲王朝性国王观念时描述过的那种决裂;它要求驱除围绕着它的宫廷生活和神权政治的迷雾,只依靠"国家理由"的纯粹光亮。他指出了欧洲君主制机体的最致命伤口(在此他的预感又一次正确无误),因为他举出他那个时期的法国君主制予以尖锐的批评,指责王储教育的精神氛围刻板呆滞,缺乏想象力。对于按照这么一种愚蠢的方式教育出来的统治者,他问道,你能做什么期望和预料?[2]

然而,尽管这必定使当今的读者想起路易十六的命运,但它也再次使人注意"国家理由"固有的一个常在问题,即由我们在谈论弗雷德里克以前就已注意到了的、政治理性主义的那些局限性引起的问题。在歌德身后发表的一篇由他在1810年口授的文章

---

[1] 《政治遗嘱》,第228页。他还预见到,法国有一天将没收教会土地,将其转为国有,以便偿还国债。致伏尔泰函,1767年3月24日;科泽和H.德罗伊森出版的《书信集》第3卷第152页;另参见第157和408页。

[2] 1768年《政治遗嘱》,第223页。

《〈虚构与真理〉续文纲要》内,有个引人注目的注释,[1]在其中他如此谈论他那个时代的统治者:

"导致下层阶级激进主义的伟人行为。弗雷德里克将他本人与他的宫廷分离开来。他的卧室摆着一张豪华床。他睡在它旁边的一张行军床上。对嘲讽的蔑视,那是他正允许再度勃发的。约瑟夫摒除外在形式。当旅行时,他不是睡在豪华床上,而是睡在豪华床旁边铺在地上的一个床垫上。为皇帝订购马匹,犹如他是骑在驮马上的一名信使。格言:摄政者只是国家的首要仆人。法国王后摒除了礼节。这一观点不断扩散,直至法国国王甚至认为自己是个弊端。"

这就是那个困难问题:君主制将自己彻底合理化,并且将自己训练为纯"国家理由"的工具,但同时也以一种纯粹的凡人方式,使自己降到了国家的其他仆人的层次;与此同时,难道它没有在这过程中丧失了自己最为内在和神秘的"存在理由"的一个本质的、必不可少的部分? 歌德认为君主制一旦被凡人化,同时也被物质化,就将不再拥有抵抗时代的平等主义革命精神的内在力量;他这么想不是对的吗? 理性主义和浪漫主义肯定会给这个问题寻得全然不同的答案。然而,历史思想必定找到某种方式,将一个主义的否定性答案与另一个主义的肯定性答案统一起来,而这么做时它必须承认,存在于历史生活中的那些深刻的两重性也在这里有其表现,而且不是靠仅仅承认它们就得到完全解决的。对于历史过程的一种直接研究肯定会表明,歌德的判断就法国远比就德国而言来得正确,在那里弗雷德里克的君主理性主义远未损坏君主制的

---

[1] *Goethejahrbuch*, 1908, p. 11 f.; *Weimarer Goetheausgabe*, vol. 53, 384.

真正权威,而是实际上巩固了它。这一事实与德意志的某些其他古怪状况相关联,正如君主制在法国的极端弱化不能被仅仅甚而主要归因于歌德显示的那个因果链。我们事实上已经从弗雷德里克对它的批评中见到,一个全然不同和相反的原因促成了它的倾覆。路易十六的君主统治所以遭殃,是因为其政权中新旧两种因素并非有机的不幸结合。而且,在一种历史结合内可能起毒害作用的东西,在不同的历史结合中很可能起救治作用。"国家理由"固有的所有观念尤其是如此,它们逐渐展开,经历一种历史发展。并不存在具有绝对纯粹效应的历史上的观念或倾向;然而,同样由于这一原因,没有任何观念能足以当作绝对标准,据此评判它自身有无价值,连同其性质是有益还是有害。每个历史现象都是一个共生体,由结合在它内部的一切有生力量构成的独特的共生体。然而,这一立场(它能够导致纯粹的相对主义,导致将历史解释为一种生物学的和植物生长似的过程)也不应被推行得过远。因为,人格的道德力量,连同内在自发性的尺度和它有时拥有的构成自我规律的尺度,确实也包含那种为了将有时合成为一个共生体的种种不同因素统一起来所必需的力量。就是这,在弗雷德里克大王那里发挥了作用,赋予他的君主统治(它弃脱了一切神秘之处)一种自身的原创生命,因而甚至弗雷德里克式的国家的崩溃,也未摧毁这一活生生的要素。

当弗雷德里克的君主国在1806年崩溃时,这种情况没有发生,因为它已经将它自身和他合理化,以至到了扬弃程度。它多得多地归因于它从中发展出来的各种因素的独特结合。弗雷德里克式的"国家理由"造就了一件独一无二、不可模仿和不可复制的艺术品;它使用了难以使唤的材料,即一个按照贵族和社团界限分裂了的共同体,连同一个落后的和自然条件大为不足的经济,将这些建设成为一个能够取得重要成就的权势强国。然而,只是在欧洲环境保持不变、其他强国生存的内部条件和权势资源保持不变的情况下,它才可能照旧具有取得成就的能力。一旦法国大革命招致了这么一种改变,弗雷德里克式的国家便立即变得过时,在竞争中落到后面,只有像他那么独特的人格,而且要同等地浸透最纯粹的"国家理由"精神,才能够继续发展(基于三个社会等级的)弗雷德里克式社团国家(corporate State)的"国家理由",并且将它改变为改良型民族国家的"国家理由",以便在最高水平上维持它取得成就的能力。在他的"国家理由"中,真正不可避免的悲剧因素是它依赖这独特的集中——一切集中于一个领导人物,依赖"由个人统治的"(*gouverner par lui-même*)原则。虽然它由此臻于最佳有效程度,但它丧失了能持之以恒的保障。弗雷德里克本人强烈地意识到这一点。"如果任何国家的未来要可靠无虞,那么它的命运就不应当依赖任何哪一个人的素质好坏,"他在 1752 年的《政治遗嘱》中写道。① 然而,没有任何个人和任何"国家理由"能够强迫这命运。

尽管如此,歌德的话仍然包含一项深刻的真理,那可以应用于弗雷德里克的事业。歌德感到,开明专制的目的与旧君主制的特性有某种格格不入之处。就弗雷德里克而言,这格格不入在启蒙理想与历史现实之间、人道主义思想与权势国家观念之间的歧异上达到了极致。假如要取得一种和谐的发展,弗雷德里克就需要一个不同的时代,连同一个与当时的普鲁士不同的国家。如果他生来是他那个时代的一名普通公民,他就或许能像卢梭那般成为

---

① 第 66 页;另参见 *Mémoires de Brandebourg*,《全集》,第 1 卷,第 238 页以下。

一位革命者。有一次,在他七年生存苦斗的绝望和怨愤之中,他叫道:"一位公民可据以评判政治家的行为的唯一尺度,是它们对人类福祉具有的重要性,那在于公共安全、自由与和平。如果我从这个前提出发,那么'权势'、'伟大'和'权威'诸词便于我如浮云。"[1]可是,生在他那个时代,生为当时普鲁士的统治者,他只能成为"国家理由"的工具而别无他途,以便试图以此为手段更接近他的人道理想。因而必然发生的情况是,我们已就康帕内拉看到了的活剧在这里重演,只是这次有大得无法比拟的历史效应。"国家理由"诉诸原本的权势冲动和人的恢宏伟大,由此在他那里战胜了对权势和伟大的鄙薄(尽管如此这鄙薄仍然继续活跃在他心中),并且"对这个世纪的腐败有了敬意",[2]弗雷德里克决定追随马基雅维里的可谴责的步伐。他的人道理想找到的应用范围是国家的内部事务,虽然甚至在此,它也确实受到时代和他本国的一般状况的严厉限制。因为,他所依赖的、旧的贵族和社团共同体的世界既非全然适合权势政策的需要,亦非全然适合他的人道政策的目的。靠着行使巨力,他迫使这个世界采取一种将尽可能多地适合他本身目的的形态;但是,就这些目的而论,获取权势自然而然地又一次优先于人道理想。他的真正希望——将人道目的纳入"国家理由"——只能得到残缺不全的实现。在这位国王的行为里,理想因素屈从于原始因素,但它仍然屹立在他的思想中。的确,他不可能依靠蛮力成功地实现自己的希望——与自由的人民一起站在自由

---

[1] *Lettre d'un Suisse à un Génois*(写于1759—1760年),《全集》,第15卷,第143页。尽管有影响公众的用意,但一个人不能不注意到在这里表达的真挚情感,它也完全符合无数直接陈述。

[2] 引自《历史》,1746年版本,第213页。

的土地上。就这希望而言,他内心仍太紧密地与他的时代的局限性,与他的"国家理由"的局限性相连。然而,那些能够产生这希望的要素,毕竟以一种历史准备有绪的状态存在于他心中。

第三篇

晚近德意志历史中的马基雅维里主义、唯心主义和历史主义

第十三章 黑格尔

就像我们业已在一个个场合经常看到的那样,自文艺复兴时代以来,西方人的政治思想中始终贯穿一条深刻的冲突红线,亦即一方面是关于一个普遍支配全部思想的自然法体系的基本观念,另一方面是历史和政治生活的不可规避的事实,两者彼此碰撞。自然法体系由斯多葛派创立,被基督教吸收和改造,以适应其自身,然后由启蒙思想重新世俗化;它由以出发的前提假定在于,理性法和自然法说到底彼此和谐,而且它们都出自宇宙的一种无所不包的神圣统一。① 不仅如此,上帝植入的人类理性能够理解作为整体的这种统一与和谐,能够确定此类法律在人类生活中的必须是权威的内容。诚然,这些规范在面对支配种种较卑下的冲动的表现并使之高尚化的任务时,被迫对现实做出许多让步和妥协;然而,就其本质和理想形态而言,它们颇不受此影响,作为凌驾于全部生活之上的最高指引之光,继续保持为永恒、不变和同一的。然而,个人不得不自觉地具有和解释这塑造自然之灵魂的神圣理性,而个人的完美化是自然法和理性法规定的种种规则的全部目的。然后,在此过程中,自然、历史和宇宙包含的智力因素(在此基

---

① 此项观念不得不与基督教的二元主义伦理妥协;这一事实在此无法予以进一步显示,但必须仅就后面将确立的道理(见结尾一章)被提请注意。

础上这些规则已取得绝对正确性)恰巧以一种天真的方式,趋于只是按照个人的需要得到评价;因而,这些需要被投入世界,并且被搞成绝对的。世界理性基本上就是——虽然没有谁清楚地懂得这事实——个人理性和实现个人并使之完美化的一个手段。不仅如此,(按照进一步的假定)这个人理性在一切人那里都是同一的;正是由于这个原因,有可能相信他们所言皆绝对成立,有可能觉得他们已怀有某种确定不移的东西。由于这个原因,超个人的人类联合体的智力内容也由同样的尺度衡量,那绝不是出于它们自己的性质发展起来和从它们之中读出来的。国家、社团等等因而取得了一个目的:使人(即个人)变得更好更快乐,并且将他的较卑下的冲动保持在约束之内,作为(像路德称呼国家那样)惩恶的鞭子。为此目的,人们将自己组成为国家。此种观念包含了国家起源于人际契约这一信条的根子。然而,政治思想有一任务,即探知哪个是最佳的国家形式。由于在此同样不可能规避对现实做出让步,因而真正存在的国家生活状况(那只是理想状况)总的来说也能够被基督教情感承受下来,作为上帝意欲或准许之物,作为惩罚或匡正之策。

然而,历史生活之不可否认的事实不止意味着因为人性不完美而来的、理性理想的一种单纯限制或淡化;而且,要将这些事实重新解释为上帝意欲的一种惩罚或匡正形式,也并非总是全然容易。从一开始,国家的原初特殊性质就抵制一种观念,那就是将它仅仅看作是为了人本身的裨益而将他们组织起来的一种模式。诚然,"普遍福祉"成为每个进步得超出了国家权力最粗鲁阶段的国家的目的和任务。但是,这"普遍福祉"不仅包含统一在国中的各自分立的个人的福祉,还包含整个集合体的福祉,这集合体不止意味着个人的单纯总和,而是代表一个集体人格。而且,不仅人民是个集体人格,领导他们的国家本身也是另一个这样的集体人格;的确,它是个比单纯的人民活跃得多的集体人格,因为它有组织,能够在任何时刻使自己的意志有效。这意志的法则便是"国家理由":这是马基雅维里和意大利"国家理由"流派的伟大发现。然而,此项发现确实在事实上不知不觉地破坏了信奉自然法和理性法逻辑的主导思想模式的框架。因为,这后一种思想模式按照它基本上个人主义的性质,只能将国家必须为之服务的"普遍福祉"解释为统一在国中的个人的福祉。我们特别能就霍布斯和斯宾诺莎而言确证这一点。因此人们承认,并且普遍认为众所周知,它往往主要服务于统治者的福祉。于是,17世纪的"国家理由"理论如前所述做了一个区分,那就是将好的"国家理由"种类与坏的"国家理由"种类区别开来,前者促进普遍福祉,同时也促进统治者的福祉(它与普遍福祉两相和谐),后者则只是促进统治者的福祉。因此,康林在其1661年提交的论说政治的博士学位论文[①]中,要求知道他在讨论其体制和形势的每个国家是否以及在何等程度上致力于整个集合体的福祉,抑或统治者的福祉。在此过程中,这两类福祉都是从自然法观点出发,按照个人方式设想的。人格化的国家的福祉和紧要利益当然的确远高出单纯个人的福祉,不管那是统一起来的个人还是统治者个人;而且,虽然在一个人坚定不移地按照自然法来谈论的情况下,它肯定能在实践中被搞得正确,但它不可能以任何连贯性被贯彻到底。[②]

---

① Conring, *Examen rerum publicarum potiorum totius orbis*, *Opera IV*.
② 参见 Zehrfeld, *H. Conrings Staatenkunde*, 1926, pp. 35, 101。

从16世纪开始到18世纪为止,"国家理由"观念和国家利益信条就像一个异物那般强行开道,成功地突入了一种与之全然对立的主流思想模式:这确实是关于其历史的一个富有教益和引人注目的事实。就"国家理由"和国家利益主题所说的一切,都直接出自生活本身这生机勃勃的来源,出自国家和国务活动家的实际需要。然而,就总的国家主题所说的一切,却通常出自自然法传统。在前一个场合,得到讨论的是个别国家,真实的国家;在后一个场合,得到讨论的却是国家的最佳形态。因此,讲求实际的经验主义与自然法的理性主义两相并存,时常好似油和水彼此分离,时常又在思考国家性质的人们心里以混淆不清和紊乱无序的方式摇晃合在一起。而且,就像为同一目标彼此竞争那样,有时一种思想模式拥有优势,有时另一种思想模式独占鳌头。从马基雅维里开始,经验主义强有力地崭露头角;在他那里,自然法的理性主义要素被局限于有关理论框架的某些传统观念,而且他的思想的理性特征全然服从于他对生活和现实的才华横溢的感知。可是,反宗教改革又一次将基督教的自然法观念恢复到尊荣地位,产生了(取自博泰罗的)妥协性"国家理由"(*ragione di stato*)信条,那主要执著于国家最佳形态观念,但也赋予(尽管不大情愿和带有无奈感)真实存在的国家问题某种考虑。新的经验主义浪潮在17世纪开始时变得明显可鉴,并且在法国与黎塞留权势政策的有力优势吻合,它产生了关于各不同国家的利益的信条;这种信条由于为纯粹实际的目的服务,因而始终不受自然法的理性主义要素束缚(但这完全不是说信奉这信条的人们也在内心摆脱了自然法理性思想模式)。确实,在它于17世纪开始被世俗化,并且在启蒙时代采取了一种新形式以后,这后一信条实现了一种全新的发展,在18世纪

第十三章 黑格尔

期间(鉴于对一种在个人理性中自我显示出来的世界理性之新强化了的信念)变得越来越大胆地努力按照它自己的观念征服和改造国家。可是与此同时(而且特别也在17世纪后期),政治经验主义仍然强健有力,因而普芬道夫有可能提出这么一种国家观:它兼具普遍化和个性化方法,既是理性主义的又是经验性的,可是仍然纯净,因而风格优良。他的国家观在风格上的统一(那没有被他在方法上的二元主义扰乱)基于一个事实,即他确实更多地从上面、从统治者的角度看国家,而较少从下面、从个人需要和个人目的的角度来这么做,因为他处于得胜的专制主义的影响之下。

然后,18世纪的伟大事态在于这么一个事实:在行使统治的专制主义的庇荫下,中产阶级在思想和社会两方面都得到加强,开始为其自身的、现在也正逐渐取得一种政治色彩的阶级利益开发利用理性法和自然法宝藏。对国家的自然法解释中固有的个人主义种子现在首次达到其充分成长。人们开始纯粹从下面、从人类天生权利的角度看国家,而不是从上面这么做;甚至比早先时代更决绝地,它开始被当作一种旨在个人幸福的目的性机构来对待。于是,"国家理由"主题从通常的理论讨论中消失了,虽然它仍继续活在国务活动家的实践和传统中。可是与此同时,由于18世纪期间发展到它的经典极致的专制主义权势政策之实际需要,关于不同国家各自的特殊利益的学说变得更为兴旺。然而在此过程中,理性主义与经验主义这两大根本对立的原则之间的传统紧张变得非常严重,而且在弗雷德里克的两重性,即其人道主义理想与其权势国家观念的两极对立上面,给我们留下了紧张得简直要崩解的印象。① 事情正在奔向严重危机。从下即从个人观点看的国家观念，开始自行与真实的、从上指导的国家撕脱开来；曾经使得两种观念彼此相容的妥协开始被人忘怀。

然后发生了法国大革命。这场大革命确实试图从下，即从个人目的角度构建国家，与此同时它感到旧的内阁的"国家理由"（现在开始被憎恨）应当让位于人类理性。大革命提倡与国家对立的个人权利，那是17世纪的"国家理由"观念甚至想都没想过的，从而开辟了新天地。然而，"国家理由"观念本身战胜了那些鄙视它的人，因为它迫使他们为它效劳，使他们必须采取同样的严厉办法，确实甚至比那种能被怪罪于18世纪不道德的内阁政治的更可怕的办法。1792年8月10日事件和九月屠杀与1572年圣巴托罗缪之夜屠杀极为相像。在这两个场合，都有人类兽性的狂暴发作，由一种被毫无条件、毫无节制地贯彻的"国家理由"主导。已被大大削弱的君主制对法国业已变得危险，因为它的唯一生存希望在于该国的敌人获胜；消灭了这个君主制，一个杂种的、难以忍受和对法国高度危险的状态便告结束。然而与此同时，它也为这么一个事实提供了最先的可怕范例：一个现代民主制民族国家的权势政策和"国家理由"能够释放出甚至比旧贵族社会的国家更加恶魔般的力量。

然而，在这些情况下，法国大革命的精神能否解决如何克服经

---

① 许多18世纪历史学家为了将"国家理由"利己主义与法律和道德的要求调和起来，试图运用欧洲均势观念。然而，这一企图过分肤浅和实用主义，不能在思想史上取得任何大的重要性。就此参见 v. Caemmerer, *Rankes Grosse Mächte und die Geschichtschreibung des 18. Jahrhunderts*, 载于 *Studien und Versuche zur neueren Geschichte*, *Max Lenz-Festschrift*, 1910, p. 283。

验主义与理性主义、实际存在国家与理性国家之间的剧烈分裂这一问题？由权势的陶醉所驱使，它持续不断地从一项残酷的"国家理由"行为进至另一项，饰之以取自理性国家思想库藏的、为此目的而被滥用的浮言虚词。英国——法国和拿破仑的大对手——能够较好地解决这个问题？那里同样缺乏这么一种解决所需的内在前提。在英国，没有哪个感到有兴趣去较为深刻地思索理性国家与实际存在之间的冲突，因为英国人拥有的实际国家被他们自己觉得是最为理性的；如此，心安理得的他们因而还能劲头十足地构想自己的真正权势利益，不感到任何顾忌，并且为了从一种理想的观点辩解这些，他们能够（像法国人那样）利用从理性法、基督教和启蒙思想那里借来的人道主义用语。在法英两国，实际存在的国家活跃有力，从一个冲突跨到另一个冲突，是它们如此彻底地支配了思想和情感，以至要么没有任何人就理性理想对所有这一切作何裁决的问题进行丝毫思考，要么一个人——如果他与政府对立——就险恶的征服精神再发永无休止的牢骚。

然而，眼下在德意志，人肯定有可能感到一种冲动，要造就实际存在的国家与理性理想之间的较深刻调和。与得胜和壮大中的国家相比，一个衰弱沮丧和四分五裂的国家更有可能感到一种痛楚的刺激，要去造就这一调和。神圣罗马帝国，带着对帝国内所有各阶级而言的随和的自由权，带着由此产生的轻松气氛和可尊敬性，因其本身的虚弱无力而崩溃。在这令人痛苦的形势中，德意志知识分子面前只剩下两条路可走：一是最终将德意志知识分子的命运与德意志国家的命运分开，在一个人自己内心的宁静圣地中寻求避难所，以便建设一个纯精神、纯思想的世界；另一是在这思想世界与现实世界之间创造一种明智和谐的关系，同时也进而寻

348

求实际存在的国家与理性理想之间的统一纽带。成功地做到了这一点,理性与现实之间就必然出现一种至此为止梦想不到的全新关系。此后,它们便不再为了展现出一种统一的表象而混有虚构和妥协,就像在自然法之斯多葛派的、基督教的和世俗的信条中那样,在思想上从未能够弥合理性之绝对规范与历史生活之实际法则和过程之间的鸿沟。相反,它们确实在本质上融合起来,成为同一的。这成功地做到了斯宾诺莎曾试图以他的泛神论去做,但受阻于他那个时代之机械的和非历史的思想模式而未做的事情。现在做出了一个成功的尝试,去把握历史现实本身内在固有的理性,将这理解为它的核心,它的最内在的存在法则。现在,不是单纯的个人,而是历史本身来承载和解释理性。现在,神圣自然的统一在历史世界中表明它自身。然而,"国家理由"和权势政策也由此呈现出一种全新的面貌。

这就是黑格尔的伟大的划时代成就。按照他的学说的最终形态,实际存在的国家同时也是理性国家。"凡合理的就是存在的,凡存在的就是合理的。"① 为了能够这么说,他确实必须重新解释理性这一概念,使之成为流动的;他必须剥去它的规范至此为止拥有的稳定性,将这些规范本身转变成一种流动不息但不断升华的生命形态,转变成历史人类的发展过程。如此,新的理性概念就不再必须在矛盾和显然不可解决的反论中间忧伤哀叹,因为通过他那首次直接深入历史事件得以滋长和发生的真正过程的辩证法,他将这些反论接受下来,当作其自身进步和改善的必然媒介。这意味着他承认(在早先时代从不会被认为有可能的一个程度上承

---

① 《法哲学》,1821年,第 xix 页。

认),在历史本身与其所有较险恶、较模糊的方方面面之间,有一种集合的因果联系。每件事情——绝对是每件事情——都起促进神圣理性逐步自我实现的作用;而且,关于它特别精妙和狡黠的是,它迫使甚至原始的、确实甚至实际邪恶的事情为它效劳。如果任何人被其推论——即它令一个人不得不承认邪恶的相对正当性——吓倒,那么它会要他们去了解他本人在其体系的顶点达到的崇高的生活观点,一种能够既深奥,同时又通俗的观点,因为它大胆地断言,凡内在美的,必然与外在丑的紧密相连:"因而,首要的是在转瞬即逝的单纯表象中,认识到内在的实质和那里存在的永恒要素。因为,那合理的(即理想的)确实由于在所有实在的外部存在中显示自己,因而表现为多种多样的形式、形态和表象,并且将其根本内核置于一个显眼的外壳之中,那是意识的直接寓所,是概念思想必须首先穿透的,以便觉察内在的脉冲,并且由此也感觉到它在外部构造中搏动。"①

然而,在黑格尔看来,在构成历史外壳的一切显眼多样的意象中间,没有什么比国家更接近于根本内核。正是在国家里面,他的敏锐的现实意识觉察到了人类历史中最有力和最有效的、无所不在的因素。不管他的经验主义觉察到了什么,它们都必须得到他的唯心主义的核准。可是由此,国家的灵魂,即"国家理由"和马基雅维里学说的种子,也必须得到核准。于是,某种很新的、非同寻常的事情发生了:马基雅维里主义开始构成一种关于宇宙的、同时也包含和肯定一切道德价值的唯心主义观点体系的一个内在组成部分,而在先前的各个时代里,马基雅维里主义一直只能在被构建

---

① 《法哲学》,1821年,第 xx 页。

起来的道德宇宙旁边存在。现在发生的事情差不多如同使一个私生子合法化。

于是,19世纪开初时在德意志,马基雅维里开始重新受到尊重。一种对于马基雅维里主义问题的德意志特有的态度发展起来,而这个事实确实不能被认为仅仅归因于黑格尔的学说和影响。黑格尔将一切智识现象都看作只是一种既定的民族精神的表现(受制于特定的历史情势和发展阶段),认为所有各自分立的民族精神反过来又都由世界精神指引;他本人会轻蔑地拒绝接受对他自己的任何此类个人恭维,会把它归之于将他用作喉舌的世界伟大塑造者。首先必须评估德意志的历史形势。至此为止,德意志在欧洲大的权势政治中总是倾向于比较消极而非积极。因此对它来说,没有可能在权势政治中形成固定和明确的长期惯用传统,像在法国和英国存在的那样。因而,对任何好思的德意志人来说,权势政策并非某种自行存在的东西;相反,它在一定程度上是舶来品,其益处或害处可以争辩。即使17世纪德意志的"国家理由"观念提倡者,也觉得他们在浇灌一株并非德意志土生土长的植物。弗雷德里克大王的权势政策理论同样缺乏任何源于整个民族历史的、有机的不证自明性质,而显得是把握一种迟早必须学会的大技艺的自觉努力。接着,像在革命战争之后和在拿破仑统治下,当崩溃时期来到时,那些生活在德意志经受着磨难的人(他们正是因为国家未经武装而被迫经受磨难)有可能怀着某种敬畏和渴望追求权势武器,因而也追求马基雅维里主义这一武器。最初,只有很少数人这么做。然而,在这感到德意志需要民族权势的武器的很少数人中间,黑格尔或许是第一个,而且肯定是有着最有力的思想的一个。他在新世纪开始时,甚至在他以最终的确定形态确立其哲

第十三章 黑格尔

学体系以前,已经感到了这一点。而且,由于这也只是其思想的某些初始组成部分的最终巩固,因而显而易见的是,他对马基雅维里主义的认可也与他头脑中的这些基本倾向相连,而个人人格和历史情势两者同时促成其产生。恰巧,黑格尔的早期思想发展晚近已被重新编排,并且以一种精妙的方式被呈现出来;因此,我们将限于挑出他的那些可能导致了认可马基雅维里主义的思想线索。①

黑格尔的早期思想发展是一出极其动人心弦的活剧。它表现了一个古已有之但常演常新的过程:一个有力和原创性的头脑起初仍然依赖当时的共有观念,但随后便开始怀着自己朦胧不清的需要,痛苦地和不甚连贯地与之对立,一步一步地克服它们,将其从属于和改造得适应自己的需要,从而逐渐取得力量来建造一座全新的思想大厦。那是一个天才如何发现自己,并且如何为了完全满足自己固有的最内在需要而学会独树一帜的故事。

他不得不面对的是什么观念?他确立起什么来与之对立?他取得了什么最终结果?

他发觉自己面对这么一种个人主义:它按照争取思想和精神自由的理性个人的需要和标准去判断历史生活和国家,主要要求他应当尊敬神圣的个人权利。这一由 1789 年《人权和公民权利宣言》表达的要求起初甚至被黑格尔接受下来;他作为蒂宾根大学的一名年轻教师,欢迎法国大革命。然而,仍在相当早的时候,他就变得感到有朦胧不清的需要,要某种大为不同的东西,要克服国家

---

① 我还怀着谢意回想起了黑勒(Heller)的研究:*Hegel und der nationale Machtstaatsgedanke in Deutschland*,1921,但我只能部分地赞成该书的观点。

与个人之间空洞的对立,要一种将包容它们两者的完整的生活统一。接着,古代世界将再次能够对一个渴求典范的年轻头脑施展其用之不竭的力量。正是在希腊城邦国家中,他找到了这种统一的实现。1796年时,他以最深切的同情,勾勒了希腊人在其最兴盛时期的图景:那是一类将自己的国家和祖国当作世界最终目的的人,是让自己的小我在此目的面前消减退缩的人,因为他本人在实现其自身活动的理念,从而在产生至高的生活统一,即(有如他甚至其时就已经在表述的①)"理性永不能停止寻求的"绝对观念。当理性不再能够在堕落了的古代国家里见到它时,它在基督教里找到了它。然而(按照他当时的看法),这是衰败的象征,生活丧失统一的象征。基督教只能被"一个腐败的人类"接受,它们丧失了祖国和自己的自由国家,眼下在其悲惨中拿起关于人性腐败的信条作为一种安慰。"它尊崇可耻的,将此无能神圣化和永恒化,办法是实际上将能够相信力量的可能性这一点当作原罪。"

于是,马基雅维里的基本感觉之一在他身上复活了。基督教(他说)通过将人们的思想集中于彼世而使他们在此世事务中变得衰弱无能,懒散呆滞。因此,他渴望恢复古代人的自然"美德"(*virtù*),连同其所有辉煌,首先是连同它为效劳国家提供的力量。甚至有一种历史情势的相似性,它在这两位相隔300年的思想家那里激起了如此相似的情感。那时就像现在,一个政治崩溃时代与一个思想和精神更生时代重合。甚至在此时,还有在接下来招致旧帝国崩溃的岁月里,黑格尔已在愈益分明地设想旧世界即将分崩离析。他那正变得成熟,以致能取得最高成就的头脑已经在

---

① *Hegels theology. Jugendschriften*; edited by Nohl, p. 224.

第十三章 黑格尔

旧世界的废墟中间搜寻,力图找到那些将能够建筑一座新的更强固的大厦、恢复个人存在与生活普遍力量之间破碎了的联系的要素。这就是年轻的黑格尔心中的基本感触,从中接续而出的一切都是成长的;也就是说,他感到个人生活与民族普遍生活之间的这一必不可少的联系看来被一个发展过程摧毁了,该过程现在正被革命战争的灾难带到必然的终结。这些灾难驱使大多数德意志知识分子直接退回自身,栖身于他们自己的个人人格。德意志在新世纪头10年里积累的巨大思想和精神财富造就于一种艰难的政治命运的阴暗压力之下。是厄运在那时驱使我们登上了我们政治存在的巅峰。黑格尔本人的情况也是如此,他相当自觉和眼光清晰地参与了他那个时期的生活。然而(在此敏锐的意识之外),将他与他的绝大多数同代人区分开来的是这么一点:他很早就确感这一形势不自然,不会长久延续;真实生活和思想生活无法长期保持那么刻板地彼此分隔而不致很可能会发生新的崩溃,与之相伴也带来思想崩溃。"人的状态(时代迫使他在一个内在世界避难)能够变得要么是永久的死亡状态,如果他留在这个内在世界的话,要么可以是努力状态,奋力驱除现存世界里的消极因素,以便在那里欢享他自身和发现他自身,并且能够生活。……关于自然与现实生活抵触的意识表明,人的状况需要提升,而一旦现有生活丧失其所有权能和所有威望,一旦它变得是一种纯粹的否定,人的状况就会得到提升。这个时期的一切现象都表明,在现有生活中不再会找到满足。"

这些话具有最大的分量和历史重要性。它们反映了德意志的整个被压缩的思想力量,它被生活压回,但是已经准备以其所有冲劲回击生活。它们取自一个晦涩难懂的题为《自由与命运》的片论,它将构成他论德意志宪法的著作的导言。这篇东西(它虽然写于 1801 年和 1802 年之交的冬季,但直到 1893 年才被全部发表)①还给我们提供了黑格尔就马基雅维里主义问题做的首次决定性的评论。

让我们首先回顾导致他这么做的事态:不满单纯加固个性,越来越强烈地认识到个人如何依赖普遍生活的可怕力量,虽然这并未导致纯粹消极的屈从,相反却导致了关于古代"美德"的积极理想,即活在一个值得为之牺牲一个人的整个生命的国家里,并且为了这个国家而活。此外,还有要目睹的、在法国革命和帝国崩溃中运作的巨大可怕力量的可怕活剧,而帝国对这个斯瓦比亚人来说,比对任何其他德意志人有着更多含义,因为在他看来他代表了"国家",可是那现在不再是个真正的国家。"德国不再是个国家"——该书开头的话。因为,只有以权势为手段,一国才真正变成一个国家(第 25 页)。"因为,多个国度要组成为一个国家,它们就必须有共同的国防和国家权威"(第 27 页)。表明所有局部与整体之间的联系的强度的,不是和平安宁,而是战争活动(第 12 页)。在与法兰西共和国的战争期间,德意志亲身体验到自己不再是个国家。不仅如此,它导致了的和平将表明,除了那些沦于征服者统治之下的国度,多得多的国家仍将丧失它们最可贵的所有物,即自主构成国家的能力。

这就是新的——或许宁可说是重新获得的——认识:一个国家的最根本属性是力量,亦即维护自身,不受别国侵害的能力。16世纪和 17 世纪期间所有实际的"国家理由"和关于这个主题的一

---

① 我们在此的援引是依据黑勒在 *Reclams Bibliothek* 中安排的版本。

第十三章 黑格尔

切理论性思考都由这一原理指导；与此同时，与之平行的、按照自然法看待国家的模式大多不受它影响。然而，一个像黑格尔那样的人绝对不能满足于单纯经验的和现实主义的认识，即权势国家的确存在。相反，他感到必须将这一新知识纳入一幅统一的和理性的世界图景。为了能够这么做，黑格尔必须为自己开拓一条全新的、原创性的道路，一条起初导致他穿过阴暗崎岖之地的道路。他像是不得不搬开挡住他行进的山石，而甚至今天，看看这些，人们也能够多少想象到他据以奋斗求索的力量。①

起初，黑格尔在他内心的热烈主观性开始激烈斗争之际，若无某种反弹感和退缩感，就没有可能形成自己的新思想，那正在导致他摆脱占优势的个人主义。他开始遵循的新指导光芒最初只能给他照上一道带不来什么安慰的冷光，当一个人变得明白此理时，他就懂得了这一点。在90年代末与荷尔德林通信时，他承认了一种无所不在和僵硬刻板地主宰人类生活的命运的观念。认为个人和民族依赖一种未知的超人命运力量的观念此后变得靠不住了；它甚至对黑格尔那样有铁定思想模式的人来说也已成为没有根据的。他在寻求的自我、民族、国家和宇宙之间的根本统一沿这条路径没有达到。这个顽固恼人的障碍物必须被搬除。因此，他的命运概念开始逐渐改变，变得较接近于人类和历史领域，利用它本身特殊的最内在力量，从而成为包含智识和理性的，直到最后在他的体系的顶端，命运转化为由理性本身构成其唯一内涵的世界精神，它导致他在民族精神的星系中的自我显现，而反过来它又激发、塑

---

① 我们在此依据一部深刻的著作：Rosenzweig, *Hegel und der Staat*, 2 vols., 1920。

造和指引世界历史。

当黑格尔在1801年至1802年写下他关于德意志宪法的思想时,他的世界图景还未达到这个阶段。他的命运概念肯定已获得了一种活生生的历史内容,而且最重要的是已将国家当作命运力的根本载体,但它还未具有能够调和一切的世界理性之优越和热烈的地位。然而无疑,这决定性的思想已经被把握,它将在黑格尔后来的哲学体系中拥有那么重大的意义,可以被看做是他的一个特殊魔诀,用来对付世界图景中的一切矛盾和歧异,用来同时承认整个历史现实中的背离和不洁之处,使得一个人能够容忍这些(怀着对整个世界和宇宙的一种镇静感),将它们当作单纯的前台现象,当作能够在和谐中得到解决的单纯的不调和,只要一个人从存在的最高顶端看事物。接着,一切形态各异、丰富多彩的历史活动确实必须被重新解释成只是在被一只神手操控的牵线木偶戏。先前被赋予一切历史力量、让它们无拘无束地自我发泄的自由和个性许可,由此变得只是一种表面自由和表面权利。让我们听一听他本人在他论宪法的著作里不得不说的话:

"德意志民族初始的坚固特性已由其命运的铁的必然性决定。在由其命运标出的领域之内,政治、宗教、需要、美德、权威、理性、狡黠和所有其他在被允许给它们驰骋的广阔天地里驱动人类的力量做尽一场巨大和显然无序的游戏。每个都作为一种绝对自由和独立的力量自我运作,完全不知它们统统是更高力量手中的工具,是原初的命运和征服一切的时间的工具,这些力量能够讥笑这'自由'和'独立'。"

这一牵线木偶戏理论是理解黑格尔权势国家思想的关键。他对一般的权势的见识肯定并非没有他自己个性中的基本根源。像

第十三章 黑格尔

已被正确指出的那样,[1]他本人就有成为掌权者的胃口。然而,甚至比他自己的个人权势需要更强有力的是他的思索冲动,导致他将权势(以及一切其他生活现象)解释为单纯的表象,出自存在之最高的和不可见的权威,然后它的影响只是作为其最高词义上的权势才被感觉到。由于(而且只是由于)确实存在这么一种至高无上和包罗一切的权势,才也有可能赋予历史生活的一切可见的现象性力量自由驰骋天地(虽然确实只是表面上自由),因为这些力量无不从最高权势那里得到自己的受命和所需之力。然而,接下来还必须理解它们之中每一个的特殊受命和特殊个体力,通过它本身的能动行为领悟它,不将出自任何其他生活领域的标准应用于它。为了辨识最高真理,首先就必须认识到寓于各自分立的事物本身的真理。正是以这方式,用黑格尔的话语说"寓于权势中的真理"被发现,政治摆脱了寻常的道德规则和个人的理想要求。

我们将再次用他自己的话说明他的思想。他在谈论一个事实,那就是瑞典在为拯救德意志良心和德意志国家的自由而被拖入三十年战争之后,在战争过程中成了德意志境内的一个征服国。"因为关于政治自由和宗教自由的利他估算这一理想主义想象,人们蠢得在其激情的狂热中忽视了寓于权势中的真理;于是,他们被导致在自然和真理的更高正义面前坚信一种人为的正义体系和梦幻构造,虽然这更高的正义为了对人们施行其权威而利用必需,不管任何理论信念或内在狂热。"因而,"一个外部强国,被一个较弱的国家允许参与其内部事务,而成功地获得该弱国的某些领地",此乃一种形式的正义。

---

[1] Heller, *loc. cit.*, p. 61.

"是慈善家和道学先生,将政治谴责为一种试图以牺牲正义来谋取自利的竞争和人为技巧,一种靠不义造就的体系。是不偏不倚、大灌啤酒的公众(即缺乏任何真正的忧国爱国之心、以啤酒馆的安宁无事为美德理想的群氓),怪罪政治背信弃义或浮躁无常;或者,这同一公众至少对其国家的利益寓于其中的法律形式有些兴趣,同时怀疑之。如果这些利益与他们自己的利益一致,那么他们也去护卫这法律形式,但驱使他们的真正内在力量是他们自己的利益而非国家利益。"在国家间关系中被谈论的那类正义仅仅是"一国的经协定承认和保证的利益"。而且,"它全然取决于形势,取决于权势的结合(即取决于政治判断),不管被危及的利益和正义是否应当以全力来捍卫;然而在这场合,另一方也将能够用它自己一边的权利和正义来为自己辩护,因为它也有着那正在产生冲突的对立的利益,从而也拥有权利。战争(或不管叫什么)现在有个任务,即决定在两方宣称的两个权利当中,哪个要让位于另一个,而不是决定其中哪个是真正正当的权利"(第110页以下)。

老的利益信条在此又一次得到宣告。黑格尔熟知并诉诸前一个世纪的历史和政治文献。"这特殊利益(国家利益)是首要考虑——此乃众所周知、广泛公认的原则"(第118页)。然而关于它,有一点是新的和革命性的。早先较粗糙的"国家理由"观念承认政治与道德和正义之间存在冲突,只是认为政治在这一冲突中至高无上,赢得胜利。黑格尔却足够大胆,以至全然否认这一冲突存在,因为"这首要考虑不可能被认为与权利义务或道德互相冲突";"国家没有比维护它自身更高的义务"(第129页)。这意味着黑格尔同关于标准和世界观的二元主义决裂,转变到一种一元主义伦理和世界观,那说到底是泛神论的。在此,对立的不再是道德

第十三章 黑格尔

的与不道德的,而是较低类型与较高类型的道德和义务;不仅如此,国家的自我维护义务被宣告为国家的最高义务,它的自我私利和私益从而获得了伦理上的认可。因为,在一切利益冲突和权势胜利中,一种"更高的、自然和真理的正义"被显露出来。后来黑格尔历史哲学将滥用于世界精神在经验历史上的行为的神圣化宣言尚未完全打造出来,给世界精神留的皇位仍然空着,并且尚被命运概念这朦胧的烟云遮蔽;但是,这皇位已被确立起来,对它的崇敬已在要求之中。

还有,马基雅维里现在被召到这皇位前,被抹去了一般舆论打在他身上的"非难印记",并且饱受最高荣誉和无比颂扬。他关于君主的书表达了"一个真正的政治思想家的极伟大真实观念,具有最高尚、最重要的意义"。在一种混乱盲目的总形势中,他(如同在黑格尔的早期著作中表述的那样)"以冷静的审慎把握了一个必要的思想,即意大利应当通过被结合为一个国家而得到拯救"。黑格尔在他自己后来的岁月中相信,"一国应当构成一个民族这项观念"在被盲目的自由呼喊淹没,德意志的一切苦难,以及从自由后的法国狂热汇拢来的一切经验,或许都将不足以使各民族相信这个观念。然而,这丝毫没有减小这个观念的"必要性"。黑格尔还用它来为马基雅维里的被认为令人憎恶的方法辩护,并且大为鄙视寻常道德的陈腐观念。"在此,不可能质疑不择手段。下毒和暗杀在其中已成为惯常武器的形势不适于采用温和的对抗手段。只有依靠最有力的行为,近乎处于腐烂状态的生活才能得到改造。"

他既认可马基雅维里的目的,也认可其手段,但这事实(像上面的话已经显露的那样)肯定并不意味他将《君主论》视为一种可应用于任何时代的纲要。他明确拒绝这一点。在他看来,唯一对所有各个时代都正确的部分,是这学说的根本内核,即关于一个国家(它理应组成为一个民族)的观念应当依靠为此目的所必需的一切方法来实现。在他看来,马基雅维里所用的方法是暂时的,属于它们所在的时代,不应被普遍模仿,而且只有在当时意大利的特殊形势的背景下才能被理解。此外,甚至这些,他也试图依靠一种多少是不由分说的裁判式论辩给予辩解,即马基雅维里从意大利应当组成为一个国家这观念出发,不得不按照意大利似乎已经是一个国家来行事。然而如此,国家内部的反对分子就是罪犯,如果国家以一种确定无疑的方式消灭他们,它就只是在像法官那样施行惩罚。"在私人对私人,或者一国对另一国或私人所做的场合将是令人憎恶的行为,在此必须被认为是正义的惩罚。"这表明,黑格尔在面对一种无限的马基雅维里主义的后果时,仍然持有某种犹豫。他还因而承认,在国家与国家的冲突中,并非一切方法都可以允许。于是,老的二元主义伦理的一个残片在此正飞入新的一元主义和泛神论的观念领域,提供了一个初始迹象,透露并非政治伦理的所有问题都能仅仅靠这一手段来解决。假如黑格尔没有这一不连贯之处,他就必定会最后搞出一种冷酷无情的自然主义权势学说,一种仅以权宜和裨益,而非任何道德情感为其限界的"国家理由"。然而,他的根本的唯心主义意识在这么一种前景面前有所退缩。

* * *

黑格尔的这部著作富含有力的思想,堪与马基雅维里《君主论》媲美,但它一直不为他的同代人所知。他(模仿马基雅维里的类似向往)渴望有一位忒修斯①拯救德意志,并且将它统一成一个

---

① 希腊神话中的雅典王子,曾进入克里特迷宫斩妖除怪的英雄。——译者

国家,但这渴望仅仅实现了一半。因为,在普鲁士崛起和改革时期里崭露头角的忒修斯式的人物们虽然肯定能拯救德意志,但还不能将它统一为一个国家。黑格尔本人确实已表达过一种怀疑看法,即他的同代人中间要求自由的呼喊会淹没组成一个民族国家的需要。同样,这一看法也被德意志政治精神的发展一半认可,一半拒绝。在未来的一段长时间内,自由思想仍然表现得强于民族国家思想;德意志人要自由、不要专制主义警察国家的希望表达得比他们的统一希望更有力。这些希望也在解放战争时期苏醒,而且大致每过十年就变得更活跃、更有效。尽管如此,它们逐渐地变得越来越与新的权势政治思想相连,那是黑格尔第一个在德意志表达的。自19世纪中叶起,在基于民众舆论力量实现统一的希望破灭后,一种信念开始广泛传播,亦即为统一铺平道路的将必须是国家权势——由其本身的特殊利益即"国家理由"指引的国家权势。思想和经验两者结合起来产生了这一信念。经验包括19世纪期间落到德意志人民头上的所有历史事态。然而,那些领导统一运动的人的思想在很大程度上(究竟多大程度无法确切衡量)是靠黑格尔哲学臻于成熟的,后者在其最终形态上也包括寓于其早期著作的权势政治观念。的确,这些观念现在首次被升华至它们能够达到的最高境界,从而被提升到最有效地位。

　　由于我们的研究框架,不必逐个阶段地追踪黑格尔权势国家理念的独自发展,连同这与他的整个哲学体系的一切联系。这个任务已由黑勒完成,至少是纲要式地,即使他的著作确实包含某些夸大和曲解;罗森茨魏格(Rosenzweig)那深刻的展示整个黑格尔哲学的书,也恰当地论述了这个问题。如果我们首先重现黑格尔赋予"国家理由"观念的最终表述,然后将这些插入我们正在谈论的问题的历史背景,那么就我们的目的而言便足够了。

在1821年的《法哲学》中,黑格尔给出了如下解释,说明在针对别国运作时的"国家理由"观念(第336节和第337节):"由于各国是作为自主的实体,并且因此作为条约的效力所依赖的各特殊意志互相关联,由于整体的特殊意志在内涵上是一种只为其自我福利的意志,因而福利是支配国家间关系的最高准则。由于国家观念恰恰是压制权利(即空洞和抽象的自由)与福利(即填充这空白的特殊内容)之间的冲突,而且正是在各个国家成为具体的整体时,它们才首次得到承认,因而情况更是如此。国家的实质性福利是它作为在自身的专门利益、专门形势和同样专门的对外事务(包括其特殊的条约关系)中的一个特殊国家的福利。因此,它的政府就是个特殊智慧问题,而非普遍天意问题。同样,它相对于别国的目的,它用以辩解战争和条约正当的原则,不是一种普遍思想(慈善思想),而只是它实际被损害或被威胁的福利——某种专门的和它特有的东西。"

他将对政治与道德之间关系的某些观察与这一点联系起来。国家福利,他说,有着一种与个人福利的理由大为不同的辩解,"而且这个伦理实体——国家——的确定存在,即其权利,直接体现在某种存在物、某种并非抽象而是具体的东西之中,它的操作原则和行为准绳只能是这具体的存在,而不是许多普遍思想假设的道德命令。当政治据称违背道德,因而总是错时,如此提出的信条是依据关于道德、国家性质以及国家与道德观点的关系的皮相观念。"

在这些命题中,仍然能够觉察到黑格尔权势国家思想的出发点:他对私人个性的单纯结构的不满,他对国家的超个人的致命力量(那将个人约束到为它效劳)的意识;一句话,国家第一,国家凌

第十三章 黑格尔

驾于个人之上。然而,与黑格尔辩证法完全相符,现在从寻常个人主义的失败中,兴起了一种新的、更高的个人主义。所以更高,是因为他还承认国家的超个人本质的个体性,将可能为了单独的个人而声称的种种权利转移给它。在其哲学的顶端,黑格尔现在将一般国家设想为一种"个别总体",它按照它本身专门和特别的根本法则,以颇为具体的方式发展,从而既被允许,同时也必须无情地撇开甚至是普遍的道德命令。它(如他的话表明的那样)并未因为这么做而行为不道德,而是宁可说按照一种更高的道德的精神,那优于普遍的和寻常的道德。他在他的历史哲学中清楚地道出了这由什么构成。"国家道德不是以个人信念为主宰成分的道德的、反思的要素;个人信念更容易为现代世界理解,而真正的和古代的类型植根于每人都有自己的义务这一原则。"[1]于是,他年轻时系于古代的理想,关于一个公民为国献身的理想,现在再次被表达出来,帮助加强了一个观念,那就是国家应当受激于它自己最个性的利益,而不是受激于任何普遍的道德命令。

然而(尽管不那么多地是就黑格尔,而是更多地就他在德意志的同代人和后继者而言),现在和以后对这一观念的最有力支持,在于对超个人权力的个性的新意识,即在于德意志历史主义。这使得我们的视野扩展到黑格尔的思想领域以外,进入18世纪和19世纪之交总的德意志思想运动。决定性的事态在于,眼下既在古典主义阵营,也在浪漫主义阵营,人们都与自然法旧传统决裂,那是斯多葛派和基督教的,然后由启蒙思想重新世俗化。如前所述,这一自然法观念从个人理性出发,但它将这理性视为在所有个

---

[1] 黑格尔:《历史哲学》,拉松(G. Lasson)编,第1卷,第94页。

人那里都一样,从而赋予其权利宣称和命令绝对的正确性。因此,出现了关于国家最佳形态的理想;也因此,出现了这国家最佳形态也应当完全服从普遍道德法则的要求。然而现在,在德意志,人们不再相信理性绝对正确和普遍一致,开始领悟一切生活力量的个体多样性,连同其中每个都由一项特殊个别理性支配的事实。[①]施莱尔马赫在其1800年的《独白》中,以最简洁、最富含义的方式表述了他在自己内心经历的这一突然转向。"很长一段时间里,对我来说只要找到了理性就足够了。而且,我相信一个存在的统一性,因为尊敬独一无二和至高无上的东西;在每个场合只可能有一个公理,行为在所有场合都必定一致。"然而现在,他被"个体存在的特殊性观念"抓住了;他现在不得不去寻求某种更高的道德要素,不再能满足于这么一个思想,即人类只是一个统一的群体,虽然从外面来看被分裂成各个部分,然而它实际上全都是同一的。"如此,某种东西突然击中我的心怀,自此一直令我极为兴奋;我开始明白,每个人都应当以他自己的不同方式,通过它的各个要素在他自己那里的特殊混合,由他自己代表人类;如此,它将要以每个特殊方式显露它本身,将要成为每个能够作为某一个体,从它自身深处浮现出来的东西。"

在此,施莱尔马赫说的主要是各自分立的事物的个性,连同它们里面的个体因素的优越道德;他尚未达到将国家说成是一个"个别总体"或谈论任何寓于其中的优越道德的阶段。然而,甚至在那时(如他的《独白》中另一段有名的话显示),他正在将目光投向一

[①] 主要参见 Ernst Troeltsch, *Der Historismus und seine Problem*, 1922;又见我的书评 *Ernst Troeltsch und das Problem des Historismus*,载于 *Deutsche Nation*, 1923年3月号。

个新的、更高的国家概念,这国家总是高于单纯的机制,应当要求人们将所有最内在的力量统统奉献给它,但是也应当朝着人类存在的最高发展提升和扩展它们。① 自此往后,在德意志的所有各方面,从个体存在的愈益深化的个性中,不时以这种或那种方式出现了一幅新的、更加活跃的国家图景;与此同时,还出现了一种新的世界意象,它将世界看作充满了个性,并且在每一个性(不管是个人的还是超个人的)之中,看到一个专门的、富有特征的根本法则在运作,从而学会了将自然和历史集合地理解为一种(用弗里德里希·施莱格尔的话说)"个性的深渊"。因为,每个个别事物都出自神圣自然的统一母体。无处不有的个性,精神和自然的同一,还有通过这同一而就所有否则将渗漏掉的个别丰富性铸成的、虽不可见但强健有力的纽带:这些就是目前在德意志以这种那种方式突然呈现的新的有力思想。它或许是在西方经历过的最大的思想革命。因为,至此为止占据支配地位的信念——相信全面的统一和一致,相信理性及其要求的绝对正确,现在被一种认识摧毁和消解了,那就是理性以无数多样的形式显露它自己,它规定生活的个别法则而非一般规律,它最终的统一只在于宇宙的一种不可见的形而上基础。历史上的每件事现在看来都不同于它以前看来的样子:它不再是表面看上去的那么简单和容易认识,而是充满种种透视性,有着难以度量的景深;它不再(像先前人们认为的那样)由同一事物的永久反复重现组成,而是独特无比的东西的一种永久再生。这一更丰富、更深刻的世界意象由现在正在问世的德意志历史主义造就,它要求更有弹性的思想模式和更复杂、更具想象力的

---

① 参见 Günther Holstein, *Die Staatsphilosophie Schleiermachers*, 1922。

抽象语言，带有一种趋于神秘朦胧的倾向。西塞罗、托马斯·阿奎那和弗雷德里克大王假如互相读过各自的著作，就能互相理解，因为这三个人全都说易懂的自然法抽象语言。在赫尔德、歌德、黑格尔和浪漫主义者的著作里，他们会发现令他们困惑、在他们看来无法理解和古怪莫名的词语和观念。

关于个体的这一新意识就像一团火，能够燃遍（不是一下子而是逐渐燃遍）生活的每个领域。一开始，在许多方面，它只是燃着了最脆弱、最容易着火的材料，即个人生活，主要是艺术和诗歌领域，但此后它也燃及更重大的材料，其中最重要的是国家。黑格尔第一个有意地、确实是偏激地从个人主义崇拜转为超个人实体即国家崇拜。现在第一次，在这以个体方式看生活的一般倾向的背景下，有可能完全理解他对理性概念的重新解释，即从理性是它先前被认为的静止力量，变为理性是历史人类的流动的发展过程。这意味着以一种揭示正在展开的丰富的个性的方式重新解释它。在其中每一个里面，单一的神圣理性采取了一个特殊的具体形式，而这些形式中最高和最有影响的在他看来就是国家。然而，与对国家个性的承认结合在一起，还有对它们的生命动脉即"国家理由"和国家利益的承认；与此同时，它制约其他一切的权能，它的权利凌驾于任何其他权利之上的优先地位，也（如前所述）得到了明白的承认。单个国家连同其追求权势和生命力的冲动，在先前几个世纪里只能导致一种尽管确实有力，然而不神圣的生活，现在却获得了新的个体崇拜能够给予它的一切尊荣。单个或实有的国家与最佳或合理的国家之间老的二元主义不复存在。实有的国家就是合理的国家。

因此，黑格尔也完全持有关于历史个性的新意识，从而成了德意志历史主义的最有效的前驱之一。他的历史哲学中存在的经久价值和所有内在生命力,本质上基于对伟大的历史个性的这一意识。然而在他那里,它从未成为首要的东西;他从未以浪漫主义者和德意志历史学派缔造者显示的那种深刻的乐趣和热情专注于它。对他来说,无论现在抑或往后,它只是达到一个目的的手段,他的世界图景之特殊圣洁的关键,在这图景中历史世界的全部丰富个性组合和压缩为一个单一和独特的神性,即世界理性、世界精神。这世界理性无疑被解释为(如前所述)人类的流动的、愈益丰富的生活;然而与此同时,它也在越来越大的程度上,被解释和评价为这辉煌多变的活剧的全剧最高导演,操作历史牵线木偶戏的力量。每一个别事情都服务于实现单一和独特的理性,后者有一种特殊技能:既诱使善也诱使恶,既诱使智识和精神因素也诱使自然因素为之效劳。在那个时代的两大主要观念——同一性观念和个性观念当中,在黑格尔那里显然更强的是同一性观念,亦即奋力趋于自然和精神之内在统一和神化的观念。然而与此同时,在这臣服一切经验事物,使之遵循一个独特的理性观念的需要中,也有斯多葛派、基督教和启蒙思想的千年传统在起作用。甚至历史中的个别因素也因而再次被理性化了,而且现在它确实同时(虽然他笼统地承认它)被剥夺了自己最个性最原初的本质。它构成新旧观念、趋于按照绝对方式或历史方式看待事物的观念的最显著最浓缩的综合。它们就像被一起关在一个牢笼里似的。

在这个牢笼里,还有(如前所述)"国家理由"观念。它有一个自己的囚室,在其中它可以自由自在、不遭障碍地移动和运作。的确,那是牢笼中最大的囚室之一。因为,按照黑格尔,朝着使世界理性成为现实而履行最重要的服务的,就是由"国家理由"指引的国家。他必定将国家置于这么高的地位,原因在于他需要它来落实他的宏伟观念,即世界精神在历史中,并且通过历史逐步实现其自身。在历史中,他现在需要一个像国家那样的权势,它将在一个特定和显著的程度上作为理性目的的载体来行动,与此同时也将是一个主宰整个人类生活的载体。"只是通过国家,人才有任何价值,或任何精神和思想现实。"① 他还需要国家来构成他那个时代的两大观念——个性观念和同一性观念、个人福利和普遍福利——之间的统一纽带。是国家创造了"普遍意志与主观意志的统一";而且,正是在每一普遍物的意志与个人的主观意志之间的这一联结上,他看到了国家的本质,它的活生生的道德性质。② 为了他的普遍历史哲学(那将每件事都指向整体,无情地使每个个体都从属于整体),他需要在经验世界之内有某种"普遍要素",某种主宰个体的权势。于是,就有了他对国家的神化。

由于在他那里,个体化和历史化思维模式的一切都主要集中在国家上面,因而他还能以尽可能最清楚的方式理解"国家理由"的内在本质、它的深渊和它在原始动机与智识动机之间的紧张、它对善的因素的利用和它对恶的因素的滥用。国家是作为特殊实体进入互相间关系。因此,它们的关系在最大程度上是个外在偶然性和内在特殊性的漩涡,后者由激情、私利、自私目的、能力、美德和邪恶、强力和过失构成。所有这些一起急速旋转,伦理整体本身即国家的自主在其漩涡中心很容易受偶然性支配;③然而,那是如下一种偶然性:它通过世界精神的运作和指引,又一次完全被抚

---

① 《历史哲学》,拉松编,第1卷,第90页。
② 同上,第90页以下。
③ 《法哲学》,第340节。

平,并且最终被导致产生成功的结果。从世界精神制高点,他以一种宏观的讽刺目光,向下注视整个这一权势活动。的确,在他的《历史哲学》中,①可以读到关于罗马人的令人忍俊不禁之词:"罗马人的一个特殊性在于,有着世界史上最大的公正体系的他们,也利用小公正,即关于小伤害的宣言和协定,并且差不多以一种派性十足的精神护卫之。然而,在此类政治复杂情况下,任何人如果希望指责并且指责对他有利的话,总是有可能指责另一个人。"如此,他既讽刺,同时又容忍了旧的权势伎俩,以道德和公正掩饰其利益的伎俩。

在《历史哲学》中,马基雅维里也被给予了他在 1801 年至 1802 年的早期著作中得到过的赞扬。② 那时,他之所以被赞扬,他的方法之所以获得喝彩,是因为他倡导一种必要的观念,即意大利人民应当得救,被统一在一个国家内。现在,黑格尔说将教皇国清除出各独立的王朝行列这有限得多的目的(这只是国家的目的之一)乃"道德意义上的正当权利"。"持有旨在组建一个国家的强烈必需意识,马基雅维里规定了种种原则,据此国家应当在这些形势下得到组建。五花八门的统治者和统治家族必须统统被镇压下去;而且,如果(本着我们的自由权概念)我们不能接受他告诉我们唯一可能和完全有理的种种手段,亦即如果由于这些手段包含权威的最冷酷行使和所有各种欺骗、暗杀等等,因而我们不能接受,那么我们至少必须承认,只能以这种方式攻击必须被推翻的王朝统治者们,因为全无良心和彻底堕落完全是他们的部分秉性。"黑

---

① 拉松版,第 700 页以下。
② 同上,第 863 页以下。

格尔由此将马基雅维里信条的内核与外壳区分开来,给予他的方法一种暂时的而非绝对的认可。

在我们的"国家理由"观念史中,马基雅维里、弗雷德里克大王和黑格尔卓越超群,是三位最突出的人物。黑格尔本人明确地意识到这一联系。① 的确,他没有(像我们在此不得不做的那样)使用"国家理由"标签,以标明国家在国内外的操作原则的一般实质;相反,他将它视为起先由启蒙思想(连同其倾向于自然法的偏见)构建的一个概念,"关于普遍最佳之物的原则",它被允许在国内将它自己置于私人权利之上,贯彻国家的普遍目的。然而,恰恰是从这个方面出发,弗雷德里克大王在他看来是一位"世界历史人物。可以将他称作将现实带入新时代的统治者,实际存在的国家利益在其中取得了普遍性及其最高授权。""必须格外地突出他,因为他在思想上把握了国家的普遍目的,而且是第一个念念不忘国家包含的普遍要素的统治者,总是将他的国家的终极利益当作终极原则,从不允许特殊因素有任何影响,如果它与国家的目标对立的话。他将这个观念提升到支配地位,并且给了它一种在任何特殊或具体事物面前的有效性。"因此,他很有理由将弗雷德里克看做是他自己的国家思想的先驱,开启了他预期这个思想在其中会获胜的时代。

然而现在要问,什么是黑格尔的"国家理由"及其权势国家思想所服务的终极目的? 至此为止,我们听到这目的是世界理性的逐步实现。然而,因为这世界理性必须包含世界历史的全部精神和智识内容,从而无法简单地予以表述,所以很能够理解对黑格尔

---

① 拉松版,第918页以下。

第十三章 黑格尔

眼里的世界历史最高价值可能有种种不同解释。比至今为止任何别人更彻底地探究了黑格尔权势国家思想的研究者得出一个结论,那就是对黑格尔来说,"民族国家权势是最高目的",他的世界精神不是别的,只是"民族主义世界权势的道德授权的表述"。①在这个结论中,一个人只能看到黑格尔权势国家学说的绝对堕落,因为它将一个手段变成了目的本身。无疑,黑格尔赋予"国家理由"和权势国家一种宽广性,并且将一国的外在权势视为与其内在活力相关联。② 然而,他从它的发展中期望的最高结果并非民族国家权势本身,而是将出于其中的民族文化,它并非被有意追求,而是从中有机地发展出来,以至繁盛兴旺。"一个国家能够实现的至高目标,是艺术和科学在它内部得到发展,并且达到一个与其人民的思想和精神相应的高度。这是国家的最高目的,但国家绝不能试图将它当作一个构造来产生;相反,它必须将它自身从它自身中创造出来。"③

粗鲁的权势目的也无法同黑格尔的一项著名断言调和起来,那就是世界历史等同于自由意识的进步。对他来说,自由不止是国家权势的单纯发展;那在他看来,是精神及其最内在的深层与其世界的统一。"这是它的终极解放,因为思想是它最内在的本

---

① Heller, *op. cit.*, p. 130.
② 拉松为黑格尔《历史哲学》所作导言,第 79 页。
③ 《历史哲学》,拉松编,第 628 页;另参见第 871 页。文化为国家服务这一事实完全可以与黑格尔辩证法相调和,而且确实必然与之相连。《法哲学》前言第 11 页说"哲学主要或仅仅为国家服务";不仅如此,倘若没有国家,文化本身就是不可能的。参见 Giese, *Hegels Staatsidee und die Idee der Staatserziehung*(柏林大学博士学位论文,1923 年),pp. 134 ff.:"对黑格尔来说,艺术和科学并非与国家分离;实际上,它们是国家的智识本质的要素,在某种意义上确实是国家本身。"

质。"①说到底,他的历史哲学以一种崇高的玄思臻于极致,那是人类思想可以达到的最高价值。② 谁彻底地理解了世界和在其中显示的理性,谁就自由。然而,一个人主要必须领悟"对立统一"(*coincidentia oppositorum*),那寓于自然与精神之间看似的抵触之中,那是一切存在与生成的真正统一和合理性。"如果思想在其本身中自由,它就经得起自由地摒弃表象",它就能"容忍一个事实,即自然的东西在其自身内直接形成了精神的和思想的东西"。③也就是说,它确信精神与自然的统一,从而能够容忍这个经验世界的、连同其所有可怕深渊的活剧,能够承认在其中运作的所有力量的自由。这种授予"表象"的自由确实仍然只是牵线木偶的表面自由。真正的自由仅寓于观察世事、思考事理的思想与世界精神之间近乎神秘的统一之中。

于是,黑格尔表现出将下述两者结合起来的天才:一是承认现实的冷酷无情的现实主义,另一是从最高的形而上层次出发的、对整个生活的超然态度。由此,他显得实现了一项引人注目的成就,那就是设法既认可悲观主义观点(它怀疑世界之善)的种种断言,但同时也以一种超然的、怀着英雄般的优越感和平静俯视这个世界的乐观主义与之对立。现实污秽,但哲学家出污泥而不染。相反,他以能工巧匠之手将污泥统统聚合起来,制成用于建筑他的宫殿的部分砖瓦。"国家理由"也是其中之一。

黑格尔的体系既权威又深刻,以一种恢宏奥秘的方式构筑起

---

① 前引书,第160页。
② 甚至狄尔泰(Dilthey)(见其 *Ges. Schriften*, 4, 249)也将"精神返回到它的绝对内在深处"视为黑格尔那里的"最终要素"。
③ 《历史哲学》,第578页。

来并臻于完成,它不可能长时间作为一套封闭的学说维持自身。然而,他关于理性的狡黠、理性允许善出自恶的观念产生了巨大的影响。生活和历史的全部经验确实在事实上确认善恶之间存在某种险恶的联系。可是,黑格尔对德意志权势政治思想有其不幸的影响,它出自一个事实,即有可能忘记这一联系中的险恶因素,"国家理由"的原始方面、兽性和黑暗方面也能得到淡化。理性的狡黠这一信条只是同一性哲学的逻辑结果,后者为了展示整个世界体系的统一和合理而需要这个手段。"对理性头脑而言,哲学美化了看来不义的实际现实因素。"[①]然而,这种自然神学和普遍乐观主义(同一性哲学领会了以此来看待现实)包藏严重的危险,那就是道德情感会变得迟钝麻木,过分的权势政治会被掉以轻心地看待。

而且,这一危险还包藏在新的个性学说中。它已经能够导致个体存在的道德被诱入歧途,如果个体表达自己的权利被认为无限,并且被当作与普遍道德相对的一类更高道德的话。一旦被应用于国家这超个人的个体,它就能被用来辩护其一切过度的权势政策,将它们说成是国家存在之必不可免的有机的结果。黑格尔在《法哲学》中(第334节)说:"一个国家可以在其每项无论多小的关切中,都认为自己的无限和尊严受到了威胁;而且,它的强烈个性越是由于长期国内和平而被驱使去在国外寻求和创造一个活动领域,它就越倾向于易受伤害。"有如人知,黑格尔还受到拿破仑的很强烈的影响,拒绝在世界历史的伟大征服者面前做任何道德说教。因此,他无疑为对于世界历史人物的一种更自由、心态更开放的解释铺平了道路,然而也开创了一种对政治伦理问题的更松弛

---

① 《历史哲学》,拉松编,第55页。

的对待。他给国家在其互相交往方面的利益政策赋予了完全彻底的宏大权力,没有费心去以任何方式加以限制——当然他对马基雅维里方法的不洁所作的反对性保留除外,他说那些方法只是在马基雅维里当时的历史情势下才是可允许的,不能被认为永恒和普遍适用。这仅仅提供了一道很脆弱的抵挡现代马基雅维里主义的屏障,后者在将来使用自己基本上或许同样不道德的可怕的新方法时,也能够以某种新的特殊的当时情势来为自己辩护。

因此,同一性观念和个性观念——当时德意志思想的两项最高和最富成果的理念——表明了一切伟大的历史思想和力量的内在悲剧式两重性。

第十四章　费希特

现在终于在德意志,马基雅维里找到了理解他,或者至少开始从他的历史和个体前提出发领悟世事的人们。1795年,早于黑格尔,赫尔德就已经在他的《为促进人类而写的书信》(第五集第58篇和第59篇)内,表明了他甚至就马基雅维里而言也有的对于历史个性的强烈意识。他转而注意当时事实上以马基雅维里为最重要和最聪明代表的、关于政治与伦理之间关系的主流舆论之力,从而为比较公正地评价这位大受误解的人物准备了条件。他还大力强调马基雅维里的意大利民族解放目的,因而总的来说为后来兰克的解释铺平了道路。不过,他替马基雅维里的人格作的辩护并未延展到辩解其信条。他赞扬马基雅维里,但诅咒他的马基雅维里主义,认为人类理想将与之全然绝缘。哦(他叫道),如果这"国家理由"政策——马基雅维里为其大师的"国家理由"政策——"能为了人类而被永久埋葬,那有多好!"通过赞扬马基雅维里及其追随者诺代(那也由他重新发现),他只是想表明靠着"冷静地洞察历史的黑暗深渊",他能够发现某种有价值的东西,并且即使在那里也必得承认它;不仅如此,如果一个人生活在一个较好的时代,那就特别有可能。如此非常漫长的一段时期之后(他相信),即使马基雅维里在当今也会有不同的想法。"哦,要是我们有一幅马基雅维里画的关于我们自己时代一位君主的图景就好啦!"①因而我们看到,甚至赫尔德也尚未对马基雅维里主义采取一种新的、专门德意志的态度,那是我们在黑格尔那里最早见到的。

然而无疑,费希特——详细思考同一性问题的第二号伟大的同一性哲学家——确实具有这种态度。1807年,德意志倒霉之年,当时居留于科尼斯堡的他在当地出版的《费斯塔》(Vesta)评论刊物上发表了一篇文章,委婉地题为"关于作为一位著作家的马基雅维里及其语录"。该文是一篇对他的同胞们的政治讲道,以其全部富有特征的冲动力,全无保留地提倡马基雅维里"国家理由"和权势政策的基本思想。② 他将其概述为两大命题:

"1. 你的邻人,即使他可能将你看做他反对你俩都害怕的另一个强人的天然盟友,也总是随时准备一有机会就立即靠牺牲你

---

① 两部论著,即 Fester, *Machiavelli* (p. 4) 和 Elkan, *Die Entdeckung Machiavellis in Deutschland im 19. Jahrhundert* (Histor. Zeitschr., 119, 430 ff.),在谈及赫尔德对马基雅维里的解释的段落中,未能足够地注意到他的判断的这一方面。埃尔坎(Elkan)确实大为谬解了它,说赫尔德感到政将不得不应用某些与《君主论》的信条相符的根本原则。然而,他的论文以一种非常恰当的方式讨论了卢登等较小的思想家,他们当时同样试图为马基雅维里正名。我相信,我在《人道理想与民族国家》一书中,充分地显示了浪漫主义者们如何对待权势政治问题,特别是亚当·米勒(Adam Müller)的信条如何提供了一个导向兰克的最初阶段。值得注意的是,甚至歌德在他去世那年,也从对旧制度下内阁政治的一种旧日的同情出发,承认了"国家理由"的必然性质。"我自认为,"他在1832年1月1日说,"高于寻常的浅薄政治家;我相当直截了当地说,没有哪个国王信守诺言,他也无法信守诺言,而总是必须屈从于环境的支配力;波兰人无论如何必将灭亡,他们必将因为自己整个混乱不清的思维方式而灭亡;难道普鲁士要到头来两手空空,与此同时俄奥两国却攫取了它们所能攫取的一切?对我们可怜的凡夫俗子而非地球上强有力的人们来说,相反的行动方针是一种义务。" *Goethes Unterhaltungen mit dem Kanzler F. v. Müller*, 3rd edition, p. 191. 另参见 E. Marcks, *Goethe und Bismarck* (Männer und Zeiten, vol. 2)。

② 重印于 *Nachgelassene Werke*, 3, 401 ff.。汉斯·舒尔茨(Hans Schulz)所编评论版,1918年。

第十四章 费希特

来自我得利,只要能够安全地这么做。如果他聪明的话,他就不能不如此;即使他是你的兄弟,他也不能不如此。

"2. 保卫你自己的领土对你来说全然不够;相反,你必须冷静地一心注视能够影响你的处境的每桩事情,而且你绝不能以任何方式容忍你势力所及范围内的任何事情变得对你有害,同时如果你能够将那里的某件事改变得对你有利,你就绝不能有片刻犹豫。因为,你可以确信别人会同样这么做,在他力所能及的任何时候;而且,如果你那个方面不马上去做而有延宕,那么你就会落在他后面。谁未能增进自己的权势,谁就必定减弱它,如果别人增进了他们的权势的话。"

费希特还试图从同时代的和心理的角度理解马基雅维里。他认为后者是个与他自己同样秉性的人,然而生活在一个黑暗的和不信上帝的时代,生活在一个纯感觉的世界上。因而,他认为他是"一位思想根源真正形而上,但从未能清楚地看到他自己的主要来源的智者"。他还对马基雅维里的普罗米修斯式态度和现代异端主义另有种种美言和深刻评论。然而,使他被马基雅维里吸引的不是探史嗜好,也不是任何对他个人的喜爱;宁可说,他正试图(考虑到他的整个哲学,也不可能是别样)在马基雅维里那里找到一项绝对的、永恒成立的真理,那会成为医治他本人所处的病态时代的良药。因为,其他伟大的德意志同一性哲学家全都没有费希特走得那么远,以至于像他那样大胆地将精神与自然、理性与现实混合为一个统一体,或者那么直接和充满激情地拿它们来为现实服务,促进对他本人那个时期和他的同代人的伦理和思想渗透。他的学说的极致不像在黑格尔和谢林那里是思辨的神秘主义,而是行动和作为,是按照理性理想有意地改造整个生活,是自为的道德战胜一切感性冲动,是建立一个"在地球上还从未见过的那样的"王国。而且,为了服务于这项远超出国家的一切权势斗争、远超出所有"国家理由"的崇高任务,费希特现在还拿来了借自马基雅维里的这些赤裸裸的"国家理由"信条。这是整个"国家理由"观念史上最引人注目和精神最为感人的事态之一。如果我们能够在某种程度上成功地解释在此出现的目的与手段之间的内在矛盾,我们就还会创新性地促进理解眼下在德意志形成的、唯心主义与马基雅维里主义之间的同盟。

在别处,在《人道理想与民族国家》内,我已尝试给出这么一种解释;虽然它是在战前时代的背景下做的,但我们甚至今天在时代业已改变了的时候仍可坚持之,只希望在此从当前分析的观点予以补充。费希特未能(像黑格尔那样)使这个同盟经久持续;他只是以一种短暂的方式结成了这个同盟。马基雅维里主义和权势国家的"国家理由"确实必然和有机地适合黑格尔哲学的基本思想。黑格尔的客观唯心主义从整个世界由上帝浸透这一前提出发,能够没有困难地将它们融入世界过程,而世界过程就像很有弹性似的接收它们。然而,费希特的主观唯心主义将世界从属于自由的道德人格,期望万事出自后者的行为,因而对它来说,马基雅维里主义将总是可消化的,要不是有当时全然强制改变了它的巨大经验和要求,要不是从19世纪开始往后,在浪漫主义运动和其他当代思想家的影响下,他的哲学里发生了某些趋于客观唯心主义的变化。影响了他的当代事态就是普鲁士崩溃的景象,那出自(在他看来)一种希望避免战争的虚弱无力、失魂落魄的政策,出自它与权势铁律的冲突。他很长时间以来就已懂得,就其相互关系而言,各国生活在一种强权即公理的自然状态之中;然而至此为止,他只是将它视作非理性。现在,面对拿破仑的令人心惊的成功,他开始看到一种优越的权势政策具有合理的权宜性和连贯性。与此同时,他也看到只能用"以其人之道还治其人之身"的办法击败这么一种权势政策。然而在此过程中,他的理性国家理想从未有过片刻动摇,坚信这样的国家应当基于人权、人类自由和原本的一致。这些,他解释说,是"一切社会秩序的永久和不可毁坏的基础,任何国家都绝对不得摒弃之"。然而他补充说(出于他新近经历的优越权势的经验强制)不可能仅仅靠此来建立和管理任何国家。现在,他内心升腾起了最为根本的情感:民族自豪感、渴望自由的冲动和对拿破仑枷锁的反抗。他论马基雅维里一文的真正目的,就是要造就用来对拿破仑作战的武器;正如他那时还求助于马基雅维里的军事科学处方,对在优势炮兵面前的任何焦虑感大加轻蔑挖苦,将其称作"现代思想和胆量的非凡局限"。然而,德意志人现在所以应当学习马基雅维里的"国家理由",主要原因在于为了将来赢回他们的自由权。

这位德意志思想家面对的大难题,在于如何使实际存在的国家与最好的国家和谐一致。他简短地、决定性地解决了这个难题,办法是在对祖国的极端热爱中,将真实的国家与最好的国家融为一体;而且,他授予初始的理性"帝国"一种权利,那就是在它与其他国家的关系中,可以使用真正的国家的冷酷无情的利己主义战斗措施——类似于康帕内拉授予自己依靠种种"国家理由"方法来实现他的太阳国的权利。这更多地是一种靠一相情愿取得的匆忙的解决,而不是对问题的一种智识解决。然而,他也试图"从理性观点"提出一种智识解决,那很显著地同弗雷德里克大王在《当代史》所附《前言》内的信条相一致,而且很可能是受了它的影响。因为，他以恰如弗雷德里克一样的方式将两者区别开来，一是对一切私人生活而言毫无例外地成立的普遍道德法则，另一是为其人民的福祉而生活，因而还多少超出个人道德律令的统治者的道德责任。费希特认为统治者将由此被提升到一个"较高的道德等级"，而在作此断言时，他已经在邻接黑格尔的较高的国家道德这一观念。

而且，这并非费希特的思想中唯一与黑格尔式解决办法合拍的地方。费希特还接受了的主要是目前正在德意志扩散的对于个体的新意识（虽然他不允许自己完全被它主宰）。① 因而从现在起，从他理性主义的石板地面下，有时就像魔花似的，差不多全无过渡阶段而迸发出某些个体化观念。是个体意识（如前所述）使他能够理解马基雅维里的人格，舍此他或许永不能理解马基雅维里主义。然而，与个体意识相伴，在他那里还成长起了一种与历史世界的新关系。将1793年他年轻时的著作《试匡正关于法国大革命的公众舆论》拿来与他1804年至1805年在柏林的系列讲授《当今时代的特征》作比较，从所有观点看都是富有启发的。1793年时，历史世界似乎是一大堆互不整合的（或至少仅是局部和初始地整合的）低级素材。他对其进步不感兴趣；哲学家只须借助它来表明所有道路都已试过，没有哪一条通往目标。理性与历史现实截然分隔，彼此抵触和敌对。他将非理性的历史现象从身旁甩开，鄙视它们，断言理性必须力争克服之。然而，在1804年至1805年的《特征》内，历史进程和其中的表面非理性因素被评价为神意的组

---

① 关于他的个体因素意识的局限性，参见 Wallner, *Fichte als polit. Denker*, 1926, p. 182。

成部分,是走向最终的理性王国的必经阶段。这一目的论解释将他根本的理性主义倾向与新的个体意识统一起来,从中现在迸发出了(恰如黑格尔那样)一整系列十足历史性的观念。特别是在《特征》内,欧洲国家共同体的权势政治,强国与弱国各自的天然冲动(分别追求普遍帝国与追求均衡)之间的紧张,得到了富有洞察和几乎带有同情心的考察。"那是自然和必然的过程,一个人可以承认或不承认它,甚至可以绝对地了解或不了解它"。① 与此同时,他肯定正在将目光从真实国家转向最佳国家,并且将现代国家靠举国之力支撑的单纯自保目的视为"一个心胸狭窄的目的,仅由当代形势强加于它"。因为,到头来永久和平必定降临,那时国家会将它拥有的国力服务于更好的目的。然而,在《特征》里,权势政策已被无保留地承认为达到文化目的的一个手段。"在这个时代,欧洲国家共同体中最文雅的国家毫无例外地是最努力奋斗的国家……而且,这样的一个国家越少受到幸运青睐,因而越少需要和继续需要内部强化和应用实力,这奋斗就越有利于文化。"②

所有这些思想现在那么令人想起黑格尔关于理性之狡黠的观念,它导致感性世界的一切冲动和激情不自觉地为它自己的更高目的效力。费希特已经直接表示了这一观念,因为他说只要理性政治时代尚未破晓,国家就"继续不断地促进"理性目的而"无自知或无自觉意志——被人类发展的自然法则驱动,与此同时展望一种全然不同的目的"。③ 要达到理性与现实之间被渴望的同一,除了依靠这个由费希特和黑格尔颇为独立地提倡的信条,不可能以

---

① *Werke*, 7, 203.
② 同上,7, 210 f.
③ 同上,7, 161。

任何其他信条为手段。费希特确实与黑格尔相当不同地解释了这个同一,从未像后者那样允许理性在世界历史过程中那么完全地被吞噬掉;相反,他赋予它一种绝对的地位,连同不受所有暂时内容影响的内涵。对黑格尔来说,理性与现实的同一是一个事实;对费希特来说,它却是一项任务。对黑格尔来说,理性王国已经是个历史问题;对费希特来说,它只会在历史之后到来,其时历史已完成了为它铺路开道的过程。这就是为什么费希特不能坚持承认马基雅维里主义的更深刻的原因。在他的《对德意志民族演讲集》中,他(如同我在较早的那部书里显示的那样)遗弃了它,回到在原则上谴责权势政策。在他1812年的《法权学说》(Rechtslehre)中,他再次宣告联邦确实是发展目的,各国的一种拼死贯彻的有力的现实主义政策必须是手段,作为导向这目的的一个必然的阶段。① 然而,它在他展望其来临和希望为之做好准备的理性王国中,不再有任何立足之地。德意志人民在欧洲受到可怕的制约,而且往往走投无路,这一处境产生了一种持续不断的倾向,要创造德意志唯心主义(那从"绝对命令"的宣告开始)与马基雅维里主义之间的一个同盟。

国家的民族化、新的民族国家思想(那在当时差不多是因必要性而强加给德意志人的)实际上赋予了国家这古老的怪物一种新意义和新内容。它使之高尚化,使之(如我先前所说)更加道德。② 然而,这一文明化过程和道德改善将来有可能(我们现在必须补充说)导致一种新的不道德,其时民族思想冲破其堤岸,恶化为现代民族主义。

---

① N. Wallner, *Fichte als polit. Denker*, pp. 236 f., 276.
② 《人道理想与民族国家》,第7版,第105页。

第十五章　兰克

我们在新的德意志精神中注意到了两大观念——同一性观念和个性观念。在这两大观念中,是后者从长远来说证明更强劲有力,更富有成果。同一性哲学体系渴望将精神与自然、理性与现实融合为一种深刻的统一与和谐,那或者是真实的,或者能够被搞成真实的;然而,它崩溃了,因为在无法规避的经验事实和历史事实面前,其基础构造表现得太脆弱。然而,所有这些事实(它们被19世纪追求经验性探究的冲动提高到了出乎预期地丰富和重要的高度)越来越证实了一个新发现,即历史世界是个性的深渊。因此,19世纪的历史经验主义本质上不同于先前各个世纪的所有经验性肇端,因为它惯于更经常不断地将事实看做是确定的精神和智识实体的一种表达,也因为它不仅在普遍的因果联系和寥寥几条普遍的理性法则中,也在无限丰富、各自不同的生活规律和生命倾向中,寻求将它们连结在一起的智识纽带。一旦目光变得锐利,能够察觉在历史前台的最可见表现中间存在的此类生命倾向,就有可能辨识或猜测出有如可见星空背后一个个新的未知星系,它们全都遵循它们各自的独有轨道。

然而,是什么将这无限多的精神世界和天体保持在一起?这一新的个性原则伸展得越来越远,从一个发现进到另一个发现,在一切地方都揭示出个体权利和个体活动,从而最后有以这么一种相对主义告终的危险:不再承认历史中有任何固定的或绝对的东西,而是放任不羁地授予每个智识实体、每一个别生命倾向它独自的自由天地。这种相对主义领会一切,原谅一切,但最终也会让一切都处于一种"价值混乱"(有如老狄尔泰所说)。这就是德意志后期历史主义的危险,虽然它尚未危及前期历史主义。因为,前期历史主义仍然不仅处于德意志同一性哲学,而且处于自然法观念的影响之下(后者尽管基本衰亡,但还留有某些余波)。这两项影响虽然方式不同,却都满足了人对于绝对价值的深刻需要,即需要有某种会将生活拢在一起而使它不致分崩离析、飞扬发散的"扣子"。我们也绝不能忘记基督教的影响(确实我们在此必须赋予它伟大的突出地位),那在19世纪头几十年里,无论在新教阵营还是在天主教阵营,都变得有了一种新的、温暖的生命内涵,提供了德意志某些重大群体得以紧握不放的固定把手。面对眼下在德意志扩散的历史化思潮,它竖起了一道堤坝;这道堤坝本身在许多地方被批判性历史分析的力量冲垮了,但它总是在由取消不了的精神需要重新筑造起来。

利奥波德·兰克以一种非常显著的方式表明了这一点,他在实现历史主义和个性原则为思想提供的可能性方面表现了最大天才。"请重视",他在他1836年的《政治论》中说道,"这些实体的全部意义!这么多俗世的和智识的独立共同体,每个都以它独自的方式由才智和道德力激发起来,不断发展,并且由这个世界的混沌之中的一种内在冲动朝前推向理想王国。请仔细考察它们——这些在其轨道、在其变动、在其星系中的天体!"因而,他将世界史及其过程视为至高的、包罗一切的实体和个性,并且因此也将国家主要视为"个体,每个都与其他相似,但本质上独立于其他。⋯⋯人

第十五章 兰克

类思想的原创物——甚至也许可以说是上帝思想的原创物"。①这已经透露了他的历史主义的宗教基础,那既是虔敬热烈的,又是批判性的。在历史中,上帝本身对他来说凸现为有如"一种神圣的象形文字,以其外在形式被领悟和被保存";②而且在他看来,通过他的历史探究揭示这神圣的象形文字,乃是一项神圣的服务。可是请注意,上帝仅仅"以其外在形式被领悟",以其通过历史的表现,而非以其不可分析的存在本身得到理解。在他看来,上帝和上帝的思想,神的理性,肯定在历史之中;就此而言,他与各种同一性哲学体系一致,而且(就像它们已经开始去做——只是讲求实际和不那么激烈地去做的那样)他还能赋予历史进程中的大量非理性成分意义和重要性。然而对他来说,上帝还存在于历史之上和历史之外,有如基督教传统的人格化的"主";对于他,他在年迈时仍能祈祷说:"无所不在、不可分割和三位一体的主啊,你将我从乌有之中唤起。我在此匍匐于你的神座脚下。"③因此,他最后达到的是万有在神论④,而非泛神论。诚然,他偶尔也说句泛神论的话;而且,那必定由于瞥见历史世界之个体丰富性而被唤醒的泛神论诱惑在他身上也略有表现。但是,凭着宗教崇敬与批判性审慎的一种引人注目的结合——形而上动机与经验动机的一种结合,他避而不步黑格尔的后尘,亦即将上帝完全引进历史,并且将人类抬高到一种正在由人变神的地位。假如他这么做了,他就绝不会取得对于历史现象的那种心怀开阔的不偏不倚,而他的研究之经久

---

① 《文集》,第 49/50 卷,第 329、339 页。
② 同上,第 53/54 卷,第 90 页。
③ 同上,第 53/54 卷,第 655 页。
④ 认为神包括世界而又超越世界。——译者

牢靠和他在科学上的全部伟大,正是那么根本地基于这不偏不倚。如果他保有关于上帝与经验历史之间距离的意识,他就能够让世事更纯净地影响他,就远更能够显示"它如何真实地发生"。他对一个人格化上帝的信仰帮助了他的科学态度。然而,这信仰必须使自己保持不受有神论历史解释的影响,后者试图在每处都见到决定命运的上帝之手。他仅适度地承认"有时上帝之手左右它们"。① 即使在他认为他能够直接察觉到这一影响的场合,他也全然清楚地表明那只是个信仰和预感问题,而非知识和科学解释问题。因此,他的上帝概念有其非常精细微妙的限定。这个概念以一种强劲、积极、热烈的方式囊括了足够多的东西,以至能够甚至照耀经验历史,并且赋予其探究者一种僧侣似的意味;然而与此同时,它也被审慎地调整得适合进行一种不受任何教条或理论束缚的完全自由的分析。各自独特的历史力量随其载体无论"是善还是恶,是高尚还是卑劣,是文雅还是野蛮,是旨在永久恒常还是屈从一时之需",现在都有了自由行动的充分权利,但这自由行动并未陷入"价值混乱",因为有一种支配和支撑万事的伟大和绝对的价值注入其中。于是,兰克始终受到保护,免于这个性原则可能导致的相对主义。然而,正因为如此,一种逻辑上不能自我调和二元主义现在得以进入他的历史观察模式和价值标准。历史上发生的每件事都应当被自由地、不抱先入之见地解释为个体力量和环境的作用;这么做无疑是可允许的。然而,并非由于在背景中有个绝对的、不容蔑视的正义法庭,每件事就都能够被允准和被原谅。可是,这些如人所知由兰克让其发出的道德判决(它们颇有节制但相

---

① 《文集》,第33/34卷,第viii页。

第十五章 兰克

当明晰)现在不时以一种多少突如其来的方式,在他对世事变动——每个个体无论善恶都在此变动中为它自身的权利和生存奋斗——所作的非常有趣和有力的叙述中骤然降临,如同来自另一个更高存在等级的命题。

就是这些假设,决定了兰克对马基雅维里、马基雅维里主义问题和"国家理由"观念的态度。他的研究生涯肇端时,在他划时代的书《走向对晚近历史学家的批评》(1824年)里,兰克开始讨论马基雅维里和马基雅维里主义。这是所曾见诸笔端的、对马基雅维里的最具才智和最有裨益的评估之一,为所有追随他的人开辟了新田地。50年后,他对它作了增补,那特别有助于说明他对马基雅维里的态度原则,而初版纯粹是从历史角度写的,只略微暗示了一种道德判断。① 可是,通过这更精确的道德立场表述,一种显著的模棱两可进入了解释,那要能得到理解,就只有设想兰克在此陷入了他的历史天才与他的道德良心间的冲突。他的历史天才能够以历史个体化方面的最大技能来理解马基雅维里及其信条。在他的论述中,可以见到《君主论》如何以一种有机的必然性,从马基雅维里个人的特殊心灵和他在其中并为其写作的特殊形势中生长出来。"环境如此,人们在作者看来秉性如此,以致只有走恶道才能达到目标。"他以一种非常引人注目的方式,成功地使下面一点成为历史地完全可以理解的,那就是"一位极优秀的、根本不是恶人

---

① 只有一次(《走向对晚近历史学家的批评》,1824年,第199页),他确实讲了马基雅维里学说的"可怕"。以此比较初版如下富有特征的结论:"为了使某些原则变得对守法公民来说全然可恨,一个人即使今天也用他的名字来称呼它们。然而,现在终于有可能公正了。他谋求意大利得救;但意大利的状况在他看来那么绝望,以至他足够大胆地为它开一副毒药方。"

的作者"如何能对善恶持一种无动于衷的冷漠态度——也就是说,因为他,在他的祖国处于绝望状况时,准备"足够大胆地为它开一副毒药方"。然而,他的解释仍然不完全,原因在于他事实上将该书的内涵和意义纯粹局限于个人和导致它的个别时刻。他因而相信,他能够拒绝那种将马基雅维里的信条视为普遍原理的解释,"反之它们只是",如他所说,"为了一个确定的目的定下的训条"。就其起源和直接意图来说它们肯定是如此,然而就其深刻的实际内涵来说却不是。如前所述,这实际内涵胀大到了远超出一时间目的的地步,向读者(不管他们是以历史的还是非历史的态度去读这本书)展示了普遍的"国家理由"问题,特别是国家行为中的制约要素、必需要素。总之,早先几个世纪里缺乏历史思维训练的读者们并无大错,他们将此类普遍意义和内涵归之于马基雅维里的信条。

有一种想法令兰克恐惧,那就是马基雅维里的法则会有放之四海而皆准、放之万世而皆准的后果。"想象那些原则——他认为要获取和维持一个篡权者的权威就必须采用的原则——也能在一个和平和守法的王国里得到应用,令人胆战心惊。"他举弗雷德里克二世国王的《反马基雅维里》为例,显示一个确立不移的世袭君主政体无疑能考虑"运用普遍的世界秩序所依据的观念"。他忽略了一个事实:弗雷德里克二世对马基雅维里主义采取了一种完全双重的态度。因此,重要的是兰克在重温其早期著作时,感到不得不给自己对马基雅维里的解释(那最初是纯历史的)做一项补充,即坦白自己在此过程中希望坚执"世界道德秩序的永恒法则","远非追随马基雅维里,或确实甚至远非原谅他。"然而,假如这些法则要得到完全严格的应用,那么难道他不应当真正谴责他?他避而不这么做,因为这将使他与他自己的历史理解公然冲突。因而,这

第十五章 兰克

一尽管如此依然存在的冲突被掩盖起来,靠的是大有伸缩性地巧用他的语言媒介。他有一种并非自愿的压倒性需要,即在猛烈的历史生活洪流中不失永恒的指引光芒。"虽然",他在同一篇论文里说,"重要的思想家们拒绝之,但是仍须首先坚持最重要的一点:正义,如同真、善、美,构成人类生活的一个理想。"他反复地如此承认,在人类生活的可变因素旁边,还有着不变因素。"历史学家",他在《贝希特斯加登系列讲授集》的导言中说,"必须始终不断地观察人们在某个时期如何思维和生活;然后他发现,除了某些确定不变的主要观念(例如道德观念)外,每个时代都有它自身的专有倾向和特殊理想。"在他的《法国史》内,他就吉斯公爵于1563年被暗杀一事说道:①"作为一切文明和整个人类共同体之根基的道德原则,在宗教观念面前退缩了。"然而,如果可变要素与不可变要素之间、政治与道德之间发生冲突,那么这位历史学家会怎么说?有一次,在1859年11月26日给巴伐利亚国王马克斯的一封信中,②兰克以非同寻常的尖锐性表达了纯粹的道德观点。"我认为这是个极其危险的原则:为了履行自己在世界史中的任务,任何人自以为有理由对他人施行不义。这等于是说:'目的为手段辩护;为了大光荣,一切都是可允许的。'"然而,他非常清楚,这个危险的原则在世界史上一次又一次地得到应用,罪恶被合并在许多伟大可贵的成就的基础之中。近几个世纪里,以马基雅维里方式行事的伟

---

① 《文集》,第8卷,第186页;又见 M. Ritter, *Entwichlung d. Geschichtswissenschaft* 一书第366页援引的话。

② 《文集》,第53/54卷,第405页。另参见《贝希特斯加登系列讲授集》的结语(《时代》第233页):"马基雅维里鼓动统治者冷酷无情,我的努力却是支持陛下您弘扬自己的美德。"

大的现实主义政治家们正是这么一类人:他们(甚于任何其他种类的历史人物)往往激发起兰克重现历史的技能和力量,使之达到其最高、最烈并且肯定最感人的成就。他褒贬混杂、爱恨交加地描绘他们(如果一个人可以想起用于亨利八世国王的那些词句)。然而总的来说,赞颂盖过了憎恶,而且善于思考的读者体会到一种宿命的必然性。例如他说:"弗朗西斯一世的行为极为可憎;最为基督教的王国(像它起初被以为的那样)无法在此过程中继续存在下去。但是,为构建国家(一项自此忙了几个世纪的任务)起见,这……无可否认地有利。……这一使自己摆脱普遍基督教世界观念的行为,是走向内外皆为新形式的国家之发展的一个必需步骤。"①

在《瓦伦斯坦》一书内有段话说,可鄙的动机往往促进伟大的目的。正是这一洞察,导致黑格尔形成他的理性之狡黠的信条,然后以此为基础,构建他那超然的乐观主义,它能够容忍伟大的文化有机体的罪恶起源。然而在这一点上,黑格尔与兰克决定性地分道扬镳。"认为世界精神",兰克说,"像是依靠欺骗造就事件,并且利用人类激情来达到自己的目的——这个信条依据的是一种关于上帝和人类的最不足取的观念。"这个判断表明,"道德世界秩序的永恒法则"感是多么牢固地扎根于兰克的灵魂之中。假如他完全听从他的历史洞察和经验,那么他就会受到黑格尔已发现的那个漏洞的强烈诱惑,其功能在于将不可避免的历史泥沼与其最终的理想主义目的调和起来。因为,这一洞察不断地以磁石般的吸引力,将他吸回黑格尔从中获得其信条的那些事实。于是,一个人在此特别清楚地看到了兰克历史思想中的二元论,它处于可变的和

---

① 《文集》,第8卷,第84页以下。

第十五章 兰克

不可变的两种标准之间。

假如他变得充分意识到这种二元论,并且将它思考透彻,那么他最终会如雅各布·布尔克哈特后来那样,达到一种悲剧式的悲观主义。他给巴伐利亚国王留下的格言,与作为一名历史学家他理应认识和传达的历史事实,彼此割裂,难以调和,只有费九牛二虎之力才能将这分隔的两方面弥合起来。然而,兰克的总的历史观念带有一种乐观主义,比黑格尔的历史观光明得多、温和得多和有利得多地看待历史。它依据什么?为何它对历史的看法与黑格尔的相比较为光明、较有信心?后者成功地通过理性抽象途径达到了它,这理性抽象越来越大胆,力图从单单一个最高理念中既抽出世界的精神现象,也抽出它的实际现象。然而,这意味着个体生活成了一种纯粹影子游戏。反之,兰克成就了德意志历史思想发展中的决定性举动。他撇开了一切理性抽象方法,即从能够予以抽象领悟的观念中抽引出事物的方法;而且,为了做到这一点,他将事物与观念组合在一起,成为"生者"的统一体。这是浪漫主义运动、谢林和威廉·洪堡业已为之开路铺道的一项发展。他在《政治论》中(第 325 页)说:"突然以其所有未经期望的原创性展现在一个人眼前的真正理想,不可能从任何更高的原则中被抽引出来。"[①]历史中的个体生活不可能从普遍观念中被抽引出来,而是浸透着它得以形成的特殊观念,于是在此过程中,思想与肉体、灵与肉成为本质上一体的,而且这个整体浸润在原初的神创性氛围中:这就是兰克能够提供的、个性观念与同一性观念的特殊综合。因此,

---

① 罗特哈克(Rothacker)要人注意这话对于思想史的巨大重要性,说它是"我所知的最激进的历史主义表述。"(*Savigny, Grimm, Ranke, Histor. Zeitschr.*,128,437)。

甚至他的历史哲学也是一种同一性哲学,由德意志精神趋于沉思神圣自然的冲动秘密养育。他仅仅(如前所述)否认上帝与神圣自然同一。可是,他怀着信心和一种快乐感,沉思在历史世界中的神圣自然——上帝的一个反映和在其自身中不可分的一个统一体。它不可能是坏的;的确,它甚至不可能在是好是坏两端之间模棱两可地摇摆。他去世前夕正值社会动荡和1878年政变图谋之际,其时他在日记中写道:"我们的经验总是显示,即使是荒唐、不道德和暴力也有个目的。奥尔穆兹德(Ormuzd)①与阿里曼(Ahriman)②总是彼此冲突。阿里曼不断力图毁灭世界,但他从未成功。这些便是一位老人的想法。"③如果将奥尔穆兹德和阿里曼之间的冲突看做是无常难测的,就会导致一种首尾一贯的二元论。然而,兰克的二元论(像我们已经指出的那样)并非首尾一贯。他受限于谋求同一性的需要,恰如这需要反过来受限于下述两者间的二元区分,即一方面是实际的和精神的神圣自然,另一方面是纯精神的神性。

以此方式,有可能说明展示在他的全部历史描述中的、对于权势问题和"国家理由"深渊的乐观主义解释(不说快乐的解释)。在争取权势的斗争中,他看到了(在这一点上他同样非常接近黑格尔)不断在创造新的、独特的和饶有价值的历史生活的动力。他在他的《世界史》里写道:④"这让人能见到人类历史的中心思想,那就是在各国各民族互相抵触的利益之间发生的冲突中,不断兴起越来越强劲的力量,那导致普遍因素被改变、被调整,并且在反复

---

① 琐罗亚斯德教中善的化身、光明神阿胡拉·玛兹达的希腊名。——译著
② 袄教中的恶之神。——译者
③ 《文集》,第53/54卷,第627页。
④ 第3卷,导言。

赋予它新的性质。"我们不也应当回想起《论列强》一文结尾处出现的著名思想(它已那么经常地得到讨论)？"世界史并不像它乍看来的那样,真的展示如此偶然的一团冲突混乱,如此互相攻击的一个过程,连同各国各民族不断的兴衰接替。……有力量,有着确实创造性的、产生生活的精神力量,有着生活本身,有着道德精力,它们全都是我们能够在其发展中看到运作的。"为了能够这么说,兰克在此(就像在他将"道德精力"颂扬为权势政策的根本来源的无数其他场合)必定以一种比良心规定的、不变的习俗性道德命令宽广得多的含义解释了道德概念,而那命令是他本人(如前所述)在另一个语境中应用的。事实上,兰克在他中年期间的一则重要日记内,甚至明确地说"道德感并非良心的唯一关切",说(据我们解释)道德成分倾向于与智识成分混合。或许,说到底他甚至假定道德因素与精神因素同一,①而这同样是他与黑格尔及其信条一致的地方之一,那就是存在一种与寻常道德有别的最高种类的伦理。然而,黑格尔在此问题上以一种抽象的方式思考和推理,兰克则在延伸道德的边界时,将自己的目光全部集中于"活生生的要素",集中于"实际的和精神的"、创造性的和原初的事物的统一要素,那是他当作所有历史生活的源泉来崇敬的。浸透了这一思想,兰克能够(在其《政治论》中)大胆地提出触及历史过程隐含之谜的下述命题："你极少能向我举出什么不能被说成是依靠真正的道德精力得胜的战争。"

国家、权势、道德精力、智识生活——它们全都像是(因为他让它们互相影响甚至混合)一个统一的湖泊系统的位置不同,但互相

---

① 见《文集》,第53/54卷,第571页。在注释里有一句话——"这导致道德和精神理想主义",而我设想"理想主义"一词应当读作"同一",因为那正是逻辑关系导致人们期望的。

联通的池潭,同一股生命潮流在这整个系统奔流通过。"国家与权势本身之间",他有一次说,①"或许没有任何差异,因为国家观念源于某种独立观念,而没有相应的权势就不能维持独立。"不过,兰克总是将政治权势视为突出地包含了某种精神的东西(他对历史的政治描述的最吸引人的地方就在于此)。② 不仅因为它由道德精力产生,而且因为它只能依靠精神手段而非单纯的物质手段得到维持。兰克还已经知道了一个道理,那是现代社会学家喜欢仅靠一种非常费劲的分析来向他们自己表明的,亦即作为真正权势的部分本质和制约人们服从的权威基于他们的道德感。"在其中还有着权势的秘密;直到所有要素自愿地服从命令为止,它不会成功地利用它的全部资源。"③

由于这些立足于国家自我中心主义之中的道德和精神要素,"国家理由"还取得了一种伟大的道德力的尊严。兰克现在以真正的赞许,在其中看见了晚近历史上最有力的目的冲动:"在促进了现代欧洲发展的所有观念中,最有效的或许是完全独立的国家权威这一观念,它不受任何国外因素的束缚,仅仅依据它自身……然而,可以理解的是,要达到这一目标仍然路途遥远,因为国家在其运行、结盟和整个政治军事活动方面仍受到并非产生于其自身的政治因素的羁绊。"④以其语言的多样性和灵活性(那不容任何疲乏感,而是相反将一切追踪到生活的起源),他一次又一次地在自

---

① 《普鲁士史》,《文集》,第27/28卷,第4页。
② "在权势本身中,显现出一种精神实体,一种原创精神,那有它自己的生命"云云。《时代》,第 xi 页。
③ 《宗教改革史》,《文集》,第1卷,第311页。
④ 《宗教改革史》,《文集》,第4卷,第27页。

第十五章　兰克

己的史述中揭示了这一过程的内在必然性,连同国家利益和国家权势需要的暴烈力量。他的著作里展示的、为"国家理由"而背弃条约的众多例子,得到了他的一种有弹性的辩证对待;这种辩证对待虽然清楚地显示了世界对此问题的道德评判,[①]并且提出了载体的个人道德责任这更深刻的问题,但确实总的来说,将头号重要性赋予了环境和权势冲动的强迫力,或至少解释力。"因为,在世界历史的风暴中,不可能赋予言辞和许诺很大重要性,不管它们听起来有多好;伟大的力量是由其本身的冲动向前驱使的,直到它们碰上某种障碍为止。"[②]这是老话,讲的是"权势一旦被确立起来,必须继续不断地增长,因为它无法估计针对它的敌意"。[③]

然而,为什么马基雅维里和博卡利尼先前惯于讲的这套老话,现在当兰克讲时听起来就像新话?"国家理由"和国家利益信条在其中取得了什么进步?随着我们在前两章就通过发现个性原则发生的思想革命所讲过的一切,已经有了答案。兰克年轻时对马基雅维里的心态做得很有意义的分析使之再次一清二楚:"他要的不是出自一种原初倾向、一种内在运动的生活,而是狡黠、慎重、机会主义,还有勇敢。"[④]这不仅就马基雅维里来说是对的,而且就早先几个世纪里占优势的思想模式来说也是对的。受自然法观念影响的思想(如前所述)出自个人的需要,然后这些需要被投入世界,投入生活。因而,这自觉、合理和有利地行事的个人立于一切生活的

[①]　特别比较他就弗雷德里克大王的政治与其道德的冲突所说的话(《文集》,第27/28卷,第480页):"并不总是有可能赢得同代人或后代人的赞许,或令世界的评判力信服;然而,英雄必须至少自己证明自己有理。"

[②]　《普鲁士历史》,《文集》,第27/28卷,第478页。

[③]　《世界史》,第1卷,第178页。

[④]　《文集》,第33/34卷,第157页;1824年版,第190页。

中心。有可能去争辩什么是合理的;因而,作为一种被自觉和有利地行事的国务活动家采取的行为模式,马基雅维里主义正确无误。按照他认为普遍道德法则是允许例外还是不允许例外,一个人可以谴责它们或赞许它们。然而,新的历史主义不再从孤立的个人出发,而是从关于一种生活的全面看法出发,这种生活以不断更新的个性形式显露自己,因而也是以独立的个性显露自己。然而,它总是在将所有较卑下的个性混合进更高的精神实体,从而最终将自己——历史的普遍生活潮流——设想为一种最高的全面的个性。于是,"国家理由"不是别的,而是支配单个国务活动家的个性的国家个性观念。"这个观念在真正的国务活动家那里有一种实际生命:它是他们的行为法则。国家的精神存在集中于他们的思想和心灵之中。"[1]然而,兰克经常讲的"普遍要素"并非仅仅意味着(在旧的自然法理性主义意义上)某种抽象的观念和原则,而是意味着某种相当具体和活生生的东西,即历史的更高、更有力的个性,与较低类型的个性相对。[2] 于是,在他为论哈登贝格那本书写的前言里,兰克能够说普遍运动是历史中真正至关紧要的因素,国务活动家只是在他促进它,或许也引导它的时候才有真正的意义。国家利益因而不是别的,只是这普遍生活的力量,与之紧密交织,在确实只能靠承认并遵循这些利益来运作的国务活动家个人的行为中表现出来。现在,由于发现了生活中的这一普遍联系,一种更深刻的哲学和历史重要性首次能够被赋予早期意大利"国家理由"观

---

[1] 《沉思》,《文集》,第 49/50 卷,第 246 页。
[2] 仔细分析《论列强》一文,这已经变得一清二楚。又见《文集》,第 7 卷,第 104 页:"普遍的东西的确并非出自特殊和多样的东西,它本身就是某种特殊的东西,将种种因素包含在它本身之中。"

念和罗昂的一句话,即虽然统治者可以主宰国家,但主宰统治者的是利益。历史的普遍生命潮流现在首次以其充分力量呈现,但其中每个独自的浪涛都同时在以它个别的清晰性和必然性被揭示出来;在国家的活动中,占支配地位的"不是自由选择,而是事之必需"。①

由此而来,便有兰克的一项启发式原则(那总的来说如此富有成效),即每时每处探究国务活动家行为的那些出自普遍事态压力的动机,将详究细述个人错误和个人弱点这一琐细的习惯(然而是那么根深蒂固和人性使然的习惯)抛在一旁。"我的卓越的朋友",埃德温·冯·曼陀菲尔有次给他写信说,"你不相信重要人物的轻率急躁可以事关重大。"②"我不知道",论述哈登贝格一书在他评价1805年的普鲁士政策时写道,"是否能允许像人们所做的那样如此大谈错误、失去的机会和疏忽行为。每件事的发生③都凌驾于参与者之上,有一种包含必不可免性的必需,有如命运。"④

难道兰克未曾在这里或那里过分经常地屈从于这一倾向? 难道"普遍要素"的更高个性没有毁了特定行为者个人的具体个性的一定程度危险? 难道不也有一个可能性,即一种新的、并非所望的理性主义可以从中发展出来,"国家理由"(它被认为是对于由普遍的权势状况规定的行为方式的一种理性认识)据此可能被当作有效的得到接受,然而与此同时精神或肉体类的其他动机,甚或还有

---

① 《普鲁士史》,《文集》,第29卷,第224页。
② Dove, *Ausgewählte Schriftchen*, p. 266.
③ 第2版如此,而在第1版内(《哈登贝格》第1卷,第539页)用的是"形成"一词。这个改变或许归因于兰克越来越倾向于强调个案中的共性。
④ 另参见《英国史》,《文集》,第17卷,第279页:"人们的一个重大错误,是在大变更和大激荡情况下,对个人意图有太大的期望或恐惧。事态变动追随它自身的有力潮流,它甚至将那些看来引领它的人也卷着走。"

相当原始的激情也同样起作用？由"国家理由"激励的一切行为无疑植根于(像我们一直在阐说的那样)原始的权势冲动,这些根子的液汁一直向上渗透到国务活动家的行为这最上面和最高贵的花朵。兰克肯定明白这一点,并且经常在他的著作中予以暗示;然而,当他变得较为年迈时,他显示出一种越来越强的倾向,那就是将原始的动机撇在一边,以彰显出自"普遍要素"的理性动机和实际意图。① 因而,在历史的权势斗争面前,他那根本的乐观主义情绪一定程度上使他看不到它们黑暗的一面。不过,在它们以一种赤裸裸的可怕的方式显现的任何场合,他也能表达出真正的道义愤怒,而且他承认能够有一种缺乏目的或理性原则的权势政策。"这一强烈的征服欲只渴求攫取领土(不管因为是战争活动导致一种为打仗而打仗的快乐,还是领土可以轻而易举地获得),有如淫欲和贪欲那般永不知足;它看来像这些激情一样,共同植根于人心之中。"②

然而,这说的是奥斯曼土耳其人,他们生活在有资格获得他的同情性理解的历史世界之外。就西方国际社会而言,他也承认在不同国家的基本政治性质方面存在某些差异;例如,"法国人最关心对外权势的外表,英国人则最关心他们内部关系的法律安

---

① 这特别地由他关于拿破仑的种种话语显示出来。在 Consalvi 内(《文集》,第40卷,第42页以下),拿破仑政治中原始的、甚至可恨的特性被平行地与那些出自"事情进程"的动机一起展示,并且与之联系起来。在《哈登贝格》内,后者已经压倒了前者;在他为自己使用而写的、对东克尔(M. Duncker)就"强烈征服欲"所作解释的回答中(Forsch. zur brand. u. preuss. Geschichte, 5),后一类动机是唯一得到强调的动机。关于兰克对拿破仑的评判,另参见维德曼(Wiedemann)的述说,载于 Deutsche Revue, 17, 2,第100页。在其第105页,还有一番关于兰克对政治和道德问题的态度的简短而准确的叙述。

② 《奥斯曼和西班牙帝国》,《文集》,第35/36卷,第55页。

第十五章 兰克

排"。① 然而与此同时,他看到某些持续不断地温和化和规范化的力量在起作用,那不仅在某些方面限制了粗野的征服欲,也限制了各独立国家的排他性的利己主义。虽然总的来说他否认人类取得了任何道德进步,但他仍能相信上个世纪之内在政治道德方面实现了有限的改善。在评判弗雷德里克大王的克莱因施内伦多夫协定时,②他说:"现时代还取得了一个大进步,那就是它现正关心从谈判中废除政治家们先前的奸诈方法。在先前的那些时期,这类政治谈判仍相当常见,甚至在一定程度上得到赞许。"兰克肯定不会看不到一个事实,即这进步还未触及政治行为的根子,但它代表了新的和较好的惯例。完全可以在整个复辟时期察觉出一种最佳意义上的习俗化的动向,当时重现和平与安宁的普遍意识充溢于兰克的历史解释之中。就是这导致了《论列强》里的如下乐观话语:"世界的激流诚然反复破坏正义体系,但潮退浪缓后它又得到自我重建,而且人们重新做出所有努力以使之完善。"最终,是隐含在兰克历史解释中的宗教价值发挥背景性的影响。"宗教真理必须……使国家不断记住世俗生活的源泉和目的,记住邻国的权利和所有各民族间的亲缘关系。否则,国家就会处于蜕化为专制主义,并且硬化为排外的险境。"③因而,兰克形成了一种深刻的信念,即相信某种欧洲共同意识的力量,那会防止国家间的权势斗争蜕化成激烈的毁灭性战争。在那时,这么一种共同意识确实存在,可是它今天是否仍然存在?

两种观念即普遍欧洲观念与国家利己主义观念之间的这一联结(它构成兰克本人的强烈特征)也被他写入了他关于晚近历史上伟大

---

① 《英国史》,《文集》,第14卷,第 vii 页。
② 《普鲁士史》,《文集》,第27/28卷,第479页;另参见《文集》,第29卷,第214页。
③ *Reformationsgeschichte*, Werke, 1, 4.

国务活动家的概说之一。"诚然,古斯塔夫斯·阿道弗斯始终是瑞典国王,从未忘记他的国家的利益;但与此同时,他仍然紧紧把握出自世界形势冲突的普遍方面。没有这两者的联结,世上就不会发生任何事情;在一位国王或军事统帅的意识中,它们很难被分隔开来。"①

最后,让我们在此还又一次注意到已被做出的超越17世纪和18世纪利益观念的非常明确的进步。这一观念不仅将执政的国务活动家,而且将引导他们的国家利益孤立起来;因此,它倾向于以一种无生命的机械方式对待它们。于是,观察者难得充分意识到欧洲作为一个整体的集体生活(由此它们互相作用),而执政的国务活动家(有如兰克的话显示的那样)很能天真地、直接地把握它。从均势利益出发的18世纪历史写作,多少能较好地重现这一欧洲集体生活。② 然而,兰克的《论列强》(从罗昂的书开始的、"统

---

① 《普鲁士史》,《文集》,第25卷,第207页。
② 本书的最初意图,在于显示利益观念对撰写历史的重要性(像我们已就普芬道夫和弗雷德里克做了的那样),随后一步步写到兰克。它不得不服从甚至更重要的任务,亦即展示在一般的"国家理由"观念中发生的种种变化。不过,我们的论述中的这一沟壑实际上已从另一个方面被填平了,靠的是克默雷尔(H. v. Caemmerer)的杰作 Rankes Grosse Mächte und die Geschichtsschreibung des 18. Jahrhunderts (Studien und Versuche zur neueren Geschichte, Max-Lenz-Festschrift, 1910)。对于国际体系——它由共同的均势利益聚合在一起——的现实主义解释的发展脉流,该著作从普芬道夫开始追踪,经过博林布罗克(Bolingbroke)、施毛斯(Schmauss)、阿亨瓦尔(Achenwall)、安西永(Ancillon)、黑伦(Heeren),一直到兰克的政治导师根茨;它还表明了什么是兰克那里特别新的东西。

有意思的是,兰克在莱比锡的第一个历史教师恩斯特·卡尔·威兰(Ernst Karl Wieland)也写过一部 Versuch einer Geschichte des deutschen Staatsinteresse (三卷,1791年至1794年出版)。然而,这位顽固不化的理性主义者的讲授对兰克差不多全无影响(《文集》,第53/54卷,第28页)。一个人若是见了威兰的利益观念,就能够理解这一点,因为他将它淡化成了一种无害的、要被当作机器看待的福利国家的观念。另参见约阿希姆森(Joachimsen)的一番谈论,载于新版兰克著作集,第1卷,第lxxxv页。

第十五章　兰克

治者利益"描述史的发展顶峰)是一部开山之作:将利益转变为国家个体之生命功能(这些国家个体被升华为一个个实实在在的卓越人格);使利益与所有其他兴起的倾向交织在一起,得以重新统一进新的更高种类的联系,从而在各自分立的国家个体组成的世界之上,构建一个更高的西方集体世界,从那里而后变得有可能去瞥见其外别的难以度量的高峰。因而,最终在事实上,"历史的真正生命要素"不再显得像是这一或那一单个具体的利益,而是"普遍运动"。

因为正是从世界理性的这么一种"普遍运动"出发,所以黑格尔能够承认和认可马基雅维里主义、"国家理由"和权势政策。在此,我们又一次见到两位伟大的思想家殊途同归(他们确实那么彼此独立)。因为,在兰克那里,同样是历史生活的普遍运动激发了"国家理由"的发展,并且证明其正当。然而,黑格尔将此观念推至的泛神论逻辑终点是他不能容忍的。对于深不可测之事的尊崇,连同他内心的道德法则,阻止他走出最后一步,那将神化世界历史及其最高主角即国家,并且将它们置于绝对高过道德的地位。显然,这朦胧不清、摇摆不定的二元主义,无法构成问题的最终的可能解决办法。

第十六章 特赖奇克

我们现在正接近这么一点：我们的探究开始接触到德国在大战中体验的命运的历史意义。有人向我们提出，我们沉溺于权势崇拜和"国家理由"崇拜，其程度已到了不可允许的程度，因而我们的征服者有权利将我们当作罪犯，而不是当作一个光荣地战败了的民族对待。非常显然，这谴责是个面具，遮掩着他们自己的权势政策和"国家理由"；然而，它诉之于某些事实，那是我们自己已经在刚才我们对黑格尔、费希特和兰克的分析中开始说明的。马基雅维里的思想出自拉丁土地，并且在拉丁国家的范围内得到发展，它究竟怎么会在19世纪开始后得到崭新的重铸，而且恰恰是在德意志土地上？我们朝解释这一点已经说过的一切现在必须被组合起来，并且加以补充，以便对那个被外国认作差不多是诱使德国坠入权势崇拜的主角的人达到一种恰当的理解，他就是海因里希·冯·特赖奇克。

总的来说，关于国家问题的起初的德意志观念思想并未倾向于承认"国家理由"和马基雅维里主义有任何特殊权利。路德希望基督教徒应建立一个基督教国家；① 不可想象在16世纪的德意

---

① 这一句话理应使得本书的不同书评者不去问一个荒唐问题：为什么我没有在其中谈论路德？另参见我的论文 *Luther über christl. Gemeinwesen u. christl. Staat*, *Hist. Zeitschr.*, 121。

志会有一位马基雅维里。"国家理由"观念（它被觉得是某种异己的东西）在三十年战争激动人心的经验影响下，于17世纪期间侵入德意志，并且更多地是关心保障正在张扬自己的德意志境内统治者的对内权力，而非扩展他们的对外权势。然而，普鲁士国家和勃兰登堡的伟大缔造者们实施的权势政策（除开弗雷德里克·威廉一世更多地是对内行使的影响）不过是黎塞留和路易十四已表明的政策的模仿。不仅以其哲学家能力，而且作为一名权势政治家，弗雷德里克大王懂得如何学习法国技艺。从一种无力无助的境地出发，奋力争攀权势和独立：这提供了趋于在德意志接受马基雅维里思想及其方法的内在冲动。我们已经在费希特和黑格尔那里见到了这一动机在起作用。然而，看一看康德，看一看费希特的早先信条和施泰因男爵的国家理想，就会明白关于国家问题的真正经久的德意志观念仍然是彻底地反马基雅维里的。① 施泰因犹如路德，希望道德的人应建立一个道德的国家。德意志思想现在要能被引入另外的道路，就必须发生两件事情。第一，对民族统一和独立的愈益增长的渴望必须更尖锐地强调对权势的需要。第二，18世纪和19世纪之交在德意志发生的智识革命必须显示出进一步的效果。德意志心灵现正开始遵循的特殊路径还能够（如果以片面的劲头遵循之）导致德意志与西方其余部分分道扬镳。

同一性观念和个性观念构成了新的酵素。同一性观念淡化了历史生活的黑暗面的表象，个性观念则导致了一种新的个性化伦

---

① 参见 O. Hintze, *Der deutsche Staatsgedanke*, *Zeitschr. für Politik*, 13, 128 ff.

理和历史观,它还承认国家有内在的自决权利,按照国家自己的法则即"国家理由"自由行动的权利。这两个观念(然而特别是个性观念)也渗入了其他民族的思想,并且也同那里类似的需要相连。首先是这些民族,眼下在所有方面开始变得意识到其个性,着手以各自的方式去解答一个大问题,即究竟是怀抱普遍的一般生活理想,还是怀抱特殊的民族生活理想,究竟是成为世界公民,还是成为民族国家。这个过程在它关乎德意志的范围内,已经在我早先的书里被叙述过了。如果将德意志与其他民族相比,就立即看到就智识运动而言,德意志思想比作为一个整体的西欧思想激进和自觉。我们是在思想上而非行动上与众不同。晚近时期里(恰如先前),世界上所有强大的民族和国家在新的民族情感的有力冲动下行事,并且更加依照国家利己主义;它们全都无情地破坏了挡在它们行进道路上的其他国家和民族的现存领土权利。然而,由于事实上在所有的其他民族那里,伦理规范与政治行为之间的二元主义(它自马基雅维里那时以来一直充斥于世)总的来说仍被维持,因而政治实践能够以若干同时得到承认的道德意识形态为幌子被遮掩起来;可是,与此同时对德意志来说,克服这二元主义,用某种更高的综合来解决政治与道德间的冲突变成了一项特殊需要。随着更多样的道德任务被摆放在现代国家面前,并且相应地随着个人一般来说更热切地关心国家,这一需要变得越来越强烈。即使费希特、谢林和黑格尔的同一性体系会崩溃,对所有重大法则和过程的内在统一与和谐的深切期望却仍然牢固地扎根于德意志精神。它变得陷于深渊之中的幻想性倾向,导致它坚持恰恰在生活的这么一些点上经久徘徊:那里极难确立这种和谐,那里原则最厉害地四分五裂。而且,始终吸引了德意志思想的正是在所有事

第十六章 特赖奇克

物中的这一原则要素。如果这不会崩溃,那么肯定有可能的是,在对这任务(它被感到无法完成)的自然的逆反中,德意志的勃勃生力和粗鲁生硬会发泄出来,直言不讳,承认这两重性,不管是否怀着玩世不恭心态,并且决定倒向最接近血气方刚、强劲有力的现实的原则——正如浮士德一心要寻找知识和精神要素却无法觅得,结果满怀对它们的绝望,渴求坠入狂野的声色犬马境界。甚至弗雷德里克大王早先也展示出一种纯粹德意志的特征,当时他内心既怀有马基雅维里主义,也怀有反马基雅维里主义,不时以同样的坦率和确信在这两端来回摇摆,同时表现出一种对盎格鲁-撒克逊和拉丁精神来说一般格格不入的轻率冒失。因为,正是这些鲁莽的真理吸引德意志人,而西欧人或许从一种下意识的权宜出发,往往显得偏爱陈规老套,而非青睐赤裸裸但危险的真理。也许这在晚近甚于先前,其时马基雅维里和诺代并不耻于剥去政治人的外衣,使之裸露原形。甚至在英国,弗朗西斯·培根也曾有一次敢于公开赞扬马基雅维里,因为他"毫无伪善地讲出了人们通常做什么,而不是他们应当做什么"。[①] 然而,即使是他,也不想让危险的"国家理由"精神完全主宰自己,并且试图为国家的纯自然冲动找到道德的和法律的辩解。在他之后,英国精神(那已被17世纪的宗教运动改变)表现出一种越来越强的倾向,要将英国一直追求的赤裸裸的权势政策之剑,改为执法者之剑,不管它是由上帝还是由法理和道德召去奉职。这确实是(有如先前被经常指出的那样)最有效的一类马基雅维里主义,能够被权势政策的国家意志搞得浑

[①] *De augmentis scientiarum*,第七篇第2章。培根对"国家理由"的态度现在已由里希特(W. Richter)在我的鼓动下得到了探究,见其 *Bacons Staatsdenken*,载于 *Zeitschr. für öff. Recht.* VII, 3。

然不自知，显得（不仅对别国也对它自己）像是纯粹的人道、坦诚和宗教。

作为通则，在德意志缺乏这种下意识的政治行为权宜考虑和政治本能。俾斯麦是个重要但罕见的例外。而且，他肯定也——特别在挣脱他的基督教德意志朋友们的普遍主义观念束缚的岁月里——服从了德意志人直言不讳的倾向，从对整个国家的深切责任感出发，以外在的勃勃生力而无内在的玩世不恭，公然承认了国家对权势政策的迫切需要。此后，他的本能的确信不疑使他越过了在此令我们关心的难题和深渊。因而，兰克就弗雷德里克大王那里道德与政治之间的冲突所说的话，也可以用来评论他的所有行为，甚至其中最大胆和最无情的："英雄必须至少自己证明自己有理。"

然而自黑格尔时期往后，在当代德意志人中间，从整个世界的角度看待权势政治问题的倾向一直在增长。我们已经指出了黑格尔本人对此的影响，而且在黑勒的分析中，这得到了更有力（如果说有点儿夸张）的表述。从兰克的撰史模式和他创立的历史学派中，产生了一种比较平静缓慢、但从长期说越来越有渗透力的影响，那就是趋于将权势政策理解为各不同国家的一种有机的生命功能，但不一概为它的所有过度的行使辩护。与此同时，随着争斗开始将国家改变为现代宪政国家，国家的威望在全面增长，对所有各派都是这样。在此过程中，人们的思想在许多方面（按照较老的原初的德意志国家观念）被更多地导向国内政治、文化和道德任务，而非权势政策任务。然后，后者也有个有力的倡导者，那就是民族统一的需要。"权势之路"，达尔曼（Dahlmann）1849 年 1 月 22 日在法兰克福议会里叫道，"是会满足和迁就发酵中的追求自由冲动的唯一道路,因为德意志人想的并不只是自由,而是迄今为止不给他但他所渴望的权势。"

由于无权无势感,而且由于与一个小民族(它受到大民族互相嫉妒的保护)相比这更有力地打动一个大民族,因而存在着一种对权势国家的渴望。1848年的事态粉碎了对权势和统一的希望,使人们的思想更加趋向这个目标。1853年,冯·罗肖(A. L. von Rochau)发表其《应用于德意志国家状况的现实主义政策的基础》,它导致流行起新的口号——"现实政治"(*Realpolitik*),并且以下述话语达到顶点:"统治意味着行使权势,而权势只能由任何拥有权势的人行使。统治与权势之间的这一直接联系构成一切政策的根本道理,提供了整个历史的钥匙"(第2页)。1858年,卡尔·博尔曼(Karl Bollmann)撰写了他的极富特征和非常坦率的著作《为马基雅维里主义辩护》,其中有句格言"祖国优先于其他一切",并且从古代的"国家理由"中援引了一句话:"时至今日,没有哪一个人,他的美德总是被无休无止地中伤。"在当时,罗肖的著作犹如霹雳,震撼了许多年轻人的心灵(就像特赖奇克以他本人的体验证明的那样[1])。他的主张——"一项原则、一个思想,甚至一项协议,都不足以将德意志的分裂的力量统一起来,只有靠某个吞并其他力量的优势力量"——在特赖奇克年轻的心灵里产生了一个显而易见的信条:只有普鲁士的军队才能统一德意志。博尔曼的著作确实被特赖奇克在《文学总览》(*Literarisches Centralblatt*)里提到,而且遭到轻蔑的拒绝;[2]然而,他自己的思想离它并

---

[1] *Aufsätze*,第4卷,第193页。
[2] 同上,第4卷,第500页。

非如此之远,就像他与亲近者们的通信表明的那样。① 最感动他的心扉并且使他能接受"这位佛罗伦萨伟人的许多可憎可怕的看法"的是,马基雅维里作为一名热烈的爱国者,渴望使权势为一个伟大的思想效劳。特赖奇克甚至为自己给罗肖的那项听起来赤裸裸的自然主义的主张做了个补充,那就是在罗肖身上认出了一位理想主义者,他正在做的不过是预言那得到思想支持的权势的胜利。在思想的领导下,将权势世界与思想世界统一起来:这就是并且始终是特赖奇克爱国主义的更高意图。由于19世纪后期整个关于权势政策的德意志思想运动集中反映于特赖奇克,因而任务便非常清楚,那就是分析他的权势政策纲领,连同他发展'国家理由'观念的方式。最重要的是,我们必须问,在使权势世界与思想世界和谐一致方面,他是否成功和在多大程度上成功。

让我们从一个敌国设想的他的权势观图景开始。牛津教授们写的题为《为何我们打仗》的宣传性著作包含专门一章,谈论特赖奇克宣告的新的德国国家理论,其中说:"英国现在与德国进行的战争本质上是两大不同原则——'国家理由'原则与法治原则——之间的战争。"现在由特赖奇克重新宣告的马基雅维里信条,即国家就是权势,连同他进一步的信条,即国家的最高道德责任在于促进其权势,趋于毁坏国际义务的确定性质,并且进一步趋于赞颂军事荣耀。按照特赖奇克的说法,权势的确应当服务于更高的文化目的,但在他和他的追随者那里,这导致德国文化在全世界被宣扬为最高类型的文化。不仅如此,据说他仅承认国际协定只有在对国家有利时才具有约束力。据称他将战争视为病态民族的救药,

---

① 《书信集》,第1卷,第352页(1856年)。

第十六章 特赖奇克

这些民族有沦入自私自利的个人主义的危险。而且,据称整个这套哲学像是异教,或者宁可说是带有道德虚饰的野蛮。

英国人足够幼稚,将他们自己的导致他们投身战争的政策赞扬为不带虚饰的一件家具,赞扬为一堆代表绝对法理和信守条约的木头。他们的想法是:德国的新理论说"我们的利益即我们的权利",而古老的、非常古老的英国理论却是"权利即我们的利益"。这些话确证了一种观点,那就是一般的英国头脑无法懂得权势政策中有疑问的要素,因为他们拒绝从实际本能中提取之。[1] 然而,敌人较为尖锐的目光是否也许看出了特赖奇克信条中的某些弊端?英国人的图景具有一种漫画性质,然而人们有时能够从漫画中学到东西。让我们试着发现我们可以从漫画中学到什么。

特赖奇克(或许差不多可以说)以祈使句方式思考。对于他,人们往往有个印象,那就是他的话犹如命令,讲的是某个将要靠内在证据才会被确立的事实。他的表述因而有了某种强烈性和爆发性,甚至的确有一种暴躁性。他所想望的事物的证据,他就事物规定的命令,总是现成地从他那里进出来,犹如密涅瓦[2]从宙斯的脑袋里进出来那样。从他对事物的一种非常生动、丰富和有力的思考中,进出了这些命令;一种道德上高尚纯洁的意志,为他有着艺术眼光的双眼看到的各个图景提供了使它们成为众多证据的要素,即可靠性和令人信服的证明。

如果最高尚的道德力与最多样的知觉和活力如此联结起来,

---

[1] 不过,甚至在大战之前,它就得到那些坦率的英国人的承认。海军上将约翰·费希尔爵士在1899年的海牙会议上说,他只知道一个原则:"强权即公理"。Gr. Politik der europ. Kabinette, 1871—1914, vol. 15, 230.

[2] 罗马神话中的智慧和技艺女神。——译者

那么它会压倒性地打动一切思想这一点有什么可奇怪的？对一代以上的人们来说，他成了民族的领袖，或曰民族内那些意欲建立和维持民族国家，以作为权势和自由之提供者的阶层的领袖。然而，他由此也成了这么一些人的腐蚀者：他们珍视欲望甚于珍视思想，现在将他的令人信服得大受鼓舞的话语和命令当作一个替代，使他们免却他们自己的一切思想努力。他那强烈的、虔信般的认真有可能从他的全部思想中导致某种僵硬刻板、绝对不变的东西，不管他可能如何断言它们的历史可变性。1866年危机决定性地固定了他的国家观，那至此为止一直是变动的。他对当时充斥着他的民族国家渴望的那些要素深怀感激，而这感激变得太集中了。①无疑，对建立德意志民族国家来说，保守的普鲁士军事君主制的权势国家和权势政策全然不可或缺；但是，新的共同体为了继续包容社会和经济变化，不久便需要有其体制的一种基本改造和发展，那一直受阻于一种（在特赖奇克影响下的）过分僵硬的信念，即相信普鲁士军事君主制的好处。与此同时，对这些好处的信念（在被扩展到普遍范围时）变成了一种僵硬的信仰，盲信权势在一般国家生活中的好处。我们从一开始也一直强调权势本质上属于国家，而且我们的整个探究除了更深入地分析这一事实外没有别的目的。但是在此过程中，它还试图揭示权势国家观念的可疑含意、危险和局限性。权势一向是并且永远是国家的部分本质，但仅它自身并不构成整个本质；因为，正义、道德和宗教也构成这本质的必要组成部分，或至少国家一经达到它的第一项起码目标即变得拥有权

---

① 与以下所述相关，另参见我对特赖奇克书信集第3卷的书评，载于 *Histor. Zeitschr.* 123, 315 ff。

势时，它们就意欲如此。它们，连同民族生活的所有其他联结性精神因素，要求被吸纳进国家的本质，即使与此同时它们不能也不会放弃它们的自主，那是它们自身的部分本性。19世纪期间国家愈益增长的威望基于一点：国家面前正提出更丰富的文化和道德任务。因此人们可以说，权势肯定是国家的本质中最原初、最根本和最恒久的要素，但它不是，也永远不会是唯一的要素。"国家理由"——国家的隐身舵手和造就者——谋求创造出它必需的一切，（当它发展到它的较高阶段时）并不因为达到了权势这第一项基本要求就竭尽了所能，而是还必须努力满足那些别的根本要素的需要——恰恰是为了替权势本身找到一个更深刻、更经久和精神性质的基础。然而，特赖奇克反复不断地宣称国家的本质只是权势而非别的，[①]由此限制了它，而且腐蚀了无数在生活斗争中追求简短的格言的人们，导致他们过分看重和尊崇纯然的权势，并从而以粗鲁得多的方式看待国家的基本问题。正是以此方式，特赖奇克的追随者迪特里希·舍费尔（Dietrich Schäfer）在其1922年的《世界与国家》一书里表述了这个问题，过分僵硬地坚持一个已经遭到片面理解的道理。

然而，当特赖奇克将国家的本质完全局限于权势时，他变得自相矛盾了。一个社会构造的本质不仅包含它的基础物，还包含这为之服务的目的，而特赖奇克离开视国家权势为目的本身却不很远。可是，他的确如此指责马基雅维里："关于他的学说，可怕的不是他提议的方法不道德，而是这个国家只是为存在而存在，毫无内

---

① 这一点的最极端表述无疑是在 *Bunderstaat und Einheitstaat*，*Aufsätze* 一书第 2 卷第 152 页："国家的本质第一是权势，第二是权势，第三还是权势。"

涵。几乎全无片言只句说到统治的所有道德目的,而只有这些目的,才证明这好不容易赢来的权势合理正当。"①"国家",《政治学》中说,"并不是作为自成目的的物质权势;它是旨在保护和促进更高类型的人类精神财产的权势。"纯粹的权势信条在他看来既不道德,也无内容。

为了达到理解他自己的权势信条,我们必须对问题作更深入的探究。我们必须不仅仔细考察他本人的内在动机,而且仔细审视它与其相连的现代德国思想之智识和政治领域。

如果一个人比较国家权势意志和"国家理由"在兰克和特赖奇克的历史著作中所起的作用,他就会惊异这两个人以大为不同的精神对待国家的对外权势斗争。特赖奇克无疑与兰克一样承认(如他所强调的)一种令人想起歌德的基本科学眼界,那就是"将一切历史发展解释为普遍的世界关系与自由的个人力量的结合效应"。② 然而,兰克侧重的是普遍的世界关系,特赖奇克侧重的却是自由的个人力量。兰克走得那么远,以至断言只有在国务活动家利用自己的地位促进普遍运动——历史中的真正根本要素时,他才有真正的重要性。这包含了一种看法:只有在他认识到并促

---

① *Aufsätze*,第 4 卷,第 428 页;参见《政治学》,第 1 卷,第 91,92,544 页以及 *Zehn Jahre deutscher Kämpfe*, *Auswahl*, 第 178 页。因此,随年岁增长,特赖奇克对马基雅维里的解释变了,参见上书第 396 页以下。在后来的岁月里,他不再相信自己在 1856 年相信过的东西,即《君主论》是抱着使意大利不受制于外国人这一爱国主义目的而写的。

不必证明他远未接受他的牛津解释者说他持有的思想,亦即将德意志文化扩展到整个世界当作国家权势的目的。他论述非德意志历史的文章表明,他极为尊重外国的特殊文化生活,而且甚至就战争说道(《政治学》,第 1 卷,第 73 页):"它并非仅仅导致了国家间的敌对性接触,因为通过战争,它们学会懂得并尊重对方的特性。"

② 《德意志史》,第 4 卷,第 466 页。

第十六章 特赖奇克

进其本国真正的、得到恰当理解的"国家理由"限度内,他才重要。因为,正是普遍运动导致了"国家理由"的发展和互动,国务活动家不得不在其内起作用。因而,占据了兰克撰史方法前台的,是这些国家利益的互动。他深刻的目光总是见到的"普遍运动"之有力潮流无疑不止包含这些利益互动,还包含它的全部混合性内容,其中既有普遍的和精神的力量,也有全然个人的力量。它们全都寓于最吸引他注意的现象之中,那就是伟大的国家人格的发展,连同出自它们和盘旋于它们之上的"世界史的老故事"。因而,他的历史作品(如前所述)确实只是国家利益即"国家理由"观念的非凡的思想深化,而非任何别的。

而在另一方面,可以这么说特赖奇克的历史著述:他为英雄史诗——伟大撰史传统的最古老和最个人的形式——创造了新的、同时又罕见地思想化了的大可能性。他的习语是人创造历史。尽管他作为德意志历史主义的门徒,学到了所有关于历史的超个人智识实体的知识,但支配他的历史图景的并不是这些。相反,那是个人,他们无疑体现了这些实体的图景,并且由这些实体指引,但主要地必须对他们自己有责任的行为负责。他的全部作品展示了有血有肉的人物的生动线条;历史似乎由他们的个人愿望构成。普遍运动的轮廓,超个人的思想和趋势的脉流,肯定不乏于背景之中,但它们并不占据近乎像在兰克那里的那么主导的地位。打动我们的并非"海浪催生一切,唯独淹没了自己"(*fert unda nec regitur*)的场景,而是浪涛中奋力搏击的游泳者的身影。于是,兰克的"普遍运动"分解成了战斗英雄们各自的奋斗,而且对权势斗争的描述总是同时变成了一个道德法庭,对正在行事的个人作道德判决。让我们举一个例子:对世界政治中的一项形势——1830年欧洲危机的概说。① 在此,"冷静智慧的语言……盲目的仇恨……专制者的虚荣的傲慢……革命的鲁莽的贪婪"全都混杂在一起。超个人的活剧,这些个人力量和激情与大的实际必需的影响之间的相互联系,它们与高悬在上的"国家理由"这指路精灵的相互联系,并未全然消失;但是,它退隐到背景之中,不引人注意。任何希望学会理解对外政策的人,会发现在兰克而非特赖奇克那里更有启迪。

因而,在特赖奇克的历史图景中,"国家理由"本身并不起主要作用,然而当他作为一个思想家来看国家时,他"乐于"紧握马基雅维里的手并赞扬他,因为"他以他整个巨大的思想连贯性,第一个将国家就是权势这个伟大思想置于一切政策的正前方"。② 有个引人注目的结果:他将权势当作国家的本质依据的基础(他充分自觉地这么做,却未意识到如此与他关于这本质的确实更丰富的看法相矛盾),然而权势在他那里仍然是未发展的,未在"国家理由"的行使中达到其完全特定的扩展。因此,他没有将他在马基雅维里那里发现的如此重要、如此精彩的东西完全吸收进他自己的思想;他没有提供人们能够期望的丰硕成果。

在单纯的概念阐释和概念比较可能令人陷入一种无法说明的矛盾时,观察一下哲学背景有助于使人摆脱困境。

如果说,兰克那么兴致勃勃和富于同情地对待大权势政策,并且因而比特赖奇克更精细和深刻地理解了它,那么这完全不是因为他本人对权势有任何特殊爱好,或对政治权势有任何特殊意向;他没有这些,正如他自己在政治方面的实际尝试表明的那样。他

---

① 《德意志史》,第4卷,第56页。
② 《政治学》,第1卷,第91页。

第十六章 特赖奇克

看待世界的根本倾向导致他更为接近国家星群与其各自运行轨迹那压倒性的活剧，更为接近出自世界之普遍的神性基础的、智识的和实在的伟大个性本质的展开。在此，让我们又一次回想起狄尔泰在唯心主义的两大主要倾向之间所做的区分：客观唯心主义，它出自充满整个世界的神性要素；主观唯心主义，它将世界从属于自由人格，将精神当作独立的东西对待。黑格尔的客观唯心主义升华到了一种通体连贯的同一性体系层次，能轻而易举地将"国家理由"和权势政策阐释为整个充满神性的世界过程中的造物主工具。兰克的客观唯心主义将同一性需要与二元需要联在一起，能够将"国家理由"（至少在神性世界过程的我们能认识的方面）认作趋向人类实在生活和智识生活之展开的最重要冲动。费希特是主观唯心主义哲学家。从依据理性塑造世界、使德意志民族摆脱羁绊的道德意愿出发，他甚至能够将严酷的"国家理由"拿来当作一个用以解放智力的工具。正如兰克与黑格尔相连，特赖奇克在某种程度上与费希特一脉相承。他继续了后者的主观唯心主义，但不是以一种纯粹的和无保留的形式，而是与客观唯心主义成分混合，这成分甚至离费希特本人也不远。或许，现代历史学家多少天然地抵制采取一种通体连贯的哲学观点。或许可以将这当作折中主义而看不起他。然而，他的责任确实在于忠实地重现丰富的多样性——事实上那是要深入思考人类重大事件他就必须承认的各种动机的矛盾性——并且以他自身的存在为纲将它们统一起来。

现在让我们追踪特赖奇克身上的这些主观唯心主义之纲。与他的愿望和能力相符的不是世界史（像在兰克那里），而是民族国家史，因为各民族争取一个适合它们的国家、一个包含和保护其理想价值的国家的斗争，是他的历史著作和政治学的中心思想。在这后面,有着他的人格的中心思想,那将民族和国家当作必不可少的天赋手段,旨在一种自由的道德人格的发展。"只有一个充满强烈的个人自由意识的民族,才能够获得和维持个人自由;只有在政治自由的保护下,真正的个人自由才可能繁荣兴旺。"① 在这个人自由之纲里,有古典时代唯心个人主义的一种极有力的遗存效应在起作用。这由一个事实得到了解释,即尽管有德意志民族自豪感的全部觉醒(那是他试图促进的),他却总是渴望不失世界公民的自由意识。在晚年,他(如人所知)哀叹自己过分受限于仅仅促进民族思想。② 他想保持为一个自由人,使自己的心扉对整个世界开放,与此同时继续置身于民族和国家的一切纽带之内。③

然而,他清楚地认识到,这些纽带对自由人的生活必不可少。他之所以如此,不仅是因为他的民族力争成为一个民族国家(那令青少年心灵激动,热血沸腾),也是因为他遭遇和吸收了新的历史观和唯心主义思想模式。他接受了一个历史法学学派的"深切感受到了的"思想,这不断地在他的全部著述中表现出来;而且,"每个有生命的都是独特的"这一信条④肯定能被他欣然接受,因为他

---

① *Die Freiheit*, *Aufsätze*,第3卷,第19页。

② 《政治学》,第1卷,第31页;参见《书信集》,第3卷,第373和513页;《政治学》,第1卷,第273页。

③ 达到对特赖奇克及其国家学说的一种学术理解的首次重要尝试,是巴约(Bailleu)关于他的一篇论文(载于1896年10月的 *Deutsche Rundschau*),其中正确地说:"不管特赖奇克把国家放得多高,他总是将人格的神圣和精神的自由置于更高地位。"论述他的第一部书,即 Herzfeld, *Staat und Persönlichkeit bei H. v. Treitschke*, *Preuss. Jahrbücher*, Dec. 1923,多存卓见。在韦斯特法尔(O. Westphal)的一篇文章里也有某些可贵的看法,该文即 *Der Staatsbegriff H. v. Treitschkes*,载于 *Festschrift* 献给我的专辑,*Deutscher Staat und deutsche Parteien*, 1922。

④ 《政治学》,第1卷,第4页。

有审美秉性,有使他能够欣赏世上所有多种多样的形态和色彩的感觉。各个国家各自独特,但国家本身是原有的,寓于人类的本质之中。这一知识他发觉已经由所有政治理论的祖师亚里士多德表述过,只是在19世纪被重新发现,而他现在(可以说)是重新将一切置于这项知识的基础上。他现在再次感到一种对绝对的强烈需求,它保护他免于真理崩解为纯粹相对真理的危险(就像保护兰克那样,只是以一种更结实、更有意的方式)。历史学家(如他所言)无疑总的来说被局限于只找到相对真理,但幸运的是存在着少数对他来说始终确定的绝对真理,例如国家即权势。① 而且,还存在着某些绝对真的道德观念,那已经被搞成是实在的了。从这一点可以清楚地看到,他的权势信条多么紧密地同他的伦理需要——在翻腾无常的历史海洋里得到一个绝对船锚——联结在一起。

但是(一个人必然要问),发现这个知识——即国家的本质总是并绝对是权势——是否等于发现一个价值绝对的道德真理?在第一个场合,只是认识到一个冷酷的原始事实,它属于人类生活的黑暗面。国家追逐权势,恰如一个人追求食物;然而,国家比一个人更难满足得多,只是受到"国家理由"的约束,而"国家理由"虽然肯定能够进入伦理领域,但并不总是进入。这就是我们由以出发的那个两重性认识。国家在我们看来似乎是个两栖动物。可以而且必须对19世纪后期的自然主义经验论做此让步,承认人类生活黑暗和自然的一面的所有事实,承认现代实在主义惯于以一种片面但启发性的方式强调的、所有力学和生物学性质的因果联系。然而,现在这是明证,证实从思想史的观点看,特赖奇克直接立于

---

① 《政治学》,第1卷,第11页。

19世纪开初和该世纪结束之间的那个时期。在一方面,是欢欣地信仰精神与自然的同一,连同神性自然的统一、美丽和深刻;在另一方面,则是知晓人由共性塑造、习俗是他的奶妈这一严酷的事实:一项19世纪初伟大的唯心主义者们不得不多少痛苦地承认的事实,但也是一项总是因为对人类之高尚和历史中的理性因素的信仰而重新变得光明了的事实。然而在特赖奇克那里,生活的这两个方面截然对立,相争不息。而且,这是他的历史著作为什么那么经常地显得像是受到相反的力量驱使,像是由阳光明媚与乌云翻腾间的那么一种突变构成。他发觉,黑格尔的历史哲学在一种令人欣喜的乐观主义中不知所措,回答不了严重的良心问题,即为什么在人类永不停止的进步中,个人总是一如既往地那么羸弱和有罪。① 他还认为兰克的历史解释同样过于乐观,因为它太少注意感性激情——人类生活中的恶魔力量。②关于人性原罪深重的基督教信条在他看来千真万确。因此,他对人性中邪恶成分的强烈道德感(由古老的基督教传统培育)已经导致他背离纯然的同一感与其泛神论意味,转向19世纪后期沉闷的现实感,那是他时常允许有的,而且能够在无须落入冷静的实在主义或完全的唯物主义的情况下得到。因此,他不仅拒绝黑格尔对整个历史过程的神化,也拒绝他对国家的神化。③ 不允许(他解释说)像黑格尔那样将国家视为道德观念的实现;国家是一种超级自然必需,其性质粗犷有力,完全是人类生活的外在秩序的一部分。他说,国家首先是

---

① 《德国史》,第3卷,第719页。
② 同上,第4卷,第467页;《政治学》,第1卷,第144页;*Zehn Jahre deutscher Kämpfe, Auswahl*, p. 98.
③ 《政治学》,第1卷,第32和62页;另参见 Westphal, *loc. cit.*, p. 162.

权势,国家的全部历史浸透了可怕的"暴力压制"($βια\ βια\ βιάζεται$)。①

然而,现在的关键是,在面对国家间权势冲突的自然动能时,他并非始终一贯地允许它们保持为纯粹自然的,而是再次使它们处于伦理光芒的照耀之下,从而认可了它们。正是由此往后,他开始借助于客观唯心主义,甚至借助于黑格尔同一性哲学。他借来的这些东西在他1874年与施莫勒(Schmoller)关于社会主义的著名讨论中得到了很清楚的表达。施莫勒断言,经济阶级结构出自不义和权威;这个"像是可悲的罪过"从一代传到另一代,几千年过后它当今在上层阶级中间的缓慢苏醒的正义感中,首次正在找到一种永不会足够的补偿。而且,他就经济阶级斗争所说的显然也适用于国家权势斗争。后者同样基于不义和权威,同样包含一种从一代传到另一代的可悲的孽债,不同的仅是它与阶级斗争相比,更少能得到赎罪,因为没有任何执政官凌驾于国家实行统治。这是我们由以出发的根本前提。然而,特赖奇克激烈地拒绝施莫勒"关于咬尝社会知识果实,从而堕入原罪的信条"。这里的讨论诚然涉及权威,但与不义无关。"权势与权势相斗,在弱者阻挡强者的无论何处,弱者都被征服。在这些必然的斗争中,没有任何一点不义和可悲的罪过超过我们这有罪物种的每项行为所包含的。强者应当迫使弱者服从其意志乃是人类早期的理由。"②"不管在哪里,只要我们在比较光明的世纪里看到各民族间进行的生存斗争……哪里就有同一个道德法则在支配丰富的演化——充满冲突

---

① 《政治学》,第1卷,第20、32、35页。
② *Zehn Jahre deutscher Kämpfe, Auswahl*, pp. 99 ff.

的痛苦的演化:平凡的应当服务于高尚的,年老的应当服务于年轻的,而且只是靠这服务才取得继续生存的权利。"我们立刻可以从这段话里听出这些是黑格尔的回声。自然过程被提升到"理由"层次,并且被当作"道德法则"的运作得到认可。在这方面,特赖奇克如此表述它:没有"存在合理要素"这一观念,一切哲学都会变成纯粹的游戏;而且在另一个场合,他崇敬地讲到黑格尔关于"凡是合理的就是现实的"深刻命题。① 我们今天说凡合理的肯定应当存在,但不能简单地说凡合理的必定存在。老的德意志唯心主义不能将上帝在历史中的表现向自己展示得足够伟大、足够权威或足够全面,而且甚至认为生活的深渊也由它照亮,与之相比在我们看来实有与应有之间的裂隙更大,权势斗争的可悲的罪过从而也更深重。黑格尔关于理性的狡黠的观念在此显然同样有一种遗留影响。可是,对于强者征服弱者的道德辩解现在也能够轻易地被那些不再有深切的道德感和特赖奇克那样思想广度的人滥用,并且能够被一种达尔文式自然主义取代和粗糙化,而当尼采的"超人"观念问世后情况就更是如此。

从他关于政治与道德之间关系问题的基本思想中,特赖奇克本人无疑相当无畏和尖锐地抽引出种种结论,但他是怀着一种深切的责任感这么做的。② 在此,我们也会发现主观唯心主义与客观唯心主义交织在一起。与主观唯心主义一致,他拒绝来自古典时代、并且也由黑格尔持有的过度紧张的国家概念,更拒绝(如前所述)马基雅维里的纯粹的权势信条,那被他认为是空洞的。道德

---

① 《德意志史》,第4卷,第484页。
② 《政治学》,第1卷,第87页以下;参见《德国史》,第3卷,第718页。

第十六章 特赖奇克

并未在国家里消失,国家并非万能,基督教世界承认了良心的权利,国家(被认作是一个教育人类的伟大机构)从属于道德法则。然而,现在客观唯心主义开始干预,而且伸张同一性观念和个性观念是德意志思想传统的特征。在政治与实在法之间(他说)肯定存在无数冲突,因为后者可以是,或者可以变成非理性的。然而,简单地谈论道德与政治间的碰撞将是个思想错误。在政治中,只有道德义务的冲突,就像每个人都不得不应对的那样。因此,问题在于辨识对国家来说无条件成立的道德法则。对个人自由的强调构成一部分基督教意义上的充分道德。说到底,在评判由此出现的义务冲突时总是有个问题,即任何人是否认识到他自己的最为个人的存在,并且将它发展到了它能够达到的最完整程度。既然国家的本质是权势,那么促进这权势也是国家的最高义务。"维持它自身对它来说是个绝对的道德义务。"

于是,我们在此见到个人的自我实现的道德权利只是从个人转到了国家。这本身就是正当的,正如后面将更详细地展示的那样。然而与此同时,特赖奇克忽视了一件事情:在超个人的集体人格例如国家那里,道德行为比在个人人格那里更朦胧、更复杂、更可疑。① 道德责任不是集中于一个人,而是必须由一个集体单位承担,虽然这个集体单位只能通过国务活动家个人为中介来行事。这一两难产生了一种本质上不同的个人和国家道德行为结构。经验表明,在不得不处理集体事务和集体目的的范围内,纯道德意识被削弱了。在可疑的场合,行为者的道德责任较轻,因为他认为

---

① 提出这一点要归功于 Ernst Troeltsch, *Provatmoral und Staatsmoral*,载于 *Deutsche Zukunft*, 1916。

"职事"要求他以一种个人不会如此、也不会发觉可以如此的方式来行事。当一名商人出于自己的生意利益,使自己的个人道德需要屈从于自己的商业本能时,这个过程便首先开始运行了。因而,一切争取超个人目的的行为有一种趋于事务性的倾向,但同时它也可怕地趋于冷酷无情。我们并不是出于伤感的原因这么说,而是为了显示历史生活的悲剧性质。特赖奇克同样(不可能期望他任何别的)承认并谈论一切行为中必不可免的可悲罪过。然而,由于模糊了个人行为和集体行为之间的区别,他对特别盘旋在超个人实体之上的黑影认识得太少太少。因为,在"事务性"的外衣下,被要求为共同体行事的任何人都有可能不知不觉地大肆发泄所有各类激情和冲动;而且(有如我们在导言里说明的),权势政治行为特别容易受此诱惑。我们现在还看到,将国家的本质仅限于权势对特赖奇克本人是何等致命。假如他持有一种较为全面的国家本质观念,他就不会采取过分的观点,认为国家对自身权势的关切是"绝对道德的",并且作为一项道德任务优先于它的所有其他责任。但国家追逐权势时,它并不是以任何道德方式行事;相反,它的行为相当原始,出于一种绝对不可避免的自然必需。这追逐有可能是道德的,如果权势被打算用于维持道德品性的话,但即使如此,它也绝未大大失去它的自然的基本性质。

因而,特赖奇克提倡的这种专门公共道德不是别的,而是黑格尔观念的遗留效应:源自黑格尔关于国家之优越道德的信条,源自(说到底)黑格尔关于精神与自然应当同一的要求。特赖奇克的权势观念的所有弱点(我们在此无需统统逐个审视它们)都归因于一个事实,即他过分渴望将自然事物和过程解释为道德的,而且总的来说过分滥用"道德的"一语。说"战争的正义性很简单地基于一种道德的必需"①是笨拙的和危险的。有可能(像我们那样)既确信战争的自然必需和不可避免性,又将限制和减小这一必需认作道德责任,只要人性的虚弱能够允许。"国家理由"与道德命令之间的冲突也是如此。

尽管有他的危险的理论,可是特赖奇克的确有这高尚和严格的责任感,因为他是个有深厚道德感的人。虽然他永不会希望战争全然消亡,但他确实"依据不可抵挡的道德和经济理由"希望战争不那么漫长,不那么激烈。他谴责轻浮的战争,恰如他谴责对条约的轻浮的违背,或政治中任何其他全然的肆无忌惮。"一个打算在原则上蔑视信义和忠诚的国家,会不断受到敌人的威胁,从而将完全不能达到成为一个实际强国的目的。"②他始终喜欢说教性地谈论政治权势斗争,这非常清楚地表明他不是为了权势而珍视权势,而是为了权势要为之服务的道德目的,同时也表明他反复表达的这个信条反映了他的人格深处。他所以言过其实地倾向于将一种伦理因素引入国家权势斗争(这种观点导致如此),是出于主观唯心主义(像我们在费希特那里已经看到的那样)特别容易有的那些意志的决定之一。在费希特那里,将他引导到马基雅维里的意志决定是突然和短暂的,产生于他的祖国的大需要。在特赖奇克那里,它成了一个经久的构成性要素。这来自他在其间成长的那个世纪的整个发展。一个民族,充满着对于历史固有的神圣理性的深切信念,发觉自己面对一项任务,那就是一劳永逸地满足祖国的一种被感受已久的需要,建立起本民族的权势国家。这信念还

---

① 《政治学》,第2卷,第553页。
② 同上,第2卷,第544页;*Verurteilung der Eroberungspolitik u a. Aufsätze*,第1卷,第83页;第3卷,第473页以下。

给国家权势戴上了光环,国家则过分美化这信念。然而,如果这是个错误,那么它是那种引人尊敬的错误。这一错误的那些颓废的后来批评者以一种粗野的自然主义和生物主义取代它的唯心主义原则,他们肯定不会引起任何尊敬。

第十七章　过去和现在

19世纪期间,而且甚至当今,"国家理由"这一术语很少被使用。① 在许多方面,它只具有一种从历史观点看被狭窄地限制了的含义,被用来描述17世纪权势政治的特殊精神。它最少被最需要"国家理由"这中心概念的科学使用,那就是总的国家理论。尽管如此,这东西本身完全没有死去,而是既以实际的也以理论的方式,继续活在另一套词汇中。权势问题、权势政治、权势国家观念:这些就是当今使用的替代"国家理由"的术语,它们可以被接受,虽然它们未能如此清晰地揭示出这东西的最内在本质,即国家的生命动脉,它既是理性的,同时又是自然的,并且总是从自然的进展到精神的。正是由于有所保留,即人们必须始终意识到这本质,我们也使用了权势国家观念这一表述办法。

我们已经论说了它在19世纪德意志的最重要的提倡者,(按照本书的规划)避而不去展示它在二流人物和一般公众舆论中间

---

①　甚至在现代"国家理由"的大师俾斯麦那里,也很少碰到这个术语;然而,在碰到的时候,它包含它的充分含义。1877年,威廉皇帝以其对贡托-比龙的不谨慎的政治话语引起了俾斯麦的不快,并且接着以文书自我辩解,说没有任何君主能够允许自己在同外国人的谈话交往方面受限制。俾斯麦在此文书边上写道:"然而,鉴于'国家理由'就能够。"见 *Grosse Politik der europ. Kabinette*, I, 321。俾斯麦把哈里.v.阿尼姆的政策更多地解释为源于反对他本人的个人阴谋,而"不是源于国家理由",同上,3,407。俾斯麦更加经常地把国家"利益"说成是政治的动机源泉。

的形成,虽然此种阐述肯定会是可贵的。如果要这么做,就需要写一部单独的书,而且倘若希望重现其他国家里相应的思想动态,那就更是如此。① 人们将不仅需要描述在整个德意志的命运攸关的变迁,连同邻近民族中相应的沙文主义;还将必须显示尼采的显著和极具渗透性的影响,他尽管总是将国家看作一个冷酷的魔鬼,却对权势和权势者大唱赞歌。这整个也与现代生活的所有变化和各种不同的思想迸发相连,最重要的是与现代民族主义这普遍问题相连,而只有对后者进行全面分析,才会将特赖奇克、尼采和伯恩哈迪(Bernhardi)这三重唱乐队移离仇视和激动的目光,在历史真理之光下显示它。从马基雅维里主义到民族主义:这可以被说成是我们已试图澄清其早先诸阶段的、整个险恶的发展过程的主题。历史思想因世界大战之灾及其所有后果而被迫踏入新路径。我们将试着至少要人们注意其中的一条新路径,就此能够通过比较过去和现在而得到一项新洞察。

我们已经看到,在前几章里得到论说的诸德意志理论将"国家理由"纳入一幅按照唯心主义思路观看的世界图景;而且,虽然它们敢于淡化马基雅维里主义的可怕后果,它们却不大敢原谅之。现在,这些德意志理论同时是德意志精神为建立民族国家替自己锻造的武器;它们出自一种总的来说乐观的世界观——某种我们已描述为同一性需要的东西,那还解放了一种不断渴望恶,又不断产生善的力量。理性的狡黠这一观念基于历史生活的深渊。

直至世界大战前夜及其最初时期里,我们的历史思想继续受

---

① G. Büscher, *Die Vergiftung des Geistes als Ursache des Krieges und der Revolution*, 1922 一书对这一主题的处理潦草粗糙,不能令人满意。

第十七章 过去和现在

这乐观情绪的遗留效应影响,虽然黑暗的影响已经开始落到它身上。从19世纪下半期往后,生活的全部关系、国家和社会、经济、技术和思想见识全然变迁;而且,它得到了越来越迅速的发展,这发展驱使我们所谓的文明达到越来越高的程度,但对我们所谓的文化大有可能变得危险,而且确实对国家和社会也是如此,尽管有它们的一切在表面上令人炫目的发展进步。"国家理由"(在各国的权势意志和生活意志的意义上)从而取得了一种全新的环境,在其中它——国家所有活动的不断的伴侣和指引者——也能够发展出新的和不受怀疑的结果。

因此,让我们回过头去看它的较早的结果。它们一向同时兼具建设性和溶解性。它们不仅建设了现代国家的权势,也建设了它的有效机器。它帮助构建了现代精神,促进了现代人的不可知论、功利主义和理性化。然而,正是在此,它的建设性倾向开始有了一种溶解效应,因为它削弱了道德的构建力,使人们在精神上变得铁石心肠。这一恶魔般的影响总是要受到其他理想性力量的制衡,后者首先包括宗教观念,然后是启蒙时代的人道观念,最后是有其新的伦理内容的现代个人主义和18世纪结束以后关于国家的新理想,这些理想在国家面前树立起更有意义的新任务,并且教导它尊敬那些并非国家具有的文化价值。理性利益政治和权势扩展的旧游戏同时仍继续下去,但它受早先几个世纪的实际状况约束。

它一向依赖由社会、经济和技术状况提供的权势资源。我们将其划分为三个时代。第一个是成长中的专制主义时代,延续到大约17世纪中期为止;第二个是成熟的专制主义时代,延续到法国大革命为止;第三个则是现代民族国家成长壮大的时代,延续到俾斯麦下台。与此同时,随时代的推移转变,权势资源增长和多样化了。

然而，三个时代的共同之处是压倒性的农业背景，那由在第三个时代开始发展成现代工业和现代资本主义的城市制造业所补充。

按照封建领土界线组织的农业国家是专制主义在开始成长时的基础，一个在许多方面脆弱的基础。从外面看，国家仍然相对赢弱；从里面看，它们还未在封建精神和贵族自主面前稳固下来，或未摆脱国内反对派将里通外敌的危险。实际上这么做的罗昂后来告诫说，不应当给过多的城市建造城防堡垒，因为这会使它们变得傲慢和不可靠；他还提议说，应当进行对外战争，以便转移贵族的野心。这些战争是凭借很不容易凑合起来，并且只是在战争延续期间才存在的小规模雇佣军进行的，难得能速战速决，从而厘清政治情势。结果，战争（可以说）在和平时期继续下去，战争与和平未被截然区别开来，而是相反倾向于重合交织。这造成了16世纪和17世纪期间的如下显著现象：各国往往不是签署一项明确的和约，而是仅仅协议停战若干年；在和平时期里，仍继续与邻国国内的反对势力勾结密谋；战事往往不经任何宣战就爆发，并且能够长时间进行下去而不断绝外交关系；大使们在和平时期阴谋伤害其驻在国，但有时在宣战后仍继续留驻该国，因而平时服务于战争利益，战时服务于和平利益。由于人们没有强有力得足以依靠重大的决定性的战争事件达到自己的目的，因而他们诉诸一切可能的较小的手段。于是，在和平时期里战火秘密焖烧下去；可是另一方面，公开的战争能够经年累月地拖延下去，从而允许多种和平贸易在战时继续进行。[①] 所有这些使人们习惯于战争，使战争对他们

[①] 其殖民战争爆发以前伊丽莎白英国与腓力二世西班牙之间的关系，还有荷兰与西班牙在独立战争期间的关系，提供了关于这一切的经典史例。

第十七章 过去和现在

成为可以承受的,不管其效应对居住在实际战区的人口来说多么可怕。总的安全程度不那么大,但正是因为这个原因,人们比较习惯危险,对和平状况遭到一般的侵犯并无那么强烈的感觉。人们足可理解地抱怨军队任意通过中立领土并在那里安营扎寨;然而,这经常发生而未得到任何矫正,主要是在日耳曼帝国的土地上,其羸弱被邻近的各强国利用。由于各国权势资源较小而来的战争与和平的这种混淆,解释了国际法义务何以只有较小的神圣性;它也解释了各国何以比较肆无忌惮,特别在这一时期里得到发展的"国家理由"和马基雅维里主义何以犯下比较粗野、比较昭彰的罪过。然而,恰如马基雅维里的凸现构成这一时期开始时的特征,这一时期结束时的特征是雨果·格劳秀斯的出现,他开始较清楚将战争法与和平法区别开来,并且赋予国际法较大的神圣性。

与此同时,在此(就像我们在他那里特别注意到的那样)关于基督教世界统一和西方统一的传统依然活着;从而,这些传统依然活在国务活动家们的内心深处,因为实际的权势资源无法通过确立一个普遍帝国来摧毁国际均势。

甚至当国家的权势资源在成熟的专制主义时代大为增长之际,它们仍然存活在背景之中。这一增长靠的是建立常备军,那反过来又与压制封建和贵族反对势力、实施重商主义经济政策和新获得种种征税机会密切相连。在国家内部,这导致了和平状态与战争状态的更明确区分。国家现在得到了更严的治安,这使得人口的一般安全程度增长。职业军队和军事征召与和平的臣民之间的区分变得更加严格;即使在自愿入伍开始得到强制征兵的补充时,情况也是如此,因为被征者变成了职业军人。甚至在国家间的关系中,和平与战争之间的界限也开始变得不那么模糊;中立国的权利得到了较好尊重,虽然还根本没有得到彻底尊重。最重要的是注意到,从权势政治的观点看,各国间的差异增大了,大国和最大国继续成长,变得相对更强。此时,意大利各邦国的世界有如一群小型的死火山,不再能够实行有力的"国家理由"政策。在这个时代开始时,的确出现了新一群小型的活火山,其时"永恒的骑士"在德意志的武装了的帝国省份问世;然而,在18世纪开始之后,它们重又衰落,与此同时比它们当中任何一个都更有力、更有前途的勃兰登堡-普鲁士国家开始变为一大强国。形势越来越完全地由权势政治活动支配。甚至治国方略也变了。"国家理由"肯定未变得基本上较为道德,较有顾忌,但马基雅维里主义的那些更为粗鄙小气的药方已比较难得被使用,因为人们拥有了较好较强的权势资源。我们可以回想起黎塞留的话:大国比小国更好地信守协议,因为它们必须留心维护自己的声誉——对此不能不补充说,因为大国还更容易实际上去信守协议。假如弗雷德里克大王是欧洲最强有力的统治者,那么甚至他,大概也会在信守条约问题上形成一种较严格的理论和实践。这个时代的结束造成了在战争与和平、军事事务与人民生活、权势政治与和平的民间文化之间的任务的一种几乎人为达到均衡的分隔和割裂。它们似乎并肩运行而不真正彼此接触或彼此干扰。当领土统治者正在进行一场战争时,平民会对此几乎全不留心;训练有素的军队被禁止征用民财。战争一般是消耗战,而非歼灭战。总的来说,战略谋求尽可能用不流血的迂回机动来取代浴血战斗。如果说在早先的那个时代里,战争与和平彼此交织,那么现在战争与和平被比较刻板地分隔开来,但战争由于受到治国方略和军事技巧的制约,因而取得了某种和平性质。而且,理性主义者们赞成这一形势,它便利民间生活,克服了先前几个世纪里的野蛮。弗雷德里克大王政治思想中的两重性也非常真确地反映了这一分隔和并列——受控的"国家理由"领域与普遍人类理性领域之间人为的分隔和并列。然而,治国方略和军事技巧的这一胜利实际上只成功地将必须做的事情装成出于好心做的。权势政治采取了这些人为的和习俗的限制,因为国家的资源依旧非常有限,使之必须在自己的行为中厉行节省。

这在后来变得显而易见,其时先前一直阻止人民参与权势政治的门户洞开。大革命时期的社会动乱为权势政治创造了全新的可能性。社会之分裂为阶级虽然在政治上被成熟的专制主义抑制住了,但它被允许在社会意义上继续下去;依靠其继续存在,它对国家的内外权势的进一步发展设立了限制。它使得组建大众征召军队和实行普遍兵役制成为不可能,但现在法国大革命令其脱颖而出。拿破仑一世的权势政治现在能够为其本身确立路易十四或弗雷德里克之类人物远不能达到的目标;而且,拿破仑自己无限的权势意志同时在实现一个民族的权势意志,这个民族取得了一种至高程度的自觉。人们能够理解一位当事人何以如此概括1789年往后的整个发展,说马基雅维里正在经历可怕的复兴。[①] 在拿破仑一世时期,战争与和平重新混合在一起,就像在早先时代里那样,只是现在的程度更深,因为更丰富的权势资源允许过头行动。

可是,旧国际体系的恢复导致战争与和平被重新分开。自此往后,"国家理由"再次较为温和谨慎地行使其权势,因为统治者们

---

① Mazères, *De Machiavel et de l'influence de sa doctrine sur les opinions, les mœurs et la politique de la France pendant la Revolution*, 1816.

有理由害怕他们目睹了它的泛滥的、深处的恶魔般力量。保守派的团结(像我在早先的书里展示的那样)部分地与一种基督教普遍主义的和伦理的意识形态密切相连,它有意识地限制纯粹的权势冲动。与带有过度焦虑姿态的国内反动政策相应,大多数国家现在采取了一种欧洲和平的对外政策,那能避免重大的世界冲突,因为人们在足够大的程度上从事与新的民族的、自由的和民主的倾向妥协。然而,其中固有的新的权势冲动,连同它们打开的新的权势资源,依然活跃,并且导致了俾斯麦时期里欧洲的大重构。在俾斯麦那里,我们见到了旧的内阁"国家理由"与新的大众力量之间最卓越和最成功的综合。他为普鲁士国家的权势利益而利用之,通过确立一个宪制民族国家而满足之,但与此同时将这些力量和他自己的权势政治都控制在严格的界限之内,这些界限经过良好的谋划,并且得到仔细的维持。以马基雅维里式的无情,加上对权势资源的最敏锐估算和利用,他创建了德意志国家;然而,同一谋算还使他能够看到德国所能有的权势的极限。在他对议会民主倾向的压制和他1871年后审慎温和的、不断争取维持欧洲和平的权势政策之间,有着紧密的关联。他深深地确信一个事实,亦即对议会负责令治国方略难以追踪正确道路和避免危险举动。[1] 他认为,对德国来说,采取超出维持1871年时达到的权势地位的权势政策就是危险举动。另一方面,他也把议会对内阁的控制看作是个有益的促进因素,趋于将国家的权势政策限制为只保护其得到

---

[1] 在 *Die grosse Politik der europ. Kabinette* 所载的无数例子中间,这里只举1887年的一个(见第5卷第195页):"一个伟大帝国的对外政策不可能对议会唯命是从而不被迫走入错误道路。"

第十七章 过去和现在

恰当理解的利益。① 无疑,他对自由主义和社会主义的镇压(对外政策在此行为的动机当中绝不是最次要的)确实将他卷入了一个双刃剑似的可悲的必需,即以强力限制某些正在成长的发展力量。然而,他还有着一种对于下述事实的最精致和最天才的意识:与它在先前几个世纪里相比,现代君主国的权势政治正踩在大为不同和危险得不可比拟的地面上;有着急切地等待机会喷发而出的地下力量,如果治国方略要走错一步的话。当今(他在1887年11月18日的历史性谈话中对沙皇说),甚于在任何别的历史时代,避免战争符合所有大君主国的利益。② 这不只是一项对俄国专制者的策略性呼吁;相反,它还是他的一项有机的原则。由于采取这一原则,他就在复兴复辟时期里梅特涅政策的健康基础,同时没有滑入其观点的教条式狭隘与其恐惧心态。要不是他,旧欧洲或许会早几十年崩溃。③

于是,在1815年至1914年的那百年里,战争与和平被更截然地彼此分开。如果战争爆发,那么它从不扩展成一场全欧冲突;然而,它越来越趋于用更有力的手段来打,这些手段由于国家的民族化和普遍兵役制而成为可利用的。因此,总的来说,它们不再是漫长的消耗战,而是迅速、短暂和激烈的旨在打败敌人的战争。战争本身变得比先前更激烈,但和平也变得更充实更完整。与世界大

---

① "在当今所有国家的议会条件下,甚至在大陆各国,对公共责任的关切倾向于使统治者比他们惯常的更谨慎,并且减小了国家资源按照政府一时念头被用去支持国家利益以外的其他利益的可能性。"给哈茨费尔特的指令,1885年12月9日,同上,第4卷,第142页。

② 同上,第5卷,第323页。

③ 雅各布·布尔克哈特对此已经有了某种感觉,如他的致普里恩(Preen)函所显示的那样;参见第225页和第259页。

战之前的五十年相比，各国的边界从未以一种更自由的方式互相开放，国际贸易从未更便利，世界旅行者的自由从未更广大。国际法的发展得益于一系列愈益精细和互相交织的国际协定；与此同时，它们又帮助强化了国际法观念，那在前几个世纪里一定程度上提供了对"国家理由"观念的制衡和替代。因此，在这个时期里，并且鉴于所有其他经济和技术成就，有可能发展起恰如旧制度终结时期（其时战争似乎已失去了它的暴烈性）所有的那种文化乐观主义和对永久"改善"的希望。这种文化乐观主义与那另外一种唯心乐观主义大为不同并且陈腐得多，后者出自德意志精神的同一性需要，而且甚至在同一性哲学衰落以后，仍继续在德意志历史思想中行使主流影响。无论如何，这两种乐观主义有可能协同作用，产生一种对西方人类继续平静地健全发展的确信感。然而（虽然并非总是得到相当清楚的理解），这信心再次基于一项前提，即权势政治——各大国的"国家理由"不会总是必定走和平道路，而是倘若它竟选定战争的话，它就总是会受到理性界限的制约，会尊重西方文化和文明继续存在所必需的条件。

然而，如前所述，这满怀信心的情绪在过去一些时候以来已经被晦暗的阴影遮掩。我们现在必须用一点儿时间考虑现代普遍文化这整个问题。无需详细地考察它的发展，而只要回想起主要的几点。经济革命——它将农业国家转变为资本主义工业大国——是否从长期看或许对人类弊大于利？现代大规模制造业导致的功利主义是否有可能使生机勃勃的真正智识文化的源泉终告干涸？后者难道或许不也受到民主制的摧毁性影响和机器化大众生活之全部重压的威胁？这些便是很早就在保守反动阵营里出现的问题和怀疑，但它们也由雅各布·布尔克哈特之类独立的历史思想家提出，并且得到更深刻的审视。要是所有这些对现代发展的有偏见和没有偏见的批评者，能够提供一个手段制止这不可阻挡的自然过程就好了。他们认为适度工业化了的、有其等级性社会结构的农业国家与大规模的资本主义民主工业国家相比，为生动地维护智识文化提供了更有利的条件。这无疑是对的。然而，要能够保留农业国家和美好的旧日时光，就必须限制人口增长。任何要能有用的反思都必须好好考虑一个问题：如何能应付这一在我们头上盘旋着的自然的、不可变更的命运？如何能以理性武器应付它？如何能靠智识手段改变自然？而且，尽管对是否会成功并无把握，却并不泄气绝望。西方人类现在不得不再次奋力从事的，是自由与必需、"美德"与"命运"之间的古老斗争，但这次是在最巨大的规模上。承认既有的自然，始终明白支撑它、滋养它的阴暗基础，然而将它发展成人类心灵由其本身的自主底蕴所要求的种种形态，但同时总是保持警觉，以防自然重新突破限制，摧毁文化成就，可是还要与此同时始终不断地体验心灵的新表现：我们已在几个世纪的历史中追溯的"国家理由"问题，其结论便是如此，而且只是如此。然而现在的形势——"国家理由"在其中发觉自己处于最现代的根本力量构成的新环境——究竟如何？种种活的关系的重构对它有什么影响？

在19世纪一般占支配地位的那种"国家理由"，俾斯麦为其最高和最佳范例的那种"国家理由"，能够（如前所述）将战争与和平截然区分开来，在战争爆发之间的间隔时期里长久保持极度和平的时期，从而为19世纪所有历史力量的最自由展开留下余地。正是种种力量的这一展开造就了权势资源的极大增长，在其帮助下它能够招致任何必须速战速决的战争。而且确实，大国的权势政治现在由三大强有力的辅助力量为之效劳,它们或者由该世纪孕育而出,或者由它在本质上造型和强化。这三大力量叫做黩武主义、民族主义和资本主义。首先,它们将大国推至权势和能力的顶峰,那是大国先前从未达到过的;然而说到底,它们也引起了先前各个时代的、以较有限权势资源运作的"国家理由"从未碰到过的诱惑。权势资源的有限一直是欧洲人性的救星,说到底甚至是国家本身的救星,不断防止了权势的过度膨胀。现在,它的明显的无限成了命运。让我们来概说这一事态。

由于引入普遍兵役制,黩武主义(三大力量中最古老的)逐渐变得与人民的生活深切交织,从而取得了无可比拟的物质和精神力量。普遍兵役制使国家有可能越来越远地伸展自己的权势,直至最后(像大战期间发生的那样)整个民族被驱使做出最大牺牲。然而,紧张程度越大,对被打败和物质上消耗殆尽的民族的反应也就越强。当今,对一个强国来说,输掉一场战争的含义与先前有所不同。从今天的观点看,18世纪的条约,甚至19世纪的(不算拿破仑一世这段插曲),全都仍然有某种妥协性质。当一定量的武力已被行使到一个临界点,逾此不可能或不值得再打下去时,就缔结和约。一些省份可能被丧失,但有较大领土和较多人口的国家依然维持强国性质。然而,现在打赢或打输成了是强国或者不是强国的问题。

起初(在它1814年在普鲁士由博延经久组织起来的形态上),普遍兵役制是个防守性的东西,是列强中间的较弱者针对更强大、先天条件更好的国家采取的一种自卫手段。它的成功导致它在欧洲大陆被普遍采用,产生了普遍的军备竞赛,使之变成了政治的一种进攻性武器。

可是，不将它同其他发展过程联系起来，就不可能理解这一变化。基于普遍兵役制的战争开始被描述成人民战争、民族战争。全体人民的本能和激情现在涌入了战争和政治。由于普遍兵役制和其他的自由主义成就，国家现在成了民族国家；如此，它就可能并且必须为自己树立更远大、更有意义的目的，超过早先几个世纪里由君主和内阁统治的权势大国的目标。人民与国家之间的统一成了民族理想所追求的目的，它在攀升为人们所称的民族主义。这意味着欧洲政治中的摩擦可能性不知不觉地增大了。有些人希望，如果人民参与国家活动，或者如果（像康德表达的那样）国家成为共和化的，战争就会被减少。① 他们是多么错误！至此为止，一个被打败的国家只有理由悔恨丧失一些省份，这减小了它的可以计算的权势资源。自此往后，人们不得不悲悼丧失自己的兄弟和朋友，而这损失是不可计算的。东方问题直到19世纪中期，一直不过是个权势问题和列强间的政治谋算考验（因而总是能被相当可容忍地解决），但现在因为正在变得自觉的巴尔干各民族的民族渴望（现在不再是可控制的），具有了它对欧洲的充分毒害性和危险性。

正是本质上代表各民族的这些民族统一激情，将普遍兵役制

---

① 斯宾诺莎已经相信这一点。见其《论神学与政治》第18章和《论政治》第7章第5节。甚至战后时期的和平主义也坚持这一幻想。挪威人朗厄（Langer）在其1919年出版的《国际主义史》第一卷第483页说："在民主中有一种和平保证，因为在人民中间，存在着一种利益的一致性，这种一致性不曾且永远也不会把各个朝代和寡头势力联合起来。"与此相对照，参见布尔克哈特《致普里恩函》第117页（1878年）："自从政治被基于各个民族国家的内部酵素以来，所有确定性都化为乌有"，还有第218页（1887年）："所谓人民干的，即有其报纸的狂暴的少数人干的事，与旧内阁政治的最坏的战争一样坏。"

从最初的防御性武器变成了一种威胁世界和平的进攻性武器。必须清楚地懂得，普遍兵役制的广泛采用本身既包含战争的可能性，也包含和平的可能性。1871至1914年间，每逢德军规模增大时，德国政府都不仅强调这些扩军的和平意图，而且强调它们的和平效果，并且指出强大的军备是和平的最好保障。这并非纯粹的空话。权势政治的一项法则在于，任何不能靠自己的实力来保护自己的弱国（不管其羸弱是由于发展不足，还是由于缺乏物质资源，或是由于内部混乱），都处于成为被动的猎物和围猎场的危险，都很可能变成刮进来自邻国的权势之风和导致风暴形成的政治低压区。每一虚弱和不安全之事都引起强邻的贪欲；不仅粗野的征服欲，而且被净化了的"国家理由"、对一国本身安全和前景的冷静考虑以及均势的需要，都能迫使各强邻关心生活在它们中间的这个病夫的命运，并且参与瓜分其遗产。因此，鉴于19世纪期间德意志和意大利重新振兴，不再被动消极，成了大国政治的积极从事者，因而1871至1914年间，欧洲得到了很高程度的巩固和平静，那是它在现代史上很少达到过的。如果世界上所有地方都是强强相邻，其间并无虚弱点和衰朽点留存，那么这事实上会是世界和平的最好保证。然而，力量的均等发展标准肯定从来没有被同时在所有地方实现过，而且即使它似乎得到了实现，生活的汹涌浪涛也总是要再次打乱它。现在，经历了几个世纪的冲突后，西欧和中欧似乎得到了平静，甚至那里的弱国，也得到了竞争的列强间的均势的保护；然而在此时刻，民族渴望的传染性导致巴尔干的旧乱源与奥匈帝国的新热点相结合。正是这新的复杂情况，首次使列强军备竞赛变得对世界和平如此危险。正是这，导致了在欧洲的其他冲突疮口（其中有些已经愈合，另一些者正在慢慢愈合）——波兰、南蒂罗尔、阿尔萨斯和洛林、比利时——重新感染,而后爆裂发作。

因而,将军事职业精神与普遍征兵制结合起来的现代黩武主义开始构成对整个欧洲的真正战争危险。这不仅是因为它本身,而是实际上只因为添上了现代民族主义和它创造的新的低压区。然而在这些之外,还添上了第三个大动力,它加剧了它们,同时又给各民族间和列强间的竞争创造出了全新的方法和任务。这就是现代资本主义。黩武主义和民族主义凭其本身肯定能导致一场多少是拿破仑战争那类的欧洲全面战争,只是以更强的力量来进行。然而在此过程中,欧洲国家体系先前的特征无疑仍会被保存下来,即使奥匈帝国解体。德国和俄国大概将能够自我维持为强国,欧洲仍将保持为世界的强有力中心。可是,现代资本主义产生了一个结果,那就是欧洲及其列强首先能够发展出大得吓人和闻所未闻的物质成就,然后充满实力与能量地投入互相间冲突,部署和使用可能的一切,直至欧洲机体彻底崩溃。黩武主义、民族主义、资本主义:不能谴责这三者中的任何一个独自使我们遭殃。只是这三者的致命结合(其本身完全可理解的结合)首先导致欧洲列强达到其力量巅峰,然后引领它们跌入深渊,那甚至对欧洲战胜国来说也能证明是致命的。

通过发展大规模工业和刺激发明精神,资本主义首次将强有力的新战争技术交给权势政治掌控。正是这些技术,导致有可能争取先前从未取得过的攻防成就。先前,单单一天的战斗就可能决定一场战争的胜负,可得的兵力被花费在少数几场战役中。然而现在,战役无数,而且甚至反复被打败的一方,也总能坚持希望在阵地战的技术后果帮助下恢复元气。可是,对一个在总体资源方面较弱的强国来说,这希望证明是个欺骗性的幻影,诱使它逐渐将它拥有的一切押在这冒险的赌局上,直至最后破产。在早先的各个时代里,军事资源更为有限,而这(如我们必须一直重申的那样)也限制了政治。可是,更丰富的军事资源成了祸因。不仅如此,寓于普遍兵役制的战争人力资源的增长也部分地出自资本主义。因为,只有大规模制造业和出口工业,才能使得在这同一片欧洲土地上聚集如此巨量的人口成为可能。欧洲已像一块海绵,吸满了财富和人口;如此,当铁骰子被扔出的时候,欧洲受了危险的诱惑而押上了一切,直至它鲜血流尽为止。

资本主义还产生了人们为之打仗的很大一部分新目标。除了寓于旧欧洲之内的民族主义目标,现在还有了寓于欧洲之外的帝国主义目标,它们基于母国资本主义的扩张,并且最终基于欧洲的人口过剩。而且,这人口过剩造就了一种如此敏感的社会结构,以至军事崩溃必定导致社会崩溃,从而也必定导致旧式君主制的灭亡。于是,战争这最终和最强的"国家理由"工具,不再是它先前一直被估算的那种东西了;它已成了一种恶魔般的力量,蔑视"国家理由"的控制,将其驾驭者扔入深渊。权势漫过了它的堤岸。人民的激情和野心同诱人的新军事资源结合起来,创造了一种险恶的氛围,在其中纯粹和审慎的那类治国方略不再能够兴旺。大战期间政府与军事统帅部之间的斗争,贝特曼·霍尔韦格、屈尔曼与鲁登道夫之间的斗争,象征性地表现了现代战争中主要国务活动家无论如何必定感到的羸弱地位,即使他的性格比霍尔韦格强悍。甚至一位更强悍的主要国务活动家也屈从于他肯定能增强,但不再能引导的力量。1923年,我曾问一位不赞成战后法国强力政策的著名的英国历史学家:劳合·乔治在听任德国如此全然无助时,难道不是犯了违背英国传统均势政策的严重错误?他回答说:"可

第十七章 过去和现在

是鉴于英国人民当时的情绪,劳合·乔治根本无法以任何别的方式行事。"一种朦胧不清的公众必需压倒了显然分明的国家必需。现在回过头来,我们能看到俾斯麦在80年代的成就的全部伟大,但是在最困难的形势下,他成功地进行了纯"国家理由"反对世界上种种不同的民族主义的斗争,推迟了将要降临欧洲的大灾难。

在现代史早期,战争与和平所以倾向于混合交织,是因为各国的权势资源大为不足。然而,法国通过凡尔赛条约获得的权势资源实力重新导致(像在拿破仑时代以及短暂地在路易十四时代那样)战争在和平时期继续下去,战争与和平混淆不清的可怕局面被创造出来。其原因在于法国人想象中的"国家理由",他们明白自己的胜利不是靠自己的实力取得的,他们害怕一个有6 000万人口的邻国,希望通过对我们的民族和国家结构的一系列破坏性打击来铲除多出的2 000万人。然而,对他们自己未来安全的过头焦虑,与一个野心勃勃的民族无休无止的威望需要相结合,现在大有造成新的世界严重危机之势,那甚至对法国本身也能成为危险的。眼下还不能断定,由1924年5月11日议会选举开始的较为冷静、较为温和的反向趋势是否会延续很长时间。然而,这新近的例子再次表明了能够在"国家理由"中发展的恶魔力量。它们能够与治国方略的最精细的功利主义技术比肩运行,而且与之结合起来起作用。与最自觉的外交艺术培育并行,法国在其国家生活中特别显露出"国家理由"的最坏的暴行——圣巴托罗缪之夜屠杀、"收复故土"、九月大屠杀、拿破仑一世政变。至于现代的黩武主义、民族主义和军国主义力量如何立于普恩加莱的法国的"国家理由"背后,将它激化到沸点,那就太清楚了。

于是,当今"国家理由"观念(就像西方文化中的其他许多观念那样)处在一场严重危机之中。它拥有的、并且无法(如我们在导言里中所说)只靠其功利主义中间立场来克服的原始激情之自然基础,在当今给人造成了一种比在以往任何时候都更可怕的印象;现代世界的文明化成就倾向于加剧它,而不是限制它。现代国家已经靠自由的、民主的、民族的和社会的力量和思想相继注入而变得更充实更丰富(我们至今为止倾向于将此认作纯粹的充实和丰富),然而由以如此的所有各种方式现在已经显露出它们的另外一面,并且导致了"国家理由"与它自己不再能够控制的种种力量接触。它不再(像兰克认为的那样)是指导原则,是国家存在的领路人和指挥者,那即使在它战斗和打翻其对手时,也唤醒其中的新生命,或至少承认之。它的毁坏性后果大有空前严重之势,超过至今为止被经历的一切,甚至超过拿破仑一世时期。古代共和国的冷酷无情的"国家理由"似乎已经复活,那是一种甚至不能容忍曾经危险的敌人仅仅生存下去的"国家理由",将彻底消灭这敌人视为自己的最高任务。于是当今,现代欧洲国家存在的性质也大有被毁坏之势:它难保是个自由和独立的各国(同时感到它们自己是个大家庭的各国)组成的群体,在其中均势总是最终得以恢复。这确实将意味着欧洲迄今为止的历史作用到了尽头,西方文化事实上注定毁灭。

这是现代"国家理由"的过度泛滥招致的最坏可能性。难以可靠地预言它在将来必然绝对成为现实。可是,我们今天也无法认同兰克的无保留的乐观主义,认同(他在《论列强》里表述的)那种信心,即确信"总是保护欧洲不受任何单面的暴烈倾向主宰"的天赋禀性。历史世界在我们看来更为朦胧,而且就其进步而言,比他和相信历史中理性得胜的几代人认为的更为危险,更不确定。因

第十七章 过去和现在 585

为,它的黑暗的、自然的方面更有力地加之于我们的思想和经验。但是,智识绝不能停止斗争。因而,仍然有待去做的最后的事情,是重新拿起关于"国家理由"的限界的老问题,以其出自历史考察和经验的结合的方式,展示政治与道德之间值得想望的关系。这将使我们越出纯粹的叙述史,但只是在我们首先以一种纯粹和绝对的方式为之效劳之后。

* * *

在大战期间,就像必定会发生的,德意志思想的老问题被深刻地搅动起来,受到新的考验。当时在此问题上的认真和重要的言论,主要是由恩斯特·特勒尔奇和阿尔弗雷德·菲尔坎特发表的,[①]而这些思想家的刺激有助于我们的考察。尽管如此,大战的氛围尚未令人有可能采取一种完全内在自由的态度来对待德意志权势政治传统,对待我们已追踪的、从黑格尔到特赖奇克的对权势的理想主义认可。[②] 然而,甚至弗里德里希·弗尔斯特在其1918年的《政治伦理学》中所做的、在基督教和平主义方面解决这个问

[①] Troeltsch, *Privatmoral und Staatsmoral*,载于 *Deutsche Zukunft*, 1916; Vierkandt, *Machtverhältnis und Machtmoral*, 1916。奥托·鲍姆加滕(Otto Baumgarten)基于强烈的道德和宗教情感的书籍 *Politik und Moral* (1916),以及肖尔茨(H. Scholz)所著 *Politik und Moral* (1915)也是如此,后一部书提出了一种在某些方面过于造作和挑剔的解释。与我在此提倡的观念比较相符的是 Erich Franz, *Politik und Moral* (1917)和一篇较早的论文 F. Paulsen, *Politik und Moral*(1899)(载于 *Gesammelte Vorträge und Aufsätze*, vol. 2)。在此课题上较老的德国研究著作中间,最重要的是古斯塔夫·吕梅林(Gustav Rümelin)的 *Kanzlerrede* (*Reden und Aufsätze* 和 *Kanzlerreden*),对此甚至特勒尔奇也大加赞扬(见其 *Politik*, 1, 95)。然而,该著作甚至比世界大战期间产生的文献更受黑格尔遗留效应的损害,即受损于一种过分急切地认可自然过程,将其视为道德的倾向。

[②] 今天,我必须就我自己在这个时期里做的尝试(即 *Kultur, Machtpolitik und Militarismus in Deutschland und der Weltkrieg* 和 *Preussen und Deutschland im 19. Jahrhundert*)说同样的话。

题的相反的尝试（它很少受此局限）也注定失败。实际上不可能与他进行任何讨论，因为他不是说德意志历史主义创造的思想语言，相反却是说老的基督教和中世纪自然法的语言。因为他没有吃过历史主义这个苹果，所以他没有陷入他认为我们大家（包括恩斯特·特勒尔奇和本书作者）都在陷入的原罪堕落。而且，他以高昂的道德热情，但也以一位狂热者的过分，鼓吹一个信条：国家（全然依赖道德力）必须始终不变地遵循道德法则，即使它由此一时受损遭殃。然而现在不幸的是，国家并不全然依赖道德力；的确，它（像我们已显示的那样）比个人更服从关于存在的自然法则。没有任何接受弗尔斯特的劝告，指引当今国家走"悲痛之路"的负责任的国务活动家会满足于一种天启安慰，即他的牺牲会"在时机充分成熟时，按照永恒的法则"结出硕果（第255页）。

尽管如此，对于不承认精神与自然之间任何妥协的纯基督教理想主义的话音，总是要认真和尊敬地聆听，并且怀着一种世界不可能被它改变的悲哀感。甚至在此问题中的不妥协的激进主义，也有内在的正确性，因为它激励了良心，而且使人注意到单纯相对主义的缺陷。当然，它自己也有某些短处，而要使历史主义的经久和不可否认的发现屈从于它，就只有以某种方式牺牲真理。永不可能否认"国家理由"的制约力，那已经得到先前几个世纪的经验主义的承认，并且得到历史主义的肯定。然而，由于这导致了与（西方各民族始终坚执的）自然法观念的决裂，导致了德意志的思想孤立，因此历史主义有一种深刻的自省需要和自省责任。本书意在协助达到这一目的，而作为本书呈献对象的那位朋友已经以伟大的思想力量开始了对它的追求。他关于历史主义的问题的著作，连同他在他1922年去世前不久就世界政治中的自然法和人道所作的演

第十七章 过去和现在　　587

讲,为走向德意志历史思想与西方各民族思想之间的一种新的智识理解铺设了道路。这种理解要在将来某个时候达到,因为(有如他很懂得的那样)两者间的鸿沟只有靠几代人的努力才能填平。

让我们回顾这个鸿沟是怎样出现的。直到18世纪结束为止存在于整个西方的两种思想模式——政治/经验思想模式和自然法思想模式——的非有机的二元论在德意志被克服,靠的是思想的一种卓越的有机统一。是同一性观念和个性观念一起创造了新的唯心主义和历史主义,是它们同时拥抱历史生活中必然彼此兼容的天堂与地狱、现实与理想。天堂的存在也使得忍受世间地域的存在成为可能。然而,当一元论的同一性观念开始减弱时,这个统一也开始松弛,与此同时历史个性观念作为理解智识和自然现象的必不可少的钥匙继续适用。我们不可以也绝不应放弃它,但我们能够决定性地摆脱同一性观念的关键遗留效应,从而达到一种新的二元论。然而,这绝不能是两种思想模式的单纯非有机并列(就像在西方那样),而必须是一种统一的思想模式,它在原则上实际是二元主义的。由此,我们没有失去任何东西,相反却获得了达到与西方的理论和历史理解的可能性。我们只需扔掉我们自己智识发展的燃尽了的渣块,同时保持旺盛的火焰。现在这能够得到显示。

西方(按照自然法逻辑)的思想模式有其深刻的缺陷,亦即它在被应用于真实的国家生活时始终形同虚设;它没有深切地影响国务活动家,没有阻碍"国家理由"在现代的过度生长,因而只是在混乱的抱怨或脱离实际的假说中起作用。德意志历史思想也有其深刻缺陷,那就是它倾向于原谅权势政治并将其理想化,靠的是宣扬它符合一种高等道德。因而,尽管有做出的一切道德的和理想主义的保留,但还是为确立一种粗野的自然主义和生物式的暴力伦理扫清了道路。

只有依靠决心在它们的两重性及其所有真正成问题的要素的背景下来看待权势政治和"国家理由",才会有可能形成一种不仅更真实,而且效果更好和更道德的信条。在由"国家理由"激励的行为中,有着在自然过程与道德过程之间经无数阶段逐渐转化的可能性。然而,关于一种特殊的国家道德的信条(甚至特勒尔奇也在1916年称其深刻)却是误导性的。因为,它只符合一种普遍得多的情况的一项个例,即个体道德和普遍道德间的冲突。施莱尔马赫那代人的伟大发现(甚至与康德那代人的伟大发现相反),是看到了道德行为中的个性因素,并且证明其正当。在每一个人那里,在他行事的每一刻,普遍、纯粹和严格的道德理想都面对一个相当个别的世界,由自然成分和智识成分混合构成。这引起了所有各种冲突,它们无法总是以清晰无疑的方式得到解决。因而相当肯定,拯救和维持人的个性也是一种道德权利和道德需要,如果这有助于拯救其中的智识要素。可是,如果它像那么经常发生的那样,以牺牲普遍道德命令为代价取得成功,那就是个可悲的罪过。要以一种不带形式主义的人类自由来评判之,但同时严格遵循普遍道德命令。希望针对普遍伦理来维持自身的个别伦理永远不是(这一点绝不能被忽视)如普遍伦理那样的一种纯粹伦理,而总是在本质上与利己主义的和自然的成分相混合,与权势需要相混合。为了维持自身,每个人都需要起码的权势。它(此为个人伦理之要求)必须协助个人的智识实现和道德实现;然而,协助者难得始终只是一个配角,它也希望指挥,从而使一切依照个人规范的行为带上了它本身自然的尘世色彩。特别针对"国家理由"即国家生活的个体法则,我们显示了这一晦暗朦胧的自然基础如何升华,

第十七章　过去和现在

以至成为国务活动家式的行为的最高和最道德发展。然而,人们也能够按照个人规范显示它在一切个人行为中的存在。

对伦理中个性因素的承认丰富了道德生活,但也使之丰富到了危险地步。一种复杂伦理比老的简单伦理——甚至如康德的绝对命令伦理——提供了更多的诱惑。在此类更为普遍的伦理中,在有普遍约束力的道德法则中,人身上的神性成分以一种纯粹的、毫无掺杂的方式对他讲话。在个人伦理中,他能够听见它,但是与自然的晦暗低音相混杂。前者更为神圣和严格,或者则更为生动活跃。因为,生活仅仅是精神与自然的无法说明的联合,它们固有其原因地联在一起,但本质上仍彼此隔开。这是现代思想取得的二元主义结果——在一个世纪的最丰富最严厉的经历之后,在它见过唯心主义一元论与自然主义一元论、同一性哲学与实证主义徒劳地奋力解释世界图景之后。二元论也无法给出任何解释,但它能够以一种比任何一元论更明白、更正确的方式显示事实。尊重不能解释之事,具有一种天生的道德意识:兰克的这两项指导原则必须仍然是现代思想的指导原则。然而,他用来帮助自己跳出和遮掩生活之黑暗方面的隐藏的二元论必须被剥除其掩饰。

谈论一种特殊的国家道德,导致人们禁不住要步黑格尔的后尘,宣告国家道德是一种高等道德。在政治与道德之间的冲突中,考虑以道德为代价拯救国家个性的国务活动家不是在依据一种特殊的国家道德行事,而是在依据那类比较广泛的个人伦理行事。我们先前在反对特赖奇克时已经显示过,代表集体个性的行为带有更大的诱惑,超过那代表人们自己个性的行为所有的。国务活动家有利于国家利益的决定会被认为是道德的还是不道德的——英雄(如兰克所说)是不是自己证明自己有理,取决于他如何解决道德命令与国家利益在他自己心里的冲突。然而,他的行为仍将带有一种可悲的罪过成分。

如果我们现在回顾我们的问题的全部历史,我们就会觉察到显著的韵律,觉察到寓于其发展的内在辩证法。马基雅维里依据一种天真的一元论世界观,伸张"国家理由"的无限制性。寻求对"国家理由"之恶魔般自然力的限制的需要,导致了一种不完整和非有机的二元主义,即一方面是实际经验主义的原则,另一方面是基督教和自然法的原则。而且,基督教伦理——它最激烈反对一种无限的"国家理由"——本身也是根本上二元主义的。黑格尔的一元论和泛神论同一性哲学克服了先前二元主义的不完整,使得马基雅维里学说的基础重新受人尊敬。在同一性哲学的遗留效应中间,对权势思想的专门认可仍然活跃于德国。由于我们今天明白这一认可的片面性和危险,我们便本能地被导向一种新的二元主义,但它正在争取与先前的二元主义相比较为完整和有机。它从一元论思想那里继承了其中无可否认地正确的部分,即精神与自然之间不可分割的因果统一;然而,它坚持精神与自然之间存在的、同样无可否认的本质性的差异。我们将把既解释这统一,同时又解释这对立的未知数 X 留作未解的,因为它无解。以后世代的人可能再次尝试形成一种新的同一性哲学,① 因而钟摆可能继续在关于世界的二元论和一元论观点之间来回摆动。然而无论如何,有一件事情确定无疑:那一元论,不管它是天真的还是自觉的,

---

① 今天在新的科学发现的基础上已开始出现这种倾向。参见库尔特·里茨勒(Kurt Riezler)令人关注的论文:*Über das Wunder gültiger Naturgesetze*, *Dioskuren* II 和 *Die Krise d. physikal. Weltbegriffs u. das Naturbild der Geschichte*, *Deutsche Vierteljahrschrift für Literaturwissensch. u. Geistesgeschichte*, 6, 1。

第十七章 过去和现在

唯心主义的还是自然主义的,绝不可变成一种不受限制的"国家理由"的养料。然而,它能够变得如此,如果自觉或不自觉地以某种二元主义的方式寻求其限制的话。

现在可以迅速得出进一步的结论。"国家理由"、权势政治、马基雅维里主义和战争永不可能被从世界上消除,因为它们不可分离地同国家生活的自然方面联系在一起。还必须认识到(此乃德意志历史学派的一贯教导):权势政治和战争不仅仅是毁坏性的,它们还能够创造性地起作用;以所有各种方式,善从恶中成长出来,智识的东西出自自然的东西。然而,必须避免对此事实的任何理想化。它揭示的不是理性的狡黠,而是理性的无能。理性无法凭她自己的力量取胜。她肯定从祭坛取来了纯火,但它点燃的并非纯焰。

"我不踌躇,虽然由此我使自己堕落":这就是歌德对此的评论。在每一项神性自然的表现面前,他从不忘记它的恶魔般的深渊。他很懂得,"谁有所行动,谁就总是肆无忌惮。"

除了必须终止对权势政治的错误理想化,还必须终止对国家的错误神化,而这种神化自黑格尔往后在德意志思想中绵延不绝,尽管有特赖奇克的反对。这并不等于说必须将国家逐出生活的高等价值之列,那是它有权跻身其中的。一个人珍视和捍卫所有就民族国家而言最神圣的事情,为它而生,为它而死,为它的精神化而努力,将自己的个人存在融入其中,从而增长其价值:对这样的人来说,在德国既由于外力,也由于自己而匍匐在地蒙受耻辱的今天,这些自德意志最初崛起以来就一直指引德意志精神的崇高要求更为正当。国家应该成为道德的,争取实现与普遍道德法则的和谐,即使人们知道它永远不能完全达到它的目标,知道它总是必定有罪,因为严酷的自然必需迫使它如此。

现代国务活动家必须更有力地弘扬自己的双重责任感——对国家的和对道德法则的责任感,因为现代文明(如前所述)就依据"国家理由"的行为而言已变得更可怕、更危险。功利动机和伦理动机必须协同作用,以便抗击国家行为中三大力量的优势,以便使国务活动家重新得到按照一种被净化了的、更为真正明智的"国家理由"来行事的自由和独立性,就像俾斯麦曾具有的那样,就像在确立已久的传统君主政体中更容易获得的那样——比在受大众激情刺激的当今民主政体中容易。旧式君主政体一旦崩溃了,就无法得到恢复,或即使得到恢复,也会伴随着对国家未来的无法预料的危险。1918年11月9日,德国"国家理由"的火花势必从君主政体跳到了共和政体那里。① 然而现在,民主共和国的得到恰当理解的"国家理由"需要赋予国家权威——基于公民投票的国家权威——足够大的独立性和自我依靠能力,大得能够符合这一基础。与议会制相比,确立一个强有力的、经公民投票产生的总统职位为一种依据纯"国家理由"的政府形式提供了更多保障。议会制确实(如 *Vorwärts* 杂志在1923年11月23日施特雷泽曼倒台时所说)迫使各政党"在政府大磨里碾过","使得它们在下一次选举中难以进行蛊惑人心的活动",亦即在它们行使治理的期间内,暂时使其

---

① 当兴登堡屈从于人民代表的统治时,他以很大决心去服从的正是德国"国家理由"的这一支配性权威。革命期间和革命后的诸多事件完全能起一种学校作用,在其中学习"国家理由"。库尔特·艾斯纳爬进巴伐利亚国家观念这一甲壳——当时空空如也的一个甲壳时,颇有悲喜剧效果。在巴伐利亚,仍存活着一种容易突然发作的特殊的"国家理由",这方面它同普鲁士一起,在德意志绝无仅有。同样很有教益的是后来看到,同一些社会主义政党成员在成为普鲁士的部长后,怎样开始按照普鲁士的"国家理由"去思考问题,而在他们成为全德国家的部长后,又怎样按照全德国家的"国家理由"去思考问题。

领导人深受"国家理由"的影响;可是这为时不长,因为对选民状况的焦虑令他们吸入的"国家理由"气息很快就烟消云散。

不仅如此,还必须(同样从得到恰当理解的"国家理由"的观点看)自觉地认识到"国家理由"和国家利己主义的界限。只有靠限制它自己、净化它自己和压制它自身内的自然成分,"国家理由"才能取得它最佳和最经久的效能。如果世界客观的权势关系已经对它确立了种种限制,那么这对它是件好事。对各国的国际社会生活来说,权势资源不足(如前所述)同权势资源过多一样危险,特别是如果后者集聚在一处而无足够的——或根本没有——能够恢复均势局面的抗衡力(它将各种力量既保持在健康的紧张之中,同时又使之囿于健康的限界之内)。一个强国为了自己的利益,应当想望自己身旁另有强国,从而彼此制约,俱不逾越雷池,然而同时也都将被迫维持自身的强大。总的来说,万事莫优于节制,对权势来说也是如此。

而且,这在下属场合尤其正确:负责执政的国务活动家相信,为了拯救自己的祖国,他不得不依靠马基雅维里的种种武器。在开发过分和含糊不清的现代文明关系中,这么一种决断比它先前更具双刃剑性质。入侵比利时对我们害大于利。法国直到今天,一直依据无节制的国家利己主义行事,那大有可能造成曾使西方沦入不劫之祸的灾难。只有在大家庭似的国际社会之内,单个国家自身才可能长期兴旺;因此,它自己的权势政治必须基于一种认识,那就是即使敌国,也拥有一种必不可少的生存权利,真正得到恰当理解的利益既将各国分隔开来,也将它们合在一起。欧洲共同体意识必须再次得到复兴,它为兰克对欧洲权势冲突的评价提供了根本前提,并且是中世纪"基督教世界"观念的优良的有益遗存。需要(如特勒尔奇在其1922年演讲中所说)"回归按照世界史方式的生活思考模式和感觉模式"。一个真正的国际联盟是否有朝一日会成为现实,殊可怀疑,如果人们不偏不倚地看待历史生活中的自然力量与理性力量的话。它要求各个成员在主权方面做出一定牺牲,而这只有在全体成员浸透了一种类似的同志意识和同等纯净的"国家理由"时才是可忍耐的。然而这有什么保障?也就是说,谁会来监督之?如果这一任务由最强大的国家承担,那么国联就会立即陷入成为该国的权势和利益之单纯工具的危险。可是,在世界当今所处的可怕的两难困境中,别无其他选择(如果不将自己献祭给一种无限的马基雅维里主义的话),唯有体面地争取一个真正的国际联盟,至少尝试依靠这个手段拯救世界。或许还可能发生一种情况:不受约束的民族国家冲突时代(如和平主义者所说"国际无政府"时代)可能不是由一个真正的国际联盟,而是由盎格鲁-撒克逊国家的世界霸权招致结束,它们手里已经集中了地球上最强大的物质权势。① 这么一种"盎格鲁-撒克逊治下的世界和平"绝非理想,但它对各民族国家的独特生活来说,将始终比法国大陆霸权这一祸殃经久。

然而(这是要提出的最后一个问题),权势冲突的消亡难道不会同时也取消国家的内在生机和可塑力量,取消人类的英雄主义和自我牺牲力?国家此后难道不会沦入到死火山或者(有如斯彭格勒很好地表述了的那样)阿拉伯农民国家的地步?难道精神与自然不是如此密不可分,以至一切文化都需要某种野蛮性养育基

---

① 参见我的一篇文章:*Weltgeschichtliche Parallelen unserer Lage*,载于 *Nach der Revolution*,1919。

础,一切理性的东西都需要某种非理性成分?民族生活和国家生活的彻底理性化是否完全是福?这些观念在黑格尔那里已经出现,然后在特赖奇克对战争的评价中起了作用,此后又以多少粗糙或精细的形式由纯权势观念的所有支持者提出过,直至斯彭格勒;它们不是能够被历史地全然摈斥的。本内代托·克罗切,今天活着的最敏锐的外国思想家之一,其国家哲学同时由马基雅维里和黑格尔的精神所养育,在大战之后说道:"除了导致一种更充实、更美好、更有价值和更有力量的生活,从事一场战争还有什么别的理由?我们大家——战胜者和战败者——都肯定在过着一种精神上比我们在大战前更高尚的生活。"[1]我们,战败者,事实上能够察觉出(虽然是以一种内在的剧变感)这话包含的真理。然而,我们还比战胜者(他现在过着较快活、较光明的生活)更清楚地看到理性道德理想与实际历史过程和历史因果联系之间的可怕的矛盾。我们的处境比他的更恶劣这一事实,或许使我们能够更清楚地看到我们现在正处的这个特殊历史时刻的危险,那就是战争和权势政治之恶正在威胁着要扼杀它们能够产生的福祉。不管可以说什么对它们有利的话,都没有毁坏国际联盟的理想,因为理性的本质的一部分,就在于理性应当力求伸张它对自然的影响,应当为它自己树立此类理想。时代的强烈需要在这方面加强了它,并且对"国家理由"的那些在如此多个世纪里一直徒劳奋斗的限制提出了新的强烈要求。即使这要求只能部分地得到满足,但纯然接近一个无法实现的理想可以算是一种收获。历史生活的自然主义力量将足

---

[1] *Randbemerkungen eines Philosophen zum Weltkriege* (由施洛瑟[J. Schlosser]译成德文),1921,p. 289.

以保证我们不会那么快地在地球上实现和平,而且没有必要以任何赞颂战争和权势冲突的信条进一步强化它们,以致迫使国务活动家们变本加厉地去实行马基雅维里主义方针。国家生活中精神与自然之间的那种晦暗的因果联系(我们不断强调的一种因果联系)应当总是予以承认而不予以赞颂。人们应当将它当作一种既定命运接受下来,但同时应当奋起抗争这命运。一切历史行为、一切指导我们的思想都恰恰以同样的方式是双面刃性质的。与先前时代相比,现代心灵或许更锐利更痛苦地看到和感觉到生活的所有不连贯、矛盾和无法解决的问题,因为历史主义的相对化后果,连同现代历史的趋于引起怀疑主义的经验,导致它失去了对人类理想之明确和绝对性质的信念。然而,无论在理论上,还是在实践中,都需要对于确实存在一个绝对物的能够得到复兴的信念,因为没有这样的信念,纯然的思考就会退化为一种对事件的单纯好奇,实际行为就会不可逆转地极易受到历史生活的一切自然力量左右。然而,在现代人所能见到的视野内,只有两处是绝对物没有遮掩地表现在他眼前的:一是纯粹的道德法则,二是艺术的最高成就。他肯定还能以所有其他各种方式,察觉它在他的世界里的效应,但他不能将它从包裹着它的、世俗的和变动不绝的遮蔽物中揭示出来。在历史中,我们见不到上帝,而只是感到上帝在他周围云雾中的存在。然而,有太多的事情,在其中上帝与恶魔缠在一起。它们当中最重要的事情之一,如博卡利尼首次发现的,便是"国家理由"。自从它在现代史开端之际重新进入人类意识以来,它的性质始终令人困惑、桀骜不驯和充满诱惑。思考从不可能变得厌倦,不去关注它的斯芬克司似的神秘面容,但也从未相当成功地深入探究之。我们只能诉诸执政的国务活动家,要求他总是在心中既想着国家,也想着上帝,如果他不要让自己被恶魔(他尚不能完全摆脱的恶魔)征服的话。

人名索引

(按照译名的汉语拼音字母顺序排列；页码为原书页码，即本书边码)

A

阿奎那,托马斯（Aquinas, Thomas）, 139, 363
阿米拉托,希皮奥内（Ammirato, Scipione）, 47, 65 f., 120 ff., 172
阿尔布勒特家族（Albret family）, 181
埃费伦,冯,帝国辩护律师（v. Efferen, Imperial Councillor）, 130 f.
艾斯纳,库尔特（Eisner, Kurt）, 430
安德雷尔（Andreae, J.V.）, 91
奥尔登巴内费尔特,约翰·范（Oldenbarneveldt, John Van）, 99, 160
奥特芒,弗朗索瓦（Hotman, François）, 55

B

巴尼主教（Bagni, Cardinal）, 196 f.
巴尔扎克（Balzac, J.L.G. de）, 74, 189
贝勒,皮埃尔（Bayle, Pierre）, 245, 280
贝佐尔德,克里斯托夫（Besold, Christoph）, 72, 91, 93, 130, 143, 172, 193
贝特曼·霍尔维克,特奥巴尔德·冯（Bethmann-Hollweg, Theobald von）, 422
比尔费尔德男爵（Bielfeld Baron）, 334
俾斯麦,奥托·冯（Bismarck, Otto von）, 7, 163, 395, 409, 415 f., 418
彼得一世（Peter I）, 262, 270, 331
边沁,杰里米（Bentham, Jeremy）, 214
别斯图热夫（Bestuzhev, A.P.）331 f.
伯德（Burd）, 49
柏拉图（Plato）, 26, 58
博丹,让（Bodin, Jean, 56 ff., 70, 82, 152, 166, 192, 225, 265
博尔贾,切萨（Borgia Cesar）, 38, 41, 292
博卡利尼,特拉亚诺（Boccalini, Trajano）, 47, 65, 71 ff., 91, 99, 104, 146, 159, 168, 172, 272, 368, 433
博纳文图拉,费代里科（Bonaventura, Federico）, 118 ff., 132, 168
博尔曼,卡尔（Bollmann, Karl）, 396
博尔尼兹,帝国辩护律师（Bornitz, Imperial Councillor）, 130
博克勒（Böcler）, 131
博泰罗,乔瓦尼（Botero, Giovanni）, 47, 81 ff., 78, 101, 118, 125, 146, 159, 166, 172, 192, 346
博延（Boyen, H. von）, 419
波利比阿（Polybius）, 32
波舒哀（Bossuet, J.-B.）, 265
布尔克哈特,雅各布（Burckhardt, Jakob）, 383, 417, 419
布鲁诺,焦尔达诺（Bruno, Giordano）, 204

人名索引

C

查理五世,皇帝(Charles V, Emperor), 46, 82 f., 104, 115, 193, 233, 254
查理七世,法国的 (Charles VII of France), 200
查理八世,法国的 (Charles VIII of France), 193
查理十世,瑞典的 (Charles X of Sweden), 236 ff.

D

达尔曼(Dahlmann, F. Chr.), 395
狄尔泰(Dilthey, W.), 378, 401
迪普莱西·莫尔奈,菲利佩·德(Duplessis-Mornay, Philippe de), 55
德阿朗松,弗朗索瓦,公爵 (d'Alençon, Duke François), 51 ff.
德罗伊森(Droysen, J. G.), 241
德维特,约翰(de Witt, John), 221
地米斯托克利(Themistocles), 60

F

法尔凯尼尔,彼得鲁斯(Valckenier, Petrus), 230 f., 333
法尔内塞,奥克塔维奥公爵(Farnese, Duke Octavio), 47
法尔内塞,彼尔·路易吉(Farnese, Pier Luigi), 48
方康,F. 朗格卢瓦·德(Fancan, F. Langlois de), 154
费奈隆(Fénélon, F. de S. de la Mothe), 265, 280
费拉里(Ferrari, G.), 67
费希特(Fichte, J. G.), 307, 370 ff., 392 ff., 402, 408
腓力二世,西班牙的(Philip II of Spain), 82, 84, 108, 171
菲尔坎特(Vierkandt, A.), 424
菲利普·冯·莱登(Philipp von Leiden), 28
斐迪南二世,皇帝(Ferdinand II, Emperor), 129
伏尔泰(Voltaire), 276, 280, 296
福斯,海因里希(Voss, Heinrich), 129
弗拉凯塔,吉罗拉莫(Frachetta, Girolamo), 118 ff., 172, 193
弗赖塔格,古斯塔夫(Freytag, Gustav), 144
弗朗西斯一世,国王(Francis I, King), 63, 115, 125, 193, 382
弗勒里红衣主教(Fleury, Cardinal), 261
弗雷德里克大王(Frederick the Great), 265, 269, 272 ff., 347, 350, 363, 366, 373, 381, 389, 393 ff., 413 f.
弗雷德里克·威廉,大选侯(Frederick William, the Great Elector), 129, 143, 235 f., 255, 314
弗雷德里克·威廉一世(Frederick William I), 143, 262, 269 f.
弗洛鲁斯(Florus), 26
弗尔斯特(Förster, F. W.), 425
弗斯特纳,克里斯托夫·冯(v. Forstner, Christoph), 109, 130, 197

G

歌德(Goethe, J. W. von), 336, 363, 371, 429
格列高利十五(Gregory XV), 96
格里梅尔斯豪森,克里斯托夫·冯(v. Grimmelshausen, Christoph), 131
格劳秀斯,雨果(Grotius, Hugo), 166, 208 ff., 241, 412
格伦布科(Grumbkow, F. W. von), 276
贡德林(Gundling, N. H.), 263
古斯塔夫斯·阿道弗斯(Gustavus Adol-

phus), 390

圭恰迪尼（Guicciardini, F.）, 46, 77, 159

H

荷尔德林（Hölderlin, F.）, 354

赫尔德（Herder, J. G. von）, 21, 102, 363, 370

黑格尔（Hegel, G. W. F.）, 34, 221, 223, 280, 349 ff., 374 f., 379, 382 f., 385, 391 ff., 395, 402, 404 ff., 428 f., 432

亨利三世,法国的（Henry III of France）, 156, 178

亨利四世,法国的（Henry IV of France）, 85, 152 f., 155 f., 159, 173, 178, 181 ff., 187 f., 190 f., 198 f.

亨利八世,英国的（Henry VIII of England）, 161, 382

洪堡（v. Humboldt, W.）, 383

瓦伦斯坦（Wallenstein, A. W. von）, 129 f.

霍布斯,托马斯（Hobbes, Thomas）, 207, 210 ff., 216 ff., 346

J

基亚拉蒙蒂,希皮奥内（Chiaramonti, Scipione）, 119 ff., 193

加尔文,约翰（Calvin, John）, 50

K

卡农伊埃罗（Canonhiero, P. A.）, 118 ff.

卡萨,乔瓦尼·德拉（Casa, Giovanni della）, 47

卡特琳·德·美第奇（Catherine de Medici）, 51, 55

开姆尼茨,博基斯拉夫（Chemnitz, Bogislav）, 131, 134 ff., 140, 227, 329

凯瑟琳二世,俄国的（Catherine II of Russia）, 332 f.

凯斯勒（Kessler, J, E.）, 136ff., 140 ff., 143

康德,伊曼纽尔（Kant, Immanuel）, 393, 419

康林,赫尔曼（Conring, Hermann）, 129, 131, 139 f., 345

康帕内拉,托马斯（Campanella, Thomas）, 87, 90 ff., 138, 146, 159, 193, 197, 201, 204, 272, 338

考尼茨亲王（Kaunitz, Prince）, 330

克拉普马尔,阿尔诺德（Clapmarius, Arnold）, 130, 131 ff., 134, 140, 193, 198

克罗切,贝内代托（Croce, Benedetto）, 432

克吕塞,埃默里克（Crucé, Emeric）, 204

克里斯特（Christ, J. F.）, 49, 291

克洛泽尔（Clausel）, 180

科尔贝（Colbert, J. -B.）, 252, 263

科菲努斯,约翰内斯（Corvinus, Johannes）, 133

科利尼,加斯帕尔德·德（Coligny, Gaspard de）, 52, 187

孔克尔（Kunkel, W.）, 119, 141, 231

库尔蒂兹·德·桑德拉斯（Courtilz de Sandras）, 244 ff., 264

夸美纽斯,阿莫斯（Comenius, Amos）, 144

L

莱迪吉埃公爵（Lesdiguières, Duke of）, 155, 192

赖因金（Reinking）, 131

兰克,利奥波德·冯（Ranke, Leopold von）, 370, 377 ff., 395, 400 ff., 473

f., 431
劳合·乔治 (Lloyd George, D.), 422
黎塞留红衣主教 (Richelieu, Cardinal), 7, 109, 113 ff., 151, 191 f., 163 ff., 167 f., 172, 174, 180, 187 ff., 196, 201, 242, 278, 303, 346, 393
里斯特 (Rist), 131
利奥纳,于格·德 (Lionne, Hugh de), 139
利奥波德一世,皇帝 (Leopold I, Emperor), 246, 248
利普修斯,于斯特斯 (Lipsius, Justus), 25 f., 197
利希滕施泰因,贡达克尔·冯 (v. Liechtenstein, Gundacker), 130
李维 (Livy), 77
卢登 (Luden, H.), 371
卢梭 (Rousseau, J.-J.), 338
鲁登道夫,埃里克,将军 (Ludendorff, General Erich), 422
鲁塞,让 (Rousset, Jean), 257 ff., 312, 321
路德,马丁 (Luther, Martin), 50, 136, 344, 392
路易十三 (Louis XIII), 182, 188, 201
路易十四 (Louis XIV), 94, 113, 143, 245 ff., 266, 314, 393, 414, 422
路易丝·乌尔丽克,瑞典女王 (Luise Ulrike, Queen of Sweden), 324
罗肖 (v. Rochau, A. L.), 396
罗昂公爵,亨利·德 (Rohan, Duke Henri de), 162 ff., 201, 245, 254, 264, 280 f., 312, 411

M

马基雅维里,尼科洛 (Machiavelli, Niccolo), 25, 28 ff., 49 ff., 60, 62, 64, 66 ff., 70 ff., 88, 97 ff., 105, 114 f., 123 f., 128, 132, 136, 138 ff., 145 f., 150 ff., 159, 166, 174, 179, 192, 194 f., 197 f., 210, 215 f., 218, 261, 272, 276 ff., 288 ff., 302, 304, 309 f., 313, 319 f., 338, 345, 350 ff., 357 ff., 365 f., 369 f., 380 ff., 386 f., 392 ff., 397, 399, 401, 408, 412, 414, 428 f., 431 f.
马克斯·埃曼纽尔,巴登的 (Max Emanuel of Baden), 253
马里亚纳 (Mariana, J. de), 101
玛丽,法国王后 (Maria, Queen of France), 179, 182
玛丽亚·特雷莎 (Maria Theresa), 329 f.
曼托伊费尔,埃德温·冯 (v. Manteuffel, Edwin), 388
梅特涅亲王 (Metternich, Prince), 416
孟德斯鸠 (Montesquieu), 286 ff.
蒙田 (Montaigne, M. de), 198, 204
米兰杜拉 (Mirandula), 121
米勒,亚当 (Adam Müller), 371
莫尔 (v. Mohl, R.), 49

N

拿破仑一世 (Napoleon I), 328, 348, 351, 369, 373, 388, 414, 418, 423
尼采 (Nietzsche, F.), 406, 410
诺代,加布里埃尔 (Naudé, Gabriel), 26, 196 ff., 370, 394

O

欧根亲王 (Eugene, Prince), 254
欧里庇得斯 (Euripides), 25

P

帕拉佐,安东尼奥 (Palazzo, Antonio), 118 ff.
帕鲁塔,保洛 (Paruta, Paolo), 47, 65 f.,

178
保罗三世（Paul III），47
保罗五世（Paul V），71，179
佩斯卡拉，马尔凯塞（Pescara, Marchese），46 f.
培尔，皮埃尔（Bayle, Pierre），245，280
培根，弗朗西斯（Bacon, Francis），394
彭塔努（Pontanus, J. J.），38
珀蒂，让（Petit, Jean），28
普恩加莱，雷蒙（Poincaré, Raymond），423
普芬道夫，埃萨雅斯（Pufendorf, Esajas），229
普芬道夫，萨穆埃尔（Pufendorf, Samuel），224 ff.，244，272，346

Q

乔治二世，英国的（George II of England），325
齐纳诺，加布里埃尔（Zinano, Gabriel），119 ff.
屈尔曼（v. Kühlmann, R.），422

R

让蒂莱，伊诺桑（Gentillet, Innocent），51 ff.，74
热尔松，让（Gerson, Jean），28

S

萨尔皮，保罗（Sarpi, Paolo），71，82，95，201
莎士比亚，威廉（Shakespeare, William），116，120 f.
沙朗，皮埃尔（Charron, Pierre），197
塞内加（Seneca），62，135
塞塔拉，洛多维科（Settala, Lodovico），119 ff.，132

色诺芬（Xenophon），43
舍费尔，迪特里希（Schäfer, Dietrich），399
圣奥古斯丁（Augustine, St.），27，102
圣皮埃尔神父（Saint-Pierre, Abbé de），261，274，295，307
斯莱丹，约翰尼斯（Sleidan, Johannes），237
斯彭格勒，奥斯瓦尔德（Spengler, Oswald），432
斯蓬托内，奇罗（Spontone, Ciro），118 ff.
斯宾诺莎，巴鲁什（Spinoza, Baruch），80，193，207，216 ff.，345，419
斯普伦格（Sprenger, J. T.），135，143
施莱尔马赫（Schleiermacher, E.），361 f.，427
施莫勒，古斯塔夫（Schmoller, Gustav），405
施潘海姆，埃策希尔（Spanheim, Ezechiel），242
施泰因男爵（vom Stein, Freiherr），393
索别斯基国王，约翰（Sobieski, King John），247
苏比瑟公爵（Soubise, Duke of），182
苏格拉底（Socrates），58
苏利公爵（Sully, Duke of），184

T

塔西佗（Tacitus），25 f.，66，72，76 ff.，132
忒拉米尼（Theramenes），60
特赖奇克（Treitschke, H. von），163，392 ff.，428 f.，432
特勒尔奇，恩斯特（Troeltsch, Ernst），189，424，426，431
托马修斯，克里斯蒂安（Thomasius Christian），234，263

人 名 索 引

W

韦伯,马克斯(Weber, Max), 189
维科(Vico, G.), 102
维拉里(Villari, P.), 49
威德曼,克里斯蒂安(Widmann, Christian), 231
威兰(Wieland, E. K.), 390
威廉,奥兰治的(William of Orange), 179, 321
乌尔班八世(Urban VIII), 69, 94, 110, 162, 175, 196
乌尔比诺公爵(Urbino, Duke of), 79, 123
沃波尔爵士,罗伯特(Walpole, Sir Robert), 262

X

谢林(Schelling, F.), 383, 394
希奥皮乌斯,加斯帕尔(Scioppius, Gaspard), 94, 96, 98, 138 ff., 197
西塞罗,M. 图利乌斯(Cicero, M. Tullius), 25 f., 363
兴登堡,总统(Hindenburg, President), 430
修昔底德(Thucydides), 25

Y

亚里士多德(Aristotle), 25, 119 ff., 139, 192
耶纳,戈特弗里德·冯(v. Jena, Gottfried), 129
伊丽莎白,俄国女皇(Elizabeth, Empress of Russia), 331 f.
伊丽莎白,法尔内塞,西班牙王后(Elizabeth Farnese, Queen of Spain), 262, 268
伊丽莎白一世,英国的(Elizabeth I of England), 161, 177, 198
约瑟夫二世(Joseph II), 330 f., 336
约瑟夫神父(Joseph, Father), 109, 153 f., 189

Z

泽肯多夫(v. Seckendorff, V. L.), 131
詹姆斯二世,英国的(James II of England), 252
祖科利(Zuccoli, Lud.), 118 ff., 132